全国高等教育自学考试指定教材

非法学类专业

法 学 概 论

（含：法学概论自学考试大纲）

（2018年版）

全国高等教育自学考试指导委员会　组编

主　编　王　磊

副主编　潘爱国

撰稿人　（以姓氏笔画为序）：

　　　　王　怡　王瑞雪　王　磊

　　　　卢永琦　乔　远　伍俐斌

　　　　段礼乐　胡玉桃　赵　力

　　　　高俊杰　曹亚伟　曹旭东

　　　　潘爱国

审稿人　舒国滢　王传丽　余凌云　张卫平　刘剑文

图书在版编目(CIP)数据

法学概论:2018年版/王磊主编. —北京:北京大学出版社,2018.10
全国高等教育自学考试指定教材
ISBN 978-7-301-30081-7

Ⅰ.①法… Ⅱ.①王… Ⅲ.①法学—高等教育—自学考试—教材 Ⅳ.①D90

中国版本图书馆 CIP 数据核字(2018)第 264365 号

书　　名	法学概论(2018年版) FAXUE GAILUN (2018 NIAN BAN)
著作责任者	王　磊　主编
责 任 编 辑	孙战营
标 准 书 号	ISBN 978-7-301-30081-7
出 版 发 行	北京大学出版社
地　　址	北京市海淀区成府路 205 号　100871
网　　址	http://www.pup.cn
电 子 邮 箱	编辑部 law@pup.cn　总编室 zpup@pup.cn
新 浪 微 博	@北京大学出版社　@北大出版社法律图书
电　　话	邮购部 010-62752015　发行部 010-62750672　编辑部 010-62752027
印 刷 者	河北滦县鑫华书刊印刷厂
经 销 者	新华书店
	787 毫米×1020 毫米　16 开本　30 印张　674 千字 2018 年 10 月第 1 版　2025 年 7 月第 6 次印刷
定　　价	62.00 元

未经许可,不得以任何方式复制或抄袭本书之部分或全部内容。
版权所有,侵权必究
举报电话: 010-62752024　电子邮箱: fd@pup.cn
图书如有印装质量问题,请与出版部联系,电话: 010-62756370

组编前言

21世纪是一个变幻难测的世纪,是一个催人奋进的时代。科学技术飞速发展,知识更替日新月异。希望、困惑、机遇、挑战,随时随地都有可能出现在每一个社会成员的生活之中。抓住机遇,寻求发展,迎接挑战,适应变化的制胜法宝就是学习——依靠自己学习、终生学习。

作为我国高等教育组成部分的自学考试,其职责就是在高等教育这个水平上倡导自学、鼓励自学、帮助自学、推动自学,为每一个自学者铺就成才之路。组织编写供读者学习的教材就是履行这个职责的重要环节。毫无疑问,这种教材应当适合自学,应当有利于学习者掌握和了解新知识、新信息,有利于学习者增强创新意识,培养实践能力,形成自学能力,也有利于学习者学以致用,解决实际工作中所遇到的问题。具有如此特点的书,我们虽然沿用了"教材"这个概念,但它与那种仅供教师讲、学生听,教师不讲、学生不懂,以"教"为中心的教科书相比,已经在内容安排、编写体例、行文风格等方面都大不相同了。希望读者对此有所了解,以便从一开始就树立起依靠自己学习的坚定信念,不断探索适合自己的学习方法,充分利用自己已有的知识基础和实际工作经验,最大限度地发挥自己的潜能,达到学习的目标。

欢迎读者提出意见和建议。

祝每一位读者自学成功。

全国高等教育自学考试指导委员会
2017 年 1 月

目 录

法学概论自学考试大纲

大纲前言	5
Ⅰ 课程性质与课程目标	7
Ⅱ 考核目标	8
Ⅲ 课程内容与考核要求	9
Ⅳ 关于大纲的说明与考核实施要求	38
附录 题型举例	40
大纲后记	42

法 学 概 论

前言	45
第一章 法理学	47
第一节 法的起源、本质与基本特征	47
第二节 法的价值和功能	53
第三节 社会主义法制与法治	60
第二章 宪法	71
第一节 宪法概述	71
第二节 宪法基本制度	78
第三节 公民的基本权利与义务	85
第四节 国家机构	89
第五节 宪法实施和监督	99
第三章 行政法	104
第一节 行政法概述	104
第二节 行政组织法	109
第三节 行政行为法	119
第四节 行政程序法	128
第五节 行政监督	132

第四章 刑法 ... 138
第一节 刑法概述 ... 138
第二节 犯罪及犯罪论体系 ... 142
第三节 刑罚 ... 152
第四节 《刑法》分则规定的常见犯罪及其法定刑 ... 159

第五章 民法 ... 169
第一节 民法概述 ... 169
第二节 物权 ... 179
第三节 债权 ... 185
第四节 知识产权 ... 189
第五节 婚姻家庭制度 ... 197
第六节 财产继承权 ... 202

第六章 商法 ... 206
第一节 商法概述 ... 206
第二节 公司法 ... 208
第三节 破产法 ... 215
第四节 保险法 ... 223
第五节 票据法 ... 229

第七章 经济法 ... 235
第一节 经济法概述 ... 235
第二节 产品质量法 ... 238
第三节 消费者权益保护法 ... 241
第四节 竞争法 ... 248
第五节 税法 ... 255

第八章 环境与自然资源保护法 ... 259
第一节 环境与自然资源保护法概述 ... 259
第二节 环境保护法 ... 269
第三节 自然资源保护法 ... 277

第九章 刑事诉讼法 ... 284
第一节 刑事诉讼法概述 ... 284
第二节 刑事诉讼证据 ... 291
第三节 刑事强制措施 ... 294
第四节 刑事诉讼程序 ... 299

第十章 民事诉讼法 ············ 316
第一节 民事诉讼法概述 ············ 316
第二节 民事诉讼的主要制度 ············ 319
第三节 民事诉讼第一审程序和第二审程序 ············ 328
第四节 民事诉讼审判监督程序和执行程序 ············ 337

第十一章 行政诉讼法 ············ 344
第一节 行政诉讼概述 ············ 344
第二节 行政诉讼受案范围与管辖 ············ 346
第三节 行政诉讼的参加人 ············ 352
第四节 行政诉讼证据与举证规则 ············ 357
第五节 行政诉讼程序 ············ 368
第六节 行政诉讼的判决、裁定与决定 ············ 374

第十二章 国际法 ············ 382
第一节 国际法概述 ············ 382
第二节 国际法的主体 ············ 385
第三节 外交与领事关系法 ············ 389
第四节 条约法 ············ 394
第五节 海洋法 ············ 401
第六节 空气空间与外层空间法 ············ 407
第七节 战争与武装冲突法 ············ 411

第十三章 国际私法 ············ 415
第一节 国际私法概述 ············ 415
第二节 冲突规范和准据法 ············ 418
第三节 外国法的适用 ············ 422
第四节 国际民事诉讼程序 ············ 427
第五节 国际商事仲裁 ············ 433

第十四章 国际经济法 ············ 438
第一节 国际经济法概述 ············ 438
第二节 国际贸易法律制度 ············ 444
第三节 国际投资法律制度 ············ 459
第四节 国际金融法律制度 ············ 462
第五节 国际税收法律制度 ············ 464

参考文献 ············ 468

后记 ············ 470

全国高等教育自学考试
非法学类专业

法学概论自学考试大纲

全国高等教育自学考试指导委员会　制定

大纲目录

大纲前言 ·· 5
Ⅰ 课程性质与课程目标 ·· 7
Ⅱ 考核目标 ··· 8
Ⅲ 课程内容与考核要求 ·· 9
 第一章 法理学 ·· 9
  一、学习目的和要求 ··· 9
  二、课程内容 ·· 9
  三、考核知识点和考核要求 ··· 10
 第二章 宪法 ·· 11
  一、学习目的和要求 ··· 11
  二、课程内容 ·· 11
  三、考核知识点和考核要求 ··· 12
 第三章 行政法 ·· 14
  一、学习目的和要求 ··· 14
  二、课程内容 ·· 14
  三、考核知识点和考核要求 ··· 15
 第四章 刑法 ·· 16
  一、学习目的和要求 ··· 16
  二、课程内容 ·· 16
  三、考核知识点和考核要求 ··· 17
 第五章 民法 ·· 18
  一、学习目的和要求 ··· 18
  二、课程内容 ·· 19
  三、考核知识点和考核要求 ··· 19
 第六章 商法 ·· 21
  一、学习目的和要求 ··· 21
  二、课程内容 ·· 21
  三、考核知识点和考核要求 ··· 22
 第七章 经济法 ·· 22
  一、学习目的和要求 ··· 22
  二、课程内容 ·· 23

  三、考核知识点和考核要求 ·· 23
 第八章 环境与自然资源保护法 ·· 24
  一、学习目的和要求 ··· 24
  二、课程内容 ··· 24
  三、考核知识点和考核要求 ·· 25
 第九章 刑事诉讼法 ·· 26
  一、学习目的和要求 ··· 26
  二、课程内容 ··· 26
  三、考核知识点和考核要求 ·· 27
 第十章 民事诉讼法 ·· 27
  一、学习目的和要求 ··· 27
  二、课程内容 ··· 28
  三、考核知识点和考核要求 ·· 28
 第十一章 行政诉讼法 ·· 29
  一、学习目的和要求 ··· 29
  二、课程内容 ··· 29
  三、考核知识点和考核要求 ·· 30
 第十二章 国际法 ·· 31
  一、学习目的和要求 ··· 31
  二、课程内容 ··· 32
  三、考核知识点和考核要求 ·· 33
 第十三章 国际私法 ·· 34
  一、学习目的和要求 ··· 34
  二、课程内容 ··· 34
  三、考核知识点和考核要求 ·· 35
 第十四章 国际经济法 ·· 35
  一、学习目的和要求 ··· 35
  二、课程内容 ··· 36
  三、考核知识点和考核要求 ·· 36
Ⅳ 关于大纲的说明与考核实施要求 ····································· 38
附录 题型举例 ·· 40
大纲后记 ·· 42

大纲前言

为了适应社会主义现代化建设事业的需要,鼓励自学成才,我国在20世纪80年代初建立了高等教育自学考试制度。高等教育自学考试是个人自学、社会助学和国家考试相结合的一种高等教育形式。应考者通过规定的专业考试课程并经思想品德鉴定达到毕业要求的,可获得毕业证书;国家承认学历并按照规定享有与普通高等学校毕业生同等的有关待遇。经过30多年的发展,高等教育自学考试为国家培养造就了大批专门人才。

课程自学考试大纲是国家规范自学者学习范围、要求和考试标准的文件。它是按照专业考试计划的要求,具体指导个人自学、社会助学、国家考试、编写教材、编写自学辅导书的依据。

随着经济社会的快速发展,新的法律法规不断出台,科技成果不断涌现,原大纲中有些内容过时、知识陈旧。为更新教育观念,深化教学内容和方式、考试制度、质量评价制度改革,使自学考试更好地提高人才培养的质量,各专业委员会按照专业考试计划的要求,对原课程自学考试大纲组织了修订或重编。

修订后的大纲,在层次上,本科参照一般普通高校本科水平,专科参照一般普通高校专科或高职院校的水平;在内容上,力图反映学科的发展变化,增补了自然科学和社会科学近年来研究的成果,对明显陈旧的内容进行了删减。

全国考委法学类专业委员会组织制定了《法学概论自学考试大纲》,经教育部批准,现颁发施行。各地教育部门、考试机构应认真贯彻执行。

全国高等教育自学考试指导委员会
2018年9月

Ⅰ 课程性质与课程目标

一、课程的性质和特点

法学概论是高等教育自学考试非法学专业的必考课程,是一门基础性、通识性课程,是提升自学考试考生法律素养的一门重要课程。法学概论概要性地介绍法学基本理论、宪法以及各部门法的主要内容,其中包括行政法、刑法、民法、商法、经济法、环境与自然资源保护法、刑事诉讼法、民事诉讼法、行政诉讼法、国际法、国际私法、国际经济法等部门法。课程主要介绍基本法律概念、基本法律原理和基本法律规范,一方面有利于提高考生的法律素养,另一方面也可以为对法学这个学科感兴趣的考生进一步深入学习部门法奠定基础。

二、课程目标

(一)了解和领会法学基本理论,体会法律思维的独特性,增强权利思维和程序思维意识;

(二)了解和领会我国宪法及宪法之下的主要的部门法,熟悉各部门法的基本概念、调整对象及部门法功能;

(三)系统性了解法律分析方法,尝试运用法律专业方法分析和解决基本的法律问题。

三、与相关课程的联系与区别

法学概论是法学学科的综合性、基础性课程,对法学学科的各门课程只做一般性的介绍,因此在学习过程中可以结合法理学、宪法学及各部门法课程进行对照深化学习,以加深对法学概念知识点的理解,拓宽专业视野,提升专业思维能力。

Ⅱ 考核目标

本大纲在考核目标中,按照识记、领会、应用三个层次规定其应达到的能力层次要求。三个能力层次是递进关系,各能力层次的含义是:

识记(Ⅰ):要求考生能够识别和记忆本课程中有关法律知识的概念及法律原理的主要内容,并能够根据考核的不同要求,做正确的表述、选择和判断。

领会(Ⅱ):要求考生能够领悟和理解本课程中有关法律概念及原理的内涵及外延,理解相关法律知识的区别和联系,并能根据考核的不同要求对法律问题进行逻辑推理和论证,作出正确的判断、解释和说明。

应用(Ⅲ):要求考生能够根据学习和掌握的法学基本知识、基本原理和基本规范对社会实践中所出现的各类法律问题进行初步分析,得出正确的结论或作出正确的判断,给出解决问题的初步方案。

Ⅲ 课程内容与考核要求

第一章 法 理 学

一、学习目的和要求

通过本章的学习,理解并掌握法的概念、本质和基本特征;理解法的价值的内涵和基本分类,理解和掌握法的目的价值的主要内容,理解和掌握法的基本功能;理解并掌握法治和法制的基本概念,辨析法治与法制的区别与联系;理解并掌握社会主义法治与社会主义核心价值观之间的关系,掌握全面推进依法治国的基本要求。

二、课程内容

第一节 法的起源、本质与基本特征

法的起源观;法的概念与本质;法的基本特征。

第二节 法的价值与功能

法的价值的内涵,法的目的价值的基本内容和法的功能的基本内容。

第三节 社会主义法制与法治

法制与法治的概念;法制与法治的区别和联系;社会主义法治与社会主义核心价值观的关系;全面推进依法治国的基本要求。

三、考核知识点和考核要求

（一）法的起源
1. 识记：原始社会的社会规范。
2. 领会：法产生的社会根源。
3. 应用：法与宗教的关系。

（二）法的概念和本质
1. 识记：法的概念。
2. 领会：法的本质。
3. 应用：比较不同的法的概念。

（三）法的基本特征
1. 识记：法的基本特征的内容。
2. 领会：法同其他社会规范相比的特殊性体现。
3. 应用：比较法与道德。

（四）法的价值的内涵
1. 识记：法的目的价值的内容。
2. 领会：(1) 法的价值的内涵；(2) 法与自由；(3) 法与效率；(4) 法与正义。
3. 应用：分析法的秩序功能。

（五）法的功能的内容
1. 识记：法的功能的基本内容。
2. 领会：法的功能的局限性。
3. 应用：分析"法是万能的"观点。

（六）法制和法治的概念
1. 识记：法制的概念、法治的概念。
2. 领会：法制与法治的区别和联系。
3. 应用：分析人治与法治的区别。

（七）社会主义法治
1. 识记：法治与社会主义核心价值观的关系。
2. 领会：推进全面依法治国的基本要求。
3. 应用：我国全面依法治国发展历程。

第二章 宪 法

一、学习目的和要求

通过本章学习，了解宪法的概念、地位，对国家基本制度、公民的基本权利和义务、国家机构等宪法具体内容能有清晰的认识，并了解宪法的实施和监督制度，能够对宪法有深入的思考。

二、课程内容

第一节 宪法概述

宪法的概念；宪法的特征；宪法的分类；宪法的基本价值与原则；我国宪法的历史发展。

第二节 宪法基本制度

宪法基本制度包括国家性质和国家形式方面的制度；国家性质通过政治、经济、文化制度得到体现；国家形式包括国家政权组织形式和国家结构形式。

我国是人民民主专政的社会主义国家。工人阶级是国家的领导力量，工农联盟是人民民主专政的基础，人民民主专政是民主与专政的统一。爱国统一战线的组织形式是中国人民政治协商会议。

我国的社会主义经济制度的基础是生产资料的社会主义公有制。公有制为主体、多种所有制经济共同发展的基本经济政策。坚持按劳分配为主体、多种分配方式并存的分配制度。坚持保护社会主义公共财产和公民私有财产的原则。

国家发展社会主义的教育事业、自然科学和社会科学事业、医疗卫生事业、文学艺术事业，加强社会主义精神文明建设。

人民代表大会制度是我国的政权组织形式；我国的选举制度；宪法宣誓制度。

我国实行单一制的国家结构形式；民族区域自治制度；特别行政区制度；基层群众性自治制度。

第三节 公民的基本权利与义务

公民及公民基本权利与义务的概念；公民基本权利与义务的特点；公民的基本权利；公民的基本义务。

第四节 国 家 机 构

我国国家机构概述；全国人民代表大会；中华人民共和国主席；国务院；中央军事委员会；国家监察机关；地方各级人民代表大会和地方人民政府；民族自治地方的自治机关；人民法院；人民检察院。

第五节 宪法实施和监督

宪法实施的概念、原则、保障；宪法监督的概念、范围；我国宪法监督制度（包括监督对象、有权进行监督的主体、有权提起违宪审查的主体、审查程序）。

三、考核知识点和考核要求

（一）宪法的概念、特征及其发展历史
1. 识记：(1) 宪法的概念；(2) 宪法的特征，即宪法是国家根本法、国家最高法、公法、对民主与人权的保障。
2. 领会：(1) 传统宪法分类和现代宪法分类及其区别；(2) 我国宪法的基本价值与原则；(3) 1982 年宪法的结构及其主要内容。
3. 应用：我国宪法的历史发展。
（二）我国的国家性质
1. 识记：(1) 国家性质的概念；(2) 宪法对我国国家性质的表述。
2. 领会：我国是人民民主专政的社会主义国家，从政治、经济及文化制度三个方面反映了社会主义的性质。
3. 应用：国体与政体的概念比较。
（三）我国的政治制度
1. 识记：(1) 宪法对我国政治制度的表述；(2) 统一爱国战线；(3) 中国共产党领导的多党合作和政治协商制度。
2. 领会：(1) 工人阶级是国家的领导力量，工人阶级领导人民民主专政；(2) 工农联盟是人民民主专政的基础；(3) 人民民主专政是民主与专政的统一；(4) 中国人民政治协商会议的性质和作用。

　　3. 应用:新时期国家爱国统一战线的构成。

　　(四)我国的经济制度

　　1. 识记:(1)我国社会主义经济制度的公有制基础;(2)公有制为主体、多种所有制经济共同发展的基本经济政策。

　　2. 领会:(1)保护社会主义公共财产和公民私有财产的原则;(3)社会主义经济建设的基本方针。

　　3. 应用:我国公有制的基础地位。

　　(五)我国的文化制度

　　1. 识记:(1)文学艺术和其他文化制度;(2)思想道德建设制度。

　　2. 领会:(1)文化建设是社会主义现代化建设中的重要部分;(2)科技制度;(3)医疗、卫生和体育制度。

　　3. 应用:我国的教育制度。

　　(六)我国的政权组织形式

　　1. 识记:(1)人民代表大会制度的政权组织形式;(2)我国的选举制度。

　　2. 应用:"一人一票"选举原则。

　　(七)我国的国家结构形式

　　1. 识记:(1)国家结构形式的概念;(2)单一制与联邦制;(3)宪法关于我国国家结构形式的表述;(4)特别行政区制度的概念;(5)基层群众自治制度的概念。

　　2. 领会:采取单一制国家结构形式的原因。

　　3. 应用:民族区域自治制度。

　　(八)我国公民的基本权利和义务

　　1. 识记:(1)公民的概念;(2)政治性权利的概念和内容;(3)人身自由和信仰自由;(4)社会经济和教育文化权利;(5)公民基本义务的内容。

　　2. 领会:(1)公民基本权利和义务的特点;(2)特定公民的权利;(3)劳动和受教育既是公民的基本权利,也是公民的基本义务。

　　3. 应用:我国公民的基本权利和义务。

　　(九)我国的国家机构

　　1. 识记:(1)国家机构的概念和特点;(2)我国国家机构的体系;(3)我国国家机构的组织和活动原则;(4)人民法院独立行使审判权的原则。

　　2. 领会:(1)全国人民代表大会及其常务委员会;(2)中华人民共和国主席的法律地位、职权;(3)国务院;(4)国家监察机关;(5)地方各级人民代表大会及地方各级人民政府;(6)人民法院和人民检察院。

　　3. 应用:设区的市的立法权。

　　(十)宪法实施和监督

　　1. 识记:(1)宪法实施的概念;(2)宪法实施的保障(政治保障、法律保障、组织保障、群众保障);(3) 宪法监督的概念和范围。
2. 领会:宪法实施的原则。
3. 应用:宪法监督制度。

第三章 行 政 法

一、学习目的和要求

掌握行政法学的基本理论、基本制度以及我国行政法的制度框架;能够运用行政法学的基本理论、基本原则分析行政法律关系主体之间的权利义务关系。

二、课程内容

第一节 行政法概述

行政法的概念;行政法的调整对象以及法源。

第二节 行政组织法

行政机关及其他行政主体的构成及其职权;我国的公务员制度。

第三节 行政行为法

行政行为的概念与类别;行政立法行为及行政规范性文件的概念、分类;具体行政行为的概念、分类与法律效力;我国的行政许可与行政处罚制度。

第四节 行政程序法

行政程序的概念;行政程序的原则与基本制度。

第五节 行政监督法

行政复议及国家监察制度。

三、考核知识点和考核要求

（一）行政法的概念及行政法的法源
1. 识记：行政法的法源。
2. 领会：行政法的概念及调整的对象。
3. 应用：行政法的概念比较。

（二）行政主体的构成及公务员的范围、权利和义务
1. 识记：(1) 行政主体的构成；(2) 公务员的范围；(3) 公务员管理制度。
2. 领会：行政组织法的基本原则和基本制度。
3. 应用：公务员的权利和义务。

（三）抽象行政行为与具体行政行为的概念、分类与法律效力
1. 识记：(1) 行政立法行为的概念及分类；(2) 行政规范性文件的概念及类别；(3) 具体行政行为的概念及法律效力。
2. 领会：行政行为的概念及类别。
3. 应用：具体行政行为的效力。

（四）行政许可制度
1. 识记：行政许可的概念、分类及基本原则。
2. 应用：行政许可的功能。

（五）行政处罚制度
1. 领会：行政处罚的概念、分类、原则及程序。
2. 应用：行政处罚的原则。

（六）行政程序制度
1. 识记：(1) 行政程序的基本原则；(2) 行政程序的基本制度。
2. 领会：行政程序制度的价值。
3. 应用：行政程序的功能。

（七）行政复议制度
1. 识记：(1) 行政复议的范围；(2) 行政复议的基本制度。
2. 领会：行政复议制度的地位与功能。
3. 应用：行政复议的原则。

(八) 监察制度的基本内容
1. 识记：监察机关及其权限。
2. 领会：监察机关的职责。
3. 应用：我国的国家监察制度。

第四章　刑　　法

一、学习目的和要求

通过对本章内容的学习，学生应掌握刑法及刑法解释的基本概念，犯罪及犯罪论体系的相关内容，理解犯罪的特殊形态及共犯概念，了解我国刑罚体系，并了解我国刑法分则的基本体系及其所规定的重要罪名。

二、课程内容

第一节　刑法概述

刑法及刑法解释；刑法的任务；刑法的基本原则；刑法的效力。

第二节　犯罪及犯罪论体系

犯罪论体系；犯罪阻却事由；犯罪的特殊形态；共同犯罪。

第三节　刑　　罚

刑罚的概念和目的；刑罚的种类；量刑。

第四节　刑法分则规定的常见犯罪及其法定刑

危害国家安全罪；危害公共安全罪；破坏社会主义市场秩序罪；侵犯公民人身权利、民主权利罪；侵犯财产罪；妨害社会管理秩序罪；危害国防利益罪；贪污贿赂罪；渎职罪；军人违反军职罪。

三、考核知识点和考核要求

(一)刑法及刑法解释
1. 识记:(1)刑法的概念与分类;(2)刑法解释的概念与分类。
2. 领会:(1)我国刑法的渊源;(2)有权解释和学理解释的效力。
3. 应用:刑法解释的功能。

(二)刑法的任务、基本原则和效力
1. 识记:(1)我国刑法的任务;(2)刑法的时间效力和空间效力。
2. 领会:(1)我国刑法的社会主义性质;(2)我国刑法的基本原则。
3. 应用:罪刑法定原则。

(三)犯罪论体系
1. 识记:(1)犯罪的概念及成立要件;(2)客观不法要件;(3)主观责任要件。
2. 领会:(1)积极层面的客观不法要件:行为、对象、结果、因果关系及其他要素;(2)行为人主观责任的判断:刑事责任年龄及刑事责任能力、具体的责任形式(故意和过失)以及其他积极的责任要素。
3. 应用:刑事责任能力。

(四)犯罪阻却事由
1. 识记:(1)正当防卫的概念;(2)紧急避险的概念。
2. 领会:(1)正当防卫的成立条件;(2)紧急避险的成立条件。
3. 应用:犯罪阻却事由。

(五)犯罪的特殊形态
1. 识记:(1)犯罪预备的概念;(2)犯罪未遂的概念;(3)犯罪中止的概念。
2. 领会:(1)犯罪预备的特征;(2)犯罪未遂的特征;(3)犯罪中止的特征。
3. 应用:犯罪特殊形态的构成。

(六)共同犯罪
1. 识记:(1)共同犯罪的概念;(2)共同犯罪人的分类;(3)共同犯罪中的认识错误。
2. 领会:(1)我国刑法对共同犯罪的规定及判断标准;(2)共同犯罪的特殊形态;(3)共同犯罪与不作为。
3. 应用:共同犯罪的成立条件。

(七)刑罚的概念和目的
1. 识记:刑罚的概念。
2. 领会:预防犯罪的两个方面。
3. 应用:我国刑罚的目的。

（八）刑罚的种类

1. 识记：(1) 主刑的概念和种类；(2) 附加刑的概念和种类；(3) 我国刑法对于拘役、管制、有期徒刑的刑期规定；(4) 剥夺政治权利刑的内容；(5) 没收财产时的债务清偿。

2. 领会：(1) 主刑与附加刑的适用原则；(2) 我国刑法中所规定的非刑罚的处理方法；(3) 被判处管制的犯罪分子在执行期间应当遵守的规定。

3. 应用：我国刑法对死刑适用的规定。

（九）量刑

1. 识记：(1) 量刑的概念；(2) 量刑的基本原则；(3) 法定情节和酌定情节的概念；(4) 累犯、自首、坦白和立功的概念；(5) 数罪并罚的概念；(6) 缓刑、减刑和假释的概念。

2. 领会：(1) 数罪并罚的适用原则；(2) 假释的考验标准及期限；(3) 我国刑法规定不得再追诉的情况。

3. 应用：时效的概念。

（十）刑法分则规定的常见犯罪及其法定刑

1. 识记：(1) 刑法分则规定的十类犯罪及其概念；(2) 故意杀人罪的概念及法定刑；(3) 故意伤害罪的概念及法定刑；(4) 抢劫罪的概念及法定刑；(5) 盗窃罪的概念及法定刑。

2. 领会：(1) 危害公共安全罪保护的法益及其责任形式；(2) 常见侵犯人身权利、民主权利罪的认定；(3) 常见侵犯财产罪的认定；(4) 常见贪污贿赂罪的认定；(5) 常见渎职罪的认定；(6) 常见军人违反职责罪的认定。

3. 应用：贪污贿赂罪的概念及法定刑。

第五章 民 法

一、学习目的和要求

熟悉民事主体制度、代理制度、结婚的条件、离婚后财产分割。掌握物权、债权和知识产权等各项民事权利制度、民事法律行为制度、民事责任制度、婚姻家庭关系中的各方权利和义务及继承的方式。

二、课程内容

第一节 民法概述

民法的调整对象、基本原则和主要内容;民事法律关系的主体;民事权利;民事法律行为与代理;民事责任;诉讼时效与期间计算。

第二节 物 权

物权概说;所有权;用益物权;担保物权。

第三节 债 权

债权概述;合同;无因管理与不当得利。

第四节 知 识 产 权

知识产权概述;著作权;专利权;商标权。

第五节 婚姻家庭制度

概述;结婚;离婚;家庭关系;救助措施与法律责任。

第六节 财产继承权

概述;法定继承;遗嘱继承和遗赠;遗产的处理。

三、考核知识点和考核要求

(一) 民法概述
1. 识记:(1) 民事法律关系的概念;(2) 法人的概念;(3) 民事法律行为的概念;(4) 代理的概念;(5) 诉讼时效的概念;(6) 期间的概念。
2. 领会:(1) 民法的基本原则;(2) 法人的变更、终止和解散;(3) 法人的分类;(4) 代理的特征。

3. 应用:附条件和附期限的民事法律行为。

(二) 物权

1. 识记:(1) 物权的概念;(2) 物权的效力;(3) 物权的民法保护;(4) 国家所有权和集体所有权、私人所有权;(5) 共有的概念;(6) 用益物权的概念。

2. 领会:(1) 建筑物区分所有权的内容;(2) 相邻关系的内容;(3) 共同共有与按份共有;(4) 用益物权的种类。

3. 应用:担保物权的种类。

(三) 债权

1. 识记:(1) 债的种类;(2) 合同的概念;(3) 要约与承诺;(4) 违约责任;(5) 不当得利的概念;(6) 无因管理的概念。

2. 领会:(1) 债权的特征;(2) 合同的种类;(3) 不当得利人的得利返还;(4) 无因管理人的权利和义务。

3. 应用:合同的效力。

(四) 知识产权

1. 识记:(1) 知识产权的概念;(2) 著作权的概念;(3) 专利权的概念;(4) 商标权的概念。

2. 领会:(1) 著作权;(2) 专利权;(3) 商标权。

3. 应用:知识产权的类型。

(五) 婚姻家庭制度

1. 识记:(1) 结婚的条件;(2) 结婚的法定程序;(3) 夫妻关系的概念;(4) 父母子女关系的概念。

2. 领会:(1) 婚姻法的基本原则;(2) 可撤销婚姻;(3) 父母子女及其他亲属间的扶养义务;(4) 违反婚姻法的救助措施与法律责任。

3. 应用:无效婚姻。

(六) 财产继承权

1. 识记:(1) 继承的开始;(2) 继承权的丧失;(3) 法定继承的顺序;(4) 代位继承与转继承的概念;(5) 遗嘱继承的概念。

2. 领会:(1) 遗产分配的规则;(2) 无人继承遗产的归属。

3. 应用:遗赠扶养协议。

第六章 商 法

一、学习目的和要求

了解商法的功能与体系结构,熟悉商法的特征,重点掌握公司法、破产法、保险法和票据法的基本原理和主要内容。

二、课程内容

第一节 商法概述

商法的概念;商法的调整对象;商法的特征;商法与相关部门法的关系。

第二节 公司法

公司的分类与特征;公司法的概念与特征;有限责任公司的概念与特征;有限责任公司的设立;股份有限公司的概念与特征。

第三节 破产法

破产的概念;破产申请与受理;破产管理人;破产财产;破产债权;债权人会议;破产重整与破产和解;破产清算;破产财产分配。

第四节 保险法

保险法律关系;财产保险合同;人身保险合同。

第五节 票据法

票据的概念与特征;票据行为;票据权利;汇票、本票与支票。

三、考核知识点和考核要求

（一）商法概述
1. 识记：商法的特征。
2. 领会：(1) 形式意义的商法与实质意义的商法；(2) 商法的技术性与变动性。
3. 应用：商事关系。

（二）公司法
1. 识记：(1) 有限责任公司；(2) 股份有限公司。
2. 领会：(1) 股票；(2) 股东会；(3) 上市公司。
3. 应用：股东权利。

（三）破产法
1. 识记：(1) 破产的概念；(2) 破产财产；(3) 破产清算。
2. 领会：(1) 破产管理人；(2) 债权人委员会；(3) 破产重整与破产和解。
3. 应用：破产债权。

（四）保险法
1. 识记：(1) 保险的概念；(2) 保险法律关系；(3) 财产保险合同；(4) 人身保险合同。
2. 领会：投保人、保险人与受益人。
3. 应用：保险利益。

（五）票据法
1. 识记：(1) 票据的概念；(2) 票据权利。
2. 领会：(1) 票据行为；(2) 汇票、本票与支票。
3. 应用：票据法律关系。

第七章 经 济 法

一、学习目的和要求

通过对经济法概论的学习，掌握经济法的制度原理和框架体系，了解市场规制法和宏观调控法的基本规则和制度实践，初步具备利用经济法分析经济现象和解决法律问题的能力。

二、课程内容

第一节 经济法概述

经济法的产生和发展;经济法的基本理论与制度框架。

第二节 产品质量法

产品质量与产品质量标准;产品质量监管;产品质量责任。

第三节 消费者权益保护法

消费者权利的历史变迁;消费者权利;经营者义务;消费者权利的国家保护与社会保护;消费争议解决。

第四节 竞 争 法

反垄断法;反不正当竞争法。

第五节 税 法

税收基本理论;税法基本理论;我国的税法体系。

三、考核知识点和考核要求

(一)经济法概述
1. 识记:经济法的制度框架。
2. 领会:经济法的发展、经济法的基本理论。
3. 应用:经济法的产生。
(二)产品质量法
1. 识记:产品与产品质量标准。
2. 领会:产品质量监管。
3. 应用:产品质量责任。

（三）消费者权益保护法
1. 识记：经营者义务、消费争议解决。
2. 领会：消费者权利的历史变迁、消费者权利的国家保护与社会保护。
3. 应用：消费者权利。
（四）竞争法
1. 识记：反垄断法、反不正当竞争法。
2. 应用：垄断的构成。
（五）税法
1. 识记：税法基本理论。
2. 领会：税收基本理论。
3. 应用：我国的税法体系。

第八章　环境与自然资源保护法

一、学习目的和要求

掌握环境与自然资源保护法的基本理论、基本制度以及我国环境与自然资源保护法的制度框架；能够运用环境与自然资源保护法学的基本理论、基本原则分析环境保护法律关系和自然资源保护法律关系主体之间的权利义务关系。

二、课程内容

第一节　环境与自然资源保护法概述

环境与自然资源的概念和分类；环境与自然资源保护法；环境与自然资源保护法律关系；环境与自然资源保护法的产生与发展；环境与自然资源保护法体系；国家对环境与自然资源的管理；环境与自然资源保护法的基本原则。

第二节　环境保护法

环境保护法的基本法律制度；环境保护法律责任。

第三节 自然资源保护法

自然资源保护基本法律制度；土地资源法；水资源法；矿产资源法；森林资源法；野生动植物资源法；草原资源法。

三、考核知识点和考核要求

（一）环境与自然资源的概念和分类
1. 识记：环境与自然资源的概念。
2. 领会：环境与自然资源的分类。
（二）环境与自然资源保护法及其法律关系
1. 识记：(1) 环境与自然资源保护法的概念；(2) 环境与自然资源保护法律关系的概念。
2. 领会：环境与自然资源保护法律关系的构成与客体。
3. 应用：环境保护法的保护范围。
（三）环境与自然资源保护法的产生与发展
1. 识记：我国与外国环境保护法的阶段划分。
2. 领会：我国与外国自然资源保护法的产生与阶段划分。
（四）环境与自然资源保护法体系及国家对环境与自然资源的管理
1. 识记：(1) 环境与自然资源保护法体系的构成；(2) 国家管理环境与资源的机构。
2. 领会：国家对环境与资源的管理历史。
3. 应用：环境与自然资源保护的立法原则。
（五）环境与自然资源保护法的基本原则
1. 识记：(1) 环境保护同经济建设、社会发展相协调原则；(2) "三建设三同步三统一"原则。
2. 领会："可持续发展"原则；预防为主、防治结合原则。
3. 应用：开发者养护、污染者治理原则。
（六）环境保护法的基本法律制度
1. 识记：(1) "三同时"制度；(2) 环境与自然资源保护许可证制度；(3) 限期治理制度；(4) 环境污染与破坏事故报告及处理制度；(5) 环境标准制度。
2. 领会：(1) 浓度与总量控制制度和排污权交易；(2) 清洁生产与循环经济制度。
3. 应用：排污费征收制度。
（七）环境保护法律责任
1. 识记：(1) 环境保护民事责任的构成要件、归责原则；(2) 环境保护的行政责任。

2. 应用:环境保护刑事责任的构成要件。

(八) 自然资源保护基本法律制度

1. 识记:(1)自然资源权属制度;(2)自然资源规划制度;(3)自然资源有偿使用制度。

2. 领会:自然资源调查和档案制度。

3. 应用:自然资源许可制度。

(九) 自然资源保护的主要单行法

1. 识记:(1)土地利用总体规划;(2)耕地保护的规定;(3)水资源保护的原则、用水管理的规定;(4)珍贵、濒危野生动植物重点保护名录制度、野生动植物的权属制度。

2. 领会:(1)水资源规划;(2)矿产资源勘查开采法律制度;(3)保护森林的法律制度;(4)草原资源保护的主要措施;(5)草原资源的可持续利用。

3. 应用:矿产资源权属规定。

第九章 刑事诉讼法

一、学习目的和要求

了解刑事诉讼和刑事诉讼法的概念;掌握刑事诉讼管辖、回避、辩护、刑事强制措施和附带民事诉讼等制度;熟练运用刑事诉讼的证据规则;掌握刑事诉讼的基本程序制度。

二、课程内容

第一节 刑事诉讼法概述

刑事诉讼;刑事诉讼法及其任务;刑事诉讼的基本原则;刑事诉讼主要制度;刑事诉讼管辖。

第二节 刑事诉讼证据

证据种类和举证责任;证据的收集与运用。

第三节　刑事强制措施

拘传;取保候审;监视居住;拘留;逮捕。

第四节　刑事诉讼程序

立案;侦查;公诉;审判;执行程序;特别程序。

三、考核知识点和考核要求

(一)刑事诉讼法概述
1. 识记:(1)刑事诉讼的概念;(2)刑事诉讼的主要制度;(3)刑事诉讼的管辖规则。
2. 领会:刑事诉讼法及其基本任务。
3. 应用:刑事诉讼的基本原则。
(二)刑事诉讼证据
1. 识记:刑事诉讼的证据种类。
2. 领会:刑事诉讼的证据收集与运用规则。
3. 应用:刑事诉讼的举证责任。
(三)刑事强制措施
识记:刑事强制措施的种类以及适用条件。
(四)刑事诉讼程序
1. 识记:(1)刑事侦查措施;(2)不起诉的条件;(3)自诉案件的一审程序;(4)一审简易程序;(5)上诉不加刑原则;(6)死刑复核;(7)特别程序。
2. 领会:(1)立案;(2)审查起诉;(3)一审普通程序;(4)第二审程序;(5)审判监督程序;(6)执行程序。
3. 应用:死刑复核制度。

第十章　民事诉讼法

一、学习目的和要求

了解民事诉讼和民事诉讼法中的基本概念;掌握民事诉讼受理和管辖、诉讼参与人、证据和证明、期间与送达等民事诉讼基本制度;熟练运用民事诉讼的证据规则和认证标准;掌握民事诉讼一审、二审、审判监督程序、特别程序、执行程序等基本程序制度。

二、课程内容

第一节　民事诉讼法概述

民事诉讼;民事诉讼法;民事诉讼的基本原则。

第二节　民事诉讼的主要制度

管辖制度;审判组织制度;回避制度;诉讼参加人制度;调解制度;民事诉讼的保障制度;民事诉讼的证据;民事诉讼的证明。

第三节　民事诉讼第一审程序和第二审程序

第一审普通程序;第一审简易程序;特殊类型第一审程序;特别程序案件;第二审程序。

第四节　民事诉讼审判监督程序和执行程序

民事诉讼审判监督程序;民事诉讼执行程序。

三、考核知识点和考核要求

(一)民事诉讼法概述
1. 识记:(1)民事诉讼的概念;(2)民事诉讼法的发展沿革。
2. 领会:民事诉讼的基本原则。
3. 应用:"一事不再理"原则。
(二)民事诉讼基本制度
1. 识记:(1)审判组织制度;(2)回避制度;(3)诉讼参加人制度;(4)调解制度;(5)民事诉讼保障制度。
2. 领会:(1)民事诉讼的管辖制度;(2)民事诉讼的证明标准和证据规则。

3. 应用:民事诉讼的举证责任分配。
(三)民事诉讼程序
1. 识记:(1)民事诉讼一审程序;(2)民事诉讼二审程序。
2. 领会:民事诉讼审判监督程序。
3. 应用:民事诉讼审判监督程序的启动。
(四)民事诉讼执行
1. 识记:民事强制执行相关概念。
2. 领会:执行程序。
3. 应用:民事强制执行措施。

第十一章 行政诉讼法

一、学习目的和要求

掌握行政诉讼法的基本理论和知识框架,能够熟练运用行政诉讼法的基本知识分析和解决一般行政纠纷案件。

二、课程内容

第一节 行政诉讼概述

行政诉讼的概念、特征;行政诉讼法的渊源;行政诉讼的基本原则。

第二节 行政诉讼受案范围与管辖

行政诉讼受案范围;行政诉讼的级别管辖、地域管辖、裁定管辖,管辖权异议的处理;行政案件集中管辖及跨行政区域管辖。

第三节 行政诉讼的参加人

行政诉讼原告;行政诉讼被告;行政诉讼的共同诉讼人;行政诉讼第三人及代理人。

第四节 行政诉讼证据与举证规则

行政诉讼证据的种类;行政诉讼举证责任的分配;举证责任的范围;举证时限;行政诉讼的证据规则;证据保全。

第五节 行政诉讼程序

行政诉讼的起诉和受理;行政诉讼的一审程序、二审程序与审判监督程序;行政诉讼的中止与终结。

第六节 行政诉讼的判决、裁定与决定

行政诉讼一审判决的主要类型及适用对象;行政诉讼二审判决的类别及其适用;行政诉讼裁定的类型及其适用范围;行政诉讼决定的适用范围。

三、考核知识点和考核要求

（一）行政诉讼的概念、特征、基本原则以及行政诉讼法的渊源
1. 识记:(1) 行政诉讼的概念与特征;(2) 行政诉讼法的渊源。
2. 领会:行政诉讼的基本原则。
3. 应用:行政诉讼的功能。

（二）行政诉讼受案范围
1. 识记:(1) 行政诉讼的肯定性受案范围;(2) 行政诉讼的否定性受案范围。
2. 应用:行政诉讼受案范围的发展趋势。

（三）行政诉讼的管辖
1. 识记:(1) 行政诉讼的级别管辖、地域管辖及裁定管辖;(2) 行政诉讼管辖权异议的处理。
2. 领会:行政案件集中管辖制度的意义。
3. 应用:跨行政区域管辖制度。

（四）行政诉讼的参加人
1. 识记:行政诉讼被告的范围及确定。
2. 领会:(1) 行政诉讼的共同诉讼人、第三人的类型;(2) 行政诉讼代理人的类型及条件。
3. 应用:行政诉讼原告的条件。

（五）行政诉讼证据与举证规则

1. 识记：(1) 行政诉讼的举证责任和举证时限；(2) 行政诉讼的证据规则；(3) 行政诉讼的证据保全。

2. 领会：(1) 行政诉讼证据的种类；(2) 行政诉讼举证责任的分配；(3) 举证责任的范围；(4) 举证时限。

3. 应用：行政诉讼举证责任的分配。

（六）行政诉讼的起诉和受理

1. 识记：(1) 行政诉讼的起诉条件；(2) 法院对起诉的审查与处理。

2. 应用：行政诉讼的受理程序。

（七）行政诉讼的一审程序、简易程序、二审程序与审判监督程序

1. 识记：(1) 行政诉讼的一审程序；(2) 行政诉讼的二审程序。

2. 领会：审判监督程序。

3. 应用：行政诉讼的简易程序。

（八）行政诉讼的中止与终结

1. 识记：(1) 行政诉讼中止的事由；(2) 行政诉讼终结的适用范围。

2. 应用：行政诉讼中止的法律效果。

（九）行政诉讼判决的主要类型及适用

1. 识记：(1) 行政诉讼一审判决的主要类型及适用对象；(2) 行政诉讼二审判决的类别及其适用；(3) 行政诉讼裁定的类型及其适用范围。

2. 领会：行政诉讼决定的适用范围。

3. 应用：行政诉讼的撤销判决。

第十二章 国　际　法

一、学习目的和要求

通过本章的学习，掌握国际法的概念和法律特征以及与国内法的关系，基本掌握外交与领事关系法、条约法、海洋法、空间法、战争与武装冲突法等国际法各子部门的法律原则、规则和制度。

二、课程内容

第一节 国际法概述

国际法的概念;国际法的特征;国际法与国内法的关系;国际法的渊源;国际法的基本原则。

第二节 国际法的主体

国际法主体的概念;国家是国际法的基本主体;国际组织是国际法的重要主体。

第三节 外交与领事关系法

外交关系与领事关系的概念;外交机关;外交代表;外交特权与豁免;领事机关与领事人员;领事特权与豁免。

第四节 条约法

条约的概念、名称、分类;条约的缔结;条约的生效与效力;条约的解释;条约的修订;条约的无效、暂停施行与终止。

第五节 海洋法

领海;内水;毗连区;专属经济区;大陆架;公海;用于国际航行的海峡;国际海底区域。

第六节 空气空间与外层空间法

空气空间与外层空间;空气空间的法律地位;国际航空法律制度;外层空间的法律制度。

第七节 战争与武装冲突法

战争与武装冲突法的概念;战争状态;战时中立;作战手段和方法;战时人道主义保

护;战争罪行与责任。

三、考核知识点和考核要求

（一）国际法的概念、特征、与国内法关系、渊源和基本原则
1. 识记:(1)国际法的概念;(2)国际法的渊源。
2. 领会:(1)国际法的特征;(2)国际法与国内法的关系。
3. 应用:国际法的基本原则。

（二）国际法的主体
1. 识记:(1)国家的要素;(2)国家的基本权利和义务;(3)国家承认。
2. 领会:(1)国家的种类;(2)国家责任;(3)国际组织的特征。
3. 应用:国家继承。

（三）外交与领事关系法
1. 识记:(1)使馆的职务;(2)外交特权与豁免;(3)领事职务。
2. 领会:(1)外交关系与领事关系的概念;(2)外交代表。
3. 应用:外交人员的特权与豁免。

（四）条约法
1. 识记:(1)条约的概念;(2)缔约能力与缔约权;(3)条约的效力。
2. 领会:(1)条约的名称;(2)条约的缔结程序;(3)条约的解释。
3. 应用:条约的保留。

（五）海洋法
1. 识记:(1)领海;(2)专属经济区;(3)大陆架;(4)公海。
2. 领会:(1)内水;(2)毗连区;(3)国际海底区域。
3. 应用:用于国际航行的海峡。

（六）空气空间与外层空间法
1. 识记:领空主权。
2. 领会:(1)空气空间与外层空间的概念;(2)国际航空运输。
3. 应用:外层空间的法律制度。

（七）战争与武装冲突法
1. 识记:战争的开始及其法律后果。
2. 领会:(1)战争与武装冲突的区别;(2)禁止使用的作战手段和方法。
3. 应用:战争罪行与责任。

第十三章 国际私法

一、学习目的和要求

通过本章的学习,掌握国际私法的概念、调整对象、调整方法及法律渊源,掌握国际私法的基本概念和基本制度,如冲突规范、反致、识别等;了解国际民事诉讼程序和国际商事仲裁。

二、课程内容

第一节 国际私法概述

国际私法的概念和调整对象;法律冲突与国际私法的调整方法;国际私法的渊源;国际私法的性质。

第二节 冲突规范和准据法

冲突规范的概念和类型;识别;连结点;准据法的确定。

第三节 外国法的适用

反致制度;公共秩序保留;法律规避;外国法内容的查明。

第四节 国际民事诉讼程序

国际民事诉讼程序与国际民事诉讼法;国际民事诉讼管辖权;外国人民事诉讼地位;域外送达、域外取证和诉讼期间;司法协助;外国法院判决的承认与执行。

第五节 国际商事仲裁

国际商事仲裁的概念;国际商事仲裁机构;国际商事仲裁协议;国际商事仲裁的法律

适用;国际商事仲裁裁决的撤销;外国仲裁裁决的承认与执行。

三、考核知识点和考核要求

（一）国际私法的概念、调整对象、调整方法、渊源、性质
1. 识记:(1) 国际私法的调整方法;(2) 国际私法的性质。
2. 领会:(1) 国际私法的概念;(2) 国际私法的渊源。
3. 应用:国际私法的调整对象。

（二）冲突规范和准据法
1. 识记:(1) 冲突规范的概念;(2) 冲突规范的类型。
2. 领会:准据法的确定。
3. 应用:连结点。

（三）外国法的适用
1. 识记:(1) 反致;(2) 转致;(3) 间接反致;(4) 法律规避。
2. 领会:公共秩序保留。
3. 应用:外国法内容的查明。

（四）国际民事诉讼程序
1. 识记:(1) 外国人民事诉讼地位;(2) 司法协助。
2. 领会:(1) 国际民事诉讼管辖权;(2) 域外送达;(3) 域外取证;(4) 诉讼期间。
3. 应用:外国法院判决的承认与执行。

（五）国际商事仲裁
1. 识记:(1) 国际商事仲裁协议;(2) 外国仲裁裁决的承认与执行。
2. 领会:(1) 国际商事仲裁的概念;(2) 国际商事仲裁裁决的撤销。
3. 应用:国际商事仲裁机构。

第十四章 国际经济法

一、学习目的和要求

通过本章的学习,理解国际经济法的概念、渊源和内容,掌握国际贸易法、国际投资法、国际金融法和国际税法的基本法律关系。

二、课程内容

第一节　国际经济法概述

国际经济法的概念；国经济法的调整对象与内容；国际经济法的特征；国际经济法的主体；国际经济法的基本原则；国际经济法的渊源。

第二节　国际贸易法

国际货物买卖法律制度；《国际贸易术语解释通则》；《联合国国际货物销售合同公约》；对外贸易管理法律制度；世界贸易组织法律制度。

第三节　国际投资法律制度

国际投资与国际投资法；国际投资的法律形式；资本输入国外资法；资本输出国海外投资法；促进与保护投资的国际法制。

第四节　国际金融法律制度

国际货币法律制度；国际融资法律制度；国际金融监管法律制度。

第五节　国际税收法律制度

国际税法的概念与基本原则；税收管辖权冲突与国际重复征税；国际重复征税的危害；避免国际重复征税的方法；税收饶让抵免；国际逃税与避税；管制国际逃税与避税的国内法措施与国际合作。

三、考核知识点和考核要求

(一) 国际经济法的概念、渊源、基本法律关系和内容
1. 识记：(1) 国际经济法的概念；(2) 国际经济法的渊源。
2. 领会：国际经济法的内容。
3. 应用：国际经济法的基本法律关系。

（二）国际贸易法的基本法律关系、国际贸易术语、《联合国国际货物销售合同公约》

1. 识记：《联合国国际货物销售合同公约》。
2. 领会：国际贸易法的基本法律关系。
3. 应用：国际贸易术语。

（三）国际投资的法律形式、资本输入国法与资本输出国法的法律调整手段、国际投资法制

1. 识记：(1)《汉城公约》；(2)《华盛顿公约》。
2. 领会：(1) 资本输入国法的法律调整手段；(2) 资本输出国法的法律调整手段。
3. 应用：国际投资的法律形式。

（四）国际融资法律关系、国际金融监管的基本措施与巴塞尔体制的基本内容

1. 识记：(1) 国际金融监管的基本措施；(2) 巴塞尔体制的基本内容。
2. 领会：国际融资法律关系。
3. 应用：国际融资的基本方式。

（五）国际重复征税与国际重叠征税的概念、抵免方法、国际逃避税及其监管

1. 识记：(1) 国际重复征税与国际重叠征税的概念；(2) 抵免方法。
2. 领会：(1) 国际重复征税的危害；(2) 国际逃税与国际避税的区别。
3. 应用：国际逃避税及其监管方法。

Ⅳ 关于大纲的说明与考核实施要求

为了使本大纲的内容在个人自学、社会助学和考试命题中得以贯彻和落实,特作如下说明:

一、自学考试大纲的目的和作用

《法学概论自学考试大纲》是根据专业自学考试计划的要求,结合自学考试的特点而确定,其目的是对个人自学、社会助学和课程考试命题进行指导和规定。

该自学考试大纲明确了课程学习的内容以及深广度,规定了课程自学考试的范围和标准。因此,它是编写自学考试教材和辅导书的依据,是社会助学组织进行自学辅导的依据,是自学者学习教材、掌握课程内容知识范围和程度的依据,也是进行自学考试命题的依据。

二、课程自学考试大纲与教材的关系

《法学概论》课程自学考试大纲是进行学习和考核的依据,教材是学习掌握课程知识的基本内容与范围,教材的内容是大纲所规定的课程知识和内容的扩展与发挥。

三、关于自学教材

《法学概论》,全国高等教育自学考试指导委员会组编,王磊主编,北京大学出版社出版,2018年版。

四、关于自学要求

本大纲的课程考核要求是依据专业考试计划和专业培养目标而确定的,明确了课程的基本内容以及对基本内容掌握的程度。考核要求中的知识点构成了课程内容的主体部分。本课程共6学分。

五、对考核内容的说明

(一)本课程要求考生学习和掌握的知识点内容都作为考核的内容。课程中各章的内容均由若干知识点组成,在自学考试中成为考核知识点。因此,课程自学考试大纲中所规定的考试内容是以分解为考核知识点的方式给出的。由于各知识点在课程中的地位、作用以及知识自身的特点不同,自学考试将对各知识点分别按两个认知层次确定其考核要求。

（二）在考试之日起 6 个月前，由全国人民代表大会和国务院颁布或修订的法律、法规都将列入相应课程的考试范围。凡大纲、教材内容与现行法律、法规不符的，应以现行法律法规为准。另外，法律专业自学考试的命题也会对我国经济建设和科技文化发展的重大方针政策的变化予以体现。个人自学者、社会助学组织在学习过程中应予以关注。

六、关于考试命题的若干规定

（一）本课程为闭卷笔试，考试时间为 150 分钟，满分 100 分。

（二）本大纲各章所规定的基本要求、知识点及知识点下的知识细目，都属于考核的内容。考试命题既要覆盖到章，又要避免面面俱到。要注意突出课程的重点、章节重点，加大重点内容的覆盖度。

（三）命题不应有超出大纲中考核知识点范围的试题，考核目标不得高于大纲中所规定的相应的最高能力层次要求。命题应着重考核自学者对基本概念、基本知识和基本理论是否了解或掌握，对基本方法是否会用或熟练。不应出与基本要求不符的偏题或怪题。

（四）本课程在试卷中对不同能力层次要求的分数比例大致为：识记占 40%，领会占 40%，应用占 20%。

（五）要合理安排试题的难易程度，试题的难度可分为：易、较易、较难和难四个等级。每份试卷中不同难度试题的分数比例一般为：2∶3∶3∶2。必须注意试题的难易程度与能力层次有一定的联系，但二者不是等同的概念。在各个能力层次中对于不同的考生都存在着不同的难度。在大纲中要特别强调这个问题，应告诫考生切勿混淆。

（六）该课程考试命题的题型一般有单项选择题、多项选择题、简答题、案例分析题等题型。请参见题型举例。

附录 题型举例

一、单项选择题： 在每小题列出的备选项中只有一项是最符合题目要求的,请将其选出。

1. 我国公民在选举权方面要求年满
   A. 16 周岁　　　　B. 15 周岁　　　　C. 20 周岁　　　　D. 18 周岁
2. 我国刑法解决溯及力问题的原则是
   A. 从旧原则　　　　　　　　　　　B. 从新原则
   C. 从旧兼从轻原则　　　　　　　　D. 从新兼从轻原则

二、多项选择题： 在每小题列出的备选项中至少有两项是符合题目要求的,请将其选出,错选、多选或少选均无分。

3. 我国刑法规定,教唆犯的构成要件包括
   A. 被教唆的人接受了教唆　　　　B. 有教唆他人犯罪的行为
   C. 有教唆他人犯罪的故意　　　　D. 被教唆的人实施了被教唆的罪
4. 我国刑法的基本原则包括
   A. 罪刑法定原则　　　　　　　　B. 罪刑相当原则
   C. 法律面前人人平等原则　　　　D. 权力制约原则

三、简答题

5. 简述我国民法的基本原则
6. 简述正当防卫的成立要件

四、案例分析题

7. 甲的丈夫乙自 1995 年 1 月外出打工后一直下落不明,2001 年经甲申请,法院依法判决宣告乙死亡。不久,甲、乙二人的女儿丙由丁合法收养。2003 年甲与戊登记结婚。2005 年乙突然回家,法院依法撤销了对其的死亡宣告。现乙主张与甲自动恢复婚姻关系;并告知丁,当初收养丙未经其同意,完全由甲一人做主,是无效的,主张解除此收养关系。

请问:乙的主张是否成立？为什么？

8. 被告人甲,男,23 岁,2005 年高中毕业后在家待业,经常在街道上游荡,不时在菜市场上强拿强要,起哄闹事。2010 年 9 月 12 日,甲在一路口看到一妇女蹲下系鞋带,其风衣口袋露出手机的金色链条。甲挤上前,紧贴妇女身旁,将手机偷走。后甲因打架被拘

留。拘留期间,甲主动交代了其偷窃手机的罪行。因受害人未报案,司法机关并不知道此情况。后经查证,证明其交代的罪行属实。

请问:

(1) 本案中甲主动交代其偷窃手机的行为属于什么性质的行为?为什么?

(2) 对甲盗窃手机的行为应如何处理?

大 纲 后 记

经全国高等教育自学考试指导委员会同意,由法学类专业委员会负责高等教育自学考试法律专业大纲的审定工作。

《法学概论自学考试大纲》由主编王磊教授(北京大学)、副主编潘爱国副教授(三峡大学)组织编写,参加编写的人员有王怡副研究员(中山大学)、曹旭东副教授(中山大学)、赵力讲师(杭州电子科技大学)、乔远讲师(深圳大学)、胡玉桃助理研究员(湖北省武汉市社会科学院)、段礼乐讲师(深圳大学)、卢永琦讲师(北京理工大学)、高俊杰讲师(深圳大学)、王瑞雪讲师(南开大学)、伍俐斌副教授(中山大学粤港澳发展研究院)、曹亚伟讲师(中国海洋大学)。

参加本大纲审定工作的有:中国政法大学舒国滢教授、中国政法大学王传丽教授、清华大学余凌云教授、清华大学张卫平教授以及北京大学刘剑文教授。

对于编审人员付出的辛勤劳动,在此一并表示感谢!

全国高等教育自学考试指导委员会
法学类专业委员会
2018 年 9 月

全国高等教育自学考试指定教材
非法学类专业

法学概论

全国高等教育自学考试指导委员会　组编

前　言

法学是一门古老的学科，也是一门历久弥新的学问。法学是正义之学，也是思维之学和方法之学。法学思维和法律思维作为一种重要的方法论，已经不仅仅停留于法学研究者的视野和法律实务者的案头，而是走出法律职业者的象牙塔，成为全社会共享性的思维模式与方法论，辐射到社会工作的方方面面。在这一发展趋势的引领下，法学越来越具有基础性学科的特征，逐渐成为通识性学科的重要组成部分。科学的法学思维和法律思维的养成需要以相应的法学知识作为基础，因此学习和掌握必要的法学知识也成为非法学专业考生的内在要求。

依法治国是我国重要的治国方略，建设社会主义法治国家已经成为国家发展的重要战略目标，在这一宏大的历史背景下，法学知识的普及和推广已成为我国社会发展的一项重要的基础性工作。尊法、学法、守法、用法已成为社会成员的自觉行动，办事依法、遇事找法、解决问题用法、化解矛盾靠法也逐渐成为社会的普遍共识。在全面推进依法治国的新的历史时期，学习法律知识、提升法律素养的重要性日益凸显，增强法治观念、践行法治思维和法治方式，我们责无旁贷。

法学概论是法学的入门课程，对了解和熟悉法学学科具有重要意义。法学概论囊括了法学最主要的部门法，有利于全面了解法学最基础的知识，把握法学学科的结构与功能，为进一步深入对法学的学习奠定基础。从内容编排来看，法学概论既有法学的基础理论（法理学），也有各个部门法；既包括公法，也包括私法；既有实体法，也有程序法；既有国内法，也有国际法，这些多元的法律知识构成法学概论课程的完整体系。

法学概论的教材编排秉承大陆法系教材的编写模式，因此考生在学习时亦应遵循大陆法系的法学课程学习模式。具体而言，在学习过程中，首先，应从基本概念入手，在基本概念的基础上去了解法学基本理论，进而实现对制定法相关内容的理解和把握；其次，要将法学理论与法学实践紧密结合起来，在学习法学理论的同时注意对相关案例的研习，通过案例研习加深和巩固对法学理论的理解；最后，要做到知识与能力并重，通过有意识的对法学思维和法律思维的训练将法学知识转化和上升为法律能力，不断提升自己运用法学知识解决具体法律问题的能力。

如同其他课程的自学一样，法学概论课程的自学除了要充分利用教材以外，还需要全面调动相关的学习资源，特别要全面充分地利用网络资源。网络让知识变得廉价，网络是没有围墙的大学，法学概论课程的自学需要以教材为中心，同时挖掘利用网络提供的大量文字、音频和视频信息，形成一种全方位的、立体的学习方式。

本教材各章节编写者如下：

第一章　王怡，中山大学法学院副研究员，法学博士

第二章　曹旭东,中山大学粤港澳发展研究院副教授,法学博士,博士生导师
第三章、第十一章　赵力,杭州电子科技大学人文与法学院讲师,法学博士
第四章　乔远,深圳大学法学院讲师,法学博士
第五章　胡玉桃,湖北省武汉市社会科学院政法所助理研究员,法学博士
第六章　潘爱国,三峡大学法学与公共管理学院副教授,法学博士
第七章　段礼乐,深圳大学法学院讲师,法学博士
第八章　卢永琦,北京理工大学法学院讲师,法学博士
第九章　高俊杰,深圳大学法学院讲师,法学博士
第十章　王瑞雪,南开大学法学院讲师,法学博士
第十二章、第十三章　伍俐斌,中山大学粤港澳发展研究院副教授,法学博士
第十四章　曹亚伟,中国海洋大学法政学院法律系讲师,法学博士
全书由副主编潘爱国统稿,由主编王磊审核。
由于编者水平和能力有限,教材缺漏和错误在所难免,请专家、学者和读者们批评指正!

《法学概论》编写组
2018 年 9 月

第一章 法 理 学

学习目标：通过本章学习，理解并掌握法的起源、本质和基本特征；理解法的价值的内涵，掌握法的目的价值的主要内容；理解并掌握法的功能；理解法治和法制的基本概念，能够辨析法治与法制的区别与联系；理解并掌握法治与社会主义核心价值观的关系；理解并掌握全面推进依法治国的重大意义和基本要求。

教师导读：本章第一节主要介绍法的起源、本质和基本特征。重要知识点包括法的起源、法的本质、法的基本特征。第二节主要介绍法的价值和功能，重要知识点包括法的价值的内涵，法的目的价值的基本内容和法的功能的基本内容。第三节主要介绍中国特色社会主义法治理论，重要知识点包括法制与法治各自的概念，法制与法治的区别和联系，法治与社会主义核心价值观的关系，推进全面依法治国的重大意义和基本要求。

建议学时：8学时

第一节 法的起源、本质与基本特征

一、法的起源

要回答法的起源是什么，首先需要回答法有没有起源的问题。法有没有起源？从古到今，在大量的论说当中，存在两类基本的观点：一类认为法无所谓起源，因为人类社会的社会规范是同人类社会相伴而生的，法作为人类社会的一种社会规范，理所当然与人类社会同在。另一类观点认为，法是有起源的，法同其他任何事物一样，并非自始就有，也不会永恒存续。法只是人类社会发展到一定历史阶段的产物，法的产生同私有制、阶级和国家的出现有着直接联系。上述两种观点中，认为法没有起源的观点，建立在将法同社会规范完全等同的基础上，主张法就是社会规范。这样一个大前提混淆了法与社会规范的种属概念，有悖于法的起源和发展的实际状况，因而是错误的。与之相反，承认法有起源的观点，无论是在理论层面、方法层面还是事实层面，都经得起经验和逻辑的推敲。在人类的社会规范体系中，并非仅仅存在法这样一种规范，还有诸如习惯、道德、宗教等其他社会规范也都在人类社会发展史中发挥过或正在发挥着重要作用。社会规范能够作为一个整体同人类社会共始终，但在不同的时代和国情之下，社会规范包括的要素和种类是有区别的。正如马克思主义所认为的，法不是从来就有的，也不是永恒存在的。法是人类社会物质生活条件发展到一定历史阶段才出现的社会现象。法是随着生产力的发展、私有制和阶级的产生，以及国家的出现而渐进产生的。

原始社会没有国家,也无所谓法。这一历史时期生产工具简陋,生产力发展落后,社会成员只得通过集体劳动维持生存,所获得产品平均分配,自然也就不存在私有制和剥削阶级,不存在国家和以国家意志形式表现出来的法。首先,原始社会当中没有国家的概念和实体。氏族是原始社会组织的基本单位,是以血缘关系为纽带而形成的氏族成员的联合。氏族成员共同劳动、共同消费,个体之间地位平等。氏族的一切重大事务皆由氏族全体成员参加的议事会决定,氏族首领由氏族会议民主选举产生。其次,原始社会主要由氏族习惯调整人们之间的生产关系和生活关系。氏族习惯是公社成员在长期的共同劳动和生活中逐渐形成的共同的生活准则,既调整氏族成员之间的相互关系,也维系氏族社会的整体秩序。

原始社会末期,生产力的发展和生产工具的改进导致剩余产品出现,畜牧业、手工业与农业相分离,商品生产和私有制萌发,催生了奴隶主和奴隶两大阶级的对立。由于氏族组织和氏族习惯已无法满足调整社会关系以及维护社会秩序的现实需求,国家与法应运而生。综上,法同早期氏族习惯的根本区别主要体现在以下三个方面:

其一,两者反映的利益和意志不同。氏族习惯是原始公有制生产关系的产物,反映了氏族全体的共同利益和意志;而法律主要反映统治阶级的利益和意志。

其二,两者产生的方式不同。原始社会规范是氏族成员在长期共同生产和生活过程中自发产生的;法是由国家制定或认可的。

其三,两者的实施方式不同。氏族习惯能够依靠人们的自觉遵守以及氏族首领的威信来维持;法则必须通过国家强制力保证实施。

二、法的概念及其立场

法的概念是法理学研究的核心问题,围绕这一问题,不同空间背景下的法学家们尝试提出了形形色色的观点。有些观点是完全对立的,有些观点则表现出相似性。例如,根据人们对法与道德关系的不同主张,可以将常见的对于法的概念的不同看法归纳为两种:自然法的法的概念和实证主义的法的概念。前者主张,在定义法的概念时,需要考虑道德因素。后者则强调,在法律命令与正义要求之间,不存在概念上的必然联系。因此,自然法学家坚持认为"恶法非法",法律实证主义理论则主张"恶法亦法"。

在我国,"法"一般被界定为:由国家制定、认可并由国家强制力保证实施的规范体系。这种规范体系反映了由社会物质生活条件决定的统治阶层或人民的意志,其目的在于确认、保护和发展统治阶层或人民所期望的社会关系和价值目标。

三、法的发展

有法的产生,就会有法的发展。人类的法律无论是在数量还是在内容上都经历了一个从简单到复杂的发展过程,并且这一过程还在继续。从根本上说,法受制于特定社会历史阶段的生产力发展水平,法在产生之后就必然会随着社会生产力和生产关系的发展变化而发展变化,经济关系变化是法的发展的根本动力。除受制于经济关系外,法作为上层建筑,是意识形态的体现,其同政治变革之间也有着重要关联,政治动力也能够对法的发展起到重要推进作用。此外,法作为一种文化现象,人们的文化性格与文化理想也影响着人们对法的选择和期待,间接影响到法的发展方向。

关于法的发展的一般规律可以有多种认识视角和表述形式。例如,从法的形式上看,法的发展体现为从习惯法到成文法的过程。早期的成文法主要是习惯法的整理和记载。其后,为了不断适应国家和社会发展所产生的新需求,大量新的成文制度规范被制定出来,制定法成为法的主要渊源。再如,从法的内容上看,法的发展经历了从法与宗教、道德等社会规范的浑然一体到逐渐分离和相对独立的过程。不同的法学家对于法的发展也有不同的观点和看法。英国法学家梅因将法的发展总结为从身份到契约的运动;德国思想家韦伯认为法的发展是从不合理走向合理、从实质合理性走向形式合理性的过程。马克思主义法学认为,法的发展是从一个历史类型向另一个历史类型依次更替的过程。

法的历史类型是根据法所赖以存在的经济基础及其所体现的国家意志的属性而对法律制度作出的一种基本分类。按照这一分类标准,人类历史上的法可以划分为奴隶制法、封建制法、资本主义法和社会主义法。前三种历史类型的法律都是建立在生产资料私有制的基础上,属于剥削阶级类型的法。社会主义法律制度建立在生产资料社会主义公有制基础上,反映并维护广大人民的意志和利益,是最高历史类型的法。① 马克思主义认为,社会基本矛盾的运动规律是法的历史类型更替的根本原因,但法的历史类型的更替不是一个自发实现的过程,而是需要通过人们有意识的社会变革来实现,社会革命是法的历史类型更替的直接原因。

知识拓展 中国古代"法"的含义

在中国古代,"法"写作"灋"。《说文解字》中对此有专门解释:"灋,刑也,平之如水,从水。廌,所以触不直者去之,从去。"传说"廌"是尧时的法官皋陶审案时蹲坐一旁的独角神兽,能辨曲直、断疑案,如果谁有罪,就会用角去触他。后来,廌又写为獬豸,古代法官都戴一种獬豸冠,来表示自己执法公正。在夏、商、周的文献中,"刑"实质上指的就是法,春秋时期的一些成文法称为《刑书》《竹刑》。到了战国时期,"法"才有了法律的含义。"律"是作为成文法的主要形式出现的,如商鞅"改法为律",意在加强法的稳定性。在古代,尽管"刑""法"和"律"字经常通用,但历代各朝的基本法典都以"律"为名,通称为刑律。

四、法的本质

法是一种重要而复杂的社会现象。古今中外有无数法学家试图对法和法的本质进行诠释和界定。在这些不同的理论观点当中,本书主要选择三种展开介绍:

(一)自然法学派对法的本质的认识

在西方法律思想史上,古希腊思想家最早使用"自然法"这个术语,确定了自然法的基

---

① 舒国滢主编:《法理学》(第四版),中国人民大学出版社 2015 年版,第 161 页。

调和方法论。古希腊思想家认为,宇宙万物皆受特定规律支配,相应的,人类社会秩序也应体现出某种规律的必然性。在实在法之上,存在着一个抽象的、普遍的自然法。是否符合自然法,是实在法好坏优劣的鉴别标准。自然法学派经历了由古代到中世纪,再由近代到现代的发展,其所强调的"自然法"的含义也随时代的不同而发生着变化。自然法或被认为源于宇宙和自然,或被认为是上帝的本性,或被归结为人的理性。但不论哪个时代,哪个流派分支,皆主张自然法与实在法的二元划分,并将符合自然法作为实在法获得有效性的前提。

（二）分析法学派对法的本质的认识

19世纪,实证主义学说在哲学研究领域占据主导地位,相应地影响了法学研究的思维方法。分析法学派以自然法学派的挑战者的身份出现,拒绝对实在法进行价值评判。分析法学派将在现实生活中起实际作用的实在法作为分析的对象,并将法与在社会中处于政治优势地位的主权者联系起来,认为法是主权者意志的体现。例如,分析法学之父奥斯丁提出法是主权者的命令。功利主义法学的创始人边沁认为,法应当有其规范的形式,法律如果不能以法典的形式表达出来,就是不完整的。纯粹法学派创始人凯尔森试图回答法是什么和法是怎样的,而不去回答法应当如何。凯尔森认为,一个共同体的法律规范的总和构成一个严密的规范体系。在这个体系中,一个规范的效力来自另一个较高级的规范,最终来自一个基本规范。所谓基本规范,就是一个不能从更高规范中引出其效力的规范。它是组成一个规范体系的各个规范之间的纽带,是该法律规范体系或法律秩序的基石。

（三）马克思主义法学对法的本质的界定

马克思主义从区分法的现象与本质入手,揭示了法的本质。马克思主义首先对法的现象,即"法是什么"的问题进行了回答。法是由一定物质生活条件决定的统治阶级意志的体现,是由国家制定或认可并由国家强制力保证实施的规范体系,它通过对人们的权利和义务的规定,确认、保护和发展有利于统治阶级的社会关系和社会秩序。基于这一定义,马克思主义进而指出了法的本质：

首先,法是统治阶级意志的体现。对于这一本质内容,可从两方面加以理解。其一,在阶级社会当中,不同阶级有着不同的阶级利益和阶级意志,并且在政治和经济关系中处于不同地位。往往只有在经济和政治上居于支配地位的阶级才能掌握国家政权,并将自己的意志通过法的形式加以固化和反映,进而形成全社会普遍遵守的行为规范,实现本阶级利益的长久维护。其二,法所体现的统治阶级意志,并非少数人或单个人的意志,而是统治阶级的整体意志,其所维护的不是少数人或单个人的利益,而是统治阶级的共同利益。

其次,法是被提升为国家意志的统治阶级的意志。在阶级社会中,统治阶级的意志可以通过多种形式体现。例如,社会中占据统治地位的道德、宗教、哲学等均可视作统治阶级意志的体现,发挥着维护统治阶级利益和特权的功能。尽管如此,它们都同法律有着本质的区别,因为法律只能是那些按一定程序上升为国家意志,要求人们普遍遵守的阶级意志,其他阶级意志都不具有这种属性和特征。通过国家意志表现出来的阶级意志具有高度统一性和极大的权威性,任何违法行为都可能受到国家有组织的强力的制裁。

最后，法的内容由统治阶级的物质生活条件决定。法所体现的统治阶级意志虽带有主观性，但其并非主观臆造，而是取决于特定的物质生活条件，同该时期的社会生产力水平和生产关系相适应。有什么样的社会物质生活条件，就会有什么样的统治阶级意志，相应的也就会产生什么样的法。需要指出的是，尽管物质生活条件对于法的内容有着决定性的影响，但其并非唯一的影响因素，伦理道德、民族传统、宗教信仰、科学文化水平等同样也会对法的内容起到实质性的塑造作用。

历史上，绝大多数关于法的本质的说法都不能确切地道出法的真谛。究其原因，大多数关于法和法的本质的解释都带有鲜明的时代烙印，难以摆脱历史和阶级的局限。在众说纷纭之中，经得起历史和现实考验的，唯有马克思主义关于法和法的本质的深刻揭示。

知识拓展 其他法学流派关于法本质的认识

（1）历史法学派的法本质论

历史法学派的代表人物有英国的梅因和德国的萨维尼，其中萨维尼对于法的本质的研究较为深刻和直接。他指出，法律如同一个民族所特有的语言、生活方式和素质一样，本身就具有一种固定的性质和明显的属性。法律随着民族的发展而发展，随着民族力量的加强而加强，最后也同一个民族失去它的民族性一样而消亡。

（2）社会法学派的法本质论

社会法学派将法与社会联系起来，用社会学的理论和方法来认识和研究法律问题，提出法产生于社会生活，是人们之间利益对立、矛盾和斗争的产物。社会法学派强调社会、社会连带、社会整体利益，其价值观基本上属于"社会本位论"。

五、法的特征

同道德规范、宗教教义等社会规范相比，法是一种特殊的社会规范，其特殊性主要通过法的基本特征加以体现：

其一，法是能够为主体提供行为标准的社会规范。为个人和组织提供行为规范是法的基础性特征，也是其首要特征。这一特征首先意味着，法是一种规范，以制度形态存在，而非以意识或观念的形式存在。法的这一特征，使其同道德规范相区别。其次，法是一种社会规范。社会是由人与人的关系构成的，社会规范是维系人们之间交往行为的基本准则。作为社会规范的一种，法只调整同社会相关或能够对社会产生影响的行为，而不干涉同社会无关的纯粹的个人行为。再次，法是一种行为规范，其具备为主体行为提供行为标准的功能。并且，法只关心主体的行为，而不干涉主体的思想活动、道德品德或观念意识。其他社会规范，例如道德，不仅调整主体的行为，也调整主体的思想，与之相比，可见法的特质。

其二，法是由公共权力机构制定或认可的具有特定形式的社会规范。这一特征包含两方面要点：首先，法是由公共权力机构制定或认可的社会规范，这种公共权力机构是建立在一定的合法性基础上的政权，这是法与其他人为原因形成的社会规范的主要区别之一。法律的形成有两种方式,即制定或认可。所谓制定,是指有立法权的国家机关按照立法程序制定成文法;所谓认可,是指国家根据实际生活的需要,赋予社会上已经存在的传统习惯以法的效力。无论是国家制定的法还是国家认可的法,都体现了国家意志,具备其他社会规范不具有的国家意志性。

其三,法是带有普遍性、明确性和肯定性的社会规范。这一特征又具体包含两层含义。首先,法的适用对象和适用范围具有普遍性。法通常只为抽象的人而非具体的、特定的个人提供行为标准,即法的适用对象具有普遍性。此外,法在特定效力范围内只要尚未失效便能反复适用,这体现了其在时间上和空间上的普遍性。其次,法的形式和分类具有明确性和肯定性,法通常都是以具体的形式,明确地、肯定地为主体提供行为标准的。现实当中,有许多法律规范不能为主体提供明确的、肯定的行为标准,这主要是由于立法技术不科学、不规范造成的,是一种亟待改变的现象,并不意味着法的本质即如此。

其四,法是以权利和义务为内容的社会规范。法通过设定以权利和义务为内容的行为模式指引人的行为,从而调整社会秩序。法以权利和义务为内容,意味着一定条件具备时,人们可以从事或不从事某种行为,必须做或必须不做某件事。法所规定的权利和义务往往相互对应,明显区别于道德、宗教等社会规范,因为后者往往侧重于义务和责任的规定,且这种义务和责任较少会有相应的权利与之对应。

其五,法是由国家强制力保障实施的社会规范。社会规范一般都具有强制性,例如习惯受到习惯力量的强制,道德主要依靠社会舆论进行强制。不同的社会规范,其强制措施和方式、范围、程度皆有不同。同其他社会规范的强制性相比,法的强制性较为特殊:法是凭借国家强制力保证实施的社会规范,以军队、法庭、监狱等国家暴力机器为后盾。法律就一般情况而言,是一种最具有外在强制性的社会规范。同时,国家强制力还是一种合法的暴力,这一方面意味着国家强制力是有法律根据的,一方面意味着国家强制力必须合法行使,符合实体法和程序法两方面的要求。

其六,法是司法机关办案的主要依据。一种社会规范,如果不能作为司法机关办案依据,不能在办案中加以适用,就不是法。能否作为司法机关办案的主要依据,是衡量一种社会规范能否归入法的范畴的重要标准。需要注意的是,法是司法机关办案依据的说法并不意味着所有可以作为办案依据的社会规范都是法,例如,在法律规范不健全或存在重大疑难时,法院也会将道德、政策、习惯等作为法的补充,但这些被用作法的补充的裁判依据,本身并不是法。

链接阅读

1. 童之伟:《法的本质是一种实在还是一种虚无——法的本质研究之一》,载《法学》1998年第10期;

2. 童之伟:《用什么方法确定法的本质——法的本质研究之二》,载《法学》1998年第11期;

3. 童之伟:《当代中国应当确立什么样的法本质观——法的本质研究之三》,载《法学》1998年第12期。

第二节 法的价值和功能

一、法的价值概说

"价值"首先是一个表征主客体关系的范畴。马克思主义认为"价值"反映的是作为主体的人与作为客体的自然、社会之间的关系,揭示的是人的实践活动的动机和目的。主体对于客观世界及其事物的认识不是盲目进行的,往往都要以改造客观世界为目的;主体之所以要对客观世界及其事物进行改造,通常又都是为了满足主体自身需要。人与物之间的这种需要与满足的对应关系,就是价值关系。在价值关系中,人是价值主体,满足人的需求的外界事物是价值客体。

"价值"其次是一个表征偏好的范畴,可以是用以表示事物所具有的能够满足主体需要的功能和属性的概念。人们在日常生活中使用价值一词时,多是在这一意义上使用,即客体满足主体需要的积极意义或客体的有用性。凡是对人有利的、有用的或者有益的,能够满足人的某种需要的,就会得到人们的肯定性评价,就会被认为是有价值的。反之,一些无法满足人的需要,无助于实现人的目标,甚至对人有害的事物,就会得到否定性评价,被认为是无价值的。

基于有关价值的上述理解,所谓法的价值,简单说来就是法的这种规范体系有哪些为人所重视、珍视的性状、属性和作用。[①] 人们在认识法的价值时,同样也遵循着上述"价值"概念两重性质提供的线索,即法的价值一方面体现了作为主体的人与作为客体的法之间需要和满足的对应关系;另一方面又体现了法所具有的、对主体有意义的、能够满足主体需要的功能和属性。法的价值的定义表明:其一,法的价值是一个关系范畴,同"法律规则""法律行为"等实体范畴相区别。其二,法的价值不是独立于作为主体的人和作为客体的法的存在物。只有当法符合或能够满足人们的需要,在人与法之间形成价值关系,法才有价值可言。其三,法的价值既包括对实然法的认识,也包括对应然法的追求。

在法学研究中,"法的价值"这一术语通常在三种情形下使用:第一,使用法的价值指称法在发挥其社会作用的过程中能够保护或增进哪些价值。例如,人们通常所说的"法的重要价值在于维护公平正义""物权法的重要价值在于保护财产权利"等,强调的都是法在发挥作用的过程中能够保护或增进哪些为人们所珍视的事物。社会实际生活中的安全、自由、公正等诸多价值,是法所服务的对象,需要通过法的存在和运作来加以维系,这些价值通常被称为法的"目的价值"或"外在价值"。第二,用法的价值来指称法自身所应具有的值得追求的品质和属性。比如法应当逻辑严谨,法应当简明扼要,法应当表意准确等。法的这些价值并非法所服务的对象,也不是法所追求的社会目标,而是法之所以成为法,其自身必备的一些基本素质,对于这一意义上的法的价值,可以称为法的内在价值。第

[①] 李步云主编:《法理学》,经济科学出版社 2000 年版,第 58 页。

三,法的价值可以被用来指称法所包含的价值评价标准。法的评价标准也就是法律上对各类事物进行价值判断所遵循的准则,主要解决两类问题:一是价值确认问题,即按一定的标准来确定何种要求、期待、行为或利益是正当的,符合法的理想和目的,并因此是值得肯定和保护的,或者何种要求、期待、行为或利益是不正当的,不符合法的理想和目的,因而是应当禁止和取缔的。第二类问题是确定价值位阶问题,由于不同的目的价值之间在大小、高低、多少上可能存在差异,当实现法的价值的资源和机会不均等时,就需要对不同大小、高低、多少的价值进行排序,以确定不同价值实现的先后次序。法的价值确认问题和法的价值位阶问题,是关于法的价值研究的核心问题。

二、法的目的价值

法的目的价值是法在发挥其社会作用的过程中能够保护或增进的价值,集中体现为法对秩序的维护、法对自由的确认、法对正义的实现以及法对效率的促进。

(一)法对秩序的维护

秩序指的是事物存在的一种有规则的关系状态,一致性、连续性和稳定性是秩序的具体特征。法学研究所关心的是秩序,主要是指社会秩序,表明通过法律规范、法律机构、法律权威所形成或维护的一种有序状态。法对秩序的维护作用首先体现在法对统治秩序的维护。任何社会统治的建立都意味着一定统治秩序的形成。没有稳定而连续的秩序,统治者的权力就无法行使,统治者的社会管理也就不可能开展。法对秩序的维护作用其次体现为建立和维护社会生活秩序。有秩序的社会生活是人类其他活动的前提,任何性质的社会都必须建立起正常的社会生活秩序。在建立和维护社会生活秩序方面,法发挥的作用包括以下几个方面:

第一,确定权利义务的内容和界限。法律划定权利义务的界限,一般通过三种方式:一是由法律直接设定权利义务的种类,并明确权利义务的内容;二是由法律提供具体的依据或标准,由当事人根据这些依据和标准自行确定权利义务的有无或内容;三是法律设定权威的解释规则。当法律直接设定的或由当事人自行设定的权利义务内容发生争议时,可依据一定的解释规则进行解释,对内容模糊的权利义务重新确定内容。

第二,建立纠纷解决机制,创设各类诉讼程序。在允许私力救济的社会当中,社会成员对于自己的人身安全和财产安全无法预期,并极易陷入冤冤相报的恶性循环,威胁社会生活的稳定。法律通过建立纠纷解决机制,创设同各类实体法相对应的诉讼程序,使私力救济被公力救济取代,有效保障了社会成员的人身安全和财产安全,维护着社会总体秩序和安定。

第三,建立和维护以生产和交换为主要内容的经济秩序。自然经济条件下,自给自足的农业经济占据主导地位,法的主要功能在于对农业生产方面的关系进行调整。进入商品经济阶段之后,生产力发展迅速,经济形态日趋复杂,经济秩序对法的依赖性增强,立法也相应跟进,法律日益细致并形成体系。

第四,建立和维护权力运行秩序。权力的运行既会给他人和社会带来福利,也可能因其不当行使给人们和社会造成危害。现代社会,法律存在的重要意义之一就在于通过对权力资源进行法律配置,规范权力的内容和权力行使的界限,规范不同权力之间的关系,使权力运行规范化、制度化,在确保权力运行效率和效果的同时,兼顾对个体权利和社会权利的尊重和保障。

(二) 法对自由的确认

关于自由的含义,不同的学科有着不同的理解。马克思主义哲学意义上的自由,指的是对必然的认识和支配。政治学和社会学意义上的自由指涉的是人与社会关系的一种状态,即免于他人的压迫和控制,按照自己的意志、目的进行活动。法学所关注的自由主要是社会生活中的自由,指涉人的行为与法律的关系。在法学的视野中,自由是法律上的权利,其边界是不能从事法律所禁止的行为。在法律作为社会管理主要规则的社会中,法律与自由的联系十分紧密,对自由进行确认和保障,是法律的重要功能之一。

第一,法律以权利和义务的方式设定自由的范围及其实现方式。通过权利义务的设定,为个人和社会整体活动提供基本方案,是法律规范社会活动的基本方式之一。在法律的调整框架中,权利义务规范通过划定或确认主体的行动自由及边界,明确哪些行为可以为,哪些行为不可以为,从而将自由法律化为法律自由。

第二,法律通过设定行为模式和法律后果,提高了主体的自由选择能力。人在社会生活当中不可避免地要作出选择,不同选择背后可能带来的结果往往都是未知的。出于对未来的恐惧,人们在作出选择之前,难免瞻前顾后,犹豫不决,进而陷入一种选择上的不自由状态。法律作为一般性规则,通过明确的、肯定性的语言设定了社会主体的行为模式及其法律后果,能够增加主体对行为后果的可预测性,从而减少行为的盲目性和后果的不确定性,增进主体的行动自由。

第三,法律是自由与责任相联结的纽带。社会生活当中,自由诚可贵,但自由又经常被滥用,需要通过法律手段加以限制。滥用自由的具体表现通常是个体为增进或享受自身的自由而以牺牲他人权利为代价。例如,吸烟是个人的自由,但在公众场合吸烟,就可能危害他人健康,明知公众场合禁烟的规定而加以违反,就是滥用个人自由的典型例子。为避免自由被滥用,法律通过设定法律责任,明示主体滥用自由时可能引发的不利后果,从而为自由的平等享有提供保护机制。总之,没有责任,自由就会成为无政府状态,而人的权利就会成为无限制的任性。从这一意义上讲,社会生活中的自由与责任是对立统一的:一方面,责任是对自由的制约和限定;另一方面,责任又是对自由的保护。

(三) 法对正义的实现

正义是一个人们耳熟能详的概念,人们经常谈论正义,但正义究竟是什么,却始终没有一个权威的定义对其加以解释。正如美国法学家博登海默所言,正义有一张"普洛透斯"似的脸。在无数关于正义的诠释当中,较有代表性的有:柏拉图关于个人正义和城邦正义的论述;亚里士多德关于一般正义和特殊正义、分配正义和矫正正义的区分;罗尔斯关于社会正义和个人正义以及实质正义和形式正义的分类。此外,关于程序正义的理论,也具有特殊的理论意义和实践价值。马克思主义的辩证统一原理也曾对正义问题进行过深刻剖析，马克思主义认为，正义是主观和客观的统一，正义也是不变与流动的统一，正义的内容因历史与国情的不同而存在差异。

"法是善和正义的艺术""正义只有通过良好的法律才能实现"，不胜枚举的法学格言揭示了法与正义之间的紧密联系。首先，法律是实现正义的重要手段。正义是一种伦理规范，仅以观念的形态存在于人们的头脑和心灵当中，靠社会舆论发挥作用。正义的观念要对社会生活起到规范性作用，必须进入法范畴，成为有形的实体，并依靠国家强制力保证实施。其次，正义是检视或评判法之良恶优劣的重要标准，正义观念也是促进法的进步性变革的经常性力量。这一点很好理解，在历史和现实中，当人们指出某项法律制度存在非正义的因素时，往往暗示着人们对于制度改革的强烈意愿。当法律制度中的非正义因素无法通过和平途径加以去除，就会引起社会矛盾的激化，甚至诱发革命。再次，承认法与正义之间的重要关联，并不等于说法与正义是可以相互等同的概念，因为实然法同应然法之间难免存在差距。在落后的社会制度下，法要维护统治阶级的特殊利益，往往会同现今的正义观念存在距离，例如中国封建时代的各种残酷刑罚，目的是维护封建统治者的利益，是非正义的法。再如古代的一夫多妻制、"七出"制，用现今的眼光来看，也是同正义观念无法相容的。现代法治国家，法律制度同正义相违背的现象已基本不存在，但法与正义仍然不是一一对应的关系，在很多领域，积极反映正义观念的应然法的范围仍需进一步扩大，正义的边界和内容仍需进一步探寻。认识到这一点，有助于提醒人们以历史的、发展的眼光评价法律制度，并以自觉的、积极的态度推进法律制度改革。

知识拓展　亚里士多德的正义观

面对希腊各城邦社会政治斗争中的危机与困境，亚里士多德试图在社会生活中确立一种至善，一种德性，即社会正义原则。亚里士多德认为，所谓正义或公正"是一种所有人由之而作出公正事情来的品质"。与之相反的就是非正义的。由于法律是按城邦共同意志制定的，可以认为，守法就是正义，不守法即非正义。此外，亚里士多德还区别了两种特殊正义。第一种是分配正义，就是根据每个人不同的地位、财产、能力或者贡献等因素给予不同的待遇。在分配正义领域，对不同的人给予不同对待，对相同的人给予相同对待，即为正义。分配正义，即给每个人以其应得。第二种是矫正正义，矫正正义则是指无差别地给予一切人以均等的对待。矫正正义涉及对被侵害的财富、荣誉和权利的恢复和补偿，在矫正正义领域，伤害者补偿受害者，受害者从伤害者处得到补偿，即为正义。

（四）法对效率的促进

效率是一个用来衡量和评判投入与产出的基本概念，经济学家眼中的效率往往同价值极大化相等同。当我们说某某社会是一个有效率的社会，通常意味着该社会能够将自然资源、社会资源和人文资源合理优化配置，从而实现资源价值的最大化。是否有效率并非评判社会是否优良的唯一标准，但一个完善的社会，一定是一个注重效率的社会。因而，现代社会的法律制度，一个非常重要的功能和宗旨便是以有利于提高效率的方式分配资源,以权利和义务的规定保障资源的优化配置和使用。

第一,法律通过确认和维护生产者的基本权利,调动生产者的积极性,提高社会整体的生产效率。法律确认和维护生产者基本权利,调动生产者积极性的一个重要方式,是通过承认并保障人们的财产利益,鼓励人们为之努力。经济学和社会心理学皆表明,追求利益是人类最一般、最基础的心理特征和行为规律,是一切创造性活动的源泉和动力。所谓有恒产者有恒心,承认和保护人们的财产利益,并使之成为一种权利,是法律促进社会整体效率的首要环节。

第二,法律通过确认、保护和创造同生产力发展水平相适应的经济运行模式,提高社会整体的生产效率。不同的社会和国家往往在不同的历史时期采用不同的经济运行模式,就当代社会而言,市场经济模式是公认的最佳选择。在市场经济当中,生产者和经营者通过自由竞争实现优胜劣汰,进而实现生产资源从低效益利用向高效益利用的合理流转。在自由竞争之外,现代市场经济还承认国家宏观调控的重要作用,注重使用经济政策、法律制度等手段,避免或尽量消除生产经营中的资源浪费和不当竞争现象。无论是市场经济当中的自由竞争还是宏观调控,法律都在其中扮演着重要角色,起着必不可少的杠杆作用和保障功能。

第三,法律通过承认和保护知识产权,持续解放和发展科学技术,进而推动生产力的发展。在这方面,法所发挥的作用主要体现在:其一,赋予科学技术活动及其成果以权利的属性,并在权利之上附加利益,从而激励人们探索新思想、发展新技术。其二,组织和协调科学技术的发展,通过制定科技发展规划,改革科技管理体制,完善科技奖励制度等推进和激励科学技术事业的发展,推动科技成果转化为现实的生产力,提高社会整体生产效率。

第四,法律通过制度创新,降低交易成本,减少交易费用,间接实现效率的提高。当下法律体系当中的许多部门法,例如民商法、民事诉讼法、经济法等,均系以效率为核心构造,相应的制度改革和创新也都围绕着进一步提高法律规制效率和社会主体的经济效率而进行。

法的价值是一个包含有不同价值准则的多元化体系,每一种价值均有其自身的独特意义。由于社会生活的复杂性、社会主体利益需求的多样性,不同的法的价值在实现过程中难免发生冲突。一般说来,解决立法或法律实施过程中遇到的法的价值冲突难题,需要遵循以下原则:其一,价值位阶原则,即当不同位阶的法的价值发生冲突时,处于较高位阶的价值优于处于较低位阶的价值。其二,个案平衡原则,即当发生冲突的法律价值处在同一位阶时,可以综合考虑各个主体之间的利益或需求,尽量达到各方利益兼顾的效果。其三,比例原则,即为了保护某种较为优越的价值而不得不减损另一种价值时,应注意将减损控制在必要的程度范围以内,即以必要为限度。

三、法的功能

法的功能是指法对人们的行为、社会生活和社会关系发生的影响。关于法的功能,古往今来的法学家提出过许多经典的概括,也根据不同标准对法的功能进行了分类。在各种学说与理论当中,由拉兹所提出的规范功能和社会功能的划分获得较为广泛的认同。法首先是一种社会规范,因而具备规范功能,这一点很好理解。法的规范功能为法所固有,不以时空条件为转移,尽管在不同的社会背景和法律制度中,其实现程度可能有所差别。具体而言,法的规范功能可分为指引、评价、教育、预测四种。

法的指引功能指的是法对主体行为具有直接或间接的引导功能。法的指引是通过规定人们的权利和义务来实现的。法对主体行为的引导主要包括两种类型:一种是个别性指引,即通过发出具体的行为指示,引导特定个体在具体情形或特定条件下为或不为某种行为;另一种是规范性指引,即通过带有普遍性的、一般性的规则,引导人们在具体情形或特定条件下为或不为某种行为。对于建立和维护稳定的社会关系和社会秩序而言,规范性指引的意义较个别性指引更为重大。从立法技术上看,法对主体行为的指引又可分为两种形式:一种是确定的指引,即通过设置法律义务,使社会成员明确自身的行为界限,直接引导人们为或不为特定的行为。另一种是不确定的指引,是指通过宣告法律权利,使社会成员明确自身行为的选择范围,从而间接引导人们为或不为特定的行为。

法的评价功能是指法律作为一种行为标准,可以被用来评判和衡量他人的行为是否合法。在社会生活当中,许多社会规范都可被用来评价人的行为,道德便是其中极为重要的一种。不同于道德所发挥的评价功能,法律评价的对象仅仅是人的行为,而同主体的内心观念无涉。法的评价标准是确定的,因为法律规范的内容一般是确定的,不存在争议的,道德的内容则会因主体的不同而存在不同的理解。

法的教育功能是指通过法的颁布和实施对人的思想意识和行为产生积极影响。我国从古代开始,就十分注重法的教育功能。"夫法者,所以兴功惧暴也;律者,所以定分止争也;令者,所以令人知事也。法律政令者,吏民规矩绳墨也。"[①]说的就是法律有令人知事、定分止争的教育引导功能。秦统一后,秦始皇更是规定了"以法为教,以吏为师",把法作为教育的重要手段和内容。当前社会主义法治环境下,法的教育功能仍然十分关键。徒法不足以自行,在社会主义法治形成阶段更是如此。只有充分认识并重视发挥法的教育功能,引导人们知法、懂法、守法,从整体上提高全民的法律意识,才能更好地发挥法作为社会调整机制的强大功能。

法的预测功能是指人们根据法律可以预先估计相互间将怎样行为以及相应行为的后果,从而对自己的行为作出合理的安排。法之所以能够发挥预测功能,是由法所具有的规范性、确定性和肯定性所决定的。社会成员在社会交往过程中,通过法的预测功能的发挥,得以对自己的社会行为或经济行为作出合理的规划和安排,从而以最小的代价和风险取得最大收益或最有利结果。一般而言,法的预测功能通过两种途径发挥:一是对行为模式进行预测。即社会成员根据法律规范的规定预计交往相对方将如何行为,从而确定自己的应对方案。二是对行为后果进行预测。社会成员可以通过了解特定法律制度的规

---

① 《管子·七臣七主》。

定,对自己的行为性质进行确认或预测,通过判断自己的行为是合法还是非法,将会归于有效还是无效,能否受到国家的肯定和鼓励,或有没有可能受到法律的撤销、否定或制裁,从而决定为或不为特定的行为。

法的社会功能是从法的本质和目的的角度出发来确定法的功能的,如果说法的规范功能取决于法的特征,那么,法的社会功能就是由法的内容和法的目的决定的。法的社会功能主要涉及三个领域和两个方面,三个领域即社会经济生活领域、政治生活领域和思想文化生活领域,两个方面即政治职能和社会职能。从内容上看,法的社会功能又包括指导人们认识社会、评价社会、设计社会、控制社会、改造社会等内容。

尽管法能够对社会生活和经济生活的方方面面产生深刻的影响,但我们不能据此认为法律是万能的,必须看到法作用于社会生活的范围、方式和效果都存在一定程度上的局限性,并且,这种局限性是不可避免的。法的功能的局限性其原因是多方面的:第一,法以社会实际生活为基础,是在回应社会实际生活的过程中产生的制度需求。法不可能超越社会发展阶段和发展状况自行"创造"或改变社会。因而,法律要受到社会实际生活的限制。第二,法律虽然是一种重要的社会规范,但其只是众多社会规范中的一种。在法律之外,道德、习惯、政策、乡规民约等也都在各自领域中发挥着重要作用。这些规范在发挥作用的过程中,有时会同法律的规范功能发生抵销或者冲突。第三,法律规制和调整社会关系的范围和深度是有限的。一般而言,法律只调整同社会发生关联或具有社会影响的行为,而不会干涉纯粹的私人行为,例如人们的思想认识、情感关系、友谊关系等,就不适宜也不可能由法律来调整。第四,法这种事物本身也是具有局限性的。法律作为一种规范,其内容是抽象的、概括的、确定的,而作为其规范对象的社会生活则是具体的、多姿多彩的、富于变化的,因而,不可能存在完美无缺、包罗万象的法律,法律无法对社会生活的方方面面需求进行关注和回应。第五,徒法不足以自行,法的制定和颁布仅仅意味着法的相关功能具备了实现的可能,但不意味着其必然会得到实现。再精巧的制度架构,离开了高素质的执法人员、司法人员和守法人士,法律的预期效果也是会大打折扣的。

知识拓展　法的价值位阶的观点争鸣

法的价值位阶是指在不同位阶的法的价值发生冲突时,处于较高位阶的价值优于处于较低位阶的价值,在不同的法律价值之间发生冲突时,可以考虑按照位阶顺序来确定何者应当受到优先保护。在我国法学理论界,学者们对于法的价值位阶排序分歧颇大,至今尚没有形成较为统一的认识。

有观点认为,自由代表了人最本质的人性需要,应当得到优先保护。正义是自由之下制约其他价值的法律标准;秩序为实现自由、正义的社会状态的手段,要受到自由、正义标准的约束。因而,自由属于法的基本价值,优先于其他价值。

也有观点认为,正义是法的核心价值,正义划分了良法与恶法的界限,特别是对于恶法非法的主张而言,法一旦有违正义价值,便失去了法的身份。因而,秩序、自由、公平、效率等价值皆位于正义价值之下。

再有一种观点是从马克思主义价值论出发,把法的价值体系分为三个层次。自由属于第一层次的法律价值,是终极性的、目的性的和最高的法律价值;公平与效率、民主与法治、进步、秩序等属于第二层次,这些价值虽然也很重要,但相对于自由而言是工具性的、从属性的;基本人权、社会安定、经济增长属于第三层次,其从属于第二层次的法律价值,是法律所直接反映和保障的价值。

> **链接阅读**
> 1. 周旺生:《论法律的秩序价值》,载《法学家》2003年第5期;
> 2. 周旺生:《论法律正义的成因和实现》,载《法学评论》2004年第1期。

第三节 社会主义法制与法治

一、从社会主义法制到社会主义法治

(一)对法治的理解

法治的概念古已有之,但关于法治的内涵和属性的理论却始终众说纷纭,未能形成中西一致的观点。在西方众多关于法治的定义中,亚里士多德的表述最为经典,也是人们在谈论法治之时引用最多的一句话:法治应包含两重意义:已成立的法律获得普遍的服从,而大家所服从的法律又应该本身是制定得良好的法律。亚氏关于法治的定义不仅在形式意义上对法治进行了描述,同时也揭示出了法治的实质。法治即法的统治,是以民主为前提,以严格程序为保障,以规范权力运行为重点的社会管理机制。我国《宪法》规定:"中华人民共和国实行依法治国,建设社会主义法治国家。""一切法律、行政法规和地方性法规都不得同宪法相抵触。一切国家机关和武装力量、各政党和各社会团体、各企业事业组织都必须遵守宪法和法律。一切违反宪法和法律的行为,必须予以追究。任何组织或者个人都不得有超越宪法和法律的特权。"上述关于依法治国的基本规定清晰地揭示了社会主义法治的内涵。

同法治相对的概念是人治,因而,恰当地理解人治,能够为我们读懂法治提供对照。通说认为,人治是一种主要依靠领导人或统治者的意志和能力来管理国家和社会的治理方式。从时空维度上看,人治的历史要比法治更为久远,其影响的范围也较法治更为广泛。中国古代儒家主张的"为政在人"说的就是人治,古希腊柏拉图推崇的贤人政治指的也是人治。即便是到了现代社会,以人治为主要治理模式的国家仍然不在少数,并且在可以预见的未来,人治作为一种现象还将继续存在。法治与人治有哪些不同?根据以往学者的总结,两种治理模式的差异主要体现在以下两个方面:

一是法律在国家和社会治理体系中的地位不同。在法治国家,法律的地位最高,统治者和领导人都必须服从法律,没有凌驾于法律之上的特权,非经法定程序不得任意废除或修改法律。当法律和权力发生冲突时,权力需要服从于法律。在人治社会,统治者或领导

人的地位和权威高于法律,统治者或统治团体的意志决定着法律的内容和效力,当法律同权力相冲突时,法律通常屈从于权力。在法治国家,法律本身既是手段也是目的。在人治国家,法律只是统治者管理社会的工具。

　　二是法律发挥作用的政治和观念基础不同。现代法治社会普遍尊重自由、平等、人权等基本价值观念,并以民主制度为政治基础,其根本目的在于保障人权和公民的基本权利。与之形成鲜明对比的是,人治往往以专制集权为政治基础,不仅不认可、不保障自由、平等、人权等基本价值,还倾向于对其进行压制,其根本目的在于维护专制阶级的特权。

　　综上可知,有没有法,重视不重视法,并非人治与法治的区分标准。判断一个国家是法治国家还是人治国家,关键在于辨识法律的地位和权威——是处于统治者的权力之上,还是位于统治者的权力之下。现代社会,人们普遍相信法治优于人治,这主要是由于自由、平等、人权等基本价值越来越受到人们的珍视,人治的弊端也越来越为人们所认识。尽管如此,我们并不能就此断言,在历史上法治一定优于人治。实际上,人治在人类历史上曾经一度被视为社会理想的治理模式,人治也曾经对人类文明的发展起到过真实的推进作用。我们今天之所以要摒弃人治,推崇法治,根本原因是人治作为一种上层建筑,已不符合当下以生产力发展水平为代表的经济基础的需求和市场经济的客观规律,不符合我们社会主义国家的本质特征。推动人治向法治的转换,归根到底是由生产力和生产关系的发展状况所决定的。

　　法治原则是法治的精神品格之所在,建设法治国家,需要研究和确立正确的法治原则。法治的基本原则应当有哪些？其同法治的定义一样,也是一个众说纷纭的问题。例如,西方法学家戴雪曾经提出法治的三原则:(1) 法律具有绝对的至高无上的地位;(2) 任何人的权利和义务都必须由普通法院来裁决;(3) 个人权利产生于宪法,而非宪法赋予个人权利和自由。拉茨将法治的基本原则归纳为八条:(1) 法律应当是公开和明确的规则;(2) 法律应当相对稳定,不能频繁改变;(3) 特别法的制定要符合公开、稳定、明确和普遍的原则;(4) 司法独立;(5) 审判公开、公正;(6) 法院有权审查其他法治原则的实施;(7) 司法程序应当简便易行;(8) 惩罚犯罪的机构所享有的自由裁量权应当受到法律的严格限制。我国的沈宗灵教授在其主编的法理学教科书中,将现代法治实体基本原则总结为十项,分别为:生存、安全、民主、自由、平等、人道主义、共同福利、正义、和平、发展;将法治形式原则总结为八项,分别为:(1) 法院和检察院依法独立行使审判权和检察权,不受行政机关、社会团体和个人干涉;(2) 进行诉讼必须以事实为根据,以法律为准绳;(3) 适用法律一律平等;(4) 审判公开进行,但在刑事案件中,法律规定可以或应当例外的除外;(5) 依法实行回避制度;(6) 依法实行两审终审制度;(7) 各民族有使用本民族语言文字进行诉讼的权利;(8) 被告人、当事人有权进行辩护。[①] 周旺生教授认为,中国现时期的法治,可以并应当确立的基本原则包括:(1) 法律应当成为国家生活和社会生活的基本准则;(2) 法律应当在整体上臻于良法之境;(3) 法律应当在国家生活和社会生活中具有极

---

① 沈宗灵主编:《法理学》,北京大学出版社1999年版,第163—169页。

大的权威;(4)法律应当体现和保障国家权力的分权与制衡。① 上述关于法治基本原则的列举,尽管表述形式各异,实质上都万变不离其宗;其内容可多可少,或繁或简,但都要求法治的基本原则围绕法治的内涵来展开,并且尊重法的基本特征和基本规律。

(二)对法制的理解

同法治一样,法制一词也是古已有之,且其含义和用法始终未能统一。总结起来,法制一词通常在以下两种情形中使用:

其一,把法制同法律制度联系起来使用,这是对于法制的广义理解。这一意义上的法制又有两种含义:一种是将法制用作国家的法律和制度的简称。中国古代典籍中的法制一词多指此义。另一种是将法制用作国家的法律制度的简称,包括国家的立法、执法、司法、守法诸方面的制度。同法律和制度相联系的法制,其前提和基本要求是要制定一定的法律和制度。按照这种理解,只要是有法律和制度的国家,都有法制。不仅现代社会有法制,奴隶社会、封建社会也都有法制。

其二,把法制同民主制度联系起来,这是对于法制的狭义理解。同民主制度相联系的法制指的是掌握政权者按照民主原则把国家管理制度化和法律化,并严格依法进行国家管理的一种方式、制度。历史上各种类型的国家都有不同形式的法律和制度,但并不都是狭义层面上的法制。只有实行民主制,严格实施法律并遵守制度的国家才能说有法制。在法制国家中,一切社会关系的参加者都严格地、平等地执行和遵守法律。这种意义上的法制实际上同法治已无太大区别。

中国现时期的法制,是中国现时期各种法律制度的总称。一方面包括国家通过法的形式所制定的政治、经济、文化、教育、军事等各方面的制度,另一方面也包括国家的立法、执法、司法、守法诸多方面的制度。其基本要求是有法可依、有法必依、执法必严、违法必究。

(三)"法制"与"法治"的区别与联系

法制和法治都强调法和法的重要性,强调社会秩序的建立依靠法律。但是它们同时又是两个不同的概念,有着许多差异。

首先,法制既可以指一国的法律制度或法律和制度,也可以指一种严格依法办事的方式。法治的要义主要在于主张执政者严格依法治理国家。法制更加强调一种制度性,强调以法律来治理国家;法治则是一种状态,强调以法治来取代人治。法制是一种社会制度,属于法律文化中的器物层面,强调加强法制意味着强调要有治国的工具;法治是一种社会意识,是一种治国的理论、原则和方法,属于法律文化中的观念层面,强调法治就是强调法律制度这种工具在治理国家中的重要地位。

其次,产生和存在的社会背景不同。法制既可以产生和存在于民主高度发达的现代社会,也可以产生和存在于专制社会,任何国家都可以有自己的法律和制度,都有着某种意义上的法制。法治则不然,其只能产生于民主条件之下,建立在民主政治的基础之上。

---

① 周旺生:《法理学》,人民法院出版社2002年版,第228页。

法治的"法"只能是民主自由的法,而不能是专制的法。因而,尽管大多数国家都有法制,但却不是每个国家都有法治。

最后,两者的基本要求不同。法制强调社会治理规则的普适性、稳定性和权威性,法制首先要求国家有一套普遍适用于全境的法律制度规范,其次强调国家机关和公职人员必须严格执行和遵守法律,强调公民个体的行为符合法律规范的要求,法制在总体上带有一种较强的管制色彩;法治作为与人治相对立的概念,尽管也强调法律制度的确立,强调法律的权威,但法治更侧重于要求国家机关和公职人员严格执行和遵守法律,强调对公权力的规范和约束,强调对公民基本权利的保障,法治是一种国家治理方式而非国家管制方式。

正确认识法制与法治的关系,需要我们在看到法制同法治之区别的同时,也要重视法制同法治之间的联系。一方面,法治对法制的完善起着重要的推动作用。如果执政者轻视法治,夸大权力握有者的主观能动,不重视法律制度在国家治理中的作用,就不可能真正推动和加强法制建设。在这样的国家中,法律制度被认为可有可无,必定是千疮百孔,难成体系的。另一方面,法制是法治形成和建立的重要基础。在任何国家和社会,法治理论、原则和方法的形成和实现,都需要以健全的法制体系为前提条件。没有法制的法治建设,犹如无米之炊。关于法治的理论架构再精巧,缺少进行法治建设的材料,法治的大厦也不可能建立起来。因而,在现代国家的治理过程中,法制与法治都是十分重要的概念,无论是法制建设还是法治建设,都应当作为现时期中国特色社会主义法治建设的重点内容,使之齐头并进、相得益彰。

中国的法制建设和法治建设,经历了长时间的探索,实现了从认识到实践,从量变到质变的飞跃。我国1982年《宪法》在序言中首次规定"不断完善社会主义的各项制度,发展社会主义民主,健全社会主义法制"。随后,1999年,第九届全国人民代表大会第二次会议通过的《宪法修正案》中增加了一条:"中华人民共和国实行依法治国,建设社会主义法治国家",正式将依法治国确立为治国的基本方略。到了2011年,时任全国人民代表大会常务委员会委员长的吴邦国向第十一届全国人民代表大会第四次会议作全国人民代表大会常务委员会工作报告时庄严宣布,中国特色社会主义法律体系已经形成,这表明中国已在根本上实现从无法可依到有法可依的历史性转变,各项事业发展步入法制化轨道。2018年3月11日,第十三届全国人民代表大会第一次会议表决通过的《宪法修正案》,将《宪法》序言第七自然段中"健全社会主义法制"修改为"健全社会主义法治",一字之改,体现了中国特色社会主义依法治国理念和方式的新飞跃,体现了我国法治建设理念的根本提升。

知识拓展 社会主义法治与社会主义民主的关系

在当代社会主义中国,法治与民主有着非常密切的联系,相互依存,不可分离。

(1) 民主是法治的基础

其一,民主是法治的前提。现代意义上的法治,中心环节是依法办事,人人在法律面前平等,反对超越法律的特权。这种法治只能存在于民主政体中,而无法存在于专制政体中。

其二,民主是法治的重要原则。法治的民主原则是指在立法、执法、守法、法律监督等法制的种种环节上,都实行民主。坚持法治的民主原则是由社会主义法治的本质决定的。

其三,民主是法治的力量源泉。充分发扬民主,使人民在立法、执法、司法、守法和法律监督方面都发挥作用,社会主义法治建设就有成功的保障。

其四,随着社会的发展,民主不断完善、健全、发展。相应地,法治也必然随之发展、健全、完善。要加强法治,很重要的一点就是要加强民主。

(2) 法治是民主的保障

其一,法治确认民主。民主要得以存在、实现和发展,需要法治使其合法化、法律化、制度化,从而具有权威性。

其二,法治规定民主的范围。民主的主体和内容都是广泛的。中国的法律规定,民主的主体是广大人民而不是少数人,人民在管理国家、管理社会生活的各个方面,享有广泛的民主权利。

其三,社会主义法治规定如何实现社会主义民主。一方面法治规定实现民主的程序和方法,为人民行使各项民主权利提供有效措施。另一方面规定对行使民主权利的制约,保障人民能正确地行使民主权利。

其四,法治是保卫民主的武器。社会当中不可避免地存在着危害民主的违法犯罪行为,需要用法来制裁这些行为,使民主得到切实保障。

二、中国特色社会主义法治理论

(一) 法治与社会主义核心价值观

党的十八大对社会主义核心价值体系作了高度凝练的表达,提出了"三个倡导"的社会主义核心价值观,即:"倡导富强、民主、文明、和谐,倡导自由、平等、公正、法治,倡导爱国、敬业、诚信、友善。"社会主义核心价值观是一个内在关联、有机整合的价值观念体系,集中凝聚着全党全社会的价值共识,体现了中国特色社会主义的内在要求,不仅设定了国家层面的价值目标、社会层面的价值取向,而且明确了公民个人层面的价值准则。其中,法治被确立为社会主义核心价值观的构成要素之一,同自由、平等、公正相呼应,集中表达了社会主义核心价值观在社会层面的价值取向,具有重要的理论内涵和实践指向意义。

核心价值观是民族和国家兴旺强盛的精神基石,其承载了民族与国家的精神追求,体现着社会评判是非曲直的价值标准。将法治确立为社会主义核心价值观的基本要素之一,反映了完善和发展中国特色社会主义制度的价值共识,反映了人类文明社会法律制度成长与变迁的基本目标。全面推进依法治国,加快建设社会主义法治国家,是当代中国现代化建设的一个历史性战略抉择。

其一,法治深刻反映了社会主义本质的价值要求。现代社会中,法治的基本功能在于满足社会主体的自由和秩序需求,推动实质合理性与形式合理性有机统一的社会秩序的形成与发展。在当代中国社会变革的过程中,法治担负的时代使命主要包括两方面:一是优化生产关系,发展生产力。法治通过确认社会主体广泛的社会自由和经济自由,通过确认和赋予社会主体以广泛的权利,并保障其合法权益,充分调动着广大人民群众参与生产、繁荣经济的积极性、主动性和创造性,进而促进社会经济效益的提高,带来社会总体财富的增长,推动社会的进步。二是不断促进社会公平正义,形成有效的社会治理,把实现社会正义作为提高效率、发展生产力的价值目标。为此,法治注重确认和保障社会主体在机会和手段选择过程中的平等权利,强化法律的利益调控功能,促进社会利益需求的平衡发展,力求使得人民的获得感、幸福感、安全感更加充实、更有保障、更可持续。邓小平曾经指出:"社会主义的本质,是解放生产力,发展生产力,消灭剥削,消除两极分化,最终达到共同富裕。"这就是说,社会主义不仅能够带来生产力的解放和发展,进而满足人民日益增长的物质文化需要,而且带来社会正义与平等,进而消除两极分化,促进社会的共同富裕。当代中国社会变革过程中,法治担负的时代使命恰好同社会主义本质的价值要求充分衔接、深度契合。

其二,法治反映了社会主义民主政治的内在要求。现代意义上的法治同民主政治密切联系,其要求法律的权威高于个人的权威,以法律为准绳是治理国家的基本手段。在社会主义国家,人民是国家和社会的主人,国家的一切权力属于人民。社会主义民主政治的本质就在于坚持人民的主体地位,保障人民当家做主,维护人民的根本权益。社会主义民主政治要求作为社会主义核心价值观构成要素的法治应当依法确立和保障人民的广泛的自由和权利。特别是在中国特殊的历史国情背景下,切实推进依法治国,实现由人治向法治的历史性、根本性的转变,是中国现代化建设面临的重要使命。推行法治和依法治国的关键,就在于将社会主义民主政治牢固建立在法治的基础之上,在于使法治建设的各个环节契合社会主义民主政治的内在要求。

核心价值观的落实离不开法治的保障,法治的运行也需全面反映核心价值观的要求。法治作为治国理政的基本方式,其实施的过程同国家治理、社会治理和对个人行为的调节密不可分。因而,反映国家、社会及个人领域的核心价值观也必须在法治实施过程中有所体现。2016年年底,中共中央办公厅、国务院办公厅印发了《关于进一步把社会主义核心价值观融入法治建设的指导意见》,并发出通知要求各地区各部门结合实际认真贯彻落实,这是培育和践行社会主义核心价值观的重要举措,也是坚持依法治国的必然要求。

首先,将社会主义核心价值观融入法治建设是培育和践行社会主义核心价值观的重要途径。法律不仅是制度文明的重要组成,同时也是承载着价值追求的规范体系,这决定了法治建设能够成为有力推动社会主义核心价值观传播和实现的有效渠道。社会主义核心价值观的实现最终要落实到人的行为层面,而法的基本作用之一就在于指引人的行为。并且,作为国家制定或认可并由国家强制力保障实施的社会规范,相较道德规范、宗教规范等其他社会规范相比,法律规范具有更强的约束力和权威性,因而能够对人的行为产生最为直接和有效的指引。将社会主义核心价值观融入法治建设过程之中,必将大大增强社会主义核心价值观实现的可能性。

其次,将社会主义核心价值观融入法治建设能够对法治建设产生积极的推动作用。社会主义核心价值观能够保证法治建设的正确方向,有助于我国在法治建设过程中科学借鉴和合理吸纳世界范围内其他法治国家的有益成果,而非盲目效仿、亦步亦趋。价值目标是判断法律制度优劣高下的重要标准,社会主义法律制度相对于资本主义法律制度的优越性,正是体现在其能够也应当承载和体现更为先进的价值目标。以体现人类文明发展成果和趋势的社会主义核心价值观作为价值导引,法治的基本功能和内在价值才能得到最大限度的发挥,法治的发展才能更加完善和可持续,法治的成果才能获得更为广泛的社会群体的认同。

结合当前我国法治实践,要将社会主义核心价值观融入法治建设,实现社会主义核心价值观对法治的指导和推进,必须从以下几方面入手:

其一,在立法工作方面,要积极推动社会主义核心价值观融入社会主义法律体系。立法活动通常都是立法者在特定价值追求的指引下有目的地开展的活动,要实现社会主义核心价值观同法治的有机结合,我们必须将社会主义核心价值观作为指导立法活动开展的基本价值准则。恪守以民为本、立法为民理念,把社会主义核心价值观的要求体现到宪法、法律、法规规章中去。坚持科学立法、民主立法,将社会主义核心价值观的要求贯穿于立法全过程,完善立法的专家论证、民主协商和公众参与等程序制度,推进立法科学化、民主化,促进立法公正。

其二,要坚持严格规范文明执法和公正司法,将社会主义核心价值观作为执法工作的价值引领,作为适用和解释法律法规的基本价值遵循;要坚持发挥司法公正对社会公正的重要引领作用,不断完善司法管理体制和司法权力运行机制,规范司法行为,加强对司法活动的监督,努力让人民群众在每一个司法案件中感受到公平正义。在执法过程和司法实践当中,许多案件的处理都需要执法者和司法者行使自由裁量权,在这些过程当中,执法者和司法者必须依据体现了社会共识的社会主义核心价值观进行价值评价,避免价值判断的个人化和主观化,进而使得社会主义核心价值观在执法和司法环节得到充分实现。

其三,在守法环节要求大力弘扬社会主义法治精神。法律只有得到全体公民的认同和信仰,才能够得到公民的自觉遵守。弘扬社会主义法治精神,要求建设社会主义法治文化,推动全社会树立法治意识和法律信仰,形成守法光荣、违法可耻的社会氛围。守法不仅仅体现为公民不违背法律规定的义务,还要求公民积极主动地行使自己的权利,运用法律来维护自己的合法权利,同违法行为作斗争。因而,在守法环节大力弘扬社会主义法治精神,还要坚持把践行社会主义核心价值观与弘扬社会主义法治精神有机统一起来,使法治真正得到人民的内心拥护,成为人民的真诚信仰,使全体人民都成为社会主义核心价值观和法治的自觉遵守者和坚定捍卫者。

(二)推进全面依法治国的重大意义

依法治国是我们党领导人民治理国家的基本方式,全面依法治国是国家治理的一场深刻革命,是中国特色社会主义的本质要求和重要保障。依法治国是实现国家治理体系和治理能力现代化的必然要求,事关我们党执政兴国成就,事关人民幸福安康,事关党和国家长治久安。全面建成小康社会、实现中华民族伟大复兴的中国梦,全面深化改革、完善和发展中国特色社会主义制度,提高党的执政能力和执政水平,必须全面推进依法治国。

长期以来,为实行依法治国、建设社会主义法治国家,我们党团结和带领人民进行了不懈探索。1978年,党的十一届三中全会提出了发展社会主义民主、健全社会主义法制的重大方针。1997年,党的十五大把建设社会主义法治国家确定为社会主义现代化建设的重要目标。2010年,我国形成了以宪法为统帅的中国特色社会主义法律体系。2013年2月,习近平总书记在中央政治局第四次集体学习时强调,要"全面推进科学立法、严格执法、公正司法、全民守法,坚持依法治国、依法执政、依法行政共同推进,坚持法治国家、法治政府、法治社会一体建设,不断开创依法治国新局面"。2014年党的十八届四中全会在我党历史上第一次以"依法治国"为主题并出台《中共中央关于全面推进依法治国若干重大问题的决定》,确立了建设中国特色社会主义法治体系、建设社会主义法治国家的总目标,形成了坚持中国共产党的领导、坚持人民主体地位、坚持法律面前人人平等、坚持依法治国和以德治国相结合、坚持从中国实际出发等重要原则。2017年,习近平总书记在十九大报告中再次明确和强调了"坚持全面依法治国"的重要意义和关键地位,"全面依法治国"被明确作为十四条新时代坚持和发展中国特色社会主义的基本方略之一。这些都是中国特色社会主义法治建设的历史规律和宝贵经验。2018年3月11日,第十三届全国人民代表大会第一次会议表决通过的宪法修正案,将《宪法》序言第七自然段中"健全社会主义法制"修改为"健全社会主义法治"。

全面依法治国是国家治理改革的推力与保障。中国特色社会主义法治体系作为国家治理体系的骨干支撑,其基本要义不仅在于改革需要法治保障,改革的成果也要以法律的形式固定下来。一方面,改革必须于法有据。全面深化改革只有在法治的轨道上推进,才能保证改革航船不会跑偏;另一方面,法治领域也是改革的重要阵地,不适应时代要求的法律法规必须废止和修订。习近平总书记曾形象地将全面深化改革、全面推进依法治国比喻成鸟之两翼、车之双轮。这说明,只有改革与法治相辅相成,才能有力推动全面建成小康社会目标的如期实现。

党的十八大以来,我党统筹推进"五位一体"总体布局、协调推进"四个全面"战略布局,"十二五"规划胜利完成,"十三五"规划顺利实施,党和国家事业全面开创新局面。在全面依法治国方略上,经过长期不懈努力,中国特色社会主义法律体系已经形成,法治政府建设稳步推进,司法体制不断完善,全社会法治观念明显增强,中国特色社会主义法治取得历史性成就。党的十九大作出了"中国特色社会主义进入新时代"的重大判断,并指出我国社会主要矛盾已经转化为人民日益增长的美好生活需要和不平衡不充分的发展之间的矛盾。在稳定解决十几亿人的温饱、全面建成小康社会之后,人民美好生活需要日益广泛,不仅对物质文化生活提出了更高要求,而且在民主、法治、公平、正义、安全、环境等方面的要求日益增长。这些方面,都需要法治建设协同跟进,都需要依法治国予以保障。

(三) 推进全面依法治国的基本要求

当前,中国特色社会主义建设已经步入新时代,新形势与新起点为我国法治建设提供了宝贵的机遇。坚持和贯彻依法治国,必须把党的领导贯彻落实到依法治国全过程和各方面,坚定不移走中国特色社会主义法治道路,完善以宪法为核心的中国特色社会主义法律体系,建设中国特色社会主义法治体系,建设社会主义法治国家,发展中国特色社会主义法治理论,坚持依法治国、依法执政、依法行政共同推进,坚持法治国家、法治政府、法治社会一体建设,坚持依法治国和以德治国相结合,依法治国和依规治党有机统一,深化司法体制改革,提高全民族法治素养和道德素质。

第一,全面推进依法治国,必须坚定不移走中国特色社会主义法治道路,具体包括坚持党的领导、中国特色社会主义制度和中国特色社会主义法治理论三个方面。这三个方面是中国特色社会主义法治道路的核心要义,规定和确保了中国特色社会主义法治体系的制度属性和前进方向。

第二,全面推进依法治国,需要继续完善以宪法为核心的中国特色社会主义法律体系,建设中国特色社会主义法治体系。建设中国特色社会主义法治体系,包括形成完备的法律规范体系、高效的法治实施体系、严密的法治监督体系、有力的法治保障体系,形成完善的党内法规体系。

第三,全面推进依法治国,要坚持科学立法。依法治国的基础性前提是有法可依,要有明确的法律规范来调节社会生活、维护社会秩序。经过长时期的法治建设,我们尽管在总体上已经实现了有法可依,这是我们取得的重大成就,但同时也要看到,法的质量还有很大的提升空间。为此,我们还应进一步完善立法规划,突出立法重点,坚持立改废并举,提高立法科学化、民主化水平,提高法律的针对性、及时性和系统性,使法律能够准确反映经济社会发展要求,从而更好地协调利益关系,发挥立法的引领和推动作用。

第四,全面推行依法治国,坚持严格执法。"天下之事,不难于立法,而难于法之必行。"如果有了法律而不实施,或者实施不力,那再多法律也是一纸空文,依法治国就会成为一句空话。全面推行依法治国,必须加强宪法和法律实施,维护社会主义法制的统一、尊严、权威,形成人们不愿违法、不能违法、不敢违法的法治环境,做到有法必依、执法必严、违法必究。在这个过程当中,行政机关要带头严格执法,维护公共利益、人民权益和社会秩序。要加强对执法活动的监督,坚决排除对执法活动的非法干预,坚决防止和克服地方保护主义和部门保护主义,坚决防止和克服执法工作中的利益驱动,坚决惩治腐败现象,做到有权必有责、用权受监督、违法必追究。

第五,全面推进依法治国,要坚持公正司法。习近平总书记曾经强调,要"努力让人民群众在每一个司法案件中都能感受到公平正义,决不能让不公正的审判伤害人民群众感情、损害人民群众权益"。全面推进依法治国,要紧紧围绕这个目标来改进工作,重点解决影响司法公正和制约司法能力的深层次问题。司法工作者要密切联系群众,规范司法行为,加大司法公开力度,回应人民群众对司法公正公开的关注和期待。要确保审判机关、检察机关依法独立公正行使审判权、检察权,确保司法不受权力干扰,不受金钱、人情、关系影响。

第六,全面推进依法治国,要坚持全民守法。任何公民、社会组织和国家机关都要以宪法和法律为行为准则,依照宪法和法律行使权利,履行义务或职责。为此,我们要深入开展法制宣传教育,在全社会弘扬社会主义法治精神,传播法律知识,培养法律意识,在全社会形成宪法至上、守法光荣的良好氛围。要坚持法制教育与法治实践相结合,广泛开展依法治理活动,提高社会管理法治化水平。

知识拓展 社会主义法律体系

2008年3月8日,第十一届全国人民代表大会一次会议第二次全体会议在北京人民大会堂举行。全国人民代表大会常务委员会委员长吴邦国向大会做工作报告宣布:中国特色社会主义法律体系已经基本形成。至此,中国形成了以宪法为核心,以法律为主干,包括行政法规、地方性法规等规范性文件在内的,由七个法律部门、三个层次法律规范构成的法律体系。国家经济、政治、文化、社会生活的各个方面基本做到有法可依,为依法治国、建设社会主义法治国家、实现国家长治久安提供了有力的法制保障。建设中国特色社会主义法律体系,走出了一条不同寻常的中国特色之路。中国社会主义法律体系大体由在宪法统领下的宪法及宪法相关法、民法商法、行政法、经济法、社会法、刑法、诉讼与非诉讼程序法等七个部门构成,包括法律、行政法规、地方性法规三个层次。

链接阅读

1. 张文显:《论中国特色社会主义法治道路》,载《中国法学》2009年第6期;
2. 蔡定剑:《法制的进化与中国法制的变革——走向法治之路》,载《中国法学》1996年第5期;
3. 舒国滢、冯洁:《作为文明过程的法治》,载《中共中央党校学报》2015年2月第1期。

【推荐阅读文献】

1. 张文显主编:《法理学》,法律出版社1997年版;
2. 孙笑侠主编:《法理学》,中国政法大学出版社1996年版;
3. 舒国滢主编:《法理学》(第四版),中国人民大学出版社2015年版;
4. 〔德〕魏德士:《法理学》,丁小春等译,法律出版社2003年版;
5. 〔美〕博登海默:《法理学:法律哲学与法律方法》,邓正来译,中国政法大学出版社1999年版;
6. 周旺生:《法理探索》,人民出版社2005年版。

【思考题】

1. 如何理解法是为主体提供行为标准的社会规范?

2. 如何理解法的起源问题？
3. 概述法的目的价值的基本内容。
4. 概述法的功能。
5. 如何理解法治的概念？
6. 论述法制与法治的区别和联系。
7. 论述法治与社会主义核心价值观的关系。
8. 论述现时期推进全面依法治国的基本要求。

第二章 宪 法

学习目标：通过本章学习，了解宪法的概念、地位，对国家基本制度、公民的基本权利和义务、国家机构等宪法具体内容能有清晰的认识，并了解宪法的实施和监督制度，能够对宪法有深入的思考。

教师导读：宪法是根本法，在法律体系中处于最高位阶。宪法源于实践，但具有较强的理论性。本章首先对宪法进行概述性介绍，在此基础上介绍宪法主体内容：基本制度、公民基本权利与义务、国家机构、宪法实施和监督。

建议学时：8 学时

第一节 宪法概述

一、宪法的概念及特征

（一）宪法的来源及概念

近代意义上的宪法译自英文 Constitution，Constitution 源于拉丁文 constitutio，意为事物的结构以及组织方式。根据《布莱克法律词典》，宪法是"整体权力来自被统治者的政府宪章"，它是"民族或国家的基本组织法，用以确立其政府的特性与观念，对政府的内部运作规定其所必须服从的基本原则，组织政府并调节、分配及限制其不同部门的职责，并规定主权形式的范围与方式"。

中国古代典籍中的"宪""宪令"及"宪法"等词与"法"同义。西方根本法意义上的"宪法"概念在中国出现是在 19 世纪中后期，郑观应在其所著《盛世危言后篇·自序》中提到："宪法乃国家之基础""宪法不行专制严""宪法不行政难变"，表达了宪法作为国家根本法的思想。[1] 20 世纪初中国学者们对宪法的概念进行了一定的界定与争论，如张友渔教授认为，宪法是规定国家体制、政权组织以及国家与人们相互之间的权利义务关系的基本法。[2]

中华人民共和国成立初期宪法概念受到苏联宪法学的影响，凸显统治阶级的意志，如吴家麟教授的定义："宪法是国家的根本法，它表现统治阶级的意志，巩固统治阶级的专政，规定社会结构和国家结构的基本原则，规定国家机关的组织、活动原则以及公民的基本权利和义务。"[3] 1978 年之后，宪法经过进一步的发展，也形成了相对普遍的宪法定义。

---

[1] 张晋藩：《中国宪法史》，中国法制出版社 2016 年版，第 26 页。
[2] 张友渔：《宪政论丛（上）》，群众出版社 1987 年版，第 98 页。
[3] 吴家麟：《宪法基本知识讲话》，中国青年出版社 1954 年版，第 1 页。

根据宪法形式和实质的特点,可以将宪法定义为:宪法是集中表现统治阶级建立民主制国家的意志和利益的国家根本法。①

(二) 宪法的特征

1. 宪法是国家的根本法

宪法所规定的国家根本制度和根本任务、国家性质、社会基本制度、权力分配与控制及公民的基本权利与义务、国家机构的组织与活动原则及国家标志,属于一个国家社会关系中具有根本性、全面性的基本范畴。

2. 宪法是国家的最高法

宪法位于一国法律体系的顶端,具有最高的地位和最高的法律效力,其他法律位于其下,遵守宪法的规定,并不得与之相冲突。宪法内容的根本性决定其效力的最高性,而法律效力上的最高性又是宪法发挥其根本法功能的重要保障。最高法体现在:宪法是立法的依据,为普通法律提供了立法基础;任何法律、法规都不得与宪法规定或宪法精神相抵触,违宪的规范性文件一律无效;宪法是所有组织和个人的最高行为准则。

3. 宪法是公法

宪法的最高法律效力决定,它是"母法",是"法律的法律"。而从宪法的性质上看,它又是"公法"。宪法规定了国家政权组织形式、国家机构的组成及其权力与义务的划分、国家与公民的关系等,这些基本问题属于公法范畴。

宪法还规定了国家公权力机关相应的义务。如中国《宪法》第36条规定:公民有宗教信仰自由。任何国家机关……不得强制公民信仰宗教或者不信仰宗教,不得歧视信仰宗教的公民和不信仰宗教的公民。该条款规定了国家机关的义务,限制其通过合法形式影响公民自由的权力。

4. 宪法是对民主与人权的保障

我国宪法确立了人民当家做主的政治地位,规定了国家的政体是人民代表大会制度,并规定了选举制度。宪法在内容和形式两方面保障了国家一切权力属于人民,并以根本法的形式确保社会主义民主的发展。

宪法还是一部保护所有人权利、能够为所有人接受的基本文件,当普通法律强调多数人的利益和稳定的社会秩序时,宪法要确保每个人,特别是少数人、特定群体在内的个体之权利,保证其正当权益不受社会强势力量和政府公权力的侵犯。

知识拓展 公法与私法

公法与私法的划分最早是由罗马法学家提出的。乌尔比安在《学说汇纂》中写道:"它们(指法律)有的造福于公共利益,有的则造福于私人。公法见之于宗教事务、宗教机构和国家管理机构之中。"查士丁尼在《法学总论》里进一步明确了这一划分:"法律学习分为两个部分,公法与私法。公法涉及罗马帝国的政体,私法则涉及个人利益。"奥斯丁在《法

---

① 周叶中主编:《宪法》,高等教育出版社2016年版,第36页。

理学讲义》中系统区分了公法与私法的概念。"公法"是关于公共权力机构的设置、公职人员的产生、组成方式、机构权力的配置和限制等内容的法律,政府与私人之间的法律关系也属于公法范畴。私法是调整私人权利义务关系的法律。宪法和行政法属于典型的公法领域,民法和商法即典型的私法。目前关于公法、私法的分类标准有目的说、权力说、主体说,但奥斯丁关于二者界限的说法仍受到普遍承认。

二、宪法的分类

（一）传统的宪法分类

早期宪法学者对宪法的分类称为传统的宪法分类,19世纪末以前传统宪法的分类有：

1. 以宪法是否具有统一的法典形式为标准,分为成文宪法与不成文宪法,前者是指法典化的宪法,如美国宪法;后者是指非法典化、主要由单行法律和习惯法构成的宪法,如英国宪法。英国宪法包括以大宪章、权利法案为代表的各种历史文件,含有宪法内容的议会制定法,宪法性判例,以及由英国权威法学家加以总结的宪法惯例。

2. 以宪法效力和修改程序为标准,分为刚性宪法和柔性宪法。在一国法律体系内效力最高、修改程序比较严格的宪法为刚性宪法;与普通法律效力和修改程序相同的宪法,为柔性宪法。前者以美国宪法、法国宪法为典型,后者以英国宪法为典型。

3. 以制定主体为标准,分为钦定宪法、协定宪法和民定宪法。秉承君主意志、由君主以诏令形式颁布的宪法为钦定宪法,如路易十八颁布的1814年法国宪章。由君主与人民或者民意机关协议制定的宪法为协定宪法,宪法中反映双方的意志与利益,如1830年法国奥尔良公爵与国会协定的宪法。人民主权论下由国民代表机关或者专门制宪机关通过、反映全体人民意志和利益的宪法,为民定宪法,民定宪法是现代社会大多数国家的宪法形式。

（二）现代宪法分类

第二次世界大战后,全球范围内民族独立运动和社会主义运动迅速发展,出现大量新的民族国家和社会主义制度国家,并制定了各自的宪法。学者们面对各式各样的宪法提出了新的分类标准。

1. 以宪法概念性质为标准,分为社会学意义的宪法和法学意义的宪法。社会学意义的宪法是指宪法作为一种政治现实,它关注宪法与社会现实之间的关系。法学意义的宪法强调宪法的法律属性,从法律角度研究宪法的性质、内容与价值,具体而言又分为实质意义的宪法与形式意义的宪法、近代宪法、现代福利国家的宪法。

2. 以国家形态和社会体制类型为标准,分为资本主义宪法与社会主义宪法、立宪主义宪法与专制主义宪法、民族主义宪法与民主民族主义宪法。资本主义宪法是资本主义制度下的宪法,社会主义宪法是社会主义国家的宪法。立宪主义宪法是指国家权力得到合理配置与制衡的宪法,专制主义宪法是国家权力集中于个人、无法发挥宪法规范效力的宪法。民族主义宪法是以民族主义理念为首要国家价值的宪法,而民主民族主义宪法是以民主、民族主义价值妥协为理念的宪法。

3. 以宪法规范与现实之间的关系为标准,分为独创宪法和模仿宪法、意识形态宪法和意识形态中立宪法、规范宪法与名义宪法,这一分类由美国学者卡尔·罗文斯坦提出。独创宪法是创制政治权力、塑造国家意志的本源性的宪法,模仿宪法是指以其他国家已经存在的宪法为原型,模仿其内容或精神的宪法。前者以英国宪法、美国宪法、1918年苏俄宪法为代表。根据罗文斯坦的解释,独创宪法是在革命背景下形成的、具有绝对意义的宪法形式。意识形态宪法是指宣扬意识形态的宪法,意识形态中立宪法是指在意识形态上保持中立立场的宪法。规范宪法是指宪法规范真正贯彻于国家政治生活之中、权力分配与行使完全服从于宪法规定的宪法,名义宪法是指宪法规范知识作为一种法的形式起作用,政治过程不受宪法规范的制约。

三、宪法的基本价值与原则

宪法的基本价值与原则是宪法规范中所体现并遵循的价值与原则,它们既是宪法内容的基本标准,也是国家的价值追求。我国宪法的基本价值与原则表现为人民主权原则、权力分工与制约原则、基本人权原则及法治原则。

(一)人民主权原则

主权是国家独立处理内部和国际事务不受他国干预的最高权力,是一国之中绝对的永恒的权力。[①] 人民主权原则即主权在民原则,指国家权力属于人民。

中国《宪法》第1条第1款规定:"中华人民共和国是工人阶级领导的、以工农联盟为基础的人民民主专政的社会主义国家。"宪法体现了人民主权原则,并规定了实现人民主权原则的基本方式,即"人民行使国家权力的机关是全国人民代表大会和地方各级人民代表大会"。此外,还可以通过各种途径和形式管理国家事务、经济和文化事业、社会事务。

《宪法》第三章规定了公民的基本权利与义务,"公民"这一身份是人民在国家中政治地位的表现,表明其是宪法层面的能够参与国家政治生活的参与者。作为国家权力所有者,宪法赋予了公民政治权利与自由,包括选举权与被选举权、言论自由、对国家机关及其工作人员的监督权等,通过以上权利的行使,参与国家事务;国家通过保障公民的基本权利,履行国家的义务,确保人民当家做主。

(二)权力分工与制约原则

各国在宪法中对国家权力予以合理配置,同时设计了权力的制约与监督机制,从而避免权力滥用,保障公民权利。资本主义国家的宪法强调国家权力之间的分立与制衡,如美国宪法规定了立法权、行政权与司法权之间的制衡关系。我国宪法规定我国最高国家权力机关是全国人民代表大会,由人民代表大会产生国家行政机关、监察机关、审判机关、检察机关,实行机构分离,权力分工。在权力制约上,我国宪法中除了规定国家权力机关内

---

① 〔法〕让·博丹著,〔美〕朱利安·H.富兰克林编:《主权论》,李卫海、钱俊文译,北京大学出版社2008年版,第37页。

部制约外,还规定了人民对国家权力的外部监督。内部制约体现在,一是人民代表大会有权监督由其产生的国家行政机关、监察机关、审判机关、检察机关;二是监察委员会、人民法院、人民检察院、公安机关之间应当分工负责、互相配合、互相制约;三是上级机关对同一性质的下级机关进行监督,如上级人民政府、人民法院分别对下级人民政府、法院的监督。人民对国家权力的监督体现在,国家一切权力属于人民,全国人民代表大会和地方各级人民代表大会代表人民行使国家权力,由民主选举产生,对人民负责,受人民监督,原选举单位和选民有权依法罢免其选出的人民代表大会代表。

(三)基本人权原则

人权是为满足个人生存、发展与独立人格必不可少的权利。资产阶级启蒙思想家们率先举起人权的旗帜,并发展出系统的人权理论与思想,促进了资产阶级革命的进程和资产阶级国家政权的建立。

我国宪法也明确了对人权的保障。历部宪法都规定了"公民的基本权利与义务",且明确规定了相应的保障机制,但一直没有使用"人权"的概念。从宪法条文来看,对公民基本权利的规定实质上就是西方话语下的基本人权的内容,并且我国的社会主义制度的内在要求就在于保障人的权利,这些与人权观念内涵是一致的。保障公民的基本权利与自由,就是保障人民当家做主。2004年,《宪法修正案》中增加了"国家尊重和保障人权"条款,并修改了紧急状态、建立健全社会保障制度、公民私有财产权的保护等内容。"人权"入宪表明了国家宪法的进步,也表明宪法对人权原则的重视。

(四)法治原则

法治是宪法的应有之义。宪法是一国法律体系中的核心,遵守宪法是法治的重中之重,而以法治为基础,才能实现真正的宪政。法治是以法律为依据的治理,以权利保障为本位,防止权力滥用。

1997年9月,中共十五大通过的新《党章》重申了法治原则,十五大报告提出"依法治国,建设社会主义法治国家",并强调"依法治国是党领导人民治理国家的基本方略,是发展社会主义市场经济的客观需要,是社会文明进步的重要标志,是国家长治久安的重要保障"。1999年第九届全国人民代表大会第二次会议修改《宪法》,第5条增加规定:"中华人民共和国实行依法治国,建设社会主义法治国家。"宪法正式确立了法治原则。法治的第一步应当是依宪而治,个人和组织应当以宪法和法律为行为准则,不可越界而为;国家机关应当在宪法和法律权限和职责范围内活动,不得滥用权力。

四、我国宪法的历史发展

(一)《共同纲领》

1949年,中国共产党邀请各方面代表635人,组成中国人民政治协商会议共商国是。1949年9月29日,会议通过了《中国人民政治协商会议共同纲领》(简称《共同纲领》)。《共同纲领》除序言外,分为总纲、政权机关、军事制度、经济政策、文化教育政策、民族政策、外交政策,共7章60条,确立了新中国的国家性质,即中华人民共和国是工人阶级领导的、以工农联盟为基础的、团结各民主阶级和各民族的人民民主专政国家；规定了人民代表大会制度为国家的政权组织形式，实行人民民主专政，规定了在经济、文化、教育、民族、外交等方面的基本政策，并确认了人民的广泛权利与自由。在1949年10月1日到1954年间，它发挥着临时宪法的作用，并为中国正式宪法的制定积累了经验。

（二）1954年《宪法》

1954年9月20日，第一届全国人民代表大会第一次会议通过了《中华人民共和国宪法》。1954年《宪法》共4章106条，除序言外，分为总纲、国家机构、公民的基本权利和义务、国旗国徽首都。其确认了新中国的国家制度，规定中国是工人阶级领导的以工农联盟为基础的人民民主国家，国家一切权力属于人民，规定实行民主集中制，规定了人民代表大会制度的政体，国家实行单一制。它确立了国家在过渡期的总任务和经济制度，规定了国家机构组织体系和活动原则，并规定了公民的基本权利和义务，确立了公民在法律面前一律平等。

（三）1975年《宪法》

1975年《宪法》是特殊历史时期的产物。"文化大革命"中《宪法》被束之高阁，1975年1月17日第四届全国人民代表大会第一次会议对1954年《宪法》进行了全面修改，通过了1975年《宪法》。1975年《宪法》共4章30条，内容简单，多为口号和原则，除序言外，为总纲、国家机构、公民的基本权利和义务、国旗国徽首都。坚持以阶级斗争为纲的指导思想，坚持无产阶级的"全面专政"，规定了极"左"的城乡经济政策，确认了"文化大革命"中国家机构的混乱状态，并缩小和限制公民的基本权利和自由，公民基本权利与义务条款仅有2条。1975年《宪法》与1954年《宪法》相比，是一次历史的倒退。

（四）1978年《宪法》

1976年10月，"文化大革命"宣告结束。为恢复被摧毁的民主法制，1978年3月5日第五届全国人民代表大会第一次会议对1975年《宪法》进行了全面修改，通过了1978年《宪法》。1978年《宪法》共4章60条，除序言外，分为总纲、国家机构、公民的基本权利和义务、国旗国徽及首都。其确立了国家在新时期的总任务为建设现代化的社会主义强国，增加了20世纪末实现四个现代化的目标；取消了"全面专政"的规定；恢复了人民检察院的设置；并对公民权利和义务予以扩充。但1978年《宪法》特殊的出台背景导致其不可避免的缺陷，没有彻底摆脱极"左"思想的影响，仍坚持以阶级斗争为纲的指导思想，在序言中主张无产阶级专政下继续革命。

1979年7月，第五届全国人民代表大会第二次会议通过了《关于修改〈中华人民共和国宪法〉若干规定的决议》，决定在县级以上各级人民代表大会设立常务委员会，改"地方各级革命委员会"为"地方各级人民政府"，县级人民代表大会代表间接选举改为直接选举，上下级检察机关的监督关系改为领导关系。1980年9月，第五届全国人民代表大会第三次会议通过了《关于修改〈中华人民共和国宪法〉第四十五条的决议》，删除公民有"大鸣、大放、大辩论、大字报"的权利。

（五）1982年《宪法》

1978年12月，党的十一届三中全会作出决策将国家工作重心转移到社会主义现代化建设上来,国家领导体制与社会经济体制面临重大改革,社会主义民主与法制发展加快步伐。1980年9月,第五届全国人民代表大会第三次会议成立宪法修改委员会,决定修改宪法。1982年12月4日,第五届全国人民代表大会第五次会议通过了现行宪法。1982年《宪法》共4章138条,除序言外,分为总纲、公民的基本权利和义务、国家机构、国旗国徽和首都。其确立了四项基本原则的指导思想,强调了国家根本任务是"集中力量进行社会主义现代化建设";确认国家权力属于人民,公民在法律面前一律平等,并坚持发展社会主义民主和法制;进一步完善民族区域自治制度,并规定了特别行政区制度,强调维护国家统一和民族团结;规定了经济体制改革的发展方向。

风风雨雨二十余载,1982年《宪法》背后不仅记录了1954年《宪法》的史诗,也清晰记录了二十多年来国家和人民的足迹,特别是"文化大革命"的迷途与改革开放的创举。它的问世,标志中国社会主义制度的巩固与完善,也给社会主义民主与法制建设指引了方向,是社会主义宪法史上的一座里程碑。1982年《宪法》公布施行后,根据我国改革开放和社会主义现代化建设的实践和发展,分别于1988年、1993年、1999年、2004年、2018年进行了5次修改,与党团结带领人民进行的实践联系紧密,并随着时代进步、党和人民事业发展而不断完善。

知识拓展 宪法渊源

宪法渊源是指宪法的外在表现形式,从各国宪法形式来看,主要有宪法典、宪法性法律、宪法惯例、宪法判例、宪法解释、国际条约等表现形式。

宪法典是一国制宪机关制定的关于国家根本制度、基本制度、重要原则等根本性、全局性内容的法律,是宪法主要表现形式,我国现行宪法包括1982年《宪法》文本以及经过5次宪法修改后的52条修正案。

宪法性法律是调整宪法关系,但不在同一部宪法文本中的法律,包括不成文宪法国家的立法机关制定的调整宪法关系的法律,成文宪法国家有关调整宪法关系的法律,宪法性法律仅具有一般法律效力。

宪法惯例是指不成文的行为规范,是一国在长期政治实践中形成并反复运用到实践中、被该国国家机关、政党、人民普遍遵循的习惯或者传统,效力上与宪法等同。我国也有宪法惯例,如修改宪法由中国共产党中央委员会向全国人民代表大会常务委员会提出修宪建议,再由全国人民代表大会常务委员会向全国人民代表大会提出正式宪法修正案。

宪法判例是普通法系国家的司法机关在审判实践中作出的具有宪法效力的判决,如美国"马伯里诉麦迪逊案"判决所确立的美国司法审查制度。

宪法解释是在制定和修改宪法中对宪法条文、规范、原则、结构、功能及相关的法律关系所作的分析、说明与补充。[①] 我国《宪法》规定,全国人民代表大会常务委员会有权解释宪法。

国际条约是国际法主体之间缔结的有关权利义务的书面协议。我国通常是将国际条

[①] 李步云主编:《宪法比较研究》,法律出版社1998年版,第255页。

约中所承担的义务转化为国内立法而在国内适用,或者在具体法律适用中优先适用国际条约,国际条约不属于我国宪法渊源。

> **链接阅读**
> 1. 蔡定剑:《关于什么是宪法》,载《中外法学》2002年第1期;
> 2. 张千帆:《中国百年宪政历程的反思与展望》,载《法学》2008年第4期。

第二节 宪法基本制度

一、宪法基本制度概述

宪法基本制度是指宪法所确立和规定的有关国家性质和国家形式方面制度的总和。国家性质即国体。按照马克思主义宪法学说,国家性质是指通过特定的宪法规范和宪法制度所反映的一国在政治、经济和文化方面的基本特征,反映着该国社会制度的根本属性。国家形式是一国统治阶级实现其权力的具体形式,包括国家政权组织形式和国家结构形式。政权组织形式是指行使国家权力的机关以及各国家机关之间的关系。国家结构形式是国家整体与其组成部分之间、中央与地方之间的相互关系。

二、国家性质

作为一国国家制度的核心,国家性质反映了各国政治、经济、文化制度的基本特征,构成国家的根本制度。我国《宪法》规定,中华人民共和国是人民民主专政的社会主义国家,并从政治、经济及文化制度三个方面反映了社会主义的性质。

(一)国家的基本政治制度

1. 我国是人民民主专政的社会主义国家

《宪法》第1条规定:"中华人民共和国是工人阶级领导的、以工农联盟为基础的人民民主专政的社会主义国家。社会主义制度是中华人民共和国的根本制度。中国共产党领导是中国特色社会主义最本质的特征。禁止任何组织或者个人破坏社会主义制度。"

工人阶级是国家的领导力量,工人阶级领导人民民主专政。工人阶级是先进生产力的代表,代表社会的发展方向,具备远见卓识和彻底的革命精神,以及严格的组织性和纪律性。另外,工人阶级的利益与广大人民是一致的,与农民之间具有广泛的联盟关系,具备超强的号召力和团结人民群众的能力。

工农联盟是人民民主专政的基础。工人阶级要完成历史使命,需要建立并依靠广泛的同盟军,其关键在于建立工农联盟。我国农业人口占绝大多数,农民问题是根本问题所在,因利益的一致性,工农联盟的建立具备了可能性,新民主主义革命和社会主义革命建立的工农联盟取得革命的胜利,使得工农联盟成为社会主义现代化建设的重要保障具有现实可能性。此外,知识分子也是工农联盟中的一部分,《宪法》序言中规定:社会主义的建设事业必须依靠工人、农民和知识分子。《宪法》第 23 条规定："国家培养为社会主义服务的各种专业人才,扩大知识分子的队伍,创造条件,充分发挥他们在社会主义现代化建设中的作用。"

人民民主专政是民主与专政的统一。民主是指在人民内部实行民主。《宪法》规定,国家一切权利属于人民,人民是国家的主人,一方面,人民代表大会制度和选举制度的实施使得人民按照自己的意志选举人民代表大会代表管理国家和社会事务;另一方面,《宪法》和法律赋予公民广泛权利和自由,规定了企业职工代表大会、村民委员会、居民委员会等基层自治形式。专政是指对极少数敌人实行专政。《宪法》序言中规定剥削阶级作为阶级已经消灭,但阶级斗争还将在一定范围内长期存在。《宪法》第 28 条规定："国家维护社会秩序,镇压叛国和其他危害国家安全的犯罪活动,制裁危害社会治安、破坏社会主义经济和其他犯罪的活动,惩办和改造犯罪分子。"

社会主义制度是我国的根本制度。社会主义制度是与资本主义制度相对的政治经济制度,社会主义的本质是解放生产力,发展生产力,消灭剥削,消除两极分化,最终达到共同富裕。我国的社会主义制度是中国共产党人和中国人民将马克思主义基本原理与中国建设、改革具体实际相结合的伟大创造,具体表现为人民代表大会的根本政治制度,中国共产党领导的多党合作与政治协商制度、民族区域自治制度及基层群众自治制度等基本政治制度,公有制经济为主体、多种所有制经济共同发展的基本经济制度,按劳分配为主体、多种分配方式并存的基本分配制度。

中国共产党的领导是中国特色社会主义最本质的特征。2018 年《宪法修正案》第 36 条、现行《宪法》第 1 条对此予以了明确规定,这是"党的领导"首次出现在宪法正文。习近平总书记 2014 年 9 月 5 日在庆祝全国人民代表大会 60 周年大会的讲话首次提出这一点,并在之后的多次讲话中不断加以强调。没有共产党,就没有新中国,就没有新中国的繁荣富强,当然也没有中国宪法,中国共产党的领导,就是支持和保证人民实现当家做主;必须坚持党总揽全局、协调各方的领导核心作用,通过人民代表大会制度,保证党的路线方针政策和决策部署在国家工作中得到全面贯彻和有效执行;支持和保证国家政权机关依照宪法法律积极主动、独立负责、协调一致开展工作,不断加强和改善党的领导,善于使党的主张通过法定程序成为国家意志,善于使党组织推荐的人选通过法定程序成为国家政权机关的领导人员,善于通过国家政权机关实施党对国家和社会的领导,善于运用民主集中制原则维护党和国家权威、维护全党全国团结统一。[①]

2. 爱国统一战线

统一战线是指无产阶级及其政党在革命和建设中,为获得最广泛的同盟力量以获取革命和建设的胜利,与其他阶级以及一切可以团结的力量所结成的政治联盟。

《宪法》序言规定:在长期的革命和建设过程中,已经结成由中国共产党领导的,有各

---

① 人民网:《中国共产党的领导是中国特色社会主义最本质的特征》,http://theory.people.com.cn/n1/2018/0103/c416126-29742857.html,最后访问日期:2018 年 5 月 2 日。

民主党派和各人民团体参加的,包括全体社会主义劳动者、社会主义事业的建设者、拥护社会主义的爱国者、拥护祖国统一和致力于中华民族伟大复兴的爱国者的广泛的爱国统一战线,这个统一战线将继续巩固和发展。现阶段,工人、农民、知识分子为主体的全体社会主义劳动者、社会主义事业建设者、拥护社会主义的爱国者,组成以社会主义为基础的联盟;广泛的台湾同胞、港澳同胞、海外侨胞和致力于中华民族伟大复兴的爱国者,组成以拥护祖国统一为基础的联盟,构成爱国统一战线的重要组成部分。

爱国统一战线的组织形式是中国人民政治协商会议。《宪法》序言中指出:中国人民政治协商会议是有广泛代表性的统一战线组织,过去发挥了重要的历史作用,今后在国家政治生活、社会生活和对外友好活动中,在进行社会主义现代化建设、维护国家的统一和团结的斗争中,将进一步发挥它的重要作用。中国共产党领导的多党合作和政治协商制度将长期存在和发展。政协会议的职能是"政治协商、民主监督、参政议政"。

(二)国家的基本经济制度

国家基本经济制度包括生产资料的所有制形式、经济成分、国家的基本政策、国家经济发展的基本方针等。

1. 社会主义公有制的经济基础

生产资料所有制是国家经济制度的基础,不同性质的国家其生产资料所有制形式也不同。一般来说,资本主义国家实行私有制为主体的所有制,社会主义国家实行公有制为主体的所有制结构。

《宪法》第6条第1款规定:"中华人民共和国的社会主义经济制度的基础是生产资料的社会主义公有制,即全民所有制和劳动群众集体所有制。社会主义公有制消灭人剥削人的制度,实行各尽所能、按劳分配的原则。"全民所有制和劳动群众集体所有制是我国社会主义公有制的两种基本形式。

(1)全民所有制指生产资料归全体人民所有,人民作为整体享有生产资料所有权的形式。因长期以来实施的计划经济,我国的全民所有制企业由国家负责经营,全民所有制经济被视为国营经济,为适应社会主义市场经济发展,国营经济的提法被修改为国有经济,《宪法》第7条指出,国有经济即社会主义全民所有制经济。

(2)集体所有制经济是指生产资料归集体经济组织内的劳动者共同所有的一种所有制形式。《宪法》第8条第1款、第2款规定:"农村集体经济组织实行家庭承包经营为基础、统分结合的双层经营体制。农村中的生产、供销、信用、消费等各种形式的合作经济,是社会主义劳动群众集体所有制经济。参加农村集体经济组织的劳动者,有权在法律规定的范围内经营自留地、自留山、家庭副业和饲养自留畜。城镇中的手工业、工业、建筑业、运输业、商业、服务业等行业的各种形式的合作经济,都是社会主义劳动群众集体所有制经济。"我国城镇的集体所有制经济表现为各种形式的合作经济;农村的集体所有制经济经营方式经过几次改革,现为以家庭承包为基础、统分结合的双层经营体制。

2. 公有制为主体、多种所有制经济共同发展

在社会主义初级阶段,为进一步解放和发展生产力,必须调动一切积极因素促进经济发展,在以社会主义公有制经济为基础的前提下,允许并保护其他经济成分在宪法和法律范围内发展,充分发挥非公有制经济的积极作用。《宪法》第6条第2款规定:国家在社会主义初级阶段,坚持公有制为主体、多种所有制经济共同发展的基本经济制度。现阶段我国的非公有制经济主要有个体经济、私营经济及中外合资企业、中外合作企业、外商独资企业。

在社会主义初级阶段,必须坚持公有制经济为主体、多种所有制经济共同发展的基本经济政策,坚持公有制的主体地位,引导国民经济的整体发展,充分发挥个体、私营等非公有制经济对促进经济发展、扩大就业、活跃市场等方面的积极作用。

3. 保护社会主义公共财产和公民私有财产

社会主义公共财产包括全民所有的财产和劳动群众集体所有的财产。从财产内容上看,包括全民所有制和集体所有制的企事业单位全部生产资料、产品、生产设备和其他所有财产;国家和集体所有的自然资源;国家机关、社会团体、武装力量所有财产。

《宪法》第9—10条规定了公共财产的范围。社会主义公共财产是巩固国家社会主义制度的物质基础,是逐步提高我国全体人民物质生活水平和精神文明水平的物质来源。《宪法》第12条明确规定:"社会主义的公共财产神圣不可侵犯。国家保护社会主义的公共财产。禁止任何组织或者个人用任何手段侵占或者破坏国家的和集体的财产。"

《宪法》第13条第2款、第3款还规定:"国家依照法律规定保护公民的私有财产权和继承权。国家为了公共利益的需要,可以依照法律规定对公民的私有财产实行征收或者征用并给予补偿。"对公民私有财产继承权的保护,是对公民合法财产权保护的延伸,对公民私有财产征收或征用的补偿,是对公民合法财产权造成一定损失的有效救济途径。

4. 分配制度

宪法作为国家根本法,规定实行以按劳分配为主体、多种分配方式并存的分配制度,这是由我国社会主义初级阶段的以公有制经济为主体、多种所有制经济共同发展的基本经济制度决定的。按劳分配是指以劳动者所做的劳动数量和质量为标准进行个人消费品的分配,多劳多得,少劳少得;多种分配方式是指以资本、技术、管理、信息、土地等生产要素所有权为尺度进行个人消费品的分配。

(三) 国家的基本文化制度

文化制度是指一国通过宪法和法律加以调整、以社会意识形态为核心的各种基本文化关系的规则、原则和政策的总和。我国现行《宪法》规定的文化制度主要有:

(1) 文化建设是社会主义现代化建设中的重要部分。《宪法》序言中指出:国家的根本任务是,沿着中国特色社会主义道路,集中力量进行社会主义现代化建设。中国各族人民将继续在中国共产党领导下……逐步实现工业、农业、国防和科学技术的现代化,推动物质文明、政治文明和精神文明协调发展,把我国建设成为富强、民主、文明的社会主义国家。社会主义现代化国家不仅包含政治、经济的现代化,也应当包含文化的

现代化。

(2) 教育制度。教育是发展国家科技水平、培养人才、提高全民综合素质必不可少的途径,在现代化建设中具有全局性、先导性的作用。因而我国《宪法》第 19 条规定:"国家发展社会主义的教育事业,提高全国人民的科学文化水平。国家举办各种学校,普及初等义务教育,发展中等教育、职业教育和高等教育,并且发展学前教育。国家发展各种教育设施,扫除文盲,对工人、农民、国家工作人员和其他劳动者进行政治、文化、科学、技术、业务的教育,鼓励自学成才。国家鼓励集体经济组织、国家企业事业组织和其他社会力量依照法律规定举办各种教育事业。国家推广全国通用的普通话。"

(3) 科技制度。科学技术是推动世界发展和人类前进的重要力量,也是改变世界各国格局的决定性因素。宪法作为根本法,对科学事业进行了原则性规定:国家发展自然科学和社会科学事业,普及科学和技术知识,奖励科学研究成果和技术发明创造。

(4) 医疗、卫生和体育制度。医疗卫生直接关系到人民群众的身体健康与生老病死,与人民利益密切相关,医疗卫生事业和体育事业也是衡量一国文明程度的重要指标。《宪法》第 21 条规定:"国家发展医疗卫生事业,发展现代医药和我国传统医药,鼓励和支持农村集体经济组织、国家企业事业组织和街道组织举办各种医疗卫生设施,开展群众性的卫生活动,保护人民健康。国家发展体育事业,开展群众性的体育活动,增强人民体质。"

(5) 文学艺术和其他文化制度。文化事业的发展,对于提高人民的文化素养、丰富人民的精神生活、促进人的全面发展具有不可替代的重要作用。《宪法》第 22 条规定:"国家发展为人民服务、为社会主义服务的文学艺术事业、新闻广播电视事业、出版发行事业、图书馆博物馆文化馆和其他文化事业,开展群众性的文化活动。国家保护名胜古迹、珍贵文物和其他重要历史文化遗产。"

(6) 思想道德建设制度。《宪法》第 24 条规定:"国家通过普及理想教育、道德教育、文化教育、纪律和法制教育,通过在城乡不同范围的群众中制定和执行各种守则、公约,加强社会主义精神文明的建设。国家倡导社会主义核心价值观,提倡爱祖国、爱人民、爱劳动、爱科学、爱社会主义的公德,在人民中进行爱国主义、集体主义和国际主义、共产主义的教育,进行辩证唯物主义和历史唯物主义的教育,反对资本主义的、封建主义的和其他的腐朽思想。"

三、国家形式

(一) 我国的政权组织形式

1. 人民代表大会制度的政权组织形式

我国《宪法》规定,国家一切权力属于人民,人民行使国家权力的机关是全国人民代表大会和地方各级人民代表大会。人民代表大会制度使我国的根本政治制度。国家行政机关、监察机关、审判机关和检察机关都由人民代表大会产生,对它负责,并受它监督。我国的政权组织形式是人民代表大会制度,人民代表大会制度的内容主要包括:(1) 国家权力属于人民;(2) 民主选举;(3) 国家机构的产生;(4) 对人民负责、受人民监督。

2. 我国的选举制度

选举制度是指一国通过宪法和法律规定的关于选举国家代议机关代表和国家公职人员的各项制度的总称,包括选举的基本原则、选民资格确定、选区划分、选举组织、选举程序、选举诉讼等具体内容。

广义的选举制度包括代议机关代表与特定公职人员的选举,狭义选举制度仅指选举代议机关代表的制度,我国的选举制度采狭义概念,是指选举全国人民代表大会代表和地方各级人民代表大会代表所应遵循的各项制度的总称,由《宪法》和《选举法》加以规定,是国家政治制度中的重要部分。《宪法》规定了选举制度的基本原则:(1)选举权的普遍性与平等性;(2)直接选举与间接选举并用;(3)无记名投票原则;(4)差额选举原则。

其中普遍性是指选举权主体的广泛性,我国《宪法》规定,中华人民共和国年满18周岁的公民,不分民族、种族、性别、职业、家庭出身、宗教信仰、教育程度、财产状况、居住期限,都有选举权和被选举权;但是依照法律被剥夺政治权利的人除外。平等性原则具体表现为一人一票原则,指每个选民在每次选举中只有一次投票权,且每一票的价值相等,体现了自由、平等、反特权的价值追求。具体表现在,每一个年满18周岁、享有政治权利的公民都享有选举权与被选举权;每个选民在每次选举中只有一个投票权;每个选民的投票效力都是相等的;选举权与被选举权之间也是相统一的。

3. 宪法宣誓制度

2018年宪法第五次修改规定了宪法宣誓制度。各级人民代表大会及县级以上各级人民代表大会常务委员会选举或者决定任命的国家工作人员,以及各级人民政府、监察委员会、人民法院、人民检察院任命的国家工作人员,在就职时应当公开进行宪法宣誓。

宪法宣誓的誓词为:"我宣誓:忠于中华人民共和国宪法,维护宪法权威,履行法定职责,忠于祖国,忠于人民,恪尽职守、廉洁奉公,接受人民监督,为建设富强民主文明和谐美丽的社会主义现代化强国努力奋斗!"

知识拓展 直接民主与间接民主

直接民主,是指公民可直接参与公共事务决策和管理的制度;间接民主,指公民通过选举产生的代表或公职人员来代表公民的利益和意志,行使国家权力的制度。卢梭是直接民主的极力倡导者,他认为人民直接参与公共事务是追求自由的前提,在一个真正自由的国家,人民应当直接参与政治、进行公共决策。卢梭认为,主权是由公意构成的,公意只能通过人民自己表达,代议制下的代表不能表达公意,违背了民主,部分人作为代表行使国家权力导致公民本质上失去了自由。以麦迪逊为代表的美国联邦党人是代议制民主的代言人,《联邦党人文集》中麦迪逊集中阐述了纯粹的民主政体与间接民主政体的区别,他认为由人民代表发出的呼声要比全体人民为此提出意见更符合公共利益。从民主实践角度看,代议制民主在现代国家中更为普遍,因为代议制民主可操作性强,通过严格的民主化程序和制度,有利于维护民意的表达和人民利益的实现。间接民主固然有其自身的局限性,但与直接民主相比,间接民主相对安全很多。

(二) 我国的国家结构形式

国家结构形式是指由国家统治阶级所采取的,按照特定原则划分国家内部区域,调整国家整体与部分、中央与地方之间相互关系的总体形式。① 现代国家的结构形式主要有单一制和联邦制两种。

单一制是指国家由若干行政区域或自治单位、特别行政区等组成,各组成单位都是国家不可分割的一部分。其基本特点是:全国只有一部宪法,一个完整的中央国家机关体系,每个公民只有一个国籍,各行政单位受中央政府的统一领导,各行政单位拥有的权力来自于中央通过法律途径的授权,国家是一个独立的国际法主体。

联邦制是指由两个以上成员单位(如邦、州、共和国等)组成的联盟国家的国家结构形式。其基本标志是:联邦和其成员单位各自都有宪法和法律,有各自的国家机关体系,公民具有双重国籍;联邦的权力来自于各成员单位的授予,未授予联邦的权力由各成员单位保留;联邦的组成单位对外一般没有外交权,但有的联邦国家其组成单位有一定的对外权力。

1. 单一制的国家结构形式

《宪法》序言中指明:中华人民共和国是全国各族人民共同缔造的统一的多民族国家。这一规定表明,我国实行的是单一制的国家结构形式。

采取单一制的国家结构形式,是由历史和现实因素共同决定的。我国自秦汉以来除较短时间的分裂状态外,一直实行统一的中央集权制,悠久的单一制历史传统提供了建立统一的单一制国家的政治基础。大杂居、小聚居的民族分布状况,加上各民族人口数量差异悬殊,决定了单一制更适合我国现实需要。此外,各民族在历史上形成了相互交流合作、团结一致的优良传统,为实行单一制提供了可能。

2. 民族区域自治制度

民族区域自治制度,是指在我国领域内,在中央统一领导下,依照宪法和法律,以少数民族聚居区为基础设立民族自治机关,行使自治权,由少数民族公民自主管理本民族、本地区事务的制度。民族区域自治制度是我国一项基本政治制度。《宪法》第4条规定:"中华人民共和国各民族一律平等。国家保障各少数民族的合法的权利和利益。维护和发展各民族的平等团结互助和谐关系。禁止对任何民族的歧视和压迫,禁止破坏民族团结和制造民族分裂的行为。国家根据各少数民族的特点和需要,帮助各少数民族地区加速经济和文化的发展。各少数民族聚居的地方实行区域自治,设立自治机关,行使自治权。各民族自治地方都是中华人民共和国不可分离的部分。各民族都有使用和发展自己的语言文字的自由,都有保持或者改革自己的风俗习惯的自由。"

3. 特别行政区制度

《宪法》第31条规定:"国家在必要时得设立特别行政区。在特别行政区内实行的制度按照具体情况由全国人民代表大会以法律规定。"特别行政区是指在国家行政区域范

---

① 宪法学编写组编:《宪法学》,高等教育出版社、人民出版社2011年版,第120页。

之内设立的、享有特别的法律地位、实行资本主义制度和生活方式的地方行政区域。特别行政区制度是为和平解决历史遗留的台湾、香港、澳门问题而创造性地设立的基本制度。全国人民代表大会分别于1990年、1993年通过了《香港特别行政区基本法》和《澳门特别行政区基本法》，两部基本法规定了特别行政区制度的具体内容。

4. 基层群众性自治制度

基层群众性自治制度是指基层群众性自治组织进行自我管理、自我教育、自我服务的方式、程序及自治组织形式与运作方式的总称。《宪法》第111条规定，城市和农村按居民居住地区设立的居民委员会或者村民委员会是基层群众性自治组织。居民委员会、村民委员会的主任、副主任和委员由居民选举。居民委员会、村民委员会同基层政权的相互关系由法律规定。居民委员会、村民委员会设人民调解、治安保卫、公共卫生等委员会，办理本居住地区的公共事务和公益事业，调解民间纠纷，协助维护社会治安，并且向人民政府反映群众的意见、要求和提出建议。

知识拓展　我国人民代表大会制度的由来

中国共产党在革命斗争中，以马克思主义国家学说为指导，借鉴巴黎公社委员会制和苏联工农兵苏维埃制的基本原则，逐步创造了人民代表大会制度。中国共产党领导在中央苏区瑞金召开的"一苏大会""二苏大会"，初具人民代表大会制度的基本特色。抗日战争时期，陕甘边区等根据地建立了统一战线性质的"参议会"；第三次国内革命战争时期，在解放区建立了以贫农团和农会为基础的地区、乡两级人民代表会议，产生人民政府。在这些创造和经验的积累中，中国于1953年通过选举成立了第一届全国人大并于1954年召开会议。经过几十年的发展，我国人民代表大会制度得到不断的完善和巩固，现已相当完备。

链接阅读

1. 魏宏：《论我国人民代表大会制度下的分权体制——兼论我国人民代表大会制度的完善》，载《现代法学》2003年第3期；
2. 王磊：《论我国单一制的法的内涵》，载《中外法学》1997年第6期。

第三节　公民的基本权利与义务

一、公民的基本权利与义务概述

（一）公民及公民的基本权利与义务概念

我国宪法规定，凡具有中华人民共和国国籍的人都是中华人民共和国公民。公民的基本权利是指由宪法规定的，保障公民生存、发展与自我实现必不可少的权利，是公民选择为或者不为某种行为的自由或资格。基本权利不同于普通法律所规定的一般权利，它在权利体系中居于核心地位,直接表现了公民与国家之间的关系,同时是其他权利的基础。

公民的基本义务是指由宪法规定的、为实现公共利益、公民必须为或者不为某种行为的责任,是普通法律所规定的义务的基础。公民的基本义务集中反映了其与国家之间契约的责任内容,体现了公民身份的政治属性。

公民的基本权利与义务共同反映了公民在国家中的政治和法律地位,也构成普通法律所规定的权利与义务的原则和基础。

知识拓展　公民与人民[①]

"公民"与"人民"是两个不同的概念。(1)性质不同。公民属于法律概念,其内涵由法律规定,与其对应的是外国人;人民属于政治概念,以政治标准加以界定,对应的是敌人。我国现阶段的人民是指全体社会主义劳动者、社会主义事业建设者、拥护社会主义的爱国者和拥护祖国统一的爱国者。(2)范围不同。公民的范围大于人民,公民中除了人民之外,还有少数敌人。(3)内涵不同。公民一般是个体概念,人民表示的是群体或集体概念。宪法中的公民表达了拥有基本权利和自由的国家个体成员含义,强调了公民在法律面前一律平等的特性,侧重于对公民个体基本权利的保障。

(二)公民的基本权利与义务的特点

1. 公民基本权利与义务的平等性

《宪法》规定,公民在法律面前一律平等。公民基本权利与义务的平等性首先表现为公民的权利义务不因其民族、种族、性别、职业、家庭出身、宗教信仰、教育程度、财产状况而有所差别。国家机关平等地对所有公民适用法律,对公民的权利加以平等保护,对其违法犯罪行为予以平等追究和制裁。《宪法》规定,任何组织和个人都不得有超越《宪法》和法律的特权,平等性还体现在任何公民无特权上。

2. 公民基本权利的广泛性

我国公民基本权利的广泛性表现在两个方面:一是权利主体的广泛性;二是权利范围的广泛性。《宪法》规定的权利主体范围相当广泛,现阶段包括占人口绝大多数的工人、农民、知识分子,亦即全体社会主义劳动者、社会主义事业建设者、拥护社会主义的爱国者和拥护祖国统一的爱国者,且随着现代化事业的发展,权利主体的范围也将不断扩大。对于被剥夺政治权利的公民而言,其仍然享有与其身份相适应的其他基本权利。

公民所享有的基本权利范围相当广泛,《宪法》规定了公民的基本人身自由、政治、经济、文化、信仰等各个方面的权利,在其他部分,如"总纲"和"国家机构"章节也保障了公民的私有财产权、继承权等重要权利。

[①] 参见周叶中主编:《宪法》(第四版),高等教育出版社 2016 年版,第 225 页。

3. 公民基本权利与义务的统一性

公民基本权利与义务二者之间是统一的,即权利与义务相互依存、互为条件、互相促进。《宪法》规定,任何公民享有《宪法》和法律规定的权利,同时必须履行《宪法》和法律规定的义务。任何公民既是权利的享有者,也是义务的承担者。权利与义务不可分离,任何公民都不得只享有权利而不承担义务,也不可只承担义务而不享有任何权利,权利与义务二者互为条件。部分权利与义务本身是重合的,如劳动权、教育权,它们既是权利也是义务。此外,公民基本权利与义务互相促进,公民在享受受到保障的广泛权利时,权利义务的统一性使其自觉履行相应的义务,使其对自身公民这一身份认识更加清晰深刻。

二、公民的基本权利

（一）平等权

《宪法》第33条第2款规定:"中华人民共和国公民在法律面前一律平等。"平等权是指公民平等地享有权利、不受差别对待、并要求国家同等保护的权利。[1] 平等权的主体是中华人民共和国公民,其内容要求公民平等地享有权利和平等地履行义务,并禁止超出合理范围的差别对待。平等权特殊之处在于不能独立地体现权利的作用,需要附属于其他权利上以发生作用。

（二）政治权利

政治权利是指由宪法规定的、保障公民参与国家政治生活的权利或自由。这部分权利反映了公民在国家中的法律地位以及国家的阶级本质,即人民民主专政的社会主义国家,表明了人民当家做主的地位。

公民的政治性权利包括:(1) 选举权和被选举权;(2) 言论、出版、集会、结社、游行、示威的自由。选举权和被选举权是政治权利的重要内容。《宪法》第34条规定:"中华人民共和国年满18周岁的公民,不分民族、种族、性别、职业、家庭出身、宗教信仰、教育程度、财产状况、居住期限,都有选举权和被选举权;但是依照法律被剥夺政治权利的人除外。"言论、出版、集会、结社、游行、示威的自由即广义上的表达自由,是公民通过各种形式表达其观点、思想的自由,是参与公共事务管理、国家管理,表达政治意愿的重要权利。

（三）宗教信仰自由

宗教信仰自由是指公民根据自己的意愿和信念,自愿选择信仰或者不信仰某种宗教的自由。《宪法》第36条规定:"中华人民共和国公民有宗教信仰自由。任何国家机关、社会团体和个人不得强制公民信仰宗教或者不信仰宗教,不得歧视信仰宗教的公民和不信仰宗教的公民。国家保护正常的宗教活动。任何人不得利用宗教进行破坏社会秩序、损害公民身体健康、妨碍国家教育制度的活动。宗教团体和宗教事务不受外国势力的支配。"公民的宗教信仰自由和相应的宗教活动应在合法范围内进行。

---

[1] 《宪法学》编写组:《宪法学》,高等教育出版社、人民出版社2011年版,第208页。

（四）人身权

人身自由是指公民在生命安全、人身自主、居住行动、人身保护、人格尊严等方面的自由，是公民参加社会活动、政治活动和享受其他权利的前提条件。《宪法》第 37 条规定："中华人民共和国公民的人身自由不受侵犯。任何公民，非经人民检察院批准或者决定或者人民法院决定，并由公安机关执行，不受逮捕。禁止非法拘禁和以其他方法非法剥夺或者限制公民的人身自由，禁止非法搜查公民的身体。"第 38 条规定："中华人民共和国公民的人格尊严不受侵犯。禁止用任何方法对公民进行侮辱、诽谤和诬告陷害。"

公民的人身自由有：(1) 生命权；(2) 人身自由不受侵犯；(3) 人格尊严不受侵犯，包括姓名权、肖像权、名誉权、荣誉权、隐私权等；(4) 住宅不受侵犯；(5) 通信自由和通信秘密受法律保护。

（五）社会经济权利

社会经济权利是指公民依法享有的经济和物质利益方面的权利，是公民行使其他权利的物质基础和保障，包括公民的私有财产权、劳动权、休息权、获得物质帮助权。《宪法》第 13 条、第 42—45 条分别规定了公民享有私有财产权、劳动权、劳动者的休息权、获得物质保障的权利。社会经济权利不同于传统的消极权利或自由，而是一种需要国家积极干预以保障落实的公民权利，国家应当为公民特别是社会弱势群体提供一定的物质保障。

（六）教育文化权利

教育文化权利是指公民享有的受教育权、进行科学研究、文艺创作及其他文化活动的权利。社会经济权利和教育文化权利是保证公民参与国家政治生活的物质和文化条件。这些权利主要有《宪法》第 46—47 条规定的受教育的权利和进行科学研究、文学艺术创作及其他文化活动的自由。

（七）特定公民的权利

宪法中的特定公民是指妇女、母亲、儿童、老人、青少年、华侨等。

(1) 保障妇女的权利。《宪法》第 48 条规定，中华人民共和国妇女在政治的、经济的、文化的、社会的和家庭的生活等各方面享有同男子平等的权利。国家保护妇女的权利和利益。

(2) 保护婚姻、家庭、母亲、儿童和老人。《宪法》第 49 条规定，婚姻、家庭、母亲和儿童受国家的保护。夫妻双方有实行计划生育的义务。父母有抚养教育未成年子女的义务，成年子女有赡养扶助父母的义务。禁止破坏婚姻自由，禁止虐待老人、妇女和儿童。《宪法》还规定，国家培养青年、少年、儿童在品德、智力、体质等方面全面发展。

(3) 保护华侨的正当权利。《宪法》第 50 条规定："中华人民共和国保护华侨的正当的权利和利益，保护归侨和侨眷的合法的权利和利益。"华侨是居住在国外的中国公民，华侨回祖国定居的为归侨，华侨在国内的亲属为侨眷。国家维护华侨的正当权益，对于一切反华、排华、迫害和损害华侨正当权益的行为，国家通过外交途径加以解决。

三、公民的基本义务

我国公民既是基本权利的享有者,也是基本义务的承担者。义务是公民依法履行的特定责任。《宪法》中规定的基本义务是国家对公民最基本的要求,同时宪法基本义务也是代表公民主体地位的一种资格。

公民的基本义务主要有:(1) 维护国家统一和民族团结;(2) 遵守《宪法》和法律,保守国家秘密,爱护公共财产,遵守劳动纪律,遵守公共秩序,遵守社会公德;(3) 维护国家安全、荣誉和利益;(4) 保卫祖国,依法服兵役和参加民兵组织;(5) 依法纳税。

知识拓展　孙志刚事件

2003年3月,任职于广州某公司的湖北青年孙志刚在前往网吧的路上,因缺少暂住证,被警察送至广州市"三无"人员(即无身份证、无暂住证、无用工证明的外来人员)收容遣送中转站收容。次日,孙志刚被收容站送往一家收容人员救治站。孙志刚受到工作人员以及其他收容人员的野蛮殴打,并于3月20日死于这家救治站。孙志刚之死在社会上掀起了对收容遣送制度的大讨论,先后有8名学者上书全国人民代表大会,要求就此对收容遣送制度进行违宪审查。2006年国务院发布《城市生活无着的流浪乞讨人员救助管理办法》,于1982年5月颁布的《城市流浪乞讨人员收容遣送办法》随之废止。

链接阅读

1. 徐显明:《人权的体系与分类》,载《中国社会科学》2000年第6期;
2. 姜峰:《宪法公民义务条款的理论基础问题——一个反思的视角》,载《中外法学》2013年第2期。

第四节　国家机构

一、我国的国家机构概述

(一) 国家机构的概念

国家机构是指一国为实现其国家权力的职能,依照宪法和法律规定建立起来的国家机关的总称。根据《宪法》,我国现有的国家机构包括全国人民代表大会及其常务委员会、国家主席、国务院、中央军事委员会、地方各级人民代表大会和地方各级人民政府、民族自治地方的自治机关、国家监察机关、人民法院和人民检察院。

国家机构区别于一般社会组织,其特点表现为:(1) 是实现国家职能的重要部门,是使国家权力落到实处的途径;(2) 具有强制力,并依靠国家强制力行使其职能;(3) 组织严密,自成体系,遵循严格的组织和活动原则;(4) 其一切费用,包括国家工作人员的薪酬,都由国库开支;(5) 具有协调性,根据宪法划分职权,按照其所行使的职权性质和范围而分工,同时各国家机关互相协调、互相配合,为共同的宪法目的而运作。

(二)我国国家机构

根据《宪法》规定,我国国家机构由下列国家机关组成:

(1)国家权力机关,即最高国家权力机关和地方各级国家权力机关,前者是全国人民代表大会及其常务委员会,后者包括地方各级人民代表大会及县级以上常务委员会、民族自治地方的人民代表大会及其常务委员会。上级国家权力机关与下级国家权力机关的关系是业务上的指导关系和法律上的监督关系。

(2)国家元首,即中华人民共和国主席。

(3)国家行政机关,即最高国家行政机关和地方各级行政机关,最高国家行政机关是国务院,地方各级行政机关是地方各级人民政府,包括民族自治地方的人民政府。上级国家行政机关与下级国家行政机关的关系是领导关系。

(4)国家军事领导机关,即中央军事委员会。

(5)国家监察机关,即国家各级监察委员会,中华人民共和国国家监察委员会是最高监察机关,领导地方各级国家监察委员会的工作,上级监察委员会领导下级监察委员会的工作。

(6)国家审判机关,包括最高人民法院、地方各级人民法院和专门人民法院。上级国家审判机关与下级国家审判机关的关系是监督关系。

(7)国家检察机关,包括最高人民检察院、地方各级人民检察院和专门人民检察院,上级国家检察机关和下级国家检察机关的关系是领导关系。

(三)我国国家机构的组织与运行原则

根据《宪法》和法律规定,我国国家机构组织和运行原则为:

(1)民主集中制原则。《宪法》第3条第1款规定:"中华人民共和国的国家机构实行民主集中制的原则。"国家机构的民主集中制原则中的"民主"体现在:人民通过民主选举产生人民代表大会代表,组成各级国家权力机关,国家权力机关代表人民行使国家权力,对人民负责,并受人民监督;"集中"体现在:国家权力机关处于国家机构的核心,国家行政机关、监察机关、审判机关、检察机关由国家权力机关产生,对它负责,并受它监督,国家权力机关制定的法律、法规等规范性文件,其他国家机关必须遵守并执行;同时要遵循下级机关服从上级机关、地方服从中央的原则,充分发挥中央和地方两个积极性。

(2)法治原则。《宪法》第5条第1款至第4款规定:"中华人民共和国实行依法治国,建设社会主义法治国家。国家维护社会主义法制的统一和尊严。一切法律、行政法规和地方性法规都不得同宪法相抵触。一切国家机关和武装力量、各政党和各社会团体、各企业事业组织都必须遵守宪法和法律。一切违反宪法和法律的行为,必须予以追究。"根据《宪法》规定,首先,国家立法机关应当完善立法,建立完备的社会主义法律体系,使国家机关组织和活动有法可依。其次,国家机关的活动必须严格遵守法律规定,各国家机关应当在法定权限范围内活动,各司其职,各尽其能。

(3)责任制原则。《宪法》规定,各国家机关必须实行工作责任制。责任制是指国家机关及其工作人员行使职权、履行职责都要对其后果负责。行政机关、监察机关、审判机关和检察机关均向权力机关负责,权力机关向人民负责。在各个国家机关内部也实行责任制。全国人民代表大会及常务委员会、地方各级人民代表大会及其常务委员会、各级监察机关、各级人民法院和各级人民检察院内部实行集体负责制,即一切重大问题的决定必须举行会议,由全体成员讨论决定。国务院及其所属各部委、中央军事委员会、地方各级人民政府内部实行个人负责制,即首长负责制。

(4) 精简和效率原则。《宪法》第 27 条第 1 款规定,一切国家机关实行精简的原则,实行工作责任制,实行工作人员的培训和考核制度,不断提高工作质量和工作效率。国家机构是为实现人民民主专政而设,应当以为人民服务为宗旨,精简高效,提高工作效率和质量,改变机构臃肿、人员冗杂的官僚主义现象。

知识拓展 总统制和内阁制

总统制和内阁制都是行政机构的组织形式。总统制是指由全体公民选举产生的总统既是国家元首,也是政府首脑,其政府不实行集体决策,而由总统一人决策的制度。内阁制是指行政机关内阁由议会产生,并对议会负责,由首相或总理作为政府首脑的制度。二者的区别体现在:(1) 政府的组织方式不同。内阁制下,政府一般由议会中占多数席位的政党或政党联盟来组织;在总统制下,政府成员由当选的总统任命并领导。(2) 议会的职权不同。内阁制下的议会有组织政府的权力;总统制下的议会仅具有一般议会所拥有的立法、监督政府等权力,而没有组织政府的权力。(3) 政府与议会的关系不同。在内阁制下,政府对议会负责。如果议会对政府的政策不满而通过对政府的不信任案时,政府就得辞职,或者呈请国家元首解散议会,重新选举。在总统制下,总统领导下的政府只对选民负责,而不对议会负责;作为立法机关的议会,其议员不得兼任行政官员,而作为行政机关的政府官员也不能兼任议员。总统行使权力时对议会不负政策上的责任,议会不能因政策问题对总统和政府提出不信任案,以迫使其辞职。(4) 国家元首地位和作用不同。在内阁制下,作为国家元首的总统,只拥有虚位,没有实权;而在总统制下,总统既是国家元首,也是政府首脑,掌握行政实权。总统制和内阁制各有特色,其优劣也是宪法学者长期讨论的焦点。

二、全国人民代表大会

(一) 全国人民代表大会的性质、地位、组成、任期、职权

《宪法》第 57 条规定,中华人民共和国全国人民代表大会是最高国家权力机关。这一规定表明了全国人民代表大会的性质和其在国家机构中的地位。全国人民代表大会在我国国家机构体系中处于最高地位,其他中央国家机关由它产生,对它负责,并受它监督。

全国人民代表大会由省、自治区、直辖市、特别行政区和军队选出的代表组成。各少数民族都应当有适当名额的代表。全国人民代表大会每届任期 5 年。全国人民代表大会

任期届满的 2 个月以前,全国人民代表大会常务委员会必须完成下届全国人民代表大会代表的选举。全国人民代表大会会议每年举行一次,由全国人民代表大会常务委员会召集。如果全国人民代表大会常务委员会认为必要,或者有 1/5 以上的全国人民代表大会代表提议,可以临时召集全国人民代表大会会议。

根据《宪法》规定,全国人民代表大会的职权如下:(1)修改宪法和监督宪法的实施;(2)行使国家立法权:制定和修改刑事、民事、国家机构的和其他的基本法律;(3)选举、决定和罢免国家机关领导人,包括选举中华人民共和国主席、副主席;根据中华人民共和国主席的提名,决定国务院总理的人选;根据国务院总理的提名,决定国务院副总理、国务委员、各部部长、各委员会主任、审计长、秘书长的人选;选举中央军事委员会主席;根据中央军事委员会主席的提名,决定中央军事委员会其他组成人员的人选;选举国家监察委员会主任、最高人民法院院长、最高人民检察院检察长;(4)决定国家重大问题:审查和批准国民经济和社会发展计划和计划执行情况的报告;审查和批准国家的预算和预算执行情况的报告;批准省、自治区和直辖市的建置;决定特别行政区的设立及其制度;决定战争和和平的问题;(5)监督其他国家机关的工作,有权改变或者撤销全国人民代表大会常务委员会不适当的决定;(6)应当由最高国家权力机关行使的其他职权。

(二)全国人民代表大会常务委员会的性质、地位、组成、任期、职权

全国人民代表大会常务委员会是全国人民代表大会的常设机关,是我国最高权力机关的组成部分,是在全国人民代表大会闭会期间行使最高国家权力的机关,也是行使国家立法权的机关。其隶属于全国人民代表大会,受全国人民代表大会的领导和监督,向全国人民代表大会负责并向其汇报工作。

全国人民代表大会常务委员会行使下列职权:(1)解释宪法,监督宪法的实施。(2)立法权:制定和修改除应当由全国人民代表大会制定的法律以外的其他法律。(3)修改和解释法律;在全国人民代表大会闭会期间,对全国人民代表大会制定的法律进行部分补充和修改,但是不得同该法律的基本原则相抵触;解释法律。(4)监督权:监督国务院、中央军事委员会、国家监察委员会、最高人民法院和最高人民检察院的工作;撤销国务院制定的同宪法、法律相抵触的行政法规、决定和命令;撤销省、自治区、直辖市国家权力机关制定的同宪法、法律和行政法规相抵触的地方性法规和决议。(5)任免权:在全国人民代表大会闭会期间,根据国务院总理的提名,决定部长、委员会主任、审计长、秘书长的人选;在全国人民代表大会闭会期间,根据中央军事委员会主席的提名,决定中央军事委员会其他组成人员的人选;根据国家监察委员会主任的提请,任免国家监察委员会副主任、委员;根据最高人民法院院长的提请,任免最高人民法院副院长、审判员、审判委员会委员和军事法院院长;根据最高人民检察院检察长的提请,任免最高人民检察院副检察长、检察员、检察委员会委员和军事检察院检察长,并且批准省、自治区、直辖市的人民检察院检察长的任免。(6)重大事项决定权:在全国人民代表大会闭会期间,审查和批准国民经济和社会发展计划、国家预算在执行过程中所必须作的部分调整方案;决定驻外全权代表的任免;决定同外国缔结的条约和重要协定的批准和废除;规定军人和外交人员的衔级制度

和其他专门衔级制度;规定和决定授予国家的勋章和荣誉称号;决定特赦;在全国人民代表大会闭会期间,如果遇到国家遭受武装侵犯或者必须履行国际间共同防止侵略的条约的情况,决定战争状态的宣布;决定全国总动员或者局部动员;决定全国或者个别省、自治区、直辖市进入紧急状态。(7) 全国人民代表大会授予的其他职权。

(三) 全国人民代表大会各专门委员会

各专门委员会是隶属于全国人民代表大会的工作机构,在全国人民代表大会闭会期间受全国人民代表大会常务委员会的领导。专门委员会由全国人民代表大会从代表中选出,按照专业进行分工组织。专门委员会分临时和常设,常设委员会有民族委员会、宪法和法律委员会、财政经济委员会、教育科学文化卫生委员会、外事委员会、华侨委员会和其他需要设立的专门委员会。在全国人民代表大会闭会期间,各专门委员会受全国人民代表大会常务委员会的领导。各专门委员会在全国人民代表大会和全国人民代表大会常务委员会领导下,研究、审议和拟订有关议案。

临时委员会即调查委员会,全国人民代表大会和全国人民代表大会常务委员会认为必要的时候,可以组织关于特定问题的调查委员会,并且根据调查委员会的报告,作出相应的决议。

(四) 全国人民代表大会代表

全国人民代表大会代表是最高国家权力机关的组成人员,是由人民选举产生、受人民委托、代表人民意志和利益、代表人民行使国家权力的人。全国人民代表大会代表对人民负责,并受人民监督。

全国人民代表大会代表的职权如下:(1) 出席全国人民代表大会,有权参与国家重大问题的讨论;(2) 根据法律规定的程序提出议案,或提出批评、意见和建议;(3) 提出质询案,一个代表团或30名以上人民代表大会代表可以提出对国务院或各部委、各委员会的质询案;(4) 审议、表决议案权,参与选举、决定和罢免领导人。

此外,全国人民代表大会代表还享有两项特别权利:(1) 人身保护权,非经全国人民代表大会会议主席团许可,在全国人民代表大会闭会期间非经全国人民代表大会常务委员会许可,不受逮捕或者刑事审判;(2) 言论免责权,即在全国人民代表大会各种会议上的发言和表决,不受法律追究。

三、中华人民共和国主席

中华人民共和国主席是我国国家元首,是国家机构的重要组成部分。国家主席、副主席由全国人民代表大会选举。有选举权和被选举权的年满45周岁的中华人民共和国公民可以被选为中华人民共和国主席、副主席。国家主席、副主席每届任期同全国人民代表大会每届任期相同。我国的国家主席是国家元首,实行个体元首制;国家主席不掌握实际的行政权,作为国家元首行使职权必须以全国人民代表大会和全国人民代表大会常务委员会的决议为依据。

根据《宪法》的规定,国家主席的职权主要为:(1)公布法律、发布命令。国家主席根据全国人民代表大会的决定和全国人民代表大会常务委员会的决定,以主席令的形式公布法律;根据全国人民代表大会和全国人民代表大会常务委员会的决定,发布特赦令,宣布进入紧急状态,宣布战争状态、发布动员令。(2)任免国务院组成人员,根据全国人民代表大会的决定和全国人民代表大会常务委员会的决定,任免国务院总理、副总理、国务委员、各部部长、各委员会主任、审计长、秘书长。(3)荣典权,根据全国人民代表大会和全国人民代表大会常务委员会的决定,授予国家的勋章和荣誉称号。(4)外交权,进行国事活动,接受外国使节;根据全国人民代表大会常务委员会的决定,派遣和召回驻外全权代表,批准和废除同外国缔结的条约和重要协定。

《宪法》规定,国家副主席协助主席工作。

四、国务院

(一)国务院的性质和构成

《宪法》规定,中华人民共和国国务院,即中央人民政府,是最高国家权力机关的执行机关,是最高国家行政机关。国务院统一领导所属各部、各委员会的工作和全国地方各级国家行政机关的工作。

国务院由总理,副总理若干人,国务委员若干人,各部部长,各委员会主任,审计长,秘书长组成。国务院实行总理负责制。各部、各委员会实行部长、主任负责制。总理领导国务院的工作,副总理、国务委员协助总理工作。总理、副总理、国务委员、秘书长组成国务院常务会议。总理召集和主持国务院常务会议和国务院全体会议。总理、副总理、国务委员连续任职不得超过两届。

国务院各部部长、各委员会主任负责本部门的工作;召集和主持部务会议或者委员会会议、委务会议,讨论决定本部门工作的重大问题。各部、各委员会根据法律和国务院的行政法规、决定、命令,在本部门的权限内,发布命令、指示和规章。

国务院设立审计机关,对国务院各部门和地方各级政府的财政收支,对国家的财政金融机构和企业事业组织的财务收支,进行审计监督。审计机关在国务院总理领导下,依照法律规定独立行使审计监督权,不受其他行政机关、社会团体和个人的干涉。

(二)国务院的职权

根据《宪法》,国务院职权包括:

(1)根据《宪法》和法律,规定行政措施,制定行政法规,发布决定和命令。

(2)向全国人民代表大会或者全国人民代表大会常务委员会提出议案。

(3)规定各部和各委员会的任务和职责,统一领导各部和各委员会的工作,并且领导不属于各部和各委员会的全国性的行政工作;统一领导全国地方各级国家行政机关的工作,规定中央和省、自治区、直辖市的国家行政机关的职权的具体划分。

(4)领导和管理国家各项行政工作:编制和执行国民经济和社会发展计划和国家预算;领导和管理经济工作和城乡建设、生态文明建设;教育、科学、文化、卫生、体育和计划生育工作;民政、公安、司法行政等工作;管理对外事务,同外国缔结条约和协定;领导和管理国防建设事业;民族事务,保障少数民族的平等权利和民族自治地方的自治权利;保护华侨的正当的权利和利益,保护归侨和侨眷的合法的权利和利益。

(5) 改变或者撤销各部、各委员会发布的不适当的命令、指示和规章,地方各级国家行政机关的不适当的决定和命令。

(6) 批准省、自治区、直辖市的区域划分,批准自治州、县、自治县、市的建置和区域划分;依照法律规定决定省、自治区、直辖市的范围内部分地区进入紧急状态。

(7) 审定行政机构的编制,依照法律规定任免、培训、考核和奖惩行政人员。

(8) 全国人民代表大会和全国人民代表大会常务委员会授予的其他职权。

五、中央军事委员会

《宪法》第93条第1款规定:中华人民共和国中央军事委员会领导全国武装力量。这一规定表明中央军事委员会是全国武装力量的最高领导机关,是中央国家机关体系中的独立机构。中央军事委员会从属于全国人民代表大会,并对全国人民代表大会和全国人民代表大会常务委员会负责。

中央军委由主席,副主席若干人,委员若干人构成。中央军事委员会实行主席负责制。中央军事委员会每届任期同全国人民代表大会每届任期相同,即5年。

六、地方各级人民代表大会和地方人民政府

(一) 地方各级人民代表大会

地方各级人民代表大会指省、自治区、直辖市、自治州、市、县、自治县、市辖区、乡、民族乡、镇的人民代表大会,它们是地方国家权力机关,与全国人民代表大会一起构成国家权力机关体系。省、直辖市、设区的市的人民代表大会代表由下一级的人民代表大会选举;县、不设区的市、市辖区、乡、民族乡、镇的人民代表大会代表由选民直接选举。

根据《宪法》和《地方各级人民代表大会和地方人民政府组织法》的规定,地方各级人民代表大会的职权如下:(1) 在本行政区域内,保证宪法、法律、行政法规的遵守和执行。(2) 立法权:省、直辖市的人民代表大会和它们的常务委员会,在不同宪法、法律、行政法规相抵触的前提下,可以制定地方性法规,报全国人民代表大会常务委员会备案。设区的市的人民代表大会和它们的常务委员会,在不同宪法、法律、行政法规和本省、自治区的地方性法规相抵触的前提下,可以依照法律规定制定地方性法规,报本省、自治区人民代表大会常务委员会批准后施行。(3) 地方重大事项决定权:依照法律规定的权限,通过和发布决议,审查和决定地方的经济建设、文化建设和公共事业建设的计划。县级以上的地方各级人民代表大会审查和批准本行政区域内的国民经济和社会发展计划、预算以及它们的执行情况的报告;有权改变或者撤销本级人民代表大会常务委员会不适当的决定。民族乡的人民代表大会可以依照法律规定的权限采取适合民族特点的具体措施。(4) 任免权:地方各级人民代表大会分别选举并且有权罢免本级人民政府的省长和副省长、市长和

副市长、县长和副县长、区长和副区长、乡长和副乡长、镇长和副镇长。县级以上的地方各级人民代表大会选举并且有权罢免本级监察委员会主任、本级人民法院院长和本级人民检察院检察长。选出或者罢免人民检察院检察长,须报上级人民检察院检察长提请该级人民代表大会常务委员会批准。(5)监督权:省、直辖市、设区的市的人民代表大会代表受原选举单位的监督;县、不设区的市、市辖区、乡、民族乡、镇的人民代表大会代表受选民的监督。地方各级人民代表大会代表的选举单位和选民有权依照法律规定的程序罢免由他们选出的代表。

根据《宪法》,县级以上各级人民代表大会常务委员会的职权有:(1)在不同宪法、法律、行政法规相抵触的前提下,可以制定地方性法规,报全国人民代表大会常务委员会备案;(2)讨论、决定本行政区域内各方面工作的重大事项;(3)监督本级人民政府、监察委员会、人民法院和人民检察院的工作;撤销本级人民政府的不适当的决定和命令;撤销下一级人民代表大会的不适当的决议;(4)依照法律规定的权限决定国家机关工作人员的任免;(5)在本级人民代表大会闭会期间,罢免和补选上一级人民代表大会的个别代表。

(二)地方各级人民政府

宪法规定,地方各级人民政府是地方各级国家权力机关的执行机关,是地方各级国家行政机关。地方各级人民政府对本级人民代表大会负责并报告工作,县级以上人民政府在本级人民代表大会闭会期间,对本级人民代表大会常务委员会负责并报告工作。地方各级人民政府还对上一级国家行政机关负责并报告工作。全国地方各级人民政府都是国务院统一领导下的国家行政机关,都服从国务院。

县级以上地方各级人民政府的职权主要为:(1)执行本级人民代表大会及其常务委员会的决议、上级国家行政机关的决定和命令,规定行政措施,发布决定和命令;(2)领导所属各工作部门和下级人民政府的工作;(3)改变或者撤销所属各工作部门的不适当的命令、指示和下级人民政府的不适当的决定、命令;(4)依照法律的规定任免、培训、考核和奖惩国家行政机关工作人员;(5)执行国民经济和社会发展计划、预算,管理本行政区域内的经济、教育、科学、文化、卫生、体育事业、环境和资源保护、城乡建设事业和财政、民政、公安、民族事务、司法行政、监察、计划生育等行政工作;(6)保护社会主义的全民所有的财产和劳动群众集体所有的财产,保护公民私人所有的合法财产,维护社会秩序,保障公民的人身权利、民主权利和其他权利;(7)保护各种经济组织的合法权益;(8)保障少数民族的权利和尊重少数民族的风俗习惯,帮助本行政区域内各少数民族聚居地依照《宪法》和法律实行区域自治,帮助各少数民族发展政治、经济和文化建设事业;(9)保障《宪法》和法律赋予妇女的男女平等、同工同酬和婚姻自由等各项权利;(10)办理上级国家行政机关交办的其他事项。

七、民族自治地方的自治机关

民族自治地方的自治机关,是指自治区、自治州、自治县的人民代表大会和人民政府。自治机关特征在于:(1)自治区、自治州、自治县的人民代表大会中,除实行区域自治的民族的代表外,其他居住在本行政区域内的民族也应当有适当名额的代表。(2)自治区、自治州、自治县的人民代表大会常务委员会中应当有实行区域自治的民族的公民担任主任或者副主任。(3)自治区主席、自治州州长、自治县县长由实行区域自治的民族的公民担任。

民族自治地方的自治机关,具有《宪法》规定的地方各级国家机关的职权,同时享有《宪法》和法律赋予的自治权,自治地方可根据其实际情况执行国家法律和政策。

八、监察委员会

中华人民共和国各级监察委员会是行使国家监察职能的专责机关,依法对所有行使公权力的公职人员进行监察,调查职务违法和职务犯罪,开展廉政建设和反腐败工作,维护《宪法》和法律的尊严。

中华人民共和国国家监察委员会是最高监察机关。省、自治区、直辖市、自治州、县、自治县、市、市辖区设立监察委员会。

监察委员会由下列人员组成:主任,副主任若干人,委员若干人。监察委员会主任每届任期同本级人民代表大会每届任期相同。国家监察委员会主任连续任职不得超过两届。监察委员会的组织和职权由《中华人民共和国监察法》规定。

国家监察委员会对全国人民代表大会和全国人民代表大会常务委员会负责。地方各级监察委员会对产生它的国家权力机关和上一级监察委员会负责。

根据《宪法》和法律规定,监察机关行使监察权应当遵循下列原则:

(1)独立监察。监察委员会依照法律规定独立行使监察权,不受行政机关、社会团体和个人的干涉。监察机关办理职务违法和职务犯罪案件,应当与审判机关、检察机关、执法部门互相配合,互相制约。监察机关在工作中需要协助的,有关机关和单位应当根据监察机关的要求依法予以协助。

(2)依法监察。国家监察工作严格遵照《宪法》和法律,以事实为根据,以法律为准绳;在适用法律上一律平等,保障当事人的合法权益;权责对等,严格监督;惩戒与教育相结合,宽严相济。

(3)综合治理。国家监察工作坚持标本兼治、综合治理,强化监督问责,严厉惩治腐败;深化改革、健全法制,有效制约和监督权力;加强法治教育和道德教育,弘扬中华优秀传统文化,构建不敢腐、不能腐、不想腐的长效机制。

九、人民法院

中华人民共和国人民法院是国家的审判机关。人民法院通过审判活动行使国家权力。审判权是指人民法院依照法律审理和裁判刑事、民事和行政案件的权力。

国家设立最高人民法院、地方各级人民法院和军事法院等专门人民法院。地方各级法院分为高级人民法院、中级人民法院和基层人民法院,基层人民法院根据地区、人口、案件情况可设立若干人民法庭。专门人民法院包括军事法院、海事法院、森林法院及其他专门法院。

根据《宪法》和法律规定,人民法院行使审判权应当遵循下列原则:

(1) 独立行使审判权。《宪法》规定,人民法院独立行使审判权,不受其他国家机关、社会团体和个人的干涉。人民法院独立行使审判权的原则要求审判人员独立、合议庭审判独立、案件审判独立。

(2) 两审终审制。人民法院审判案件,实行两审终审制,案件经两级人民法院审理即告终结。地方各级人民法院第一审案件的判决和裁定,当事人可以按照法律规定的程序向上一级人民法院上诉,人民检察院可以按照法律规定的程序提起抗诉。

(3) 公开审判原则。人民法院审理案件,除涉及国家机密、个人隐私和未成年人犯罪案件外,一律公开进行。公开审判是指人民法院审理案件向社会公开,允许旁听,允许新闻记者采访并公开报道。公开审判原则是保障司法公正的重要形式,是依法审判的重要条件,也是面向公众进行普法教育的有效手段。

(4) 回避原则。回避原则要求审判人员和其他有关人员,在出现可能影响案件公正审理的事由时,依法退出案件审理活动。

(5) 各民族公民都有用本民族语言文字进行诉讼的权利。人民法院和人民检察院对于不通晓当地通用的语言文字的诉讼参与人,应当为他们提供翻译。

十、人民检察院

人民检察院是国家的法律监督机关。人民检察院通过行使监督权来实现法律监督的职能。检察权包含立案侦查权、批捕权、起诉权、抗诉权等。人民检察院依照法律规定独立行使检察权,不受其他行政机关、团体和个人的干涉。

人民检察院的组织系统为:最高人民检察院、地方各级人民检察院和军事检察院等专门人民检察院。最高人民检察院检察长每届任期同全国人民代表大会每届任期相同,连续任职不得超过两届。最高人民检察院领导地方各级人民检察院和专门人民检察院的工作,上级人民检察院领导下级人民检察院的工作。

知识拓展 人民代表大会代表的辞职与罢免

代表辞职,指的是人民代表大会代表在任职期间自动请求终止自己代表职务的行为。在代表任期内,有几种原因可能导致代表辞去职务,如工作调动、因身体原因不能履职或由于违法、失职引咎辞职等。《选举法》规定:全国人民代表大会代表,省、自治区、直辖市、设区的市、自治州的人民代表大会代表,可以向选举他的人民代表大会的常务委员会书面提出辞职。县级的人民代表大会代表可以向本级人民代表大会常务委员会书面提出辞职,乡级的人民代表大会代表可以向本级人民代表大会提出辞职。

一般说来,只要代表失去了选民或选举单位的信任,就可以罢免,既可以是代表有违法犯罪行为或工作严重失职,也可以是代表未能很好履行职责。法律对罢免条件不做具体限制,本意是充分保障人民的权利。对于直接选举的县级人民代表大会代表提出罢免要求,需要原选区 50 名以上选民联名才能提出。对乡级人民代表大会代表提出罢免要求,需要原选区 30 名以上选民联名才能提出。对于间接选举的人民代表大会代表,需要由代表大会 1/10 以上代表联名才能提出。罢免案应当书面提出,不能口头提出。罢免案应当写明罢免理由,以便选民和代表审核、鉴别。被提出罢免的代表有权进行申辩。根据《地方各级人民代表大会和地方各级人民政府组织法》的规定,对间接选举的代表提出罢免,如果情况复杂,问题不够清楚,可以不在当次会议表决,依法组织特定问题调查委员会,调查清楚后再进行表决。

链接阅读

1. 江国华:《立法权及其宪法规制》,载《当代法学》2007 年第 4 期;
2. 刘瑞华:《司法权的基本特征》,载《现代法学》2003 年第 3 期。

第五节 宪法实施和监督

一、宪法实施

(一) 宪法实施的概念

宪法实施,是指宪法在现实生活中的贯彻落实,将文本中的抽象宪法规范转化为具体社会关系中的人的行为。

宪法实施需要通过宪法适用和宪法遵守两个途径。① 宪法适用,是指由特定的国家机关对国家机关、社会团体、企事业单位和个人违反宪法规定而产生的纠纷进行干预和监督,当违反宪法行为出现时,能够得到及时处理和矫正,以确保宪法所确立的公民基本权利和国家权力能够顺利实现。包括立法机关、行政机关对宪法实现的干预,也包括司法机关的干预。宪法遵守是指一切国家机关、企事业单位、社会团体和个人,严格遵守宪法规定作出各种行为,具体包括享有宪法权利、履行宪法义务。

(二) 宪法实施的原则

1. 根本法原则

根本法原则是指宪法实施过程中,必须坚决维护宪法权威和尊严,尊重其作为国家根本法的地位。一切国家机关、企事业单位、社会团体和公民个人自觉遵循宪法规定且保证宪法的规定得到充分落实,一切法律、法规等规范性文件都不得与宪法相抵触,抵触的规范性文件一律无效。

2. 合法原则

合法原则是对实施主体和实施程序的双重要求,是指宪法实施主体为适格主体,符合宪法和法律的规定,且实施宪法的权限、行使方式、程序等都是严格依照宪法和法律规定。

---

① 周叶中主编:《宪法》(第四版),高等教育出版社 2016 年版,第 309 页。

宪法规定中华人民共和国实行依法治国，建设社会主义法治国家，一切国家机关和武装力量、各政党和各社会团体、各企业事业组织都必须遵守宪法和法律。一切违反宪法和法律的行为，必须予以追究，任何组织或者个人都不得有超越宪法和法律的特权。

3. 民主原则

民主原则是宪法实施的主线，是由宪法的本质内容决定的。近代宪法是资产阶级争夺生命权、财产权、自由权以及平等权的产物，资产阶级民主思想的发展和传播深刻影响了民主社会的进程和宪法民主内核的确立，宪法本身就是一部主权在民的民主宣言。

4. 兼顾稳定与发展原则

兼顾稳定与发展原则是指在实施宪法中，要保持宪法的相对稳定性，这是由法的稳定性特质和宪法根本法地位决定的；同时要求宪法实施中根据客观形势的具体变化，对宪法内容进行一定的修改和解释，以丰富和发展宪法本身。稳定与发展兼顾原则要求谨慎衡量二者的需求比重，协调稳定与发展之间的步伐，使宪法在成长和发展中保持权威和尊严。

（三）宪法实施的保障

宪法实施的保障是指国家为促进宪法的落实而建立的制度和开展的活动的总称。[①] 现阶段我国的宪法实施保障主要包括：

(1) 政治保障，是指中国共产党带头遵守和执行《宪法》，在《宪法》和法律规定的范围内活动。政治保障是宪法实施的根本保障。

(2) 法律保障，即宪法自身对宪法实施的保障。我国《宪法》明确规定它是国家根本法和最高法，并规定了《宪法》修改的特别程序。

(3) 组织保障，即依靠监督宪法实施的专门机关保障宪法的实施。我国《宪法》规定，全国人民代表大会及其常务委员会是行使宪法监督权的机关。全国人民代表大会有权修改《宪法》，全国人民代表大会常务委员会有权解释《宪法》。全国人民代表大会及其常务委员会有权改变或撤销对它负责的有立法权的机关所制定的法律、法规、规章、决议等。地方各级人民代表大会和县级以上地方各级人民代表大会常务委员会在本行政区域内保证宪法和法律的实施。

(4) 群众保障，即广大人民群众自觉遵守《宪法》和法律，并且监督国家机关、社会团体、企事业组织和其他公民遵守和执行《宪法》。

二、宪法监督

（一）宪法监督的概念和范围

宪法监督是指特定的监督主体依照宪法和法律的规定，审查国家机关制定的规范性文件的合宪性，受理公民对于国家机关及其工作人员行为违宪的控告、诉讼。宪法监督的范围主要为：

[①] 引自周叶中：《宪法》（第四版），高等教育出版社 2016 年版，第 318 页。

(1) 监督国家立法行为,是指宪法监督机构对国家的法律、行政法规、规章、地方性法规等规范性文件的内容,以及根据被质疑的法律、法规、规章或其他规范性文件而作出侵犯公民基本权利的具体行为进行审查,判断其是否违背宪法的相关规定的制度。

(2) 监督国家具体行为,指宪法监督机关对国家机关在行使其职权过程中侵犯公民基本权利的具体行为的合宪性进行审查,并由监督机关宣告与宪法精神、原则和内容相抵触的具体行为无效的制度。

(3) 审查国家机关之间的权限,是指宪法监督机关判断国家立法机关、行政机关和司法机关之间的权限冲突情况,判断单一制国家中央政府与地方政府、地方政府与地方自治机关之间的管辖权冲突情况,以及判断联邦制国家联邦政府和各州政府之间的权限冲突的制度。

(4) 审查特定的侵犯个人基本权利的行为,是指宪法监督机关对国家机关、企事业单位、组织或个人侵犯公民个人宪法基本权利的行为引起的纠纷,适用宪法进行裁判,并对侵权行为予以追究和制裁,对受害人予以法律救济的制度。

由于各国历史传统、政治体制和法律制度各异,其宪法监督机关的设置也不尽相同,目前各国的宪法监督机构主要有三种模式:(1)普通法院模式,即由国家所设的负责审判普通民事、刑事和行政案件的法院承担监督宪法的职能,此种模式以美国为典型;(2)宪法法院模式,即由国家专门设立一个独立的宪法法院,由它负责监督宪法,宪法法院与普通法院、专门法院体系相分离,德国、法国、芬兰采取这种模式。(3)立法机关模式,是指由人民选举产生的代议机关负责宪法监督的模式,该模式源于英国。

(二) 我国宪法监督制度

我国现行宪法监督制度由《宪法》和《立法法》予以规定,现阶段宪法监督制度内容如下:

(1) 我国宪法监督的对象。

宪法监督的对象是指宪法主体的各类违宪行为,可分为立法违宪和一般行为违宪两种基本类型。

立法违宪,是指根据《宪法》和《立法法》的规定,全国人民代表大会对全国人民代表大会常务委员会制定的法律及其批准的自治条例和单行条例拥有合宪性审查权,全国人民代表大会常务委员会对行政法规、地方性法规、最高人民法院和最高人民检察院出台的司法解释以及省级人民代表大会常务委员会批准的自治条例和单行条例拥有合宪性审查权。

一般行为违宪,是指立法文件本身不违宪,但国家机关适用立法文件作出的具体行为违宪的情形。国家机关行为违宪又分为违反宪法规定的权限、程序和适用法律法规的过程中侵犯公民宪法权利等类型。

(2) 有权进行宪法监督的主体。

我国有权进行宪法监督的主体为全国人民代表大会及其常务委员会。根据《宪法》和法律规定,全国人民代表大会监督宪法实施,改变或者撤销全国人民代表大会常务委员会不适当的决定;有权撤销或改变它的常务委员会制定的不适当的法律;有权撤销常务委员会批准的违背宪法的自治条例和单行条例。全国人民代表大会常务委员会负责监督宪法的实施,撤销国务院制定的同《宪法》、法律相抵触的行政法规、决定和命令;撤销省、自治区、直辖市国家权力机关制定的同《宪法》、法律和行政法规相抵触的地方性法规和决议。

(3) 有权提起违宪审查的主体。

根据《立法法》规定,国务院、中央军事委员会、最高人民法院、最高人民检察院和各省、自治区、直辖市的人民代表大会常务委员会认为行政法规、地方性法规、自治条例和单行条例同《宪法》或者法律相抵触的,可以向全国人民代表大会常务委员会书面提出进行审查的要求,由常务委员会工作机构分送有关的专门委员会进行审查、提出意见。

其他国家机关和社会团体、企业事业组织以及公民认为行政法规、地方性法规、自治条例和单行条例同《宪法》或者法律相抵触的,可以向全国人民代表大会常务委员会书面提出进行审查的建议,由常务委员会工作机构进行研究,必要时,送有关的专门委员会进行审查、提出意见。

(4) 审查程序。

全国人民代表大会专门委员会、常务委员会工作机构在审查、研究中认为行政法规、地方性法规、自治条例和单行条例同《宪法》或者法律相抵触的,可以向制定机关提出书面审查意见、研究意见;也可以由法律委员会与有关的专门委员会、常务委员会工作机构召开联合审查会议,要求制定机关到会说明情况,再向制定机关提出书面审查意见。制定机关应当在2个月内研究提出是否修改的意见,并向全国人民代表大会法律委员会和有关的专门委员会或者常务委员会工作机构反馈。

全国人民代表大会法律委员会、有关的专门委员会、常务委员会工作机构经审查、研究认为行政法规、地方性法规、自治条例和单行条例同《宪法》或者法律相抵触而制定机关不予修改的,应当向委员长会议提出予以撤销的议案、建议,由委员长会议决定提请常务委员会会议审议决定。

全国人民代表大会有关的专门委员会和常务委员会工作机构应当按照规定要求,将审查、研究情况向提出审查建议的国家机关、社会团体、企业事业组织以及公民反馈,并可以向社会公开。

知识拓展 马伯里诉麦迪逊案

美国第二任总统约翰·亚当斯在其任期的最后一天午夜,突击任命了42位治安法官,但因时间仓促,有17份委任状在国务卿约翰·马歇尔(后担任联邦最高法院首席大法官)卸任之前未及时发送出去;继任的总统托马斯·杰斐逊让国务卿詹姆斯·麦迪逊将这17份委任状扣发。威廉·马伯里即是被亚当斯总统提名、参议院批准任命为治安法官,而没有得到委任状的17人之一。马伯里等3人向联邦最高法院提起诉讼。审理该案的法官约翰·马歇尔判决该案中所援引的《1789年司法条例》第13条因违宪而被宣告无效,从而解决了此案。马伯里诉麦迪逊案确立了美国普通法院违宪审查制,马歇尔巧妙地确立了最高法院的宪法解释权和司法审查权,提升了美国法院在三权分立结构中的政治和法律地位,使得司法权真正起到了制衡立法权、行政权的作用。

链接阅读

1. 刘松山:《彭真与宪法监督》,载《华东政法大学学报》2011年第5期;
2. 张千帆:《宪法实施的概念与路径》,载《清华法学》2012年第6期。

【推荐阅读文献】

1. 〔美〕汉密尔顿、杰伊、麦迪逊:《联邦党人文集》,程逢如、在汉、舒逊译,商务印书馆2009年版;
2. 〔英〕戴雪:《英宪精义》,雷宾南译,中国政法大学出版社2000年版;
3. 张晋藩:《中国宪法史(修订本)》,中国法制出版社2016年版;
4. 张千帆:《西方宪政体系》(上、下),中国政法大学出版社2001年版;
5. 周叶中主编:《宪法》,高等教育出版社2016年版。

【思考题】

1. 宪法与普通法律的区别是什么?
2. 如何理解我国的人民代表大会制度?
3. 如何理解我国《宪法》中规定的公民基本权利和基本义务之间的关系?
4. 实现我国《宪法》中公民基本权利的有效途径有哪些?
5. 如何理解"人民法院依照法律规定独立行使审判权,不受行政机关、社会团体和个人的干涉"?
6. 论述我国宪法监督制度的基本内容。

第三章 行　政　法

学习目标：掌握行政法学的基本理论、基本制度以及我国行政法的制度框架；能够运用行政法学的基本理论、基本原则分析行政法律关系主体之间的权利义务关系。

教师导读：在教学过程中应注重学生行政法基本理念的讲授，加强学生对于行政法学知识体系的掌握，注重培养学生运用行政法律规范处理行政纠纷的能力。

建议学时：8 学时

第一节　行政法概述

一、行政法的概念和调整对象

（一）行政法的概念

行政法是在行政国家兴起的背景下产生的，是调整行政关系、规范和控制行政权的法律规范系统。行政法作为一个独立的法律部门，是伴随着行政国家的产生而产生的。在行政国家背景下，政府行政权力越大，其滥用的可能性就越大，人民的自由和权利受到侵害的可能性就越大。因此，社会必须创立一种机制，在扩大行政权的同时扩大对行政权的控制和制约，使之正当行使而不致被滥用，行政法就是其中一种重要的控制和制约机制。

（二）行政法的调整对象

行政法的调整对象是国家行政机关在行使行政职能的过程中所产生的各种社会关系，这种社会关系通常被称为行政法律关系。行政法律关系主要包括四类：第一类是行政管理关系；第二类是行政法制监督关系；第三类是行政救济关系；第四类是内部行政关系。

1. 行政管理关系

行政管理关系是指行政主体在行使行政职权过程中与行政相对人发生的各种关系。其中，行政主体是指享有国家行政权力、能以自己的名义从事行政管理活动并独立承担法律责任的组织。行政相对人，是指在行政管理法律关系中与行政主体相对应的另一方当事人，即权利义务受到行政主体的行政行为影响的个人或组织。

2. 行政法制监督关系

行政法制监督关系是指国家权力机关、国家司法机关、行政监察机关监督主体等与作为监督对象的行政组织及其工作人员因法制监督过程而发生的法律关系。调整行政法制监督关系的行政法的法源主要包括宪法、人民代表大会常务委员会监督法、行政诉讼法、行政监察法等。

3. 行政救济关系

行政救济关系是指行政相对人认为其权益受到行政主体行政行为的侵犯,向行政救济主体申请救济,行政救济主体应行政相对人的请求,对其申请救济事项予以审查,作出向相对人提供或不予提供救济的决定而发生的各种关系。行政救济主体,主要包括受理申诉、控告、检举的国家机关,行政复议机关以及人民法院。

4. 内部行政关系

内部行政关系是指行政主体内部发生的各种关系,包括上下级行政机关之间的关系,平行行政机关之间的关系,行政机关与其内部机构关系,行政机关与公务员之间的关系,行政机关与其委托行使某种特定行政职权的组织之间的关系,行政机关与法律、法规授权组织之间的关系,等等。

二、行政法的法源

(一) 行政法法源的含义

法源,是指法律规范的表现形式,即各法律部门法律规范的来源、出处。行政法的法源是指行政法律规范的表现形式,即行政法法律规范的来源、出处。法律渊源的表现形式主要有成文法和不成文法之分。成文法主要指制定法,不成文法则包括习惯法、判例法等。我国是成文法国家,习惯法和判例法不是我国行政法的法律渊源。

(二) 行政法法源的内容

1. 宪法与法律

宪法是我国法律位阶最高的法源。宪法作为行政法法源,其包含的行政法规范主要有:关于行政管理活动基本原则的规范;关于国家行政机关组织、基本工作制度和职权的规范;关于国家行政区域划分和设立特别行政区的规范;关于公民基本权利和义务的规范;关于保护外国人合法权益和关于外国人义务的规范;关于国有经济组织、集体经济组织、外资或合资经济组织以及个体劳动者在行政法律关系中的权利、义务的规范;关于国家发展教育、科学、医疗卫生、体育、文学艺术、新闻广播、出版发行等事业方针政策的规范;关于发挥知识分子作用、建设社会主义精神文明、推行计划生育、保护环境的规范;关于加强国防、保卫国家安全和维护社会秩序的规范等。

法律是我国行政法的主要渊源,包括了专门的行政法律规范,如《国务院组织法》《治安管理处罚法》《行政许可法》《行政处罚法》;也包括综合性法律规范中的行政法律规范,如《环境保护法》中关于各级政府及环境主管部门的权力和义务的规范等就属于行政法规范。

2. 地方性法规与自治条例、单行条例

地方性法规是根据《宪法》的规定,省、自治区、直辖市的人民代表大会和它们的常务委员会,在不同宪法、法律、行政法规相抵触的前提下制定的,是行政法的重要法源。根据《立法法》和现行《地方组织法》的规定,省、自治区的人民政府所在地的市、经济特区所在地的市和经国务院批准的"较大的市"的人民代表大会及其常务委员会根据本市的具体情况和实际需要,在不同宪法、法律、行政法规和本省、自治区地方性法规相抵触的前提下,可以制定地方性法规,报省、自治区人民代表大会常务委员会批准后施行,报全国人民代表大会常务委员会和国务院备案。

自治条例、单行条例作为行政法法源,只限于民族自治地方适用。根据《宪法》规定,民族自治地方的人民代表大会有权依照当地民族的政治、经济、文化的特点,制定自治条例和单行条例。自治区的自治条例和单行条例,报全国人民代表大会常务委员会批准后生效。

3. 行政立法

行政立法是指特定国家行政机关依照立法程序制定行政法规和规章的活动。根据《立法法》的规定,国务院可以就下列事项制定行政法规:(1) 为执行法律的规定需要制定行政法规的事项;(2)《宪法》第89条规定的国务院行政管理职权的事项。国务院部门可以根据法律和国务院的行政法规、决定、命令,在本部门的权限范围内,制定规章。部门规章规定的事项限于有关执行法律和国务院的行政法规、决定、命令的事项。如相应事项涉及两个以上国务院部门的职权范围,应提请国务院制定行政法规或由国务院有关部门联合制定规章。省、自治区、直辖市和省、自治区人民政府所在地的市、国务院批准的较大的市、经济特区所在地的市的人民政府、经批准的设区的市,可以根据法律、行政法规和本省、自治区、直辖市的地方性法规,制定规章。

4. 条约与协定

条约与协定也是行政法的渊源。例如,我国于2011年11月1日签署的《中华人民共和国加入世界贸易组织议定书》及其附件即规定了许多有关行政审批、许可以及反倾销、反补贴等行政行为的准则。

三、行政法的基本原则

(一) 行政法基本原则的含义

行政法基本原则是指导和规范行政法的立法、执法以及指导、规范行政行为的实施和行政争议处理的基础性规范。它贯穿于行政法具体规范之中,同时又高于行政法具体规范,体现行政法的基本价值观念。

(二) 行政法基本原则的性质和功能

第一,行政法基本原则是一种"基础性规范",是产生其他具体规则和原则的规范。行政法的具体规则和原则以行政法基本原则为指导,反映和体现行政法的基本原则,而不能与行政法基本原则相抵触。

第二,行政法的基本原则指导和调整行政法的整个立法行为。行政法律、行政法规和规章等都要体现和贯彻行政法的基本原则。

第三,行政法基本原则在一定的前提下直接规范行政行为的实施和行政争议的处理。在遇到行政法律规范空白的情况下,行政行为的实施或行政争议的处理就要直接受行政法基本原则的拘束。

（三）行政法基本原则的内容

1. 依法行政原则

依法行政原则是法治国家、法治政府的基本要求。依法行政是指政府的一切行政行为应依法而为，受法之拘束。依法行政不但要遵守宪法、法律，还要遵守行政法规、地方性法规、行政规章、自治条例和单行条例等。依法行政不仅要求政府对行政相对人依法管理，还要求政府依法提供服务和依法接受监督。

2. 尊重和保障人权原则

我国《宪法》第33条确认了尊重和保障人权原则。在行政法领域这一原则要求：第一，行政主体及其工作人员在实施行政行为时，应充分尊重行政相对人的人权。第二，行政机关应积极履行职权，切实保障公民的基本权利。

3. 越权无效原则

越权无效原则是指行政机关必须在法定权限范围内行为，一切超越法定权限的行为无效。越权主要包括下述四种情形：

第一，无权限。即行政机关做了应由行政相对人自行解决的，或者应由市场调节解决的，或者应由社会团体、组织自律解决的事项。

第二，级别越权。即下级行政机关行使了应由上级行政机关行使的职权，或者行政机关的内部机构行使了应由行政机关本身行使的职权，或者行政机关的工作人员行使了应由行政机关负责人行使的职权。

第三，事务越权。即主管甲事务的行政机关行使了主管乙事务的行政机关的职权，或者行政机关行使了立法机关、司法机关的职权。

第四，地域越权。即甲地域的行政机关行使了乙地域的行政机关的职权。

4. 信赖保护原则

信赖保护原则是指政府对自己作出的行为或承诺应守信用，不得随意变更，不得反复无常。信赖保护原则要求：行政行为一经作出，非有法定事由和经法定程序不得随意撤销、废止或改变；行政机关对行政相对人作出授益行政行为后，事后即使发现有违法情形，只要这种违法情形不是因相对人过错造成的，行政机关亦不得轻易撤销或改变，除非不撤销或改变此种违法行政行为会严重损害国家、社会公共利益；行政行为作出后，如事后据以作出该行政行为的法律、法规、规章修改或废止，或者据以作出该行政行为的客观情况发生重大变化，为了公共利益的需要，行政机关可以撤回、废止或改变已经作出的行政行为。但是，行政机关在作出撤回、废止或改变已经作出的行政行为的决定前，应进行利益衡量；行政机关撤销或改变其违法作出的行政行为，如这种违法情形不是因相对人过错造成的，要对相对人受到的损失予以赔偿。

5. 比例原则

比例原则是指行政机关实施行政行为应兼顾行政目标的实现和相对人权益的保护，如为实现行政目标可能对相对人权益造成不利影响时，应将这种不利影响限制在尽可能小的范围和限度内，保持二者处于适度的比例。

比例原则有广义和狭义之分。广义比例原则包括：第一，必要性原则：行政机关拟实施行政行为，特别是实施对行政相对人权益不利的行政行为时，只有认定该行为对于达到相应行政目标是必要和必需的才能实施。第二，适当性原则：行政机关拟实施行政行为，必须先进行利益衡量，只有通过利益衡量，确认实施该行为对于实现相应行政目标是适当的，且可能取得的利益大于可能带来的损害，才能实施。第三，最小损害原则：行政机关实施行政行为，必须选择对相对人权益损害最小的方案实施。

狭义的比例原则即最小损害原则，指行政机关实施行政行为，其目的和手段必须对称和相适应。行政机关不得采取超过目的需要的过度的措施，应尽可能使行政相对人的损失减少到最低限度。

6. 正当法律程序原则

正当法律程序原则是指行政机关作出影响行政相对人权益的行政行为，必须遵循正当法律程序，包括事先告知相对人、向相对人说明理由、听取相对人的陈述、申辩，事后为相对人提供相应的救济途径等。我国《行政许可法》规定的行政行为说明理由、听取陈述和申辩等内容均是正当法律程序原则的体现。

知识拓展

1. 新行政法及其兴起

随着政府与社会关系的逐步转型，一种有别于传统行政法的"新行政法"正在形成。相比传统行政法，新行政法强调公众对于行政行为的广泛参与、强调政府尊重公民社会的自主性、运用行政契约及行政指导等非强制方式达成行政目标。新行政法除了重视传统的国家立法的作用之外，还注重那些不能运用国家强制力保证实施的软法规范的作用。新行政法是在民主化、市场化、信息化、全球化的世界潮流推动下形成和发展的，也必将推动我国的行政法治进程。

2. 政府失灵

政府失灵是行政国家异化的表现，理解政府失灵的内涵有助于加深对于行政法任务的理解。政府失灵主要表现在：行政国家的官僚体制对民主、自由和人权的威胁，腐败和滥用权力、行政机构膨胀引发的效率低下以及为了支撑庞大的行政国家运行而带来的对于人、财、物的大量浪费。为了克服政府失灵，行政法承担起划清国家干预与社会自治之间的界限、制约行政权力行使的任务。

链接阅读

1. 〔美〕理查德·B. 斯图尔特：《美国行政法的重构》，沈岿译，商务印书馆2011年版；
2. 姜明安：《全球化时代的"新行政法"》，载《法学杂志》2009年第10期。

第二节 行政组织法

一、概述

(一) 行政组织法的构成

行政组织法是行政法的组成部分,主要内容包括:行政机关的性质、任务和职能和机构设置;行政机关组织规则和工作规则;行政机关的监督机制和法律责任;行政机关之外的行政主体的范围、职权和法律地位;公务员管理制度等。

行政组织法的法律渊源包括行政组织基本制度的一般法律以及规范特定行政组织活动的单行法律等,例如《国务院组织法》《地方各级人民代表大会和地方各级人民政府组织法》《公务员法》等。

(二) 行政组织法的基本原则和基本制度

1. 行政组织法的基本原则

根据我国《宪法》和法律的规定,行政组织法的基本原则包括:第一,民主集中制原则。它是处理行政机关与其他国家机关、行政机关之间和行政机关与公务员相互关系的根本准则。第二,中央与地方行政机关的职权划分,遵循在中央的统一领导下,充分发挥地方的主动性与积极性原则。第三,行政机关的组织建设,实行精简的原则。

2. 行政组织法的基本制度

行政组织法的基本制度包括:第一,民族区域自治制度。自治区、自治州和自治县的人民政府是该自治地方的自治机关,行使法律规定的自治权。第二,行政首长负责制。中央人民政府实行总理负责制,各部和各委员会实行部长、主任负责制;地方各级人民政府实行省长、市长、县长、乡长和镇长负责制。第三,行政机关和政府组成人员任期制。第四,政府会议制度。政府会议分为全体会议和常务会议,国务院工作中的重大问题,必须经国务院全体会议或者国务院常务会议讨论决定。县以上地方各级人们政府工作中的重大问题,须经政府常务会议或者全体会议讨论决定。第五,行政机构和行政职位的设置实行编制管理制度。

二、行政主体的构成

(一) 行政机关

1. 行政机关的概念和特征

行政机关是指依宪法或行政组织法的规定设置的行使行政职能的国家机关。

行政机关的主要特征有:首先,行政机关不同于政党、社会组织、团体,是国家机关,是由国家设置,代表国家行使国家职能的机关。其次,行政机关是行使国家行政职能的国家机关。这一点不同于立法机关、司法机关。再次,行政机关是依宪法或行政组织法的规定而设置的行使国家行政职能的国家机关。这一点使它与法律、法规授权的组织和其他社会公权力组织区别开来。

2. 中央行政机关

中央行政机关,是指国务院和国务院所属各工作部门的总和。

(1) 国务院。

国务院即我国的中央人民政府,是最高国家权力机关的执行机关,是最高国家行政机关。

根据《宪法》第89条的规定,国务院的职权包括:根据《宪法》和法律,规定行政措施,制定行政法规,发布决定和命令;向全国人民代表大会或者全国人民代表大会常务委员会提出议案;规定各部和各委员会的任务和职责,统一领导各部和各委员会的工作,并且领导不属于各部和各委员会的全国性的行政工作;统一领导全国地方各级国家行政机关的工作,规定中央和省、自治区、直辖市的国家行政机关的职权的具体划分;编制和执行国民经济和社会发展计划和国家预算;领导和管理经济工作和城乡建设;领导和管理教育、科学、文化、卫生、体育和计划生育工作;领导和管理民政、公安、司法行政和监察等工作;管理对外事务,同外国缔结条约和协定;领导和管理国防建设事业;领导和管理民族事务,保障少数民族的平等权利和民族自治地方的自治权利;保护华侨的正当的权利和利益,保护归侨和侨眷的合法的权利和利益;改变或者撤销各部、各委员会发布的不适当的命令、指示和规章;改变或者撤销地方各级国家行政机关的不适当的决定和命令;批准省、自治区、直辖市的区域划分,批准自治州、县、自治县、市的建置和区域划分;依照法律规定决定省、自治区、直辖市的范围内部分地区进入紧急状态;审定行政机构的编制,依照法律规定任免、培训、考核和奖惩行政人员以及全国人民代表大会和全国人民代表大会常务委员会授予的其他职权。

国务院由总理、副总理、国务委员、各部部长、各委员会主任、审计长、秘书长组成。国务院实行总理负责制,总理全面领导国务院的工作。国务院工作中的重大问题需经国务院常务会议或者全体会议讨论决定。

(2) 国务院的机构。

国务院的机构分为各部委、直属机关、办事机构、部委管理的国家局、国务院事业单位、国务院议事协调机构及临时机构。

国务院各部委是指由国务院领导下主管国家某方面行政事务的中央行政机关。包括各部、委员会、审计署、中国人民银行。各部、委实行部长、主任和署长、行长负责制。各部、委工作中的方针、政策、计划和重大行政措施应向国务院请示报告,由国务院决定。各部、委有权在本部门的权限范围内发布命令、指示和规章。

国务院直属机构是指国务院主管各项专门业务的机构。该类机构由国务院设立,行政首长由国务院任命。国务院办事机构是协助总理办理专门事项的机构,其设立原则、程序都与国务院直属机构相同。不同之处在于,它不主管行政业务,只是在办理属于总理权限的专门事项方面为总理提供协助,是辅助性内部行政机构。

中央部委管理的国家局是由国务院设立、由行业主管部委管理,负责国家某方面工作的行政管理机关。它不是主管部委的内设司局,具有相对主管部委的独立性。主管部委主要通过部长或者部长召开会议的形式对国家局工作中的重大方针政策、工作部署等事项实施管理。国务院事业单位是由国务院设立的、处理全国性公共事务的事业组织,经国务院授权可以享有一定的行政管理权限。

国务院议事协调机构和临时机构是国务院的非常设机构,是由国务院设立,在国务院职权内协调处理临时性行政事务的国务院机构。

3. 地方行政机关

（1）概述。

地方行政机关是指在一定行政区域内由该行政区人民代表机关产生的人民政府及其工作部门。地方行政机关与中央行政机关是上下级之间的关系。

按照地方行政机关与中央人民政府的关系,可以将其分为一般地方行政机关、民族自治地方行政机关和特别行政区行政机关三类。

（2）一般地方行政机关。

一般地方行政机关包括地方各级人民政府及其工作部门。一般地方行政机关通常分为三级：省、直辖市人民政府,县、县级市及市（指下设区、县的市）辖区人民政府,乡、镇人民政府。在某些地方,省级地方行政机关与县级地方行政机关之间还设有一级人民政府,即市（指下设区、县的市）人民政府。

地方各级人民政府是地方各级人民代表大会的执行机关,同时也是地方各级国家行政机关。地方各级人民政府实行双重从属制：既从属于本级人民代表大会,对本级人民代表大会负责和报告工作,同时又从属于上一级国家行政机关,对上一级国家行政机关负责和报告工作,并且接受国务院的统一领导和服从国务院。

地方各级人民政府由正副职政府首长和各政府工作部门负责人组成。省、市级人民政府组成人员还包括秘书长,乡镇人民政府则只设乡长、副乡长、镇长、副镇长,而不再设专门工作部门。地方各级人民政府均实行首长负责制。县级以上地方人民政府同时也设全体会议和常务会议两种会议。政府工作中的重大问题,必须经政府常务会议或全体会议讨论决定。

地方人民政府工作部门的设立由本级人民政府决定,报上一级人民政府批准。地方人民政府各工作部门通常既受本级人民政府统一领导,也受上一级人民政府主管部门的领导或业务指导。

（3）民族自治地方行政机关。

民族自治地方行政机关是指自治区、自治州、自治县、民族乡的人民政府及其工作部门。民族自治地方的人民政府既是民族自治地方人民代表大会的执行机关,也是民族自治地方的行政机关。

民族自治地方的行政机关除行使宪法和法律规定的一般地方行政机关的职权外,同时依照宪法、民族区域自治法和其他有关法律的规范行使自治权,根据本地实际情况贯彻执行国家的法律、政策。

（4）特别行政区行政机关。

我国《宪法》第31条规定："国家在必要时得设立特别行政区。在特别行政区内实行的制度按照具体情况由全国人民代表大会以法律规定。"根据《宪法》的上述规定,我国已于1997年1月1日设立香港特别行政区,1999年12月20日设立澳门特别行政区,全国人民代表大会先后为此专门制定了《香港特别行政区基本法》和《澳门特别行政区基本法》。

根据《香港特别行政区基本法》的规定,香港特别行政区的政府是香港特别行政区行政机关。特别行政区政府的首长是特别行政区行政长官。特别行政区政府对特别行政区立法委员会负责,执行立法会通过并已生效的法律,定期向立法会作施政报告,答复立法会议员的质询。特别行政区征税和公共开支须经立法会批准。特别行政区政府设政务司、财政司、律政司和若干局、处、署作为其工作部门。特别行政区的主要官员由在香港通常居住连续满15年并在外国无居留权的香港特别行政区永久性居民中的中国公民担任。

根据《澳门特别行政区基本法》的规定,澳门特别行政区政府是澳门特别行政区的行政机关。特别行政区的首长是特别行政区的行政长官。特别行政区政府对特别行政区立法会负责,执行立法会通过并已生效的法律,定期向立法会作施政报告,答复立法会议员的质询。特别行政区政府设若干司、局、厅、处作为其工作部门。特别行政区政府主要官员由在澳门通常居住连续满15年的澳门特别行政区永久性居民中的中国公民担任。

(二)其他行政主体

1. 其他行政主体的概念

其他行政主体是指行政机关以外的行使一定行政职能的法律、法规授权的组织和其他社会公权力组织。其他行政主体主要有两大类别:一类为法律、法规授权的组织;另一类为其他社会公权力组织。

2. 法律、法规授权的组织

法律、法规授权的组织是指依具体法律、法规授权而行使特定行政职能的非国家行政机关组织。根据我国现行法律、法规授权的情况,可大致归纳为下述几类:

(1)基层群众性自治组织。

基层群众性自治组织是指城市和农村按居民居住的地区设立的居民委员会和村民委员会。居民委员会、村民委员会根据相应组织法的授权行使多种行政职能。

(2)行业组织。

行业组织既可以根据组织章程行使各种相应的社会公权力,同时亦可接受法律、法规授权行使特定职能。例如《律师法》授予律师协会行使制定行业规范和惩戒规则;组织律师业务培训和职业道德、执业纪律教育,对律师的执业活动进行考核;对律师、律师事务所实施奖励和惩戒等职能。

(3)工青妇等社会团体。

例如《妇女权益保障法》授权各级妇联维护各族各界妇女的利益,做好保障妇女权益的工作,在妇女权益受到侵害时,接受被侵害人的投诉,有权要求并协助有关部门或单位查处。

(4)事业与企业组织。

例如《教育法》授权公立学校及其他公立教育机构招收学生或者其他受教育者,对受教育者进行处分,对受教育者颁发学业证书,聘任教师、职工以及对之实施处分等。

(5) 行政机关的内设机构和派出机构。

一般情况下,行政机关的内设机构和派出机构不能以自己的名义独立对外作出行政行为。但是为行使行政职能的方便,法律、法规也会在一定条件下授权行政机关的内设机构或派出机构独立作出某种特定行政行为,并赋予其行政主体的资格。例如《治安管理处罚法》授权公安派出所行使警告和500元以下的罚款的行政处罚权。公安派出所在此有限的范围内即取得了行政主体的地位。

3. 其他社会公权力组织

其他社会公权力组织是指法律、法规未授权行使公权力情况下的社会公权力组织。其他社会公权力组织包括行业协会、基层群众性自治组织、工青妇一类社会团体等。这些组织在有法律、法规授权的情况下则为"法律、法规授权的组织",在没有法律、法规授权而依组织章程行使行政职能的情况下则为"其他社会公权力组织"。其他社会公权力组织在未获得特别授权的情况下一般只能作为其组织内部公行政的主体。

三、公务员

(一) 概述

1. 公务员的概念

根据我国《公务员法》的规定,公务员是指依法履行公职、纳入国家行政编制、由国家财政负担工资福利的工作人员。

首先,公务员是指依法履行公职的人员。所谓公职,是指提供公共管理、公共服务等公共物品,以实现公共利益的职务,这种职务是通过法定方式设立,并须通过法定程序取得的。

其次,公务员是指纳入国家行政编制、由国家财政负担工资福利的人员。因此,国有企业和一般事业单位的职工不属于公务员范畴。

再次,公务员包括执政党和参政党机关以及公共社会团体中履行公职、纳入国家行政编制、由国家财政负担工资福利的人员。

2. 公务员法

我国从20世纪80年代初开始酝酿公务员制度,1993年《国家公务员暂行条例》的颁布标志着我国公务员制度雏形的建立。在此基础之上经过十多年的探索,2005年4月27日第十届全国人民代表大会通过了现行《公务员法》并从2006年1月1日起开始实施。《公务员法》将十多年来形成的干部人事管理成果,如竞争上岗、公开选拔、职位聘任以及领导干部任职公示制、任职试用期制和引咎辞职制等,进行总结吸纳,上升为法律制度,对于形成广纳群贤、人尽其才、能上能下、能进能出、充满活力的用人机制以及建设一支善于治国理政的高素质干部队伍起到了积极作用。2017年9月1日,第十二届全国人民代表大会常务委员会第二十九次会议通过了修改《公务员法》的决定,除了一些表述上的修改之外,还规定了对于初次从事行政处罚决定审核、行政复议、行政裁决、法律顾问的公务员实行统一法律职业资格考试制度。

(二) 公务员制度的基本原则

根据《公务员法》的规定,我国公务员制度的基本原则包括以下几个方面:

(1) 公务员制度坚持以马克思列宁主义、毛泽东思想、邓小平理论和"三个代表"重要思想为指导,贯彻社会主义初级阶段的基本路线,贯彻中国共产党的干部路线和方针,坚持党管干部原则。

(2) 公务员的管理,坚持公开、平等、竞争、择优的原则,依照法定的权限、条件、标准和程序进行。

(3) 公务员的管理,坚持监督约束与激励保障并重的原则。

(4) 公务员的任用,坚持任人唯贤、德才兼备的原则,注重工作实绩。

(5) 国家对公务员实行分类管理,提高管理效能和科学化水平。

(6) 公务员依法履行职务的行为,受法律保护。

(三) 公务员的分类

根据《公务员法》的规定,可以对于公务员进行如下分类:

1. 一般职务公务员和特别职务公务员

一般职务公务员指除特别职务公务员以外的所有公务员。特别职务公务员则指公务员中的领导成员以及法官、检察官等。对于领导成员的产生、任免、监督以及法官、检察官等的义务、权利和管理除适用《公务员法》外,还要适用特别法的规定。

2. 综合管理类、专业技术类和行政执法类公务员

这是根据公务员职位的性质、特点和管理需要进行的划分。综合管理类公务员中的领导职务层次分为国家级正职、国家级副职、省部级正职、省部级副职、厅局级正职、厅局级副职、县处级正职、县处级副职、乡科级正职、乡科级副职。综合管理类公务员中的非领导职务层次在厅局级以下设置,分为巡视员、副巡视员、调研员、副调研员、主任科员、副主任科员、科员、办事员。《公务员法》未对于专业技术类和行政执法类公务员的职务系列作出规定。

另外,《公务员法》授权国务院根据该法对于具有职位特殊性,需要单独管理的,增设其他职位类别。

(四) 公务员的权利和义务

根据《公务员法》第13条的规定,公务员享有下列权利:

(1) 获得履行职责应当具有的工作条件;

(2) 非因法定事由、非经法定程序,不被免职、降职、辞退或者处分;

(3) 获得工资报酬,享受福利、保险待遇;

(4) 参加培训;

(5) 对机关工作和领导人员提出批评和建议;

(6) 提出申诉和控告;

(7) 申请辞职;

(8) 法律规定的其他权利。

根据《公务员法》第12条的规定,公务员应当履行如下义务:

(1) 模范遵守宪法和法律;
(2) 按照规定的权限和程序认真履行职责,努力提高工作效率;
(3) 全心全意为人民服务,接受人民监督;
(4) 维护国家的安全、荣誉和利益;
(5) 忠于职守,勤勉尽责,服从和执行上级依法作出的决定和命令;
(6) 保守国家秘密和工作秘密;
(7) 遵守纪律,恪守职业道德,模范遵守社会公德;
(8) 清正廉洁,公道正派;
(9) 法律规定的其他义务。

(五) 公务员管理制度

1. 公务员的任用

考任:通过竞争考试的方式任用公务员是我国目前公务员任用的最主要途径。《公务员法》第21条第1款规定:"录用担任主任科员以下及其他相当职务层次的非领导职务公务员,采取公开考试、严格考察、平等竞争、择优录取的办法。"这种方式有利于国家选择优秀人才担任公职,防止平庸无能之辈进入国家公职系统;有利于国家在用人上的公正与公平,防止吏治腐败。

选任:选任指国家通过选举的方式产生公务员。这种方式在我国目前只适用于对作为各级政府组成人员的领导职公务员的任用,具有民主性的特点。

聘任:聘任指机关通过与拟任公务员的公民签订聘任合同的方式任用公务员。根据我国《公务员法》第95—99条的规定:机关根据工作需要,经省级以上公务员主管部门批准,可以对专业性较强的职位和辅助性职位实行聘任制。但涉及国家秘密的职位除外。聘任可参照公务员考试录用的程序进行公开招聘,招聘方式录用的人担任公务员一般是有期限的,任用期限和任用期间的待遇及权利义务通常由合同规定。聘任公务员合同应当按照平等自愿、协商一致的原则,签订书面合同,确定双方的权利、义务,合同经双方协商一致也可变更或解除。聘任合同期限为1—5年,且可约定1—6个月的试用期。聘任制公务员实行协议工资制。

调任:调任指行政机关将行政系统外部如国有企业事业单位、人民团体和群众团体等的人员直接调入行政机关任职。调任人选应当具备公务员的一般条件和拟任职位所要求的资格条件。调任机关应当根据《公务员法》的规定,对调任人选进行严格考察,并按照管理权限审批,必要时可以对调任人选进行考试。

2. 公务员的考核

考核是公务员主管部门对公务员品行、才能和实际表现进行考查、审核,以确定其是否胜任现职和决定是否对其任用以及相关待遇等。我国对公务员的考核分平时考核和定期考核两种,平时考核作为定期考核的基础。考核的范围包括德、能、勤、绩、廉五个方面,重点考核工作实绩。考核结果分为优秀、称职、基本称职和不称职四个等次,并以此作为调整公务员职务、级别、工资以及公务员奖励、培训、辞退的依据。

3. 公务员的奖励

奖励是公务员主管部门对工作表现突出、有显著成绩和贡献或其他突出事迹的公务员或公务员集体予以精神和物质鼓励的制度。我国公务员奖励适用的条件为:忠于职守、积极工作、成绩显著的;遵守纪律、廉洁奉公、作风正派、办事公道、模范作用突出的;在工作中有发明、创造或者提出合理化建议,取得了显著经济效益和社会效益的;为增进民族团结、维护社会稳定作出突出贡献的;爱护公共财产,节约国家资财有突出成绩的;防止或消除事故有功,使国家和人民群众利益免受或减少损失的;在抢险、救灾等特定环境中奋不顾身,作出贡献的;同违法、违纪行为作斗争获有功绩的;在对外交往中,为国家争得荣誉和利益的;有其他突出功绩的。奖励分为嘉奖、记三等功、记二等功、记一等功,授予荣誉称号。对受奖励的公务员或者公务员集体予以表彰,并给予一次性奖金或者其他待遇。奖励与考核相联系,从而与工资级别的晋升相联系。

4. 公务员的惩戒

惩戒是公务员主管部门对违反纪律的公务员通过给予处分以示警戒的制度。我国公务员惩戒适用的条件为:散布有损政府声誉的言论,组织或者参加旨在反对国家的集会、游行、示威等活动;组织或者参加非法组织,组织或者参加罢工;玩忽职守,贻误工作;拒绝执行上级依法作出的决定和命令;压制批评,打击报复;弄虚作假,误导、欺骗领导和公众;贪污、行贿、受贿,利用职务之便为自己或他人谋取私利;违反财经纪律,浪费国家资财;滥用职权,侵害公民、法人或其他组织的合法权益;泄露国家秘密或工作秘密;在对外交往中损害国家荣誉和利益;参与或者支持色情、吸毒、赌博、迷信等活动;违反职业道德、社会公德;从事或参与营利性活动,在企业或其他营利性组织中兼任职务;旷工或因公外出、请假期满无正当理由逾期不归;违反纪律的其他行为。惩戒处分分为警告、记过、记大过、降级、撤职、开除。公务员受处分期间不得晋升职务和级别,除警告处分外,亦不得晋升工资档次;受撤职处分的,同时按照规定降低级别。公务员受开除以外的行政处分,在受处分期间有悔改表现,并且没有再发生违纪行为的,处分期满后,由处分决定机关解除处分并以书面形式通知本人。解除处分后,晋升工资档次、级别和职务不再受原处分的影响。但解除降级、撤职处分的,不视为恢复原级别、原职务。

5. 公务员的晋升

晋升指公务员主管部门依一定原则和条件提升公务员职务的制度。我国公务员晋升职务,应当具备拟任职务所要求的思想政治素质、工作能力、文化程度和任职经历等方面的条件和资格。晋升与考核结果相联系,先民主推荐,确定考察对象,然后由组织考察,研究提出任职建议方案,并根据需要在一定范围内进行酝酿。依管理权限讨论决定后按规定履行任职手续。晋职应当逐级晋升,特别优秀的或者工作特殊需要的,可以按照规定破格或越一级晋升。机关内设机构厅局级正职以下领导职务出现空缺时,可以在本机关或者本系统内通过竞争上岗的方式,产生任职人选。厅局级正职以下领导职务或者副调研员以上及其他相当职务层次的非领导职务出现空缺,可以面向社会公开选拔,产生任职人选。公务员晋升领导职务的,应当按照有关规定实行任职前公示制度和任职试用期制度。

6. 公务员的回避

回避是公务员主管部门为保障公务员公正执行公务和树立机关的公正形象而对具有某种法定情形的公务员进行特殊任职安排,使其避开某种地区、某种岗位任职或避开参与某种公务处理的制度。我国公务员回避制度主要包括下述内容:一是公务员之间有夫妻关系、直系血亲关系、三代以内旁系血亲以及近姻亲关系的,不得在同一机关担任双方直接隶属于同一领导人员的职务或者有直接上下级领导关系的职务,也不得在其中一方担任领导职务的机关从事组织、人事、纪检、监察、审计和财务工作。二是公务员因地域或者工作性质特殊,需要变通执行任职回避的,由省级以上公务员主管部门规定。三是公务员担任乡级机关、县级机关及其有关部门主要领导职务的,应当实行地域回避,法律另有规定的除外。四是公务员执行公务时,涉及本人利害关系或涉及与本人有夫妻关系、直系血亲关系、三代以内旁系血亲以及近姻亲关系的亲属的利害关系的,或者其他可能影响公正执行公务的,应当回避。

7. 公务员的工资和福利

公务员工资是公务员的基本劳动报酬。我国实行国家统一的职务与级别相结合的工资制度,贯彻按劳分配的原则,体现工作职责、工作能力、工作实绩、资历等因素,保持不同职务、职级之间的合理工资差别。公务员工资由基本工资、津贴、补贴和奖金四个部分组成。国家建立公务员工资的正常增长机制,保障公务员工资水平与国民经济发展相协调、与社会进步相适应。国家实行工资调查制度,定期进行公务员和企业相当人员工资水平的调查比较,并将工资调查比较结果作为调整公务员工资水平的依据。任何机关不得违反国家规定自行更改公务员的工资、福利、保险政策,擅自提高或者降低公务员的工资、福利、保险待遇。任何机关不得扣减或者拖欠公务员的工资。

《公务员法》规定:公务员按照国家规定享受福利待遇。国家根据经济社会发展水平提高公务员的福利待遇。公务员实行国家规定的工时制度,按照国家规定享受休假。公务员在法定工作日之外加班的,应当给予相应的补休。

公务员的保险主要包括退休养老保险、疾病医疗保险、伤残死亡保险、失业保险、女公务员的生育保险以及因行政机关压缩编制、裁减工作人员而失去工作和工作报酬的保险等。《公务员法》规定,国家建立公务员保险制度,保障公务员在退休、患病、工伤、生育、失业等情况下获得帮助和补偿。公务员因公致残的,享受国家规定的伤残待遇。公务员因公牺牲、因公死亡或者病故的,其亲属享受国家规定的抚恤和优待。

8. 公务员的退休

公务员达到国家规定的退休年龄或完全丧失工作能力的,应当退休。根据《公务员法》的规定,公务员符合下列条件之一的,本人自愿提出申请,经任免机关批准,可以提前退休:工作年限满30年的;距国家规定的退休年龄不足5年,且工作年限满20年的;符合国家规定的可以提前退休的其他情形的。

9. 公务员辞职

根据《公务员法》的规定，我国公务员享有辞职权，公务员辞去公职，应当向任免机关提出书面申请，任免机关应自接到申请之日起30日内予以审批，其中对领导成员辞去公职的申请，应自接到申请之日起90日内予以审批。但公务员辞职因涉及国家社会公益，从而不同于企事业职员或社会团体工作人员的辞职，法律、法规对之有若干限制。公务员有下列情形之一的，不得辞去公职：未满国家规定的最低服务年限的；在涉及国家秘密等特殊职位任职或者离开上述职位不满国家规定的脱密期限的；重要公务尚未处理完毕，且须本人继续处理的；正在接受审计、纪律审查，或者涉嫌犯罪，司法程序尚未终结的；法律、行政法规规定的其他不得辞去公职的情形。

领导成员应当引咎辞职或者因其他原因不再适合担任现任领导职务，本人不提出辞职的，应当责令其辞去领导职务。

10. 公务员辞退

公务员具有某种法定情形，所在机关可予以辞退，单方面终止公职关系。我国公务员辞退的法定情形包括：公务员在年度考核中，连续2年被确定为"不称职"的；不胜任现职工作，又不接受其他安排的；因所在机关调整、撤销、合并或缩减编制员额需要调整其工作，本人拒绝对其合理安排的；不履行公务员义务，不遵守公务员纪律，经教育仍无转变，不适合继续在机关工作，又不宜给予开除处分的；旷工或因公外出、请假期满无正当理由逾期不归连续超过15天，或者1年内累计超过30天的。

机关辞退公务员，按照管理权限决定。辞退决定应当以书面形式通知被辞退的公务员。被辞退的公务员，可以领取辞退费或者根据国家有关规定享受失业保险。

此外，现行《公务员法》还规定了机关不得辞退公务员的若干情形：因公致残，被确认丧失或部分丧失工作能力的；患病或者负伤，在规定的医疗期内的；女性公务员在孕期、产假、哺乳期内的；法律、行政法规规定的其他不得辞退的情形。

知识拓展

1. 特别权力关系理论

特别权力关系又称为特别支配关系，是指基于特别的法律原因，为实现公法上的特定目的，行政主体在必要的范围内对相对人具有概括的支配权力，而相对人负有服从义务的行政法律关系。在特别权力关系下当事人地位不对等、义务不确定，在纠纷解决方面一般不得提起诉讼。特别权力关系主要发生在行政职务关系、学校与学生之间的关系、强制戒毒机构与戒毒人员之间的关系等领域。特别权力关系理论虽然能够为行政管理提供一定的便利，但是由于这一理论过于偏重特别权力主体一方的权力而对相对人的权利重视不够，因此难以与现代法治理念相契合。在民主法治不断发展的背景下，特别权力关系理论呈现出以下发展趋势：在适用范围上呈紧缩趋势，涉及相对人的基本权利时应有法律依据，部分内容可以提起行政争讼等。

2. 行政委托

行政委托是指行政机关委托行政机关系统以外的社会公权力组织或私权利组织行使某种行政职能、办理某种行政事务。行政机关委托非行政机关的社会组织行使行政职能的原因在于:第一,行政机关由于受编制、经费等的限制,依靠本身的力量有时难以完成既定行政任务和实现预定行政目标,从而使委托成为必要。第二,应对行政事务中经常出现的新的、临时性的任务的需要。第三,解决特定的技术性问题的需要。在行政委托法律关系中,受委托组织是以委托行政机关的名义行使职权,并由委托行政机关对受委托组织的行为负责,受委托组织不是行政主体,行政主体是委托行政机关。

链接阅读

1. 杨临宏:《特别权力关系理论研究》,载《法学论坛》2001年第4期;
2. 徐靖:《论法律视域下社会公权力的内涵、构成及价值》,载《中国法学》2014年第1期。

第三节 行政行为法

一、概述

(一) 行政行为的概念与特征

行政行为是指行政主体为规制行政关系,行使职权实施的具有行政法意义的行为。行政机关所为的不具有行政管理性质的行为,例如以民事法律关系主体的身份所为的行为不属于行政行为。

(二) 行政行为的分类

1. 行政法律行为和行政事实行为

这是以行政行为是否具有法律效果为标准所作的划分。行政法律行为,是指行政主体为规制行政关系,运用行政权设定、变更、消灭或者确认特定或不特定相对人权利义务的行政行为。行政事实行为,是指行政主体运用行政权实现行政规制,但并未产生相应法律效果的行政行为。

2. 单方行政行为和双方行政行为

这是以行政行为是单方意志还是双方意志为标准进行的划分。单方行政行为,是指行政主体为实现行政目标,单方面运用行政权所作的行政行为。双方行政行为,是指行政主体与对方当事人平等、协商一致所形成的协议或合同。

3. 抽象行政行为和具体行政行为

这是以行政行为所针对相对人是否特定为标准进行的划分。抽象行政行为是指行政主体运用行政权,针对不特定相对人制定规制规则的行为,包括行政立法和制定行政规范性文件行为。具体行政行为是指行政主体运用行政权,针对特定相对人设定权利义务,实现行政目的的行为。

二、行政立法

(一) 行政立法的概念

行政立法是行政机关根据法定权限并按法定程序制定和发布行政法规和规章的活动。根据《立法法》的规定，具有行政立法权的主体包括：国务院、国务院各部委、中国人民银行、审计署和具有行政管理职能的直属机构，以及省、自治区、直辖市和设区的市、自治州的人民政府。

(二) 行政立法的分类

1. 职权立法和授权立法

这是根据行政立法权的取得方式进行的划分。职权立法是指行政机关根据《宪法》《立法法》和组织法所赋予的行政立法权所进行的立法活动。授权立法是指行政机关根据单行法律或授权决议所授予的立法权而进行的立法。根据单行法律所进行的授权立法一般称为普通授权立法，根据最高国家权力机关专门的授权决议所进行的授权立法称为特别授权立法。

2. 执行性立法和创制性立法

这是根据行政立法的功能进行的划分。执行性立法是指行政机关为了执行或实现特定法律和法规或者上级行政机关行政规范的规定而进行的立法。创制性立法是指行政机关为了填补法律和法规的空白或者变通法律和法规的规定以实现行政职能而进行的立法。

3. 中央立法和地方立法

这是根据行政立法的主体不同进行的划分。中央立法是指中央行政机关依法制定和发布行政法规和规章的活动。国务院及其主管部门所进行的行政立法，都是中央立法。地方立法是指特定地方行政机关依法制定和发布规章的活动。省、自治区、直辖市和设区的市、自治州的人民政府所进行的行政立法，都是地方立法。

三、行政规范性文件

(一) 行政规范性文件的概念

行政规范性文件，是指行政主体为实施法律和执行政策，在法定权限内制定的除行政立法以外的决定、命令等普遍性行为规则，俗称"红头文件"。

(二) 行政规范性文件的种类

1. 行政创制性文件

行政创制性文件是指行政主体未启动行政立法程序而为不特定相对人创设权利义务的行政规范性文件。

2. 行政解释性文件

行政解释性文件是指行政主体为了实施法律、法规和规章，统一各个行政主体及其公务员对法律、法规和规章的理解及执行活动,对法律、法规和规章进行解释而形成的规范性文件。

3. 行政指导性文件

行政指导性文件是指行政主体对不特定相对人事先实施书面行政指导时所形成的一种行政规范性文件。

四、具体行政行为

(一)具体行政行为的概念

具体行政行为是指具有行政权能的组织为实现行政目的而运用行政权,针对特定相对人设定、变更或消灭权利义务所作的单方行政行为。一个行为要构成具体行政行为必须具备行政权能的存在、行政权的实际运用、法律效果的存在和表示行为的存在四个要件。

(二)具体行政行为的分类

1. 羁束行政行为与裁量行政行为

羁束行政行为是指行政主体对行政法规范的适用没有或很少灵活处理空间的具体行政行为,裁量行政行为则是指行政主体对行政法规范的适用具有较大灵活处理空间的具体行政行为。

2. 依职权行政行为和应申请行政行为

依职权行为是指行政主体根据其职权而无需行政相对人申请就能主动实施的具体行政行为。应申请行为是指行政主体只有在行政相对人提出申请后才能实施而不能主动采取的行为。

3. 附款行政行为和无附款行政行为

附款行政行为是指除行政法规范明确规定外,行政主体根据实际需要附加条件的具体行政行为,又称条件行政行为。无附款行政行为是指具体行政行为没有附加条件的行为,又称单纯行政行为。

4. 授益行政行为和负担行政行为

授益行政行为是指行政主体为行政相对人设定权益或免除其义务的行政行为。负担行政行为是指行政主体为行政相对人设定义务或剥夺、限制其权益的行政行为。

5. 要式行政行为和非要式行政行为

要式行政行为是指必须具备某种书面文字或具有特定意义符号的行政行为,非要式行政行为则是指行政法规范没有要求必须具备书面文字或特定意义符号的行政行为。

(三)具体行政行为的法律效力

具体行政行为的效力内容包括公定力、确定力、拘束力和执行力四个方面。

1. 公定力

公定力是指具体行政行为一经行政主体作出,不论是否合法或存在瑕疵,即被推定为合法有效,并要求所有国家机关、社会组织或个人尊重的一种法律效力。

公定力不以具体行政行为的合法为前提。即使具体行政行为存在瑕疵,在被依法撤销或确认前,也同样应得到尊重。

2. 确定力

确定力是指已生效具体行政行为对作出该行为的行政主体和相对人所具有的不受任意改变的法律效力。这一效力来源于法律安定性原则。确定力又分形式确定力和实质确定力。形式确定力,即不可争力,是具体行政行为对相对人的一种法律效力,指在复议或诉讼期限届满后相对人不能再申请复议、起诉要求改变具体行政行为。实质确定力即"一事不再理",是指行政主体不得任意改变自己所作的具体行政行为,否则应承担相应的法律责任。

3. 拘束力

拘束力是指已生效具体行政行为所具有的约束和限制行政主体和相对人行为的法律效力。拘束力是一种约束力、限制力,即要求遵守的法律效力。

4. 执行力

执行力是指已生效的具体行政行为要求行政主体和相对人对其内容予以实现的法律效力。

五、行政许可

(一)行政许可的概念

行政许可,是指在法律规范一般禁止的情况下,行政主体根据行政相对人的申请,经依法审查,通过颁发许可证或者执照等形式,依法作出准予或者不准予特定的行政相对人从事特定活动的行政行为。

行政许可的概念包括以下几层含义:

第一,行政许可是一种行政行为,是行政机关依法对相对人的申请进行审查,准予或者不准予相对人从事特定活动的职权行为。

第二,行政许可是有限设禁和解禁的行政行为。行政许可是基于行政管理、公益维护的需要暂且设定的禁止,以及有条件的解禁的行政行为。

第三,行政许可是授益性行政行为。行政许可是赋予行政相对人某种权利和资格的行政行为,使其可以行使某种权利或者获得行使某种权利的资格的行政行为。

第四,行政许可是要式行政行为。行政许可应遵循一定的法定程序,并应以正规的文书、格式、日期、印章等形式予以批准、认可和证明,必要时还应附加相应的辅助性文件。

(二)行政许可的功能

1. 控制危险

行政许可是针对被许可行为的外部性而设置的一种事前控制手段。例如对于制造、运输、销售爆炸物品这种具有较大危险性,容易破坏和影响公共安全的活动的从事者进行严格的资质要求,对于保护控制风险、保障公共安全具有重要作用。

2. 配置资源

涉及公共物品和稀缺资源的配置等领域如果完全依靠市场的自发调节则极有可能引发不公平和效率低下等问题，为了弥补市场机制自发配置资源可能引发的问题，由政府通过行政许可的方式配置资源，有助于提高资源的利用效率，节约成本。

3. 提供具有公信力的证明

市场环境中，由于信息不对称的原因消费者往往处于劣势地位。行政许可制度依靠政府的公信力向社会提供相应信息，起到了稳定交易关系、提供预期和确认权利的作用。

(三) 行政许可的分类

根据《行政许可法》的规定，行政许可分为一般许可、特许、认可、核准、登记五类。

1. 一般许可

一般许可是指只要申请人依法向主管行政主体提出申请，经有权主体审查核实其符合法定的条件，该申请人就能够获得从事某项活动的权利或者资格，对申请人并无特殊限制的许可，如驾驶许可、营业许可等。

2. 特许

特许是基于行政、社会或者经济上的需要，将本来属于国家或者某行政主体的某种权利赋予私人的行政行为，主要适用于有限自然资源的开发利用、有限公共资源的配置、直接关系公共利益的垄断性企业的市场准入等事项。特许的主要功能是分配稀缺资源，一般有数量控制。特许事项，行政机关应当通过招标、拍卖等公平竞争的方式决定是否予以特许。

3. 认可

认可是由行政机关对申请人是否具备特定技能的认定，主要适用于为公众提供服务、直接关系公共利益并且要求具备特殊信誉、特殊条件或者特殊技能的资格、资质的事项。认可的主要功能是为提高从业水平或者某种技能、信誉而设，没有数量限制。

4. 核准

核准是由行政机关对某些事项是否达到特定技术标准、经济技术规范的判断、确定，主要适用于直接关系公共安全、人身健康、生命财产安全的重要设施的设计、建造、安装和使用，直接关系人身健康、生命财产安全的特定产品、物品的检验、检疫事项。核准事项，行政机关一般要实地按照技术标准、技术规范依法进行检验、检测、检疫，并根据检验、检测、检疫的结果作出行政许可决定。

5. 登记

登记是由行政机关确立个人、企业或者其他组织的特定主体资格。登记的功能是确立申请人的市场主体资格。登记事项没有数量限制，行政机关一般只对申请登记的材料进行形式审查，申请人对申请材料的真实性负责。

(四) 行政许可法的基本原则

根据《行政许可法》的规定，我们可以将其基本原则总结为以下几个：

1. 许可法定原则

许可法定原则要求行政许可制度的建立须有法律依据,实施过程应当按照法律规定的权限、范围、条件和程序进行。

2. 正当程序原则

正当程序原则要求行政许可在制定和实施过程中要充分保障相对人的陈述权、申辩权和寻求救济权。

3. 信赖保护原则

信赖保护原则要求公民、法人或者其他组织依法取得的行政许可受法律保护,行政机关不得随意变更、撤销已经生效的行政许可。

(五)行政许可的设定及形式

1. 行政许可的设定原则

根据《行政许可法》第二章的规定,设定行政许可,应当遵循经济和社会发展规律,有利于发挥公民、法人或者其他组织的积极性、主动性,维护公共利益和社会秩序,促进经济、社会和生态环境协调发展。公民、法人或者其他组织能够自主决定的、市场竞争机制能够有效调节的、行业组织或者中介机构能够自律管理的、行政机关采用事后监督等其他行政管理方式能够解决的事项,可以不设行政许可。

2. 行政许可的设定权限和形式

经常性行政许可,由全国人民代表大会及其常务委员会的法律、国务院的行政法规、有权地方人民代表大会及其常务委员会的地方性法规设定。

临时性行政许可可以由国务院以决定的形式,省、自治区和直辖市人民政府以规章形式设定。除临时性行政许可事项外,国务院应当及时提请全国人民代表大会及其常务委员会制定法律,或者自行制定行政法规。地方政府规章设定的临时性的行政许可实施满1年需要继续实施的,应当提请本级人民代表大会及其常务委员会制定地方性法规。但是,地方性法规和省、自治区、直辖市人民政府规章,不得设定应当由国家统一确定的公民、法人或者其他组织的资格、资质的行政许可;不得设定企业或者其他组织的设立登记及其前置性行政许可。其设定的行政许可,不得限制其他地区的个人或者企业到本地区从事生产经营和提供服务,不得限制其他地区的商品进入本地区市场。

六、行政处罚

(一)行政处罚的概念

行政处罚,是指行政主体为达到对违法者予以惩戒,维护公共利益和社会秩序,保护公民、法人或者其他组织的合法权益的目的,依法对行政相对人违反行政法律规范尚未构成犯罪的行为,给予其人身的、财产的、名誉的及其他形式的法律制裁的行政行为。

第一,行政处罚的主体是行政主体,实施行政处罚必须依据法定权限。除非法律另有规定,行政处罚权只能由行政主体行使。

第二,行政处罚是针对有违反行政法律规范行为的行政相对人的制裁,具有强烈的制裁性或者惩戒性。

第三,行政处罚的目的注重对违法者予以惩戒和教育。

第四,行政处罚是行政制裁,是对于违反行政法律规范尚未构成犯罪的行政相对人的制裁。

(二) 行政处罚的种类

1. 人身罚

人身罚,是限制或者剥夺违法者人身自由的行政处罚。人身罚包括行政拘留及驱逐出境、禁止进境或者出境、限期出境等形式。

2. 财产罚

财产罚,是特定的行政机关或者法定的其他组织强迫违法者交纳一定数额的金钱或者一定数量的物品,或者限制、剥夺其某种财产权的处罚。财产罚主要包括罚款和没收。

3. 行为罚

行为罚,是限制或者剥夺行政违法者某些特定行为能力和资格的处罚。行为罚主要包括责令停产停业、暂扣或者吊销许可证、执照等。

4. 申诫罚

申诫罚,是行政机关向违法者发出警戒,申明其有违法行为,通过对其名誉、荣誉、信誉等施加影响,引起其精神上的警惕,使其不再违法的处罚形式。申诫罚主要包括警告、通报批评。

(三) 行政处罚的原则

1. 处罚法定原则

行政处罚是典型的侵益行为,其实施必然导致对特定的行政相对人某种权利或者权益的剥夺。因此,行政处罚行为自始至终都应该严格贯彻处罚法定的原则。这一原则要求处罚设定权法定、处罚主体及其职权法定、被处罚行为法定、处罚的种类、内容和程序法定。

2. 处罚公正、公开的原则

处罚公正的原则,要求行政处罚必须公平、公正,没有偏私,设定和实施行政处罚必须以事实为依据,与违法行为的事实、性质、情节以及社会危害程度相当。

3. 处罚与教育相结合的原则

实施行政处罚,纠正违法行为,应当坚持处罚与教育相结合,教育公民、法人或者其他组织自觉守法。

4. 保障相对人权利的原则

保障相对人权利的原则由保障相对人陈述权、申辩权的原则和无救济便无处罚的原则构成。

5. 职能分离的原则

这一原则要求:行政处罚的设定机关和实施机关相分离;行政处罚的调查、检查人员和行政处罚的决定人员相分离;作出罚款决定的机关和收缴罚款的机构相分离。除依法当场收缴的罚款外,作出行政处罚决定的行政机关及其执法人员不得自行收缴罚款。由非本案调查人员担任听证主持人。

6. 一事不再罚的原则

一事不再罚原则要求:对当事人的同一个违法行为,不得给予两次以上罚款的行政处罚;对决定给予行政拘留处罚的人,在处罚前已经采取强制措施限制人身自由的时间,应当折抵;违法行为构成犯罪的,行政机关必须将案件移送司法机关,依法追究刑事责任,行政机关不再予以人身自由的处罚;违法行为构成犯罪,人民法院判处拘役或者有期徒刑时,行政机关已经给予当事人行政拘留的,应当依法折抵相应刑期;人民法院判处罚金时,行政机关已经给予当事人罚款处罚的,应当折抵相应罚金。

（四）行政处罚的程序

1. 简易程序

简易程序是针对事实确凿、处罚较轻的情况设定的,程序较为简单,一般由执法人员当场作出处罚决定。

简易程序的适用条件:第一,违法实施确凿并有法定依据;第二,处罚种类和幅度为对公民处以50元以下罚款或警告、对法人或者其他组织处以1000元以下罚款或者警告。

2. 一般程序

相比简易程序和听证程序,一般程序属于行政处罚的常规程序。根据《行政处罚法》的规定,一般程序的步骤包括:

（1）立案。行政机关对于属于本机关管辖范围内并在追究时效内的行政违法行为或者重大违法嫌疑情况,认为有调查处理必要的,应当正式立案。

（2）调查。行政机关在立案后,应当对案件进行全面调查,对主要事实、情节和证据进行查对核实,取得必要证据,并查证有关应依据的行政法律规范。

（3）决定。行政机关在案件调查终结后,应当由承办人员填写《案件处理意见申报表》,向有裁决权的行政机关汇报案件情况和有关处理意见,送行政机关首长审批。

（4）制作拟处罚决定书。行政机关负责人经过对调查结果的审查,作出给予行政处罚的决定的,应拟制盖有作出行政处罚决定的行政机关印章的拟行政处罚决定书。

（5）说明理由并告知权利。行政机关在作出行政处罚决定之前,应当告知当事人作出行政处罚决定的事实、理由及依据,并告知当事人依法享有的权利。

（6）当事人陈述和申辩。行政机关必须充分听取当事人的意见,对当事人提出的事实、理由和证据,应当进行复核;当事人提出的事实、理由和证据成立的,行政机关应当采纳,不得因当事人申辩而加重处罚。

（7）正式裁决。当陈述和申辩在行政处罚决定书拟制之后进行时,经过陈述和申辩,在该决定书正式送达当事人之前,行政机关还必须再次作出维持、变更或者取消前述决定的裁断,并正式制作行政处罚决定书。

（8）行政处罚决定书的送达。行政处罚决定书一经送达,便产生一定的法律效果。行政处罚决定书的送达方式有直接送达、留置送达和邮寄送达三种。

3. 听证程序

根据《行政处罚法》第42条规定,在行政处罚程序中,行政机关为了查明案件事实、公正合理地实施行政处罚,在作出责令停产停业、吊销许可证或者执照、较大数额罚款等行政处罚决定之前,应当事人要求,须公开举行有利害关系人参加的听证会,在质证和辩论的基础上作出处罚决定。

行政处罚听证程序为:

(1)听证的申请与决定。当事人对于符合法定听证种类的行政处罚案件,有权向行政机关提出听证的申请。当事人要求听证的,应当在行政机关告知后3日内提出。行政机关接到当事人的申请后,应决定举行听证的时间和地点,并根据案件是否涉及国家秘密、商业秘密或者个人隐私,决定听证是否公开举行。

(2)听证通知。行政机关作出有关组织听证的决定后,应当在听证的7日前,通知当事人举行听证的时间、地点和其他有关事项。

(3)听证形式。除涉及国家秘密、商业秘密或者个人隐私外,听证公开举行。

(4)听证的主持与参与。行政机关工作人员不得参与与自己有利害关系的案件,承担调查取证任务的执法人员不能主持听证,听证由行政机关指定的非本案调查人员主持。当事人可亲自参加听证,也可委托代理人参加,针对指控的事实及相关问题进行申辩和质证。

(5)听证笔录。对在听证会中出示的材料、当事人的陈述以及辩论等,应当制作笔录。

(五)行政处罚的执行

行政处罚执行以申诉不停止执行、作出罚款决定的机关与收缴罚款的机构相分离为原则。行政处罚的执行程序分为:专门机构收缴罚款、当场收缴罚款和强制执行三个类别。当场收缴罚款主要适用于:依法给予20元以下罚款的;不当场收缴事后难以执行的;边远、水上、交通不便地区,当事人向指定银行缴纳罚款确有困难,经当事人提出的等情形。强制执行程序包括三种情形:其一,到期不缴纳罚款的,每日按罚款数额的3%加处罚款。其二,根据法律规定,将查封、扣押的财物拍卖或者将冻结的存款划拨抵缴罚款。其三,申请人民法院强制执行。行政机关如在处罚决定的执行上有困难,可以申请人民法院强制执行。

知识拓展

1. 行政裁量

行政裁量是指行政主体在适用法律作出决定和采取行动时所享有的自由判断的空间,是行政权的核心。在行政管理领域,行政主体一般对于是否实施行政行为、实施何种行为、何时实施相应行为、怎样实施相应行为具有裁量权。法律规制行政裁量权的基本途径和方式主要有:通过法律程序规制行政裁量权的行使;通过立法目的、立法精神规制行政裁量权的行使;通过法的基本原则规制行政裁量权的行使;通过行政惯例规制行政裁量权的行使;通过政策规制行政裁量权的行使;通过裁量基准规制行政裁量权的行使。

2. 行政强制

行政强制,是指在行政过程中出现违反义务或者义务不履行的情况下,为了确保行政的实效性,维护和实现公共利益,由行政主体或者行政主体申请人民法院,对公民、法人或者其他组织的财产以及人身、自由等予以强制而采取的措施。行政强制的内容主要包括行政强制措施和行政强制执行两类。行政强制措施,是指行政机关在行政管理过程中,为制止违法行为、防止证据损毁、避免危害发生、控制危险扩大等情形,依法对公民人身自由实施暂时性限制,或者对公民、法人或者其他组织的财产实施暂时性控制的行为。行政强制执行,是指在行政法律关系中,作为义务主体的行政相对人不履行其应履行的义务时,行政机关或者行政机关申请人民法院,依法强制其履行义务的行为。

链接阅读

1. 姜明安:《论行政裁量权及其法律规制》,载《湖南社会科学》2009年第5期;
2. 于立深:《行政立法不作为研究》,载《法制与社会发展》2011年第2期。

第四节 行政程序法

一、行政程序概述

(一) 行政程序的概念

行政程序是行政机关实施行政行为时所应当遵循的方式、步骤、时限和顺序所构成的一个连续过程。

(二) 行政程序的分类

1. 强制性程序与任意性程序

这是以行政机关遵守行政程序是否具有一定的自由选择权为标准进行的划分。强制性程序是行政机关在实施行政行为时没有自主选择的余地,必须严格遵守,不得增加或者减少行政行为的步骤、方法、时限,也不得颠倒顺序。任意性程序是行政机关在实施行政行为时,法律为其规定了可供选择的余地,由其根据具体情况酌情决定适用何种程序。

2. 内部程序与外部程序

这是以其规范行政行为所涉及的对象和范围为标准进行的划分。内部程序是指行政机关对内部事务实施行政行为时所应当遵循的程序;外部程序是行政机关对外部事务实施行政行为时所应当遵守的程序。

3. 具体行为程序和抽象行为程序

这是以其所规范的行政行为是具体的还是抽象的为标准进行的划分。为规范具体行政行为而设置的程序是具体行为程序;为规范抽象行政行为而设置的程序是抽象行为程序。

(三) 行政程序制度的价值与功能

1. 行政程序制度的价值

(1) 正义。

程序代表最基本的争议,程序正义是"看得见的正义",是体现实体正义的必要条件。实体正义需要通过程序正义方能充分展示出来。行政程序的正义价值包含:程序参与者受到无偏私的对待;行政行为说明理由在先;利益受不利影响时为相对人提供申辩的机会等。

(2) 效率。

效率是行政活动在单位时空的资源投入与由此产生的行政活动的效果之比。行政效率的高低对于行政活动的效果具有重要影响。行政程序对行政活动的时间、步骤和方法进行一系列安排,使得行政行为所耗费的资源达到最低。

2. 行政程序制度的功能

(1) 控制行政权力,防止行政权力滥用。

行政程序制度为行政权力的行使设定了严格的规则,行政权力的行使被限定在事先设计好的公正合理的程序之中进行,从而有助于防止行政权力被行政机关恣意行使。

(2) 保障公民权利。

行政程序制度使得行政相对人享受可预测的、明确的程序保障,获得公平参与权。同时,行政程序制度促使行政机关按照法定程序履行职责,增加了行政活动的透明度,对于规范政府权力保障公民权利具有重要作用。

二、行政程序的基本原则

(一) 公开原则

行政公开是行政机关在行使行政职权时,除涉及国家秘密、个人隐私和商业秘密外,必须向行政相对人及社会公开与行政职权有关的事项。公开原则包括行政机关行使行政职权的依据公开、行政信息公开、设立听证制度和行政决定的公开等内容。

(二) 公正、公平原则

行政程序的公正、公平原则是指行政机关行使行政权应当公正、公平,尤其是公正、公平地行使行政裁量权。程序公正、公平原则应当包括以下内容:行政程序立法应当赋予行政相对人应有的行政程序权利;行政机关所选择的行政程序必须符合客观情况、具有可行性、必须具有科学性、必须符合社会公共道德,具有正当性。

(三) 参与原则

参与原则是指行政机关在作出行政行为过程中,除法律有特别规定外,应当尽可能为行政相对人提供参与行政行为过程的条件和机会,确保行政相对人实现行政程序权益。参与原则的内容集中体现在行政相对人的行政程序上的权利,这些权利主要有:获得通知权、陈述权、抗辩权和申请权等。

（四）效率原则

效率原则是指行政程序中的各种行为方式、步骤、时限、顺序的设置都必须有助于确保基本的行政效率，并在不损害行政相对人合法权益的前提下适当提高行政效率。效率原则主要体现在时效、代理和不停止执行等行政程序制度设计上。

三、行政程序的基本制度

（一）行政回避制度

行政回避是指行政机关工作人员在行使职权过程中，因其与所处理的事务有利害关系，为保证实体处理结果和程序进展的公正性，根据当事人的申请或行政机关工作人员的请求，有权机关依法终止其职务的行使并由他人代理的一种法律制度。

一般认为回避的范围包括：当事人中有其亲属的；与当事人有公开敌意或者亲密友谊的；当事人为社团法人，行政机关工作人员作为其成员之一的；当事人之间有监护关系的；在与本案有关的程序中担任过证人、鉴定人的；与当事人的代理人有亲属关系的等情形。

（二）行政听证制度

行政听证制度是行政机关在作出影响行政相对人合法权益的决定之前，由行政机关告知决定理由和听证权利，行政相对人陈述意见、提供证据以及行政机关听取意见、接纳证据并作出相应决定等程序所构成的一种法律制度。

（三）行政信息公开制度

行政信息公开是行政机关根据职权或者行政相对人请求，将行政信息向行政相对人或者社会公开展示，并允许查阅、摘抄和复制的制度。《政府信息公开条例》对于我国政府信息公开的范围、方式等内容进行了规定。

根据《政府信息公开条例》第5—6条和第8条的规定，政府信息公开应当遵循公正、公平、便民的原则以及不得危及国家安全、公共安全、经济安全和社会稳定的原则。

根据《政府信息公开条例》的规定，政府信息公开分为主动公开、依申请公开以及涉及国家秘密、商业秘密和个人隐私的政府信息公开三种类型。

县级以上各级人民政府及其部门应当依照《政府信息公开条例》第9条的规定，在各自职责范围内确定主动公开的政府信息的具体内容，并重点公开下列政府信息：

(1) 行政法规、规章和规范性文件；

(2) 国民经济和社会发展规划、专项规划、区域规划及相关政策；

(3) 国民经济和社会发展统计信息；

(4) 财政预算、决算报告；

(5) 行政事业性收费的项目、依据、标准；

(6) 政府集中采购项目的目录、标准及实施情况；

(7) 行政许可的事项、依据、条件、数量、程序、期限以及申请行政许可需要提交的全部材料目录及办理情况；

(8) 重大建设项目的批准和实施情况;
(9) 扶贫、教育、医疗、社会保障、促进就业等方面的政策、措施及其实施情况;
(10) 突发公共事件的应急预案、预警信息及应对情况;
(11) 环境保护、公共卫生、安全生产、食品药品、产品质量的监督检查情况。

设区的市级人民政府、县级人民政府及其部门重点公开的政府信息还应当包括下列内容:
(1) 城乡建设和管理的重大事项;
(2) 社会公益事业建设情况;
(3) 征收或者征用土地、房屋拆迁及其补偿、补助费用的发放、使用情况;
(4) 抢险救灾、优抚、救济、社会捐助等款物的管理、使用和分配情况。

乡(镇)人民政府应当依照《政府信息公开条例》第9条的规定,在其职责范围内确定主动公开的政府信息的具体内容,并重点公开下列政府信息:
(1) 贯彻落实国家关于农村工作政策的情况;
(2) 财政收支、各类专项资金的管理和使用情况;
(3) 乡(镇)土地利用总体规划、宅基地使用的审核情况;
(4) 征收或者征用土地、房屋拆迁及其补偿、补助费用的发放、使用情况;
(5) 乡(镇)的债权债务、筹资筹劳情况;
(6) 抢险救灾、优抚、救济、社会捐助等款物的发放情况;
(7) 乡镇集体企业及其他乡镇经济实体承包、租赁、拍卖等情况;
(8) 执行计划生育政策的情况。

公民、法人或者其他组织认为行政机关不依法履行政府信息公开义务的,可以向上级行政机关、监察机关或者政府信息公开工作主管部门举报,收到举报的机关应当予以调查处理。另外,公民、法人或者其他组织认为行政机关在政府信息公开工作中的具体行政行为侵犯其合法权益的,可以依法申请行政复议或者提起行政诉讼。

(四) 说明理由制度

行政行为说明理由是指行政机关在作出对行政相对人合法权益产生不利影响的行政行为时,除法律有特别规定外,必须向行政相对人说明其作出该行政行为的事实因素、法律依据以及裁量时所考虑的政策、公益等因素。

(五) 审裁分离制度

审裁分离是指行政机关审查案件和对案件裁决的职能,分别应由其内部不同的机构、人员来行使,以确保行政相对人的合法权益不受侵犯。

(六) 案卷制度

案卷是指行政机关的行政行为所依据的证据、记录和法律文书等,根据一定的顺序组成的书面材料。案卷是行政行为作出过程和支持行政行为合法性的重要依据。正式的行政程序必须有案卷,这是依法行政的基本要求之一。

知识拓展

1. 行政公开

行政公开是指行政主体行使行政职权时,除涉及国家秘密、个人隐私和商业秘密外,必须向行政相对人及社会公开与行政职权有关的事项。通过行政公开,行政相对人可以有效地参与行政程序,以维护自身合法权益;社会公众可以通过行政公开监督行政主体依法行使行政权力。行政公开是现代民主理论和基本人权理论发达的结果,它是行政主体的法定职责,同时也是行政相对人的权力。2008年5月1日,我国《政府信息公开条例》开始实施。《政府信息公开条例》的颁行是我国行政公开制度走向完善的重要标志。

2. 审裁分离制度的基本模式

审裁分离的基本模式有两种:一是内部审裁分离,即在同一行政机关内部由不同的机构、人员分别行使案件调查、审查权与裁决权的一种制度。内部审裁分离是基于审裁行政案件所需要的行政专业知识、提高行政效率这一特点而设置的。例如:我国《行政处罚法》第42条规定,听证由行政机关指定的非本案调查人员主持,即听证主持人仅履行案件审理的职责,不对案件作出裁决。二是审裁完全分离,即行政案件的调查、审查权与裁决权,分别交给两个相互完全独立的机构来行使的一种制度。这种模式由于过分强调了行政案件中审查权与裁决权的分离,既可能会因多设机构而增加财政负担,又可能会导致行使裁决权的机构因欠缺行政专业知识而不能正确地裁决案件,所以,它很少为制定行政程序法的各国所采纳。

链接阅读

1. 章剑生:《论行政程序法上的行政公开原则》,载《浙江大学学报(人文社会科学版)》2000年第6期;
2. 王万华:《行政程序法典化之比较》,载《法学》2002年第9期。

第五节 行政监督

行政监督制度是在规范行政法制监督主体对行政主体、国家公务员和其他行政执法组织、人员进行监督过程中形成的法律规范共同构成的行政法律制度。行政监督法律制度包括行政复议法律制度、国家监察法律制度等。

一、行政复议

(一)概述

行政复议是指行政相对人认为行政机关的具体行政行为侵犯其合法权益,依法向行政复议机关提出复查该具体行政行为的申请,行政复议机关依照法定程序对被申请的具体行政行为进行合法性、适当性审查,并作出行政复议决定的法律制度。

行政复议制度具有以下特征:

第一,行政复议所处理的争议是行政争议。

第二,行政复议以具体行政行为为审查对象,并附带审查规章以下的规范性文件。

第三,行政复议主要采用书面审查方式,必要时也可以通过听证的方式审理。

(二)行政复议制度的地位与功能

行政复议制度是设置在行政系统内部的行政监督与权利救济机制,兼具行政内部监督与相对人权利救济的双重功能。

1. 行政复议制度是一种行政层级监督制度

行政复议制度基于行政机关上、下级之间的监督关系运行,上级行政机关通过受理、审查并处理行政相对人提起的复议案件对于下级机关的行政行为的合法性与合理性进行审查和监督。

2. 行政复议制度是一种权利救济机制

行政复议制度在公民、法人或其他组织认为具体行政行为直接侵害其合法权益的情形下,赋予其请求有权的国家机关依法行使监督职权,对行政违法或行政不当行为实施纠正并追究行政责任,以保护其合法权益的机会,为相对人提供了一种不同于诉讼制度的权力救济机制,相比行政诉讼制度而言,这一救济机制更为高效、便捷、低成本。

(三)行政复议制度的原则

1. 合法原则

行政复议必须依法进行,这是依法行政原理在行政复议领域的体现。合法原则要求行政复议过程必须符合以下要求:第一,主体合法,复议机关必须具有法定的复议权限,由专职行政复议人员进行复议审查;第二,复议行为合法,复议机关必须在查明事实的基础上适用法律作出复议决定;第三,程序合法,复议机关必须依据法定程序进行复议案件的审查。

2. 公正原则

公正是指公平、正义、不偏私,要求复议机关必须平等地对待行政复议的各方当事人,特别是不能因为行政机关同属行政系统而偏向行政机关一方;必须秉公执法,保障相对人的合法权益。

3. 公开原则

公开原则要求行政复议过程、结果应当向复议当事人公布,使其知情。行政复议过程的公开内容包括复议过程中的复议申请书、答复书、相关的证据、依据、材料;行政复议决定的公开包括复议决定及决定所依据的事实、理由与法律根据等。

4. 及时原则

及时原则要求行政复议必须具有效率,主要表现为对复议活动的各种时限限制等。

5. 便民原则

便民原则要求为行政复议申请人提供便利,充分保障相对人申请、参与行政复议的权利。具体表现为:申请人申请行政复议,可以书面申请,也可以口头申请;行政复议机关受理行政复议申请,不得向申请人收取任何费用等。

(四) 行政复议的范围

1. 可申请行政复议的行政行为的范围

根据《行政复议法》的规定,行政复议的范围包括以下几个方面:

(1) 行政处罚;

(2) 行政强制措施;

(3) 行政许可变更、中止、撤销行为;

(4) 行政确权行为;

(5) 涉及经营自主权的行为;

(6) 变更或者废止农业承包合同的行为;

(7) 要求行政相对人履行义务的行为;

(8) 没有依法办理行政许可的行为;

(9) 不履行保护人身权、财产权、受教育权法定职责的行为;

(10) 行政给付行为;

(11) 其他具体行政行为。

2. 可一并申请行政复议的行政规定的范围

根据《行政复议法》的规定,公民、法人或者其他组织认为行政机关的具体行政行为所依据的下列规定不合法,在对具体行政行为申请行政复议时,可以一并向行政复议机关提出对该规定的审查申请:

(1) 国务院部门的规定;

(2) 县级以上地方各级人民政府及其工作部门的规定;

(3) 乡、镇人民政府的规定。

可以一并申请行政复议的行政规定的范围不含国务院部、委员会规章和地方人民政府规章。

(五) 行政复议的基本制度

1. 一级复议制度

一级复议制度,是指行政争议经过行政复议机关一次审理并作出决定之后,申请人即使不服,也不得再向行政机关再次申请复议的制度。

2. 书面复议制度

书面复议制度,是指行政复议机关对行政复议申请人提出的申请和被申请人提交的答辩,以及有关被申请人作出具体行政行为的规范性文件和证据进行非公开的、非对峙的审查,并在此基础上作出行政复议决定的制度。

申请行政复议的时效为 60 日,法律另有规定的除外。通常人民政府或者上一级行政机关管辖行政复议案件。不服复议决定的,除终局复议决定外,均可以提起行政诉讼。

二、监察制度

(一)监察制度的概念

监察制度是指由各级国家监察机关对于所有行使公权力的公职人员(以下称"公职人员")进行监察,调查职务违法和职务犯罪,开展廉政建设和反腐败工作,维护宪法和法律的尊严的制度。

(二)监察机关及其职责

1. 监察机关

根据《监察法》的规定,中华人民共和国国家监察委员会是最高监察机关。省、自治区、直辖市、自治州、县、自治县、市、市辖区设立监察委员会。国家监察委员会由全国人民代表大会产生,负责全国监察工作。地方各级监察委员会由本级人民代表大会产生,负责本行政区域内的监察工作。国家监察委员会领导地方各级监察委员会的工作,上级监察委员会领导下级监察委员会的工作。

2. 监察机关的职责

监察委员会依法履行监督、调查、处置职责:

(1)对公职人员开展廉政教育,对其依法履职、秉公用权、廉洁从政从业以及道德操守情况进行监督检查;

(2)对涉嫌贪污贿赂、滥用职权、玩忽职守、权力寻租、利益输送、徇私舞弊以及浪费国家资财等职务违法和职务犯罪进行调查;

(3)对违法的公职人员依法作出政务处分决定;对履行职责不力、失职失责的领导人员进行问责;对涉嫌职务犯罪的,将调查结果移送人民检察院依法审查、提起公诉;向监察对象所在单位提出监察建议。

(三)监察机关的权限

1. 调查权

调查权是指监察机关依法拥有的对监察对象违法、违纪的行为进行调查核实的权力。监察机关在行使调查权时可以根据需要采取下列措施:收集、调取证据;谈话或者要求说明情况;讯问;留置;查询、冻结涉案单位和个人的存款、汇款、债券、股票、基金份额等财产等权力。

2. 建议权

建议权是指监察机关在检查、调查的基础上,对于不履行或者不正确履行职责负有责任的领导人员向有权作出问责决定的机关提出问责建议;对于监察对象所在单位廉政建设和履行职责存在的问题等提出监察建议的权力。

3. 监督教育权

监察委员会有权对公职人员开展廉政教育,对其依法履职、秉公用权、廉洁从政从业以及道德操守情况进行监督检查。

4. 处分权与问责权

监察委员会有权对于违法的公职人员依法作出政务处分决定；对履行职责不力、失职失责的领导人员进行问责。监察委员会对于违法的公职人员依照法定程序作出警告、记过、记大过、降级、撤职、开除等政务处分决定；对不履行或者不正确履行职责负有责任的领导人员，按照管理权限对其直接作出问责决定，或者向有权作出问责决定的机关提出问责建议。

5. 移送权

对涉嫌职务犯罪的，监察机关经调查认为犯罪事实清楚，证据确实、充分的，有权制作起诉意见书，连同案卷材料、证据一并移送人民检察院依法审查、提起公诉。

知识拓展

1. 国家监察体制改革

《关于在北京市、山西省、浙江省开展国家监察体制改革试点方案》决定将北京等试点地区人民政府的监察厅（局）、预防腐败局及人民检察院查处贪污贿赂、失职渎职以及预防职务犯罪等部门的相关职能整合至监察委员会。党的十九大对于监察体制改革提出了具体要求："深化国家监察体制改革，将试点工作在全国推开，组建国家、省、市、县监察委员会，同党的纪律检查机关合署办公，实现对所有行使公权力的公职人员监察全覆盖。制定国家监察法，依法赋予监察委员会职责权限和调查手段，用留置取代'两规'措施。"在总结试点经验的基础之上，2018年3月20日，第十三届全国人民代表大会第一次会议表决通过了《中华人民共和国监察法》。《监察法》的通过改变了原有的行政监察制度监察范围过窄，无法覆盖所有公职人员的局面，实现了对所有形式公权力的公职人员的监督；打破了纪法分开的僵局，实现了纪法衔接。监察体制改革是全面推进依法治国的重要举措，有利于进一步强化党的领导，有效确保人民当家做主。

2. 行政复议委员会试点

行政复议制度在于化解行政纠纷，建立起"大复议、中诉讼、小信访"的行政纠纷解决机制。但由于现行行政复议制度在审理机构、审理方式、审理程序等方面的缺陷致使行政复议制度难以获得相对人的信任，少有相对人愿意选择复议制度来解决行政纠纷。针对这一问题，自2008年起国务院法制办在全国部分省区市开展试点工作取得一定成绩的基础上，力推行政复议委员会制度。从全国来看，当前各地行政复议委员会模式大体有三种：一是将原来分散于政府各部门的行政复议权，全部集中到政府设立的行政复议委员会统一行使；二是部分集中模式，即行政复议委员会集中行使部分政府部门的部分行政复议审理权，目前大多数试点单位都采用这种模式；三是北京、上海的多数试点单位采纳的模式，即保持现行行政复议体制不变，通过吸收外部人士组成行政复议委员会，对重大疑难案件进行集体研究，以表决的方式形成案件处理建议意见，供行政复议机关在裁决时参考。行政复议委员会改革探索为我国今后行政复议制度的改革提供了重要的实践基础。

> 链接阅读
>
> 1. 韩大元:《论国家监察体制改革中的若干宪法问题》,载《法学评论》2017 年第 3 期;
> 2. 沈福俊:《行政复议委员会体制的实践与制度构建》,载《政治与法律》2011 年第 9 期。

【推荐阅读文献】

1. 江国华:《行政法总论》(第二版),武汉大学出版社 2017 年版。
2. 章剑生:《现代行政法基本理论》(第二版),法律出版社 2014 年版。
3. 王名扬:《美国行政法》,北京大学出版社 2016 年版。
4. 章志远:《行政法案例教程》,北京大学出版社 2016 年版。
5. 〔美〕理查德·J. 皮尔斯:《行政法》,苏苗罕译,中国人民大学出版社 2016 年版。

【思考题】

1. 行政法的基本原则。
2. 案例指导制度对于行政法制建设的意义。
3. 公务员的范围。
4. 行政复议的基本制度。
5. 行政程序的基本制度及其价值。

第四章 刑 法

学习目标：通过对本章内容的学习，应掌握刑法及刑法解释的基本概念，犯罪及犯罪论体系的相关内容，理解犯罪的特殊形态及共犯概念，了解我国刑罚体系，并了解我国刑法分则的基本体系及其所规定的重要罪名。

教师导读：刑法是规定犯罪与刑罚的法律规范之总和，刑法学是我国最为基础和重要的部门法之一。通过本章的学习，应掌握与刑法和刑法学有关的基本内容。

建议学时：8学时

第一节 刑法概述

一、刑法及刑法解释

刑法是规定犯罪与其后果（以刑罚为主）的法律规范的总和。而刑法这一术语，事实上存在广义与狭义之分。所谓广义刑法，主要包括刑法典、单行刑法及附属刑法；而狭义刑法，一般而言仅指刑法典。在世界多个主流国家和法域，都存在着以国家名义颁布的刑法典，我国也不例外。当前我国的刑法典为1997年颁布的《中华人民共和国刑法》，而其前身则是1979年颁布的《中华人民共和国刑法》。另外，我国的刑法还包括全国人民代表大会常务委员会颁布的一部单行刑法典，即《关于惩治骗购外汇、逃汇和非法买卖外汇犯罪的决定》，新设立了骗购外汇罪。在我国，谈到刑法不仅指上述刑法典及单行刑法，一般而言还包括全国人民代表大会常务委员会通过的刑法修正案。截至2017年12月，我国刑法共有十部修正案。最新的《中华人民共和国刑法修正案（十）》于2017年11月4日生效。

必须承认，刑法典本身需要保持一定的简洁和精练，因此在刑法适用的过程中，常常需要对其规定的含义进行解释和说明。根据作出解释机关不同，可以将对刑法的解释分为有权解释与学理解释两类。有权解释也称正式解释，是指有权机关对刑法规范作出具有法律效力的解释，主要包括立法机关（在我国通常指全国人民代表大会常务委员会）作出的立法解释和司法机关（在我国主要指最高人民法院与最高人民检察院，简称"两高"）作出的司法解释。一般而言，立法解释主要是对刑法规范本身的含义作出的解释，而司法解释则主要是"两高"针对在审判和检察工作中所遇到的刑法适用的问题所作出的解释。无论是立法解释还是司法解释，对现实中的案件都具有普遍适用的强制效力，但立法解释的效力高于司法解释；学理解释也称非正式解释，主要指未经授权的机关、团体或个人对刑法作出的解释，这种解释通常并不具有法律效力。

二、刑法的任务

刑法的任务是学习刑法首先需要明确的问题,它是刑法作为独立部门法存在的重要原因,也体现着刑法与其他部门法的重要区别。我国《刑法》第2条规定:"中华人民共和国刑法的任务,是用刑罚同一切犯罪行为作斗争,以保卫国家安全,保卫人民民主专政的政权和社会主义制度,保护国有财产和劳动群众集体所有的财产,保护公民私人所有的财产,保护公民的人身权利、民主权利和其他权利,维护社会秩序、经济秩序,保障社会主义事业的顺利进行。"不难看出,刑法适用刑罚这一特殊的方式来惩罚犯罪,保卫人民,将惩罚性和保护性两者紧密结合,是建设社会主义事业不可或缺的重要法律。

三、刑法的基本原则

刑法作为社会主义国家最为重要的部门法之一,有着与其他部门法不同的基本原则。其在实现打击犯罪之时,也需要考虑对个体自由的保障及对国家刑罚权的限制。基于此,刑法规定了特有的三大原则,即罪刑法定原则、平等适用刑法原则及罪刑相适应原则,分述如下:

(一)罪刑法定原则

我国《刑法》第3条明文规定:"法律明文规定为犯罪行为的,依照法律定罪处刑;法律没有明文规定为犯罪行为的,不得定罪处刑。"本条规定即为罪刑法定原则之内容,通常还被表述为:"法无明文规定不为罪,法无明文规定不处罚。"此处的"法"特指《刑法》,不包括民商法、行政法等其他法律。从本条可以明确看出,只有行为人的行为符合了《刑法》规定的罪名之构成要件时,才能对其进行处罚,不符合《刑法》分则规定的构成要件时,不能对该行为定罪处刑。

罪刑法定原则的基础思想主要是民主主义和保障人权,而其最为核心的理念则是保障个人权利及限制刑罚权为主的公权力。在此基础上,罪刑法定原则派生出几个具体原则:第一,排斥习惯法。对习惯法的排斥体现出罪刑法定原则的成文法要求。由于习惯法不成文,缺乏明确性,因而与罪刑法定原则在一定程度上有所背离。第二,排斥不利于被告人的溯及既往。罪刑法定要求行为在被定罪量刑时有明确、确定的刑法依据。若行为当时并没有刑法对其进行规定,而是在行为之后才有此规定的,该规定不能成为认定此行为违反刑法的依据。但是,对于那些依照之后刑法可得出有利于被告人结论的,则可允许溯及既往,对该行为适用的尽管为新法,但是这一新法是更轻的规定。第三,禁止不利于被告人的类推解释。本条派生原则还被称为"严格的罪刑法定"。所谓类推解释,是指超过刑法条文可能的最大文义对刑法所进行的解释。由于刑法的类推解释会导致刑法规定超过公民的预测,从而导致刑法本身的不明确和不稳定,所以一般而言我们不能依照类推解释对某一行为进行定罪量刑。然而,对于有利于被告人的类推解释则不然。因为在这种情况下,对类推解释的适用会导致对行为的出罪。第四,禁止不确定刑。罪刑法定原则不仅要求有关犯罪的规定明确具体,而且要求有关刑罚的规定明确具体。因而,刑法分则中不可以出现法定刑不确定的条文。我国刑法有关法定刑的规定,采取了"相对确定"的法定刑模式,某些条文中也存在绝对确定刑的情况。第五,法律后果明确性原则。罪刑法定原则不仅要求定罪部分明确,对法律后果的规定也要求明确。第六,禁止处罚不当刑罚的行为、禁止不均衡及残虐的刑罚。前者指不值得受到刑罚处罚的行为不能科以刑罚;后者指刑罚处罚的程度必须具有合理性,禁止对行为人施以非人道、残酷的刑罚。[①]

知识拓展　刑法的谦抑性

罪刑法定原则与刑法的谦抑性有关,刑法的谦抑性要求我们在适用刑法时保持谨慎的态度,而坚持罪刑法定原则有利于体现刑法的谦抑性。

(二)平等适用刑法原则

我国《刑法》第4条规定:对任何人犯罪,在适用法律上一律平等。不允许任何人有超越法律的特权。这一规定被称作平等适用刑法原则,是宪法中法律面前人人平等原则在刑法中的具体体现,其要求刑法平等地保护应予保护的法益、对任何犯罪人,无论是对其罪名的认定还是对其行为的量刑,都应当依照刑法严格认定。对犯罪人刑罚的执行也应当依照法律的规定平等地执行。

(三)罪刑相适应原则

我国《刑法》第5条规定:刑罚的轻重,应当与犯罪分子所犯罪行和承担的刑事责任相适应。这一条规定的便是我国刑法的罪刑相适应原则。具体而言,对于已经发生的犯罪事实,行为人罪行的轻重,是由客观的犯罪行为和主观的责任所决定的。同时,刑事责任的轻重,还应考虑犯罪人的人身危险性,如再犯可能等。行为人最终的"罪责",应在考虑其罪行严重程度的基础上,根据一般预防和特殊预防的需要而决定。

四、刑法的效力

刑法的效力并不是无限的,从空间角度而言,一国刑法只有在特定的地域具有效力,且对特定的人得以适用。从时间角度看,刑法一般只对其生效前的行为具有效力。这便是刑法的空间效力和时间效力。

(一)刑法的空间效力

刑法的空间效力,主要解决的是一国刑法在何地对何人适用的问题。我国《刑法》第6条第1款规定:"凡在中华人民共和国领域内犯罪的,除法律有特别规定的以外,都适用本法。"本条确定了我国刑法在空间效力上的一般原则,即"属地管辖原则"。同时,根据第6条第2款和第3款的规定,凡在中华人民共和国船舶或航空器内犯罪的,也应适用我国刑法;另外,犯罪的行为或结果有一项发生在我国领域内的,就认为是在我国领域内犯罪,从而得以适用我国刑法。

[①] 陈兴良:《教义刑法学》(第二版),中国人民大学出版社2014年版,第36—45页。

除"属地管辖"这一基本原则之外,根据我国《刑法》第7条之规定:中华人民共和国公民在中华人民共和国领域外犯本法规定之罪的,适用本法,但是按照本法规定的最高刑为3年以下有期徒刑的,可以不予追究。中华人民共和国国家工作人员和军人在中华人民共和国领域外犯本法规定之罪的,适用本法。本条确定了我国刑法空间效力的又一原则,即"属人管辖原则"。在依照"属地管辖原则"无法适用我国刑法时,若符合上述"属人管辖原则",我国刑法也可具有管辖权。很显然,在适用属人管辖时,刑法将普通公民与国家工作人员和军人加以区分,对于前者是有条件地适用属人管辖,而后者则一律可适用属人管辖原则。

对于外国人在我国领域外对我国或我国公民进行侵犯的,亦可适用我国刑法,其根据在于我国《刑法》第8条规定的"保护管辖原则"。我国《刑法》第8条规定:外国人在中华人民共和国领域外对中华人民共和国国家或者公民犯罪,而按本法规定的最低刑为3年以上有期徒刑的,可适用本法,但是按照犯罪地法律不受处罚的除外。可以看出,与"属地管辖"和"属人管辖"相比,"保护管辖原则"具有更严格的适用条件。

此外,根据我国《刑法》第9条之规定,对于我国缔结或参加的国际条约所规定的罪行,我国在所承担条约义务的范围内行使刑事管辖权。对于那些例如劫持民用航空器、恐怖主义等罪行而言,无论其是否发生在我国领域内或由我国公民实施,或是否侵犯我国国家或公民的合法权益,我国刑法都具有管辖权。此原则为我国刑法空间效力上的"普遍管辖原则"。

(二) 刑法的时间效力

刑法不仅在空间上有其适用的范围,在时间上也具有一定的效力范围。刑法具有其生效时间和失效时间,生效时间前、失效时间后发生的行为一般而言不可适用于该部刑法。另外,在刑法的时间效力上,还有一个有关溯及力的重要原则"从旧兼从轻"。我国《刑法》第12条确立了这一原则,是指对一个行为适用刑法时,原则上应适用行为时有效的刑法,即旧法。但当审判时有效的刑法(新法)与旧法不一致时,只有当适用新法更有利于被告人时才适用新法,否则一律适用旧法。对此,我国刑法中只有两处例外,一处是对贪污、受贿判处死缓时,可适用表面较重的新法(此种情况实际上并未真正突破从旧兼从轻,因为按照旧法被告人可能被判处死刑立即执行)。另一处则是对于虐待罪基本犯适用新法,依照非亲告罪进行处理。刑法这一"从旧兼从轻"原则不仅适用于刑法规范本事,对于立法解释和司法解释而言,其适用也一般按照"从旧兼从轻原则"。

➕ 链接阅读

1. 陈兴良:《行为论的正本清源》,载《中国法学》2009年第5期;
2. 邓子滨:《刑法目的初探》,载《环球法律评论》2008年第1期。

第二节 犯罪及犯罪论体系

一、犯罪论体系

刑法是有关犯罪与刑罚的学科,学习刑法首先应理解什么是犯罪。所谓犯罪,从形式上看就是符合刑法分则条文的行为,从实质上看则是因侵害法益而应受刑事处罚的行为。我们可以对什么是犯罪进行进一步的解读。我们认为,任何犯罪的成立,都应具备法律所规定的条件,而这些条件并非毫无逻辑的简单排列。犯罪论体系经历了上百年的发展至今,应当认为认定犯罪的成立,应符合客观不法要件加主观责任要件这一犯罪论体系的要求。所谓客观不法要件既包括积极层面的犯罪构成要件,又包括消极层面的违法阻却事由。而主观责任要件,也既包括积极层面的责任要件,又包括消极层面的责任阻却事由。一个行为只有同时符合客观不法要件及主观责任要件,才能被认定为犯罪。

（一）客观不法要件

客观不法要件也称不法要件,积极层面的客观不法要件主要包括行为、对象、结果、因果关系及其他要素。消极层面的客观不法要件主要指违法阻却事由,我们将在"犯罪阻却事由"部分进行讨论。

1. 行为与法益

承袭苏联刑法体系的刑法研究一般将犯罪界定为具有社会危害性、刑事违法性和应受处罚性的行为,但这种看法并未对犯罪本身进行细究,而仅是从表面描述了犯罪的特点,并不足以说明犯罪的本质。在通说看来,"无行为则无犯罪",犯罪是指构成要件该当、违法、有责的行为。[①]

刑法中的行为概念与生活中的行为概念有所不同,主要包括体素和心素两方面的内容：行为的体素主要是指,刑法意义上的行为在客观上表现为身体的举止或动静。多数行为表现为积极的身体动静,具有"有体性",我们通常所说的"作为"便是如此。但这并不意味着行为总是具有"有体性",刑法意义上行为,还包括"不作为"的形式。例如,故意杀人的行为,可以由具有有体性的作为构成,如某甲拿刀杀乙的行为；亦可由不作为构成,如对婴儿有抚养义务的母亲消极地不喂养婴儿致其饿死的行为。忘却犯之行为具有体素上的特殊性,其实质是不作为的过失行为。例如,扳道工在工作期间因玩游戏而忘记扳道,导致火车发生倾覆,扳道工的行为实际上是一种不作为的过失行为,具有刑法上的意义。

讨论行为体素的另一重要意义之一在于排除思想犯。在我国古代和中世纪的许多西方国家都存在着追究思想犯的先例,然而现代刑法由于要求刑法意义上的行为具有体素,从根源上便将思想犯排除在刑法的规制之外。坚持行为具有体素还很容易将多数发表言论的行为排除在犯罪之外,只有言论在侵犯了他人权利之时,例如诽谤、侮辱、煽动和教唆

[①] 陈兴良：《教义刑法学》（第二版），中国人民大学出版社2014年版，第3章。

等情况下,其才具有体素所要求的行为性,具有了特殊的外在形式,从而才能得以入罪。

行为的心素,指行为应具有有意性,应是行为人主观意思的表现。一般而言,只要基于行为人的意识与意志的支配而实施了一定的行为,就应当认为该行为具备了行为所要求的"心素"。通过对心素的要求,我们可以将很多行为排除在刑法的规制之外,比如睡眠中无意识的动作,如梦游;因身体被控制的机械动作,如被人猛推倒地的行为;无意识参与的反射动作等。很显然,上述这些行为由于不具有心素要求的意识与意志的支配,因而无法将其看做是具有刑法意义的行为,进而不可能对其适用刑法进行处罚。

所谓法益,即刑法所保护的,可能被犯罪行为所侵害的权益。一般而言,只有某一行为侵害了法益,我们才认为其有可能被认定为犯罪,进而被追究刑事责任。法益是客观的、较为抽象的概念,因而法益在刑法分则中,一般作为区分章罪名的根据。例如,我国《刑法》第五章侵犯财产罪保护的是财产法益,其与第四章侵犯公民人身权利、民主权利罪所保护的法益显然不同。而盗窃罪因为侵害的是财产法益,因而在分则中被置于《刑法》第四章之下。但无论如何,我们必须承认,刑法意义上的行为,须为侵害法益的行为。

2. 作为与不作为

刑法上的行为,可分为作为与不作为两种形式。所谓作为,即"不当为而为之",行为人以积极的身体活动实施刑法所不允许的行为。所谓不作为,即"当为而不为",行为人以消极的方式,不履行法律、职务要求所规定的、应当予以履行的义务。作为是刑法上行为最为常见的形式,其核心特征在于创设了刑法所不允许的风险,例如持刀杀人的行为,即以积极的身体活动,创设了刑法所不允许的被害人死亡的风险。

与此相对,不作为较作为而言更为复杂,其核心在于行为人负有消除风险之义务而未能履行该义务。例如,负有抚养婴儿义务的母亲,负有消除婴儿面临的风险之义务,若该母亲未能履行该义务而遗弃婴儿,其行为便构成刑法意义上的不作为。一般而言,构成不作为,须以行为人具有作为义务为前提。这里的作为义务,通常包括:法律法规规定的义务、职务或业务所要求的义务、法律行为引起的义务以及先前行为所引起的义务。① 构成不作为还要求行为人有能力履行上述义务。最后,行为人不履行特定的义务,应造成或可能造成刑法所不容的结果。举例而言,消防人员具有消除火灾的义务(此种义务为法律法规规定义务或其职业、业务上所要求的义务),某一消防人员有义务,且有能力履行其消除火灾的义务,但并没有履行该义务,导致本可控制的火苗变成火灾,其行为则有可能构成刑法意义上的不作为。类似地,某人不小心提供了有毒的食品导致他人中毒,其便因其先前行为具有了救助他人的作为义务,若不履行该义务,则有可能构成不作为。

3. 对象

行为所作用的法益,由对象所承载。例如,盗窃行为所作用的法益为财产法益,而作为对象的载体,如货币、首饰等财物,便是盗窃的对象。行为对象并非产生于行为实施之后,其早在行为实施之前便已存在。因而,在行为实施后才产生的物并非行为对象,而是

---

① 张明楷:《刑法学》(第五版),法律出版社 2016 年版,第 145 页。

犯罪产物。例如,伪造货币的对象是真币,而非伪造出来的假币。

讨论对象对不同罪名的成立具有意义。例如,盗窃的对象不同,其构成的罪名有可能不同。对象若为普通财物,则有可能构成盗窃罪。但若盗窃对象为枪支的,则有可能构成盗窃枪支罪。另外,刑法中有些罪名只有对象为特定之物时才有可能成立,如只有拐卖的对象为儿童时,才有可能构成拐卖儿童罪。

4. 结果

刑法上的结果指行为对法益所造成的损害,这一损害可以是确实的损害,也可以是某种危险状态。[①] 基于此,我们可以将犯罪行为分为结果犯与危险犯,前者指造成实害结果才既遂的犯罪,如故意杀人罪的既遂,需要被害人死亡这一实害结果的出现;后者指行为造成法益侵害的危险便既遂,例如放火罪的既遂,并不需要造成火灾或财产损失等实害结果,而是造成足以烧毁的危险便可以既遂。

5. 因果关系

刑法上的因果关系,是指危害行为和结果之间的关系。一个危害行为若和某结果之间没有因果关系,便不能认定成立相应的罪名。因果关系是客观的,在判断因果关系之时,我们必须遵循客观因果的要求。具体而言,在因果关系的判断上,我国目前通说为"相当因果关系说",即首先根据"条件说"判断造成结果的数个条件,然后在这些条件中选择那些具有"相当性"的条件,将其认定为造成结果的原因。[②] 例如,王某在高速公路上超速蛇形行驶,以摆脱张某的驾车追逐,后王某操作不当撞上前车。其后紧追的张某刹车不及,撞上王某的车,导致张某车内乘客陈某死亡。[③] 根据条件说,陈某的死亡作为结果,造成这一结果的原因包括张某的追逐、张某的刹车不及时和王某的违章驾驶。在此基础上,我们应再判断哪些条件是具有相当性的条件。本例中,根据一般常识,追尾事故中,后车负全责,则可得出结论即张某刹车不及时为具有相当性的原因,与陈某的死亡之间具有因果关系。

刑法上的因果关系是犯罪成立的条件之一,但并不是说只要具有因果关系,犯罪就必然成立。例如,甲在不知情的情况下用刀划伤患有血友病的乙,乙血流不止直至身亡。我们肯定甲的行为与乙的死亡之间具有因果关系,但这并不意味着甲的行为是故意杀人、故意伤害、甚至过失致人死亡的行为,因而值得被科处刑罚。甲的行为是否能被最终认定为犯罪,还要考虑主观责任方面的内容。

6. 其他要素

除上述行为、对象、结果、因果关系以外,客观不法要素中还包括一些特殊的要素,例如行为的时间、地点、方法、数额、情节、次数、身份等内容。这些内容对于特定罪名的成立具有意义。例如,盗窃罪的成立在客观不法层面要求一定的数额,而非法捕捞水产品罪的成立在客观不法层面则要求行为人在特殊的时期实施捕捞的行为。又如,受贿罪只能由

[①] 张明楷:《刑法学》(第五版),法律出版社 2016 年版,第 166 页。
[②] 同上书,第 174 页。
[③] 案例根据 2013 年国家司法考试卷 4 第 2 题事实三改编。

具有特殊身份的人构成。

(二) 主观责任要件

一个行为在客观上符合客观的不法要件,并不意味着该行为可以被认定为犯罪行为。构成犯罪行为,还要行为人在实施该行为时具有刑法意义上的可非难性,其主要是对行为人主观层面的判断,主要内容包括作为承担责任的前提:刑事责任年龄和刑事责任能力、具体的责任形式(故意和过失)以及其他积极的责任要素。此外,在消极层面也存在着主观责任的阻却事由。

1. 刑事责任年龄及刑事责任能力

所谓刑事责任年龄,即我国《刑法》规定的,行为人实施了不法行为,需要承担刑法上的责任所必须达到的年龄。我国《刑法》规定已满16周岁的人犯罪,应当负刑事责任。已满14周岁不满16周岁的人,犯故意杀人、故意伤害致人重伤或者死亡、强奸、抢劫、贩卖毒品、放火、爆炸、投毒罪的,应当负刑事责任。已满14周岁不满18周岁的人犯罪,应当从轻或者减轻处罚。因不满16周岁不予刑事处罚的,责令他的家长或者监护人加以管教;在必要的时候,也可以由政府收容教养。① 已满75周岁的老人故意犯罪的,可以从轻或者减轻处罚;过失犯罪的,应当从轻或者减轻处罚。

所谓刑事责任能力,一般而言是指刑法规定的,实施不法行为人承担刑事责任所必需的精神状况。我国《刑法》第18条第1款规定,精神病人在不能辨认或者不能控制自己行为的时候造成的危害结果,经法定程序鉴定确认的,不负刑事责任,但应当责令他的家属或者监护人严加看管和医疗;在必要的时候,由政府强制医疗。我国《刑法》第18条第4款还规定了醉酒的人犯罪,应当负刑事责任。又聋又哑的人或者盲人犯罪的,我国《刑法》第19条规定对其可以从轻、减轻或者免除处罚。

2. 故意与过失

在讨论了刑事责任年龄和能力的基础上,我们需要明确主观责任的内容。主观责任主要是指行为人在实施危害行为之时,对危害结果所持的心理态度。我国《刑法》将其规定为两种:故意与过失。其中,故意又可分为直接故意和间接故意。过失也可分为过于自信的过失与疏忽大意的过失。②

在认定故意或过失时,依照我国《刑法》,我们主要考虑认识因素和意志因素两方面的内容。所谓故意,从认识因素角度看,行为人是明知必然或大概率地发生侵害法益的结果。在此认识因素支配下,若行为人的意志因素表现为积极追求危害结果的发生,则其主观心态就被看作是直接故意;若行为人的意志因素表现为放任危害结果的发生,则其主观心态就被看作是间接故意。③ 所谓过失,从认识因素角度看,行为人没有认识到危害结果

---

① 参照《中华人民共和国刑法》第17条。
② 参照《中华人民共和国刑法》第14条。
③ 张明楷:《刑法学》(第五版),法律出版社2016年版,第251页。

必然或大概率发生的可能性。从意志因素角度看,行为人对危害结果的发生都持反对态度。对于过于自信的过失而言,其特征主要表现在行为人已经预见到危害结果可能发生,但由于自信,轻信可以避免该结果的发生。对于疏忽大意的过失而言,其特征主要表现在行为人由于疏忽大意,并没有预见到本可能发生的危害结果。[1] 所以,过于自信的过失和疏忽大意的过失二者间的区别主要表现在认识因素部分。

此外,我国《刑法》还规定了无罪过的情况,即从主观层面看行为人并不值得刑法苛责的情况,主要包括意外事件和不可抗力。意外事件是从认识因素角度来看行为人不可预见危害结果发生的可能性的情况。而不可抗力是尽管从认识因素角度看行为人已经预见了危害结果的发生,但从意志角度看结果的发生是其不能抗拒的。当然,主观责任层面的内容除故意和过失外,还包括其他要素,如动机、目的等。这些因素在某些特定的情况下会影响行为人的主观责任,进而影响犯罪的成立。

知识拓展　犯罪要件论

传统的刑法理论采取了苏联的四要件理论,但目前已经被主流的三阶层或两阶层理论所取代。本书采取的是客观不法加主观责任的两阶层体系。

二、犯罪阻却事由

上述客观不法要件和主观责任要件,从正面规定了一个行为在符合一定条件的情况下才能被认定为犯罪。不仅如此,我国刑法还从反面规定了一个行为尽管在客观上不法且行为人在实施该行为时主观上也具有责任时,但出现特殊的情形仍不能将其认定为犯罪的情况,这便是我们此处讨论的犯罪阻却事由。

常见的犯罪阻却事由主要包括正当防卫、紧急避险等。所谓正当防卫,是指为了使国家、公共利益、本人或他人的人身、财产和其他权利免受正在进行的不法侵害,而采取的制止不法侵害的行为,对不法侵害人造成损害的,不负刑事责任。[2] 所谓紧急避险是为了使国家、公共利益、本人或他人的人身、财产和其他权利免受正在发生的危险,不得已采取的损害较小的另一方的合法利益,以保护较大的合法权益行为,造成损害的,不负刑事责任。[3] 此外,常见的犯罪阻却事由还包括被害人承诺、法令行为、正当业务行为、自救行为、自损行为等。

知识拓展　犯罪阻却事由

犯罪阻却事由事实上可区分为不法阻却和责任阻却两部分。典型的不法阻却事由如正当防卫和紧急避险。而典型的责任阻却事由如期待可能性。

---

[1] 张明楷:《刑法学》(第五版),法律出版社 2016 年版,第 280 页。
[2] 参照《中华人民共和国刑法》第 20 条。
[3] 参照《中华人民共和国刑法》第 21 条。

三、犯罪的特殊形态

（一）犯罪特殊形态概述

犯罪的特殊形态是与犯罪既遂相对应的概念。刑法分则中各罪的构成要件以故意犯罪既遂为基本模式，完整地包括客观不法中的实行行为、行为对象、实害结果、因果关系和主观责任中的故意。犯罪行为因其具有过程性而会出现不同形态，需要具体把握。① 需注意的是，犯罪过程中的特殊状态才有可能是犯罪的特殊形态，犯罪过程以外出现的特殊状态，不是犯罪的特殊形态。犯罪的特殊形态将在下文分别展述，包括三个部分：犯罪预备、犯罪未遂和犯罪中止。

犯罪形态与犯罪阶段之间具有紧密关系。犯罪行为是一个过程，大体上由预备阶段和实行阶段构成。预备是在实行行为着手之前，实行一般来说是预备的后续，但不能否定一行为只停留在预备阶段而并未实行。从着手开始直至行为结束（终了）之过程都应纳入实行阶段。犯罪特殊形态需要分三部分特别说明，犯罪预备指预备行为在预备阶段已然结束；犯罪未遂是在实行阶段因意志以外的原因不能继续实行而停止；犯罪中止在预备与实行两个阶段皆可出现，亦包括实行后至既遂的阶段。

（二）犯罪预备

我国《刑法》第22条第1款规定："为了犯罪，准备工具、制造条件的，是犯罪预备"。应当认为，犯罪预备，是指为了实行犯罪，为犯罪便利准备工具、制造一系列条件，因发生了某超出行为人意志判断范围并中断行为人预备行为的事由致其着手不能的特殊犯罪形态。②

了解犯罪预备的要件需从三方面着手：

其一，构造犯罪预备须有行为在先。分析犯罪的构成首先从客观不法角度考虑，并应以犯罪行为为起点，探讨犯罪预备亦然。犯罪预备要求在客观上实施了为犯罪作准备的预谋行为，或是制造犯罪条件，或是为犯罪准备工具。具体上来讲，制造犯罪条件在客观上表现为打探被害人经过路线或欺骗他人来到被害现场等，这类行为皆是为顺利实施犯罪准备条件，主观上表现为暗地里讨论犯罪计划、方案等。为犯罪准备工具可通俗理解为：为达到犯罪目的制造、购买、租用犯罪工具以实施犯罪，亦不排除以犯罪途径获得工具。③ 其二，犯罪预备限于开始着手犯罪之前。以开始着手实施犯罪为界点，预备行为仅限制在着手之前，在预备过程中停止以致着手不能。停止的表现形式可能有多种，既可能为已然实施一系列预备行为，预备完毕但最后未着手，也可能因某种因素导致预备不能完毕。其三，导致停止的因素应超出行为人的意志范围。在这一点上需要区分行为人意志上主动放弃着手而成立犯罪中止。成立犯罪预备，行为人并非自发地停止正在预备的行为，而是由于意志以外的因素，被迫停止致着手不能。

---

① 张明楷：《刑法学》（第五版），法律出版社2016年版，第280页。
② 同上书，第332页。
③ 同上书，第333页。

(三) 犯罪未遂

我国《刑法》第 23 条第 1 款规定:"已经着手实行犯罪,由于犯罪分子意志以外的原因而未得逞的,是犯罪未遂。"[1]区分犯罪未遂与犯罪预备的关键点在于是否已经着手,犯罪未遂要求行为发生在着手之后。二者相同之处在于发生了超出行为人的意志的原因而未能最终完成犯罪。

犯罪未遂具有以下特征[2]:

第一,犯罪未遂发生在着手之后,即已然开始着手实施犯罪。从处罚犯罪角度考虑,着手作为科处相应刑罚时间上的界点,应当明确认定。该实施行为须具备构成犯罪的前提,满足刑法规定的相关犯罪构成要件,并侵害了刑法保护的法益。即,从形式上看需满足构成犯罪的要件,比如刑法分则中的具体罪名的构成要件;从本质上看,是指对法益的侵害危险达到紧迫程度的行为。犯罪未遂要求实质上具备侵害合法利益的行为,行为不违反刑法规定的法律利益,不可能设立犯罪,也不能触及犯罪未遂。这也是讨论成立犯罪的前提所在。

第二,停顿点在未既遂之前。结果犯、危险犯、行为犯的既遂认定标准不同。对于结果犯,既遂标准是实害结果,即以特定实害结果的发生为既遂认定标准,如故意杀人罪。对于危险犯,既遂标准是具体危险,即以到达法律规定的某种危险状态作为既遂认定标准,如放火罪。对于行为犯,既遂标准是行为完成(抽象危险),即行为实施完毕(具有抽象危险)为既遂认定标准,如参加恐怖组织罪。

第三,由于行为人意志以外的原因未完成犯罪。并非行为人主动、自愿放弃犯罪行为,而是因超出其意志的因素导致不能继续实施而终了。行为人意志之外的原因是指违背行为人意志的原因。此原因具体上有多种可能,可单独发生作用力,比如产生了超出行为人意志的阻断犯罪意志、犯罪行为、犯罪结果等因素,但不管何者均能发生阻断继续犯罪的作用,导致行为人被迫终结自己的犯罪行为不能得逞。

(四) 犯罪中止

我国《刑法》第 24 条第 1 款:"在犯罪过程中,自动放弃犯罪或者自动有效地防止犯罪结果发生的,是犯罪中止。"[3]从该条款可知,犯罪中止囊括了自愿、主动放弃不法和有效避免结果发生两种情况。自动放弃犯罪较为特殊,可发生在预备阶段,也包括实行行为还在继续的情形;有效避免结果发生则是要求在实行结束但未发生实害结果的阶段,积极地采取作为阻断实害结果的发生。[4]

从成立犯罪中止的条件分析更为直观:

第一,从犯罪中止的时间角度考虑,以实施犯罪行为为界限,中止必须发生在实施犯罪行为的过程之中,直至产生实害结果,当然,亦不排除在犯罪预备过程中止。需注意

---

[1] 参照《中华人民共和国刑法》第 23 条。
[2] 张明楷:《刑法学》(第五版),法律出版社 2016 年版,第 339 页。
[3] 参照《中华人民共和国刑法》第 24 条。
[4] 张明楷:《刑法学》(第五版),法律出版社 2016 年版,第 360 页。

的是,犯罪未遂、犯罪既遂后无中止。自动放弃重复侵害行为应当认定为中止。第二,中止的成立要求行为人在主观上出于自发的心理,中断犯罪意图。如上条文中所述,必须由行为人自愿主动的停止下来,包括放弃和防止结果发生两部分。判断自动性应以"主观说"为核心标准。即从行为人的主观认识角度出发认定停顿原因,即基于本人意思而自动放弃。因此,行为人中止犯罪的动机可能是多样的。基于目的障碍而放弃的多是预备和未遂。行为人须在根本上脱离犯罪意图,而不能刻意隐藏犯意以谋后犯。第三,除第二点中主观上要件的满足,还需行为人在客观上停止正在实施的犯罪,抑或采取行为积极阻断实害结果的发生。即应当满足客观要件。第四,中止需产生应有效力。我国通说将犯罪中止与中止行为分离开来,其目的是分析中止行为是否产生了阻断侵害法益的效力,亦为是否产生实害结果。满足犯罪中止的成立,还需要中止行为在根本上产生了阻断效果之要件。

四、共同犯罪

我国《刑法》将共同犯罪规定为"二人以上共同故意犯罪"。共同犯罪的原理可从共同与犯罪两个角度进行分析。在"共同"问题上,我国刑法采"部分犯罪共同说",即并不要求行为人最终被判处的罪名完全相同,或故意的内容完全相同,而只需部分构成要件存在重合,数行为人在重合部分有共同故意和共同行为即可认定在重合部分内构成共同犯罪,包括法条竞合、转化犯、罪名重叠于不法行为等情形。从"犯罪"角度分析,共同不法即是共同犯罪,如前文所述,犯罪的不法层面包括客观不法与责任不法,而在共同犯罪问题上只要求达到客观不法共同即可,与责任无涉,不要求行为人之间的责任要素完全一致。

(一)共同犯罪的基本概念与成立条件

1. 共同犯罪的概念

共同犯罪定义为二人以上共同故意犯罪,即参与犯罪达到二人以上并且对犯罪结果有共同故意,实施了一定的共同行为,此处不考虑行为人的共同责任年龄和责任能力,也不要求构成相同罪名。我国《刑法》规定了一些特别的罪名,如聚众犯和对合犯,符合二人以上的构成要件但并不一定构成共同犯罪,而只是处罚首要分子或单方对合犯。《刑法》还将一些帮助犯、教唆犯规定成独立罪名,即共犯行为正犯化,把原本为共犯的行为(教唆行为或帮助行为)规定为实行行为(正犯)从而使共犯(教唆犯或帮助犯)成为实行犯(正犯),此情形下同样成立共同犯罪。

2. 共同犯罪的成立条件

共同犯罪须满足二人以上、共同故意、共同行为三个要件方可成立。[①] 共同行为表现为实行、教唆、帮助、共谋、组织等客观行为,该行为(如教唆他人产生犯意)与实行行为对犯罪结果形成共同的原因力。共同故意的应从行为人主观方面认定,要求行为人认识到共犯人对犯罪结果有故意并基于自身故意所为与实行行为具有因果关系,并认为通过此

[①] 张明楷:《刑法学》(第五版),法律出版社2016年版,第386页。

关系能导致结果。

基于共同故意要件可辨别片面共犯是否构成犯罪。片面共犯行为包括片面教唆、片面帮助等行为,指单方知道另一方的故意犯罪心态但不具备双方意思联络的情形,如教唆犯知情正犯的故意而正犯不知自己被教唆,可认定片面共犯行为在共同犯罪问题上也是片面的,故将有共同故意的一方适用共同犯罪的处罚原则科责,无共同故意一方则不适用。共同过失犯罪、同时犯、间接正犯(利用他人为犯罪工具实施犯罪)、事前无同谋的行为、彼此无联络的先后故意犯罪、单位与单位内部自然人之间等因不满足共同犯罪构成要件而不属于共同犯罪。

在共同犯罪中不排除在前行为人实施部分犯罪后,部分犯罪终了之前,后行为人以共同故意中途加入与前行为人实施共同犯罪的情形,即承继的共犯,在归责方面后行为人与前行为人罪名相同,但只对加入后的犯罪结果负责。例如,知情的乙中途加入甲实施的抢劫致人重伤的行为,共同夺取财物,虽其成立抢劫罪共犯,但只对加入后的共同行为负责。

(二) 共同犯罪人的分类

1. 正犯与共犯

因实行犯的行为在共同犯罪中起到直接危害作用,处于共同犯罪的核心地位,认定实行犯有助于区别实行犯与其他参与者从而判断是否成立共犯。按照各行为人在共同犯罪中的分工可分为正犯与共犯,正犯即实行犯,共犯一般为帮助犯、教唆犯等罪犯。正犯包括直接正犯与间接正犯。直接正犯为直接实施犯罪行为的罪犯,如直接实施抢劫他人财物的行为即为直接正犯。间接正犯为支配他人并将他人利用为犯罪工具实现犯罪的人,此被利用者不承担正犯责任。利用行为表现为利用无责任能力人、利用他人合法或过失的行为、利用有故意的工具等行为。由于间接正犯缺乏与他人有共同的犯罪故意,不成立共犯。例如,利用邮递员的邮递行为寄炸药给他人即为间接正犯。

共犯的从属性要求共犯的成立以实行犯实施的具体行为认定,而不能独立于正犯行为单独成立共犯。[①] 也就是说正犯有了实行行为,认定于共同犯罪整体,共犯(教唆犯、帮助犯)才能成立,所定罪名以共同实行行为加共同故意认定。教唆犯一般为制造他人的犯意实现犯罪,帮助犯为实施帮助行为促使正犯行为。

2. 主犯与从犯

以在共同犯罪中所起作用的大小主次可将罪犯分为主犯和从犯。起主要作用者,以主犯论处,比如在犯罪集团中起组织领导作用的首要分子和多数聚众类犯罪中起主要功能的罪犯,在科处刑罚方面理应包含实施的全数犯罪。[②] 值得注意的是,集团犯罪中的首要分子与主犯两个概念需要区分开来,前者可被认定为后者,但后者不一定能成为前者。从犯即在共同犯罪中起次要或辅助作用,危险程度不及主犯,是次要而非必需的,包括胁从犯、教唆犯等。若是被教唆者未实施犯罪则教唆者不成立教唆犯,另外,区分成立教唆

---

① 张明楷:《刑法学》(第五版),法律出版社 2016 年版,第 386—394 页。
② 高铭暄、马克昌:《刑法学》(第六版),北京大学出版社、高等教育出版社 2014 年版,第 172—173 页。

犯而非间接正犯在于被教唆者具备规范的认知能力。例如,甲教唆15周岁的乙实施盗窃,乙未达到承担刑事责任的年龄,但对盗窃行为有认识,则甲教唆乙的行为成立共犯,因教唆起到导致犯罪发生的主要作用,所以甲亦为主犯。

3. 共犯与身份

依实施犯罪是否需要特定身份可将共同犯罪分为真正身份犯和不真正身份犯,真正身份犯即定罪身份犯,需要特定身份才能成立此罪的实行犯;不真正身份犯即量刑身份犯,无论有无身份都可构成此罪,特定身份只是量刑考虑情节。有身份者与无身份者共同实施犯罪,若利用了身份,则构成此特定身份之罪共犯,若没有利用身份,则构成非身份者共犯;均有身份者共同犯罪,依主犯身份定罪,无法区分主从犯的,按职权高位者身份认定共犯。例如,甲为国家机关工作人员与乙普通公民共同实施了非法拘禁罪,此罪无身份要求,二人成立非法拘禁罪的共犯,甲作为国家机关工作人员应从重处罚(量刑情节)。

(三)共同犯罪与犯罪形态

1. 共犯的既遂

共同犯罪人为两人以上在共同故意的支配下形成的整体,对于共同正犯,一人实施犯罪行为既遂,共同犯罪全体应当认定为既遂,即"一人既遂,全体既遂"。例如甲乙共谋盗窃,实施日甲因故未来而乙依计划盗得财物,甲乙成立共同犯罪。对于教唆犯与帮助犯,要求被教唆者犯意为教唆者制造,或者利用了帮助者的帮助行为,此时教唆犯与帮助犯成立既遂,但如果是被教唆者新生犯意,则教唆者不在新犯意原因致实害结果之内承担共犯责任。例如,甲教唆乙去丙家中盗窃,而乙发现丙是自己仇人将其杀害便离开,甲对丙故意杀人不成立共犯既遂。

2. 中止情形

在共同犯罪中,所有共同犯罪人均中止实施犯罪,便可成立犯罪中止,此为全部中止情形。对于部分共同犯罪人的中止行为,要求自动停止犯罪后阻止其他共同犯罪人继续实施犯罪并防止结果发生,主动中止者成立中止犯,其他共同犯罪人成立未遂或预备,但如果没有防止危害结果发生,则依"一人既遂,全体既遂"均不成立中止。

3. 教唆犯、帮助犯等共犯的未完成形态

基本犯罪的未完成形态上文已经阐述,此处仅作参考。就教唆犯、帮助犯等共犯而言,因其没有独立的实行行为,而依共犯从属性说,其犯罪形态应以正犯实行行为的停顿阶段和导致停顿的因素进行认定。具体来说,正犯基于自愿主动的心理使正在实施的犯罪停顿下来,其可能成立中止,但此停顿对于共犯(教唆犯、帮助犯)而言超出了其意志范围,具有被迫性,为未遂。正犯停顿行为发生在着手之前,对于共犯成立犯罪预备;停顿原因发生于着手之后,共犯成立未遂。可见共犯的未完成形态应以实行犯的停止原因与停止阶段进行评价。

4. 共犯关系的脱离

共犯关系的脱离指起次要作用的共犯,在实行犯着手实施犯罪前后脱离共同犯罪关系,在根本上割断已实施之行为与产生最终结果之间的因果链,使前行为与结果不具备因果关系。若脱离行为发生在着手犯罪前,此时脱离的结果可能成立犯罪预备;若该脱离发生在着手后,实施犯罪的过程中,则因自身意志原因可能成立未遂或中止。

(四)共同犯罪中的认识错误

共同犯罪中的认识错误分类与单独犯认识错误一致,可参考理解。以认识错误是否超越构成要件分为具体认识错误和抽象认识错误;以产生认识错误的要素不同分为对象错误、打击误差、因果关系错误等。

1. 认识错误的罪名认定

共同犯罪的认识错误在认定上采用主客观相统一与共犯从属性说相结合,判断正犯实行行为,结合共同故意的范围认定成立何种罪名。教唆者教唆轻罪,实行者实行重罪,或在相反情形下罪名的构成要件有重合部分,则在重合部分(一般为较轻之罪)成立犯罪,若无重合则不构成共犯。例如,甲教唆乙实施盗窃,乙却实施了抢劫,则二人在盗窃罪的范围内构成共犯。

2. 间接正犯认识错误

教唆者欲实施教唆但实施了间接正犯的行为,或欲实施间接正犯行为而实施教唆行为,因间接正犯为高度行为而客观上包容了教唆这一低度行为,故在重合(教唆犯)的范围内成立教唆犯。① 例如,甲误认为乙为精神病人,利用其实施了故意伤害行为,但实际乙为正常人,甲主观上有间接正犯故意,客观上实施了教唆行为,在二行为重合部分成立教唆犯。

(五)共同犯罪与不作为

共同犯罪行为包括作为和不作为②,不作为表现为共同正犯均为不作为,如子落水父母能救却不予救助;作为与不作为的共同正犯;不作为的帮助犯;教唆他人实施不作为行为的教唆犯,如甲欲伤乙父,又教唆乙不要插手,乙父被甲重伤,此为不作为。

➕ 链接阅读

1. 陈兴良:《转型中的中国犯罪论体系》,载《现代法学》2014年第1期;
2. 张明楷:《犯罪论体系的思考》,载《政法论坛》2003年第6期。

第三节 刑 罚

一、刑罚的概念和目的

刑罚是指由国家审判机关以国家的名义对犯罪分子实行法律制裁的一种强制方法。它适用的对象必须是犯罪分子,由于其惩罚方法的严厉性,可以剥夺被判刑罚人的人身自

---

① 张明楷:《刑法学》(第五版),法律出版社2016年版,第401页。
② 同上书,第436页。

由、政治权利、财产权利乃至生命等,对犯罪分子适用何种刑罚要严格依据刑法的规定。刑罚的判处只能由人民法院作出,其他任何国家机关、社会团体和个人等都无权适用刑罚。

刑罚的目的是指国家制定、适用、执行刑罚的目的,也指国家对犯罪分子适用刑罚所希望收到的效果。刑罚的主要目的为预防犯罪。

预防犯罪包括特殊预防和一般预防两个方面。特殊预防指预防已经被科处刑罚的人重新犯罪,如对犯罪分子实行教育改造,将惩罚与教育相结合、劳动与教育相结合,用刑罚的方式将犯罪分子改造,使其弃恶向善,在回归社会后不再危害社会。另外,对少数罪不可赦的人适用极刑,即死刑,使其不可能再危害社会,这也是一种特殊预防的方式。而一般预防指预防尚未犯罪的人实施犯罪,它是通过刑罚的威慑和教育作用警戒社会上的不稳分子,防止他们实施犯罪。特殊预防和一般预防既对立又统一,对立是由于二者防卫对象的不同,统一是由于二者都是为了预防犯罪,同时对犯罪分子适用刑罚既是为了实现特殊预防也是为了实现一般预防,因此二者不可分割。

二、刑罚的种类

我国的刑罚是由多种刑罚方法构成的,这些刑罚的方法按照一定的原则顺序、主次顺序排列,具有严谨的内部结构,形成了一个有机的刑罚体系。

根据《刑法》的规定,我国的刑罚分为主刑和附加刑。主刑有管制、拘役、有期徒刑、无期徒刑和死刑,附加刑有罚金、剥夺政治权利和没收财产[①]。《刑法》还规定,对于在中国犯罪的外国人,可以附加或单独适用驱逐出境。

(一) 主刑

主刑,是对犯罪分子适用的主要刑罚方法。主刑只能独立适用,不能附加适用,对于犯了某一罪行的犯罪分子,只能适用一个主刑,不能同时适用两个或两个以上的主刑。主刑包括以下几类:

1. 管制

管制是指对犯罪分子不予关押,但限制其一定自由,依法进行社区矫正的一种刑罚。被判处管制的犯罪分子仍然留在原工作单位或居住地工作或劳动,在劳动中应当同工同酬。管制的期限为3个月以上2年以下,数罪并罚时不得超过3年。[②] 管制的刑期,从判决执行之日起计算,判决执行以前已经羁押的,羁押1日折抵刑期2日。[③]

被判处管制的犯罪分子通常罪行性质轻,对社会的危害小,其在管制期间引发危险性事件的可能较小,因此管制只是在一定程度上限制了犯罪人的人身自由,如被判处管制的犯罪分子应由司法行政机关负责指导管理、组织实施社区矫正工作,被管制者应当遵守法

[①] 参照《中华人民共和国刑法》第32—34条。
[②] 参照《中华人民共和国刑法》第38条。
[③] 参照《中华人民共和国刑法》第41条。

律、行政法规,服从监督;未经执行机关批准,不得行使言论、出版、聚会、结社、游行、示威自由的权利;按照执行机关的规定报告自己的活动情况;遵守执行机关关于会客的规定;离开所居住的市、县或者迁居,应当报经执行机关批准。①

当被判处管制的犯罪分子管制期已满,执行机关即应向本人和其所在单位或居住地的群众宣布解除管制,并且发给本人解除通知书。附加剥夺政治权利的,同时宣布恢复政治权利。②

2. 拘役

拘役是指短期剥夺犯罪分子人身自由的一种刑罚,拘役期限为 1 个月以上 6 个月以下,数罪并罚时不得超过 1 年。拘役的刑期从人民法院的判决执行之日起计算,判决执行以前先行羁押的,羁押 1 日折抵刑期 1 日。③

拘役由公安机关在就近的看守所执行;在执行期间,受刑人每月可以回家 1 天至 2 天;参加劳动的,可以酌量发给报酬。④

3. 有期徒刑

有期徒刑是指剥夺犯罪分子一定期限的人身自由,并监禁于一定场所、强制实行劳动改造的刑罚。有期徒刑的刑期幅度大,可以适用不同危害程度的犯罪行为。有期徒刑的期限为 6 个月以上 15 年以下,数罪并罚时总和刑期不满 35 年的,最高不能超过 20 年,总和刑期在 35 年以上的,最高不能超过 25 年。有期徒刑的刑期从判决之日起计算,判决执行以前先行羁押的,羁押 1 日折抵刑期 1 日。⑤

4. 无期徒刑

无期徒刑是指剥夺犯罪分子的终身自由,并强制犯罪分子实行劳动改造的一种刑罚。无期徒刑是仅次于死刑的严厉刑罚方法,它主要针对的是非常严重的犯罪,如严重犯罪的结果加重犯、情节加重犯等。⑥ 被判处无期徒刑的犯罪分子,应在监狱或其他执行场所执行;凡具有劳动能力的,应当参加劳动。无期徒刑不能孤立适用,对于被判处死刑、无期徒刑的犯罪分子,应当剥夺政治权利终身。⑦

无期徒刑的刑期从判决宣判之日起计算,判决宣判前先行羁押的日期不能折抵刑期,无期徒刑减为有期徒刑后,执行有期徒刑,因此,被判处无期徒刑的犯罪分子不一定会被终身监禁,他们可以通过悔改表现或者立功表现获得减刑。

5. 死刑

死刑是指剥夺犯罪分子生命的一种刑罚,它是我国刑罚体系中最严厉的惩罚方法。死刑针对的对象主要是罪大恶极、严重危害社会安全的犯罪分子,通过剥夺其生命以达到

---

① 参照《中华人民共和国刑法》第 39 条。
② 参照《中华人民共和国刑法》第 40 条。
③ 张明楷:《刑法学》(第五版),法律出版社 2016 年版,第 524 页。
④ 参照《中华人民共和国刑法》第 43 条。
⑤ 参照《中华人民共和国刑法》第 45 条、第 47 条和第 69 条。
⑥ 张明楷:《刑法学》(第五版),法律出版社 2016 年版,第 527 页。
⑦ 参照《中华人民共和国刑法》第 46 条、第 57 条。

严惩犯罪者、威慑企图犯罪的不稳定分子、维护社会秩序等目的。出于人道主义,不适用死刑的人有实施犯罪时未满18周岁的人和审判时怀孕的女性。

我国的死刑包括立即执行和缓期两年执行两种方法。死刑立即执行是一种死刑执行制度,被判处死刑立即执行的案件都应上报全国最高人民法院核准。死刑缓期两年执行是我国刑法独有的一种刑罚制度,它适用于那些应当判处死刑,但不是必须立即执行的罪犯。被判处死缓的罪犯,在两年的缓刑考验期内若没有实施故意犯罪,两年执行期满后,减为无期徒刑;若有重大立功表现的,两年期满后,减为25年有期徒刑;如果在两年期间有故意犯罪的,由最高人民法院核准,执行死刑。[①] 审判机关在审判实践中一般从犯罪人是否有自首或立功情节、犯罪人的主观恶意性与危险性等方面考虑是否要判处死刑立即执行。

(二) 附加刑

附加刑是补充主刑适用的刑罚方法,它既能附加适用,也能独立适用。对同一犯罪可以适用两个或两个以上的附加刑。附加刑包括以下几类:

1. 罚金

罚金是指强制犯罪人向国家缴纳一定数额金钱的刑罚方法。它是一种以剥夺犯罪人金钱为内容的财产刑,与其他刑罚方法有显著区别。

罚金主要适用于经济犯罪、财产犯罪和其他故意犯罪。罚金数额应与犯罪情节相适应,重者多罚,轻者少罚,对于判处的罚金,犯罪人应当在指定期限内一次或分期缴清。当指定的期限届满,犯罪人有能力缴纳而拒缴,人民法院应强制其缴纳,强制措施包括查封、扣押、冻结等;对于不能全部缴纳罚金的,人民法院在任何时候,发现被执行人有可以执行的财产,应当随时追缴;由于遭遇不能抗拒的灾祸缴纳确实有困难的,可以酌情减少罚金数额或者免除罚金。[②]

2. 剥夺政治权利

剥夺政治权利是指剥夺犯罪人参加国家管理和政治活动权利的一种刑罚方法,它是一种资格型,以剥夺犯罪人的一定资格为内容。被剥夺的政治权利包括:(1)担任国家机关职务的权利;(2)担任国有公司、企业、事业单位和人民团体领导职务的权利;(3)选举权和被选举权;(4)言论、出版、集会、结社、游行、示威自由的权利。[③]

剥夺政治权利既能附加适用,也能单独适用。根据《刑法》的规定,附加适用剥夺政治权利的对象主要是以下三种犯罪分子:(1)危害国家安全的犯罪分子;(2)故意杀人、强奸、放火、爆炸、投毒、抢劫等严重破坏社会秩序的犯罪分子;(3)被判处死刑和无期徒刑的犯罪分子,对该类犯罪分子应当剥夺政治权利终身。独立适用剥夺政治权利则适用于罪行较轻和不需要判处主刑的罪犯,其适用的罪行均规定在《刑法》分则当中。[④]

---

① 参照《中华人民共和国刑法》第50条。
② 参照《中华人民共和国刑法》第53条。
③ 参照《中华人民共和国刑法》第54条。
④ 参照《中华人民共和国刑法》第56—57条。

根据《刑法》的有关规定，剥夺政治权利刑期，从徒刑、拘役执行完毕之日或者从假释之日起计算；剥夺政治权利的效力当然施用于主刑执行期间。[1]

3. 没收财产

没收财产是将犯罪分子个人所有财产的一部分或者全部强制无偿地收归国有的刑罚方法，它主要适用于危害经济安全、严重破坏国家经济秩序的犯罪分子，包括危害国家安全罪和经济犯罪中的贪利性的犯罪。[2] 所谓犯罪分子个人的所有财产指的是属于犯罪分子本人实际所有的财产及与他人共有财产中依法应得的份额。在没收财产时，不得没收属于犯罪分子家属所有或者应有的财产。如债权人请求犯罪人偿还犯罪前所欠下的合法债务，应当在清算完债务后没收财产。

4. 驱逐出境

驱逐出境是指将犯罪的外国人驱逐出中国境内的刑罚方法，它既可以附加适用也可以单独适用。驱逐出境的对象是在中国犯罪的外国人，对于具有中华人民共和国国籍，在中华人民共和国境内犯罪的中国公民，不得适用驱逐出境的刑罚。

三、量刑

量刑是人民法院根据法律规定对犯罪分子裁量决定刑罚的一种审判活动。

（一）量刑的基本原则

量刑必须以事实为依据。这里说的事实指的是犯罪事实，指客观存在的有关犯罪的各种情况的总和，包括犯罪的基本事实、犯罪性质、情节和对社会的危害程度，弄清犯罪事实是实现正确量刑的前提。

量刑必须以刑法为准绳。人民法院在以犯罪事实为依据的基础上，必须按照《刑法》的有关规定对犯罪分子是否判刑以及判什么刑、判刑轻重作出裁断，既要遵循《刑法》总则中关于刑罚原则、制度、方法及其适用条件的一般规定，又要遵循《刑法》分则中关于各种具体犯罪的法定刑及其量刑幅度的具体规定。

（二）量刑情节

量刑情节是指人民法院在对犯罪分子量刑时考虑的，据以处罚轻重或者免除处罚的主客观事实情况。根据《刑法》是否对量刑情节有明确规定，可将量刑情节分为法定情节和酌定情节。

法定情节是指《刑法》明文规定在量刑时必须考虑的各种情节，它分为从重处罚情节、从轻处罚情节、减轻处罚情节和免除处罚情节。从重处罚是指在法定刑内对犯罪人处以相对较重的刑罚和相对较长的刑期，从轻处罚是指在法定刑内对犯罪人处以相对较轻的刑罚和相对较短的刑期，减轻处罚情节是指对犯罪分子处以法定刑以下的刑罚，免除处罚是在对犯罪人宣判有罪的基础上，免除其刑罚处罚。

---

[1] 参照《中华人民共和国刑法》第58条。
[2] 吴祖谋、李双元：《法学概论》（第十版），法律出版社2007年版，第274页。

酌定情节是指《刑法》没有明文规定，人民法院依照具体情况以及立法精神予以酌定的情节。酌定情节要求人民法院在裁量刑罚时秉承立法精神，根据以往的实践经验以及犯罪的具体情况进行裁量，如根据犯罪的动机、犯罪的手段、犯罪的危害结果以及犯罪者事后的态度酌定裁量，但根据酌定情节量刑不得超越法定刑的限度。

（三）累犯、自首、坦白和立功

在依照法定情节予以量刑的过程中，累犯、自首和立功是审判时予以考虑的三种典型情况。

累犯是指受过一定的刑罚处罚，刑罚执行完毕或者赦免以后，在5年内再犯应当判处有期徒刑以上刑罚之罪的犯罪分子。[①] 累犯分为一般累犯和特殊累犯。一般累犯也称普通累犯，是指因犯罪受过一定的刑罚处罚，刑罚执行完毕或者赦免以后，在5年内又犯应当判处有期徒刑以上刑罚的犯罪分子，对于累犯应当从重处罚，但过失犯罪和不满18周岁的犯罪人除外。特别累犯，是指因犯危害国家安全罪、恐怖活动犯罪、黑社会性质的组织犯罪被判处刑罚，在刑罚执行完毕或赦免以后的任何时候再犯上述任一类罪之人。[②] 据此可以看出，特别累犯的成立条件是前后犯的都是危害国家安全罪等罪，不论前后两罪被判处了什么刑罚，也不论前后两罪间隔多久，都以累犯论处，并从重处罚。

自首是指犯罪后自动投案，并如实供述自己的罪行的行为。可见自首的成立条件是犯罪分子必须自动投案，即出于自身的意志主动向公安机关等如实供述自己的犯罪事实，并愿意接受人民法院的裁判。此外，我国《刑法》还规定，被采取强制措施的犯罪嫌疑人、被告人和正在服刑的罪犯，如实供述司法机关还未掌握的本人其他罪行的，同样以自首论。[③]

根据《刑法修正案》的有关规定，犯罪嫌疑人虽不具有前两款规定的自首情节，但是如实供述自己罪行的，可以从轻处罚；因其如实供述自己罪行，避免特别严重后果发生的，可以减轻处罚。[④] "如实供述自己罪行"指的是在侦查阶段如实供述自己罪行的行为，同时这些行为要是自己主要的、公安机关等未掌握的罪行。坦白是犯罪人悔过的表现，因此对于坦白的犯罪人可以从轻或者减轻处罚。

立功是指犯罪分子揭发他人犯罪行为并查证属实的，或者提供重要线索帮助破案的行为。立功的成立条件是立功行为须由犯罪分子本人实施，同时立功行为需揭发他人具体的犯罪事实，并对其他犯罪分子的抓捕有实际作用。但如果是本人通过非法手段或者非法途径获取的、本人因原担任的查禁犯罪等职务获取的、他人违反监管规定向犯罪分子提供的、负有查禁犯罪活动职责的国家机关工作人员或者其他国家工作人员利用职务便利提供的线索与材料，不能认定为立功表现。

---

① 参照《中华人民共和国刑法》第65条。
② 参照《中华人民共和国刑法》第66条。
③ 参照《中华人民共和国刑法》第67条。
④ 参照《刑法修正案（八）》第8条。

（四）数罪并罚

数罪并罚是指对犯两个以上罪行的犯人，就所犯各罪分别定罪量刑后，按法定的原则和刑期计算方法判决宣告执行的刑罚。

我国的数罪并罚采用以限制加重原则为主，以吸收原则和并科原则为补充的折中原则。其具体适用范围和基本适用规则如下：判决宣告的数个主刑中有数个死刑或最重刑为死刑的，采用吸收原则，仅执行一个死刑；判决宣告的数个主刑中有数个无期徒刑或最重刑为无期徒刑的，采用吸收原则，只执行一个无期徒刑；判决宣告的数个主刑为管制、拘役或有期徒刑的采用限制加重原则合并处罚。[①] 也就是说，在判决宣告的数个主刑的总和刑期以下，数刑中最高刑期以上，酌情决定执行的刑期，但管制不能超过3年，拘役最高不能超过1年，有期徒刑总和刑期不满35年的，最高不能超过20年，总和刑期在35年以上的，最高不能超过25年。[②]

数罪中有判处有期徒刑和拘役的，执行有期徒刑。数罪中有判处有期徒刑和管制，或者拘役和管制的，有期徒刑、拘役执行完毕后，管制仍须执行。数罪中有判处附加刑的，附加刑仍须执行，其中附加刑种类相同的，合并执行，种类不同的，分别执行。[③]

（五）缓刑、减刑和假释

1. 缓刑

缓刑指对触犯刑律，经法定程序确认已构成犯罪、应受刑罚处罚的行为人，先行宣告定罪，暂不执行所判处的刑罚。缓刑适用于被判处拘役、3年以下有期徒刑的犯罪分子，适用缓刑者应是犯罪情节较轻、有悔罪情节、对社会造成的危险性小的犯罪分子。

对于缓刑犯有一定的考验期限。拘役的缓刑考验期限为原判刑以上1年以下，不能少于2个月。有期徒刑的缓刑考验期限为原判刑以上5年以下，不能少于1年。[④]

被宣告缓刑的犯罪分子应当遵守刑法对于缓刑的监督管理规定，如果在缓刑期内没有犯应当撤销缓刑的罪，缓刑的考验期满，原判的判罚就不再执行；但对于违反规定的犯罪人，情节严重的，应当撤销缓刑，执行原判判罚。

法院对判处管制、宣告缓刑的犯罪人可以宣告"禁止令"。禁止令是人民法院根据其犯罪情况禁止其进行某一项活动或接触某些人的指令。判处管制的，禁止令的期限不得少于3个月，宣告缓刑的，禁止令的期限不得少于2个月，但宣告的禁止令不得影响犯罪人的正常生活。

2. 减刑

减刑是指正在服刑的犯罪分子具有法定的减刑情节时，如悔过和立功表现，人民法院依照法定程序予以减轻刑罚的一种制度。

有下列重大表现之一的，应当减刑：（1）阻止他人重大犯罪活动的；（2）检举监狱内外

---

① 张文显：《法学概论》，高等教育出版社2004年版，第166页。
② 参照《中华人民共和国刑法》第69条。
③ 同上。
④ 参照《中华人民共和国刑法》第73条。

重大犯罪活动,经查证属实的;(3)有发明创造或者重大技术革新的;(4)在日常生产、生活中舍己救人的;(5)在抗御自然灾害或者排除重大事故中,有突出表现的;(6)对国家和社会有其他重大贡献的。①

减刑应当有一定的限度,减刑以后实际执行的刑期,不得少于原判刑期的 1/2;判处无期徒刑的,减刑以后实际执行的刑期不得少于 10 年。

3. 假释

假释是对被判处有期徒刑或者无期徒刑的犯罪分子,在执行了一定的刑期后,如受改造良好、有悔过情节的,将其附有条件地提前释放的制度。假释制度可以鼓励犯罪分子服从教育和改造,使之早日回归社会,从而化消极因素为积极因素。根据《刑法》的有关规定,被判处有期徒刑的犯罪分子,执行原判刑期 1/2 以上,被判处无期徒刑的犯罪分子,实际执行 13 年以上,如果认真遵守监规,接受教育改造,确有悔改表现,没有再犯罪的危险的,可以假释。如果有特殊情况,经最高人民法院核准,可以不受上述执行刑期的限制。但对于累犯以及因故意杀人、强奸、抢劫、绑架、放火、爆炸、投放危险物质或者有组织的暴力性犯罪被判处 10 年以上有期徒刑、无期徒刑的犯罪分子,不得假释。②

(六)时效

我国《刑法》中的时效,又称追诉时效,指对犯罪分子追究刑事责任的有效期限。当这个期限届满后,就不对犯罪分子追究刑事责任。

我国《刑法》规定犯罪经过下列期限不再追诉:(1)法定最高刑为不满 5 年有期徒刑的,经过 5 年;(2)法定最高刑为 5 年以上不满 10 年有期徒刑的,经过 10 年;(3)法定最高刑为 10 年以上有期徒刑的,经过 15 年;(4)法定最高刑为无期徒刑、死刑的,经过 20 年。如果 20 年以后认为必须追诉的,须报请最高人民检察院核准。③ 但在司法机关采取强制措施以后,逃避侦查或审判的,不受追诉期限的限制。追诉时效从犯罪之日起计算;犯罪行为有连续或者继续状态的,从犯罪行为终了之日起计算。在追诉期限以内又犯罪的,前罪追诉的期限从犯后罪之日起计算。④

链接阅读

1. 储槐植:《刑罚现代化:刑法修改的价值定向》,载《法学研究》1997 年第 1 期;
2. 陈兴良:《刑罚存在论》,载《政治与法律》1995 年第 4 期。

第四节 《刑法》分则规定的常见犯罪及其法定刑

根据刑法所保护的法益不同,我国《刑法》分则将犯罪分为 10 类,即危害国家安全罪,

---

① 参照《中华人民共和国刑法》第 78 条。
② 参照《中华人民共和国刑法》第 81 条。
③ 参照《中华人民共和国刑法》第 87 条。
④ 参照《中华人民共和国刑法》第 88—89 条。

危害公共安全罪，破坏社会主义市场经济秩序罪，侵犯公民人身权利、民主权利罪，侵犯财产罪，妨碍社会管理秩序罪，危害国防利益罪，贪污贿赂罪，渎职罪，军人违反职责罪。各类罪下有各自具体的犯罪。现将各类犯罪分别简述如下：

一、危害国家安全罪

危害国家安全罪是指故意危害中华人民共和国国家安全的行为。《刑法》分则第102—113条规定了该类具体犯罪。如背叛国家罪，分裂国家罪，煽动分裂国家罪，武装叛乱、暴乱罪，颠覆国家政权罪，煽动颠覆国家政权罪，叛逃罪，间谍罪，资敌罪等。①

从法益上看，危害国家安全罪保护的法益是国家安全。从构成要件上看，实施危害国家安全的行为，造成危害国家安全的抽象危险或具体危险，责任形式是故意。从刑罚上看，可以判处死刑、并处没收财产，应当附加剥夺政治权利。

二、危害公共安全罪

危害公共安全罪是指故意或过失地危害多数人或者不特定人的生命、身体或者财产。《刑法》第114—139条规定了该类具体犯罪。如放火罪，破坏交通工具罪，组织、领导、参加恐怖组织罪，劫持航空器罪，违规制造、销售枪支罪，交通肇事罪，重大责任事故罪等。②

从法益上看，危害公共安全罪保护的法益是公共安全。公共则是指多数人或者不特定人。不特定是指犯罪行为可能侵犯的对象和可能造成的结果是事先无法确定的，多数人则是指犯罪行为使较多的人感受到生命、健康或者财产受到威胁。从构成要件上看，实施了危害多数人或不特定人的生命、身体或者财产的行为，并且造成了相应的危险或侵害结果。责任形式既可以是故意也可以是过失。③

三、破坏社会主义市场经济秩序罪

破坏社会主义市场经济秩序罪是指违反国家市场经济管理法律、法规，干扰国家对市场经济的管理活动，破坏社会主义市场经济秩序，严重危害市场经济的行为。④《刑法》第140—231条将破坏社会主义市场经济秩序罪分为八节。

从法益上看，破坏社会主义市场经济秩序罪保护的法益是国家、社会与市场主体的经济利益。从构成要件上看，实施了违反国家市场经济管理法规的行为，导致破坏市场经济秩序、危害市场经济发展的行为。责任形式上大多是故意。

第一节生产、销售伪劣商品罪，具体罪名包括：生产、销售伪劣产品罪，生产、销售假药罪，生产、销售劣药罪，生产、销售不符合安全标准的食品罪，生产、销售有毒、有害食品罪，

---

① 参照《中华人民共和国刑法》第二编第一章危害国家安全罪。
② 参照《中华人民共和国刑法》第二编第二章危害公共安全罪。
③ 张明楷：《刑法学》（第四版），法律出版社2011年版，第601—602页。
④ 吴祖谋、李双元：《法学概论》，法律出版社2007年版，第282页。

生产、销售不符合标准的卫生器材罪,生产、销售不符合安全标准的产品罪,生产、销售伪劣农药、兽药、化肥、种子罪,生产、销售不符合卫生标准的化妆品罪。本节具体犯罪中,生产、销售假药罪和生产、销售有毒、有害食品罪存在死刑。生产销售伪劣产品罪有数额上的要求,销售数额5万元以上才可能构成该罪。单位可以构成本节规定犯罪。①

第二节走私罪,具体罪名包括:走私武器、弹药罪,走私核材料罪,走私假币罪,走私贵重金属罪,走私珍贵动物罪,走私珍贵动物制品罪,走私国家禁止进出口的货物、物品罪,走私淫秽物品罪,走私普通货物、物品罪,走私废物罪。本节具体犯罪中,各种走私特殊对象的走私犯罪,走私国家禁止进出口的货物、物品罪与走私普通货物、物品罪之间属于特殊法条与普通法条的关系。因此走私对象属于法条规定的特殊对象时适用法条对此的特殊规定。②

第三节妨害对公司、企业的管理秩序罪,具体罪名包括:虚报注册资本罪,虚假出资、抽逃出资罪,欺诈发行股票、债券罪,违规披露、不披露重要信息罪,妨碍清算罪,非国家工作人员受贿罪,对非国家工作人员行贿罪,非法经营同类营业罪,为亲友非法牟利罪,签订、履行合同失职被骗罪,国有公司、企业、事业单位人员失职罪,国有公司、企业、事业单位人员滥用职权罪,徇私舞弊低价折股、出售国有资产罪,背信损害上市公司利益罪等。本节具体犯罪中,对于单位犯罪的,对单位判处罚金,并对其直接负责的主管人员和其他直接责任人员判处有期徒刑或者拘役,可以并处罚金。③

第四节破坏金融管理秩序罪,具体罪名包括,伪造货币罪,出售、购买、运输假币罪,金融工作人员购买假币、以假币换取货币罪,持有、使用假币罪,变造货币罪,擅自设立金融机构罪,伪造、变造、转让金融机构经营许可证、批准文件罪,高利转贷罪,骗取贷款、票据承兑、金融票证罪,非法吸收公众存款罪,伪造、变造金融票证罪,妨害信用卡管理罪,伪造、变造国家有价证券罪,伪造、变造股票、公司、企业债券罪,擅自发行股票、公司、企业债券罪,内幕交易、泄露内幕信息罪,利用未公开信息交易罪,操纵证券、期货市场罪,职务侵占罪,违法发放贷款罪,吸收客户资金不入账罪,违规出具金融票证罪,对违法票据承兑、付款、保证罪,逃汇罪,洗钱罪等。本节具体犯罪中,伪造货币与变造货币两者在本质上存在不同。《刑法》明文规定了洗钱罪的对象,其刑罚包括没收实施犯罪的所得及其产生的收益,处有期徒刑或者拘役,并处或单处罚金。④

第五节金融诈骗罪,具体罪名包括:集资诈骗罪,贷款诈骗罪,票据诈骗、金融凭证诈骗罪,信用证诈骗罪,信用卡诈骗罪,有价证券诈骗罪,保险诈骗罪等。本节具体犯罪与诈骗罪是特殊法条与普通法条的关系。对于单位犯罪,对单位判处罚金,并对其直接负责的主管人员和其他直接责任人员判处有期徒刑或者拘役,可以并处罚金。⑤

---

① 参照《中华人民共和国刑法》第二编第三章第一节生产、销售伪劣商品罪。
② 参照《中华人民共和国刑法》第二编第三章第二节走私罪。
③ 参照《中华人民共和国刑法》第二编第三章第三节妨碍对公司、企业的管理秩序罪。
④ 参照《中华人民共和国刑法》第二编第三章第四节破坏金融管理秩序罪。
⑤ 参照《中华人民共和国刑法》第二编第三章第五节金融诈骗罪。

第六节危害税收征管罪,具体罪名包括:逃税罪,抗税罪,逃避追缴欠税罪,骗取出口退税罪,虚开发票罪,伪造、出售伪造的增值税专用发票罪,非法出售增值税专用发票罪,非法出售发票罪,持有伪造的发票罪等。本节具体犯罪在刑罚上多是处有期徒刑或者拘役,并处罚金。①

第七节侵犯知识产权罪,具体罪名包括:假冒注册商标罪,销售假冒注册商标的商品罪,非法制造、销售非法制造的注册商标标识罪,假冒专利罪,侵犯著作权罪,销售侵权复制品罪,侵犯商业秘密罪。②

第八节扰乱市场秩序罪,具体罪名包括:损害商业信誉、商品声誉罪,虚假广告罪,串通投标罪,合同诈骗罪,组织、领导传销活动罪,非法经营罪,强迫交易罪,伪造、倒卖伪造的有价票证罪,倒卖车票、船票罪,非法转让、倒卖土地使用权罪,提供虚假证明文件罪,出具证明文件重大失实罪,逃避商检罪。③

四、侵犯公民人身权利、民主权利罪

(一) 侵犯公民人身权利、民主权利罪

侵犯公民人身权利、民主权利罪是指故意或过失侵犯公民人身权利、民主权利的行为。《刑法》第232—262条规定了该类具体犯罪,如故意杀人罪,过失致人死亡罪,故意伤害罪,组织出卖人体器官罪,强奸罪,非法拘禁罪,拐卖妇女、儿童罪,强迫劳动罪,刑讯逼供罪,侵犯通信自由罪,破坏选举罪,重婚罪,破坏军婚罪,遗弃罪,拐骗儿童罪等。④

从法益上看,侵犯公民人身权利、民主权利罪保护的法益是公民的人身权利和民主权利。人身权利是法律规定的、与公民的人身不可分离的权利,具有专属性,包括生命权、健康权、人身自由权、名誉权等。民主权利是公民依法享有的管理国家和参加社会政治活动的权利。从构成要件角度看,非法侵犯公民人身权利、民主权利的行为方式可以是作为也可以是不作为。责任方式既可以是故意也可以是过失。

(二) 常见侵犯人身权利、民主权利罪的认定及法定刑

故意杀人罪是指非法剥夺他人生命的行为。故意杀人罪的行为对象"人",一般认为是他人。杀人行为必须具有非法性。责任形式为故意。⑤ 刑罚上处死刑、无期徒刑或者10年以上有期徒刑;情节较轻的处3年以上10年以下有期徒刑。此外还有法律拟制为故意杀人罪的情形:非法拘禁使用暴力致人死亡的,刑讯逼供或暴力取证致人死亡的,虐待被监管人致人死亡的,聚众"打砸抢"致人死亡的,聚众斗殴致人死亡的。

故意伤害罪是指故意伤害他人身体的行为。故意伤害罪的行为对象是他人的身体。

---

① 参照《中华人民共和国刑法》第二编第三章第六节危害税收征管罪。
② 参照《中华人民共和国刑法》第二编第三章第七节侵犯知识产权罪。
③ 参照《中华人民共和国刑法》第二编第三章第八节扰乱市场秩序罪。
④ 参照《中华人民共和国刑法》第二编第四章侵犯公民人身权利、民主权利罪。
⑤ 张明楷:《刑法学》(第四版),法律出版社2011年版,第757—759页。

伤害行为可以是作为也可以是不作为。不作为行为构成故意伤害罪需要行为人负有作为义务且具有作为可能性。责任形式为故意。刑罚上处3年以下有期徒刑、拘役或者管制。故意伤害致人重伤的,处3年以上10年以下有期徒刑;致人死亡或者以特别残忍手段致人重伤造成严重残疾的,处10年以上有期徒刑、无期徒刑或者死刑。

强奸罪,是指以暴力、胁迫或者其他手段强奸妇女的行为。奸淫不满14周岁幼女的,以强奸论。强奸罪侵犯的是妇女(包括幼女)的性决定权。行为主体一般是男子,其中单独的直接正犯只能是男子。妇女可以成为强奸罪的教唆犯、帮助犯,也可以成为强奸罪的间接正犯与共同正犯。强奸罪的行为是性交行为。责任形式是故意。[①] 奸淫幼女是强奸罪的特殊类型。不满14周岁的为幼女。由于幼女身心发育不成熟,缺乏辨别是非的能力,不理解性行为的意义与后果,也没有抗拒能力,因此为了保护幼女,只要行为人与幼女性交,就侵害了其性的决定权,成立强奸罪,不论行为人采用什么手段,也不问幼女是否愿意。刑罚上处3年以上10年以下有期徒刑,有《刑法》规定的加重情形的处10年以上有期徒刑、无期徒刑或者死刑。奸淫幼女从重处罚。

五、侵犯财产罪

(一)侵犯财产罪

侵犯财产罪是指以非法占有为目的,非法取得公私财物或者挪用单位财物,故意破坏公私财物及拒不支付劳动报酬的行为。《刑法》第263—276条规定了该类具体犯罪、如抢劫罪、盗窃罪、诈骗罪、抢夺罪、侵占罪、挪用资金罪、敲诈勒索罪等。[②]

从法益上看,侵犯财产罪保护的法益首先是财产所有权及其他本权,其次是需要通过法定程序恢复应有状态的占有。财产所有权是指民法规定的财产的占有权、使用权、收益权和处分权。其他本权包括合法占有财物的权利和债权。从构成要件上看,侵犯财产罪的对象是财物。对财物的认定直接影响行为的性质。作为财产罪对象的财物,总体上看,包括有体物、无体物和财产性利益。行为上,侵犯财产罪包括广义的取得行为、毁坏行为与不支付劳动报酬的行为。取得行为一类是将他人的财产转变为自己的财产,另一类是暂时占有、使用他人的财产。毁坏行为是指有害财物的效用的行为。毁坏行为也可以分为两类,一类是直接使财产丧失或者减少使用价值的行为,另一类是通过使生产资料的使用价值丧失或者减少来破坏生产经营。结果上,给他人造成经济利益损失的,可以认定为财产损害。责任形式只能是故意。此外,成立盗窃罪、诈骗罪还需有非法占有目的。

(二)常见侵犯财产罪的认定及法定刑

盗窃罪是指以非法占有为目的,违反被害人的意志,将他人的财物转移为自己或者第三者占有的行为。"数额较大"的认定参照司法解释。"多次盗窃"是两年内盗窃3次以上的。"入户盗窃"是非法进入供他人家庭生活,与外界相对隔离的住所盗窃。"携带凶器盗

---

① 张明楷:《刑法学》(第四版),法律出版社2011年版,第777—780页。
② 参照《中华人民共和国刑法》第二编第五章侵犯财产罪。

窃"是指携带枪支、爆炸物、管制刀具等国家禁止个人携带的器械盗窃,或者为了实施违法犯罪携带其他足以危害他人人身安全的器械盗窃。"扒窃"是指在公共场所或者公共交通工具上盗窃他人随身携带的财物。此外,以牟利为目的盗接他人通信线路、复制他人电话号码或者明知是盗接、复制的电信设备、设施而使用的,依盗窃罪的规定论处。①

抢劫罪是指以非法占有为目的,以暴力、胁迫或者其他方法抢劫公私财物的行为。抢劫罪的保护法益是他人财产和人身权利。行为人当场使用暴力、胁迫或者其他强制方法强取公私财物。责任形式是故意,且有非法占有目的。刑罚为3年以上10年以下有期徒刑,并处罚金。有《刑法》规定的加重情形的处10年以上有期徒刑、无期徒刑或者死刑,并处罚金或者没收财产。②

六、妨害社会管理秩序罪

妨害社会管理秩序罪是指妨碍国家机关对社会的管理活动,破坏社会正常秩序,情节严重的行为。《刑法》第277—367条规定了该类具体犯罪,将妨碍社会管理秩序罪分为九节。

从法益上看,妨害社会管理秩序罪保护的法益是社会管理秩序。社会管理秩序是指由社会生活所必须遵守的行为准则与国家管理活动所调整的社会模式、结构体系和社会关系的有序性、稳定性与连续性。从构成要件上看,行为表现为违反国家的秩序管理法规,妨碍国家对社会的管理,破坏社会秩序,并且情节严重。责任形式上主要是故意,少数可以是过失构成。

第一节扰乱公共秩序罪,具体罪名包括:妨碍公务罪,煽动暴力抗拒法律实施罪,招摇撞骗罪,伪造、变造、买卖国家机关公文、证件、印章罪,盗窃、抢夺、毁灭国家机关公文、证件、印章罪,伪造、变造、买卖身份证件罪,使用虚假身份证件、盗用身份证件罪,非法生产、买卖警用装备罪,非法获取国家秘密罪,非法生产、销售专用间谍器材、窃听、窃照专用器材罪,考试作弊罪,组织考试作弊罪,非法出售、提供试题答案罪,代替考试罪,非法侵入计算机信息系统罪,破坏计算机信息系统罪,网络服务渎职罪,拒不履行网络安全管理义务罪,扰乱无线电管理秩序罪,聚众扰乱社会秩序罪,聚众冲击国家机关罪,扰乱国家机关工作秩序罪,组织、资助非法聚焦罪,聚众扰乱公共场所秩序、交通秩序罪,投放虚假危险物质罪,编造、故意传播虚假恐怖信息罪,聚众斗殴罪,寻衅滋事罪,组织、领导、参加黑社会性质组织罪,入境发展黑社会组织罪,包庇、纵容黑社会性质组织罪,非法集会、游行示威罪,非法携带武器、管制刀具、爆炸物参加集会、游行、示威罪,破坏集会、游行、示威罪,侮辱国旗、国徽罪,聚众淫乱罪,引诱未成年人聚众淫乱罪,盗窃、侮辱、故意毁坏尸体、尸骨、骨灰罪,赌博罪,开设赌场罪,故意延误投递邮件罪等。③

第二节妨害司法罪,具体罪名包括:伪证罪,辩护人、诉讼代理人毁灭证据、伪造证据、

---

① 参照《中华人民共和国刑法》第264—265条。
② 参照《中华人民共和国刑法》第263条。
③ 参照《中华人民共和国刑法》第二编第六章第一节扰乱公共秩序罪。

妨害作证罪,虚假诉讼罪,打击报复证人罪,泄密罪,泄露不应公开的案件信息罪,故意泄露国家秘密罪,披露、报道不应公开的案件信息罪,扰乱法庭秩序罪,窝藏、包庇罪,掩饰、隐瞒犯罪所得、犯罪所得收益罪,拒不执行裁决、裁定罪,非法处置查封、扣押、冻结的财产罪,破坏监管秩序罪,逃脱罪,劫夺被押解人员罪,组织越狱罪,暴动越狱罪,聚众持械劫狱罪等。①

第三节妨害国(边)管理罪,具体罪名包括:组织他人偷越国(边)境罪,骗取出境证件罪,提供伪造、变造的出入境证件罪,出售出入境证件罪,运送他人偷越国(边)境罪,偷越国(边)境罪,破坏界碑、界桩罪,破坏永久性测量标志罪。②

第四节妨害文物管理罪,具体罪名包括:故意毁损文物罪,故意毁损名胜古迹罪,过失毁损文物罪,非法向外国人出售、赠送珍贵文物罪,倒卖文物罪,非法出售、私藏文物藏品罪,盗掘古文化遗址、古墓葬罪,盗掘古人类化石、古脊椎动物化石罪,盗窃、抢夺国有档案罪,擅自出卖、转让国有档案罪。③

第五节危害公共卫生罪,具体罪名包括:妨碍传染病防治罪,传染病菌种、毒种扩散罪,妨碍国境卫生检疫罪,非法组织卖血罪,强迫卖血罪,非法采集、供应血液、制作、供应血液制品罪,采集、供应血液、采集、供应血液制品事故罪,医疗事故罪,非法行医罪,非法进行节育手术罪,妨碍动植物防疫、检疫罪。④

第六节破坏环境资源保护罪,具体罪名包括:污染环境罪,非法处置进口的固体废物罪,擅自进口固体废物罪,走私固体废物罪,非法捕捞水产品罪,非法捕猎、杀害珍贵、濒危野生动物罪,非法收购、运输、出售珍贵濒危野生动物制品罪,非法占用农用地罪,非法采矿罪,破坏性采矿罪,非法采伐、毁坏国家重点保护植物罪,非法收购、运输、加工、出售国家重点保护植物、国家重点保护植物制品罪,盗伐林木罪等。⑤

第七节走私、贩卖、运输、制造毒品罪,具体罪名包括:走私、贩卖、运输、制造毒品罪,非法持有毒品罪,包庇毒品犯罪分子罪,窝藏、转移、隐瞒毒品、毒赃罪,非法生产、买卖、运输制毒物品、走私制毒物品罪,非法种植毒品原植物罪,非法买卖、运输、携带、持有毒品原植物种子、幼苗罪,引诱、教唆、欺骗他人吸毒罪,强迫他人吸毒罪,容留他人吸毒罪,非法提供麻醉药品、精神药品罪。⑥

第八节组织、强迫、引诱、容留、介绍卖淫罪,具体的罪名包括:组织卖淫罪,强迫卖淫罪,协助组织卖淫罪,引诱、容留、介绍卖淫罪,引诱幼女卖淫罪,传播性病罪等。⑦

第九节制作、贩卖、传播淫秽物品罪,具体罪名包括:制作、复制、出版、贩卖传播淫秽物品牟利罪,为他人提供书号出版淫秽书刊罪,传播淫秽物品罪,组织播放淫秽音像制品

---

① 参照《中华人民共和国刑法》第二编第六章第二节妨害司法罪。
② 参照《中华人民共和国刑法》第二编第六章第三节妨碍国(边)境罪。
③ 参照《中华人民共和国刑法》第二编第六章第四节妨碍文物管理罪。
④ 参照《中华人民共和国刑法》第二编第六章第五节危害公共卫生罪。
⑤ 参照《中华人民共和国刑法》第二编第六章第六节破坏资源保护罪。
⑥ 参照《中华人民共和国刑法》第二编第六章第七节走私、贩卖、运输、制造毒品罪。
⑦ 参照《中华人民共和国刑法》第一编第六章第八节组织、强迫、引诱、容留、介绍卖淫罪。

罪,组织淫秽表演罪。①

七、危害国防利益罪

危害国防利益罪是指故意或者过失地实施了危害国防利益、情节严重的行为。《刑法》第368—381条规定了该类具体犯罪,如阻碍军人执行职位罪,阻碍军事行动罪,破坏武器设备、军事设备、军事通信罪,过失损坏武器设备、军事设备、军事通信罪,故意提供不合格武器装备、军事设施罪,过失提供不合格武器装备、军事设施罪,聚众冲击军事禁区罪,聚众扰乱军事管理区秩序罪,冒充军人招摇撞骗罪,煽动军人逃离部队罪,雇用逃离部队军人罪,接送不合格兵员罪,伪造、变造、买卖武装部队公文、证件、印章罪,盗窃、抢夺武装部队公文、证件、印章罪,非法生产、买卖武装部队制式服装罪,伪造、盗窃、买卖、非法提供、非法使用武装部队专用标志罪,战时拒绝、逃避征召、军事训练罪,战时拒绝、逃避服役罪,战时故意提供虚假敌情罪,战时造谣扰乱军心罪,战时窝藏逃离部队军人罪,战时拒绝、故意拖延军事订货罪,战时拒绝军事征收、征用罪。②

从法益上看,危害国防利益罪保护的法益是国防利益。国防利益是指国家为了保卫国家主权、领土完整与安全需要的保障条件与利益,包括国防物质基础、作战与军事行动秩序、国防自身安全、武装力量建设、国防管理秩序等。从构成要件上看,行为危害国防利益,形式上可以是作为也可以是不作为。行为结果是危害国防利益。责任形式包括故意与过失。从刑罚上看,对于本章犯罪多处有期徒刑或者拘役。

八、贪污贿赂罪

（一）贪污贿赂罪

贪污贿赂罪是指国家工作人员利用职务之便,贪污挪用公共财物,索取、收受贿赂,不履行法定义务,损害公务行为廉洁性的行为。③《刑法》第382—396条规定了该类具体犯罪。

从法益上看,贪污贿赂罪保护的法益是公务行为的廉洁性、不可收买性。从构成要件上看,实施了侵犯公务行为的廉洁性、不可收买性的行为。行为形式可以是作为也可以是不作为。责任形式是故意。

（二）常见贪污贿赂罪的认定及法定刑

贪污罪,指国家工作人员利用职务上的便利侵吞、盗窃、骗取或者以其他手段非法占有公共财物。国家工作人员是指在国家机关中从事公务的人员;国有公司、企业、事业单位、人民团体中从事公务的人员和国家机关、国有公司、企业、事业单位、人民团体委托管理、经营国有财产的人员。利用职务上的便利是指利用职务上权力地位所形成的主管、管理、经营经手公款或特定款物的便利条件。行为对象必须是公共财物,而非公民私人所有

---

① 参照《中华人民共和国刑法》第一编第六章第九节制作、贩卖、传播淫秽物品罪。
② 参照《中华人民共和国刑法》第一编第七章危害国防利益罪。
③ 谷春德:《法学概论》,中国人民大学出版社2008年版,第286页。

的财物。责任形式是故意,且具有非法占有的目的。对贪污罪的处罚则需依情节轻重和数额大小分别处罚。

挪用公款罪,指国家工作人员利用职务上的便利,挪用公款归个人使用,进行非法活动或者营利活动或者进行非法活动、营利活动以外的活动数额较大、挪用时间超过3个月。挪用公款是指未经合法批准,或者违反财经纪律,擅自使用公款脱离单位的行为。行为对象必须是公款。刑罚上视挪用公款数额和情节处无期徒刑或有期徒刑或拘役。

受贿罪,指国家工作人员利用职务上的便利,索取他人财物的,或者非法收受他人财物,为他人谋取利益的。国家工作人员在经济往来中,违反国家规定,收受各种名义的回扣、手续费,归个人所有的,以受贿论处。责任形式是故意。如果国家工作人员有非法占有的目的,则按贪污罪论处。

九、渎职罪

(一)渎职罪

渎职罪是指国家机关工作人员滥用职权或者玩忽职守,致使公共财产、国家和人民利益遭受重大损失的行为。《刑法》第397—419条规定了该类具体犯罪。

从法益上看,渎职罪保护的法益是国家机关公务的公正、合法、高效执行以及公民对此的信赖利益。[①] 从构成要件上看,国家工作人员实施了滥用职权或者玩忽职守、致使公共财产、国家和人民利益遭受重大损失的行为。渎职罪的结果是侵害国家公务的公正、合法、高效执行以及公民对此的信赖利益,这种结果不是有形的结果。责任形式上以故意为主,少数是过失。

(二)常见渎职罪的认定及法定型

滥用职权罪,是指国家机关工作人员滥用职权,致使公共财产、国家和人民利益遭受重大损失的行为。行为人必须是国家机关工作人员。滥用职权常表现为超越职权、玩弄职权、故意不履行法定职责等。行为造成了公共财产、国家和人民利益受损的结果。责任形式是故意。

玩忽职守罪,是指国家工作人员玩忽职守,致使公共财产、国家和人民利益遭受重大损失的行为。与滥用职权罪不同,玩忽职守罪的责任形式多是过失,可以是疏忽大意的过失,也可以是过于自信的过失。

十、军人违反职责罪

(一)军人违反职责罪

军人违反职责罪是指军人违反职责,危害国家军事利益的行为。《刑法》第420—451条规定了该类具体犯罪。

[①] 张明楷:《刑法学》(第四版),法律出版社2011年版,第1087页。

从法益上看,军人违反职责罪保护的法益是国家的军事利益。国家的军事利益是指国家在国防建设、作战行动、军队物质保障、军事秘密、军事科学研究等方面的利益。[①] 从构成要件上看,军人实施违反职责,危害国家军事利益的行为。责任形式包括故意和过失。

(二)常见军人违反职责罪的认定及法定型

战时违抗命令罪,战时违抗命令,对作战造成损害的行为。行为需发生在战时。违抗命令的常见情形是拒不接受、执行作战命令,拖延或迟缓执行作战命令,行为不符合作战命令。结果包括一切对作战不利的结果。责任形式上是故意。

投降罪是指在战场上贪生怕死,自动放下武器投降敌人的行为。故意泄露军事秘密罪是指违反保守国家秘密法规,故意泄露军事秘密的行为。战时自伤罪是指军人战时自伤身体,逃避军事义务的行为。自伤不限于行为人故意伤害自己的行为。逃避军事义务是指逃避履行临战准备、作战行动等与作战有关的义务。盗窃、抢夺武器装备、军用物资罪是指军职人员以非法占有为目的,盗窃或者夺取部队的武器装备、军用物资的行为。

链接阅读

1. 陈兴良:《刑法分则规定之明知:以表现犯为解释进路》,载《法学家》2013年第3期;
2. 白建军:《刑法分则与刑法解释的基本理论》,载《中国法学》2005年第4期。

【推荐阅读文献】

1. 白建军:《刑法分则与刑法解释的基本理论》,载《中国法学》2005年第4期;
2. 陈兴良:《行为论的正本清源》,载《中国法学》2009年第5期;
3. 陈兴良:《论刑法的公众认同》,载《中国法学》2003年第1期;
4. 邓子滨:《刑法目的初探》,载《环球法律评论》2008年第1期;
5. 张明楷:《行为无价值论的疑问》,载《中国社会科学》2009年第1期;
6. 张明楷:《实质解释论的再提倡》,载《中国法学》2010年第4期。

【思考题】

1. 如何理解罪刑法定原则?
2. 犯罪论体系如何构成?
3. 作为与不作为有何区分?
4. 犯罪的特殊形态有哪些?如何理解?
5. 如何理解共同正犯?
6. 刑法分则中章罪名与法益的关系?

---

① 张明楷:《刑法学》(第四版),法律出版社2011年版,第1119—1120页。

第五章 民 法

学习目标：熟悉民事主体制度、代理制度、结婚的条件、离婚后财产分割。掌握物权、债权和知识产权等各项民事权利制度、民事法律行为制度、民事责任制度、婚姻家庭关系中的各方权利和义务及继承的方式。

教师导读：民法是我国的基本法律之一。本章主要介绍民法的基本理论、物权、债权、知识产权、婚姻家庭法、财产继承权等方面的内容。

建议学时：8学时

第一节 民法概述

民法是法律体系中一个重要的法律部门，与人们的日常生活密切相关。广义的民法是调整民事活动的所有法律规范的总称，包括形式上的民法或民法典、单行民事法规和其他法律中的民事法律规范。狭义的民法指形式上的民法。我国目前尚未颁布民法典，民事方面的法律主要有《民法总则》《物权法》《担保法》《合同法》《侵权责任法》《著作权法》《专利法》《商标法》《婚姻法》《收养法》《继承法》等。

一、民法的调整对象、基本原则和主要内容

（一）民法的调整对象

民法的调整对象是指民法所调整的社会关系的范围和性质。我国《民法总则》第2条规定："民法调整平等主体的自然人、法人和非法人组织之间的人身关系和财产关系。"

（1）平等主体之间的人身关系。我国民法调整的人身关系指与民事主体的人身不可分离而又不具有直接经济内容的社会关系，包括人格关系和身份关系。前者指与自然人、法人和非法人组织作为民事主体有密切联系的法律关系，如生命、健康、姓名、名誉等社会关系；后者指因血缘、婚姻等身份关系而发生的家庭、收养、抚养、赡养、监护等社会关系。

（2）平等主体之间的财产关系。我国民法调整的财产关系指平等主体在生产、分配、交换、消费过程中发生的社会关系，在法律上表现为静态的财产所有关系和动态的财产流转关系，主要包括所有权关系、债权关系、知识产权的财产关系和婚姻家庭中的财产关系。

（二）民法的基本原则

（1）权利保护原则。民事主体的人身权利、财产权利以及其他合法权益受法律保护，任何组织或者个人不得侵犯。

（2）平等原则。民事主体在民事活动中的法律地位一律平等。这是民事法律关系最

本质的特征。这一原则包含三层意思:任何民事主体在民事关系中的法律地位都是平等的;民事主体在民事活动中平等地享有民事权利和承担民事义务;民事主体所享有的民事权利平等地受到法律保护。

(3) 自愿原则。民事主体从事民事活动,应当遵循自愿原则,按照自己的意思设立、变更、终止民事法律关系。

(4) 公平原则。民事主体从事民事活动,应当遵循公平原则,合理确定各方的权利和义务。

(5) 诚信原则。民事主体从事民事活动,应当遵循诚信原则,秉持诚实,恪守承诺。

(6) 公共利益原则。民事主体从事民事活动,不得违反法律,不得违背公序良俗。民事主体从事民事活动,应当有利于节约资源、保护生态环境。

(三) 民法的主要内容

民法的内容丰富繁杂,涉及人们生活的方方面面。其主要制度包括:

(1) 民事主体制度。包括民事主体的权利能力与行为能力、监护制度、宣告失踪和宣告死亡制度、法人的分类与特征、非法人组织等。

(2) 民事权利制度。包括人身权、物权、债权、知识产权等。其中物权制度涉及物权的设立、变更、转让和消灭、物权的保护、所有权、用益物权、担保物权等。债与合同制度涉及债的种类、发生、履行、担保、消灭等。知识产权制度涉及著作权、专利权、商标权等内容。

(3) 民事法律行为与代理制度。包括民事法律行为的构成要件、分类、效力、代理的种类、代理关系的终止等。

(4) 民事责任制度。包括民事责任的构成要件、归责原则、责任分类、责任形式、免责条件等。

二、民事法律关系的主体

(一) 民事法律关系概述

民事法律关系是民法调整的具有民事权利义务内容的社会关系,包括三个不可缺一的要素,即主体、客体和内容。

民事法律关系的主体,是在民事法律关系中享有权利和承担义务的自然人、法人和非法人组织。在特定情况下,国家也可以特殊的民事主体资格出现于民事法律关系中(如因发行国债而与购买人形成债权债务关系)。

民事法律关系的客体,是民事权利与义务所指向的对象。可以作为民事法律关系客体的有物、行为(包括作为与不作为)、智力成果、人身利益、权利等。

民事法律关系的内容,是民事主体之间就一定的客体所发生的权利义务关系。例如,甲与乙订立房屋买卖合同,甲向乙交付房屋价款,取得房屋所有权;乙交付房屋,取得房屋价款。二人之间的权利义务构成这一法律关系的内容。

在现代社会中,民事活动是最基本的活动,能引起民事法律关系的发生、变更和终止。

依法律的规定能够引起民事法律关系发生、变更或终止的客观情况,称为法律事实。有的法律关系因某一事实而发生(如自然人的出生或死亡),有的则需数个法律事实而引起(如合同成立需要要约和承诺缔约行为)。

法律事实可分为两大类:一是事件,即不依赖于主体的意志活动和行为而发生的客观事实。二是行为,即以当事人的意志为转移的作为或不作为。行为又可分为合法行为和违法行为。依照法律规定进行的行为是合法行为,国家保护通过合法行为所产生的民事法律关系。违反法律规定实施的行为(作为和不作为)是违法行为,如行为人非法损害他人人身和财产引起民事赔偿责任,也引起民事法律关系的发生。

(二) 自然人

1. 自然人的民事权利能力

自然人的民事权利能力是法律赋予自然人享有民事权利和承担民事义务的资格。根据《民法总则》的规定,自然人从出生时起到死亡时止,具有民事权利能力,依法享有民事权利,承担民事义务。自然人的民事权利能力一律平等。涉及遗产继承、接受赠与等胎儿利益保护的,胎儿视为具有民事权利能力。但是胎儿娩出时为死体的,其民事权利能力自始不存在。

自然人的民事权利能力不同于其民事权利:自然人可以在法律允许的范围内自由处置其民事权利,但不能以任何方式限制、转让或抛弃自己的民事权利能力。自然人的民事权利能力一律平等,是指依法享有民事权利和承担民事义务的资格平等,并非指每个自然人实际享有的民事权利都能一律平等。

2. 宣告失踪和宣告死亡

(1) 宣告失踪的条件和法律后果。宣告失踪是法院依照法定程序对自然人失踪的事实加以确认和宣告的制度。自然人下落不明满2年的,利害关系人可以向法院申请宣告该自然人为失踪人。失踪人的财产由其配偶、成年子女或者其他愿意担任财产代管人的人代管。代管人应当妥善管理失踪人的财产,维护其财产权益。失踪人所欠税款、债务和应付的其他费用,由财产代管人从失踪人的财产中支付。财产代管人因故意或者重大过失造成失踪人财产损失的,应当承担赔偿责任。失踪人重新出现,经本人或者利害关系人申请,法院应当撤销失踪宣告。

(2) 宣告死亡的条件和法律后果。宣告死亡是法院依照法定程序对失踪人已死亡的一种法律推定。自然人下落不明满4年,或因意外事件下落不明满2年,利害关系人可以向法院申请宣告该自然人死亡。自然人被宣告死亡但是并未死亡的,不影响其在被宣告死亡期间实施的民事法律行为的效力。被宣告死亡的人重新出现,经本人或者利害关系人申请,法院应当撤销死亡宣告。被宣告死亡的人的婚姻关系,自死亡宣告之日起消灭。死亡宣告被撤销的,婚姻关系自撤销死亡宣告之日起自行恢复,但是其配偶再婚或者向婚姻登记机关书面声明不愿意恢复的除外。在被宣告死亡期间其子女被他人依法收养的,在死亡宣告被撤销后,不得以未经本人同意为由主张收养关系无效。被撤销死亡宣告的人有权请求依照继承法取得其财产的民事主体返还财产。无法返还的,应当给予适当补偿。

3. 自然人的民事行为能力

自然人的民事行为能力指自然人得依自己的意思表示,通过自己独立的行为,取得民事权利和承担民事义务的能力。它不是一切人都具有的,也并非始于出生。根据《民法总则》的规定,成年人为完全民事行为能力人,可以独立实施民事法律行为。16 周岁以上的未成年人,以自己的劳动收入为主要生活来源的,视为完全民事行为能力人。8 周岁以上的未成年人和不能完全辨认自己行为的成年人为限制民事行为能力人,实施民事法律行为由其法定代理人代理或者经其法定代理人同意、追认,但是可以独立实施纯获利益的民事法律行为或者与其智力、精神健康状况相适应的民事法律行为。不满 8 周岁的未成年人和不能辨认自己行为的成年人为无民事行为能力人,由其法定代理人代理实施民事法律行为。8 周岁以上的未成年人不能辨认自己行为的,适用此规定。

无民事行为能力人、限制民事行为能力人的监护人是其法定代理人。不能辨认或者不能完全辨认自己行为的成年人,其利害关系人或者有关组织可以向法院申请认定该成年人为无民事行为能力人或者限制民事行为能力人。被法院认定为无民事行为能力人或者限制民事行为能力人的,经本人、利害关系人或者有关组织申请,法院可以根据其智力、精神健康恢复的状况,认定该成年人恢复为限制民事行为能力人或者完全民事行为能力人。

4. 监护

(1) 监护人的确定。父母是未成年子女的监护人。未成年人的父母已经死亡或者没有监护能力的,由有监护能力的人按以下顺序担任监护人:祖父母、外祖父母;兄、姐。无民事行为能力或者限制民事行为能力的成年人,由有监护能力的人按以下顺序担任监护人:配偶;父母、子女;其他近亲属。上述两种情况下,其他愿意担任监护人的个人或者组织,经被监护人住所地的居民委员会、村民委员会或者民政部门同意,也可担任监护人。没有依法具有监护资格的人的,监护人由民政部门担任,也可以由具备履行监护职责条件的被监护人住所地的居民委员会、村民委员会担任。

(2) 监护人的职责。监护人代理被监护人实施民事法律行为,保护被监护人的人身权利、财产权利以及其他合法权益等。监护人应当按照最有利于被监护人的原则履行监护职责,除为维护被监护人利益外,不得处分被监护人的财产。

5. 自然人的住所

自然人以户籍登记或者其他有效身份登记记载的居所为住所;经常居所与住所不一致的,经常居所视为住所。

6. 个体工商户和农村承包经营户

(1) 个体工商户。自然人从事工商业经营,经依法登记,为个体工商户。个体工商户可以起字号。个体工商户的债务,个人经营的,以个人财产承担;家庭经营的,以家庭财产承担;无法区分的,以家庭财产承担。

(2) 农村承包经营户。农村集体经济组织的成员,依法取得农村土地承包经营权,从事家庭承包经营的,为农村承包经营户。农村承包经营户的债务,以从事农村土地承包经营的农户财产承担;事实上由农户部分成员经营的,以该部分成员的财产承担。

(三)法人

1. 法人的一般规定

(1)法人的概念与特征。法人是具有民事权利能力和民事行为能力,依法独立享有民事权利和承担民事义务的组织。法人应当依法成立,应当有自己的名称、组织机构、住所、财产或者经费。法人成立的具体条件和程序,依照法律、行政法规的规定。

(2)法人的民事权利能力和民事行为能力。法人的民事权利能力和民事行为能力,从法人成立时产生,到法人终止时消灭。法人的民事权利能力与自然人的民事权利能力范围不同,法人作为一个组织,不会享有自然人基于人身前提的某些民事权利能力。法人的民事行为能力是与其民事权利能力同时开始的,而自然人的民事行为能力受到年龄和智力状况的限制。法人以其全部财产独立承担民事责任。依照法律或者法人章程的规定,代表法人从事民事活动的负责人,为法人的法定代表人,其以法人名义从事的民事活动,法律后果由法人承受。

(3)法人的变更、终止与解散。依法需要办理法人登记的,应当将主要办事机构所在地登记为住所。法人存续期间登记事项发生变化的,应当依法向登记机关申请变更登记。法人的实际情况与登记事项不一致的,不得对抗善意相对人。法人合并的,其权利和义务由合并后的法人享有和承担。法人分立的,其权利和义务由分立后的法人享有连带债权,承担连带债务,但是债权人和债务人另有约定的除外。法人解散,或法人被宣告破产,或有法律规定的其他原因,依法完成清算、注销登记的,法人终止。有下列情形之一的,法人解散:法人章程规定的存续期间届满或者法人章程规定的其他解散事由出现;法人的权力机构决议解散;因法人合并或者分立需要解散;法人依法被吊销营业执照、登记证书,被责令关闭或者被撤销;法律规定的其他情形。

2. 法人的分类

(1)营利法人。以取得利润并分配给股东等出资人为目的的法人,为营利法人。营利法人包括有限责任公司、股份有限公司和其他企业法人等。

(2)非营利法人。为公益目的或者其他非营利目的成立,不向出资人、设立人或者会员分配所取得利润的法人,为非营利法人,包括事业单位、社会团体、基金会、社会服务机构等。

(3)特别法人。《民法总则》规定的机关法人,农村集体经济组织法人、城镇农村的合作经济组织法人、基层群众性自治组织法人,为特别法人。

(四)非法人组织

非法人组织是不具有法人资格,但是能够依法以自己的名义从事民事活动的组织,包括个人独资企业、合伙企业、不具有法人资格的专业服务机构等。非法人组织的财产不足以清偿债务的,其出资人或者设立人承担无限责任。法律另有规定的,依照其规定。

三、民事权利

(一) 民事权利的内容

民事权利包括人身权和财产权。自然人的人身自由、人格尊严和个人信息受法律保护。自然人享有生命权、身体权、健康权、姓名权、肖像权、名誉权、荣誉权、隐私权、婚姻自主权、继承权等权利。自然人因婚姻、家庭关系等产生的人身权利受法律保护。法人、非法人组织享有名称权、名誉权、荣誉权等权利。民事主体依法享有物权、债权、知识产权、股权和其他投资性权利,其财产权利受法律平等保护。民事主体享有法律规定的其他民事权利和利益。

(二) 民事权利的取得和行使

民事权利可以依据民事法律行为、事实行为、法律规定的事件或者法律规定的其他方式获得。民事主体按照自己的意愿依法行使民事权利,不受干涉。其行使权利时,应当履行法律规定的和当事人约定的义务,不得滥用民事权利损害国家利益、社会公共利益或者他人合法权益。

四、民事法律行为与代理

(一) 民事法律行为

1. 民事法律行为的概念

民事法律行为是民事主体通过意思表示设立、变更、终止民事法律关系的行为。例如订立合同、授权代理等。民事法律行为以行为人的意思表示为必备要素。意思表示是构成法律行为的核心要素,指行为人将要进行法律行为的意思以一定方式表现于外部。民事法律行为可以基于双方或者多方的意思表示一致成立,也可以基于单方的意思表示成立。

2. 民事法律行为的分类

(1) 单方法律行为、双方法律行为与共同法律行为。单方法律行为基于单方的意思表示即可成立,如遗嘱的作出。双方法律行为需当事人双方交叉的意思表示达成合意才能成立,如合同的缔结。共同法律行为指多个当事人就实现统一目的有一致的意思表示才能成立的行为,如解散法人的协议。

(2) 要式法律行为与非要式法律行为。根据法律规定,法律行为必须由特定形式作出的,为要式法律行为。此外属非要式法律行为。

(3) 诺成法律行为与要物法律行为。只要行为人达成一致的意思表示即成立民事法律关系的行为,为诺成法律行为。某种民事法律关系的成立,不仅要有意思表示的一致,而且需要有物的交付,为要物法律行为,如借贷合同的成立。

(4) 单务法律行为与双务法律行为。单务法律行为指一方负有义务而另一方只享有权利的法律行为,如赠与行为。双务法律行为指双方都负有义务的法律行为,一方的义务也是他方的权利,如买卖合同。

(5) 有偿法律行为与无偿法律行为。一方提供某种利益或服务,对方对此进行相应的支付,为有偿法律行为。双方法律行为多为有偿法律行为,但也有无偿法律行为;单方法律行为只能是无偿法律行为。

3. 民事法律行为的效力

(1) 民事法律行为的有效要件。具备下列条件的民事法律行为有效:行为人具有相应的民事行为能力;意思表示真实;不违反法律、行政法规的强制性规定,不违反公序良俗。限制民事行为能力人实施的纯获利益的民事法律行为或者与其年龄、智力、精神健康状况相适应的民事法律行为有效;实施的其他民事法律行为经法定代理人同意或者追认后有效。

(2) 无效民事行为。主要包括以下情形:无民事行为能力人实施的民事法律行为;行为人与相对人以虚假的意思表示实施的民事法律行为;违反法律、行政法规的强制性规定(但是该强制性规定不导致该民事法律行为无效的除外);违背公序良俗;行为人与相对人恶意串通,损害他人合法权益的民事法律行为。民事法律行为部分无效,不影响其他部分效力的,其他部分仍然有效。

(3) 可撤销的民事行为。主要包括以下情形:基于重大误解实施的民事法律行为;以欺诈、胁迫手段使对方在违背真实意思情况下实施的民事法律行为;一方利用对方处于危困状态、缺乏判断能力等情形致使民事法律行为成立时显失公平的。上述情形下,行为人、受欺诈方、受胁迫方、受损害方有权请求法院或者仲裁机构予以撤销。

(4) 无效或可撤销民事行为的法律后果。无效的或者被撤销的民事法律行为自始没有法律约束力。民事法律行为无效、被撤销或者确定不发生效力后,行为人因该行为取得的财产,应当予以返还;不能返还或者没有必要返还的,应当折价补偿。有过错的一方应当赔偿对方由此所受到的损失;各方都有过错的,应当各自承担相应的责任。法律另有规定的,依照其规定。

4. 附条件和附期限的民事法律行为

(1) 民事法律行为可以附条件,但是按照其性质不得附条件的除外。附生效条件的民事法律行为,自条件成就时生效。附解除条件的民事法律行为,自条件成就时失效。附条件的民事法律行为,当事人为自己的利益不正当地阻止条件成就的,视为条件已成就;不正当地促成条件成就的,视为条件不成就。

(2) 民事法律行为可以附期限,但是按照其性质不得附期限的除外。附生效期限的民事法律行为,自期限届至时生效。附终止期限的民事法律行为,自期限届满时失效。

(二) 代理

1. 代理的概念与特征

代理指代理人在代理权限范围内,以被代理人的名义实施民事法律行为,由此产生的法律后果由被代理人承担。代理有如下特征:(1) 代理人以被代理人的名义实施民事行为。由代理产生的民事法律关系的主体是被代理人,这使代理区别于行纪活动。(2) 代理人在代理权限范围内独立为意思表示。这将代理与传话人、居间人区别开来。(3) 代理行为以产生一定的法律后果为目的。凡不与第三人产生权利义务关系的一般替代行为,如代送书信,不属于民法上的代理。

依照法律规定、当事人约定或者民事法律行为的性质,应当由本人亲自实施的民事法律行为,不得代理。

2. 代理的种类

(1) 委托代理、法定代理与指定代理。委托代理是基于被代理人的委托授权而发生的代理关系。法定代理是根据法律的规定而发生的代理关系,主要是为无民事行为能力人或者限制民事行为能力人设立代理人的方式。指定代理是根据法院和有关单位依法指定而发生的代理关系。如在继承开始时指定遗产代管人。

(2) 一般代理与特别代理。一般代理指代理权范围及于代理事项的全部。特别代理指代理权限被限定于一定范围或一定事项的某些方面。

(3) 单独代理与共同代理。单独代理指代理权仅授予一人的代理。数人为同一事项的代理人的,应当共同行使代理权,但是当事人另有约定的除外。

(4) 本代理与复代理。本代理指基于被代理人选任代理人而发生的代理关系。代理人为被代理人利益而转委托代理的,为复代理。代理人需要转委托第三人代理的,应当取得被代理人的同意或者追认。

3. 代理关系中的责任承担

(1) 代理人知道或者应当知道代理事项违法仍然实施代理行为,或者被代理人知道或者应当知道代理人的代理行为违法未作反对表示的,被代理人和代理人应当承担连带责任。

(2) 转委托代理经被代理人同意或者追认的,被代理人可以就代理事务直接指示转委托的第三人,代理人仅就第三人的选任以及对第三人的指示承担责任;未经被代理人同意或者追认的,代理人应当对转委托的第三人的行为承担责任,但在紧急情况下代理人为了维护被代理人的利益需要转委托第三人代理的除外。

(3) 行为人没有代理权、超越代理权或者代理权终止后,仍然实施代理行为,未经被代理人追认的,对被代理人不发生效力。善意相对人有权请求行为人履行债务或者就其受到的损害请求行为人赔偿,赔偿的范围不得超过被代理人追认时相对人所能获得的利益。相对人知道或者应当知道行为人无权代理的,相对人和行为人按照各自的过错承担责任。

行为人没有代理权、超越代理权或者代理权终止后,仍然实施代理行为,相对人有理由相信行为人有代理权的,代理行为有效。

4. 代理关系的终止

(1) 委托代理终止的情形:代理期间届满或者代理事务完成;被代理人取消委托或者代理人辞去委托;代理人丧失民事行为能力;代理人或者被代理人死亡;作为代理人或者被代理人的法人、非法人组织终止。

(2) 法定代理终止的情形:被代理人取得或者恢复完全民事行为能力;代理人丧失民

事行为能力;代理人或者被代理人死亡;法律规定的其他情形。

五、民事责任

(一)民事责任的构成要件

民事责任是民事主体不履行民事义务或者侵犯他人民事权利时应承担的一种法律责任。一般而言,构成民事责任的条件有以下四项:(1)民事违法行为或违约行为的存在;(2)损害事实的存在;(3)违法行为或违约行为与损害事实之间存在因果关系;(4)行为人主观上有过错。

行为人只对自己有过错的行为负责,称为"过错责任原则"。过错推定原则是过错责任原则的一种特殊表现形式。如《侵权责任法》第6条第2款规定:"根据法律规定推定行为人有过错,行为人不能证明自己没有过错的,应当承担侵权责任。"在法律有特别规定时,行为人承担民事责任并不需要同时具备上述四个要件。如《侵权责任法》第7条规定:"行为人损害他人民事权益,不论行为人有无过错,法律规定应当承担侵权责任的,依照其规定。"这称为"无过错责任原则"。当事人对损害都无过错,又不能适用无过错责任原则,致使受害人遭受重大损害得不到补偿、显失公平的情形下,法院可以根据实际情况确定双方合理分担损失,这称为"公平责任原则"。

(二)违反合同的民事责任

当事人一方不履行合同义务或者履行合同义务不符合约定的,应当承担违约责任。违约可分为预期违约和实际违约两种形态。前者指一方在合同履行期限届满以前明确表示或者以自己的行为表明不履行合同义务。后者指一方在履行期限届满时未履行合同义务或者履行合同义务不符合约定,包括不履行和不完全履行。因当事人一方的违约行为,损害对方人身权益、财产权益的,受损害方有权选择其承担违约责任或者侵权责任。

(三)侵权的民事责任

行为人不法侵害他人的人身权利或者财产权利使他人遭受损失时,行为人应承担侵权责任。除了一般的侵权责任,《侵权责任法》还规定了特殊的侵权责任,主要有产品责任、机动车交通事故责任、医疗损害责任、环境污染责任、高度危险责任、饲养动物损害责任和物件损害责任。此外,对监护人、用人单位、网络用户和网络服务提供者、公共场所管理人或群众性活动组织者和教育机构等作为责任主体也有特殊规定。

(四)承担民事责任的方式

承担民事责任的方式主要有停止侵害、排除妨碍、消除危险、返还财产、恢复原状、修理、重作、更换、继续履行、赔偿损失、支付违约金、消除影响、恢复名誉和赔礼道歉。法律规定惩罚性赔偿的,依照其规定。这些责任承担方式可以单独适用,也可以合并适用。

(五)免除民事责任的情形

行为人有违约或侵权的事实,但由于不可归责的事由,法律规定可以不承担民事责任。主要有以下情形:(1)因不可抗力不能履行民事义务的,不承担民事责任。法律另有规定的,依照其规定。不可抗力指不能预见、不能避免且不能克服的客观情况。(2)因正当防卫造成损害的,不承担民事责任。(3)因紧急避险造成损害,危险由自然原因引起的,紧急避险人不承担民事责任,可以给予适当补偿。(4)因自愿实施紧急救助行为造成受助人损害的,救助人不承担民事责任。

六、诉讼时效与期间计算

(一)诉讼时效

1. 诉讼时效的概念

诉讼时效指权利人经过法定期限不行使自己的权利,法律规定消灭其胜诉权。诉讼时效期间届满的,义务人可以提出不履行义务的抗辩。诉讼时效期间届满后,义务人同意履行的,不得以诉讼时效期间届满为由抗辩;义务人已自愿履行的,不得请求返还。

以下请求权不适用诉讼时效的规定:请求停止侵害、排除妨碍、消除危险;不动产物权和登记的动产物权的权利人请求返还财产;请求支付抚养费、赡养费或者扶养费;依法不适用诉讼时效的其他请求权。

2. 一般诉讼时效与特殊诉讼时效

《民法总则》规定向法院请求保护民事权利的诉讼时效期间为3年。法律另有规定的,依照其规定。此为一般诉讼时效。有些单行法规对诉讼时效期限另有规定,为特殊诉讼时效。如《合同法》规定国际货物买卖合同和技术进出口合同争议提起诉讼或者申请仲裁的期限为4年,自当事人知道或者应当知道其权利受到侵害之日起计算。

3. 诉讼时效的开始、中止、中断和延长

(1)诉讼时效期间自权利人知道或者应当知道权利受到损害以及义务人之日起计算。法律另有规定的,依照其规定。但是自权利受到损害之日起超过20年的,法院不予保护;有特殊情况的,法院可以根据权利人的申请决定延长。《民法总则》还对几种特殊情况下诉讼时效期间的开始作了规定。

(2)为保护权利人利益不因出现法定事由不能在时效届满前提起诉讼而受到损害,法律规定了诉讼时效中止制度。在诉讼时效期间的最后6个月内,因下列障碍不能行使请求权的,诉讼时效中止:不可抗力;无民事行为能力人或者限制民事行为能力人没有法定代理人,或者法定代理人死亡、丧失民事行为能力、丧失代理权;继承开始后未确定继承人或者遗产管理人;权利人被义务人或者其他人控制;其他导致权利人不能行使请求权的障碍。自中止时效的原因消除之日起满6个月,诉讼时效期间届满。

(3)有下列情形之一的,诉讼时效中断,从中断、有关程序终结时起,诉讼时效期间重新计算:权利人向义务人提出履行请求;义务人同意履行义务;权利人提起诉讼或者申请仲裁;与提起诉讼或者申请仲裁具有同等效力的其他情形。

(二)期间计算

期间指在以一定的时点为起点与以另一时点为终点之间的一段时间。民法所称的期间按照公历年、月、日、小时计算。期间的计算方法依照《民法总则》的规定,但是法律另有规定或者当事人另有约定的除外。

> **链接阅读**
>
> 1. 王利明:《民法的人文关怀》,载《中国社会科学》2011年第4期;
> 2. 杨立新:《我国民事权利客体立法的检讨与展望》,载《法商研究》2015年第4期;
> 3. 张新宝:《侵权责任法立法的利益衡量》,载《中国法学》2009年第4期。

第二节 物　　权

一、物权概说

(一) 物权的概念与特征

1. 物权的概念

物权是权利人依法对特定的物享有直接支配和排他的权利,包括所有权、用益物权和担保物权。《物权法》规范因物的归属和利用而产生的民事关系。物包括不动产和动产。法律规定权利作为物权客体的,依照其规定。

2. 物权的特征

物权具有如下特征:(1)支配性。物权人可以直接对物进行支配,不需要借助其他人的行为。(2)对世性。物权的权利主体是特定的,而义务主体是不特定的。权利人以外的其他任何人都负有不得侵害他人物权的义务。(3)排他性。主要表现在两个方面:一是同一物上不能同时设立两个内容相互冲突的物权;二是物权具有直接排除他人不法侵害的效力。

(二) 物权法的基本原则

(1) 平等保护原则。我国实行社会主义市场经济,保障一切市场主体的平等法律地位和发展权利。国家、集体、私人的物权和其他权利人的物权受法律保护,任何单位和个人不得侵犯。

(2) 一物一权原则。一物之上只能成立一个所有权,不能同时成立多个所有权。一物一权的"权"不包含他物权,允许所有权人在自己所有的物上设立以使用为目的的用益物权和以担保为目的的担保物权。

(3) 物权法定原则。物权的种类和内容,由法律规定。

(4) 物权公示原则。不动产物权的设立、变更、转让和消灭,应当依照法律规定登记。动产物权的设立和转让,应当依照法律规定交付。

(三) 物权的种类

(1) 自物权与他物权。自物权是权利人对自己的财产享有的权利,也即所有权,所有权人依法对其财产享有占有、使用、收益和处分的权利,是一种最完整、最充分的物权。他物权是在他人所有的物上设定的物权,包括用益物权和担保物权。用益物权以物的使用、收益为内容,如地上权、地役权;担保物权为担保债的履行而设定,如抵押权、质权、留置权。

(2) 动产物权与不动产物权。这是根据物权的客体是动产还是不动产所作的分类。动产物权与不动产物权的取得方法、成立要件等各有不同。一般而言动产物权的公示方法为占有,不动产物权的公示方法为登记。

(3) 主物权与从物权。这是根据物权是否可以独立存在所作的分类。主物权指本身可以独立存在的物权,如所有权。从物权指必须依附其他权利而存在的物权,如为担保的债权而设定的抵押权。

(四) 物权的变动

1. 不动产物权的变动

不动产物权的设立、变更、转让和消灭,经依法登记,发生效力;未经登记,不发生效力,但法律另有规定的除外。此为登记要件主义。《物权法》区分合同效力与物权变动的效力,规定当事人之间订立有关设立、变更、转让和消灭不动产物权的合同,除法律另有规定或者合同另有规定外,自合同成立时生效;未办理物权登记的,不影响合同效力。

2. 动产物权的变动

动产物权的设立和转让,自交付时发生效力,但法律另有规定的除外。船舶、航空器和机动车等物权的设立、变更、转让和消灭,未经登记,不得对抗善意第三人。此为登记对抗主义。交付分为现实的交付和观念的交付。前者指出让人将动产的占有实际转移给受让人。后者指特殊情形下法律允许当事人经过约定,并不实际交付动产而发生物权变动,主要有简易交付、指示交付和占有改定。《物权法》规定,动产物权设立和转让前,权利人已经依法占有该动产的,物权自法律行为生效时发生效力。动产物权设立和转让前,第三人依法占有该动产的,负有交付义务的人可以通过转让请求第三人返还原物的权利代替交付。动产物权转让时,双方又约定由出让人继续占有该动产的,物权自该约定生效时发生效力。

(五) 物权的效力

(1) 物权的排他效力。指在同一物上不能同时成立两个以上内容不相容的物权。即已成立的物权具有排除在该物上再成立与其不相容物权的效力。

(2) 物权的优先效力。主要体现在两个方面:一是物权相互间的优先效力。先成立的物权具有优先于后成立的物权的效力。二是物权优先于债权的效力。某物已为债权的标的,就该物再成立物权时,物权有优先效力。但不动产租赁使用权是例外情况。如甲将其所有的房屋出租给乙,其后又将该房屋出卖给丙,丙取得房屋所有权后,乙仍可以向丙主张其租赁使用权。此外,债权人依破产程序或强制执行程序行使债权时,在债务人财产上成立的物权具有优先效力。

(3) 物权的追及效力。指物权的标的物被不法行为人恶意占有时,物权人可以依法请求其返还原物。

(4) 物权的排除妨碍效力。指物权人在其物被侵害或有被侵害危险时,有权请求排除侵害或防止侵害,以恢复其物权的圆满状态。

（六）物权的民法保护

（1）因物权的归属、内容发生争议的，利害关系人可以请求确认权利。

（2）无权占有不动产或者动产的，权利人可以请求返还原物。

（3）妨害物权或者可能妨害物权的，权利人可以请求排除妨害或者消除危险。

（4）造成不动产或者动产毁损的，权利人可以请求修理、重作、更换或者恢复原状。

（5）侵害物权，造成权利人损害的，权利人可以请求损害赔偿，也可以请求承担其他民事责任。损害赔偿的请求可以单独提出，也可以在行使物权请求权的同时提出。

以上物权保护方式，可以单独适用，也可以根据权利被侵害的情形合并适用。

二、所有权

（一）所有权的一般原理

1. 所有权的概念与内容

所有权人对自己的不动产或者动产，依法享有占有、使用、收益、处分的权利。所有权是完全的物权，是他物权的基础，具有独占性和排他性。所有权人有权在自己的不动产或者动产上设立用益物权和担保物权。用益物权人、担保物权人行使权利，不得损害所有权人的权益。

所有权的内容指其具体权能，包括：（1）占有：指对财产的实际控制。财产一般由所有人占有，但也可能与所有人脱离而归非所有人占有。根据有无法律依据，非所有人占有又可分为合法占有与非法占有。前者指依据法律规定或所有人的同意的占有，如依合法租赁关系而占有。后者指没有法律依据也没有取得所有人同意的占有，又可分为善意占有和恶意占有。善意占有指不知悉或无从知悉没有占有的权利而占有他人财产；恶意占有指已经知悉或应当知悉其无权占有而占有他人财产。这种区分的意义在于判定是否应该承担返还原物和赔偿损失的法律后果。（2）使用：指对财产进行使用和利用。使用权是直接于占有物上行使的权利，以占有物为前提。（3）收益：指在财产上取得经济利益，包括法定孳息和自然孳息，前者如利息、租金，后者如果实、子畜。收益权一般通过对物的使用来实现，但某些情况下所有人并不行使使用权而直接获取收益。（4）处分：指对财产进行处置、决定财产在事实上和法律上的命运。这是所有权人最基本的权利。

为了公共利益的需要，依照法律规定的权限和程序征收、征用不动产或者动产的，应当给予公平、合理的补偿。

2. 所有权的取得与消灭

（1）所有权的取得。分为原始取得和继受取得。前者指由于某种事实的发生取得所有权。后者指通过民事法律行为取得所有权，如通过买卖、赠予、继承等。《民法总则》还规定了善意取得制度，指无处分权人将不动产或者动产转让给受让人的，符合下列情形的，受让人取得所有权：受让人受让该不动产或者动产时是善意的；以合理的价格转让；转让的不动产或者动产依照法律规定应当登记的已经登记，不需要登记的已经交付给受让人。另外，拾得遗失物，应当返还权利人。拾得漂流物、发现埋藏物或者隐藏物的，参照拾得遗失物的有关规定。

(2) 所有权的消灭。主要原因有所有权的转让、所有权客体灭失、所有权主体消灭、所有权的抛弃和所有权被强制消灭等情形。

(二) 国家所有权和集体所有权、私人所有权

法律规定属于国家所有的财产,属于国家所有即全民所有。国家机关对其直接支配的不动产和动产,享有占有、使用以及依照法律和国务院的有关规定处分的权利。国家举办的事业单位对其直接支配的不动产和动产,享有占有、使用以及依照法律和国务院的有关规定收益、处分的权利。

集体所有的不动产和动产包括:法律规定属于集体所有的土地和森林、山岭、草原、荒地、滩涂;集体所有的建筑物、生产设施、农田水利设施;集体所有的教育、科学、文化、卫生、体育等设施;集体所有的其他不动产和动产。城镇集体所有的不动产和动产,依照法律、行政法规的规定由本集体享有占有、使用、收益和处分的权利。集体组织对其所有的财产,有权通过承包或租赁,交由其成员个人经营。《农村土地承包法》第32条规定,通过家庭承包取得的土地承包经营权可以依法采取转包、出租、互换、转让或者其他方式流转。

私人对其合法的收入、房屋、生活用品、生产工具、原材料等不动产和动产享有所有权。企业法人对其不动产和动产依照法律、行政法规以及章程享有占有、使用、收益和处分的权利。企业法人以外的法人,对其不动产和动产的权利,适用有关法律、行政法规以及章程的规定。社会团体依法所有的不动产和动产,受法律保护。

(三) 业主的建筑物区分所有权

业主对建筑物内的住宅、经营性住房等专有部分享有所有权,对专有部分以外的共有部分享有共有和共同管理的权利。业主对其建筑物专有部分享有占有、使用、收益和处分的权利。业主行使权利不得危及建筑物的安全,不得损害其他业主的合法权益。业主对建筑物专有部门以外的共有部分,享有权利,承担义务;不得以放弃权利不履行义务。业主转让建筑物内的住宅、经营性用房,其对共有部分享有的共有和共同管理的权利一并转让。业主可以设立业主大会,选举业主委员会。业主大会或者业主委员会的决定,对业主具有约束力。其作出的决定侵害业主合法权益的,受侵害的业主可以请求法院予以撤销。业主大会和业主委员会对任意弃置垃圾等损害他人合法权益的行为,有权依照法律、法规以及管理规约,要求行为人停止侵害、消除危险、排除妨害、赔偿损失。业主对侵害自己合法权益的行为,可以依法向法院提起诉讼。

(四) 相邻关系

相邻关系指相互毗邻的不动产权利人之间在行使所有权时,因相互间给予便利或接受限制所发生的权利义务关系。不动产的相邻权利人应当按照有利生产、方便生活、团结互助、公平合理的原则,正确处理相邻关系。法律、法规对处理相邻关系有规定的,依照其规定。法律、法规没有规定的,可以按照当地习惯。相邻关系主要有:相邻用水、排水关系;相邻通行关系;相邻修建施工、铺设管线关系;相邻通风、采光关系;相邻排污关系。

（五）共有

共有指由两个或两个以上主体对共有财产共同享有所有权。共有包括按份共有和共同共有。按份共有人对共有的不动产或者动产按照其份额享有所有权。按份共有人可以转让其享有的共有的不动产或者动产份额。其他共有人在同等条件下享有优先购买的权利。共同共有人对共有的不动产或者动产共同享有所有权。除共有人另有约定外，按份共有人按照份额享有债权、承担债务，共同共有人共同享有债权、承担债务。偿还债务超过自己应当承担份额的按份共有人，有权向其他共有人追偿。

三、用益物权

（一）用益物权的一般原理

用益物权指以对物的使用收益为目的的物权。用益物权是从所有权分离出来的他物权，对所有权的行使有所限制。用益物权人对他人所有的不动产或者动产，依法享有占有、使用和收益的权利。用益物权人行使权利，应当遵守法律有关保护和合理开发利用资源的规定。所有权人不得干涉用益物权人行使权利。

（二）土地承包经营权

土地承包经营权人依法对其承包经营的耕地、林地、草地等享有占有、使用和收益的权利，有权从事种植业、林业、畜牧业等农业生产。土地承包经营权自土地承包经营权合同生效时设立。县级以上地方政府应当向土地承包经营权人发放土地承包经营权证、林权证、草原使用权证，并登记造册，确认土地承包经营权。土地承包经营权人依照《农村土地承包法》的规定，有权将土地承包经营权采取转包、互换、转让等方式流转。流转的期限不得超过承包期的剩余期限。未经依法批准，不得将承包地用于非农建设。

（三）建设用地使用权

建设用地使用权人依法对国家所有的土地享有占有、使用和收益的权利，有权利用该土地建造建筑物、构筑物及其附属设施。建设用地使用权可以在土地的地表、地上或者地下分别设立。设立建设用地使用权，可以采取出让或者划拨等方式。工业、商业、旅游、娱乐和商品住宅等经营性用地以及同一土地上有两个以上意向用地者的，应当采取招标、拍卖等公开竞价的方式出让。设立建设用地使用权的，应当向登记机构申请登记。建设用地使用权自登记时设立。建设用地使用权人有权将建设用地使用权转让、互换、出资、赠与或者抵押，但法律另有规定的除外。

（四）宅基地使用权

宅基地使用权人依法对集体所有的土地享有占有和使用的权利，有权依法利用该土地建造住宅及其附属设施。宅基地使用权的取得、行使和转让，适用《土地管理法》等法律和国家有关规定。宅基地因自然灾害等原因灭失的，宅基地使用权消灭。对失去宅基地的村民，应当重新分配宅基地。已经登记的宅基地使用权转让或消灭的，应当及时办理变更登记或者注销登记。

(五) 地役权

地役权人有权按照合同约定,利用他人的不动产,以提高自己的不动产的效益。设立地役权,当事人应当采取书面形式订立地役权合同。地役权自合同生效时设立。当事人要求登记的,可以向登记机构申请地役权登记;未经登记的,不得对抗善意第三人。

四、担保物权

(一) 担保物权的一般原理

债权人在借贷、买卖等民事活动中,为保障实现其债权,需要担保的,可以依法设立担保物权。担保物权人在债务人不履行到期债务或者发生当事人约定的实现担保物权的情形,依法享有就担保财产优先受偿的权利,但法律另有规定的除外。担保物权是一种从属于债权的从物权,以债权的存在为前提,随着债权的消灭而消灭。设立担保物权,应当依法订立担保合同。担保物权的担保范围包括主债权及其利息、违约金、损害赔偿金、保管担保财产和实现担保物权的费用。当事人另有约定的,按照约定。

(二) 抵押权

为担保债务的履行,债务人或者第三人不转移财产的占有,将该财产抵押给债权人的,债务人不履行到期债务或者发生当事人约定的实现抵押权的情形,债权人有权就该财产优先受偿。以建筑物和其他土地附着物、建设用地使用权及以招标、拍卖、公开协商等方式取得的荒地等土地承包经营权、正在建造的建筑物抵押的,应当办理抵押登记,抵押权自登记时设立。以生产设备、原材料、半成品、交通运输工具及正在建造的船舶、航空器抵押的,抵押权自抵押合同生效时设立,未经登记不得对抗善意第三人。此外,为担保债务的履行,债务人或者第三人对一定期间内将要连续发生的债权提供担保财产的,债务人不履行到期债务或者发生当事人约定的实现抵押权的情形,抵押权人有权在最高债权额限度内就该担保财产优先受偿,此为最高额抵押权。

(三) 质权

为担保债务的履行,债务人或者第三人将其动产或权利出质给债权人占有的,债务人不履行到期债务或者发生当事人约定的实现质权的情形,债权人有权就该动产或权利优先受偿。质权包括动产质权和权利质权。质权以质权人实际占有质物为条件,质权人负有妥善保管质物的义务。权利质押的标的主要包括:汇票、支票、本票;债券、存款单;仓单、提单;可以转让的基金份额、股权;可以转让的注册商标专用权、专利权、著作权等知识产权中的财产权;应收账款;法律、行政法规规定可以出质的其他财产权利。

(四) 留置权

债务人不履行到期债务,债权人可以留置已经合法占有的债务人的动产,并有权就该动产优先受偿。留置权多发生于保管合同、运输合同、加工承揽合同中。留置物只能是动产,并由留置权人实际占有,留置权人负有妥善保管留置财产的义务。留置权人有权收取留置财产的孳息。留置财产为可分物的,留置财产的价值应当相当于债务的金额。留置权人与债务人应当约定留置财产后的债务履行期间;没有约定或者约定不明确的,留置权人应当给债务人2个月以上履行债务的期间,但不易保管的动产除外。同一动产上已设立抵押权或者质权,该动产又被留置的,留置权人优先受偿。

> **链接阅读**
> 1. 崔建远:《民法分则物权编立法研究》,载《中国法学》2017年第2期;
> 2. 张鹏:《物债二分体系下的物权法定》,载《中国法学》2013年第6期。

第三节 债 权

一、债权概述

(一)债权的概念与特征

1. 债权的概念

债权是因合同、侵权行为、无因管理、不当得利以及法律的其他规定,权利人请求特定义务人为或者不为一定行为的权利。在债权法律关系中,债权人享有请求债务人为或不为一定行为的权利,债务人负有满足该项权利的义务。

2. 债权的特征

债权与物权关系都是民法调整财产关系的结果,但二者又有不同特征:债权反映动态的财产关系即财产流转关系,物权反映静态的财产关系即财产归属关系;债权关系的主体是特定的双方当事人,物权关系的义务主体是不特定的;债权的客体可以是物也可以是行为,物权的客体一般只能是物;债权一般需要通过债务人的行为才能实现,物权的实现一般无需借助他人的行为。

(二)债的种类

(1)合同之债与法定之债。这是根据债发生的原因不同所作的分类。法定之债又分为侵权行为之债、无因管理之债与不当得利之债。

(2)特定物之债与种类物之债。这是根据债的标的物属性不同所作的分类。特定物之债在债发生时,其标的物即已存在并已特定化。除非债务履行前标的物已灭失,债务人不得以其他标的物代为履行。种类物之债在债发生时其标的物尚未特定化,但当事人双方必须就债权标的物的种类、数量、质量等达成协议。

(3)单一之债与多数人之债。这是根据主体人数多少所作的分类。多数人之债按主体各自的权利义务,又可以分为按份之债和连带之债。按份之债中,主体各自按照一定的份额享有权利或承担义务。连带之债中,享有连带权利的每个债权人都有权要求债务人履行义务,负有连带义务的每个债务人都负有清偿全部债务的义务,履行了义务的人有权要求其他负有连带义务的人偿付其应当承担的份额。

(4)主债与从债。这是根据两个债之间的关系所作的分类。从债不能独立存在,须以主债的存在为前提,主债的效力决定从债的效力。

(三) 债的发生与终止

引起债发生的根据主要有合同、侵权行为、无因管理和不当得利。

引起债终止的原因主要有债务履行、互相抵销、混同（债权人与债务人合为一人）、一方放弃债权或双方协议免除债务等。

二、合同

(一) 合同的概念和种类

1. 合同的概念

《合同法》所称合同是平等主体的自然人、法人、其他组织之间设立、变更、终止民事权利义务关系的协议。婚姻、收养、监护等有关身份关系的协议，适用其他法律的规定。合同以相互间意思表示的一致为条件。合同当事人的法律地位平等。当事人自愿订立合同，遵循公平原则确定各方的权利和义务，遵循诚实信用原则行使权利、履行义务。

2. 合同的种类

(1) 双务合同与单务合同。双务合同指双方当事人之间互有权利和义务，如租赁合同。单务合同指当事人一方只享有权利而他方只负有义务，如赠与合同。

(2) 有偿合同与无偿合同。有偿合同指双方当事人各因自己的给付而从对方获得权益，如买卖合同。无偿合同指只有一方给付并且不因自己的给付从对方获得利益。单务合同大都为无偿合同，但有些合同（如保管合同、委托合同）可由当事人协商确定为无偿或有偿。

(3) 要式合同和非要式合同。要式合同为法律规定必须依一定的形式或程序来签订的合同。反之则为非要式合同。

(4) 有名合同和无名合同。有名合同为法律上对之有特殊规定的合同。反之则为无名合同。《合同法》对买卖，供用电、水、气、热力，赠与，借款，租赁，融资租赁，承揽，建设工程，运输，技术，保管，仓储，委托，行纪及居间等15种有名合同分别作了系统规定。

(5) 诺成合同与实践合同。诺成合同指经双方协商就合同主要条款达成协议即为成立的合同，如供应合同。实践合同指除了协议一致还要交付预定标的物才能成立的合同，如借用合同。

(二) 合同的订立和效力

1. 合同的订立

当事人订立合同，采取要约、承诺方式。要约是希望和他人订立合同的意思表示，该意思表示应当符合下列规定：内容具体确定；表明经受要约人承诺，要约人即受该意思表示约束。要约到达受要约人时生效。要约可以撤回。要约可以撤销，但以下情形除外：要约人确定了承诺期限或者以其他形式明示要约不可撤销；受要约人有理由认为要约是不可撤销的，并已经为履行合同做了准备工作。

承诺是受要约人同意要约的意思表示。承诺应当以通知的方式作出，但根据交易习惯或者要约表明可以通过行为作出承诺的除外。承诺应当在要约确定的期限到达要约人。承诺可以撤回。承诺的内容应当与要约的内容一致。受要约人对要约的内容作出实质性变更的,为新要约。有关合同标的、数量、质量、价款或者报酬、履行期限、履行地点和方式、违约责任和解决争议方法等的变更,是对要约内容的实质性变更。

2. 合同的效力

依法成立的合同,自成立时生效。法律、行政法规规定应当办理批准、登记等手续生效的,依照其规定。当事人对合同的效力可以约定附条件或附期限。有下列情形之一的,合同无效:一方以欺诈、胁迫的手段订立合同,损害国家利益;恶意串通,损害国家、集体或者第三人利益;以合法形式掩盖非法目的;损害社会公共利益;违反法律、行政法规的强制性规定。因重大误解订立的合同或在订立合同时显失公平的,当事人一方有权请求法院或者仲裁机构变更或者撤销。一方以欺诈、胁迫的手段或者乘人之危,使对方在违背真实意思情况下订立的合同,受损害方有权请求法院或者仲裁机构变更或者撤销。

(三) 合同的履行和担保

1. 合同的履行

当事人应当按照约定全面履行自己的义务,应当遵循诚实信用原则,根据合同的性质、目的和交易习惯履行通知、协助、保密等义务。合同生效后,当事人就质量、价款或者报酬、履行地点等内容没有约定或者约定不明确的,可以协议补充;不能达成补充协议的,按照合同有关条款或者交易习惯确定。仍不能确定的,《合同法》第 62 条规定了履行规则。

《合同法》对合同履行中的抗辩权也作了规定。同时履行抗辩权指当事人互负债务,没有先后履行顺序的,应当同时履行。一方在对方履行之前有权拒绝其履行要求。一方在对方履行债务不符合约定时,有权拒绝其相应的履行要求。先履行抗辩权指当事人互负债务,有先后履行顺序的,先履行一方未履行的,后履行一方有权拒绝其履行要求。先履行一方履行债务不符合规定的,后履行一方有权拒绝其相应的履行要求。不安抗辩权指应当先履行债务的当事人有确切证据证明对方有下列情形之一的,可以中止履行:经营状况严重恶化;转移财产、抽逃资金,以逃避债务;丧失商业信誉;有丧失或者可能丧失履行债务能力的其他情形。中止履行应当及时通知对方。对方提供适当担保时,应当恢复履行。对方在合理期限内未恢复履行能力并且未提供适当担保的,中止履行的一方可以解除合同。债权人分立、合并或者变更住所没有通知债务人,致使履行债务发生困难的,债务人可以中止履行或者将标的物提存。

因债务人怠于行使其到期债权对债权人造成损害的,债权人可以向法院请求以自己的名义代位行使债务人的债权,但该债权专属于债务人自身的除外。因债务人放弃其到期债权或者无偿转让财产,对债权人造成损害的,债权人可以请求法院撤销债务人的行为。债务人以明显不合理的低价转让财产对债权人造成损害,并且受让人知道该情形的,债权人也可以请求法院撤销债务人的行为。

2. 合同的担保

在借贷、买卖、货物运输、加工承揽等经济活动中,债权人需要以担保方式保障其债权实现的,可以依法设定担保。担保方式主要有保证、定金、抵押、质押、留置。在介绍担保物权时已对后三种担保方式有所阐述,在此不再赘述,只介绍保证和定金这两种担保方式。

（1）保证。保证指保证人和债权人约定,当债务人不履行债务时,保证人按照约定履行债务或者承担责任的行为。保证合同主要包括被保证的主债权种类和数额、履行债务的期限、保证的方式、保证担保的范围和保证的期间等内容。

保证的方式有一般保证和连带责任保证。前者为当事人在保证合同中约定债务人不能履行债务时由保证人承担保证责任。后者为当事人在保证合同中约定保证人与债务人承担连带责任。没有约定或者约定不明确的,按照连带责任保证承担保证责任。一般保证和连带责任保证的保证人享有债务人的抗辩权。债务人放弃对债务的抗辩权的,保证人仍有权抗辩。抗辩权指债权人行使债权时,债务人根据法定事由对抗债权人行使请求权的权利。

保证担保的范围包括主债权及利息、违约金、损害赔偿金和实现债权的费用。保证合同另有约定的,按照约定。没有约定或者约定不明确的,保证人应当对全部债务承担责任。保证人承担保证责任后有权向债务人追偿。

（2）定金。当事人可以约定一方向对方给付定金作为债权的担保。给付定金的一方不履行约定的债务,无权要求返还定金;收受定金的一方不履行约定的债务,应当双倍返还定金。定金应当以书面形式约定。当事人在定金合同中应当约定交付定金的期限。定金合同从实际交付定金之日起生效。定金的数额由当事人约定,但不得超过主合同标的额的20%。

（四）合同的变更和转让

当事人协商一致,可以变更合同。法律、行政法规规定变更合同应当办理批准、登记等手续的,依照其规定。当事人对合同变更的内容约定不明确的,推定为未变更。债权人可以将合同的权利全部或者部分转让给第三人,下列情形除外:根据合同性质不得转让;按照当事人约定不得转让;依照法律规定不得转让。债权人转让权利的,应当通知债务人。债务人对让与人的抗辩可以向受让人主张;债务人对让与人享有债权,并且债务人的债权先于转让的债权到期或者同时到期的,债务人可以向受让人主张抵销。债务人将合同的义务全部或者部分转移给第三人的,应当经债权人同意。新债务人可以主张原债务人对债权人的抗辩。

（五）合同的权利义务终止

有下列情形之一的,合同的权利义务终止:债务已经按照约定履行;合同解除;债务相互抵销;债务人依法将标的物提存;债权人免除债务;债权债务同归于一人;法律规定或者当事人约定终止的其他情形。

当事人协商一致,可以解除合同。有下列情形之一的,当事人可以解除合同:因不可抗力致使不能实现合同目的;在履行期限届满之前,当事人一方明确表示或者以自己的行为表明不履行主要债务;当事人一方迟延履行主要债务,经催告后在合理期限内仍未履行;当事人一方迟延履行债务或者有其他违约行为致使不能实现合同目的;法律规定的其他情形。

当事人互负到期债务,该债务的标的物种类、品质相同的,任何一方可以将自己的债务与对方的债务抵销,但依照法律规定或者按照合同性质不得抵销的除外;标的物种类、品质不相同的,经双方协商一致也可以抵销。有下列情形之一,难以履行债务的,债务人可以将标的物提存:债权人无正当理由拒绝受领;债权人下落不明;债权人死亡未确定继承人或者丧失民事行为能力未确定监护人;法律规定的其他情形。标的物不适于提存或者提存费用过高的,债务人依法可以拍卖或者变卖标的物,提存所得价款。

(六) 违约责任

当事人一方不履行合同义务或者履行合同义务不符合约定的,应当承担继续履行、采取补救措施或者赔偿损失等违约责任。质量不符合约定的,应当按照当事人的约定承担违约责任。没有约定或者约定不明,依照《合同法》第 61 条的规定仍不能确定的,受损害方根据标的的性质以及损失的大小,可以合理选择要求对方承担修理、更换、重作、退货、减少价款或者报酬等违约责任。

当事人一方不履行合同义务或者履行合同义务不符合约定,给对方造成损失的,损失赔偿额应当相当于因违约所造成的损失,包括合同履行后可以获得的利益,但不得超过违反合同一方订立合同时预见或者应当预见到的因违反合同可能造成的损失。当事人可以约定一方违约时应当根据违约情况向对方支付一定数额的违约金,也可以约定因违约产生的损失赔偿额的计算方法。

三、无因管理与不当得利

(一) 无因管理

无因管理指没有法定或约定的义务,为避免他人利益受损失而进行管理或服务的行为。管理人有权请求受益人偿还由此支出的必要费用。管理人有权请求受益人偿还其管理支出的必要费用,同时管理人有进行适当管理的义务。

(二) 不当得利

不当得利指没有法律或合同上的根据取得利益,造成他人受损害。受损失的一方有权请求不当得利人返还所得利益。

> **链接阅读**
>
> 1. 王利明:《民法分则合同编立法研究》,载《中国法学》2017 年第 2 期;
> 2. 梁慧星:《审理合同纠纷案件的若干问题》,载《法律适用》2012 年第 12 期。

第四节 知识产权

一、知识产权概述

(一) 知识产权的概念

知识产权是民事主体对其智力成果依法享有的专有权。作为权利客体的智力成果主要包括作品、发明、实用新型、外观设计、商标、地理标志、商业秘密、集成电路布图设计、植物新品种等。

（二）知识产权的特性

知识产权主要具有以下特性：第一，专有性。法律规定知识产权为权利人专有，非经权利人许可或法律强制规定，任何人不得非法使用其著作、专利、商标等。第二，地域性。依照一国或地区法律享有的知识产权原则上只在当地发生法律效力，除该国或地区参加相关国际公约或与别国签订条约外，只受当地法律保护。第三，时间性。法律对知识产权的保护有严格的期限限制。

二、著作权

（一）著作权的概念

著作权是指作者及其他著作权人对文学、艺术和自然科学、社会科学、工程技术等作品依法享有的专有权利，包括著作人身权和著作财产权。我国于1990年通过《著作权法》，于2001年和2010年进行两次修正。为加强对著作权的保护，我国加入了《保护文学和艺术作品伯尔尼公约》和《世界版权公约》等。

（二）著作权的主体与客体

1. 著作权的主体

著作权人包括作者和其他依照《著作权法》享有著作权的公民、法人或者其他组织。创作作品的公民是作者。由法人或者其他组织主持，代表法人或者其他组织意志创作，并由法人或者其他组织承担责任的作品，法人或者其他组织视为作者。如无相反证明，在作品上署名的公民、法人或者其他组织为作者。同时《著作权法》还规定了演绎作品、合作作品、汇编作品、电影作品和以类似摄制电影的方法创作的作品、职务作者及委托作品的著作权归属规则。

2. 著作权的客体

著作权的客体包括：文字作品；口述作品；音乐、戏剧、曲艺、舞蹈、杂技艺术作品；美术、建筑作品；摄影作品；电影作品和以类似摄制电影的方法创作的作品；工程设计图、产品设计图、地图、示意图等图形作品和模型作品；计算机软件；法律、行政法规规定的其他作品。

以下对象不受《著作权法》保护：依法禁止出版、传播的作品；法律、法规，国家机关的决议、决定、命令和其他具有立法、行政、司法性质的文件及其官方正式译文；时事新闻；历法、通用数表、通用表格和公式。

（三）著作权的内容

著作权的内容包括著作人身权和著作财产权。著作人身权包括：(1) 发表权，即决定作者是否公之于众的权利；(2) 署名权，即表明作者身份，在作品上署名的权利；(3) 修改权，即修改或者授权他人修改作品的权利；(4) 保护作品完整权，即保护作者不受歪曲、篡改的权利。著作财产权包括：(1) 复制权；(2) 发行权；(3) 出租权；(4) 展览权；(5) 表演权;(6) 放映权;(7) 广播权;(8) 信息网络传播权;(9) 摄制权;(10) 改编权;(11) 翻译权;(12) 汇编权;(13) 应当由著作权人享有的其他权利。著作权人可以许可他人行使著作财产权,并依照约定或者《著作权法》有关规定获得报酬;也可以全部或者部分转让著作财产权,并依照约定或者《著作权法》有关规定获得报酬。

(四) 著作权的取得、保护期和限制

1. 著作权的取得

著作权的取得有自动取得和非自动取得两种形式。我国《著作权法》采用自动取得,规定中国公民、法人或者其他组织的作品,不论是否发表,依照《著作权法》享有著作权。《世界版权公约》则规定只有作品于首次发表时在复制件上印刷有版权的标记©,并注明作者姓名和首次出版年份,才能得到公约保护。

2. 著作权的保护期限

作者的署名权、修改权、保护作品完整权的保护期不受限制。公民的作品,其发表权、著作财产权的保护期为作者终生及其死亡后50年,截止于作者死亡后第50年的12月31日。法人或者其他组织的作品、著作权(署名权除外)由法人或者其他组织享有的职务作品,其发表权、著作财产权的保护期为50年,截止于作品首次发表后第50年的12月31日,但作品自创作完成后50年内未发表的,《著作权法》不再保护。

3. 著作权的限制

根据《著作权法》第22条和第23条的规定,在一些情况下使用作品,可以不经著作权人许可,不向其支付报酬,但应当指明作者姓名、作品名称,并且不得侵犯著作权人依照《著作权法》享有的其他权利。为实施九年制义务教育和国家教育规划而编写出版教科书,除作者事先声明不许使用的外,可以不经著作权人许可,在教科书中汇编已经发表的作品片段或者短小的文字作品、音乐作品或者单幅的美术作品、摄影作品,但应当按照规定支付报酬,指明作者姓名、作品名称,并且不得侵犯著作权人依照《著作权法》享有的其他权利。以上规定适用于对出版者、表演者、录音录像制作者、广播电台、电视台的权利限制。

(五) 著作权的法律保护

《著作权法》规定,有下列侵权行为的,应当根据情况,承担停止侵害、消除影响、赔礼道歉、赔偿损失等民事责任:(1) 未经著作权人许可,发表其作品的;(2) 未经合作作者许可,将与他人合作创作的作品当作自己单独创作的作品发表的;(3) 没有参加创作,为谋取个人名利,在他人作品上署名的;(4) 歪曲、篡改他人作品的;(5) 剽窃他人作品的;(6) 未经著作权人许可,以展览、摄制电影和以类似摄制电影的方法使用作品,或者以改变、翻译、注释等方式使用作品等,本法另有规定的除外;(7) 使用他人作品,应当支付报酬而未支付的;(8) 未经电影作品和以类似摄制电影的方法创作的作品、计算机软件、录音录像制品的著作权人或者与著作权有关的权利人许可,出租其作品或者录音录像制品的,本法另有规定的除外;(9) 未经出版者许可,使用其出版的图书、期刊的版式设计的;(10) 未经表演者许可,从现场直播或者公开传送其现场表演,或者录制其表演的;(11) 其他侵犯著作权以及与著作权有关的权益的行为。

有下列侵权行为的,应当根据情况,承担停止侵害、消除影响、赔礼道歉、赔偿损失等民事责任;同时损害公共利益的,可以由著作权行政管理部门责令停止侵权行为,没收违法所得,没收、销毁侵权复制品,并可处以罚款;情节严重的,著作权行政管理部门还可以没收主要用于制作侵权复制品的材料、工具、设备等;构成犯罪的,依法追究刑事责任:(1) 未经著作权人许可,复制、发行、表演、放映、广播、汇编、通过信息网络向公众传播其作品等,本法另有规定的除外;(2) 出版他人享有专有出版权的图书的;(3) 未经表演者许可,复制、发行录有其表演的录音录像制品,或者通过信息网络向公众传播其表演的,本法另有规定的除外;(4) 未经录音录像制作者许可,复制、发行、通过信息网络向公众传播其制作的录音录像制品的,本法另有规定的除外;(5) 未经许可,播放或者复制广播、电视的,本法另有规定的除外;(6) 未经著作权人或者与著作权有关的权利人许可,故意避开或者破坏权利人为其作品、录音录像制品等采取的保护著作权或者与著作权有关的权利的技术措施的,法律、行政法规另有规定的除外;(7) 未经著作权人或者与著作权有关的权利人许可,故意删除或者改变作品、录音录像制品等的权利管理电子信息等,法律、行政法规另有规定的除外;(8) 制作、出售假冒他人署名的作品的。

三、专利权

(一) 专利权的概念

专利权是专利主管机关依法授予申请人在一定期限内对发明创造享有的专有权利。我国于1984年通过《专利法》,于1992年、2000年、2008年进行三次修正。为推进专利技术的国际交流,加强专利权的国际保护,我国加入了《保护工业产权巴黎公约》和《专利合作条约》等。

(二) 专利权的主体、客体与内容

1. 专利权的主体

根据《专利法》规定,专利权的主体主要有以下几类:(1) 单位。执行本单位的任务或者主要是利用本单位的物质技术条件所完成的发明创造为职务发明创造,申请专利的权利属于该单位;申请被批准后,该单位为专利权人。(2) 发明人或者设计人。非职务发明创造,申请专利的权利属于发明人或者设计人;申请被批准后,该发明人或者设计人为专利权人。利用本单位的物质技术条件所完成的发明创造,单位与发明人或者设计人订有合同,对申请专利的权利和专利权的归属作出约定的,从其约定。此外,两个以上单位或者个人合作完成的发明创造、一个单位或者个人接受其他单位或者个人委托完成的发明创造,除另有协议外,申请专利的权利属于完成或者共同完成的单位或者个人;申请被批准后,申请的单位或者个人为专利权人。(3) 受让人。专利申请权和专利权可以转让。

2. 专利权的客体

作为专利权客体的发明创造是指发明、实用新型和外观设计。授予专利权的发明或者实用新型,应当具备新颖性、创造性和实用性。授予专利权的外观设计,应当不属于现

有设计;也没有任何单位或者个人就同样的外观设计在申请日以前向国务院专利行政部门提出过申请,并记载在申请日以后公告的专利文件中。授予专利权的外观设计与现有设计或者现有设计特征的组合相比,应当具有明显区别;并不得与他人在申请日以前已经取得的合法权利相冲突。

对以下各项,不授予专利权:科学发现;智力活动的规则和方法;疾病的诊断和治疗方法;动物和植物品种;用原子核变化方法获得的物质;对平面印刷品的图案、色彩或者二者的结合作出的主要起标识作用的设计。对违反法律、社会公德或者妨害公共利益的发明创造,不授予专利权。对违反法律、行政法规的规定获取或者利用遗传资源,并依赖该遗传资源完成的发明创造,不授予专利权。

3. 专利权的内容

专利权人主要享有以下权利:(1)标识权。发明人或者设计人有权在专利文件中写明自己是发明人或者设计人。专利权人有权在其专利产品或者该产品的包装上标明专利标识。(2)专有实施权。发明和实用新型专利权被授予后,除《专利法》另有规定的以外,任何单位或者个人未经专利权人许可,都不得实施其专利,即不得为生产经营目的制造、使用、许诺销售、销售、进口其专利产品,或者使用其专利方法以及使用、许诺销售、销售、进口依照该专利方法直接获得的产品。外观设计专利权被授予后,任何单位或者个人未经专利权人许可,都不得实施其专利,即不得为生产经营目的制造、许诺销售、销售、进口其外观设计专利产品。任何单位或者个人实施他人专利的,应当与专利权人订立实施许可合同,向专利权人支付专利使用费。被许可人无权允许合同规定以外的任何单位或者个人实施该专利。发明专利申请公布后,申请人可以要求实施其发明的单位或者个人支付适当的费用。(3)转让权。转让专利申请权或者专利权的,当事人应当订立书面合同,并向国务院专利行政部门登记,由国务院专利行政部门予以公告。专利申请权或者专利权的转让自登记之日起生效。

专利权人应当自被授予专利权的当年开始缴纳年费。没有按照规定缴纳年费的,专利权在期限届满前终止。专利权人应当依法行使其专利权。

(三)专利权的取得

1. 专利的申请

专利申请遵循以下原则:(1)单一性原则。同样的发明创造只能授予一项专利权。但是,同一申请人同日对同样的发明创造既申请实用新型专利又申请发明专利,先获得的实用新型专利权尚未终止,且申请人声明放弃该实用新型专利权的,可以授予发明专利权。(2)申请在先原则。两个以上的申请人分别就同样的发明创造申请专利的,专利权授予最先申请的人。(3)优先性原则。申请人自发明或者实用新型在外国第一次提出专利申请之日起 12 个月内,或者自外观设计在外国第一次提出专利申请之日起 6 个月内,又在中国就相同主题提出专利申请的,依照该外国同中国签订的协议或者共同参加的国际条约,或者依照相互承认优先权的原则,可以享有优先权。申请人自发明或者实用新型在中国第一次提出专利申请之日起 12 个月内,又向国务院专利行政部门就相同主题提出专利申请的,可以享有优先权。

2. 专利申请的审查和批准

国务院专利行政部门收到发明专利申请后,经初步审查认为符合《专利法》要求的,自申请日起满18个月即行公布,也可以根据申请人的请求早日公布。自申请日起3年内,国务院专利行政部门可以根据申请人随时提出的请求对其申请进行实质审查;申请人无正当理由逾期不请求实质审查的,该申请即被视为撤回。国务院专利行政部门认为必要时可以自行对该申请进行实质审查。经实质审查后,认为不符合《专利法》规定的,应当通知申请人在指定期限内陈述意见或者对其申请进行修改;无正当理由逾期不答复的,该申请即被视为撤回。经陈述意见或进行修改后,仍然认为不符合《专利法》规定的,应当予以驳回。发明专利申请经实质审查没有发现驳回理由的,实用新型和外观设计专利申请经初步审查没有发现驳回理由的,由国务院专利行政部门作出授予专利权的决定,发给专利证书,同时予以登记和公告,专利权自公告之日起生效。专利申请人对驳回申请的决定不服的,可以自收到通知之日起3个月内向专利复审委员会请求复审。对复审决定不服的,可以自收到通知之日起3个月内向法院起诉。

(四) 专利权的期限和限制

1. 专利权的期限

发明专利权的期限为20年,实用新型和外观设计专利权的期限为10年,均自申请日起计算。没有按照规定缴纳年费或者专利权人以书面声明放弃其专利权的,专利权在届满前终止。自国务院专利行政部门公告授予专利权之日起,任何单位或者个人认为该专利权的授予不符合《专利法》有关规定的,可以请求专利复审委员会宣告该专利权无效。对宣告专利权无效或者维持专利权的决定不服的,可以自收到通知之日起3个月内向法院起诉。宣告无效的专利权视为自始不存在。

2. 专利权的限制

《专利法》对专利权的行使有以下限制:第一,《专利法》第69条规定了不视为侵犯专利权的几种情形。第二,国家指定实施。国有企业事业单位的发明专利,对国家利益或者公共利益具有重大意义的,国务院有关主管部门和省、自治区、直辖市人民政府报经国务院批准,可以决定在批准的范围内推广应用,允许指定的单位实施,由实施单位按照国家规定向专利权人支付使用费。第三,专利实施的强制许可。

(五) 专利权的法律保护

未经专利权人许可,实施其专利,即侵犯其专利权。专利权人或者利害关系人可以向法院起诉,也可以请求管理专利工作的部门处理。管理专利工作的部门认定侵权行为成立的,可以责令侵权人立即停止侵权行为,当事人不服的,可以自收到处理通知之日起15日内依照《行政诉讼法》向法院起诉;侵权人期满不起诉又不停止侵权行为的,管理专利工作的部门可以申请法院强制执行。

假冒专利的,除依法承担民事责任外,由管理专利工作的部门责令改正并予公告,没收违法所得,并可以处以罚款;构成犯罪的,依法追究刑事责任。

四、商标权

（一）商标权的概念

商标权是指商标注册人在法律规定的有效期限内，对其注册的商标享有的专用权。我国于1982年通过《商标法》，于1993年、2001年和2013年进行三次修改。我国还加入了《商标国际注册马德里协定》及其议定书。

（二）商标权的主体、客体与内容

1. 商标权的主体

自然人、法人或者其他组织在生产经营活动中，对其商品或者服务需要取得商标专用权的，应当向商标局申请注册商标。两个以上的自然人、法人或者其他组织可以共同向商标局申请注册同一商标，共同享有和行使该商标专用权。

2. 商标权的客体

商标权的客体是注册商标，包括商品商标、服务商标和集体商标、证明商标。任何能够将自然人、法人或者其他组织的商品与他人的商品区别开的标志，包括文字、图形、字母、数字、三维标志、颜色组合和声音等，以及上述要素的组合，均可以作为商标申请注册。申请注册的商标，应当有显著特征，便于识别，并不得与他人在先取得的合法权利相冲突。

《商标法》区分注册商标和非注册商标，分别规定了一般适用的禁止性规定和仅对注册商标的特定限制。第10条规定不得作为商标使用的标志。此条规定既适用于注册商标，也适用于非注册商标。第11条则规定不得作为商标注册的标志。《商标法》还特别规定了对驰名商标的保护。为相关公众所熟识的商标，持有人认为其权利受到侵害时，可以请求驰名商标保护。就相同或者类似商品申请注册的商标是复制、摹仿或者翻译他人未在中国注册的驰名商标，容易导致混淆的，不予注册并禁止使用。就不相同或者不相类似商品申请注册的商标是复制、摹仿或者翻译他人已经在中国注册的驰名商标，误导公众，致使该驰名商标注册人的利益可能受到损害的，不予注册并禁止使用。

3. 商标权的内容

商标权人的权利主要有：（1）商标专用权。商标注册人享有商标专用权，受法律保护。（2）注册商标转让权。转让注册商标的，转让人和受让人应当签订转让协议，并共同向商标局提出申请。商标注册人对其在同一种商品上注册的近似的商标，或者在类似商品上注册的相同或者近似的商标，应当一并转让。转让注册商标经核准后予以公告。受让人自公告之日起享有商标专用权。（3）注册商标许可使用权。商标注册人可以通过签订商标许可使用合同，许可他人使用其注册商标。经许可使用他人注册商标的，必须在使用该注册商标的商品上标明被许可人的名称和商品产地。许可人应当将其商标使用许可报商标局备案，由商标局公告；商标使用许可未经备案不得对抗善意第三人。

商标权人的义务主要有：（1）申请注册和使用商标，应当遵循诚实信用原则。商标使用权人应当对其使用商标的商品质量负责。（2）法律、行政法规规定必须使用注册商标的商品，必须申请商标注册，未经核准注册的，不得在市场销售。

(三) 商标权的取得

1. 商标注册的申请

商标注册申请人自其商标在外国第一次提出商标注册申请之日起6个月内,又在中国就相同商品以同一商标提出注册申请的,依照该外国同中国签订的协议或者共同参加的国际条约,或者按照相互承认优先权的原则,可以享有优先权。商标在中国政府主办的或者承认的国际展览会展出的商品上首次使用的,自该商品展出之日起6个月内,该商标的注册申请人可以享有优先权。申请商标注册不得损害他人现有的在先权利,也不得以不正当手段抢先注册他人已经使用并有一定影响的商标。

2. 商标注册的审查和核准

对申请注册的商标,商标局应当自收到商标注册申请之日起9个月内审查完毕,符合《商标法》有关规定的,予以初步审定公告;凡不符合《商标法》有关规定或者同他人在同一种商品或者类似商品上已经注册的或者初步审定的商标相同或者近似的,由商标局驳回申请,不予公告。两个或两个以上的商标注册申请人,在同一种商标或者类似商品上,以相同或者近似的商标申请注册的,初步审定并公告申请在先的商标;同一天申请的,初步审定并公告使用在先的商标,驳回其他人的申请,不予公告。申请人不服的,可以自收到通知之日起15日内向商标评审委员会申请复审。对商标评审委员会的决定不服的,可以自收到通知之日起30日内向法院起诉。

对初步审定公告的商标,自公告之日起3个月内,在先权利人、利害关系人认为违反《商标法》相关规定的,可以向商标局提出异议。公告期满无异议的,予以核准注册,发给商标注册证,并予公告。商标局作出准予注册决定,异议人不服的,可以向商标评审委员会请求宣告该注册商标无效。商标局作出不予注册决定,被异议人不服的,可以自收到通知之日起15日内向商标评审委员会申请复审。对商标评审委员会的决定不服的,可以自收到通知之日起30日内向法院起诉。

(四) 商标权的期限、续展和消灭

1. 商标权的期限和续展

注册商标的有效期为10年,自核准注册之日起计算。注册商标有效期满,需要继续使用的,商标注册人应当在期满前12个月内按照规定办理续展手续;在此期间未能办理的,可以给予6个月宽限期。每次续展注册的有效期为10年,自该商标上一届有效期满次日起计算。期满未办理续展手续的,注销其注册商标。

2. 商标权的消灭

已经注册的商标,违反《商标法》相关规定,或者是以欺骗手段或者其他不正当手段取得注册的,由商标局宣告该注册商标无效;其他单位或者个人可以请求商标评审委员会宣告该注册商标无效。依照规定宣告无效的商标,由商标局予以公告,该注册商标专用权视为自始即不存在。

商标注册人在使用注册商标的过程中,自行改变注册商标、注册人名义、地址或者其他注册事项的,由地方工商行政管理部门责令限期改正;期满不改正的,由商标局撤销其

注册商标。注册商标成为其核定使用的通用名称或者没有正当理由连续3年不使用的，任何单位或者个人可以向商标局申请撤销该注册商标。

（五）商标权的法律保护

注册商标的专用权，以核准注册的商标和核定使用的商品为限。以下行为均属侵犯注册商标专用权：(1) 未经商标注册人的许可，在同一种商品上使用与其注册商标相同的商标的；(2) 未经商标注册人的许可，在同一种商品上使用与其注册商标近似的商标，或者在类似商品上使用与其注册商标相同或者近似的商标，容易导致混淆的；(3) 销售侵犯注册商标专用权的商品的；(4) 伪造、擅自制造他人注册商标标识或者销售伪造、擅自制造的注册商标标识的；(5) 未经商标注册人同意，更换其注册商标并将该更换商标的商品又投入市场的；(6) 故意为侵犯他人商标专用权行为提供便利条件，帮助他人实施侵犯商标专用权行为的；(7) 给他人的注册商标专用权造成其他损害的。

侵犯注册商标专用权的行为引起纠纷的，商标注册人或者利害关系人可以向法院起诉，也可以请求工商行政管理部门处理。工商行政管理部门认定侵权行为成立的，责令立即停止侵权行为，没收、销毁侵权商品和主要用于制造侵权商品、伪造注册商标标识的工具，并可以处以罚款。对侵犯注册商标专用权的行为，工商行政部门有权依法查处；涉嫌犯罪的，应当及时移送司法机关依法处理。

知识拓展　知识产权的客体

目前主要有两种观点：一为"知识产品说"，认为知识产权的客体即知识产品，客体的非物质性是知识产权的本质属性；二为"利益关系说"，认为知识产权的客体是基于对知识产权对象的控制、利用和支配行为而产生的利益关系或社会关系。

链接阅读

1. 吴汉东：《知识产权的多元属性及研究范式》，载《中国社会科学》2011年第5期；
2. 何敏：《知识产权客体新论》，载《中国法学》2014年第6期。

第五节　婚姻家庭制度

一、概述

（一）婚姻法的概念

婚姻法是调整婚姻家庭关系的法律规范的总和。我国婚姻法的渊源包括《宪法》和《民法总则》中有关调整婚姻家庭关系的原则性规定、1980年通过并于2001年修改的《婚姻法》、1991年通过并于1998年修改的《收养法》、2003年颁布的《婚姻登记条例》等。

（二）婚姻法的基本原则

(1) 婚姻自由。男女双方有权依法缔结或解除婚姻关系，不受对方强迫和他人干涉。

禁止包办、买卖婚姻和其他干涉婚姻自由的行为。禁止借婚姻索取财物。

（2）一夫一妻。禁止重婚。禁止有配偶者与他人同居。

（3）男女平等。男女双方在婚姻家庭关系中平等地享有权利和承担义务。夫妻应当互相忠诚、互相尊重。夫妻双方都有用自己姓名的权利，都有参加生产、工作、学习和社会活动的自由，都有实行计划生育的义务。夫妻对共同所有的财产有平等的处理权。夫妻有互相扶养的义务，有相互继承遗产的权利。

（4）保护妇女、儿童和老人的合法权益。家庭成员间应当敬老爱幼，互相帮助，维护平等、和睦、文明的婚姻家庭关系。禁止家庭暴力，禁止家庭成员间的虐待和遗弃。父母对子女有抚养教育的义务，子女对父母有赡养扶助的义务。有负担能力的祖父母、外祖父母，对于父母已经死亡或父母无力抚养的未成年的孙子女、外孙子女，有抚养的义务。有负担能力的孙子女、外孙子女，对于子女已经死亡或子女无力赡养的祖父母、外祖父母，有赡养的义务。

（5）计划生育。实行计划生育是我国的一项基本国策。国家推行计划生育，使人口的增长同经济和社会发展计划相适应。

二、结婚

（一）结婚的条件

1. 必须具备的条件

《婚姻法》规定，结婚必须男女双方完全自愿，不许任何一方对他方加以强迫或任何第三者加以干涉。结婚年龄，男不得早于22周岁，女不得早于20周岁。结婚还应符合一夫一妻的条件。

2. 必须排除的条件

《婚姻法》规定，有下列情形之一的，禁止结婚：直系血亲或者三代以内的旁系血亲；患有医学上认为不应当结婚的疾病。

知识拓展 "直系血亲和三代以内旁系血亲"的计算方法

《婚姻法》以血亲之间的世代来计算亲属关系远近。在计算直系血亲时，以己身为一代，向上至父母为二代，至祖父母为三代；向下至子女为二代，至孙子女为三代，依此类推。在计算旁系血亲时，分别上溯至双方同源血亲，其本身为一代，若两边数目相等，则此数目为代数；若数目不等，则以大的数目为代数。

（二）结婚的法定程序

要求结婚的男女双方必须亲自到婚姻登记机关进行结婚登记。婚姻登记机关应当对结婚登记当事人出具的证件、证明材料进行审查并询问相关情况。符合《婚姻法》规定的，予以登记，发给结婚证。取得结婚证，即确立夫妻关系。未办理结婚登记的，应当补办登记。

(三) 无效婚姻和可撤销婚姻

有下列情形之一的,婚姻无效:重婚的;有禁止结婚的亲属关系的;婚前患有医学上认为不应当结婚的疾病,婚后尚未治愈的;未到法定婚龄的。

因胁迫结婚的,受胁迫的一方可以向婚姻登记机关或法院请求撤销该婚姻,该请求应当自结婚登记之日起1年内提出。被非法限制人身自由的当事人请求撤销婚姻的,应当自恢复人身自由之日起1年内提出。

无效或被撤销的婚姻,自始无效。当事人不具有夫妻的权利和义务。同居期间所得的财产,由当事人协议处理;协议不成的,由法院根据照顾无过错方的原则判决。对重婚导致的婚姻无效的财产处理,不得侵害合法婚姻当事人的财产权益。当事人所生的子女,适用《婚姻法》有关父母子女的规定。

三、离婚

(一) 离婚的法律程序

1. 双方自愿离婚

男女双方自愿离婚的,准予离婚。双方必须到婚姻登记机关申请离婚。婚姻登记机关应当对离婚登记当事人出具的证件、证明材料进行审查并询问相关情况。对当事人确属自愿离婚,并已对子女抚养、财产、债务等问题达成一致处理意见的,应当当场予以登记,发给离婚证。办理离婚登记的当事人有下列情形之一的,婚姻登记机关不予受理:未达成离婚协议的;属于无民事行为能力人或者限制民事行为能力人的;其结婚登记不是在中国内地办理的。

2. 一方要求离婚

男女一方要求离婚的,可由有关部门进行调解或直接向法院提起离婚诉讼。法院审理离婚案件,应当进行调解;如感情确已破裂,调解无效,应准予离婚。"感情确已破裂"主要包括以下情形:重婚或有配偶者与他人同居的;实施家庭暴力或虐待、遗弃家庭成员的;有赌博、吸毒等恶习屡教不改的;因感情不和分居满2年的;其他导致夫妻感情破裂的情形,如夫妻双方因是否生育发生纠纷。此外,一方被宣告失踪,另一方提出离婚诉讼的,应准予离婚。

《婚姻法》还对特定情形下离婚问题作了特别规定。现役军人的配偶要求离婚,须得军人同意,但军人一方有重大过错的除外。女方在怀孕期间、分娩后1年内或中止妊娠后6个月内,男方不得提出离婚。女方提出离婚的,或者法院认为确有必要受理男方离婚请求的,不在此限。

(二) 离婚的法律后果

1. 离婚后的父母子女关系

父母与子女间的关系,不因父母离婚而消除。离婚后,父母对于子女仍有抚养和教育的权利和义务。哺乳期内的子女以随哺乳的母亲抚养为原则。哺乳期后的子女,如双方因抚养问题发生争执不能达成协议时,由法院根据子女的权益和双方的具体情况判决。

离婚后,一方抚养的子女,另一方应负担必要的生活费和教育费的一部分或全部,负担费用的多少和期限的长短,由双方协议;协议不成的,由法院判决。此种协议或判决不妨碍子女在必要时向父母任何一方提出超过协议或判决原定数额的合理要求。

离婚后,不直接抚养子女的父或母,有探望子女的权利,另一方有协助的义务。行使探望权利的方式、时间由当事人协议;协议不成时,由法院判决。父或母探望子女,不利于子女身心健康的,由法院依法中止探望的权利;中止的事由消失后,应当恢复探望的权利。

2. 离婚后的夫妻财产关系

离婚时,夫妻的共同财产由双方协议处理;协议不成时,由法院根据财产的具体情况,照顾子女和女方权益的原则判决。夫或妻在家庭土地承包经营中享有的权益等,应当依法予以保护。夫妻书面约定婚姻关系存续期间所得的财产归各自所有,一方因抚育子女、照料老人、协助另一方工作等付出较多义务的,离婚时有权向另一方请求补偿,另一方应当予以补偿。原为夫妻共同生活所负的债务,应当共同偿还。共同财产不足清偿的,或财产归各自所有的,由双方协议清偿;协议不成时,由法院判决。如一方生活困难,另一方应从其住房等个人财产中给予适当帮助。具体办法由双方协议;协议不成时,由法院判决。

四、家庭关系

(一) 夫妻关系

夫妻关系指夫妻双方因合法婚姻产生的人身和财产方面的权利和义务关系。夫妻在家庭中地位平等。夫妻双方都有各用自己姓名的权利,都有参加生产、工作、学习和社会活动的自由。夫妻双方都有实行计划生育的义务。夫妻有互相扶养的义务,一方不履行扶养义务时,需要扶养的一方,有要求对方付给扶养费的权利。夫妻有相互继承遗产的权利。

夫妻对共同所有的财产,有平等的处理权。夫妻在婚姻关系存续期间所得的下列财产,归夫妻共同所有:工资,奖金;生产、经营的收益;知识产权的收益;继承或赠与所得的财产,但遗赠或赠与合同中确定只归夫或妻一方的财产除外;其他应当归共同所有的财产。有下列情形之一的,为夫妻一方的财产:一方的婚前财产;一方因身体受到伤害获得的医疗费、残疾人生活补助费等费用;遗嘱或赠与合同中确定只归夫或妻一方的财产;一方专用的生活用品;其他应当归一方的财产。夫妻可以约定婚姻关系存续期间所得的财产以及婚前财产归各自所有、共同所有或部分各自所有、部分共同所有,约定应当采用书面形式,该约定对双方具有约束力。夫妻对婚姻关系存续期间所得的财产约定归各自所有的,夫或妻一方对外所负的债务,第三人知道该约定的,以夫或妻一方所有的财产清偿。

知识拓展　夫妻人身权利与义务

关于夫妻人身权利义务,从其他国家立法例看,除了与我国相似的姓名权与就业自由权之外,还有住所决定权、同居义务、配偶权与忠实义务、家庭事务管理权、日常家事代理权等。

(二) 父母子女关系

父母子女关系指基于自然血亲或法律拟制而发生的父母与子女间的权利和义务关系。父母对子女有抚养教育的义务；子女对父母有赡养扶助的义务。父母不履行抚养义务时，未成年的或不能独立生活的子女，有要求父母付给抚养费的权利。子女不履行赡养义务时，无劳动能力的或生活困难的父母，有要求子女付给赡养费的权利。禁止溺婴、弃婴和其他残害婴儿的行为。父母有保护和教育未成年子女的权利和义务。在未成年子女对国家、集体或他人造成损害时，父母有承担民事责任的义务。父母和子女有相互继承遗产的权利。子女应当尊重父母的婚姻权利，子女对父母的赡养义务不因父母的婚姻关系变化而中止。

非婚生子女享有与婚生子女同等的权利。不直接抚养非婚生子女的生父或生母，应当负担子女的生活费和教育费，直至子女能独立生活为止。继父或继母和受其抚养教育的继子女间的权利和义务，适用《婚姻法》对父母子女关系的有关规定。养父母与养子女间的权利义务关系，自收养关系成立之日起，适用法律关于父母子女关系的规定；养子女与生父母之间的权利义务关系，因收养关系的成立而消除。收养关系解除后，养子女与养父母及其他近亲属间的权利义务关系即行消除，与生父母及其他近亲属间的权利义务关系自行恢复，但成年养子女与生父母及其他近亲属间的权利义务关系是否恢复，可以协商确定。收养关系解除后，经养父母抚养的成年养子女，对缺乏劳动能力又缺乏生活来源的养父母，应当给付生活费。因养子女成年后虐待、遗弃养父母而解除收养关系的，养父母可以要求养子女补偿收养期间支出的生活费和教育费。

(三) 其他家庭成员之间关系

有负担能力的祖父母、外祖父母，对于父母已经死亡或父母无力抚养的未成年的孙子女、外孙子女，有抚养的义务。有负担能力的孙子女、外孙子女，对于子女已经死亡或子女无力赡养的祖父母、外祖父母，有赡养的义务。

有负担能力的兄、姐，对于父母已经死亡或父母无力抚养的未成年的弟、妹，有扶养的义务。由兄、姐抚养长大的有负担能力的弟、妹，对于缺乏劳动能力又缺乏生活来源的兄、姐，有扶养的义务。

五、救助措施与法律责任

实施家庭暴力或虐待家庭成员，受害人有权提出请求，居民委员会、村民委员会以及所在单位应当予以劝阻、调解；受害人提出请求的，公安机关应当依照治安管理处罚的法律规定予以行政处罚。对正在实施的家庭暴力，受害人有权提出请求，居民委员会、村民委员会应当予以劝阻；公安机关应当予以制止。

对遗弃家庭成员，受害人有权提出请求，居民委员会、村民委员会以及所在单位应当予以劝阻、调解；受害人提出请求的，法院应当依法作出支付扶养费、抚养费、赡养费的判决。

对重婚的，对实施家庭暴力或虐待、遗弃家庭成员构成犯罪的，依法追究刑事责任。受害人可以依照《刑事诉讼法》的有关规定，向法院自诉；公安机关应当依法侦查，检察院应当依法提起公诉。

重婚或有配偶者与他人同居,或实施家庭暴力,或虐待、遗弃家庭成员,导致离婚的,无过错方有权请求损害赔偿。

离婚时,一方隐藏、转移、变卖、毁损夫妻共同财产,或伪造债务企图侵占另一方财产的,分割夫妻共同财产时,对隐藏、转移、变卖、毁损夫妻共同财产或伪造债务的一方,可以少分或不分。离婚后,另一方发现有上述行为的,可以向法院提起诉讼,请求再次分割夫妻共同财产。

对拒不执行有关扶养费、抚养费、赡养费、财产分割、遗产继承、探望子女等判决或裁定的,由法院依法强制执行。有关个人和单位应负协助执行的责任。

链接阅读

1. 马忆南:《论夫妻人身权利义务的发展和我国〈婚姻法〉的完善》,载《法学杂志》2014年第11期;

2. 贺剑:《论婚姻法回归民法的基本思路以法定夫妻财产制为重点》,载《中外法学》2014年第6期。

第六节 财产继承权

一、概述

（一）继承的开始

财产继承是将死者遗留的财产转移给继承人的一种法律制度。继承从被继承人死亡时开始。遗产是公民死亡时遗留的个人合法财产。

继承开始后,按照法定继承办理;有遗嘱的,按照遗嘱继承或者遗赠办理;有遗赠扶养协议的,按照协议办理。

（二）继承权的丧失

继承人有下列行为之一的,丧失继承权:(1) 故意杀害被继承人的;(2) 为争夺遗产而杀害被继承人的;(3) 遗弃被继承人的,或者虐待被继承人情节严重的;(4) 伪造、篡改或者销毁遗嘱,情节严重的。

（三）继承权纠纷的诉讼时效

继承权纠纷提起诉讼的期限为2年,自继承人知道或者应当知道其权利被侵犯之日起计算。但自继承开始之日起超过20年的,不得再提起诉讼。

二、法定继承

（一）法定继承的顺序

我国法定继承人的范围是:配偶,子女,父母;兄弟姐妹、祖父母、外祖父母。其中前三者为第一顺序继承人,后三者为第二顺序继承人。继承开始后,由第一顺序继承人继承,第二顺序继承人不继承。没有第一顺序继承人继承的,由第二顺序继承人继承。丧偶儿媳对公、婆,丧偶女婿对岳父、岳母,尽了主要赡养义务的,作为第一顺序继承人。

(二) 代位继承与转继承

被继承人的子女先于被继承人死亡的,由被继承人的子女的晚辈直系血亲代位继承。代位继承人一般只能继承他的父亲或者母亲有权继承的遗产份额。

若继承已经开始,继承人已取得继承遗产的权利,但在遗产分割前死亡,其应继承份额转由其继承人取得。此为转继承,在法定继承和遗嘱继承中均可发生。

知识拓展　代位继承人的继承权性质

关于代位继承人的继承权性质,有"固有说"和"代表权说"。依固有说,代位继承人参加继承是自己本身固有的权利,不受被代位人有无继承权的影响;依代表权说,代位继承人是代表被继承人参与继承,以被代位人享有继承权为前提。我国最高人民法院《关于贯彻执行〈中华人民共和国继承法〉若干问题的意见》第28条规定:继承人丧失继承权的,其晚辈直系血亲不得代位继承。

(三) 遗产的分配

同一顺序继承人继承遗产的份额,一般应当均等。对生活有特殊困难的缺乏劳动能力的继承人,分配遗产时应当予以照顾。对被继承人尽了主要扶养义务或者与被继承人共同生活的继承人,分配遗产时可以多分。有扶养能力和有扶养条件的继承人,不尽扶养义务的,分配遗产时应当不分或者少分。继承人协商同意的,继承遗产的份额也可以不均等。对继承人以外的依靠被继承人扶养的缺乏劳动能力又没有生活来源的人,或者继承人以外的对被继承人扶养较多的人,可以分给适当的遗产。

三、遗嘱继承和遗赠

(一) 遗嘱继承和遗赠的概念

公民可以立遗嘱将个人财产指定由法定继承人的一人或者数人继承,此为遗嘱继承。公民可以立遗嘱将个人财产赠与国家、集体或者法定继承人以外的人,此为遗赠。二者均采用遗嘱方式处分遗产,但接受遗产的人的范围不同。

知识拓展　对遗嘱自由的限制

关于对遗嘱自由的限制,立法例有必留份制度和特留份制度。《继承法》采纳必留份制度,规定遗嘱应当对缺乏劳动能力又没有生活来源的继承人保留必要的遗产份额。特留份制度则可以保护不属于缺乏劳动能力又没有生活来源的继承人的利益,指被继承人必须以其遗产的一部分,特留于继承人,不得自由处分。

(二) 遗嘱的形式与效力

遗嘱可以分为公证遗嘱、自书遗嘱、代书遗嘱、录音遗嘱和口头遗嘱。代书、录音和口头遗嘱应当由两个以上见证人在场见证。无行为能力人、限制行为能力人，继承人、受遗赠人，与继承人、受遗赠人有利害关系的人，不能作为遗嘱见证人。口头遗嘱只在危急情况下采用，危急情况解除后，遗嘱人能够用书面或者录音形式立遗嘱的，所立的口头遗嘱无效。遗嘱应当对缺乏劳动能力又没有生活来源的继承人保留必要的遗产份额。

遗嘱人可以撤销、变更所立遗嘱。立有数份遗嘱，内容相抵触的，以最后的遗嘱为准。自书、代书、录音、口头遗嘱，不得撤销、变更公证遗嘱。遗嘱继承或者遗赠附有义务的，继承人或者受遗赠人应当履行义务。无行为能力人或者限制行为能力人所立的遗嘱无效。遗嘱必须表示遗嘱人的真实意思，受胁迫、欺骗所立的遗嘱无效。伪造的遗嘱无效。遗嘱被篡改的，篡改的内容无效。

(三) 遗赠扶养协议

公民可以与扶养人或集体所有制组织签订遗赠扶养协议。按照协议，扶养人或者集体所有制组织承担该公民生养死葬的义务，享有受遗赠的权利。

四、遗产的处理

(一) 继承的接受与放弃

继承开始后，继承人放弃继承的，应当在遗产处理前作出放弃继承的表示。到期没有表示的，视为接受继承。受遗赠人应当在知道受遗赠后2个月内作出接受或者放弃受遗赠的表示。到期没有表示的，视为放弃受遗赠。有下列情形之一的，遗产中的有关部分按照法定继承办理：遗嘱继承人放弃继承或者受遗赠人放弃受遗赠的；遗嘱继承人丧失继承权的；遗嘱继承人、受遗赠人先于遗嘱人死亡的；遗嘱无效部分所涉及的遗产；遗嘱未处分的遗产。

(二) 遗产的分割

遗产分割时，应当保留胎儿的继承份额。胎儿出生时是死体的，保留的份额按照法定继承办理。遗产分割应当有利于生产和生活需要，不损害遗产的效用。不宜分割的遗产，可以采取折价、适当补偿或者共有等方法处理。

(三) 被继承人债务的清偿

继承遗产应当清偿被继承人依法应当缴纳的税款和债务，缴纳税款和清偿债务以遗产实际价值为限。超过遗产实际价值部分，继承人自愿偿还的不在此限。继承人放弃继承的，对被继承人依法应当缴纳的税款和债务可以不负偿还责任。执行遗赠不得妨碍清偿遗赠人依法应当缴纳的税款和债务。

(四) 无人继承的遗产

无人继承又无人受遗赠的遗产，归国家所有；死者生前是集体所有制组织成员的，归所在集体所有制组织所有。

链接阅读

1. 郭明瑞：《完善法定继承制度三题》，载《法学家》2013年第4期；
2. 王歌雅：《论继承法的修正》，载《中国法学》2013年第6期。

【推荐阅读文献】

1. 朱庆育：《民法总论》（第二版），北京大学出版社2016年版；
2. 马俊驹、余延满：《民法原论》（第四版），法律出版社2010年版；
3. 王利明：《民法疑难案例研究》（增订版），中国法制出版社2013年版；
4. 王泽鉴：《民法学说与判例研究》（重排合订本），北京大学出版社2015年版；
5. 〔德〕卡尔·拉伦茨：《德国民法通论》，王晓晔、邵建东、程建英、徐国建、谢怀栻译，法律出版社2013年版。

【思考题】

1. 民事权利主要有哪些？
2. 民事法律行为的有效要件有哪些？
3. 民事责任的构成要件和责任承担方式有哪些？
4. 我国物权法的基本原则有哪些？
5. 债的产生和终止原因有哪些？
6. 知识产权受到侵犯的情形有哪些？如何救济？
7. 结婚和离婚的程序是怎样的？会产生哪些法律后果？
8. 我国公民继承财产的方式有几种？内容分别是什么？

第六章 商 法

学习目标：了解商法的功能与体系结构，熟悉商法的特征，重点掌握公司法、破产法、保险法和票据法的基本原理和主要内容。

教师导读：商法是与民法和经济法既有联系又有区别的部门法，商法具有独特的法律功能。商法具有明显的技术性和实践性，学习过程中需要将法律理论与技术实践紧密结合起来。公司法、破产法、保险法和票据法是规范商事主体与商事行为的重要法律，要通过学习形成商事思维意识和习惯。

建议学时：4学时

第一节 商法概述

一、商法的概念

商法也称商事法，是调整商事关系的法律规范的总称。商法的概念包含两个方面：一是商法的调整对象是商事关系；二是商法是由一系列法律规范综合构成的，即法律规范体系。

（一）商法的调整对象是商事关系

法是调整社会关系的，法依据其调整的社会关系的不同而划分为不同的部门法，如民法调整民事关系，行政法调整行政关系，商法则以商事关系为调整对象。所谓商事关系，指商事主体以营利为目的，通过作出商事行为而形成的财产关系。商事关系不同于民事关系，民事关系既包含财产关系的内容，也包含人身关系的内容，而商事关系则只包含财产关系的内容。

（二）商法是由相关法律规范构成的法律体系

商法作为部门法是由一系列法律规范所构成的，无论是实行民商合一还是民商分立，商法都是指由一系列法律规范构成的法律体系而非单一的法律规范。根据商法的表现形式的不同，可以把商法分为形式意义的商法和实质意义的商法。

形式意义的商法指商法典以及为商法典实施而制定的相关商法规范。实行民商分立的国家采用制定专门的商法典的方式来形成商法，如德国、法国、日本等国家的商法典。为实施商法典，这些国家在商法典之外一般还会制定商法的特别法，这些特别法不一定以商法命名，是商法的单行法规。

实质意义的商法指所有与商事关系有关的法律规范。实行民商合一的国家商法规范包含在民法规范之中,不像民商分立那样制定单独的商法典;除此之外,商法规范还散见于其他法律规范,如行政法律规范之中。实质意义的商法从形式上看并非像形式意义的商法那样"集中统一",但从其内容来看都与商事关系的调整有关,从这一角度来看,实质意义的商法是以内容而非形式来界定商法的。

形式意义与实质意义商法的划分并不是绝对的,无论是民商分立的国家还是民商合一的国家,无论是大陆法系还是英美法系的国家,都存在着实质意义的商法。

二、商法的特征

(一) 私法之中有公法

商法从总体看属于私法。商法主要调整商事主体之间的商事行为,商事行为以自由主义为原则,因此商法具有明显的私法特征。在现代社会里,随着商事主体之间的商事行为日益频繁,这些日趋复杂的商事行为不可避免地涉及公共利益的领域,出于维护公共利益的需要,商法中逐渐出现了体现国家干预意志的法律规范,这就使商法不可避免地带有公法的某些特征。从商事组织法与商事行为法的二元划分来看,商事组织法带有更为明显的公法特征,如商事主体的设立需要经过特定的登记或批准程序;商事行为法虽然总体上采自由主义,但强制性规范也并不鲜见,如公司章程虽可自由缔结,但法律同时规定公司章程不得缺少必须记载的事项。

(二) 实体规范与程序规范并重

商法属实体法范畴,但商法中包含有大量的程序规范,实体规范与程序规范并重是商法的明显特征。商法一方面从实体的角度对商事主体的权利与义务作出规定,另一方面又从程序上对商事主体权利与义务的实现作出规定,从这一角度来看,商法属具体化程度高,可操作性强的部门法。商法中的程序规范从功能来看可以分为诉讼程序规范与非诉讼程序规范。诉讼程序规范指涉及司法程序的规范,此类规范以破产程序最为典型;非诉讼程序规范指司法程序之外的规范,如公司法中的合并与分立程序规范、解散与清算程序规范等。

(三) 既有国内性,也有国际性

主权国家建立以后,法都是一国主权范围内的法,国内性是法的普遍特征,商法自然也不例外。与其他部门法相比,商法具有突出的国际性特征。其原因在于商法是调整商事行为的,而商事行为既有一国之内的商事行为,也有跨国的商事行为,对跨国商事行为的调整使商法具有明显的国际性特征。这种国际性体现在两个方面:一方面是作为国内法的商法不断吸收国际商事规则与商事惯例,使国际通用商事规则与商事惯例国内化;另一方面是为了促进国际商事交往,各国之间不断制定有关商事交往的国际条约与国际公约,形成数量众多的国际商法。

(四) 技术性与变动性

商法是可操作性较强的部门法,这些主要适用于商事主体之间的操作规则具有很强的技术性,只有全面了解和掌握商法的技术性,才能在商事交往中熟练使用商事规范。例如,《公司法》中关于公司股份、公司债券、公司财务会计等的规定;《保险法》中关于保险标的、保险费用、保险受益人等的规定;《票据法》中关于票据无因性、票据背书、票据抗辩等的规定,这些规定无一例外地都具有高度技术性的特征。商法的技术性决定了商法具有明显的变动性。由于商法规范是以一定的技术为基础的,当这些技术的物理形式和操作模式发生改变时,建立于这些技术基础之上的商法规范也需要随之发生变动,因此相对于其他部门法而言,商法的变动性特征十分突出。

三、商法与相关部门法的关系

（一）商法与民法

民法是与商法具有最密切联系的部门法,由于民法与商法的关系密切,因此有时将民法和商法统称为"民商法"。民法与商法实际为一般法与特别法的关系:民法是商法的一般法,商法为民法的特别法。按照特别法优于一般法的原则,对于商事主体与商事行为作优先适用商法,商法无规定的,则适用作为一般法的民法。民法的主要原则,如平等原则、诚实信用原则、等价有偿原则、公平原则等也适用于商法。民法与商法都属于私法,民法是私法规范,而商法则既包含私法规范,也包含公法规范。民法既调整财产关系,也调整人身关系,而商法只调整财产关系而不调整人身关系。

（二）商法与经济法

商法与经济法都是调整经济活动的法律,两者存在密切联系。商法与经济法分属不同的部门法,它们之间的区别主要有以下几点:(1) 从调整对象来看,商法主要调整平等主体之间的横向经济关系;而经济法的调整对象为国家在经济管理和协商过程中所形成的经济关系,即纵向经济关系。(2) 从调节方式来看,商法依循私法中的意思自治原则,主要采用个体自我调节机制;经济法则依循社会调节原则,即以国家的名义对经济活动进行干预和控制。(3) 从规范内容来看,商法侧重于保护商事主体的合法权益,通过商事主体权益的实现来维护社会整体利益;经济法则直接以社会整体利益作为保护对象,通过对宏观经济和微观经济的调控来建立公平的竞争秩序。

链接阅读

施鸿鹏:《民法与商法二元格局的演变与形成》,载《法学研究》2017 年第 2 期。

第二节 公 司 法

一、公司法概述

（一）公司的分类与特征

公司是依法定条件和程序设立的以营利为目的的企业法人。公司可依不同的标准作出不同的分类。

按照公司资本结构和责任方式的不同,公司可做如下分类:(1)有限责任公司。有限责任公司指股东由一定人数组成,股东只以其出资额为限对公司承担责任,公司以其全部资产对公司债务承担责任的公司。(2)无限责任公司。无限责任公司股东由两人以上组成,全体股东对公司债务承担无限连带责任。(3)两合公司。两合公司指由有限责任股东与无限责任公司组成的公司。(4)股份有限公司。股份有限公司指公司资本全部分为等额股份,股东以其所持股份为限对公司债务承担责任的公司。(5)股份两合公司。股份两合公司是介于无限责任公司与股份有限公司之间的一种股份公司,指由无限责任股东和有限责任股东共同出资组成,无限责任股东对公司债务承担无限连带责任,有限责任股东则以其所持股份为限对公司债务承担责任的公司。

按照公司之间的组织关系为标准,公司可做如下分类:(1)总公司与分公司。总公司具有法人资格;分公司为总公司的分支机构,不具有法人资格,其民事责任由总公司承担。(2)母公司与子公司。母公司与子公司都具有法人资格,都独立对外承担民事责任。母公司因持有子公司的股份而与子公司成为关联公司,子公司依母公司是否持有其全部股份而分为全资子公司与非全资子公司两种类型。

公司具有如下特征:第一,公司具有社团性。社团性即人合性,即以人的结合为基础建立某种组织。公司是社团法人,公司具有明显的人合性特征,无论是有限责任公司还是股份有限公司无不具有人合性特征。一人公司为有限责任公司的特殊形态,一人公司的存在并不能在整体上否定公司的人合性即社会性特征。第二,公司具有营利性。公司作为一种典型的商事主体的主要功能在于营利,任何股东投资设立公司的目的在于获取利润,并且这种获取利润的行为是持续性而非临时性的。公司的营利性特征使其有别于不以营利为目的的公益法人。第三,公司具有法人性。公司是法人的典型形态,法人性是公司的典型特征。公司作为法人需要具备三个条件:一是公司须依法设立。我国《公司法》明确规定了公司设立的条件和程序,设立公司须遵循《公司法》的规定。二是公司须具有独立的财产。公司的财产来源于股东的投资,股东的投资形成了公司的法人财产权。三是公司能够独立承担民事责任。除非出现"公司人格否认"或"揭开公司面纱"的情形,股东仅以其出资额或所持股份为限对公司承担责任,公司则以其全部资产对外承担责任。

(二)公司法的概念与特征

公司法是调整公司在设立、运行和终止过程中内部和外部关系的法律规范的总称。公司法具有如下特征:

1. 公司法是组织法

公司法对公司组织关系的调整主要体现在以下几个方面:(1)对股东之间关系的调整。在公司设立之初,公司法对发起人之间的关系进行调整;公司设立以后,公司法对股东之间的关系进行调整。公司法对股东之间关系的调整主要是调整股东间的财产关系,同时也调整股东之间的身份关系。(2)对股东与公司之间关系的调整。公司成立以后,股东与公司都具有独立人格,股东通过股权与公司进行连接,公司法通过股权来调整股东与公司之间的关系。(3)对公司内部组织机构关系的调整。股东会、董事会、经理和监事会是公司的常设机构,在公司运行过程中,这些机构之间会形成多元复杂的互动关系,公司法通过确立各机构的权力与职责、权利与义务来调整这些机构之间的关系。(4)对公司与社会、国家外部关系的调整。公司作为商事主体存在于一定的社会和国家之中,公司在运行过程中会与其所处的社会和国家产生各种各样的关系,公司负有社会责任,需要接受国家的管理,公司法是调整公司与社会、国家关系的重要手段。

2. 公司法是行为法

公司在运行的过程中才能实现营利的目的,公司运行是一种复杂的商事行为,对公司运行进行调整是公司法的重要内容。首先,公司法对公司的设立行为进行规范;其次,公司法对公司的运行行为进行调整,诸如对公司内部机构运行、公司合并与分立、公司发行股票与债券、公司对外投资、公司财务与会计等行为进行调整;最后,公司法对公司的终止行为,如公司的解散与清算行为进行调整。

3. 公司法是管理法

法是体现国家意志的,具有国家强制力,公司法也不例外,国家通过公司法来对公司这种典型的商事主体进行规制,以促进商业活动,发展国民经济。立法机关制定公司法以后,相关的行政机关将依据公司法来对公司进行管理,司法机关也依据公司法来处理与公司相关的各种纠纷,与此同时,公司法也是公司本身加强内部管理的重要规范依据。任何国家机关在对公司进行管理的过程中必须按照公司法的规定进行,不得超越和突破公司法的规定来管理公司。从这一角度来看,公司法对公司也具有保护功能,它确立了国家管理权与公司自治权之间的边界。

二、有限责任公司

(一)有限责任公司的概念与特征

有限责任公司也称有限公司,指由一定人数的股东投资设立的,股东以其出资额为限对公司承担责任,公司以其全部资产对公司债务承担责任的企业法人。

有限责任公司具有如下法律特征:(1)股东人数有限定。各国公司法对有限责任公司的股东人数多有最高额限制,我国《公司法》规定有限责任公司的股东人数不得超过50人。(2)股东责任的有限性。有限责任公司的股东仅以其出资额为限对公司承担责任。(3)兼有人合性与资合性。人合性是指公司的建立与延续系以股东之间的人格信用为基础并以此基础赢得公司外部债权人信任;资合性则指公司的建立与待续系以公司资本的金额和构成为基础并以此基础赢得公司外部债权人的信任。有限责任公司兼具无限公司的人合性与股份有限公司的资合性特征,股东间的信任和资本的联合是有限责任公司赖以存续的基础。(4)不公开发行股票。有限责任公司不像股份有限公司那样向社会公开发行股票,其人数有限的股东在认缴出资以后由公司向其签发出资证明书,该出资证明书即为出资凭证。(5)非公开性。与股份有限公司不同的是,有限责任公司的经营状况和财务状况可以不向社会公开,而仅供公司的股东查阅,这表明有限责任公司在公司经营信息方面具有封闭性。

> **知识拓展** 揭开公司面纱

"揭开公司面纱"也称作"法人人格否认",指为阻止公司独立法人人格的滥用和保护公司债权人利益及社会公共利益,就具体法律关系中的特定事实,否认公司与其背后的股东各自独立的人格及股东的有限责任,责令公司的股东(包括自然人股东和法人股东)对公司的债权或公共利益直接负责,以实现公平、正义目标之要求而设置的一种法律措施。

(二)有限责任公司的设立

1. 公司设立的条件

按照我国《公司法》的规定,有限责任公司的设立应具备以下条件:

(1)股东符合法定人数。根据《公司法》的规定,有限责任公司的股东人数为50人以下,股东人数不得超过此上限。我国《公司法》规定了一人公司的形式,因此股东人数最少可以为一人。

(2)有符合公司章程规定的全体股东认缴的出资额。除法律、行政法规以及国务院决定对有限责任公司注册资本实缴、注册资本最低限额另有规定的以外,有限责任公司的注册资本可由公司章程自由设定;关于股东出资的缴纳方式,我国《公司法》将实缴资本制改为认缴资本制,因此公司章程应载明股东认缴的出资额以及认缴期限。

(3)股东共同制定公司章程。公司章程是公司的"宪章",是规范公司的组织和行为的最重要的文件。公司章程是体现公司股东共同意志的协议,应遵循意思表示一致原则,因此公司章程需由股东共同制定。

(4)有公司名称,建立符合有限责任公司要求的组织机构。公司名称是公司在生产经营活动中所使用的称谓,是一公司区别于其他公司的重要标志。公司名称不仅仅是一种"商号",它还具有标示公司"商誉"的重要功能,是公司商业形象的重要构成要素。组织机构是公司建立和延续的必备要素,《公司法》对有限责任公司的组织机构作出了明确规定,设立公司必须建立符合《公司法》要求的组织机构。

(5)有公司住所。确定的公司依据对公司具有重要的法律意义。首先,公司住所是确定公司登记机关和公司管理机关的重要识别依据;其次,公司住所是司法诉讼程序中确定地域管辖和文书送达的重要标准;最后,在涉外诉讼中,公司住所是确定准据法和解决法律冲突的重要依据。

2. 公司设立的程序

有限责任公司设立一般须经过以下程序:(1)由全体股东共同设立公司章程;(2)向工商登记部门申请公司名称预先核准;(3)出资期限定于公司设立之前的股东缴纳出资;(4)向工商登记部门申请设立登记;(5)工商登记部门核发公司营业执照;(6)已成立的公司向股东签发出资证明书。

（三）有限责任公司的组织机构

1. 股东会

有限责任公司的股东会由全体股东组成，股东会是公司的权力机构。股东会通过召开股东会议的方式来行使权力。有限责任公司的股东会会议分为以下三种情形：一是公司正式成立之前的股东会会议；二是公司成立后的定期股东会会议；三是公司成立后的临时股东会会议。

股东会是由股东组成的，股东会的权力来源于股东的权利。有限责任公司的股东享有的权利主要有：(1) 公司收益分配权，即按其出资获得公司利润分配的权利；(2) 查阅公司章程、股东会会议纪要、公司财务会议报告的权利；(3) 出席公司股东会并行使表决权；(4) 按照《公司法》和公司章程规定转让出资的权利；(5) 公司终止后取得公司剩余财产的权利；(6) 公司章程规定的其他权利。

根据《公司法》的规定，有限责任公司的股东会行使下列职权：(1) 决定公司的经营方针和投资计划；(2) 选举和更换非由职工代表担任的董事、监事，决定有关董事、监事的报酬事项；(3) 审议批准董事会的报告；(4) 审议批准监事会或者监事的报告；(5) 审议批准公司的年度财务预算方案、决算方案；(6) 审议批准公司的利润分配方案和弥补亏损方案；(7) 对公司增加或者减少注册资本作出决议；(8) 对发行公司债券作出决议；(9) 对公司合并、分立、解散、清算或者变更公司形式作出决议；(10) 修改公司章程；(11) 公司章程规定的其他职权。

2. 董事会

有限责任公司董事由股东会选举产生，董事会由全体董事组成。董事会是公司的业务执行机关，也是公司的经营决策和领导机关。我国《公司法》规定有限责任公司的董事人数为3—13人，董事任期由公司章程规定，但每届任期不得超过3年。董事任期届满，连选可以连任。

董事会对股东负责。董事会行使以下职权：(1) 召集股东会会议，并向股东会报告工作；(2) 执行股东会的决议；(3) 决定公司的经营计划和投资方案；(4) 制订公司的年度财务预算方案、决算方案；(5) 制订公司的利润分配方案和弥补亏损方案；(6) 制订公司增加或者减少注册资本以及发行公司债券的方案；(7) 制订公司合并、分立、解散或者变更公司形式的方案；(8) 决定公司内部管理机构的设置；(9) 决定聘任或者解聘公司经理及其报酬事项，并根据经理的提名决定聘任或者解聘公司副经理、财务负责人及其报酬事项；(10) 制定公司的基本管理制度；(11) 公司章程规定的其他职权。

3. 经理

公司经理为主持公司日常经营管理工作的公司高级管理人员，经理由董事会聘任，对董事会负责。有限责任公司是否设经理职位由公司章程规定，实践中有限责任公司一般都设有经理职位。董事会的职能在于经营决策，而经理的职能则重在业务执行，公司运营过程中需要协调好董事会与经理的职能。

经理行使以下职权：(1) 主持公司的生产经营管理工作，组织实施董事会决议；(2) 组织实施公司年度经营计划和投资方案;(3) 拟订公司内部管理机构设置方案;(4) 拟订公司的基本管理制度;(5) 制定公司的具体规章;(6) 提请聘任或者解聘公司副经理、财务负责人;(7) 决定聘任或者解聘除应由董事会决定聘任或者解聘以外的管理人员;(8) 董事会授予的其他职权。

4. 监事会

监事会为公司的监督机构。有限责任公司监事会成员不得少于3人,股东人数较少或者规模较小的有限责任公司,可以设1—2名监事,不设监事会。监事会中的股东代表由股东会选举产生;职工代表由公司职工通过职工代表大会、职工大会或者其他形式民主选举产生。

监事会行使下列职权:(1) 检查公司财务;(2) 对董事、高级管理人员执行公司职务的行为进行监督,对违反法律、行政法规、公司章程或者股东会决议的董事、高级管理人员提出罢免的建议;(3) 当董事、高级管理人员的行为损害公司的利益时,要求董事、高级管理人员予以纠正;(4) 提议召开临时股东会会议,在董事会不履行《公司法》规定的召集和主持股东会会议职责时召集和主持股东会会议;(5) 向股东会会议提出提案;(6) 依照《公司法》第151条的规定,对董事、高级管理人员提起诉讼;(7) 公司章程规定的其他职权。

知识拓展 一人公司

一人有限责任公司也简称"一人公司""独资公司"或"独股公司",是指由一名股东(自然人或法人)持有公司的全部出资的有限责任公司,组织机构比较简单。西方国家对一人公司的态度一般都经历了从禁止一人公司的设立,到逐步承认存续中的一人公司,一直到承认一人公司的合法性,不同的只是各国的具体规定有所区别而已。一人公司制度自列支敦士堡制度实施以后,70年来该制度已陆续为世界各经济先进国家(地区),以直接或间接的方式予以接受。从世界范围内看,完全禁止一人公司的国家为数并不多,而完全肯定或附条件的承认者居多数,有的国家如列支敦士堡、德国、日本、加拿大不仅允许设立一人有限责任公司,而且允许设立一人股份有限责任公司;有些国家比如法国、比利时、丹麦等只允许设立一人有限责任有限公司;有的国家比如奥地利、瑞士等禁止设立原生型一人公司,但是并不否认继发型一人公司。

三、股份有限公司

(一) 股份有限公司的概念与特征

股份有限公司指公司全部资本分为等额股份,股东以其所持股份对公司承担责任,公司以其全部资产对公司债务承担责任的企业法人。

股份有限公司具有如下特征:(1) 明显的资合性。与有限责任公司相比,股份有限公司有着更为明显的资合性,公司的信用更多地是依靠资本的信用来实现的。(2) 公司全部资本分为等额股份。股份是构成公司资本的最小单位,公司可发行体现公司股份价值的股票。(3) 公司发行的股票可依法自由转让。(4) 股东人数的广泛性及公司规模的巨大化。

(二) 股份有限公司的设立

1. 设立条件

根据《公司法》的规定,股份有限公司设立应当具备以下条件:

(1) 发起人符合法定人数。设立股份有限公司应当有 2 人以上 200 人以下为发起人,其中须有半数以上的发起人在中国境内有住所。

(2) 有符合公司章程规定的全体发起人认购的股本总额或者募集的实收股本总额。发起人应当签订发起人协议,明确各自在公司设立过程中的权利和义务。股份有限公司采取发起设立方式设立的,注册资本为在公司登记机关登记的全体发起人认购的股本总额。在发起人认购的股份缴足前,不得向他人募集股份。股份有限公司采取募集方式设立的,注册资本为在公司登记机关登记的实收股本总额。法律、行政法规以及国务院决定对股份有限公司注册资本实缴、注册资本最低限额另有规定的,从其规定。

(3) 股份发行、筹办事项符合法律规定。以发起设立方式设立股份有限公司的,发起人应当书面认足公司章程规定其认购的股份,并按照公司章程规定缴纳出资。

(4) 发起人制定公司章程,采用募集方式设立的经创立大会通过;

(5) 有公司名称,建立符合股份有限公司要求的组织机构;

(6) 有公司住所。

2. 设立方式

根据《公司法》的规定,股份有限公司的设立方式有两种:发起方式与募集方式。发起方式是指由发起人认购公司全部股份的设立方式。募集方式是指由发起人认购公司应发行股份的一部分,其余股份向社会公开募集的设立方式。

以发起设立方式设立股份有限公司的,发起人应当书面认足公司章程规定其认购的股份,并按照公司章程规定缴纳出资。以非货币财产出资的,应当依法办理其财产权的转移手续。以募集设立方式设立股份有限公司的,发起人认购的股份不得少于公司股份总数的 35%;但法律、行政法规另有规定的,从其规定。

(三) 股份有限公司股票的发行与转让

1. 股份有限公司股票的发行

股票是公司签发的证明股东所持股份的凭证。股票是一种有价证券,股份有限公司可以发行股票。根据股票是否需要记载股东改名或名称,可以将公司股票分为记名股票与无记名股票。我国《公司法》允许公司发行记名股票,也可以发行不记名股票。同时规定公司向发起人、法人发行的股票的,应当为记名股票,该股票应当记载该发起人、法人的名称或者姓名,并不得另立户名或者以代表人姓名记名。

股份有限公司发行的股票应当载明以下事项:(1) 公司名称;(2) 公司成立日期;(3) 股票种类、票面金额及代表的股份数;(4) 股票的编号。股票由法定代表人签名,公司盖章;发起人的股票,应当标明发起人股票字样。

2. 股份有限公司股票的转让

公司股票可以转让。股票转让应当遵循以下规定：(1) 记名股票，由股东以背书方式或者法律、行政法规规定的其他方式转让；转让后由公司将受让人的姓名或者名称及住所记载于股东名册。(2) 发起人持有的本公司股份，自公司成立之日起1年内不得转让。公司公开发行股份前已发行的股份，自公司股票在证券交易所上市交易之日起1年内不得转让。(3) 公司董事、监事、高级管理人员应当向公司申报所持有的本公司的股份及其变动情况，在任职期间每年转让的股份不得超过其所持有本公司股份总数的25%；所持本公司股份自公司股票上市交易之日起1年内不得转让。上述人员离职后半年内，不得转让其所持有的本公司股份。公司章程可以对公司董事、监事、高级管理人员转让其所持有的本公司股份作出其他限制性规定。

（四）上市公司

股票可以上市交易，上市公司指股票上市交易的公司。根据我国《公司法》的规定，公司股票上市应具备以下条件：(1) 股票经国务院证券监督管理机构核准已公开发行；(2) 公司股本总额不少于人民币3000万元；(3) 公开发行的股份达到公司股份总数的25%以上；公司股本总额超过人民币4亿元的，公开发行股份的比例为10%以上；(4) 公司最近3年无重大违法行为，财务会计报告无虚假记载。

股票上市交易的，公司必须依照法律、行政法规的规定，定期公开其财务状况、经营情况及重大诉讼，并持续履行相关信息公开义务。上市公司披露的相关信息必须准确、真实、完整，不得有虚假披露、误导性披露或重大遗漏。

链接阅读

冯果、段丙华：《公司法中的契约自由——以股权处分抑制条款为视角》，载《中国社会科学》2017年第3期。

第三节 破 产 法

一、破产法概述

（一）破产的概念

破产指债务人不能清偿到期债务或资不抵债时，由债权人或债务人诉请法院宣告债务人破产并依破产程序偿还债务的一种法律制度。破产有狭义与广义之分，狭义的破产指破产清算制度；而广义的破产除包括破产清算制度以外，还包括破产重整制度与破产和解制度。

破产制度具有如下特征：

(1) 债务人不能清偿到期债务或资不抵债。破产是特定情形下的还债程序，即不能清偿到期债务或资不抵债。不能清偿的债务须已经到期，不能清偿的未到期债务不符合破产条件;资不抵债指债务人总债务超过了债务人总资产的状态,其后果是债权人的债权无法得到足额、全部清偿。

(2) 破产是为了使债权人的债权得到公平清偿。在破产的状态下,债务人的债权人往往不止一人,而由于债务人资不抵债,这些多数债权人的债权不能得到足额清偿,各债权人的债权只能按比例得到清偿。从这一角度来看,破产制度的目的不在于使债权人的债权全部得到清偿,而在于使债权人的债权获得公平清偿。

(3) 破产是债务清偿的一种特殊形式。与普通债权清偿不同的是,对于普通债权,债务人需足额清偿债权人的债权;而在破产清偿的情况下,由于债务人资不抵债,因此债权人一般只能按比例得到清偿,对于不能清偿的债务,则由全体债权人按比例分担不能清偿债务部分的损失。

(二) 我国破产法的历史沿革

破产法是债务人偿债能力出现欠缺时适用破产程序处理其债务关系的法律规范的总称。1906 年清朝政府制定的《破产律》是我国历史上第一部破产法。1935 年,南京国民政府制定了《破产法》,这部《破产法》几经修订,目前仍在我国台湾地区适用。中华人民共和国成立以后,我国于 1989 年制定了《中华人民共和国企业破产法(试行)》,该《企业破产法》仅适用于全民所有制企业,其他企业破产则适用 1991 年制定的《中华人民共和国民事诉讼法》第十九章"企业法人破产还债程序"的规定。这种根据企业所有制形式而适用不同的破产程序的规定破坏了破产法的内在统一性。2006 年我国制定了《中华人民共和国企业破产法》,该法于 2007 年 6 月 1 日起施行;2007 年修改后的《中华人民共和国民事诉讼法》删除了原法第十九章"企业法人破产还债程序"的规定,至此我国所有企业的破产均由《破产法》调整。

二、破产申请与受理

(一) 破产申请的主体

1. 债务人

《企业破产法》第 7 条第 1 款规定,债务人不能清偿到期债务,并且资产不足以清偿全部债务或者明显缺乏清偿能力的,可向法院申请破产清算,也可以申请破产重整或破产和解。由债务人提出破产申请是其自愿行为,因此又称作自愿破产申请。

2. 债权人

当债务人不能清偿到期债务时,债权人可以向法院申请债务人破产。债权人申请破产的目的在于其债权得到及时、公平的清偿。相对于债务人的自愿破产申请,债权人的破产申请可称为非自愿破产申请。

相对于债务人破产申请而言,债权人破产申请条件相对宽松,即债权人申请破产的举证责任较债务人破产申请举证责任要轻一些。根据《公司法》的规定,债权人仅需证明债务人"不能清偿到期债务"即可,而无须举证证明债务人实际丧失清偿能力或资不抵债。原因在于债权人举证证明债务人实际偿债能力和资产状况比较困难,如果对债权人申请破产的条件过于严格,则客观上不利于债权人启动破产程序,这对债权人利益保护显然不利。

按照《公司法》的规定,只有债权已到期的债权人才有资格提出破产申请,债权未到期的债权人并不享有申请破产的权利,因为此时债权人的利益并未受到实际损害,因此其不享有破产申请权。与此同时,在通常情况下,有财产担保的到期债权人一般也不会提出破产申请,因为其债权可以通过行使担保物权而优先受偿,无须通过耗时费力的破产程序来实现自己的债权。当然,在债权人放弃优先受偿权的情况下,有财产担保的债权人也可以提出破产申请。

3. 负有清算责任的人

根据《破产法》第7条第3款的规定,企业法人已解散但未清算或者未清算完毕,资产不足以清偿债务的,依法负有清算责任的人应当向人民法院申请破产清算,因此清算责任人也可以向法院提出破产申请。

(二) 破产申请的提出

按照《公司法》的规定,向法院提出破产申请应当提交破产申请书和有关证据。破产申请应当载明以下事项:(1) 申请人、被申请人的基本情况;(2) 申请目的;(3) 申请的事实和理由;(4) 人民法院认为应当载明的其他事项。

债务人提出申请的,还应当向人民法院提交财产状况说明、债务清册、债权清册、有关财务会计报告、职工安置预案以及职工工资的支付和社会保险费用的缴纳情况。

(三) 破产申请的受理

人民法院收到破产申请后应当在规定的期限内对申请进行审查,根据审查的结果裁定是否受理破产申请。人民法院审查期限因申请人不同而有所区别:在债务人申请破产的情况下,人民法院应当自收到破产申请之日起15日内裁定是否受理;如有特殊情况需延长审查期限的,经报上级人民法院批准,可以延长15日。在债权人申请破产的情况下,人民法院应自收到破产申请之日起5日内通知债务人,债务人对申请有异议的,应当自收到通知之日起7日内向人民法院提出。人民法院应当自异议期满之日起15日内裁定是否受理。如有特殊情况需要延长审查期限的,经报上一级人民法院批准,可以延长15日。

人民法院经审查认为破产申请符合法定条件的,应当裁定受理;认为不符合法定条件的,应当裁定驳回破产申请。申请人不服驳回破产申请裁定的,可以在收到裁定书之日起10日内向上一级人民法院提起上诉。

人民法院应当自裁定受理破产申请之日起25日内通知已知债权人,并予以公告。通知和公告应当载明下列事项:(1) 申请人、被申请人的名称或者姓名;(2) 人民法院受理破产申请的时间;(3) 申报债权的期限、地点和注意事项;(4) 管理人的名称或者姓名及其处理事务的地址;(5) 债务人的债务人或者财产持有人应当向管理人清偿债务或者交付财产的要求;(6) 第一次债权人会议召开的时间和地点;(7) 人民法院认为应当通知和公告的其他事项。

破产案件受理产生如下法律后果:

(1) 对债务人的效力。法院裁定受理破产申请的,债务人财产及经营事务由破产管理人接管。裁定受理破产申请后,债务人对个别债权人的债务清偿行为无效,因为个别清偿有违全体债权人公平受偿原则。同时债务人不得实施有害债权的行为,因为破产意味着债权不能得到足额清偿,如若债务人在裁定破产后不当处分其财产,势必使债务人责任财产进一步减少,这当然会损及债权人的利益。

(2) 对债权人的效力。裁定受理破产申请后,债权人应在通知或公告规定的期限内向破产管理人申报债权。有物权担保的债权人可优先受偿,但在破产重整期间,对债务人的特定财产享有的担保物权暂停行使。因破产程序具有加速债权到期的效力,对于未到期的债权视为已到期。

(3) 对民事诉讼程序的影响。对债务人的执行程序中止,同时解除对债务人的财产保全。人民法院受理破产申请后,已经开始而未终结的有关债务人的民事诉讼或者仲裁应当中止,待破产管理人接管债务人财产后,该诉讼或仲裁恢复进行。人民法院受理破产申请后,有关债务人的民事诉讼只能向受理破产申请的法院提起。

三、破产管理人

破产管理人是指在破产清算、破产重整和破产和解中负责对债务人财产进行管理和处理其他相关事项的机构或个人。

关于破产管理人的任职资格,我国《企业破产法》第24条第1款和第2款规定,破产管理人可以由有关部门、机构的人员组成的清算组或者依法设立的律师事务所、会计师事务所、破产清算事务所等社会中介机构担任。人民法院根据债务人的实际情况,可以在征询有关社会中介机构的意见后,指定该机构具备相关专业知识并取得执业资格的人员担任管理人。关于破产管理人的消极资格,《企业破产法》第24条第3款规定,有下列情形之一的,不得担任管理人:(1) 因故意犯罪受过刑事处罚;(2) 曾被吊销相关专业执业证书;(3) 与本案有利害关系;(4) 人民法院认为不宜担任管理人的其他情形。

关于破产管理人的职责,《企业破产法》第25条规定,管理人履行下列职责:(1) 接管债务人的财产、印章和账簿、文书等资料;(2) 调查债务人财产状况,制作财产状况报告;(3) 决定债务人的内部管理事务;(4) 决定债务人的日常开支和其他必要开支;(5) 在第一次债权人会议召开之前,决定继续或者停止债务人的营业;(6) 管理和处分债务人的财产;(7) 代表债务人参加诉讼、仲裁或者其他法律程序;(8) 提议召开债权人会议;(9) 人民法院认为管理人应当履行的其他职责。

四、破产财产

破产财产指破产宣告后依法由破产管理人管理的破产人全部财产。破产财产也称债务人财产,根据《企业破产法》第30条的规定,破产财产包括破产申请受理时属于债务人的全部财产,以及破产申请受理后至破产程序终结前债务人取得的财产。

破产财产具有以下特征:(1) 破产财产由破产管理人控制和支配。破产财产所有权属于债务人,但破产宣告以后,债务人即丧失对其财产的控制权和处分权,该控制权和处分权随即强制性地转移给破产管理人,由破产管理人依法对债务人财产进行占有和处理。(2)破产财产的范围由法规明确规定。破产财产属法定财产,其财产的类型和范围由《企业破产法》明确规定,只有符合法律规定的财产才属于破产财产。(3)破产财产具有特殊目的。破产财产的目的在于清偿全体债权人的债权,而不得用于其他目的,因此破产财产也称"目的财产"。(4)破产财产须可以采取强制执行措施。破产财产将用于对债权人的清偿,因此破产财产须可以采取强制执行措施,如采取查封、冻结、扣押等强制措施。对于无法采取强制执行措施的专属于债务人自身的财产,则不属于破产财产,此类财产可称为"自由财产"。

根据《企业破产法》的规定,破产管理人可以清理和回收以下财产:(1)债务人的出资人尚未缴纳的出资。出资人的出资是债务财产的重要组成部分,与债务人的清偿能力密切相关。《企业破产法》第35条规定,人民法院受理破产申请后,债务人的出资人尚未完全履行出资义务的,管理人应当要求该出资人缴纳所认缴的出资,而不受出资期限的限制。(2)公司高级管理人员从债务人获取的非正常收入和侵占的企业财产。《企业破产法》第36条规定,债务人的董事、监事和高级管理人员利用职权从企业获取的非正常收入和侵占的企业财产,管理人应当追回。(3)可以取回的质物、留置物。质物和留置物属担保物,其所有权属于债务人,但由质权人和留置人占有,为了保护破产债权人的利益,破产管理人可以取回质物和留置物。《企业破产法》第37条第1款规定,人民法院受理破产申请后,管理人可以通过清偿债务或者提供为债权人接受的担保,取回质物、留置物。

五、破产债权

(一)破产债权的概念与特征

破产债权指人民法院受理破产申请时对债务人享有的,依破产程序申报确认,可以在破产清算程序中参与分配的债权。破产债权具有以下特征:(1)破产债权限于财产上的权利;(2)破产债权为人民法院受理破产申请时已成立的债权;(3)破产债权须进行申报并依法得到确认;(4)破产债权的分配以破产财产为限;(5)破产债权是可以强制执行的债权。

(二)破产债权的范围

按照《企业破产法》的规定,破产债权的范围如下:

(1)未到期的债权。未到期的债权,在破产申请受理时视为到期。

(2)附条件和附期限的债权。附条件和附期限的债权可以申报。

(3)诉讼、仲裁未决的债权。诉讼、仲裁未决的债权可以申报。

(4)连带债权和连带债务人的债权。连带债权人可以由其中一人代表全体连带债权人申报债权,也可以共同申报债权。连带债务人数人被裁定适用本法规定的程序的,其债权人有权就全部债权分别在各破产案件中申报债权。

(5)债务人的保证人或其他连带债务人对债务人的求偿权。债务人的保证人或者其他连带债务人已经代替债务人清偿债务的,以其对债务人的求偿权申报债权。债务人的保证人或者其他连带债务人尚未代替债务人清偿债务的,以其对债务人的将来求偿权申报债权,但债权人已经向管理人申报全部债权的除外。

(6)委托合同的受托人的请求权。债务人是委托合同的委托人,被裁定适用本法规定的程序,受托人不知该事实,继续处理委托事务的,受托人以由此产生的请求权申报债权。

(7)票据付款人或承兑人的请求权。债务人是票据的出票人,被裁定适用本法规定的程序,该票据的付款人继续付款或者承兑的,付款人以由此产生的请求权申报债权。

(8)因执行重整计划未受清偿部分的债权。人民法院裁定终止重整计划执行的,债权人在重整计划中作出的债权调整的承诺失去效力。债权人因执行重整计划所受的清偿仍然有效,债权未受清偿的部分作为破产债权。

(9)未受偿的担保债权和放弃优先受偿权的担保债权。

(三)破产债权的申报与确认

1. 破产债权的申报

根据《企业破产法》的规定,破产债权人应向破产管理人申报债权。债权申报期限最短不得少于 30 日,最长不得超过 3 个月,期限自人民法院发布受理破产申请公告之日起计算。对于在人民法院指定的期限内未申报的债权,《企业破产法》规定可以在破产财产最后分配前进行补充申报,但此前已经进行的分配不再对其补充分配,由此而增加的审查和确认债权的费用由补充申报人承担。债权人申报债权时应当书面说明债权的数额和有无财产担保,并提交有关证据,申报的债权是连带债权的,申报人应当进行说明。

2. 破产债权的确认

破产债权确定需要经过一定的程序:(1)首先由破产管理人进行审查。破产管理人的审查侧重于形式审查而非实质审查,例如破产管理人不得以债权数额不符为由拒绝登记债权申报。(2)然后由债权人会议进行核查。债权人会议的核查为实质审查。(3)最后由人民法院裁定予以确认。对于债务人、债权人均无异议的债权,人民法院应裁定予以确认。(4)对债权异议的处理。在债务人或债权人对登记债权存在异议的情况下,可以向受理破产申请的人民法院提起诉讼,通过诉讼途径确认债权。

六、债权人会议

(一)债权人会议的组成与职权

债权人会议指在破产程序中由全体债权组成的,表达全体债权人共同意志以维护全体债权人共同利益的临时性破产机构。债权人会议由所有依法申报债权的债权人组成,债权人有权参加债权人会议并享有表决权。但债权尚未确定的债权人,除人民法院能够为其行使表决权而临时确定债权额的以外,不得行使表决权;有财产担保的债权人未放弃优先受偿权利的,对和解协议以及破产财产的分配方案没有表决权;债务人的保证人在代替债务人清偿债务后可以作为债权,享有表决权。

债权人会议设主席一人,由人民法院从有表决权的债权人中指定。债权人会议主席主持债权人会议。

债权人会议行使下列职权:(1)核查债权;(2)申请人民法院更换管理人,审查管理人的费用和报酬;(3)监督管理人;(4)选任和更换债权人委员会成员;(5)决定继续或者停止债务人的营业;(6)通过重整计划;(7)通过和解协议;(8)通过债务人财产的管理方案;(9)通过破产财产的变价方案;(10)通过破产财产的分配方案;(11)人民法院认为应当由债权人会议行使的其他职权。

(二)债权人委员会

债权人会议可以设立债权人委员会。债权人委员会并非必须设立的机构,是否需要设立债权人委员会必须综合考虑破产案件的复杂程度、破产企业经营规模、破产财产总量大小以及债权人人数的多少等因素。债权人委员会由债权人会议选任的债权人代表和一名债务人的职工代表或者工会代表组成。债权人委员会成员不得超过9人。债权人委员会成员应当经人民法院书面决定认可。

债权人委员会行使下列职权:(1)监督债务人财产的管理和处分;(2)监督破产财产分配;(3)提议召开债权人会议;(4)债权人会议委托的其他职权。

七、破产重整与破产和解

破产重整与破产和解是破产法上重要的破产预防制度。破产清算无论对债权人债权的实现还是债务人的存续,抑或社会经济发展都会带来严重的不利影响,因此除非确有必要的情况下才会最终走向破产清算。破产重整和破产和解即具有避免债务人走向破产清算的破产预防功能。

(一)破产重整

破产重整是指经由利害关系人申请,在人民法院主持和利害关系人的参与下,对具有重整可能与重整能力的债务人进行债务调整和业务重组,以摆脱债务困境、恢复经营能力的法律制度。

破产重整将债务人债务清偿与生产经营能力恢复有机结合起来,是预防企业破产的积极、有效措施。破产重整的理论基础在于,并非所有在市场自由竞争中陷入债务困境的企业都应退出市场,有些企业只是由于突发的或临时的原因导致偿债能力降低,而并非这些企业缺乏市场潜力和市场价值,破产重整制度可以给此类企业提供喘息和复苏的机会,使其渡过难关,恢复生机,避免出现破产清算的结果。

破产重整会出现两种结果,一种是重整成功,债务人恢复生产经营困境,逐渐摆脱债务困境;另一种是重整失败,债务人走向破产清算。《企业破产法》第78条规定,重整期间债务人出现下列情形之一的,经管理人或者利害关系人请求,人民法院应当裁定终止重整程序,并宣告债务人破产:(1)债务人的经营状况和财产状况继续恶化,缺乏挽救的可能性;(2)债务人有欺诈、恶意减少债务人财产或者其他显著不利于债权人的行为;(3)由于债务人的行为致使管理人无法执行职务。

(二) 破产和解

破产和解是指达到破产条件的债务人，为避免清算而与债权人就债务清偿延期或债务减免等事项达成和解协议，经法院确认生效的一种破产预防制度。只有债务人才能向人民法院提起破产和解。债务人可以依照《企业破产法》的规定直接向人民法院申请和解，也可以在人民法院受理破产申请后、宣告债务人破产前向人民法院申请和解。

八、破产清算

(一) 破产宣告

破产清算开始于破产宣告。破产宣告指人民法院根据利害关系人的破产申请或依职权，经审查认定债务人符合破产法定条件，裁定宣告债务人破产的法律行为。破产宣告后债务人将进入破产清算程序，此时债务人称为破产人，债务人的财产成为破产财产。

(二) 取回权、抵销权、别除权及撤销权的行使

1. 取回权

破产取回权指对于不属于破产人的财产，其权利人可以不依破产程序而直接行使财产权利，从破产管理人处取回其财产的权利。进入破产程序后，破产管理人接管并控制债务人所有的财产，这些财产中可能有些财产并不属于破产人所有，对于不属于破产人所有的财产，其权利人可以行使取回权。

2. 抵销权

破产抵销权指对破产人负有债务的债权人在破产人宣告破产时，不论该债权债务给付种类是否相同，也不论是否附有期限或解除条件，债权人均可不依破产清算程序而直接将其对破产人的债权与其所欠破产人的债务予以抵销。我国《企业破产法》规定有下列情形之一的，债权人不得行使抵销权：(1) 债务人的债务人在破产申请受理后取得他人对债务人的债权的；(2) 债权人已知债务人有不能清偿到期债务或者破产申请的事实，对债务人负担债务的；但是，债权人因为法律规定或者有破产申请1年前所发生的原因而负担债务的除外；(3) 债务人的债务人已知债务人有不能清偿到期债务或者破产申请的事实，对债务人取得债权的；但是，债务人的债务人因为法律规定或者有破产申请1年前所发生的原因而取得债权的除外。

3. 别除权

破产别除权指债权人在破产程序开始前对债务人的特定财产享有担保物权或其他优先权，在破产宣告后债权人可不依破产清算程序而先于一般破产债权人单独、优先受偿的权利。别除权具有如下特征：(1) 作为别除权之基础的债权产生于宣告破产之前；(2) 别除权的行使以担保物权和法定优先权为限；(3) 别除权是针对破产人的特定财产行使的权利。

4. 撤销权

破产撤销权指破产管理人对于债务人在破产程序开始前所作出的损害债权人利益的行为，有否认其效力并请求人民法院撤销该行为的权利。撤销权行使后，所追回的财产和

利益属于破产人,为破产财产。按照《企业破产法》第31条的规定,在人民法院受理破产申请前一年,涉及债务人财产的下列行为,管理人有权请求人民法院予以撤销:(1)无偿转让财产的;(2)以明显不合理的价格进行交易的;(3)对没有财产担保的债务提供财产担保的;(4)对未到期的债务提前清偿的;(5)放弃债权的。

九、破产财产分配

破产分配指将破产人的财产按债权人的受偿顺序和受偿比例在债权人之间进行清偿的程序。《企业破产法》第113条规定,破产财产在优先清偿破产费用和共益债务后,依照下列顺序清偿:(1)破产人所欠职工的工资和医疗、伤残补助、抚恤费用,所欠的应当划入职工个人账户的基本养老保险、基本医疗保险费用,以及法律、行政法规规定应当支付给职工的补偿金;(2)破产人欠缴的除前项规定以外的社会保险费用和破产人所欠税款;(3)普通破产债权。《企业破产法》同时规定,破产财产不足以清偿同一顺序的清偿要求的,按照比例分配。

> **知识拓展** 破产费用
>
> 破产费用是指在破产程序中为了全体债权人的共同利益而支付的旨在保障破产程序顺利进行所必需的程序上的各项费用的总称。《企业破产法》第41条规定,人民法院受理破产申请后发生的下列费用,为破产费用:(一)破产案件的诉讼费用;(二)管理、变价和分配债务人财产的费用;(三)管理人执行职务的费用、报酬和聘用工作人员的费用。

> **链接阅读**
>
> 韩长印、何欢:《破产界限的立法功能问题——兼评〈企业破产法〉司法解释〈规定(一)〉的实际功效》,载《政治与法律》2013年第2期。

第四节 保 险 法

一、保险法概述

(一)保险

1. 保险的概念

保险是指为了保障日常生活与生产经营的安定性,通过精确计算,采用集合大量投保人奖金,当保险合同所约定的保险事故发生时,对保险事故所造成的损失予以补偿的法律制度。保险以三大要求构成:(1)特定危险的存在。特定危险的存在是保险的前提条件,没有危险也就没有保险,这种危险可能是财产危险,也可能是人身危险。保险危险须具有不确定性,这种不确定性包括危险发生与否不确定、危险发生时间不确定与危险发生导致的后果不确定。(2)多数人参加投保。保险的功能在于分散风险,即保险事故发生时由所有参加保险的人为出现保险事故的特定投保人分担危险造成的损失,这种集合危险、分担损失的机制要求投保人必须是多数,而且投保人数越多,越有利于分散风险和分担损失。(3) 损失填补。保险不能从根本上消除危险,事实上危险是不可能从根本上消除的,保险的功能在于分散风险,即投保人通过交纳一定金额的保险费换取保险事故发生时的损失填补,通过这种"以小博大"的方式来达到分散风险的目的。

2. 保险的分类

以保险的性质为标准,可以将保险分为商业保险与社会保险;依据保险标的的不同,可以分为财产保险与人身保险;以是否具有强制性为标准,可以分为自愿保险与强制保险;根据保险人责任次序的不同,可以分为原保险与再保险;根据保险人人数的不同,可以分为单独保险、共同保险与重复保险。

(二) 保险法

保险法是调整保险法律关系的法律规范的总称。保险一词有广义与狭义之分,广义的保险既包括商业保险,也包括社会保险;狭义的保险仅指商业保险。我国《保险法》于 1995 制定,迄今为止共进行了四次修改,即 2002 年第一次修改,2009 年第二次修改,2014 年第三次修改,2015 年第四次修改。

保险法应当遵循下列原则:

1. 保险利益原则

保险利益也称可保利益,指投保人对保险标的具有的法律上承认的利益。订立保险合同的目的不是保险标的本身,而是保障被保险人对保险标的所具有的利益,此种利益就是保险利益。如果保险事故发生导致投保人经济利益受到损害,则表明投保人对保险标的具有保险利益,否则投保人对保险标的不具有保险利益。[①]

保险利益的成立需具备三个要件:第一,必须是法律上承认的利益,即合法的利益;第二,必须是经济上的利益,即可以用金钱计算的利益;第三,必须是可以确定的利益,即其利益已经确定或者可以被确定。

保险利益原则主要有以下功能和作用:(1) 防止道德危险的发生。保险法上的道德危险指投保人、被保险人或受益人为了骗取保险金的赔付,故意造成危险的发生或者损失的扩大。保险利益原则可以防止无保险利益的投保人以不相关的财产或人身作为保险标的而谋财害命。(2) 消除赌博的可能性。保险区别于赌博的关键在于是否有保险利益存在,如果投保人可以任意对他人财产或人身进行投保,当发生保险事故时,投保人可以在无利益损失的情况下得到赔付,这与赌博行为无异。(3) 限制赔付的额度。保险利益是保险人进行赔付的最高限额。

2. 最大诚信原则

最大诚信原则也称最大善意原则,指保险合同当事人在订立合同时及在合同履行期间,双方都应依法向对方提供涉及关键缔约条件及决定对方是否缔结合同的重要事实,同

[①] 参见施天涛:《商法学》,法律出版社 2010 年版,第 629 页。

时严格信守合同中的各项承诺。

最大诚信原则既适用于投保人,也适用于保险人。最大诚信原则要求投保人如实告知和履行保证义务;要求保险人要履行说明义务和禁止反言。我国《保险法》规定,订立保险合同时,保险人可以就保险标的或被保险人的有关情况提出询问,投保人应当如实告知。投保人故意隐瞒事实,不履行如实告知义务的,或者因过失未履行如实告知义务,足以影响保险人决定是否同意承保或者提高保险费率的,保险人有权解除保险合同。《保险法》同时规定,保险合同中规定有关于保险人责任免除条款的,保险人在订立保险合同时应当向投保人明确说明,未明确说明的,该条款不产生效力。

（三）保险法律关系

1. 保险法律关系的主体

保险法律关系的主体如下:(1)投保人。投保人指与保险人订立保险合同,并按照保险合同承担保险费支付义务的人。(2)保险人。指依法成立的,与投保人订立保险合同并收取保险费,承担赔偿或者给付保险金责任的保险公司。(3)被保险人。指其财产或人身受保险合同保障,享有保险金请求权的人。投保人可以是被保险人。(4)受益人。指人身保险合同中由被保险人或者投保人指定的享有保险金请求权的人。投保人、被保险人可以是受益人。

2. 保险法律关系的客体

保险法律关系的客体指保险法律关系主体的权利、义务所指向的对象,即投保人具有保险利益的可保险的财产及有关的利益或被保险人的生命、身体健康和安全。

3. 保险法律关系的内容

保险法律关系的内容指保险法律关系的权利和义务。

知识拓展　道德风险

道德风险是20世纪80年代西方经济学家提出的一个经济哲学范畴的概念,其含义是指"从事经济活动的人在最大限度地增进自身效用的同时作出不利于他人的行动"。保险法上的道德风险包含两种情形:一种是指投保人在签订保险合同时利用保险公司无法完全掌握其个人信息而故意隐瞒自身存在的风险,使保险公司不能根据投保人的实际风险核定保险费用,而只能根据平均风险收取保险费,导致保险公司承保成本的提高和收益的损失;另一种是投保人在投保之后,在保险公司不能有效监督其行为的前提下,故意采取提高事故发生率的行为,以套取高额保险费。

二、财产保险合同

（一）财产保险合同的概念与特征

财产保险合同是指投保人与保险人之间订立的,由投保人缴付保险费,保险人对于因保险事故的发生造成保险标的的物质损失及其有关利益损失承担赔偿责任的协议。根据保险标的的不同,财产保险合同主要可分为财产损失保险合同、货物运输保险合同、运输工具保险合同、工程保险合同、农业保险合同、责任保险合同、保证保险合同和信用保险合同等类型。

财产保险合同具有以下特征：

(1) 财产保险合同是补偿性合同。财产保险合同的功能在于弥补被保险人因发生保险事故而遭受的损失,保险人实际履行保险责任的前提必须是保险标的因保险事故而导致损失,如果被保险人并未因此而遭受实际损失,则保险人无须实际承担保险金赔偿责任。亦即保险事故发生后,被保险人仅得按其实际所受的损害请求保险人予以赔偿,被保险人不得获取超过实际损失的赔偿。

(2) 财产保险合同的标的是特定财产及其有关利益。财产保险合同的标的以财产或财产利益为限,非财产及非财产利益不能作为财产保险合同的标的。财产保险合同根据其保险标的的形态可以分为两类：一类为有形的物质财富,如房屋、车辆、产品、机器设备等;另一类为无形的经济利益,包括现有利益与期待利益、积极利益与消极利益等。

(3) 财产保险合同中约定的保险金额以保险价值为限。保险价值指保险财产的实际价值。保险标的的保险价值可以由投保人和保险人约定并在合同中载明,也可以按照保险事故发生时保险标的的实际价值确定。保险金额是保险人承担保险责任的最高限额,也是投保人对保险标的实际投保的金额。根据《保险法》的规定,保险金额不得超过保险价值,超过保险价值的部分无效。保险金额低于保险价值的,除合同另有约定的以外,保险人按照保险金额与保险价值的比例承担赔偿责任。

(二) 财产保险合同主体的权利与义务

1. 投保人、受益人的权利和义务

投保人、受益人的权利和义务主要有：(1) 对于保险标的或者被保险人的有关情况向保险人如实告知的义务;(2) 按期缴付保险费的义务;(3) 维护保险标的安全的义务;(4) 保险标的的危险程度增加时及时通知保险人的义务;(5) 保险事故发生时及时通知保险人和防止损失扩大的义务;(6) 保险事故发生后向保险人提供有关证明、资料和单证的义务;(7) 保险事故发生后依保险合同获得赔偿的权利;(8) 在保险责任开始前变更、解除保险合同的权利。

2. 保险人的权利和义务

保险人的权利和义务主要有：(1) 说明义务。保险人在订立保险合同时对于合同中的免责条款有向投保人说明的义务,未明确说明的,该条件不产生效力。(2) 及时向投保人签发保险单或其他保险凭证的义务。(3) 收到投保人、被保险人和受益人赔偿请求后及时理赔的义务。(4) 退还保险费义务。在保险责任开始前投保人解除合同并支付手续费的,保险人应及时退还保险费。(5) 合同解除权。在投保人、被保险人和受益人故意不履行如实告知义务,或者故意制造保险事故的情况下,保险人有权解除保险合同。(6) 代位求偿权。保险人赔付了保险金后有权代投保人、被保险人和受益人向第三人请求赔偿。

知识拓展 保险赔偿中的近因原则

近因又称为直接因果关系,指引起连续事故而导致某种结果的主要与有效的原因,其原因与结果之间的连锁关系,不受其他独立与新的原因介入的影响。近因是构成保险人损失补偿责任的要件之一,如果将原因的原因也加以考虑,则辗转追索而永无止境,因此保险赔偿应适用近因原则。

三、人身保险合同

(一)人身保险合同的概念与特征

人身保险合同是指以人的寿命和身体为保险标的的保险合同。人身保险合同签订后,投保人向保险人缴付保险费,保险人对被保险人在保险期间内因保险事故遭受人身伤亡,或者在保险期届满时符合约定的给付保险金条件时,向被保险人或者受益人给付保险金。人身保险合同与财产保险合同的根本区别在于保险标的的不同,人身保险合同的保险标的是人的寿命和身体,而财产保险合同的保险标的则是财产或财产利益。

人身保险合同具有如下特征:

(1)保险标的为特定化的人格利益。人身保险合同的保险标的为被保险人的寿命或身体,这是一种特定化的人格利益,这种人格利益具有保险价值,可以通过约定保险金额来予以衡量。①

(2)人身保险合同的被保险人只能是自然人。由于人身保险合同的保险标的是人的寿命和身体,因此人身保险合同的被保险人只能是自然人,法人不能成为人身保险合同的被保险人。

(3)人身保险合同的保险事故涉及人的生死、身体或健康。人身保险合同的保险事故为任何可能导致对被保险人或者受益人承担给付保险金责任的各种法律事实,这包括被保险人的生存期限、被保险人在保险期限内发生死亡、伤残、疾病等。

(4)人身保险兼有投资性、保障性和储蓄性。人身保险合同具有长期性,少则数年,长则几十年,甚至终身。人身保险合同的长期性决定了人身保险合同具有投资、保障和储蓄的功能。

(5)人身保险合同的保险费不得强制请求。按照《保险法》第 38 条的规定,保险人对于人寿保险合同的保险费不得使用诉讼的方式要求投保人缴付。投保人有缴付保险费的自由权,可以选择缴付或不缴付保险费。对保险人而言,在投保人不缴付保险费的情况下,保险人可以解除保险合同。

(6)保险金定额支付。由于人格化的利益不能通过准确的金钱价值来予以衡量,因此人身保险合同的保险金额只能由投保人和保险人协商确定一个固定的数额,以此来作为保险人给付保险金的最高限额,在发生保险事故时,保险人按合同约定的保险金额支付

---

① 参见施天涛:《商法学》,法律出版社 2010 年版,第 658 页。

保险金。

（7）人身保险不适用代位求偿权。《保险法》第46条规定，被保险人因第三者的行为而发生死亡、伤残或者疾病等保险事故的，保险人向被保险人或者受益人给付保险金后，不享有向第三者追偿的权利，但被保险人或者受益人仍有权向第三者请求赔偿。

（二）主要的人身保险合同

1. 人寿保险合同

人寿保险合同简称寿险，是指以人的生命为保险标的，以被保险人的生存、死亡或生死两全为保险金给付条件的人身保险。人寿保险是人身保险业务中最主要的种类，人寿保险具体可分为死亡保险、生存保险、生死两全保险等。

（1）死亡保险。死亡保险是指以被保险人在保险期限内的死亡作为保险事故的保险。死亡保险可分为定期死亡保险和终身死亡保险两种类型。定期死亡保险是指保险合同约定一定期限为保险期间，若被保险人在保险期限内死亡，则保险人向受益人给付保险金的保险。终身保险合同则是以被保险人的终身为保险期限，当被保险人死亡时保险人给付保险金的保险。

（2）生存保险。生存保险是指以被保险人在保险期限内生存作为保险事故的保险。生存保险的保险金给付的条件为被保险人生存到保险期限届满，若被保险人在保险期限内死亡，则保险合同失效，保险人不承担给付保险金的责任。

（3）生死两全保险。生死两全保险指无论被保险人在保险期限内死亡或保险期限届满时生存，保险人都应给付保险金的保险：若被保险人在保险期限内死亡，则保险人给付死亡保险金；若被保险人在保险期限届满后仍生存，则保险人给付生存保险金。生死两全保险是人寿保险中保险责任最全面的一个险种，既为被保险人死亡提供保障，又为其生存提供保障。

2. 健康保险合同

健康保险又称疾病保险，是指以被保险人因疾病、分娩以及因病致残而导致收入减少或劳动能力丧失为保险事故的人身保险。健康保险可以分为医疗费给付保险、工资收入保险和死亡保险等。

（1）医疗费给付保险。此保险指投保人以被保险人因重大疾病而支出的大额医疗费用为保险责任范围的保险。医疗费给付保险的目的在于保障医疗费用的支出，这些医疗费用包括住院费、诊疗费、手术费、护理费及药费等。

（2）工资收入保险。此保险指投保人以被保险人因疾病导致的工资收入的减少为保险责任范围的保险。

（3）残疾或死亡保险。此保险指投保人以被保险人因疾病、分娩而致残疾、死亡后由保险人以保险金的形式向被保险人或受益人给付生活费、教育费、婚嫁费、扶养费、赡养费及丧葬费的保险。

3. 意外伤害保险合同

此保险指由保险人承担在保险期限内被保险人因遭受意外伤害而致伤、致残或死亡时的保险金给付责任的人身保险。意外伤害保险可以分为普通伤害保险、团体伤害保险、旅行伤害保险、交通事故伤害保险以及职业伤害保险等。

(1) 普通伤害保险。此保险指为被保险人在日常生活中因一般意外事故致使身体损伤而提供保障的一种保险。

(2) 团体伤害保险。此保险指以多数被保险人为一个团体而成立的伤害保险。

(3) 旅行伤害保险。此保险指以被保险人在旅行期间所发生的意外事故为保险责任范围而成立的保险。旅行伤害保险的保险期间以旅行期间为准,保险人对旅行开始之前与结束之后的意外伤害不承担保险责任。

(4) 交通事故伤害保险。此保险指以被保险人因为交通事故所受伤害为保险责任范围的保险。

(5) 职业伤害保险。此保险指当被保险人在执行职务过程中出现身体伤残导致其暂时或永久丧失劳动能力时由保险人给付保险金的保险。

链接阅读

李飞:《保险法上如实告知义务之新检视》,载《法学研究》2017年第1期。

第五节 票 据 法

一、票据法概述

(一) 票据的概念与特征

票据是由出票人签发的,由其在一定期间无条件支付或委托他人无条件支付一定金额的有价证券。票据的概念有广义和狭义之分,广义的票据泛指一切有价证券,包括汇票、支票、本票、股票、债券、国库券、提单、仓单、车船票等;狭义的票据仅指汇票、支票和本票。法律上或法学上所称的票据,如无特别说明,仅指狭义的票据。

票据具有以下特征:

(1) 票据是设权证券。从证券与权利的关系来看可以将证券分为证权证券与设权证券两种类型,证权证券其权利在作成证券之前即已存在,形成证券是为了证明权利的存在;而设权证券则是先有证券,后有权利,权利是通过证券的作成而产生的。对于票据而言,没有票据就没有权利,因此票据是设权证券。

(2) 票据是文义证券。文义证券指票据所创设的权利和义务完全地、严格地依票据上所记载的文字为准,不得离开票据上所记载的文字而以其他事实或文件资料来变更票据上所记载文字的意义。

(3) 票据是无因证券。票据的无因是指票据权利仅以票据法规定发生,而无须考虑票据权利发生的原因或基础,即只要权利人持有票据就享有票据权利,至于权利人持有票据或取得票据的原因以及票据权利发生的原因则在所不问。易而言之,这些原因或基础是否存在、是否发生、是否有效,原则上均不影响票据权利的行使。

(4) 票据是要式证券。票据应当符合法定的样式,票据形式和票据上记载的事项须严格依照票据法规定,否则会影响票据的效力,甚至会导致票据无效。票据的转让、承兑、保证、追索、付款等行为也都必须依照法律规定的形式方为有效。

(5) 票据是流通证券。票据上的权利经背书或单纯的交付即可转让于他人。无记名票据可以直接通过交付而转让;记名票据除出票人在票据上有禁止转让的记载外,票据持有人可能通过背书的方式进行转让,且转让无须通知债务人。

知识拓展 票据无因性原则

票据的无因性,是对票据行为外在无因性和票据行为内在无因性的统称。所谓票据行为的外在无因性是指票据行为的效力独立存在,持票人不负给付原因之举证责任。其只要能够证明票据债权、债务的真实成立与存续,而无须证明自己及前手取得票据的原因,即可对票据债务人行使票据权利。所谓票据行为的内在无因性是指产生票据关系、引起票据行为的实质原因从票据行为中抽离,其不构成票据行为的自身内容,当形成票据债权、债务关系时,原则上,票据债务人不得以基础关系所生之抗辩事由对抗票据债权的行使。

(二) 票据法

票据法是调整票据关系和确认票据行为的法律规范的总称。票据法的概念有广义与狭义之分。广义的票据法指各个法律部门中有关票据规定的总和,除了包括以"票据法"命名的法律外,还包括民商法、刑法、民事诉讼法、破产法、公证法中有关票据的规定;狭义的票据法则仅指以"票据法"命名的法律。通常所说的票据法是指狭义的票据法。

我国现行《票据法》于1995年制定,2004年进行了修改。

(三) 票据法律关系

票据法律关系可以分为票据关系与非票据关系两大类。票据关系是指票据当事人在票据的签发和流通转让过程中所形成的权利义务关系;非票据关系是指虽与票据有关,但不是基于票据行为所产生的法律关系。

1. 票据关系

票据关系是基于票据行为所产生的债权债务关系。在票据关系中,凡是票据持有人即取得票据上的权利,可以依据该票据享有或者行使票据权利;与此对应,凡在票据上签名的人,包括出票人、背书人、承兑人、保证人等,则都为票据债务人,应承担票据义务。

票据关系主要包括票据发行关系、票据背书转让关系、票据承兑关系、票据付款关系和票据保证关系。票据关系当事人可以分为基本当事人和非基本当事人。票据的基本当事人有出票人、收款人和付款人;票据的非基本当事人有背书人、承兑人和保证人等。

2. 非票据关系

非票据关系包括票据法的非票据关系和民法上的非票据关系,民法上的非票据关系也称票据基础关系。

（1）票据法上的非票据关系。票据法上的非票据关系是指与票据行为相牵连但却不与票据行为直接效果相联系的法律关系。非票据关系的目的在于保护票据债权人的利益，使得票据权利人在某些特殊情况下丧失票据上的权利时，能够得到补救。非票据关系主要有两种：一种是票据持有关系。当持票人失去对票据的占有时，对基于恶意或重大过失而取得票据的第三人可行使票据返还请求权。另一种是利益返还关系。持票人因时效届满或手续欠缺而丧失票据上的权利时，可以向出票人或承兑人行使利益返还请求权。我国《票据法》第18条规定：持票人因超过票据权利时效或者因票据记载事项欠缺而丧失票据权利的，仍享有民事权利，可以请求出票人或者承兑人返还其与未支付的票据金额相当的利益。

（2）票据基础关系。票据关系相对于其产生的原因而言是一种形式关系，票据产生的原因是通过票据基础关系来体现的。票据基础关系是作为产生票据关系的事实和前提条件而存在于票据关系之外的一种关系，这种关系是一种实质关系。票据基础关系一般通过民法来进行调整，因此也称作民法上的非票据关系。

票据基础关系主要包括三类关系：第一类是票据原因关系。它是指票据当事人之间通过授受票据缘由所产生的关系。例如买卖价金的交付、借贷合同的成立、定金的交付、债权的担保等。第二类是票据预约关系。它是指票据当事人之间就签发、转让票据的有关事项达成的协议关系，如出票人与收款人之间就票据的种类、金额、到期日等达到一致的协议。第三是票据奖金关系。它是指票据的付款人与出票人或其他义务人之间所发生的奖金补偿关系。付款人之所以受出票人之委托而为其付款，必有一定缘由，如出票人事先曾给付款人提供过奖金、付款人曾对出票人负有债务、或出票人与付款人之间有信用关系等。

二、票据行为

（一）票据行为的概念与特征

票据行为是指能够引起票据上的权利义务关系发生、变更和消灭的法律行为。票据行为是引起票据关系产生和变化的法律事实。

票据行为具有如下特征：(1)要式性。任何一种票据都必须以书面形式作成，且每一种票据行为在票据上记载的位置都是特定的；任何一种票据行为都必须由行为人签章；各种票据行为都要遵循一定的格式或款式，即必须以一定的方式记载一定的内容。(2)文义性。票据行为的内容完全以票据上记载的文义为准，即使票据上记载的文字与实际情况不符，仍以文字记载为准。(3)无因性。票据关系与基础关系在法律上是相互分离的，票据行为是依据其自身的要件产生效力的，其效力并不受到基础关系的影响。(4)独立性。在若干个行为人在同一票据上作出不同票据行为的情况下，各行为各依其在票据上所载文义独立发生效力，各行为之间相互不发生影响，一个票据行为无效，并不影响其他票据行为的效力。

票据行为的成立须具备以下要件：(1) 行为人具有票据能力；(2) 行为人意思表示真实；(3) 必须采用特定的书面形式；(4) 必须以法定形式记载票据事项；(5) 行为人必须签单。其中前两项为票据行为的实质要件，后三项为票据行为的形式要件。

（二）票据行为的种类

(1) 出票。出票是指出票人签发票据并将其交付收款人的票据行为。出票行为包括出票与交付两个行为。

(2) 背书。背书是指票据行为人在票据背面或者粘单上记载有关事项并签单的票据行为。背书是票据转让的常见方式，持票人可以通过背书将票据权利转让给他人或授权他人行使。

(3) 提示。提示是指持票人为取得票款而向付款人出示票据，主张票据请求权的行为。提示可分为承兑提示和付款提示。

(4) 承兑。承兑是指汇票付款人承诺在汇票到期日支付汇票金额的行为。承兑行为只存在于汇票关系中，本票和支票关系不存在承兑行为。

(5) 付款。付款是指票据持有人于付款到期日向付款人或承兑人提示要求付款时，由付款人或承兑人支付票据金额并收回票据的行为。

(6) 保证。保证是指保证人承诺担保票据付款的行为。

(7) 追索。追索是指持票人在要求付款而遭到拒绝时，依法向其前手行使追索权利的行为。

三、票据权利

票据权利是指持票人、收款人向票据债务人请求支付票据金额的权利。票据权利可分为付款请求权与追索权。付款请求权是指票据债权人依法要求票据债务人按票据上所记载的金额付款的权利。追索权是指持票人在票据得不到承兑或付款时，请求其前手清偿票据金额、利息及相关费用的权利。票据权利为双重请求权，其中票款请求权为第一次请求权；追索权为第二次请求权。票据法赋予票据权利双重请求权的目的在于对票据权利人提供特别保护，让取得票据的人更有安全，这样更有利于票据的流通。

票据权利可因付款人付款等事由而消灭，也可因在法定期限内不行使而消灭。我国《票据法》第 17 条规定，票据权利在下列期限内不行使而消灭：(1) 持票人对票据的出票人和承兑人的权利，自票据到期日起 2 年。见票即付的汇票、本票，自出票日起 2 年。(2) 持票人对支票出票人的权利，自出票日起 6 个月。(3) 持票人对前手的追索权，自被拒绝承兑或者被拒绝付款之日起 6 个月。(4) 持票人对前手的再追索权，自清偿日或者被提起诉讼之日起 3 个月。

持票人因超过票据权利时效或因票据记载事项欠缺而丧失票据权利的，仍享有民事权利，可以行使追索权，请求出票人或承兑人返还其与未支付票据金额相当的利益。

四、汇票、本票与支票

(一) 汇票

汇票是出票人签发的,委托付款人在见票时或者在指定日期无条件支付确定的金额给收款人或者持票人的票据。

汇票与本票和支票存在明显区别。与本票相比,汇票是委托付款的票据,必须记载付款人,因此汇票有三方当事人;而本票是自付票据,由出票人自己付款,只有两方当事人。与支票相比,汇票对付款人是否为银行或其他金融机构无限制性要求,而支票的付款人则必须是能够办理支票存款业务的银行或其他金融机构。此外,除见票即付的汇票外,其他汇票必须经过承兑才能生效,这一要求也不同于本票和支票。

汇票可分为以下种类:

(1) 银行汇票与商业汇票。这是根据签发人的不同对汇票进行的分类。由银行签发的汇票为银行汇票;由银行以外的其他主体签发的汇票为商业汇票。

(2) 一般汇票与变式汇票。这是根据汇票当事人中是否有人兼任两种或两种以上身份进行的分类。一般汇票是指分别由不同的人担任出票人、收款人和付款人的汇票;变式汇票则是指一人同时兼具出票人、收款人、付款人这三个基本当事人中的两种或两种以上身份的汇票。

(3) 即期汇票与无期汇票。这是根据汇票指定的付款日期的不同作出的分类。即期汇票是指见票即付的汇票;远期汇票是指载明在一定期间或特定日期付款的汇票。

(二) 本票

本票是出票人签发的,承诺自己在见票时无条件支付确定金额给收款人或持票人的票据。

本票必须记载下列事项:(1) 表明"本票"的字样;(2) 无条件支付的承诺;(3) 确定的金额;(4) 收款人名称;(5) 出票日期;(6) 出票人签章。本票上未记载前述事项之一的,本票无效。

我国《票据法》规定,本票的出票人在持票人提示见票时,必须承担付款的责任;本票自出票日起,付款期限最长不得超过 2 个月;本票的持票人未按照规定期限提示见票的,丧失对出票人以外的前手的追索权。

(三) 支票

支票是出票人签发的,委托办理支票存款业务的银行或者其他金融机构在见票时无条件支付确定的金额给收款人或者持票人的票据。

支票必须记载下列事项:(1) 表明"支票"的字样;(2) 无条件支付的委托;(3) 确定的金额;(4) 付款人名称;(5) 出票日期;(6) 出票人签章。支票上未记载前述事项之一的,支票无效。

✚ 链接阅读

　　董惠江:《票据法修改的法律思考:我国票据法签章规则的修改》,载《法学》2011年第9期。

【推荐阅读文献】

1. 施天涛:《商法》(第四版),法律出版社2010年版;
2. 赵旭东:《公司法学》(第四版),高等教育出版社2015年版;
3. 王欣新:《破产法学》(第三版),中国人民大学出版社2011年版;
4. 范健、王建文、张莉莉:《保险法》,法律出版社2017年版;
5. 于莹:《票据法》(第二版),高等教育出版社2008年版。

【思考题】

1. 商法有哪些特征?
2. 有限责任公司与股份有限公司有哪些区别?
3. 试述破产财产的分配顺序。
4. 试述保险法的保险利益原则。
5. 试述票据法律关系。

第七章 经济法

学习目标：通过本章的学习，掌握经济法的制度原理和框架体系，了解市场规制法和宏观调控法的基本规则和制度实践，初步具备利用经济法分析经济现象和解决法律问题的能力。

教师导读：经济法体系庞杂，部门众多，本章主要介绍产品质量法、消费者权益保护法、竞争法、税法等重要的经济法部门，通过这几个法律部门，初步了解经济法的基本内容和制度体系。

建议学时：4 学时

第一节 经济法概述

一、经济法的产生与发展

（一）经济法的产生

经济法具有明显的现代性特征。虽然很多学者将经济法的历史源头追溯至法国空想社会主义者摩莱里的《自然法典》(1755 年)和德萨米的《公有法典》(1842 年)，但这些著作仅仅提及了"经济法"这一概念，其对经济法的论述与现代意义的经济法具有明显差异。从历史发展看，现代意义上的经济法产生于 19 世纪末的美国，以 1890 年的《谢尔曼法》为代表，这是世界上第一部反托拉斯法，自此开始，经济法才作为重要的法律部门进入当代法律体系。

经济法是社会经济发展到一定阶段的产物。自由竞争的市场经济强调主体平等与契约自由，民法在社会经济交往中发挥着主导作用，市场主体平等而无差别，每个主体通过自由交易获取经济收益，并承担伴随的市场风险，由此形成民法的平等自愿、诚实信用、公序良俗、责任自负等基本原则。随着市场经济的发展，市场暴露出自身不可克服的缺陷，不完全信息、不完全竞争和外部性等市场失灵的存在，影响交易效率和交易安全，也导致市场主体地位的实质不平等。比如，消费者相对而言处于信息弱势地位，其利益被占有优势信息的经营者侵犯；正当经营者的利益被实施不正当竞争行为的违法经营者侵害；居于垄断地位的经营者利用其垄断优势损害其他经营者的利益等等。这些问题在一定程度上可以通过民法予以解决，但很多情况下，则需要以国家为代表的第三方力量的介入，由此促成民法到经济法的制度变迁，现代意义上的经济法得以形成。不完全信息、不完全竞争和外部性等现象被经济学抽象为"市场失灵"，这一概念为我们分析和理解经济法制度提供了重要视角,由此成为经济法的制度基础。

经济法的存在以民法为前提,经济法是市场经济发展到一定阶段的产物,是法律对市场失灵的制度回应。

(二) 经济法的发展

现代意义上的经济法出现在美国。从经济发展来看,美国经历了从自由竞争到垄断,从垄断到政府管制,从政府管制到放松管制的市场经济发展的完整过程,美国的经济法更具典型性和完备性。当然,由于法系的差异,美国并不存在"经济法"这一概念,也不存在经济法这一大陆法系特有的法律部门,但美国存在很多实质意义的经济法,它们以"规制"(regulation)的面目出现。

经济法具有明显的问题导向,它的发展和市场经济发展同步。经济法产生之初是为了消除垄断的,随着市场经济实践的推进,出现越来越多的市场失灵问题,因此,规制的领域也在逐步扩展。从最初的竞争规制,扩展到消费者保护、食品安全、风险规制、环境保护等领域,大大丰富了经济法的制度体系和制度实践。所以,现代经济法体系不仅仅包括《反不正当竞争法》和《反垄断法》,《消费者权益保护法》《产品质量法》《食品安全法》等也成为经济法的重要组成部分。随着市场经济的发展,会有越来越多的经济领域产生规制的必要性和可能性,进而形成经济法规则,进一步丰富经济法的制度体系。

二、经济法的基本理论与制度框架

(一) 经济法的基本理论

经济法是民法的制度延伸和制度超越,在经济法法律关系中,更多是公权对市场运行和平等主体之间关系的调控和干预,这种调控和干预以提高经济效益为目的,其调整手段和调整方式都具有明显的经济法色彩,由此形成经济法律关系。因此,经济法是调整在现代国家进行宏观调控和市场规制的过程中发生的社会关系的法律规范的总称。[①]

民法强调主体平等,而经济法超越了民法的平等理念,更多强调规制因素,也就是说,在经济法律关系中,公权起主导作用,所以,经济法具有一定的公法色彩。但民法是经济法的基础,经济法的运行又不能脱离民法,在经济法中,市场主体的权利救济除了依赖于公权执法外,民事救济也是重要途径。所以,经济法位于公法与私法之间的第三法域,具有公法色彩而又连接公法和私法。

从制度效果看,经济法以经济效益为价值取向,从制度模式看,经济法以公权主导为运行方式,因此,经济法具有明显的经济性与规制性特征。[②]

经济法是由于公权对经济运行的介入而产生的法律部门,而权力需要受到法律的约束,否则会产生权力滥用,破坏市场经济的运行,侵损市场主体的权利,因此,规制法定成为经济法的重要原则之一。宏观调控和市场规制的实施必须有坚实的法律基础,在提高

---

① 张守文:《经济法学》(第三版),中国人民大学出版社 2016 年版,第 17 页。
② 同上书,第 18 页。

经济效益的同时,保护市场主体的私权不被任意侵犯。

2011年3月,全国人民代表大会会议宣布中国特色社会主义法律体系已经形成,这一体系由宪法及宪法相关法、民商法、行政法、经济法、社会法、刑法、诉讼与非诉讼程序法等七个部门构成,经济法是其中的组成部分,彰显了经济法的重要性。在法律体系中,经济法是独立的法律部门,在法学教育体系中,经济法是法学专业16门核心课程之一。

(二) 经济法的制度框架

经济法包括两个重要的组成部分:市场规制法和宏观调控法。市场规制法是对微观市场关系的规制,宏观调控法是对宏观经济运行的调控,由此形成经济法的制度框架和规则体系。

市场规制法包括《反垄断法》《反不正当竞争法》《消费者权益保护法》《产品质量法》《食品安全法》《广告法》等法律。市场规制是对微观市场的干预,其目的在于缓解或消除不完全信息、不完全竞争、外部性等市场缺陷,确保交易安全和交易效率。

宏观调控法包括计划法、财政法、税法、金融调控法、产业政策法、价格法等。宏观调控是对宏观经济运行的调控,其目的在于通过调控实现经济增长、充分就业和物价稳定等目标。

市场规制法和宏观调控法是经济法的两个组成部分,二者相互交叉,互相配合,形成经济法独特的调整模式和制度体系。

知识拓展

1. 在经济学中,不完全信息、不完全竞争、外部性等统称为市场失灵(Market Failure),它们被认为是市场自身不可克服的内在缺陷,所以,需要政府对市场予以规制,以矫正市场失灵。

2. 不同国家对市场的介入程度、干预范围、规制方式等存在差异,从而形成不同的监管体制和规制模式。并且,一个国家的市场监管政策也要根据经济发展和市场状况随时作出阶段性调整,所以,会存在"管制化"(regulation)与"去管制化"(deregulation)之间的政策摇摆。

3. 经济法的价值主要在于约束政府权力,以预防或消除政府对市场的不当影响。在经济法中,政府与市场的关系是所有政策和法律的核心议题。

链接阅读

1. 张守文:《政府与市场关系的法律调整》,载《中国法学》2014年第5期;

2. 应飞虎:《需要干预经济关系论——一种经济法的认知模式》,载《中国法学》2001年第2期。

第二节 产品质量法

随着经济发展和科技进步,产品工艺越来越复杂,产品种类越来越多样,产品中蕴含的信息越来越丰富,产品导致的风险越来越不可控。产品从传统的经验品扩展到信任品,需要公权介入产品生产和经营过程,通过法律形式对产品标准、产品工艺、产品质量、产品责任等加以规定,从而形成《产品质量法》。我国《产品质量法》制定于 1993 年,2000 年 7 月 8 日,第九届全国人民代表大会常务委员会对该法予以修正,使之成为我国产品质量领域的基本法律规范。2009 年 8 月 27 日,第十一届全国人民代表大会常务委员会第十次会议通过的《全国人民代表大会常务委员会关于修改部分法律的决定》对该法再次修正。该法第 1 条明确规定:"为了加强对产品质量的监督管理,提高产品质量水平,明确产品质量责任,保护消费者的合法权益,维护社会经济秩序,制定本法。"从该法的基本内容看,其主要包括两个方面的内容:宏观层面国家对产品质量的监管和微观层面生产经营者的产品质量责任。

一、产品与产品质量标准

《产品质量法》第 2 条第 2 款规定:"本法所称产品是指经过加工、制作,用于销售的产品。"根据这一表述可以看出产品具有两个重要特征:经过加工、制作和用于销售。这一概念虽然确定了产品的内涵,但并不清晰,并且,产品种类是多样的,产品外延的边界也比较模糊。

不同国家和地区对产品的规定存在一定的差异。比如,英国 1987 年《消费者保护法》第 43 章第 1 节产品责任第 1 条规定,产品系指任何物品或电能,以及为另一产品之零组件、原料或其他成分之产品。德国 1978 年《产品责任法》第 2 条规定,本法所称产品,包括所有之动产,即使其成为其他动产或不动产之一部分,以及电力,均属本法所称之产品。未经初步加工之土地上农作物,畜牧、养蜂及渔获等天然产物,不属本法所称之产品;狩猎物亦非本法所称之产品。欧共体产品责任(85/374 号指令)第 2 条产品中定义称,在本指令中,产品指所有的动产,但不包括初级农产品和狩猎产品,即使该产品存在于另一动产或另一不动产之中。初级农产品是指种植业、畜牧业和渔业之产品,但经过初次加工的产品除外。本指令中的产品包括电力。

由于产品的种类繁多,很多产品并不能为《产品质量法》所覆盖,因此,该法通过明确列举的方式排除了某些产品的适用,比如,《产品质量法》第 2 条第 3 款规定:建设工程不适用本法规定。建筑工程接受《建筑法》的调整。《产品质量法》第 73 条第 1 款规定:"军工产品质量监督管理办法,由国务院、中央军事委员会另行制定。"而其他产品虽然没有明确排除适用,但由于存在特殊的法律规范,因此,也存在特殊法律规范的优先适用,比如《农产品质量安全法》《食品安全法》《医疗器械经营监督管理办法》等。

进入市场的产品必须符合产品质量标准,以确保其具备必要的使用性能,不会造成消费者人身财产方面的损害。产品质量标准是生产、检验和评定产品质量的依据。我国现行产品质量标准是由国际标准、国家标准、地方标准、行业标准、企业标准等不同层次的标准组成的标准体系。

二、产品质量监管

产品质量监管是确保产品质量的重要手段。国家从产品质量标准的制定与实施、产品生产销售、产品召回等环节，对产品质量实施全方位的监管。地方政府负责本区域的产品质量监管工作。

国家负责产品质量标准体系建设。产品质量标准是确保产品质量安全的首要环节，应当结合科技水平、生产工艺、国际标准等因素确定合理的产品质量标准，鼓励企业产品质量达到并且超过行业标准、国家标准和国际标准。应当建立产品质量标准的动态调整体系，使产品质量标准与经济发展和科技进步保持同步。

国家应当加强对产品质量的监督检查。产品质量监督检查是监管的常规工作，但我们面临生产经营者众多与监管力量、监管资源不足的矛盾，因此，只能实行以抽查为主要方式的监督检查制度，对可能危及人体健康和人身、财产安全的产品，影响国计民生的重要工业产品以及消费者、有关组织反映有质量问题的产品进行抽查。为了保持对生产经营者有足够的威慑，应当建立以随机抽检为主的抽检方式，并且根据情况，针对特定产品或特定区域适当加大抽检频率。《产品质量法》第17条第1款规定，监督抽查的产品质量不合格的，由实施监督抽查的产品质量监督部门责令其生产者、销售者限期改正。逾期不改正的，由省级以上人民政府产品质量监督部门予以公告；公告后经复查仍不合格的，责令停业，限期整顿；整顿期满后经复查产品质量仍不合格的，吊销营业执照。为了强化抽检效果，针对抽检不合格的产品，后续应当加强对生产经营者的监督检查，提高随机抽检的频率，并由违法者承担相关的抽检费用，以实现良好的监管效果。

为了弥补政府监管力量的不足，可以培育产品认证市场，鼓励第三方机构从事产品质量检验、认证，减轻政府的监管压力。政府可以对这些质量检验、认证机构予以监管，确保其检验、认证结果的真实性。

当流入市场的产品存在危及人身、财产安全的缺陷时，政府主管部门应当视情况决定实施产品召回。产品召回也是产品质量监管的组成部分。

三、产品质量责任

产品质量责任是生产者和经营者违反产品质量义务应当承担的责任。生产者应当承担产品或包装上的标志符合法律规定的义务、不得生产国家明令淘汰的产品的义务、不得伪造或者冒用认证标志等质量标志的义务等，销售者承担执行进货查验制度的义务、保持销售产品质量的义务、不销售失效和变质产品的义务等。生产者和销售者应当对其生产和销售的产品质量负责。

《产品质量法》第26条第2款明确规定，产品质量应当符合下列要求：(1) 不存在危及人身、财产安全的不合理的危险，有保障人体健康和人身、财产安全的国家标准、行业标准的,应当符合该标准;(2)具备产品应当具备的使用性能,但是,对产品存在使用性能的瑕疵作出说明的除外;(3)符合在产品或者其包装上注明采用的产品标准,符合以产品说明、实物样品等方式表明的质量状况。在产品质量责任中,根据产品瑕疵与产品缺陷的差异,承担不同的责任。

产品瑕疵是指产品不具备应当具备的使用性能,或者所具备的性能低于明示的产品标准;产品缺陷是指产品存在危及人身、他人财产安全的不合理的危险,产品有保障人体健康和人身、财产安全的国家标准、行业标准的,是指不符合该标准。产品瑕疵属于违约责任,产品缺陷属于侵权责任,前者的权利主体是产品的买受人,后者的权利主体则是因产品缺陷受到侵害的任何人。产品瑕疵的责任主体主要是销售者,售出的产品有下列情形之一的,销售者应当负责修理、更换、退货给购买产品的消费者造成损失的,销售者应当赔偿损失:(1)不具备产品应当具备的使用性能而事先未作说明的;(2)不符合在产品或者其包装上注明采用的产品标准的;(3)不符合以产品说明、实物样品等方式表明的质量状况的。销售者依照规定负责修理、更换、退货、赔偿损失后,属于生产者的责任或者属于向销售者提供产品的其他销售者的责任的,销售者有权向生产者、供货者追偿。因产品存在缺陷造成人身、缺陷产品以外的其他财产损害的,生产者应当承担赔偿责任。生产者能够证明有下列情形之一的,不承担赔偿责任:(1)未将产品投入流通的;(2)产品投入流通时,引起损害的缺陷尚不存在的;(3)将产品投入流通时的科学技术水平尚不能发现缺陷的存在的。由于销售者的过错使产品存在缺陷,造成人身、他人财产损害的,销售者应当承担赔偿责任。销售者不能指明缺陷产品的生产者也不能指明缺陷产品的供货者的,销售者应当承担赔偿责任。因产品存在缺陷造成人身、他人财产损害的,受害人可以向产品的生产者要求赔偿,也可以向产品的销售者要求赔偿。属于产品的生产者的责任,产品的销售者赔偿的,产品的销售者有权向产品的生产者追偿。属于产品的销售者的责任,产品的生产者赔偿的,产品的生产者有权向产品的销售者追偿。由此可见,产品缺陷的责任主体的范围更广。

知识拓展

根据产品内在的信息状况,可以将产品划分为搜寻品、体验品与信任品。搜寻品的质量状况可以根据生活经验作出判断,生活中的大多数产品都是搜寻品;体验品需要在消费过程中才能查知其质量状况,图书、电影等文化产品是其典型;消费之后仍然不能准确查知其质量状况的是信任品,比如食品,其中蕴含着复杂的信息,需要通过技术检测等手段才能判断其质量状况。所以,对一般产品的监管适用《产品质量法》,而对于食品等信息要素比较复杂的产品,需要制定专门的法律以加强监管,比如《农产品质量安全法》《食品安全法》等。

链接阅读

1. 冉克平:《产品责任理论与判例研究》,北京大学出版社2014年版,第六章;

2. 美国法律研究院:《侵权法重述第三版:产品责任》,肖永平等译,法律出版社 2006 年版,第四章。

第三节 消费者权益保护法

消费者是重要的经济法主体,市场规制法的根本目的是保护消费者利益,进而促进市场经济发展。消费者权益保护法作为保护消费者利益的专门法律,是经济法的重要组成部分。

我国《消费者权益保护法》(以下简称《消法》)于 1993 年 10 月 31 日由第八届全国人民代表大会常务委员会第四次会议通过,自 1994 年 1 月 1 日起施行。2009 年 8 月 27 日第十一届全国人民代表大会常务委员会第十次会议对该法进行第一次修正,2013 年 10 月 25 日第十二届全国人民代表大会常务委员会第五次会议对该法进行第二次修正。2014 年 3 月 15 日,修订后的《消法》正式实施,该法包括总则、消费者的权利、经营者的义务、国家对消费者合法权益的保护、消费者组织、争议的解决、法律责任、附则等内容。

一、消费者权利的历史变迁

英国著名法律史学家梅因在《古代法》中说,所有进步社会的运动,到此处为止,是一个"从身份到契约"的运动。近代以来,平等观念进入法律体系。随着社会经济发展,实质意义上的不平等取代了形式意义上的平等,法律出现了从契约到身份的逆转,所以,在当代法律体系中出现了很多基于身份的立法,比如《老年人权益保障法》《妇女儿童权益保护法》等,《消法》也是典型的身份立法。这类法律有一个共同的特点,即法律主体处于弱势地位,要么是经济的弱势,要么是能力的弱势,要么是心智的弱势,而消费者的弱势体现在信息的弱势。

在传统交易中,不存在经营者与消费者的信息不对称,或者说这种信息不对称不足以实质性地影响交易公平,所以,交易关系主要由民法来调整。随着交易中信息不对称程度的加深,经营者有可能利用其信息优势损害消费者利益,民法的调整机制不能有效发挥作用,就需要通过制度创新对消费者予以更强的保护,因此会出现民法到经济法的制度演化,进而出现专门的消费者保护立法。

从消费者保护的历史发展看,第二次世界大战之后,消费者保护运动在欧洲等地风起云涌,但公认的消费者权利的具体内容最早在美国被提出。1962 年 3 月 15 日,美国前总统约翰·肯尼迪发表了《关于保护消费者利益的总统特别咨文》,首次提出了消费者享有"四项权利",即安全保障权、资料获取权、自由选择权和提出意见的权利。1969 年,尼克松又提出了消费者的第五项权利:索赔权。1983 年,国际消费者联盟组织确定每年的 3 月 15 日为"国际消费者权益日"。1985 年 4 月 9 日,联合国大会投票通过了第 39/248 号决议,在该项决议中通过了《保护消费者准则》,该准则的通过对于世界各国完善消费者保护立法、加强消费者保护具有重要的指导意义。

二、消费者权利

消费者立法具有独特性,在《消法》中,只规定了消费者权利,没有规定消费者义务①,只规定了经营者义务,没有规定经营者权利,体现了对消费者的倾斜性保护原则,凸显了消费者保护立法的价值取向。在我国的《消法》中,规定了消费者的十项权利,具体如下:

(1) 安全保障权。安全保障权是消费者的基本权利,特别是在风险社会的背景下,进一步凸显了消费中安全保障的重要性。我国《消法》第 7 条规定:"消费者在购买、使用商品和接受服务时享有人身、财产安全不受损害的权利。消费者有权要求经营者提供的商品和服务,符合保障人身、财产安全的要求。"

(2) 知悉真情权。消费者相对经营者处于信息弱势,其对商品的价格、产地、生产者、用途、性能、规格、等级、主要成分、生产日期、有效期限、检验合格证明、使用方法说明书、售后服务,或者服务的内容、规格、费用等有关情况,存在严重的信息缺失,特别是对于复杂的产品或服务,消费者很难依据生活经验判断其质量状况和其他相关情况,消费者的消费行为很大程度要依赖于经营者的信息披露和信息说明。通过确立消费者的知悉真情权,可以促进消费者作出正确的消费决策。我国《消法》第 8 条对消费者的该项权利作出明确规定。

(3) 自主选择权。自主交易是市场经济的基本要求,每个市场主体都是自身利益的最佳判断者,通过自由交易可以实现利益最大化。因此,自主选择交易对象的权利不仅仅基于交易自由的考虑,也可以提升交易效率。《消法》第 9 条第 1 款明确规定:"消费者享有自主选择商品或者服务的权利。"

(4) 公平交易权。公平是民法的基本取向,也必须在消费者保护中得到落实。消费者在购买商品或者接受服务时,只有获得质量保障、价格合理、计量正确等公平交易条件,才能确保交易进行下去,这是实现交易的基本前提。《消法》第 10 条对该项权利做了明确规定。

(5) 依法求偿权。依法求偿权是指消费者因购买、使用商品或者接受服务受到人身、财产损害的,享有依法获得赔偿的权利。依法求偿权不但可以使消费者的利益获得救济,满足法律所要求的损失填补功能,也能够威慑潜在的违法经营者,遏制其违法行为。我国《消法》第 11 条对消费者的该项权利予以明确规定。

(6) 依法结社权。消费者可以通过结社的方式强大自己的力量,通过组织化手段维护自身的合法权益,因此,承认消费者的依法结社权可以弥补单个消费者能力的缺失和行动力的不足,使作为整体的消费者有能力与经营者相抗衡。我国《消法》第 12 条规定:"消费者享有依法成立维护自身合法权益的社会组织的权利。"政府应当鼓励成立不同类型的消费者保护组织,并对其维权活动予以必要的支持。

---

① 有些国家和地区的消费者保护立法中规定了消费者适度消费、理性消费、保护环境等方面的义务。

(7) 接受教育权。消费者的弱势地位主要体现为信息能力不足,消费者教育是提升消费者知识水平和认知能力的有效途径,通过消费者教育可以促进消费者作出正确的消费决策。政府应当通过各种各样的方式加强消费者教育,鼓励消费者组织、行业协会、媒体等主体参与消费者教育工作。我国《消法》第13条规定了消费者的接受教育权。

(8) 获得尊重权。消费者作为平等的市场主体,享有人格尊严,在交易过程中,其人格尊严、风俗习惯等应当得到经营者的尊重,这是消费者人格权的具体体现。我国《消法》第14条规定:"消费者在购买、使用商品和接受服务时,享有人格尊严、民族风俗习惯得到尊重的权利。"

(9) 个人信息保护权。消费领域,消费者个人信息泄露问题非常严重,经营者违法收集、使用、传播消费者的个人信息,侵害消费者隐私。在互联网背景下,消费者个人信息的收集、使用和传播成本低廉,放大了个人信息泄露的风险,因此,强调消费者个人信息依法得到保护的权利具有重要意义。《消法》第14条对此做了明确规定。

(10) 批评监督权。消费者的批评监督是对政府部门消费者保护工作的督促,通过强化消费者批评监督,可以构建消费者全方位参与的消费者保护格局。因此,消费者的批评监督权对消费者保护工作具有重要意义。我国《消法》第15条规定:"消费者享有对商品和服务以及保护消费者权益工作进行监督的权利。消费者有权检举、控告侵害消费者权益的行为和国家机关及其工作人员在保护消费者权益工作中的违法失职行为,有权对保护消费者权益工作提出批评、建议。"

三、经营者义务

相对于消费者而言,经营者具有显著的信息优势,基于此种优势,《消法》明确规定经营者应当承担以下义务:

(1) 依法定或约定履行义务。《消法》主要规定消费者权利和经营者义务,经营者义务构成《消法》的重要内容。从规制经营者行为的角度,《消法》明确列举了经营者应当承担的义务;同时,消费者与经营者本质上是平等主体之间的关系,他们可以就交易中的相关情形加以约定。经营者应当履行法定和约定的义务,以保护消费者利益。

(2) 接受监督的义务。消费者在消费过程中,可以就消费中遇到的问题,向经营者提出意见,以督促经营者守法经营。来自消费者的监督可以对经营者形成有效的威慑,促成其守法行为。

(3) 安全保障义务。安全保障义务是经营者的基本义务。《消法》第18条明确规定:"经营者应当保证其提供的商品或者服务符合保障人身、财产安全的要求。对可能危及人身、财产安全的商品和服务,应当向消费者作出真实的说明和明确的警示,并说明和标明正确使用商品或者接受服务的方法以及防止危害发生的方法。宾馆、商场、餐馆、银行、机场、车站、港口、影剧院等经营场所的经营者,应当对消费者尽到安全保障义务。"第19条规定:"经营者发现其提供的商品或者服务存在缺陷,有危及人身、财产安全危险的,应当立即向有关行政部门报告和告知消费者,并采取停止销售、警示、召回、无害化处理、销毁、停止生产或者服务等措施。采取召回措施的,经营者应当承担消费者因商品被召回支出的必要费用。"

(4) 提供真实信息的义务。由于经营者相对消费者具有信息优势,因此,经营者向消费者提供真实信息是经营者的重要义务。《消法》第 20 条规定:"经营者向消费者提供有关商品或者服务的质量、性能、用途、有效期限等信息,应当真实、全面,不得作虚假或者引人误解的宣传。经营者对消费者就其提供的商品或者服务的质量和使用方法等问题提出的询问,应当作出真实、明确的答复。经营者提供商品或者服务应当明码标价。"经营者提供的信息构成消费者信息的重要来源,信息真实与否决定了消费者是否可以自主作出正确的消费决策。

(5) 出具发票单据的义务。发票单据是消费记录,也是消费者维护自身权利的重要证据,《消法》第 22 条明确规定了经营者出具发票单据的义务。

(6) 质量保证义务。经营者应当对其提供的商品或服务承担质量保证义务,《消法》第 23 条明确规定:"经营者应当保证在正常使用商品或者接受服务的情况下其提供的商品或者服务应当具有的质量、性能、用途和有效期限;但消费者在购买该商品或者接受该服务前已经知道其存在瑕疵,且存在该瑕疵不违反法律强制性规定的除外。经营者以广告、产品说明、实物样品或者其他方式表明商品或者服务的质量状况的,应当保证其提供的商品或者服务的实际质量与表明的质量状况相符。经营者提供的机动车、计算机、电视机、电冰箱、空调器、洗衣机等耐用商品或者装饰装修等服务,消费者自接受商品或者服务之日起 6 个月内发现瑕疵,发生争议的,由经营者承担有关瑕疵的举证责任。"

(7) 退货、更换、修理义务。《消法》第 24 条明确规定:"经营者提供的商品或者服务不符合质量要求的,消费者可以依照国家规定、当事人约定退货,或者要求经营者履行更换、修理等义务。没有国家规定和当事人约定的,消费者可以自收到商品之日起 7 日内退货;7 日后符合法定解除合同条件的,消费者可以及时退货,不符合法定解除合同条件的,可以要求经营者履行更换、修理等义务。依照前款规定进行退货、更换、修理的,经营者应当承担运输等必要费用。"《消法》第 25 条规定了消费者无理由退货权,包括经营者采用网络、电视、电话、邮购等方式销售商品,消费者有权自收到商品之日起 7 日内退货,且无需说明理由。同时,该条明确列举了无理由退货的除外情形:① 消费者定作的;② 鲜活易腐的;③ 在线下载或者消费者拆封的音像制品、计算机软件等数字化商品;④ 交付的报纸、期刊。除前款所列商品外,其他根据商品性质并经消费者在购买时确认不宜退货的商品,不适用无理由退货。

(8) 格式条款方面的义务。格式条款是交易轻省化的产物,可以降低交易成本,但提供格式条款的一方有可能利用格式条款损害对方利益,《合同法》对格式条款加以规制。《消法》第 26 条也明确规定,经营者在经营活动中使用格式条款的,应当以显著方式提请消费者注意商品或者服务的数量和质量、价款或者费用、履行期限和方式、安全注意事项和风险警示、售后服务、民事责任等与消费者有重大利害关系的内容,并按照消费者的要求予以说明。经营者不得以格式条款、通知、声明、店堂告示等方式,作出排除或者限制消费者权利、减轻或者免除经营者责任、加重消费者责任等对消费者不公平、不合理的规定,不得利用格式条款并借助技术手段强制交易。

（9）保护消费者人格尊严和人身自由的义务。消费者享有受尊重权,经营者负有保护消费者人格尊严和人身自由的义务。《消法》第27条明确规定:经营者不得对消费者进行侮辱、诽谤,不得搜查消费者的身体及其携带的物品,不得侵犯消费者的人身自由。

（10）特定交易的信息提供义务。一些特殊的交易方式或特定的交易领域,存在更为严重的信息不对称,消费者面临着严重的信息缺失,因此,需要强化经营者的信息提供义务,以消除可能的交易风险。《消法》第28条规定:采用网络、电视、电话、邮购等方式提供商品或者服务的经营者,以及提供证券、保险、银行等金融服务的经营者,应当向消费者提供经营地址、联系方式、商品或者服务的数量和质量、价款或者费用、履行期限和方式、安全注意事项和风险警示、售后服务、民事责任等信息。

（11）保护消费者个人信息的义务。面对消费者个人信息权利被侵害的严重局面,应当强化经营者对消费者个人信息的保护义务。《消法》第29条对此做了明确规定:经营者收集、使用消费者个人信息,应当遵循合法、正当、必要的原则,明示收集、使用信息的目的、方式和范围,并经消费者同意。经营者收集、使用消费者个人信息,应当公开其收集、使用规则,不得违反法律、法规的规定和双方的约定收集、使用信息。经营者及其工作人员对收集的消费者个人信息必须严格保密,不得泄露、出售或者非法向他人提供。经营者应当采取技术措施和其他必要措施,确保信息安全,防止消费者个人信息泄露、丢失。在发生或者可能发生信息泄露、丢失的情况时,应当立即采取补救措施。经营者未经消费者同意或者请求,或者消费者明确表示拒绝的,不得向其发送商业性信息。

四、消费者权利的国家保护与社会保护

作为交易中弱势的一方,消费者需要提高认知能力,以保护自身的合法权益,除此之外,政府和社会也需要在保护消费者权利方面发挥作用。

(一) 消费者权利的国家保护

国家保护消费者权利体现在多个方面,不同层级政府和政府部门以及司法机关都可以在消费者保护中发挥作用。

首先,国家应当制定有关消费者权益的法律、法规、规章和强制性标准,完善消费者保护方面的立法。在立法过程中,需要听取消费者和消费者保护组织的意见,形成完备有效的消费者制度体系。我国目前已经制定了《消费者权益保护法》,《消费者权益保护法实施条例》也即将出台。《消费者权益保护法》修订之后,上海市、浙江省、辽宁省、湖南省等地结合地区实际,制定了地方消费者权益保护条例,作出很多探索性立法和制度创新,对完善消费者保护的立法体系具有重要意义。

其次,各级人民政府应当加强领导,组织、协调、督促有关行政部门做好保护消费者合法权益的工作,落实保护消费者合法权益的职责;各级人民政府应当加强监督,预防危害消费者人身、财产安全行为的发生,及时制止危害消费者人身、财产安全的行为。

再次,与消费者保护工作直接相关的工商行政管理部门和其他有关行政部门应当依照法律、法规的规定,在各自的职责范围内,采取措施,保护消费者的合法权益。有关行政部门应当听取消费者和消费者协会等组织对经营者交易行为、商品和服务质量问题的意见,及时调查处理。工商行政部门的有效执法对违法经营者形成威慑,可以净化市场环境,保护消费者权利。有关行政部门在各自的职责范围内,应当定期或者不定期对经营者提供的商品和服务进行抽查检验,并及时向社会公布抽查检验结果。有关行政部门发现并认定经营者提供的商品或者服务存在缺陷,有危及人身、财产安全危险的,应当立即责令经营者采取停止销售、警示、召回、无害化处理、销毁、停止生产或者服务等措施。对商品和服务的抽查、检验是消费者保护的基础性工作,可以对消费者决策提供信息,并且,针对抽检中发现的违法行为,有关部门可以及时跟进处理,以维护市场秩序。

最后,人民法院应当采取措施,方便消费者提起诉讼。对符合《中华人民共和国民事诉讼法》起诉条件的消费者权益争议,必须受理,及时审理。

(二) 消费者权利的社会保护

我国处于市场经济转型阶段,面临市场发育不成熟、经营者众多且分散、公权执法力量不足等问题,仅仅依靠国家和相关政府部门难以有效覆盖所有的消费领域和全部经营者,因此,需要发挥社会力量,鼓励、引导和支持社会力量参与消费者保护工作,从而形成完备的消费者保护格局。消费者组织、行业协会、媒体等社会力量可以在消费者保护工作中发挥重要作用。

(1) 消费者协会和其他消费者组织是依法成立的对商品和服务进行社会监督的保护消费者合法权益的社会组织。消费者协会履行下列公益性职责:① 向消费者提供消费信息和咨询服务,提高消费者维护自身合法权益的能力,引导文明、健康、节约资源和保护环境的消费方式;② 参与制定有关消费者权益的法律、法规、规章和强制性标准;③ 参与有关行政部门对商品和服务的监督、检查;④ 就有关消费者合法权益的问题,向有关部门反映、查询,提出建议;⑤ 受理消费者的投诉,并对投诉事项进行调查、调解;⑥ 投诉事项涉及商品和服务质量问题的,可以委托具备资格的鉴定人鉴定,鉴定人应当告知鉴定意见;⑦ 就损害消费者合法权益的行为,支持受损害的消费者提起诉讼或者依照本法提起诉讼;⑧ 对损害消费者合法权益的行为,通过大众传播媒介予以揭露、批评。各级人民政府对消费者协会履行职责应当予以必要的经费等支持。消费者协会应当认真履行保护消费者合法权益的职责,听取消费者的意见和建议,接受社会监督。消费者组织不得从事商品经营和营利性服务,不得以收取费用或者其他谋取利益的方式向消费者推荐商品和服务。

在我国,消费者协会是重要的消费者组织,但其他类型的消费者组织发育并不完善。在消费者保护工作中,应当鼓励社会力量成立不同层次、不同类型、不同规模的消费者保护组织,政府应当对消费者组织发挥作用提供便利和支持。

(2) 行业协会可以利用自身的专业知识参与消费者教育工作,提高消费者的认知能力。行业协会可以采取措施,惩戒本行业内侵害消费者利益的经营者,维护消费者利益。

(3) 媒体等机构可以利用其传播平台向消费者传递正确的消费知识和消费观念,培育理性的消费者。媒体等机构应当曝光违法经营者和违法产品的信息,向消费者作出消费警示。

五、消费争议解决

争议解决有不同的方式,针对消费纠纷,《消法》第 39 条规定了以下纠纷解决途径:(1) 与经营者协商和解;(2) 请求消费者协会或者依法成立的其他调解组织调解;(3) 向有关行政部门投诉;(4) 根据与经营者达成的仲裁协议提请仲裁机构仲裁;(5) 向人民法院提起诉讼。

一般的产品或服务纠纷,消费者合法权益受到损害时,可以向销售者要求赔偿。销售者赔偿后,属于生产者的责任或者属于向销售者提供商品的其他销售者的责任的,销售者有权向生产者或者其他销售者追偿。消费者或者其他受害人因商品缺陷造成人身、财产损害的,构成侵权责任,消费者既可以向销售者要求赔偿,也可以向生产者要求赔偿。属于生产者责任的,销售者赔偿后,有权向生产者追偿。属于销售者责任的,生产者赔偿后,有权向销售者追偿。

如果责任承担主体不确定,消费者在购买、使用商品或者接受服务时,其合法权益受到损害,因原企业分立、合并的,可以向变更后承受其权利义务的企业要求赔偿;使用他人营业执照的违法经营者提供商品或者服务,损害消费者合法权益的,消费者可以向其要求赔偿,也可以向营业执照的持有人要求赔偿;消费者在展销会、租赁柜台购买商品或者接受服务,其合法权益受到损害的,可以向销售者或者服务者要求赔偿。展销会结束或者柜台租赁期满后,也可以向展销会的举办者、柜台的出租者要求赔偿。展销会的举办者、柜台的出租者赔偿后,有权向销售者或者服务者追偿;消费者通过网络交易平台购买商品或者接受服务,其合法权益受到损害的,可以向销售者或者服务者要求赔偿。网络交易平台提供者不能提供销售者或者服务者的真实名称、地址和有效联系方式的,消费者也可以向网络交易平台提供者要求赔偿;网络交易平台提供者作出更有利于消费者的承诺的,应当履行承诺。网络交易平台提供者赔偿后,有权向销售者或者服务者追偿。网络交易平台提供者明知或者应知销售者或者服务者利用其平台侵害消费者合法权益,未采取必要措施的,依法与该销售者或者服务者承担连带责任。

我国《消法》第 47 条规定了消费纠纷领域的集体诉讼制度。对侵害众多消费者合法权益的行为,中国消费者协会以及在省、自治区、直辖市设立的消费者协会,可以向人民法院提起诉讼。集体诉讼的方式可以降低消费者个人的维权成本,也可以降低诉讼成本,减轻法院的诉讼压力。

我国《消法》第 55 条规定了惩罚性赔偿制度。经营者提供商品或者服务有欺诈行为的,应当按照消费者的要求增加赔偿其受到的损失,增加赔偿的金额为消费者购买商品的价款或者接受服务的费用的 3 倍;增加赔偿的金额不足 500 元的,为 500 元。法律另有规定的,依照其规定。惩罚性赔偿具有惩罚、补偿、威慑、激励等多重功能,可以激励消费者主动维权,并遏制经营者的违法行为。该规定相比 1993 年的规定,明显提高了惩罚性赔偿的倍率,具有一定的积极意义。

> **知识拓展**

1985 年 4 月 9 日,联合国大会通过的《保护消费者准则》在消费者保护方面具有里程碑的意义。该准则认为,考虑到所有国家的消费者,特别是发展中国家消费者的利益和需要;确认在经济条件、教育水平和议价能力等方面,消费者经常面临不平衡的关系;铭记着消费者应有权利取得无害产品以及有权促进公正、公平和持续的经济和社会发展及环境保护,这套保护消费者准则具有下列目标:

(a) 协助各国为本国消费者争取或保持适当的保护;
(b) 促使生产和销售形式适应消费者的需要和愿望;
(c) 鼓励为消费者生产和分配商品和劳务的各方遵守高度道德行为标准;
(d) 在国家和国际各级协助各国限制各行业对消费者有不利影响的商业做法;
(e) 促进发展独立的消费者团体;
(f) 推进关于保护消费者的国际合作;
(g) 鼓励发展市场条件,以较低价格向消费者提供更多的选择;
(h) 促进可持续消费。

> **链接阅读**

1. 谢晓尧:《消费者:人的法律形塑与制度价值》,载《中国法学》2003 年第 3 期;
2. 应飞虎:《信息视角下的消费者权益保障》,载《经济法论坛》2006 年。

第四节 竞 争 法

竞争是市场经济的本质特征,通过竞争可以发现市场价格、提高经济效率、披露交易信息、推动技术创新、优化资源配置、实现社会公平等。竞争法在经济法中占有重要地位,在美国,竞争法被称为"自由企业大宪章",在德国被称为"市场基本法",在日本被称为"经济宪法"。竞争法包括两个组成部分:反垄断法和反不正当竞争法。反垄断法保护自由竞争,反不正当竞争法保护公平竞争,二者相互配合,相互补充,形成公平的市场环境和有效的竞争秩序。

一、反垄断法

完全竞争会导致竞争的不完全,在市场初始条件相同、市场进入无障碍、市场主体资源禀赋相同等情况下,经过市场洗礼,优势经营者胜出,劣势经营者被淘汰,从而形成新的市场格局。所以,完全竞争的结果必然导致市场结构的改变。竞争包括完全竞争、垄断竞争、寡头垄断和完全垄断等不同状态,这些状态对应着不同的市场结构和经济效果,但完全竞争和完全垄断的市场状态是不存在的,多数时候处于垄断竞争和寡头垄断的状态。市场的集聚效应虽然可以在一定程度上降低交易成本,但从长期来看,垄断对经济效率、科技创新、社会公平等具有极大的危害,需要对垄断加以规制,以确保效率的经济结果、持续的技术革新以及公平的竞争环境,因此出现了《反垄断法》。

我国《反垄断法》于2007年8月30日通过,自2008年8月1日起施行。该法规定了垄断协议、滥用市场支配地位、经营者集中、行政垄断等四种垄断行为,并规定了我国的反垄断执法体制、反垄断执法程序、垄断行为的法律责任等问题。

（一）垄断的构成

垄断是指经营者对市场经济运行进行排他性控制和对市场竞争进行实质性限制,妨碍公平竞争秩序的行为或者状态。依据《反垄断法》的规定,这些行为或者状态具有非法性,无法通过市场运行加以矫正,而应当通过执法、司法等方式加以解决。

垄断的主体是经营者或相关利益代表者,它们通过实施垄断行为排除或限制竞争,牟取超额利益。垄断协议、滥用市场支配地位、经营者集中和行政垄断等垄断行为的实施主体存在差异,行为表现多种多样,但都符合垄断的构成要件,具有相同的市场效果,损害市场的自由竞争和公平竞争,应当依据《反垄断法》的相关规定加以规制。

（二）垄断协议

《反垄断法》第13条第2款规定:"本法所称垄断协议,是指排除、限制竞争的协议、决定或者其他协同行为。"垄断协议包括横向垄断协议和纵向垄断协议。横向垄断协议的主体是具有竞争关系的经营者,比如处于同一生产经营阶段的经营者;纵向垄断协议的主体是处于不同经济层次或生产经营阶段但具有经济联系的经营者。

《反垄断法》第13条第1款以具体列举的方式规定了横向垄断协议的表现形式,具体包括:(1)固定或者变更商品价格;(2)限制商品的生产数量或者销售数量;(3)分割销售市场或者原材料采购市场;(4)限制购买新技术、新设备或者限制开发新技术、新产品;(5)联合抵制交易;(6)国务院反垄断执法机构认定的其他垄断协议。

《反垄断法》第14条以具体列举的方式规定了纵向垄断协议的表现形式。该条明确规定,禁止经营者与交易相对人达成下列垄断协议:(1)固定向第三人转售商品的价格;(2)限定向第三人转售商品的最低价格;(3)国务院反垄断执法机构认定的其他垄断协议。

垄断协议本质上是一种合同关系,这种合同关系客观上具有排除、妨害竞争的经济效果,因此,需要加以规制。市场经济虽然遵循契约自由原则,但契约自由不得妨害第三人利益和社会公共利益。市场竞争中的垄断协议通过设定价格条款、技术条款、交易对象条款等方式排除竞争,通过合同方式损害他人利益,因此,需要对这种协议加以限制。

经济生活是复杂的,对垄断协议的认定需要在具体的经济情势下加以判断。某些协议由于具有明显的违法性,可以直接认定为垄断协议而加以规制,但某些协议需要结合协议目的、竞争效果、经济情势等因素予以判断,由此衍生出垄断协议认定中的本身违法原则和合理原则。并且,针对某些垄断协议,由于其特殊的市场目的或竞争效果,可以排除适用《反垄断法》的相关规定,《反垄断法》第15条第1款对此加以明确规定。经营者能够证明所达成的协议属于下列情形之一的,不适用本法第13—14条的规定,具体包括:(1)为改进技术、研究开发新产品的;(2)为提高产品质量、降低成本、增进效率,统一产品规格、标准或者实行专业化分工的;(3)为提高中小经营者经营效率,增强中小经营者竞争力的;(4)为实现节约能源、保护环境、救灾救助等社会公共利益的;(5)因经济不景气,为缓解销售量严重下降或者生产明显过剩的;(6)为保障对外贸易和对外经济合作中的正当利益的;(7)法律和国务院规定的其他情形。

(三) 滥用市场支配地位

市场支配地位是指经营者在相关市场内具有能够控制商品价格、数量或者其他交易条件,或者能够阻碍、影响其他经营者进入相关市场能力的市场地位。

《反垄断法》第17条第1款明确规定:禁止具有市场支配地位的经营者从事下列滥用市场支配地位的行为:(1)以不公平的高价销售商品或者以不公平的低价购买商品;(2)没有正当理由,以低于成本的价格销售商品;(3)没有正当理由,拒绝与交易相对人进行交易;(4)没有正当理由,限定交易相对人只能与其进行交易或者只能与其指定的经营者进行交易;(5)没有正当理由搭售商品,或者在交易时附加其他不合理的交易条件;(6)没有正当理由,对条件相同的交易相对人在交易价格等交易条件上实行差别待遇;(7)国务院反垄断执法机构认定的其他滥用市场支配地位的行为。

市场支配地位反映了经营者的市场控制能力。在反垄断法中,并不是一般性地反对市场支配地位,而是反对经营者对市场支配地位的滥用。在反垄断的发展史上,曾出现哈佛学派与芝加哥学派之争,哈佛学派的研究重点是市场结构,而芝加哥学派更注重市场行为和市场绩效。市场支配地位属于市场结构,滥用市场支配地位属于市场行为,我国《反垄断法》第1条规定:"为了预防和制止垄断行为,保护市场公平竞争,提高经济运行效率,维护消费者利益和社会公共利益,促进社会主义市场经济健康发展,制定本法。"其中明确强调本法的立法目的是对垄断行为的规制,而滥用市场支配地位就是一种典型的垄断行为。

《反垄断法》第18条明确规定,认定经营者具有市场支配地位,应当依据下列因素:(1)该经营者在相关市场的市场份额,以及相关市场的竞争状况;(2)该经营者控制销售市场或者原材料采购市场的能力;(3)该经营者的财力和技术条件;(4)其他经营者对该经营者在交易上的依赖程度;(5)其他经营者进入相关市场的难易程度;(6)与认定该经营者市场支配地位有关的其他因素。

市场支配地位的认定依赖于相关市场的划分。相关市场是经营者在一定时期内就特定商品或者服务进行竞争的商品范围和地域范围,由此形成相关商品市场和相关地域市场。《国务院反垄断委员会关于相关市场界定的指南》认为:任何竞争行为(包括具有或可能具有排除、限制竞争效果的行为)均发生在一定的市场范围内。界定相关市场就是明确经营者竞争的市场范围。在禁止经营者达成垄断协议、禁止经营者滥用市场支配地位、控制具有或者可能具有排除、限制竞争效果的经营者集中等反垄断执法工作中,均可能涉及相关市场的界定问题。科学合理地界定相关市场,对识别竞争者和潜在竞争者、判定经营者市场份额和市场集中度、认定经营者的市场地位、分析经营者的行为对市场竞争的影响、判断经营者行为是否违法以及在违法情况下需承担的法律责任等关键问题,具有重要的作用。在360诉腾讯案中,360声称腾讯公司与腾讯计算机公司滥用在网络即时通信服务市场上的支配地位,损害奇虎公司的利益。该案的关键点之一就是腾讯公司与腾讯计算机公司在网络即时通信服务市场上是否具有市场支配地位。对短信、飞信、微博、阿里旺旺、电子邮箱、MSN等不同通信工具的性质认定会影响相关商品市场和相关地域市场的范围,从而影响市场支配地位的认定。

滥用市场支配地位会损害市场竞争,阻碍技术创新,必须对此加以规制。微软公司曾经由于其"捆绑销售"行为被欧盟、韩国等处以巨额罚款,是滥用市场支配地位的典型案例。

(四)经营者集中

《反垄断法》所称的经营者集中包括以下情形:(1)经营者合并;(2)经营者通过取得股权或者资产的方式取得对其他经营者的控制权;(3)经营者通过合同等方式取得对其他经营者的控制权或者能够对其他经营者施加决定性影响。

经营者集中是正常的市场行为和商业行为,有利于优化资源配置,降低交易成本,提升市场效率,但经营者集中会导致市场结构的改变,有可能使集中后的经营者具备较大的经济优势、技术优势或其他优势,从而对市场施加不当影响,损害其他经营者的合法权益,因此,针对某些可能排除、妨碍竞争的经营者集中,国务院主管部门需要加以审查,以决定是否允许实施经营者集中。《反垄断法》第21条规定:"经营者集中达到国务院规定的申报标准的,经营者应当事先向国务院反垄断执法机构申报,未申报的不得实施集中。"《国务院关于经营者集中申报标准的规定》第3条第1款对经营者集中的申报标准做了明确规定:经营者集中达到下列标准之一的,经营者应当事先向国务院商务主管部门申报,未申报的不得实施集中:(1)参与集中的所有经营者上一会计年度在全球范围内的营业额合计超过100亿元人民币,并且其中至少两个经营者上一会计年度在中国境内的营业额均超过4亿元人民币;(2)参与集中的所有经营者上一会计年度在中国境内的营业额合计超过20亿元人民币,并且其中至少两个经营者上一会计年度在中国境内的营业额均超过4亿元人民币。

当然,在经营者集中未达到规定的申报标准,但按照规定程序收集的事实和证据表明该经营者集中具有或者可能具有排除、限制竞争效果的,国务院商务主管部门应当依法进行调查。比如,2016年滴滴与优步合并,未及时向国务院商务主管部门申报,但商务部明确表态,即便没有达到营业额申报要求,如果该集中行为影响市场竞争,商务部也可以主动介入调查。

(五)行政垄断

行政垄断是行政机关和法律、法规授权的具有管理公共事务职能的组织滥用行政权力,限定或者变相限定单位或者个人经营、购买、使用其指定的经营者提供的商品。

行政垄断在我国由来已久,长期以来,我国实行计划经济体制,政府部门在经济运行中占据主导地位,后来实现了计划经济向市场经济的转型,但计划色彩仍然没有彻底从经济运行中消除。市场体制的不完备使行政权力介入市场运行,出现很多通过行政权力排除、妨害竞争的行为,导致行政垄断成为我国市场运行的障碍。随着行政权力的法律限制和全国统一市场的形成,行政垄断有所弱化,但在目前的经济运行中,仍或多或少地存在。因此,我国《反垄断法》明确对行政垄断加以禁止。

我国《反垄断法》第33条明确规定了行政垄断的表现形式,具体包括:(1)对外地商品设定歧视性收费项目、实行歧视性收费标准,或者规定歧视性价格;(2)对外地商品规定与本地同类商品不同的技术要求、检验标准,或者对外地商品采取重复检验、重复认证等歧视性技术措施,限制外地商品进入本地市场;(3)采取专门针对外地商品的行政许可,限制外地商品进入本地市场;(4)设置关卡或者采取其他手段,阻碍外地商品进入或者本地商品运出;(5)妨碍商品在地区之间自由流通的其他行为。

2016年,国务院发布了《关于在市场体系建设中建立公平竞争审查制度的意见》,认为地方保护、区域封锁、行业壁垒、企业垄断、违法给予优惠政策或减损市场主体利益等不符合建设全国统一市场和公平竞争的现象仍然存在,为规范政府有关行为,防止出台排除、限制竞争的政策措施,逐步清理废除妨碍全国统一市场和公平竞争的规定和做法,在该《意见》中明确了建立公平竞争审查制度的总体要求、基本原则和该制度的基本内容,该《意见》对规制行政垄断具有重要意义。

二、反不正当竞争法

我国早在1993年就制定实施了《反不正当竞争法》,该法明确规定了不正当竞争行为的类型,并针对不正当竞争行为设定了处罚措施,对净化市场环境、保护公平竞争具有重要意义。当时我国尚未出台《反垄断法》,因此在《反不正当竞争法》中对某些垄断行为也加以规定。随着经济体制改革的深入和市场经济的完善,该法已经难以满足市场经济实践的要求,特别是随着互联网背景下不正当竞争行为的增多,亟须作出法律回应,《反不正当竞争法》的修改提上日程。2017年11月4日,第十二届全国人民代表大会常务委员会第三十次会议通过了修订后的《反不正当竞争法》,该法与《反垄断法》有效衔接,删除了公用企业限制竞争、搭售、低价倾销、行政性垄断、串通招投标等规定,增加对经营者利用网络从事生产经营活动的法律规范,强化对互联网不正当竞争行为的规制,同时实现与其他法律之间的协调。

市场交易应当遵循自愿、平等、公平、诚实信用原则,遵守公认的商业道德,不得作出损害其他经营者合法权利的行为。《反不正当竞争法》第2条第2款规定,本法所称的不正当竞争行为,是指经营者在生产经营活动中,违反本法规定,扰乱市场竞争秩序,损害其他经营者或者消费者的合法权益的行为。该条款被称为《反不正当竞争法》的一般条款,具有司法适用性。除此之外,《反不正当竞争法》明确规定了七种类型的不正当竞争行为。

(一)商业混淆

商业混淆是指经营者擅自使用与他人有一定影响的商品名称、包装、装潢等相同或者近似的标识,擅自使用他人有一定影响的企业名称、社会组织名称、姓名,擅自使用他人有一定影响的域名主体部分、网站名称、网页等,以引人误解、损害竞争对手利益的不正当竞争行为。《反不正当竞争法》第6条规定了商业混淆行为的基本方式,包括:(1)擅自使用与他人有一定影响的商品名称、包装、装潢等相同或者近似的标识;(2)擅自使用他人有一定影响的企业名称(包括简称、字号等)、社会组织名称(包括简称等)、姓名(包括笔名、艺名、译名等);(3)擅自使用他人有一定影响的域名主体部分、网站名称、网页等;(四)其他足以引人误认为是他人商品或者与他人存在特定联系的混淆行为。这类行为的危害之处在于违法经营者通过"搭便车"的方式,使消费者对商品或服务的来源及质量等信息产生误判,从而作出错误的消费决策。违法经营者没有在产品设计、品牌建设和维护等方面投入成本,通过擅自使用等不正当竞争方式,损害合法经营者的利益,获取非法收益,甚至可能导致合法经营者商品名称、包装、装潢等的价值贬损。

（二）商业贿赂

商业贿赂是指经营者通过账外暗中给予对方金钱、财务或其他经济利益的方式,以争取交易机会的不正当竞争行为。商业贿赂的危害之处在于通过贿赂等不正当方式,破坏市场规则和竞争秩序。商业贿赂的形成必须符合两个要求:账外和暗中,依此将商业贿赂和回扣、佣金等正常的商业往来予以区分。

《反不正当竞争法》第7条明确规定:"经营者不得采用财物或者其他手段贿赂下列单位或者个人,以谋取交易机会或者竞争优势:(一)交易相对方的工作人员;(二)受交易相对方委托办理相关事务的单位或者个人;(三)利用职权或者影响力影响交易的单位或者个人。经营者在交易活动中,可以以明示方式向交易相对方支付折扣,或者向中间人支付佣金。经营者向交易相对方支付折扣、向中间人支付佣金的,应当如实入账。接受折扣、佣金的经营者也应当如实入账。经营者的工作人员进行贿赂的,应当认定为经营者的行为;但是,经营者有证据证明该工作人员的行为与为经营者谋取交易机会或者竞争优势无关的除外。"

（三）虚假宣传

虚假宣传是指经营者利用广告或者其他方法,对商品的质量、制作成分、性能、用途、生产者、有效期限、产地等做引人误解的宣传,以误导消费者的不正当竞争行为。《反不正当竞争法》第8条对此做了明确规定:"经营者不得对其商品的性能、功能、质量、销售状况、用户评价、曾获荣誉等作虚假或者引人误解的商业宣传,欺骗、误导消费者。经营者不得通过组织虚假交易等方式,帮助其他经营者进行虚假或者引人误解的商业宣传。"除此之外,我国《广告法》明确规定了广告内容规范和广告行为规范,对广告宣传的基本准则做了明确规定,在对虚假宣传这一不正当竞争行为的认定中,《广告法》也是重要的法律依据。

（四）侵犯商业秘密

商业秘密是指不为公众所知悉、具有商业价值并经权利人采取相应保密措施的技术信息和经营信息。商业秘密分为技术性商业秘密和经营性商业秘密,前者包括图纸、技术资料、技术规范、产品设计、工艺流程、配方等技术知识,后者包括客户名单、货源情报、产销策略、招投标中的标底及标书内容等信息。商业秘密具有实用性、秘密性等特征,并被经营者采取了合理的保密措施。

《反不正当竞争法》第9条第1款、第2款明确规定侵犯商业秘密的手段,包括:(1)以盗窃、贿赂、欺诈、胁迫或者其他不正当手段获取权利人的商业秘密;(2)披露、使用或者允许他人使用以前项手段获取的权利人的商业秘密;(3)违反约定或者违反权利人有关保守商业秘密的要求,披露、使用或者允许他人使用其所掌握的商业秘密。第三人明知或者应知商业秘密权利人的员工、前员工或者其他单位、个人实施前款所列违法行为,仍获取、披露、使用或者允许他人使用该商业秘密的,视为侵犯商业秘密。

(五) 不正当奖赠销售

《反不正当竞争法》第10条明确规定:经营者进行有奖销售不得存在下列情形:(1)所设奖的种类、兑奖条件、奖金金额或者奖品等有奖销售信息不明确,影响兑奖;(2)采用谎称有奖或者故意让内定人员中奖的欺骗方式进行有奖销售;(3)抽奖式的有奖销售,最高奖的金额超过5万元。

行为一和行为二的危害性是显然的,行为三的危害性在于过高的奖励金额有可能会激发消费者的投机心理,诱导不理性消费,进而引发社会资源的错配和浪费。与经济发展水平相适应,最高额奖金的设定从5000元提高到5万元。

(六) 商业诋毁

商业诋毁是指经营者通过捏造、散布虚伪事实或者误导性信息,损害竞争对手的商业信誉、商品声誉的行为。经营者和商品的声誉至关重要,良好的声誉可以给经营者带来交易机会和经济回报。诋毁商誉可以减少其交易机会,减损其商业利益,是典型的不正当竞争行为,《反不正当竞争法》第11条对该行为做了明确规定:"经营者不得编造、传播虚假信息或者误导性信息,损害竞争对手的商业信誉、商品声誉。"

(七) 互联网不正当竞争行为

随着互联网技术的发展,出现越来越多地利用互联网实施不正当竞争的行为,互联网行业损害经营者利益的事件也层出不穷。因此,新修订的《反不正当竞争法》专门设置条款,针对利用互联网实施不正当竞争的行为加以规制。《反不正当竞争法》第12条规定:经营者利用网络从事生产经营活动,应当遵守本法的各项规定。经营者不得利用技术手段,通过影响用户选择或者其他方式,实施下列妨碍、破坏其他经营者合法提供的网络产品或者服务正常运行的行为:(1)未经其他经营者同意,在其合法提供的网络产品或者服务中,插入链接、强制进行目标跳转;(2)误导、欺骗、强迫用户修改、关闭、卸载其他经营者合法提供的网络产品或者服务;(3)恶意对其他经营者合法提供的网络产品或者服务实施不兼容;(4)其他妨碍、破坏其他经营者合法提供的网络产品或者服务正常运行的行为。互联网行业竞争行为的认定有较强的技术性,同时,互联网背景下对公平竞争秩序的维护,要在保护公平竞争和促进科技创新之间达成平衡,既不能纵容利用互联网技术损害公平的竞争秩序,又不能因为过度保护公平竞争而抑制科技创新。

《反不正当竞争法》是市场经济的重要法律,2017年修订的《反不正当竞争法》追踪市场经济的最新发展,回应互联网背景下的竞争要求,对一些不正当竞争行为的认定进一步细化,并且规定了一些新型的不正当竞争行为,该法在净化市场经济环境、保护公平竞争秩序等方面发挥重要作用。

知识拓展

1. 竞争法的直接保护对象是经营者,但其目的是通过保护经营者的竞争利益,最终实现对消费者利益的保护。

2. 相关市场是反垄断领域的核心范畴,相关市场的划分会影响对垄断行为的认定。互联网背景下的相关市场认定具有一定的特殊性。

3. 不正当竞争行为的判断以商业道德为基础,受道德标准的影响,所以,某种竞争行为合法与否并非截然两立,不正当竞争行为的判断标准具有一定的地域差异和文化差异。

链接阅读

1. 邱本:《论市场竞争法的基础》,载《中国法学》2003年第4期;
2. 吴峻:《反不正当竞争法一般条款的司法适用模式》,载《法学研究》2016年第2期。

第五节 税 法

一、税收基本理论

(一) 税收的概念与特征

税收是国家为实现公共职能而凭借其政治权力,依法强制、无偿地取得财政收入的一种活动或手段。[①] 一个国家的存续依赖税收,税收是国家实现其职能的基本前提。国家凭借其权力,通过税收的方式实现社会财富的再分配。

税收具有强制性、固定性和无偿性三个特征。强制性是指税收由国家依赖公权力强制征收,征收行为和征收标准由国家单方面确定。固定性是指征税标准是相对固定的,并通过法律的形式予以明确。无偿性是指国家征税并不直接向纳税人支付对价,也不存在事后偿还,纳税人享受到的公共服务并不必然与其纳税数额对等,税的无偿性特征使其与费加以区别。

(二) 税收的职能

税收具有三个基本职能:分配收入、宏观调控和保障稳定。

税收是分配收入的重要手段。通常认为,通过市场进行的收入分配属于初次分配。每个主体参与市场活动,凭借自身的知识水平、交易能力等,从而获得经济回报。而税收则是进行再分配的手段,初次分配强调效率,再次分配强调公平,国家通过税收手段,调节

---

① 张守文:《经济法学》(第三版),中国人民大学出版社2016年版,第140页。

收入分配,使收入差距保持在合理的限度内,从而确保社会稳定。税收不仅仅是调节国民之间收入分配的手段,也是国家与国民之间进行收入分配的形式,税收是财政收入的重要来源,国家通过税收的方式对国民收入进行再分配,从而形成国家的财政收入。

税收是宏观调控的重要手段。宏观调控是国家运用调控手段调节宏观经济运行的活动,在宏观调控过程中,可以选择的调控手段多种多样,包括计划手段、金融手段、财政手段、税收手段等。在宏观调控过程中,国家可以根据经济运行情况,通过税收减免、税收优惠等方式调整经济结构,通过减税或增税应对经济运行的冷热周期,从而保持经济平稳运行。因此,在宏观调控中,税收是重要的政策手段。

保障稳定是税收的重要职能之一。一方面,可以通过税收调控保证经济的稳定运行,另一方面,通过税收组织财政收入,国家利用税收形成的财政收入提供公共服务,实现公共职能,保障社会稳定。通过税收调节收入分配,避免收入分配不公,也可以起到稳定社会的作用。因此,税收在保障稳定方面的职能体现在多个方面。

二、税法基本理论

税法主要调节税收过程中的各种法律关系,即税收关系。税法是经济法的重要组成部分。

（一）税法的基本原则

税法基本原则是税收实现过程中必须遵循的基本准则,包括税收法定原则、税收公平原则、税收效率原则等。

税收法定原则是税法的基本原则,它是指税法主体的权利义务必须由法律加以规定,税法的各类构成要素都必须且只能由法律予以明确规定;征纳主体的权利义务只以法律规定为依据,没有法律依据的,任何主体不得征税或减免税收。[①] 税收是国家凭借其公权力对国民收入进行的再分配,因此,必须通过法定的形式约束政府权力,以免其对公民财产权的肆意侵犯。税收法定原则的"法"必须是一国最高立法机关制定的法律,也就是说,税法主体、征税客体、计税依据、税目、税率等课税要素以及与此相匹配的税收程序,必须由立法机关通过法律的形式予以明确规定,以保护纳税主体的合法权利和稳定预期。

税收公平原则是指纳税人的税收负担应当与其负担能力相匹配,实现量能课税,以确保税收公平。根据税收公平原则,具有相同负担能力的主体应当承担相同水平的税负,不同负担能力的主体应当承担不同水平的税负。税收公平原则关系到纳税人的税收负担,对纳税人而言具有重要的意义,落实税收公平原则,可以实现公民收入的公平分配。

征税应当有利于资源配置,不影响经济运行,并提高经济效率。国家在征税过程中,应当降低征税成本,以最低的成本获取最大的税收收入,这就是税收效率原则的基本内涵。征税是经济活动中的重要现象,需要考虑其经济效益和经济后果,这是税收效率原则的必然要求。

---

① 张守文:《经济法学》(第三版),中国人民大学出版社 2016 年版,第 144 页。

(二) 课税要素

课税要素是征税必须符合的条件。课税要素是判断纳税义务是否成立的依据，它包括实体法要素和程序法要素。

1. 实体法要素

课税的实体法要素包括税法主体、征税对象、税目与计税依据、税率等内容。

(1) 税法主体。税法主体是税收法律关系中享有权利和承担义务的主体，包括征税主体和纳税主体。税收具有强制性，因此，征税主体只能是国家，但在具体的税收活动中，通常是特定的政府机关作为代表行使征税权，比如我国征税主体主要是税收机关和海关部门。纳税主体是负有纳税义务的自然人、法人和其他组织等。税种不同，纳税主体就存在差异，比如个人所得税的纳税主体包括：在中国境内有住所，或者无住所而在境内居住满1年，从中国境内和境外取得所得的个人；在中国境内无住所又不居住或者无住所而在境内居住不满1年，从中国境内取得所得的个人。企业所得税的纳税主体是在中华人民共和国境内的企业和其他取得收入的组织。

(2) 征税客体。征税客体是指征税的对象，通过确定不同的征税对象，从而形成不同的税种。比如个人所得税的征税客体是个人所得，消费税的征税对象为烟、酒、化妆品等特定消费品。

(3) 税目和计税依据。税目是征税的具体项目，计税依据是计算应纳税额的根据。以个人所得税为例，个人所得税的税目包括工资、薪金所得，个体工商户的生产、经营所得，对企事业单位的承包经营、承租经营所得，劳务报酬所得，稿酬所得，特许权使用费所得等，共十一个税目。再以消费税为例，消费税的税目包括烟、酒及酒精、化妆品、贵重首饰及珠宝玉石、成品油、汽车轮胎等，不同税目下面又可以分为若干子目。

(4) 税率。税率是应纳税额与计税基数之间的比率，包括比例税率、累进税率和定额税率。比例税率是按照同一比例计算应纳税额的税率，比如我国企业所得税采取25%的比例税率；累进税率则是将征税对象划分若干等级，每个等级采取不同的税率，比如个人所得税采取5%—45%的比例税率；定额税率是根据征税对象的计量单位规定应纳税额，比如黄酒的消费税为每吨240元，权利、许可证照的印花税则是按件贴花5元。

(5) 税收特别措施。税收特别措施主要是指税收优惠和税收的加成征收。

2. 程序法要素

程序法要素主要包括纳税时间和纳税地点，它可以保证税收及时足额征缴，对于实现税收目的、保护纳税人权利具有与实体法要素同等重要的意义。

三、我国的税法体系

2016年5月1日起，我国全面推行"营改增"，营业税正式退出历史舞台。2018年1月1日起，《环境保护税法》全面实施，成为我国新的税种。我国目前有18个税种，分别是增值税、消费税、企业所得税、个人所得税、资源税、城市维护建设税、房产税、印花税、城镇土地使用税、土地增值税、车船使用税、船舶吨税、车辆购置税、关税、耕地占用税、契税、烟叶税、环境保护税。我国的税收体制采取分税制模式,中央和地方分别享有不同的税收收入。消费税、车辆购置税、关税等税收收入归中央所有,城镇土地使用税、耕地占用税、土地增值税等税收收入归地方所有,增值税、企业所得税、个人所得税等由中央与地方按比例共同享有。

税收种类简称税种,一般情况下,一个税种对应一个立法。在我国目前的税法体系中,只有个人所得税、企业所得税、车船税和环境保护税这4个税种由全国人民代表大会进行立法,其他税种则是通过国务院制定行政法规等方式加以规定。根据税收法定主义原则,我国的税法体系还需要进一步完善,以符合税收法治的内在要求。

知识拓展

1. 马克思说:赋税是喂养政府的奶娘。税收是国家凭借公权力对社会财富进行的再分配,税收构成国家收入的主要来源。
2. 法国国王路易十四的财政大臣、英国经济学家科尔贝说:"税收这种技术,就是拔最多的鹅毛,听最少的鹅叫。"因此,税制设计要与经济发展水平相适应,在保证财政收入的前提下维护国民财富创造的积极性和税收收入的可持续性。
3. 除了受经济水平、发展阶段的影响外,税收政策也受一国文化传统和社会观念的影响。

链接阅读

1. 张守文:《税制变迁与税收法治现代化》,载《中国社会科学》2015年第2期;
2. 刘剑文:《财税法功能的定位及其当代变迁》,载《中国法学》2015年第4期。

【推荐阅读文献】

1. 张守文:《经济法学》(第三版),中国人民大学出版社2016年版;
2. 种明钊主编:《竞争法》(第三版),法律出版社2016年版;
3. 应飞虎:《信息、权利与交易安全》,北京大学出版社2008年版;
4. 刘剑文主编:《财政税收法》,法律出版社2017年版;
5. 〔美〕安塞尔·M.夏普等:《社会问题经济学》(第二十版),郭庆旺译,中国人民大学出版社2015年版。

【思考题】

1. 经济法如何解决市场失灵?
2. 从消费者保护的角度,分析民法与经济法的关联。
3. 分析产品瑕疵与产品缺陷的区别。
4. 互联网发展对垄断行为的认定有什么影响?
5. 互联网发展对反不正当竞争法的实施有什么影响?
6. 目前我国落实税收法定主义还存在哪些不足?

第八章　环境与自然资源保护法

学习目标：理解环境与自然资源保护法律法规中的基本概念，掌握我国现行环境污染防治以及自然资源管理法律法规中的基本法律原则和法律制度。

教师导读：对教材的使用应当结合现行法律法规与具体案例，以及结合相关的自然科学概念与术语。

建议学时：4 学时

第一节　环境与自然资源保护法概述

一、环境与自然资源概述

（一）环境的概念与分类

1. 概念

环境概念的内涵与外延取决于学科视角的不同。生态学以整个生物界（包括动物、植物和微生物）为研究对象，其所谓的环境是指环绕着生物界并影响其生存和发展的外部空间和无生命物质，如大气、水、土壤、阳光和其他无机物质。环境科学以人类环境为研究对象，即围绕着人群的空间以及可以直接、间接影响人类生存和发展的各种天然的和经过人工改造过的自然因素的总体。我国《环境保护法》将环境[①]定义为：影响人类生存和发展的各种天然的和经过人工改造的自然因素的总体，包括大气、水、海洋、土地、矿藏、森林、草原、野生生物、自然遗迹、人文遗迹、自然保护区、风景名胜区、城市和乡村等。

环境保护法以人类环境为法律保护的客体，以保护生态系统平衡的方式保护和改善人类的生存环境为根本目的。某个自然物被纳入环境保护法的调整范围，取决于它是否作为生态系统的有机组成部分而发挥作用。一旦其脱离自然环境从而失去维持生态平衡的功能时就不再属于环境保护法的客体，而可能从其他社会利益考量出发由其他法律部门予以调整和规范。如马戏团里的驯兽，人工饲养的各种动物，人工种植的庄稼、果树等等，可以不再被看做环境要素而被视为一种财产，成为私法所调整的客体。

[①]　美国《国家环境政策法》第二篇规定：环境是指：……国家各种主要的自然环境、人为环境或改造过的环境的状态和情况，其中包括但不限于：空气和水——包括海域、港湾河口和淡水，陆地环境——其中包括但不限于森林、干地、湿地、山脉、城市和农村环境。

日本《公害对策法》和《环境基本法》均规定：本法所称"生活环境，是指与人类生活有密切关系的财产，与人类生活有密切关系的动物和植物，以及这些动植物的生存环境"。

2. 分类

首先，我国宪法上存在生活环境和生态环境两种与环境有关的表述。其次，我国《环境保护法》按构成要素的不同将环境分为自然环境、人工环境两大类。前者指对人类的生存和发展产生直接或间接影响的各种天然形成的物质和能量的总体，如大气、水、土壤、日光辐射、生物等。后者指人工环境，也称人为环境、经人工改造过的环境，是人类为了提高物质和文化生活，在自然环境的基础上，经过人类劳动的改造或加工而创造出来的，如城市、居民点、水库、名胜古迹、风景浏览区等。最后，还可以按环境范围大小分为居室环境、车间环境、村镇环境、城市环境、区域环境、全球环境、宇宙环境；以及按环境不同构成要素分为大气环境、水环境、土壤环境、地质环境等等分类。

(二) 自然资源的概念与分类

自然资源是在一定经济和技术条件下，自然界中可以被人类利用的物质和能量，如土壤、阳光、水、空气、草原、森林、野生动植物、矿藏、天然气，等等。人类对自然资源的利用程度取决于当时的经济能力和技术水平。很多自然资源如土壤、阳光、水、草原、森林、野生动植物等具有双重属性，即既是自然环境，又是自然资源。环境保护法与自然资源保护法均对自然资源予以保护，只是具有不同的侧重点：前者对自然资源的保护更侧重于将其视为环境要素和生态系统的组成部分，保护的主要目的在于维护其环境功能；而自然资源法则侧重于将其作为人类生产生活所需要的物质资源，保护的主要目的在于充分发挥其经济效能。

自然资源可以首要地分为有限资源和无限资源。在有限资源中，又可以按照分布量和能够被利用时间的长短分为可更新资源和不可更新资源，前者指可以更新再被利用的，如土壤、淡水、动植物等，后者是指数量有限又不可再生，终究会被用尽的资源，如煤、石油、各种金属与非金属矿藏等。

二、环境与自然资源保护法概述

环境与自然资源保护法学是法学和环境科学相结合的一门学科，具有明显的自然科学和社会科学交叉渗透的特点。

(一) 概念、特征与目的

1. 概念

环境与自然资源保护法是由国家制定或认可，并由国家强制力保证执行的关于保护和改善环境、合理开发利用及保护自然资源、防治污染与公害的法律规范的总称。

2. 特征

(1) 综合性。保护对象的广泛性和保护方法的多样性使得环境与自然资源保护法必然是一个高度综合化的法律部门。(2) 技术性。环境与自然资源保护法必然涉及大量而系统的技术标准、调查统计，是法律与环境科学与技术紧密结合的领域。(3) 社会性。环境与自然资源保护法从社会整体利益出发，通过维持生态平衡、防治环境污染，从而为社会的持续发展提供基础性的保障。(4) 公益性。环境问题是人类共同面临的问题，而非一人、一地区甚至一国的问题。

3. 目的

我国《环境保护法》第1条规定:"为保护和改善环境,防治污染和其他公害,保障公众健康,推进生态文明建设,促进经济社会可持续发展,制定本法。"①这个规定又包括三个任务:(1) 保护和改善生活环境与生态环境;(2) 防止污染和其他公害,保护人体健康;(3) 推进生态文明建设,促进社会主义现代化建设的发展。

(二) 环境与自然资源保护法律关系

1. 概念

环境与自然资源保护法律关系是指环境与自然资源保护法主体之间,在利用、保护和改善环境与资源的活动中形成的由环境与自然资源保护法规范所确认和调整的具有权利、义务和内容的社会关系。

2. 构成

(1) 主体。主体即依法享有权利和承担义务的环境与自然资源保护法律关系的参加者,既有承担了环境管理职权的行政主体,也有接受环境行政管理的相对人。在我国,主要包括国家、国家机关、企业事业单位、其他社会组织和公民。

(2) 内容。法律关系的主体依法所享有的权利和所承担的义务,在我国,环境行政管理者的权力包括规范制定权、行政处理权、处罚强制权、环资司法权等;义务则包括管理性义务、服务性义务等。环境行政相对人的权利包括环资管理参与权,环资使用、享受权,保障权,受益权,申诉和控告权等;义务则有遵守环资保护法律秩序的义务、服从国家环资管理的义务等。

(3) 客体。环境与自然资源保护法律关系的客体包括物和行为。"物"一般包括空气、水体、土壤、矿产、森林、草原、野生动植物等自然要素;工程设施、机械设备等污染源;各种污染物质等。"行为"则主要指参与自然环境资源的开发、利用、保护、改善与管理等有关行为,包括作为和不作为。

---

① 日本制定的《环境基本法》(1993年)第4条将其立法目的规定为:"必须以健全经济发展的同时实现可持续发展的社会构筑为宗旨,并且以充实的科学知识防止环境保全上的妨害于未然为宗旨,实现将因社会经济活动以及其他活动造成对环境的负荷减少到最低限度,其他有关环境保全的行动由每个人在公平的分配负担下自主且积极地实行,既维持健全丰惠的环境,又减少对环境的负荷。"

美国《国家环境政策法》(1969年)第2条将该法的目的规定为如下6款:

(1) 履行其每一代人都要做子孙后代的环境保管者的职责;

(2) 保证为全体美国人创造安全、健康、富有生产力并在美学和文化上优美多姿的环境;

(3) 最广泛地合理使用环境而不使其恶化,或对健康和安全造成危害,或者引起其他不良的和不应有的后果;

(4) 维护美国历史、文化和自然等方面的重要国家遗产,并尽可能保持一种能为个人提供丰富与多样选择的环境;

(5) 使人口和资源使用达到平衡,以便人们享受高度生活水准和广泛的生活舒适;

(6) 提高可更新资源的质量,使易枯竭资源达到最高程度的再循环。

联邦德国《联邦污染控制法》(1974年)第1条规定:"本法的宗旨是保护人类和动物、植物以及其他物体不受环境的有害影响,并不受来自须经许可的设施的其他各种危害、重大不利和重大妨碍的影响,以及防止上述环境的有害影响的产生。"

三、环境与自然资源保护法的产生和发展

原始社会时期,人类改造自然的能力极为有限,尚不足以形成环境问题。在农牧业时期,虽然环境问题依然并不突出,但是也逐渐开始出现了过度开垦土地、过度砍伐森林等问题,同时也随着城市的出现而产生了一定程度的城市污染。人类应对的方式主要是迁徙,即逃避环境污染,而非保护环境。直到工业革命之后,人类改造自然的能力以及人口数量的剧增才真正推动环境与自然资源保护法的诞生。

(一) 外国环境与自然资源保护法的产生和发展

现代环境与自然资源保护法产生于工业发达国家,大体经历了产生、发展、完善三个阶段。

1. 环境与自然资源保护法的产生阶段:18世纪60年代至20世纪初

这个阶段是公害发生期,也是环境与自然资源保护法的产生时期。工业经济的发展产生了第一代环境污染,如1873年、1880年、1891年,英国伦敦三次发生因燃煤造成的毒雾事件,死亡上千人。日本在1913年颁布了《煤烟防治法》,控制制碱业以外各种向大气排放烟尘的污染源,是防止大气污染的早期主要立法。①

2. 环境与自然资源保护法的发展阶段:20世纪初至20世纪60年代

世界上有名的公害事件大都发生在这一时期,如日本在20世纪50年代因重金属污染发生熊本水俣病、新潟水俣病和富山骨痛病,在20世纪60年代又因大气污染引发了四日市哮喘事件,以及因氯联苯污染造成的"米糠油"事件。这个时期,制定了大量环境保护的专门法规,环境立法在数量上远远超过其他的部门法;并且在水污染防治法和大气污染防治法外,制定了更多的环境与自然资源保护法规,使环境与自然资源保护法调整的对象和范围更加广泛。

3. 环境与自然资源保护法的完备阶段:20世纪70年代至现在

这一时期的环境与自然资源保护法立法有如下特点:(1)很多国家在宪法里增加了环境保护的内容,将环境保护定为国家的基本职能,加重了国家对环境保护和管理的责任;(2)不少国家制定了综合性的环境与自然资源保护基本法,使得环境与自然资源保护法立法从单项环境要素保护与单项治理向全面环境管理及综合防治方向发展;(3)环境与自然资源保护法开始从传统法律部门中分离出来,形成了一个独立的法律部门。

(二) 我国环境与自然资源保护法的产生和发展

1. 中国古代的环境与自然资源保护立法

我国古代环境保护的法律规范的产生最早可以追溯到古代殷商时期。西周时期颁布的《伐崇令》规定:"毋坏屋,毋填井,毋伐树木,毋动六畜,有不如令者,死无赦。"秦朝《田律》亦有规定:"春二月,毋敢伐材木山林及雍堤水……"由于民刑不分,通常使用刑罚来实施零星出现的环境规范,因此我国古代并没有现代意义上的环境与自然资源保护法。

---

① "公害"一词最早就是在日本1896年颁布的《河川法》里提出的。

2. 中华人民共和国成立后的环境与自然资源保护立法

(1) 环境与自然资源保护法的产生阶段。从中华人民共和国成立到1973年全国第一次环境保护会议的召开是我国环境保护事业兴起和我国环境与自然资源保护法孕育和产生阶段。诞生了若干部重要的环境保护的法律法规,如1951年颁布的《矿业暂行条例》是我国第一部矿产资源保护法规;1956年颁布的《工厂安全卫生规程》是第一部对防治工业污染作出规定的法规。

(2) 环境与自然资源保护法的发展阶段。自1973年8月我国第一次全国环境保护会议至1978年党的十一届三中全会止,我国环境与自然资源保护法的发展较为艰难。1973年国务院召开了第一次全国环境保护会议,拟定了《关于保护和改善环境的若干规定(试行草案)》,这是我国环境保护基本法的雏形;1974年,国务院颁布了我国第一个防治沿海水域污染的法规《中华人民共和国防治沿海水域污染暂行规定》;1978年修订的《中华人民共和国宪法》第一次对环境保护作出规定,为我国的环境与自然资源保护立法提供了宪法基础;此外,我国环境与自然资源保护法的发展阶段还制定和颁布了一系列环境标准,主要有:《工业三废排放试行标准》《生活饮用水卫生标准》《食品卫生标准》等。

(3) 环境与自然资源保护法的初步完善阶段。自1978年以来,我国初步建立了完整的环境与自然资源保护法体系。最重要的立法活动即是1979年颁布了《中华人民共和国环境保护法(试行)》。这部环境基本法标志着我国的环境保护工作进入了法治阶段,也标志着我国的环境与自然资源保护法体系开始建立。

四、环境与自然资源保护的法律与管理

(一) 环境与自然资源保护法体系

1. 体系概述

我国的环境与自然资源保护法是以宪法关于环境与自然资源保护规定为基础,并由环境与自然资源保护基本法、保护自然资源和环境、防止污染和破坏的一系列单行法规和具有规范性的环境标准等组成的完整的体系。综合我国现行环境与自然资源保护立法,环境与自然资源保护法体系由下列各部分构成:(1) 宪法关于环境与自然资源保护的立法规定;(2) 环境与自然资源保护基本法;(3) 环境与自然资源保护单行法规;(4) 环境标准;(5) 其他部门法中的环境与自然资源保护法律规范。

2. 宪法关于环境与自然资源保护的规定

宪法关于环境与自然资源保护的规定,是环境与自然资源保护法的基础,是各种环境与自然资源保护法律、法规和规章的立法依据。《宪法》第26条第1款规定:"国家保护和改善生活环境和生态环境,防治污染和其他公害。"这表明环境保护是国家的基本职责。

3. 环境与自然资源保护基本法

环境与自然资源保护基本法在环境与自然资源保护法体系中,占有仅次于宪法的核心的最高的地位。1989年12月26日颁布并施行的《中华人民共和国环境保护法》是我

国的环境与自然资源保护基本法。2014年4月24日对该法进行了修订,并于2015年1月1日开始实施。作为一部综合性的环境保护基本法,它对环境保护的重要问题作了全面的规定。

4. 环境与自然资源保护单行法规

环境与自然资源保护单行法规是针对特定的环境要素或特定的环境社会关系而进行专门调整的立法形式。环境与自然资源保护单行法以宪法和环境与自然资源保护基本法为依据,又对二者进行了具体化。单行环境与自然资源保护法规数量最多、规范得最为详细,是进行环境管理、处理环境纠纷的直接依据,在环境与自然资源保护法体系中占有重要的地位。

我国的环境与自然资源保护单行法规,按调整的对象不同可以分为四类:(1) 环境要素污染防治法:如《水污染防治法》《大气污染防治法》《海洋环境保护法》;(2) 有毒有害物质污染控制法:如《固体废物污染防治法》《环境噪声污染防治法》《放射性污染控制法》《有毒化学品污染控制法》;(3) 环境要素保护法:如《森林保护法》《草原法》《水法》《矿产资源法》《土地管理法》《野生动物保护法》《野生植物保护条例》《渔业法》《防沙治沙法》等;(4) 区域环境保护法:如生活居住区保护法(城市、村镇环境保护法等)、自然保护区、风景名胜区、国家公园、人文遗迹保护法等。

5. 其他部门法中关于环境与自然资源保护的法律规范

如《刑法》:第6章破坏环境资源保护罪;《治安管理处罚法》:第30—31、58、63条;《全民所有制工业企业法》第41条以及《民法通则》《对外贸易法》等法律的相关规定。

(二) 环境与自然资源保护立法

1. 立法体制与立法规划

环境与自然资源保护立法指有权国家机关依照法定程序,制定、认可、修改、补充或废止各种有关保护和改善环境,合理开发利用自然资源,防治环境污染和其他公害的规范性法律文件活动的总称。环境与自然资源保护立法规划是指立法规划是立法者对一定时期内立法的项目、议程等事项所作的安排和部署。

2. 环境与自然资源保护立法的指导原则

环境与自然资源保护立法的指导原则即为实现环境与自然资源保护的目标、在法律上充分体现环境与自然资源的生态价值与经济价值,在起草、制定或修改环境与自然资源保护法律草案的过程中,对立法者具有指导意义的基本原理和基本方法。

(1) 尊重生态规律的原则。即在进行环境与自然资源保护立法时,以地球生态系统平衡的科学技术原理作为立法的基础,充分考虑和尊重自然和生态演变的规律。

(2) 区域性原则。即由于环境的多样性等原因,在环境立法与实施过程中通常实行地方法规优先原则。

(3) 可持续发展为原则。即在环境与自然资源保护立法中应当将实现人类社会、经济的可持续发展作为法律所要实现的理想目标。

(4) 运用环境经济学方法的原则。即在进行环境与自然资源保护立法时,应当将环境效益的损益分析方法和对法律规范的"成本—收益"分析方法作为立法的基础方法,以真正通过立法实现社会、经济、环境三方面效益的均衡和综合决策。

(三) 国家对环境与资源的管理

1. 环境管理的概念、原则和范围

环境管理是指国家采用行政、经济、法律、科教等多种手段,对各种影响环境的活动进行规划、调整和监督,目的在于协调经济发展与环境保护的关系,防治环境污染和破坏,维护生态平衡。

环境管理原则上除遵循国家管理的一般性原则外,还要根据环境与资源管理的特点,遵循一些特殊的原则。主要有:(1) 综合性原则。即在环境管理中要综合考量各个方面的情况,以求在环境与社会、成本与收益、短期与长久等诸多维度之间取得平衡。(2) 区域性原则。制定环境政策和标准要尽可能考虑地区的差异性,以及注意发挥地方管理机构的作用,以地方为主进行环境管理。① (3) 预测性原则。国家要对环境实行有效的管理,首先必须掌握环境状况和环境变化趋势,这就需要进行经常性的科学预测。可靠的预测是科学的环境管理和决策的基础和前提。(4) 规划和协调性原则。环境规划包括长远规划和短期规划;全国规划和地方规划、工业污染防治规划、水域污染防治规划、自然环境保护规划等。

环境管理的范围有狭义和广义之分。狭义的环境管理主要指污染控制,而广义的环境管理把污染防治和自然保护结合起来,包括资源、文物古迹、风景名胜、自然保护区和野生动植物的保护。更大范围的广义的环境管理则认为协调环境保护与经济发展、土地利用规划、生产力布局、清洁生产、循环经济、水土保持、森林植被管理、自然资源养护等也是环境管理的组成部分。

2. 环境管理的历史发展

世界范围内的环境管理大致经历了三个阶段的发展。第一阶段:从 20 世纪初至 60 年代进入了环境污染的泛滥时期,这一时期环境管理的主要对策是投入尽可能多的技术和财力进行污染治理。在取得一定效果的同时,也存在明显的局限性:首先,遵循着"先污染再治理"的模式,呈现被动状态;其次,只采取单项治理技术,很少采用综合防治措施,不能从整体上有效地解决环境问题;最后,往往耗费巨额资金,经济上不可持续。第二阶段:在 20 世纪 60 年代至 70 年代,这一时期环境管理开始了向"预防为主、综合防治"转型。主要措施包括:实行区域综合规划,防患于未然;实施环境影响评价制度,使损害环境的工程建设在施工前通过评价得到有效制止;对污染物排放进行"总量控制",保证各种污染源排放的污染物总量不超过环境容量的上限;推行清洁生产。第三阶段:制定发展与环境的总体战略,全面调整人类整体与环境的关系,1992 年联合国环境与发展大会把可持续发展作为各国未来的共同发展战略。

---

① 我国设有长江水源保护办公室、黄河水利委员会,对这两大流域水资源的保护主要是发挥地方机构的作用。

3. 环境管理机构

20世纪中叶的极端环境污染的现实使得不少国家与政府认识到，环境问题已经成为社会整体的问题，若不把环境管理列为国家的重要职责，就不能应付这种挑战。因此，这些国家相继在宪法里规定了环境管理的原则和对策、公民在环境保护方面的基本权利和义务，并以宪法确定了环境保护是国家的一项职责。

（1）外国的环境管理机构。

比较有代表性的环境管理体制有以下几种类型：

① 现有的行政部委兼负环境保护职责。即由一个或几个有关的部或局分别兼管在各自业务范围内涉及的环境保护工作，在中央政府内缺乏环境保护的统管机构和协调机构。显然，这种形式已经显露出不适应环境与自然资源保护管理工作的需要。

② 设立协调机构委员会：为了应对环境保护所必需的统一协调，在中央政府内部设立一个由各个有关部门的领导组成的委员会，负责制定政策和协调各部门的活动。①

③ 成立部级专门机构：为了在日益突出的环境保护压力之下明确权责，部分国家把分散于各个部门的环境保护权能统一于部一级的环境专门机构来统管。②

④ 具有重大权限的独立机构：这种机构的权限超过一般的部，或者由政府首脑兼任该机构的领导。③

⑤ 几种机构同时并设：即建立统一领导与分工负责相结合的综合性的管理体制，以更充分地适应环境与自然资源保护管理的特点。如意大利设立有环境部负责研究环境问题，其余13个部对其职务范围内的环境保护工作负责，而环境问题部际委员会负责协调各部之间的环保工作。

（2）我国的环境管理机构。

我国环境与资源监督管理机构大体经历六次调整，形成了适应我国环境与自然资源保护管理需要的管理体系。第一次，中华人民共和国成立以后设立的第一个与环境保护有关的机构是1971年针对工业"三废"污染问题由国家计划委员会设立的"三废"利用领导小组。第二次，中国第一个专门的环境保护机构是1974年10月由国务院组建的由20多个部、委负责人参加的国务院环境保护领导小组。④ 第三次，根据《国务院关于环境保护工作的决定》于1984年5月成立了国务院环境保护委员会，国家环保局作为其办公机构。第四次，从1988年至1998年，环境保护局在国家机构改革中，先独立为副部级的国务院直属机构，后又升格为正部级的国家环境保护总局。第五次，环境保护部于2008年3月18日成立，正式成为了国务院组成部门。第六次，2018年3月13日的机构改革方案成立了生态环境部。

---

① 意大利设有"环境问题部际委员会"，澳大利亚设有"环境委员会"。
② 1970年，英国、加拿大成立了环境部；1971年，丹麦设立环境保护部。
③ 美国在总统执行署设立环保局，日本设立了由国务大臣任长官的环境厅。
④ 1982年，国家进行机构改革，撤销国务院环境保护领导小组办公室，将其并入城乡建设环境保护部，建设部下属的环境保护局（部内的司局级机构）为全国环境保护的主管机构。

在我国现行的环境管理机构体系中,比较重要的管理机构如下:

① 全国人民代表大会环境与自然资源保护委员会。研究、审议和拟订相关议案,协助全国人民代表大会常务委员会进行法律实施和监督。

② 国务院环境保护委员会。由国务院领导成员和有关部、委、局、直属机构及有关事业单位的领导成员组成,负责研究、审议有关经济与环境协调发展的重大方针、政策和措施;协助国务院制定与环境保护有关的重大经济发展政策、规划等;指导并协调解决各部门、各地区以及国内跨流域、跨地区重大环境问题;组织开展环境执法监督和检查;组织协调环境保护科学研究、宣传教育以及其他有关工作。

③ 环境与资源监管部门。我国《环境保护法》第 10 条规定,国务院环境保护主管部门,对全国环境保护工作实施统一监督管理;县级以上地方人民政府环境保护主管部门,对本行政区域环境保护工作实施统一监督管理。县级以上人民政府有关部门和军队环境保护部门,依照有关法律的规定对资源保护和污染防治等环境保护工作实施监督管理。

2018 年机构改革后,不再保留环境保护部,而是将原环境保护部的职责,国家发展和改革委员会的应对气候变化和减排职责,国土资源部的监督防止地下水污染职责,水利部的编制水功能区划、排污口设置管理、流域水环境保护职责,农业部的监督指导农业面源污染治理职责,国家海洋局的海洋环境保护职责,国务院南水北调工程建设委员会办公室的南水北调工程项目区环境保护职责整合,组建生态环境部,作为国务院组成部门。

五、环境与自然资源保护法的基本原则

环境与自然资源保护法基本原则是指为我国环境与自然资源保护法所确认的、体现环境保护工作基本方针、政策,并为国家环境与自然资源管理所遵循的基本准则。

(一)环境保护同经济建设、社会发展相协调原则

1. "三建设三同步三统一"原则

1983 年 12 月召开的第二次全国环境保护会议,制定了"环境保护与经济建设统筹兼顾、同步发展的方针",并提出"三建设三同步三统一",即经济建设、城乡建设和环境建设同步规划、同步实施、同步发展,做到经济效益、社会效益、环境效益的统一。由此得到充实和发展的环境保护和经济社会发展相协调的原则,成了我国最重要最基本的环境政策。

2. "可持续发展"原则

我国提出可持续发展要求的最终目的是既满足当代人的需要,又不对后代人构成危害,这与经济建设社会发展相协调发展原则的基本精神是一致的。

3. 生态环境保护优先

生态环境保护优先,即在生态环境保护管理活动中应当把生态保护放在优先的位置加以考虑,在社会的生态利益和其他利益发生冲突的情况下,应当优先考虑社会的生态利益,满足生态安全的需要,作出有利于生态保护的管理决定。

(二)预防为主、综合治理原则

1. 预防为主

即在国家的环境与资源管理中,通过计划、规划及各种管理手段,采取防范性措施,防止环境损害的发生。环境污染和破坏一旦发生,往往难以消除和恢复,甚至具有不可逆转性。消极地等待环境造成污染和破坏后再进行治理,从经济上来说是最不划算的,往往要耗费巨额资金。由于科学技术发展的局限,人类对损害环境的活动造成的长远影响和最终结果,也难以及时发现和认识,这就要求人类活动必须审慎地注意对环境的潜在影响,防患于未然。

2. 综合治理

对于已经发生的环境污染与破坏,要采取积极的治理措施,做到防治结合。尤其是对于不可避免的污染,必须通过各种净化治理措施,达到环境目标的要求。

(三)开发者养护、污染者治理的原则

1. 基本含义

该原则即强制污染和破坏环境与自然资源者承担相应责任的一项基本环境原则。开发者养护,是指对环境和自然资源进行开发利用的组织或个人,有责任对其进行恢复、整治和养护。污染者治理,是指对环境造成污染的组织或个人,有责任对其污染源和被污染的环境进行治理。

2. 贯彻实施

一方面,我国原《环境保护法(试行)》中曾规定"谁污染谁治理"原则,而现行《环境保护法》则规定,排放污染物的企业事业单位和其他生产经营者,应当采取措施,防治在生产建设或者其他活动中产生的废气、废水、废渣、医疗废物、粉尘、恶臭气体、放射性物质以及噪声、振动、光辐射、电磁辐射等对环境的污染和危害。排放污染物超过国家或者地方规定的污染物排放标准的企业事业单位,依照国家规定缴纳超标准排污费,并负责治理。另一方面,为了有效地贯彻开发者养护的原则,我国有关法律对自然资源的开发者规定了各种强制性的整治与养护的责任,如风景名胜区、自然保护区和其他需要保护的区域内,已经建成的设施,其污染物超过规定的排放标准的,限期治理。

(四)公众参与的原则

环境与自然资源保护中的公众参与原则要求把环境保护事业建立在更加广泛的民主基础上,把环境管理活动和法律的执行建立在人民群众广泛支持、参与、监督的基础上。公众参与原则在法律上主要体现为公民环境权、公民参与环境管理权以及公民对环境污染行为者的监督、检举和控告权。

知识拓展　生态学"六律"

(1)"物物相关"律:即自然界中各种事物之间有着相互联系、相互制约、相互依存的关系,改变其中的一个事物,必然会对其他事物产生直接或间接的影响。

(2)"相生相克"律:即在生态系统中,每一生物种都占据一定的位置,具有特定的作

用,它们相互依赖、彼此制约、协同进化。

(3)"能流物复"律:即在生态系统中,能量在不断地流动,物质在不停地循环。

(4)"负载定额"律:即任何生态系统都有一个大致的负载(承受)能力上限,包括一定的生物生产能力、吸收消化污染物的能力、忍受一定程度的外部冲击的能力。

(5)"协调稳定律":只有在结构和功能相对协调时,生态系统才是稳定的。

(6)"时空有宜"律:即一个地方都有其特定的自然和社会经济条件,组合构成独特的区域生态系统。

链接阅读

1. 吕忠梅:《〈环境保护法〉的前世今生》,载《政法论丛》2014年第5期;
2. 汪劲:《伦理观念的嬗变对现代法律及其实践的影响——以从人类中心到生态中心的环境法律观为中心》,载《现代法学》2002年第2期;
3. 汪劲:《中国环境法治三十年:回顾与反思》,载《中国地质大学学报(社会科学版)》2009年第5期。

第二节 环境保护法

一、环境保护法的基本法律制度

(一)环境影响评价制度

1. 环境影响评价制度的概念

环境影响评价制度,是指对可能影响环境的工程建设、开发活动和各种规划,预先进行调查、分析、预测和评价,提出环境影响及防治方案的报告,经主管当局批准才能进行建设。它属于预断性的评价,是决定项目能否进行的、具有强制性的法律制度。

2. 环境影响评价制度的产生和发展

环境影响评价制度最早由1969年美国《国家环境政策法》创立,我国在1979年《环境保护法(试行)》中规定了实行环境影响评价报告书制度,并于2002年颁布了《环境影响评价法》。

3. 环境影响评价的范围

在实行评价制度的国家,评价范围一般是限于对环境有较大影响的各种规划、开发活动、建设工程。我国《环境影响评价法》将环境影响评价范围分为:

(1)规划。又分为综合利用规划和专项规划。

(2)建设项目。根据《设项目环境保护管理条例》和《环境影响评价法》的规定,对建设项目要根据其对环境的影响程度,实行分类管理:对环境可能造成重大影响的建设项目,应当编制环境影响报告书,对建设项目产生的污染和对环境的影响进行全面、详细的评价;对环境可能造成轻度影响的建设项目,应当编制环境影响报告表,对建设项目产的污染和对环境的影响进行分析或者专项评价;对环境影响很小的建设项目,不需要进行环境影响评价的,应当填报环境影响登记表。

4. 规划的环境影响评价

(1) 要求。在中华人民共和国领域和中华人民共和国管辖的其他海域内建设对环境有影响的项目,应当依照本法进行环境影响评价。

① 综合利用规划。国务院有关部门、设区的市级以上地方人民政府及其有关部门,对其组织编制的土地利用的有关规划,区域、流域、海域的建设、开发利用规划,应当在规划编制过程中进行环境影响评价。

② 专项规划。国务院有关部门、设区的市级以上地方人民政府及其有关部门,对其组织编制的工业、农业、畜牧业、林业、能源、水利、交通、城市建设、旅游、自然资源开发的有关专项规划,应当在该专项规划草案上报审批前,组织进行环境影响评价,并向审批该专项规划的机关提出环境影响报告书。

(2) 内容。实施该规划对环境可能造成影响的分析、预测和评估;预防或者减轻不良环境影响的对策和措施;环境影响评价的结论。

(3) 审批。设区的市级以上人民政府在审批专项规划草案,作出决策前,应当先由人民政府指定的环境保护行政主管部门或者其他部门召集有关部门代表和专家组成审查小组,对环境影响报告书进行审查。审查小组应当提出书面审查意见。由省级以上人民政府有关部门负责审批的专项规划,其环境影响报告书的审查办法,由国务院环境保护行政主管部门会同国务院有关部门制定。

5. 建设项目的环境影响评价

(1) 内容。环境影响评价的内容也就是环境影响报告书的内容。包括以下七个方面:一是建设项目概况;二是建设项目周围环境现状;三是建设项目对环境可能造成影响的分析和预测;四是环境保护措施及其经济、技术论证;五是环境影响经济损益分析;六是对建设项目实施环境监测的建设;七是环境影响评价结论。

(2) 审批。首先,建设单位或主管部门可采取招标方式,签订合同委托评价单位进行调查和评价工作;其次,评价单位通过调查和评价制作《环境影响报告书(表)》,评价工作要在项目的可行性研究阶段完成和报批;再次,建设项目的主管部门负责对建设项目的环境影响报告书(表)进行预审;最后,报告书由有审批权的环保部门审查批准后,提交设计和施工。

有下列情形的环境影响评价和审批,报国家环保总局审批:跨省、自治区、直辖市界区的项目;特殊性质的建设项目,如核设施、绝密工程等;国务院审批的或国务院授权有关部门审批的建设项目。对环境问题有争议的项目,其报告书(表)提交上一级环保部门审批。

(3) 后评价制度。即在项目建设与运行过程中产生的不符合经审批的环境影响评价文件的情况,建设单位应当组织环境影响的后评价,采取改进措施,并报原环境影响评价文件审批部门和建设项目审批部门备案;原环境影响评价文件审批部门也可以责成建设单位进行环境影响的后评价,采取改进措施。

6. 环境影响评价的公众参与

为推进和规范环境影响评价活动中的公众参与,根据《环境影响评价法》《行政许可法》《全面推进依法行政实施纲要》和《国务院关于落实科学发展观加强环境保护的决定》等法律和法规性文件有关公开环境信息和强化社会监督的规定,2006年2月26日国家环保总局颁布了《环境影响评价公众参与暂行办法》。

(1)范围。专项规划的编制机关对可能造成不良环境影响并直接涉及公众环境权益的规划,应当在该规划草案报送审批前,举行论证会、听证会,或者采取其他形式,征求有关单位、专家和公众对环境影响报告书草案的意见。但是,国家规定需要保密的情形除外。除国家规定需要保密的情形外,对环境可能造成重大影响、应当编制环境影响报告书的建设项目,建设单位应当在报批建设项目环境影响报告书前,举行论证会、听证会,或者采取其他形式,征求有关单位、专家和公众的意见。(2)原则。公众参与实行公开、平等、广泛和便利的原则。

(二)"三同时"制度

1. 概念

"三同时"制度是指一切新建、改建和扩建的基本建设项目(包括小型建设项目)、技术改造项目、自然开发项目以及可能对环境造成损害的其他工程项目,其中防治污染和其他公害的设施和其他环境保护设施,必须与主体工程同时设计、同时施工、同时投产。"三同时"制度最早规定于1973年的《关于保护和改善环境的若干规定》,是由我国首创,总结我国环境管理的实践经验并为我国法律所确认的一项重要的控制新污染的法律制度。

2. 内容

(1)设计阶段。建设项目的初步设计,应当按照环境保护设计规范的要求,编制环境保护篇章。

(2)施工阶段。建设项目的施工,环境保护设施必须与主体工程同时施工。应将环境资源保护工程纳入施工计划、建设进度,做好环境资源保护工程施工组织工作,保证环保设施施工所需要的资金、材料供应,落实环境资源行政主管部门对施工阶段的要求。

(3)试生产阶段。建设项目的主体工程完成后,需要进入试生产的,其配套建设的环境保护设施必须与主体工程同时投入试运行。试生产期间,建设单位应当对环境保护设施的运行情况和建设项目对环境的影响进行监测。

(4)竣工验收阶段。建设项目竣工后,建设单位应当向审批该项目环境影响报告书(表)或登记表的环境保护行政主管部门,申请竣工验收。

(5)投产使用阶段。防治污染的设施必须经原审批环境影响报告书的环境保护行政主管部门验收合格后,该建设项目方可投入生产或者使用。

3. 违反的法律后果

(1)试生产建设项目配套的环保设施未与主体工程同时投放试运行的,由审批该环境影响报告书(表)、登记表的环境行政主管部门责令限期改正;逾期不改正的,责令停止试生产。

(2) 建设项目投入试生产超过 3 个月,未申请环保设施竣工验收的,责令限期办理环保设施竣工验收手续;逾期未办理的,责令停止试生产,可以处 5 万元以下的罚款。

(3) 建设项目需要配套建设的环保设施未建成、未经验收或者经验收不合格,主体工程正式投入生产或者使用的,责令停止生产或者使用,可以处 10 万元以下的罚款。

(三) 环境与自然资源保护许可证制度

1. 概念与作用

环境与自然资源保护许可证制度是指,凡是对环境可能产生不良影响的各种规划、开发、建设项目、排污设施或经营活动,都必须向有关环境管理机关先提出申请,经审查批准、颁发许可证后才能从事该项活动的一整套管理措施制度。

环境与自然资源保护许可证制度的作用如下:首先,能够把影响环境的各种开发、建设、排污活动,纳入国家环境管理的视野,便于把各种影响环境和排污的活动严格限制在国家规定的范围内。其次,环境管理机关可以针对不同情况,规定具体的限制条件和特殊要求。再次,环境管理机关可以通过许可证的吊销对各种不当规划开发以及各种损害环境的活动进行制止。最后,通过对办理许可证附加条件,促进企业环保竞争,进行技术改造和工艺升级。

2. 浓度与总量控制制度和排污权交易

(1) 浓度与总量控制制度。

污染物排放总量控制是指在指定时期内,综合经济、技术、社会等条件,采取通过向排污源规定并分配污染物允许排放量的形式,将一定空间范围内排污源产生的污染物的量控制在环境质量容许限度内而实行的一种污染控制方式。根据国务院的要求,国家有关部门已确定对全国环境质量影响最大的 12 种主要污染物(烟尘、工业粉尘、二氧化硫、氰化物、石油类、化学需氧量、砷、汞、铅、镉、六价铬、工业固体废物)实行总量控制。

(2) 排污权与排污权交易。

排污权是指排污单位或个人向环境排放污染物的一种行政许可资格,其实质是一种经济权利,是一种稀有资源。在市场经济下,环境是一种公共性很强的资源,它对经济的发展起着不可或缺的作用。它的所有权应该归属于代表公众的国家,在实行总量控制的前提下,由政府出面通过发放许可证,将一定量的排污指标交给污染者使用。

排污权交易的一般做法:① 由环境管理机关确定出一定区域内的环境质量目标,并据此进行环境容量评估;② 在推算出污染物的最大允许排放量后,将其分割成若干规定的排放量,即若干排污权;③ 环境管理机关通过竞价拍卖、定价出售或无偿提供等方式向社会分配这些排污权,并建立排污权交易市场让其能够自由买卖和交易。在排污权市场上,排污者从其利益出发,考量其经济活动的收益和成本,从而买入或卖出排污权。

(四) 环境标准制度

1. 概念

作为一项制度的环境标准,主要内容为技术要求和各种量值规定,是具有法律性质的技术规范,是法律对环境资源标准的制定、修改、分类、分级、效力等所作的规定。

2. 法律意义

(1)环境质量标准是确认环境是否被污染的根据;(2)污染物排放标准是认定排污行为是否超标、违法,是否应让排污者承担相应法律义务或责任的根据;(3)环境基础标准是确定某环境资源标准是否合法有效的根据;(4)环境监测方法标准是确定环境资源纠纷中各方出示的证据和环境监测数据是否合法有效的根据;(5)环境样品标准是标定环境监测仪器和检验环境保护设备性能的法定依据。

(五)清洁生产与循环经济制度

1. 清洁生产

(1)概念。即不断采取改进设计、使用清洁的能源和原料、采用先进的工艺技术与设备、改善管理、综合利用等措施,从源头削减污染,提高资源利用效率,减少或者避免生产、服务和产品使用过程中污染物的产生和排放,以减轻或者消除对人类健康和环境的危害。

(2)内容。包括清洁的能源和原材料、清洁的生产过程、清洁的产品。对生产经营者的清洁生产要求可分为指导性规定、自愿性规定和强制性规定三种类型。

2. 循环经济

(1)概念。循环经济是指在生产、流通和消费等过程中进行的减量化、再利用、资源化活动的总称。

(2)3R原则。即减量化原则(reduce)、再利用原则(reuse)、再循环原则(recycle)。

(六)限期治理制度

1. 概念

限期治理制度是指对长期超标排放污染物、造成环境严重污染的项目、行业和区域,以及对设立在特殊保护区域内超标排污的已有设施,经地方人民政府决定和环境保护主管部门监督,设定一定期限由排污者在该期限内采取措施处理污染物,综合利用废物,提高资源利用率,治理污染并达到排放标准,进而消除污染破坏以达到治理目标的一种强制性措施。其特点在于:法律的强制性、时间的明确性、任务的具体性。

2. 内容

(1)限期治理的目标是达标排放;(2)限期治理期限取决于限期治理项目的规模和污染严重的程度;(3)限期治理由县级以上地方人民政府环保主管部门提出意见,报同级人民政府批准;(4)对经限期治理逾期未完成治理任务的企业事业单位,除依照国家规定加收超标准排污费外,可以根据所造成的危害后果处以罚款,或者责令停业、关闭。

(七)环境污染与破坏事故报告及处理制度

1. 概念

环境污染与破坏事故报告及处理制度是指因发生事故或者其他突然性事件造成或者可能造成污染与破坏事故的单位,必须立即采取措施处理、及时通报可能受到污染与破坏危害的单位和居民,并向当地环境保护行政主管部门和有关部门报告,接受调查处理的规定。

2. 意义

一方面,可以使环保监管部门和人民政府及时掌握污染与破坏事故情况,便于采取措施,防止事故蔓延和扩大。另一方面,可以使受到污染、破坏威胁的单位和居民提前采取防范措施,避免或减少对人体健康、生命安全的危害和经济损失。

3. 内容

(1)造成事故的单位,必须在事故发生后1小时内,向当地环保部门及有关部门报告,当地环保部门及有关部门应当立即赴现场调查,并对事故的性质和危害作出恰当确认。(2)处理。既包括事故或事件发生后,涉事单位、人民政府对环境事故采取的报告、控制、消除、疏散、自救、调查、处置等一系列措施,也包括环保部门在收到事故或事件报告,并查清其性质和危害之后,对违法者可给予行政处罚措施。

(八)排污费征收制度

1. 概念,排污费征收是指对于向环境排放污染物或者超过国家排放标准排放污染物的排污者,按照污染物的种类、数量和浓度,依法征收一定的费用。[①]

2. 内容

(1)征收范围:直接向环境排放污染物的单位和个体户,都应按规定交纳排污费。无需缴纳排污费的情形有:向城市污水处理设施排放污水、缴纳污水处理费的;排放者建成工业固体废物贮存或处置设施、场地并符合环保标准,或者原有设施、场地经改造符合环保标准的,自建成或改造完成之日起,不再缴纳排污费。

(2)收费标准,分为废气、废水、废渣三项。按下列因素确定收费额:① 按照污染物的种类和危害程序,分为一般污染物、有毒污染物和剧毒污染物,收费标准逐项提高;② 根据污染物排放标准,具体计算某一单位排放污染物的浓度和数量,按照超标倍数累进收费,超过标准越高,收费越多;③ 同一排污口含两种以上物质时,按收费高的一种计算。

(3)申请减免及缓交排污费的条件:排污者遇有不可抗力的自然灾害和其他突发事件时遭受重大损失,可以减免或缓缴排污费,最高减免不超过1年应缴额;遇自然灾害和其他突发事件的排污者正在申请减免排污费,正在批复期间,或者排污者因经营困难破、闲、停、半停状态,可以申请缓缴排污费的,最长不超过3个月。

(4)排污费的使用。征收的排污费要纳入预算,作为环境保护补助的专项资金,作为环境保护的专项资金,全部用于环境污染防治。

(九)环境监测与跨行政区污染防治制度

(1)《环境保护法》第17条规定,国家建立、健全环境监测制度。国务院环境保护主管部门制定监测规范,会同有关部门组织监测网络,统一规划国家环境质量监测站(点)的

---

① 我国首次提出实行"排放污染物收费制度"的文件是1978年12月国务院原环保领导小组《环境保护工作汇报要点》;1982年12月国务院颁布了《征收排污费暂行办法》;现行《环境保护法》第43条第1款规定,排放污染物的企业事业单位和其他生产经营者,应当按照国家有关规定缴纳排污费。排污费应当全部专项用于环境污染防治,任何单位和个人不得截留、挤占或者挪作他用。

设置,建立监测数据共享机制,加强对环境监测的管理。有关行业、专业等各类环境质量监测站(点)的设置应当符合法律法规规定和监测规范的要求。监测机构应当使用符合国家标准的监测设备,遵守监测规范。监测机构及其负责人对监测数据的真实性和准确性负责。

(2)《环境保护法》第20条第1款规定,国家建立跨行政区域的重点区域、流域环境污染和生态破坏联合防治协调机制,实行统一规划、统一标准、统一监测、统一的防治措施。

二、环境保护法律责任

(一)环境保护的民事责任

1. 构成要件

(1)须存在环境与自然资源侵权行为,即通过污染或破坏环境与自然资源,导致他人的人身、财产以及环境与自然资源权益受损的行为。《环境保护法》第64条即规定,因污染环境和破坏生态造成损害的,应当依照《中华人民共和国侵权责任法》的有关规定承担侵权责任。

(2)客观上产生了的损害,包括财产损害、人身损害、精神损害以及环境与自然资源享受权益方面的损害。

(3)环境侵权行为与损害之间有因果关系。因环境污染引起的损害赔偿诉讼,由加害人就法律规定的免责事由及其行为与损害结果之间不存在因果关系承担举证责任。

2. 归责原则

归责原则即责任的归属,当侵权行为人的行为致使他人损害的事实发生以后,应以何种理由、标准和根据使其负责。因环境污染引起的损害赔偿诉讼,对原告提出的侵权事实,被告否认的,由被告负举证责任;并且由加害人就法律规定的免责事由及其行为与损害结果之间不存在因果关系承担举证责任。

(二)环境保护的行政责任

1. 概念

环境行政法律关系的主体对其违反环境法律法规,侵害环境行政管理关系,造成环境污染和破坏,但尚未构成犯罪的行为,依法承担的行政法律责任。

2. 行政相对人的行政责任

承担环境与自然资源行政责任的行政相对人,即接受国家环境管理的相对人,既可以是公民个人,也可以是其他国家机关、法人、企事业单位、社会团体或其他组织。若其存在违反环境与自然资源保护方面的法律法规的情形,有关的国家行政机关即可依法制裁这些违反环境行政管理秩序的但又不够刑事惩罚的单位或者个人、组织。处罚的方式包括:申诫罚(警告)、行为罚(责令停产停业、暂扣或吊销许可证或营业执照、限期拆除或整改等)、财产罚(罚款、没收从事非法活动的工具或财物、责令支付消除污染费用或赔偿损失等)、人身罚(行政拘留)。

3. 行政主体的行政责任

具有环境保护行政职权的行政管理主体如果实施了违反法律规定的行为，也要承担相应的责任。实现对行政主体追究行政责任的途径包括：行政复议、行政诉讼、向公务员所在的环境保护行政部门或行政监察机关进行检举。行政主体承担的责任形式主要有：承认错误，赔礼道歉；恢复名誉，消除影响；履行职务；停止、撤销或纠正不当违法行政行为；返还权益；恢复原状；行政赔偿以及对公务员的行政处分。

（三）环境保护的刑事责任

1. 含义

个人或者单位违反环境与自然资源保护的法律法规，污染或者破坏环境与自然资源造成或者可能造成公私财产重大损失或人身伤亡的严重后果，依照《刑法》应受到刑事制裁。

2. 构成要件

（1）主体，是指实施了污染或破坏环境与自然资源的行为，依法应负刑事责任的自然人或单位。（2）主观方面，行为人对所实施的污染环境或破坏自然资源的行为可能引起的危害后果具有故意或过失的心态。（3）客体，即受我国刑法所保护的社会关系（国家环境与自然资源管理制度）被环境犯罪行为所侵害。（4）客观方面，即环境犯罪行为、危害后果以及行为与后果之间的因果关系都客观存在。

知识拓展 侵权责任归责原则体系

我国采取过错责任原则、过错推定原则和无过错责任原则三种归责原则相结合的体系。

（1）过错责任是指行为人因过错侵害他人民事权益应当承担的侵权责任，是侵权责任法的一般归责原则，适用于一般侵权行为。一般由原告（受害人）负举证责任证明被告（加害人）主观上有过错，即"谁主张谁举证"。

（2）过错推定责任是指法律事先规定，若加害人实施了某种侵权行为，法律就推定加害人有过错，除非加害人能证明自己无过错，否则责任不能豁免。此种规则原则的目的在于改变过错责任中受害人的举证不利的地位，实行举证责任倒置规则。

（3）无过错责任原则是指不以行为人的过错为要件，只要其活动或者所管理的人损害了他人的民事权益，给他人造成损失，不问其主观上是否有过错而都应承担的责任。这是为弥补过错责任的不足而设立的制度，即重点为了保护处于弱者地位的受害人的利益，及时救济受害人。环境污染侵权责任即属于此范畴。

链接阅读

1. 蔡守秋：《从环境权到国家环境保护义务和环境公益诉讼》，载《现代法学》2013年第6期；

2. 吕忠梅：《环境侵权诉讼证明标准初探》，载《政法论坛》2003年第5期；

3. 罗丽:《我国环境公益诉讼制度的建构问题与解决对策》,载《中国法学》2017年第3期。

第三节　自然资源保护法

一、自然资源保护基本法律制度

(一) 自然资源权属制度

1. 概念

自然资源权属制度是法律关于自然资源归谁所有、使用以及由此产生的法律后果由谁承担的一系列规定构成的规范,主要包括两方面的内容:一是自然资源所有权,一是自然资源使用权。

2. 自然资源所有权

按自然资源权属的主体来分,可分为自然资源国家所有权、集体所有权。在我国,没有完整意义的自然资源个人所有权,个人只能对自然资源的个别部分具有所有权。

3. 自然资源使用权

自然资源使用权是指单位和个人依法对国家所有的或者集体所有的自然资源进行实际使用并取得相应利益的权利。按自然资源的归属分,可分为国有自然资源使用权和集体所有自然资源使用权。按使用人是否向所有人支付使用费分,可以分为有偿使用权和无偿使用权。

根据我国有关法律、法规的规定,我国自然资源使用权的取得通常有四种方式:(1) 确认取得。即使用人现实地占有使用自然资源,有关国家机关对此进行登记确认并核发使用权证。(2) 授予取得。国家机关根据单位和个人的申请依法将被申请的自然资源的使用权授予申请人。(3) 转让取得。即单位或个人通过自然资源使用权的买卖、出租、承包等形式取得自然资源使用权的情况。(4) 开发取得。即单位和个人依法通过开发利用活动取得相应自然资源的使用权。

(二) 自然资源规划制度

自然资源规划,即根据国家或地区自然资源的自身特点与国民经济社会的发展需求,对各类自然资源的开发、利用、保护、恢复和管理所作的总体安排,以解决自然资源开发利用与生态保护、当前利益与长期持续发展的矛盾以及资源分配等诸多问题。自然资源开发利用的基本依据就是经法定机关批准的自然资源规划,规划一经法定程序批准,即具有法律效力,有关部门、组织和个人必须贯彻实施。

(三) 自然资源调查和档案制度

自然资源调查制度是指由法定机构对一个国家或地区的自然资源的分布、数量、质量和开发利用条件等进行全面的野外考察、室内资料分析与必要的座谈访问等项工作的总称。自然资源档案制度是对自然资源调查所获资料、成果按一定方式进行汇集、整理、立卷归档并集中保管的各种文件材料的总称。

进行资源调查以及建立自然资源档案的目的是为了掌握自然资源的现状和变化,评定自然资源开发利用和保护管理效果,为编制自然资源规划提供基础资料,为确定开发利用目标和保护管理措施提供可靠的依据。我国目前还没有统一的自然资源档案立法。

(四) 自然资源许可制度

自然资源许可制度(又称"自然资源许可证制度"),是指在从事开发利用自然资源的活动之前,必须向有关管理机关提出申请,经审查批准,发给许可证后,方可进行该活动的一整套管理措施。许可证制度是各国管理和分配有限资源采取的主要方法,主要分为:资源开发许可证、资源利用许可证、资源进出口许可证。

(五) 自然资源有偿使用制度

自然资源有偿使用制度是指国家采取强制手段使开发利用自然资源的单位或个人支付一定费用的管理制度。本质上是通过经济方式达到自然资源的最佳分配和最充分利用。自然资源有偿使用的形式包括收税和收费。我国自然资源税,主要指的是矿产资源税。自然资源费可以分为四类:单位或个人直接开发、占用、利用、使用自然资源时所缴纳的开发使用费;为弥补、恢复、更新自然资源的减少、流失或破坏而向开发利用自然资源者收取的补偿费,如育林费、森林生态效益补偿基金费等;为解决培育、维护、管理自然资源的费用支出而向开发利用自然资源者征收的一定保护管理费,例如河道工程修建维护费、河道采砂取土管理费等;行政管理机关在自然资源开发利用者不按规定要求开发利用自然资源时而让其缴纳的带有制裁性质的惩罚性收费,如耕地闲置费。

二、土地资源法

(一) 概念

我国《土地管理法》所称的土地,是指中华人民共和国境内的一切土地,包括:农用地、建设用地和未利用地。

(二) 土地资源的主要法律规定

1. 土地利用总体规划的规定

包括:(1) 土地利用总体规划的编制依据;(2) 土地利用总体规划的编制原则;(3) 土地利用总体规划的编制要求;(4) 土地利用总体规划的审批;(5) 土地利用总体规划与其他规划的关系。

2. 土地调查统计制度

土地调查包括土地权属调查、土地利用现状调查和土地条件调查。土地统计则包括对土地数量、质量、分布、利用和权属状况进行调查、汇总、统计分析和提供统计资料的工作。

3. 土地用途管制制度

国家编制土地利用总体规划,规定土地用途,将土地分为农用地、建设用地和未利用地;严格限制农用地转为建设用地,控制建设用地总量,对耕地实行特殊保护。

4. 耕地保护的规定

主要内容包括:实行占用耕地补偿制度;保证耕地总量不减少;实行基本农田保护制度(各省、自治区、直辖市划定的基本农田应当占本行政区域内耕地的80%以上);节约使用土地,禁止闲置、荒芜耕地;鼓励开发未利用的土地;鼓励土地整理,提高耕地质量;进行土地复垦,优先用于农业;防止土地退化、污染和破坏。

5. 控制建设用地的规定

主要包括:建立严格的农用地转用和征地审批制度;实行国有土地有偿使用制度;严格控制乡(镇)村建设用地。

6. 土地管理监督检查的规定

县级以上人民政府土地行政主管部门对违反土地管理法律、法规的行为进行监督检查。

三、水资源法

(一)概念

水资源是指处于自然状态下的水,包括江河、湖泊、冰川等地表水和位于地壳上部岩石中的浅层地下水。

(二)水资源保护的原则

(1)水资源国家所有原则。在我国,水资源属于国家所有,即全民所有;但是农业集体经济组织所有的水塘、水库中的水,属于集体所有。

(2)全面规划、综合利用的原则。即开发利用水资源和防治水害,应当全面规划、统筹兼顾、综合利用、讲求效益,发挥水资源的多种功能。

(三)我国保护水资源的法律规定

(1)水资源规划的规定。即开发利用水资源和防治水害应当按流域开区域进行统一规划,分为综合规划和专业规划。综合规划由水行政主管部门会同有关部门和人民政府编制,报国务院批准。专业规划由县级以上人民政府有关部门编制,报同级人民政府批准。

(2)水资源开发利用的规定。主要内容包括:开发利用水资源实行统一规划,多方兼顾;开发利用水资源原则(首先满足城乡居民生活用水,并兼顾农业、工业、生态环境用水以及航运等需要);水工程建设项目的管理;水能资源的开发利用;水运资源的开发与保护。

(3)水保护的规定。主要包括:保护水质,防止水污染;饮用水水源保护;地下水保护;水域保护。

(4)水工程保护。包括禁止侵占、毁坏水工程及有关设施;划定水工程保护区等。

(5)节约用水的规定。《水法》作出了国家"厉行节约用水"的规定,主要措施包括:实行供用水合同制;采用循环用水,一水多用;实行节水措施与主体工程"三同时";实行用水计量,按量收费;实行节水有奖,浪费有罚。

(6) 用水管理的规定。主要包括：实行计划用水；实行取水许可制度①；征收水资源费。

(7) 依法解决水事纠纷。我国关于水事纠纷解决办法的规定为：地区之间发生的水事纠纷，应当本着互谅互让、团结协作的精神协商处理；协商不成的，由上一级人民政府处理。单位之间、个人之间、单位与个人之间发生的水事纠纷，应当通过协商或者调解解决，当事人不愿通过协商、调解解决或者协商、调解不成的，可以请求县级以上地方人民政府或者其授权的主管部门处理，也可以直接向人民法院起诉。

四、矿产资源法

（一）概念

我国《矿产资源法实施细则》将矿产资源解释为，由地质作用形成的、具有利用价值的、呈固态、液态、气态的自然资源。在我国，矿产资源主要分为能源矿产、金属矿产、非金属矿产和水气矿产四类。

（二）我国保护矿产资源的法律规定

1. 矿产资源权属的规定

（1）所有权。我国实行的是单一的矿产资源国家所有权制度：矿产资源属于国家所有，由国务院行使国家对矿产资源的所有权。（2）探矿权、采矿权。我国对勘查、开采矿产资源实行许可证制度，并实行探矿权、采矿权的有偿取得制度。禁止将探矿权、采矿权倒卖牟利，但是探矿权人在完成规定的最低勘查投入后，经依法批准，可以将探矿权转让他人；以及出现需要变更企业资产产权而变更采矿权主体的，经依法批准也可以将采矿权转让他人采矿。

2. 矿产资源勘查、开采法律制度

（1）矿产资源勘查、开发的方针是统一规划、合理布局、综合勘查、合理开采和综合利用。（2）采用矿产资源规划管理制度。规划要贯彻控制人口增长、保护自然资源，保持良好的生态环境的基本国策，坚持"在保护中开发，在开发中保护"的总原则。

3. 集体矿山企业和个体采矿的规定

（1）国家鼓励集体矿山企业开采国家指定范围内的矿产资源，允许个人采挖零星分散资源和只能用作普通建筑材料的砂、石、黏土以及为生活自用采挖少量矿产。（2）矿产储量规划适宜由矿产企业开采的矿产资源，国家规定实行保护性开采的特定矿种和国家规定禁止个人开采的其他矿产资源，个人不得开采。

4. 开采矿产资源，保护生态环境的规定

主要内容包括：（1）应当节约用地，耕地、草原、林地因采矿受到破坏的，矿山企业应当因地制宜地采取复垦利用、植树种草或其他利用措施。（2）关闭矿山，必须提出土地复

---

① 国家对直接从地下或者江河、湖泊取水的，实行取水许可制度。为家庭生活、畜禽饮用取水和其他少量取水的，不需要申请取水许可。

垦利用、环境保护的资料。(3)在勘查、开采过程中,发现具有重大科学文化价值的罕见地质现象以及文化古迹,应当加以保护并及时报告有关部门,等等。

五、森林资源法

(一)概念

我国对森林资源的定义是,森林资源包括森林、林木、林地以及依托森林、林木、林地生存的野生动物、植物和微生物。森林,包括乔木林和竹林。林木,包括树木和竹子。林地,包括郁闭度[①]0.2以上的乔木林地以及竹林地、灌木林地、疏林地、采伐迹地、火烧迹地、未成林造林地、苗圃地和县级以上人民政府规划的宜林地。

(二)法律规定

1. 关于林业建设方针的规定

林业建设以营林为基础,普遍护林,大力造林,采育结合,永续利用。

2. 关于森林保护性措施的规定

包括:(1)限额采伐,鼓励植树造林、封山育林,扩大森林覆盖面积;(2)对集体和个人造林、育林给予经济扶持或长期贷款;(3)提倡木材综合利用和节约使用,鼓励开发、利用木材代用品;(4)征收育林费,专门用于造林育林;(5)煤炭、造纸等部门,按照煤炭和木浆纸张等产品的产量提取一定数额资金,专门用于营造坑木、造纸等用材林;(6)建立林业基金制度。

3. 保护森林的法律制度

主要内容包括:(1)设立护林组织,建立群众护林制度;(2)开展森林普查、制定林业长远规划和森林经营方针;(3)建立林业基金制度;(4)建立森林防火制度;(5)建立森林病害虫防治制度;(6)征收森林植被恢复费;(7)建立自然保护区制度;(8)珍贵树木及制品、衍生物的出口管制制度。

4. 关于合理采伐森林,防止森林和林地破坏的规定

包括:(1)控制采伐量;(2)制定年度生产计划;(3)对采伐方式进行规定;(4)采伐许可证制度。

六、野生动植物资源法

(一)概念

野生动物是指非人工繁殖、驯养的,天然生存于自然界中的各种动物。野生动物一般被分为四类:第一类是珍贵、稀有、濒于灭绝的野生动物;第二类是有益的或有重点经济、科学研究价值的野生动物;第三类是产业野生动物,即可作为渔业、狩猎业的主要对象的动物;第四类是有害的野生动物。我国《野生动物保护法》保护的对象是第一类的陆生和

[①] 郁闭度指森林中乔木树冠在阳光直射下在地面的总投影面积(冠幅)与此林地(林分)总面积的比,它反映林分的密度。

水生野生动物;第二类的陆生野生动物;及我国政府签署或加入的国际公约、双边协定中规定保护的野生动物。

野生植物是非经人工栽培的,天然生存于自然界的各种植物,属可再生资源。一般分为藻类、菌类、地衣、苔藓、蕨类和种子植物。

(二)野生动植保护的法律制度

(1)野生动植的权属制度。野生动植资源属于国家所有。有关单位和个人因保护国家和地方重点保护野生动物受到损失的,可以向当地人民政府野生动物行政主管部门提出补偿要求。

(2)珍贵、濒危野生动物重点保护名录制度,分为国家一级保护动物和国家二级保护动物。国家重点保护野生植物分为国家一级、国家二级和地方重点保护野生植物。

(3)野生动物生境保护制度。包括:划定自然保护区;加强监视、监测环境对野生动物的影响;实行环境影响评价制度。

(4)野生动物管理的法律制度。包括:猎捕管理规定;驯养繁殖管理规定;野生动物收购、经营、运输、出口许可证制度;外国人野外考察、摄像、猎捕相关规定。

(5)保护野生植物生长环境制度。包括:建立自然保护区,加强保护管理;监视、监测环境对重点保护野生植物生长的影响;实行环境影响评价制度。

(6)野生植物管理制度。包括:野生植物采集管理(禁止采集国家一级保护野生植物;采集国家重点保护野生植物的单位和个人,必须按照规定采集;县级人民政府野生植物行政主管部门,实行监督检查,并及时报告批准采集的野生植物行政主管部门或其授权的机构)。野生植物经营利用管理(禁止出售、收购国家一级保护野生植物;野生植物行政主管部门应当对经营利用国家二级保护野生植物的活动进行监督检查;出口国家重点保护或进出口中国参加的国际公约所限制进出口的野生植物须审核、批准并取得出口许可证;禁止出口未定名的或者新发现并有重要价值的野生植物;外国人不得在中国境内采集或收购国家重点保护的野生植物)。

七、草原资源法

(一)概念

草原特指中纬度地带大陆性半湿润和半干旱气候条件下,由多年生耐旱、耐低温的以禾草占优势的植物群落的总称,主要分为草甸草原、典型草原、荒漠草原、高寒草原。

(二)草原资源的可持续利用

主要措施包括:(1)合理放牧并进行草地封育;(2)建立草库仑①;(3)严禁盲目开荒;(4)进行草地改良并建立人工草地。

(三)我国的相关法律规定

主要内容包括:

---

① 即为防草场退化、恢复草场生产力而将草原以不同的围篱方式逐块地围起来,加以保护。

(1) 关于制定草原畜牧业发展规划,保障合理利用草原的规定。
(2) 保护草原植被,禁止开垦和破坏。
(3) 防止非牧业活动造成草原破坏。
(4) 草原鼠虫害和疫病的防治。
(5) 关于防止草原火灾的规定。

链接阅读

1. 崔建远:《矿业权法律关系论》,载《清华大学学报(哲学社会科学版)》2001年第3期;
2. 崔建远:《水权与民法理论及物权法典的制定》,载《法学研究》2002年第3期;
3. 戴孟勇:《狩猎权的法律构造——从准物权的视角出发》,载《清华法学》2010年第6期。

【推荐阅读文献】

1. 汪劲:《环境法学》(第三版),北京大学出版社2014年版;
2. 吕忠梅:《环境法导论》(第三版),北京大学出版社2015年版;
3. 王灿发:《中国环境诉讼典型案例与评析》,中国政法大学出版社2015年版。

【思考题】

1. 环境法与民法、行政法以及刑法的关系是什么?
2. 环境与自然资源保护法学中"环境"的概念与环境科学中"环境"的概念有何不同?
3. 环境与自然资源保护法成为一个独立法律部门的必然性何在?
4. 现代环境与自然资源保护法是如何将环境的外部不经济性成功地内部化的?
5. 环境公益诉讼不能由个人提出的理由是什么?

第九章 刑事诉讼法

学习目标：了解刑事诉讼和刑事诉讼法的概念；掌握刑事诉讼管辖、回避、辩护、刑事强制措施和附带民事诉讼等制度；熟练运用刑事诉讼的证据规则；掌握刑事诉讼的基本程序制度。

教师导读：本章在理论与实际相结合的基础上,对刑事诉讼的有关法律原则、制度、规则、程序等进行了言简意赅的陈述。作为一门实践性很强的学科,刑事诉讼法的学习应当将刑事诉讼法的基本理论与刑事诉讼实践紧密结合起来,做到学以致用。

建议学时：4学时

第一节 刑事诉讼法概述

一、刑事诉讼和刑事诉讼法

(一) 刑事诉讼

刑事诉讼的概念有狭义与广义之分,狭义的刑事诉讼仅指法院刑事审判活动;广义的刑事诉讼则是侦查机关的侦查活动、公诉机关的公诉活动和审判机关的刑事审判活动的总称。我国刑事诉讼理论一般对刑事诉讼采取广义的理解,是指国家专门机关在当事人和其他诉讼参与人的参加下,依照法律的规定,追诉犯罪,解决被追诉人刑事责任的活动。这里的专门机关主要是指人民法院、人民检察院和公安机关(包括国家安全机关)。其中,人民法院行使刑事审判权,检察机关行使公诉权、批捕权、部分刑事案件的侦查权和法律监督权,公安机关主要行使刑事侦查权。

我国的刑事诉讼具有以下特征:(1) 刑事诉讼是国家专门机关追诉犯罪的活动,属于国家的司法活动;(2) 刑事诉讼是必须严格按照法律规定的程序进行的活动;(3) 刑事诉讼是在当事人和其他诉讼参与人的参加下进行的活动。

(二) 刑事诉讼法及其任务

刑事诉讼法亦有广义与狭义之分。广义的刑事诉讼法是有关刑事活动的法律规范的总称,狭义的刑事诉讼法仅指刑事诉讼法典。我国刑事诉讼理论对刑事诉讼法的概念一般也从广义上理解,具体包括如下内容:(1) 刑事诉讼中的专门机关及其权力和义务;(2) 刑事诉讼中的当事人、其他诉讼参与人及其权利与义务;(3) 刑事诉讼的原则、规则和制度;(4) 刑事诉讼中收集和运用证据的规则和制度;(5) 刑事诉讼的侦查、公诉、审判和执行程序。就其内容来说,刑事诉讼法是与刑法相对应的程序法,主要规定国家行使刑罚权的程序;就其作用而言,刑事诉讼法是人权保障法,为保障公民合法权益并防止冤假错案的产生,刑事诉讼法对国家权力的运作施加了种种程序限制。

根据现行《刑事诉讼法》,我国刑事诉讼法的任务是保证准确、及时地查明犯罪事实,正确应用法律,惩罚犯罪分子,保障无罪的人不受刑事追究,教育公民自觉遵守法律,积极同犯罪行为作斗争,维护社会主义法制,尊重和保障人权,保护公民的人身权利、财产权利、民主权利和其他权利,保障社会主义建设事业的顺利进行。在实现上述任务的过程中,我国刑事诉讼法秉持如下基本理念:(1)惩罚犯罪与保障人权相结合;(2)程序公正与实体公正动态并重;(3)控审分离、控辩平等和审判中立;(4)追求诉讼效率等。

二、刑事诉讼的基本原则

刑事诉讼的基本原则是指由刑事诉讼法规定,贯穿于刑事诉讼的全过程或者主要诉讼阶段,指导人民法院、人民检察院、公安机关、当事人和其他诉讼参加人进行刑事诉讼活动的准则。根据《刑事诉讼法》的规定,我国刑事诉讼的基本原则包括以下12项:

(1)侦查权、检察权、审判权由专门机关依法行使原则。具体而言,对刑事案件的侦查、拘留、执行逮捕、预审,由公安机关负责;检察、批准逮捕、检察机关直接受理的案件的侦查、提起公诉,由人民检察院负责;审判由人民法院负责。国家安全机关依照法律规定,办理危害国家安全的刑事案件,行使与公安机关相同的职权。除法律特别规定的以外,其他任何机关、团体和个人都无权行使这些权力。

(2)人民法院、人民检察院依法独立行使职权原则。该原则要求人民法院依照法律规定独立行使审判权,人民检察院依照法律规定独立行使检察权,不受行政机关、社会团体和个人的干涉。

(3)依靠群众,以事实为依据、以法律为准绳,对一切公民平等地适用法律原则。该原则要求人民法院、人民检察院和公安机关进行刑事诉讼,必须依靠群众,必须以事实为根据,以法律为准绳。对于一切公民,在适用法律上一律平等,在法律面前,不允许有任何特权。以事实为依据,是指公安司法机关在进行刑事诉讼、认定被告人的行为是否属于犯罪及确定刑事责任时,应当以客观存在的案件事实作为处理问题的根本依据;以法律为准绳是指公安司法机关应当在查明事实的基础上,按照法律的规定对案件作出正确的处理。

(4)分工负责、互相配合和互相制约原则。该原则是指人民法院、人民检察院和公安机关进行刑事诉讼,应当分工负责、互相配合、互相制约,以保证准确有效地执行法律。

(5)检察监督原则。该原则是指人民检察院依法对刑事诉讼实行法律监督,包括对公安机关立案侦查活动的监督、对人民法院审判活动的监督和对执行活动的监督。

(6)各民族公民有权使用本民族语言文字进行诉讼的原则。根据该原则,各民族公民都有用本民族语言文字进行诉讼的权利。人民法院、人民检察院和公安机关对于不通晓当地通用的语言文字的诉讼参与人,应当为他们提供翻译。在少数民族聚居或者多民族杂居的地区,应当用当地通用的语言进行审讯,用当地通用的文字发布判决书、布告和其他文件。

(7) 审判公开原则。审判公开是指人民法院审理案件和宣告判决都必须公开进行，既要允许公民到法庭旁听，又要允许记者采访和报道。但是涉及国家秘密和个人隐私的案件，不公开审理。涉及商业秘密的案件，当事人申请不公开审理的，也可以不公开审理。

(8) 犯罪嫌疑人和被告人有权获得辩护原则。根据这一原则，在任何情况下，对任何犯罪嫌疑人和被告人，都不得以任何理由限制和剥夺其辩护权。犯罪嫌疑人、被告人行使辩护权的方式是多样的，在各个诉讼阶段，犯罪嫌疑人、被告人都可以自行辩护，也可以委托辩护人为其辩护。

(9) 未经人民法院依法判决，对任何人都不得确定有罪。该原则有两点基本要求：第一，确定被告人有罪的权力只能由人民法院统一行使，不论被告人是否真实有罪，不经人民法院判决，在法律上不应确定其为罪犯；第二，人民法院确定任何人有罪，都必须依法宣判。

(10) 保障诉讼参与人的诉讼权利原则。这一原则要求，人民法院、人民检察院和公安机关应当保障犯罪嫌疑人、被告人和其他诉讼参与人依法享有的辩护权和其他诉讼权利。诉讼参与人对于审判人员、检察人员和侦查人员侵犯公民诉讼权利和人身侮辱的行为，有权提出控告。

(11) 依照法定情形不予追究刑事责任。根据这一原则，有下列情形之一的，不追究刑事责任，已经追究的，应当撤销案件，或者不起诉，或者终止审理，或者宣告无罪：① 情节显著轻微、危害不大，不认为是犯罪的；② 犯罪已过追诉时效期限的；③ 经特赦令免除刑罚的；④ 依照刑法告诉才处理的犯罪，没有告诉或者撤回告诉的；⑤ 犯罪嫌疑人、被告人死亡的；⑥ 其他法律规定免予追究刑事责任的。

(12) 追究外国人刑事责任适用我国刑事诉讼法。根据这一原则，对于外国人犯罪应当追究刑事责任的，适用我国刑事诉讼法的规定。对于享有外交特权和豁免权的外国人犯罪应当追究刑事责任的，通过外交途径解决。

三、刑事诉讼主要制度

(一) 诉讼参与人

根据诉讼参与人在刑事诉讼过程中的诉讼地位、参与诉讼活动的范围和方式，以及对刑事诉讼过程的影响程度等差异，一般将刑事诉讼的诉讼参与人分为两大类：当事人和其他诉讼参与人。

1. 当事人

根据《刑事诉讼法》第106条第(二)项的规定，我国刑事诉讼中的当事人是指被害人、自诉人、犯罪嫌疑人、被告人、附带民事诉讼的原告人和被告人。被害人是人身、财产或者其他合法权益受到犯罪行为直接侵害的人；自诉人是指自诉案件中，以个人名义直接向法院提起诉讼，要求追究被告人刑事责任的人；犯罪嫌疑人是在侦查和审查起诉阶段，被认为涉嫌犯罪，并被公安机关以及人民检察院侦查和审查起诉的人；被告人是指被有起诉权的个人(自诉案件)或者人民检察院(公诉案件)指控犯有某种罪行，并被起诉到人民法院要求追究其刑事责任的人;附带民事诉讼的原告人是指在刑事诉讼中,因被告人的犯罪行为遭受物质损失,并在刑事诉讼过程中提出赔偿请求的人;附带民事诉讼的被告人是指对犯罪行为造成的物质损失依法负有赔偿责任,并被公安司法机关传唤应诉的人。

2. 其他诉讼参与人

其他诉讼参与人是指当事人以外,其他参与诉讼活动并在诉讼中享有一定诉讼权利、承担一定诉讼义务的参与人。根据《刑事诉讼法》第 106 条第(四)项的规定,我国刑事诉讼中的其他诉讼参与人是指法定代理人、诉讼代理人、辩护人、证人、鉴定人和翻译人员。法定代理人是指被代理人的父母、养父母、监护人和负有保护责任的机关、团体的代表;"诉讼代理人"是指公诉案件的被害人及其法定代理人或者近亲属、自诉案件的自诉人及其法定代理人委托代为参加诉讼的人和附带民事诉讼的当事人及其法定代理人委托代为参加诉讼的人;辩护人是接受当事人委托为其权益和主张予以辩护的人;证人是指除了当事人以外的了解案件情况并向专门机关作出陈述的人;鉴定人是指在刑事诉讼活动中接受专门机关的指派或者聘请,针对刑事诉讼中的专门事项利用其专业知识和技能提出分析意见的人;翻译人员在诉讼过程中主要对外国语言、少数民族语言、聋哑手势、盲文等进行翻译。

(二) 回避

刑事诉讼中的回避,是指与案件有某种利害关系或者其他特殊关系的审判人员、检察人员和侦查人员等不得参加该案的诉讼活动,是为了确保司法公正而确立的制度。回避的人员范围包括审判人员、检察人员、侦查人员、书记员、翻译人员和鉴定人。

根据《刑事诉讼法》的规定,审判人员、检察人员、侦查人员有下列情形之一的,应当自行回避,当事人及其法定代理人也有权要求他们回避:(1) 是本案的当事人或者是当事人的近亲属的;(2) 本人或者他的近亲属和本案有利害关系的;(3) 担任过本案的证人、鉴定人、辩护人、诉讼代理人的;(4) 与本案当事人有其他关系,可能影响公正处理案件的。此外,审判人员、检察人员、侦查人员接受当事人及其委托的人的请客送礼、违反规定会见当事人及其委托的人,除应当依法追究法律责任外,当事人及其法定代理人有权要求他们回避。

审判人员、检察人员、侦查人员的回避,应当分别由院长、检察长、公安机关负责人决定;院长的回避,由本院审判委员会决定;检察长和公安机关负责人的回避,由同级人民检察院检察委员会决定。对侦查人员的回避作出决定前,侦查人员不能停止对案件的侦查。对驳回申请回避的决定,当事人及其法定代理人可以申请复议一次。

(三) 辩护与代理

1. 辩护

辩护是被追诉人的程序性权利,是指刑事案件的被追诉人及其辩护人反驳对被追诉人的指控,提出有利于被追诉人的事实和理由,论证被追诉人无罪、罪轻或者应当减轻、免除刑罚,从而维护被追诉人合法权益的诉讼活动。我国刑事诉讼中的辩护有三种:自行辩护、委托辩护和法律援助辩护。下列的人可以被委托为辩护人:(1) 律师;(2) 人民团体或者犯罪嫌疑人、被告人所在单位推荐的人；(3)犯罪嫌疑人、被告人的监护人、亲友。但是如果上述人员正在被执行刑罚或者依法被剥夺、限制人身自由的，不得担任辩护人。

法律援助辩护适用于以下情形：(1)犯罪嫌疑人、被告人因经济困难或者其他原因没有委托辩护人的，本人及其近亲属可以向法律援助机构提出申请，对符合法律援助条件的，法律援助机构应当指派律师为其提供辩护；(2)犯罪嫌疑人、被告人是盲、聋、哑人，或者是尚未完全丧失辨认或者控制自己行为能力的精神病人，没有委托辩护人的，人民法院、人民检察院和公安机关应当通知法律援助机构指派律师为其提供辩护；(3)犯罪嫌疑人、被告人可能被判处无期徒刑、死刑，没有委托辩护人的，人民法院、人民检察院和公安机关应当通知法律援助机构指派律师为其提供辩护。

犯罪嫌疑人自被侦查机关第一次讯问或者采取强制措施之日起，有权委托辩护人；在侦查期间，只能委托律师作为辩护人。被告人有权随时委托辩护人。侦查机关在第一次讯问犯罪嫌疑人或者对犯罪嫌疑人采取强制措施的时候，应当告知犯罪嫌疑人有权委托辩护人。人民检察院自收到移送审查起诉的案件材料之日起3日以内，应当告知犯罪嫌疑人有权委托辩护人。人民法院自受理案件之日起3日以内，应当告知被告人有权委托辩护人。犯罪嫌疑人、被告人在押期间要求委托辩护人的，人民法院、人民检察院和公安机关应当及时转达其要求。犯罪嫌疑人、被告人在押的，也可以由其监护人、近亲属代为委托辩护人。辩护人接受犯罪嫌疑人、被告人委托后，应当及时告知办理案件的机关。在审判过程中，被告人可以拒绝辩护人继续为他辩护，也可以另行委托辩护人辩护。

辩护人的责任是根据事实和法律，提出犯罪嫌疑人、被告人无罪、罪轻或者减轻、免除其刑事责任的材料和意见，维护犯罪嫌疑人、被告人的诉讼权利和其他合法权益。辩护人不得帮助犯罪嫌疑人、被告人隐匿、毁灭、伪造证据或者串供，不得威胁、引诱证人作伪证以及进行其他干扰司法机关诉讼活动的行为。否则，应当依法追究法律责任，涉嫌犯罪的，应当由办理辩护人所承办案件的侦查机关以外的侦查机关办理。辩护人是律师的，应当及时通知其所在的律师事务所或者所属的律师协会。

知识拓展 刑事辩护律师的权利

(1)辩护律师在侦查期间可以为犯罪嫌疑人提供法律帮助；代理申诉、控告；申请变更强制措施；向侦查机关了解犯罪嫌疑人涉嫌的罪名和案件有关情况，提出意见。

(2)辩护律师可以同在押的犯罪嫌疑人、被告人会见和通信。其他辩护人经人民法院、人民检察院许可，也可以同在押的犯罪嫌疑人、被告人会见和通信。

(3)辩护律师持律师执业证书、律师事务所证明和委托书或者法律援助公函要求会见在押的犯罪嫌疑人、被告人的，看守所应当及时安排会见，至迟不得超过48小时。危害国家安全犯罪、恐怖活动犯罪、特别重大贿赂犯罪案件，在侦查期间辩护律师会见在押的犯罪嫌疑人，应当经侦查机关许可。上述案件，侦查机关应当事先通知看守所。

(4)辩护律师会见在押的犯罪嫌疑人、被告人，可以了解案件有关情况，提供法律咨询等；自案件移送审查起诉之日起，可以向犯罪嫌疑人、被告人核实有关证据。辩护律师会见犯罪嫌疑人、被告人时不被监听。

（5）辩护律师自人民检察院对案件审查起诉之日起，可以查阅、摘抄、复制本案的案卷材料。其他辩护人经人民法院、人民检察院许可，也可以查阅、摘抄、复制上述材料。

（6）辩护人认为在侦查、审查起诉期间公安机关、人民检察院收集的证明犯罪嫌疑人、被告人无罪或者罪轻的证据材料未提交的，有权申请人民检察院、人民法院调取。

（7）辩护人收集的有关犯罪嫌疑人不在犯罪现场、未达到刑事责任年龄、属于依法不负刑事责任的精神病人的证据，应当及时告知公安机关、人民检察院。

（8）辩护律师经证人或者其他有关单位和个人同意，可以向他们收集与本案有关的材料，也可以申请人民检察院、人民法院收集、调取证据，或者申请人民法院通知证人出庭作证。辩护律师经人民检察院或者人民法院许可，并且经被害人或者其近亲属、被害人提供的证人同意，可以向他们收集与本案有关的材料。

2. 代理

公诉案件的被害人及其法定代理人或者近亲属，附带民事诉讼的当事人及其法定代理人，自案件移送审查起诉之日起，有权委托诉讼代理人。自诉案件的自诉人及其法定代理人，附带民事诉讼的当事人及其法定代理人，有权随时委托诉讼代理人。

人民检察院自收到移送审查起诉的案件材料之日起3日以内，应当告知被害人及其法定代理人或者其近亲属、附带民事诉讼的当事人及其法定代理人有权委托诉讼代理人。人民法院自受理自诉案件之日起3日以内，应当告知自诉人及其法定代理人、附带民事诉讼的当事人及其法定代理人有权委托诉讼代理人。

（四）附带民事诉讼

附带民事诉讼是指公安司法机关在刑事诉讼过程中，在解决被告人的刑事诉讼责任的同时，附带解决被告人的犯罪行为所造成的物质损失的赔偿问题而进行的诉讼活动。被害人由于被告人的犯罪行为而遭受物质损失的，在刑事诉讼过程中，有权提起附带民事诉讼。被害人死亡或者丧失行为能力的，被害人的法定代理人、近亲属有权提起附带民事诉讼。如果是国家财产、集体财产遭受损失的，人民检察院在提起公诉的时候，可以提起附带民事诉讼。

人民法院在必要的时候，可以采取保全措施，查封、扣押或者冻结被告人的财产。附带民事诉讼原告人或者人民检察院可以申请人民法院采取保全措施。人民法院采取保全措施，适用民事诉讼法的有关规定。人民法院审理附带民事诉讼案件，可以进行调解，或者根据物质损失情况作出判决、裁定。附带民事诉讼应当同刑事案件一并审判，只有为了防止刑事案件审判的过分迟延，才可以在刑事案件审判后，由同一审判组织继续审理附带民事诉讼。

四、刑事诉讼管辖

我国刑事诉讼中的管辖，是指公安机关、人民检察院和人民法院等依照法律规定立案受理刑事案件以及人民法院系统内审判第一审刑事案件的分工制度,包括立案管辖和审判管辖两个方面的内容。

(一)立案管辖

刑事诉讼中的立案管辖又称职能管辖或者部门管辖,是指人民法院、人民检察院和公安机关各自直接受理刑事案件的职权范围,主要是根据公、检、法机关在刑事诉讼中的职责划分以及刑事案件的性质、案情的轻重、复杂程度等不同情况确定的。

1. 公安机关直接受理的刑事案件

根据《刑事诉讼法》,刑事案件的侦查由公安机关进行,法律另有规定的除外。除外规定包括:(1)贪污贿赂案件由人民检察院立案侦查;(2)国家安全机关依照法律规定,办理危害国家安全的刑事案件,行使与公安机关相同的职权;(3)军队保卫部门对军队内部发生的刑事案件行使侦查权。对罪犯在监狱内犯罪的案件由监狱进行侦查。

2. 监察机关和检察机关

根据《中华人民共和国监察法》的相关规定,监察机关对涉嫌贪污贿赂、滥用职权、玩忽职守、权力寻租、利益输送、徇私舞弊以及浪费国家资财等职务犯罪进行调查;对涉嫌职务犯罪的,将调查结果移送人民检察院依法审查、提起公诉。人民法院、人民检察院、公安机关、审计机关等国家机关在工作中发现公职人员涉嫌贪污贿赂、失职渎职等职务犯罪的问题线索,应当移送监察机关,由监察机关依法调查处置。被调查人既涉嫌严重职务犯罪,又涉嫌其他违法犯罪的,一般应当由监察机关为主调查,其他机关予以协助。

对监察机关移送的案件,人民检察院依照《刑事诉讼法》对被调查人采取强制措施。人民检察院经审查,认为犯罪事实已经查清,证据确实、充分,依法应当追究刑事责任的,应当作出起诉决定。人民检察院经审查,认为需要补充核实的,应当退回监察机关补充调查,必要时可以自行补充侦查。对于补充调查的案件,应当在1个月内补充调查完毕。补充调查以二次为限。人民检察院对于有《刑事诉讼法》规定的不起诉的情形的,经上一级人民检察院批准,依法作出不起诉的决定。监察机关认为不起诉的决定有错误的,可以向上一级人民检察院提请复议。监察机关在调查贪污贿赂、失职渎职等职务犯罪案件过程中,被调查人逃匿或者死亡,有必要继续调查的,经省级以上监察机关批准,应当继续调查并作出结论。被调查人逃匿,在通缉1年后不能到案,或者死亡的;由监察机关提请人民检察院依照法定程序,向人民法院提出没收违法所得的申请。

监察机关经调查,对涉嫌犯罪取得的财物,应当随案移送人民检察院。监察机关在调查过程中依法收集的物证、书证、证人证言、被调查人供述和辩解、视听资料、电子数据等证据材料,在刑事诉讼中可以作为证据使用。

3. 人民法院

自诉案件,由人民法院直接受理。包括下列案件:(1)告诉才处理的案件;(2)被害人有证据证明的轻微刑事案件;(3)被害人有证据证明对被告人侵犯自己人身权利、财产权利的行为应当依法追究刑事责任,而公安机关或者人民检察院不予追究被告人刑事责任的案件。

（二）审判管辖

刑事诉讼中的审判管辖是指人民法院审判一审刑事案件的职权分工，分为级别管辖、地区管辖、指定管辖和专门管辖。其中，专门人民法院案件的管辖另行规定。

1. 级别管辖

根据《刑事诉讼法》的规定，我国刑事诉讼的级别管辖如下：

基层人民法院管辖第一审普通刑事案件，但是依照本法由上级人民法院管辖的除外。

中级人民法院管辖下列第一审刑事案件：(1) 危害国家安全、恐怖活动案件；(2) 可能判处无期徒刑、死刑的案件。

高级人民法院管辖的第一审刑事案件，是全省（自治区、直辖市）性的重大刑事案件。

最高人民法院管辖的第一审刑事案件，是全国性的重大刑事案件。

2. 地区管辖

刑事案件由犯罪地的人民法院管辖。如果由被告人居住地的人民法院审判更为适宜的，可以由被告人居住地的人民法院管辖。几个同级人民法院都有权管辖的案件，由最初受理的人民法院审判。在必要的时候，可以移送主要犯罪地的人民法院审判。犯罪地包括犯罪行为发生地和犯罪结果发生地。被告人的户籍地为其居住地。经常居住地与户籍地不一致的，经常居住地为其居住地。经常居住地为被告人被追诉前已连续居住1年以上的地方，但住院就医的除外。被告单位登记的住所地为其居住地。主要营业地或者主要办事机构所在地与登记的住所地不一致的，主要营业地或者主要办事机构所在地为其居住地。

3. 指定管辖和移送管辖

上级人民法院可以指定下级人民法院审判管辖不明的案件，也可以指定下级人民法院将案件移送其他人民法院审判。上级人民法院在必要的时候，可以审判下级人民法院管辖的第一审刑事案件；下级人民法院认为案情重大、复杂需要由上级人民法院审判的第一审刑事案件，可以请求移送上一级人民法院审判。

┿ 链接阅读

1. 张云玲：《刑事诉讼法修改的得与失》，载《理论月刊》2014年第8期；
2. 朱孝清：《刑事诉讼法实施中的若干问题研究》，载《中国法学》2014年第3期；
3. 李扬：《律师会见权：被遗忘与被滥用之忧——对〈刑事诉讼法〉中律师会见权的再思考》，载《河北学刊》2014年第5期。

第二节 刑事诉讼证据

刑事证据制度是刑事诉讼制度中非常重要的组成部分，刑事诉讼活动就是围绕运用证据、认定案件事实而展开的。根据《刑事诉讼法》，可以用于证明案件事实的材料，都是证据。一般认为，证据应当具备客观性、关联性和合法性。证据必须经过查证属实，才能作为定案的根据。

一、证据种类和举证责任

在刑事诉讼理论中,刑事证据有原始证据与传来证据、有罪证据和无罪证据、言词证据和实物证据、直接证据与间接证据之分。《刑事诉讼法》根据证据的表现形式把证据分为八种:(1)物证;(2)书证;(3)证人证言;(4)被害人陈述;(5)犯罪嫌疑人、被告人供述和辩解;(6)鉴定意见;(7)勘验、检查、辨认、侦查实验等笔录;(8)视听资料、电子数据。

在刑事诉讼过程中,公诉案件中被告人有罪的举证责任由人民检察院承担,自诉案件中被告人有罪的举证责任由自诉人承担。

二、证据的收集与运用

审判人员、检察人员、侦查人员必须依照法定程序,收集能够证实犯罪嫌疑人、被告人有罪或者无罪、犯罪情节轻重的各种证据。严禁刑讯逼供和以威胁、引诱、欺骗以及其他非法方法收集证据,不得强迫任何人证实自己有罪。必须保证一切与案件有关或者了解案情的公民,有客观地、充分地提供证据的条件,除特殊情况外,可以吸收他们协助调查。

人民法院、人民检察院和公安机关有权向有关单位和个人收集、调取证据。有关单位和个人应当如实提供证据。行政机关在行政执法和查办案件过程中收集的物证、书证、视听资料、电子数据等证据材料,在刑事诉讼中可以作为证据使用。对涉及国家秘密、商业秘密、个人隐私的证据,应当保密。凡是伪造证据、隐匿证据或者毁灭证据的,无论属于何方,必须受法律追究。

刑事诉讼中的证据必须遵守以下规则:

1. 诉讼文书忠于事实真相

公安机关提请批准逮捕书、人民检察院起诉书、人民法院判决书,必须忠实于事实真相。故意隐瞒事实真相的,应当追究责任。

2. 重实物证据轻言词证据

对一切案件的判处都要重证据,重调查研究,不轻信口供。只有被告人供述,没有其他证据的,不能认定被告人有罪和处以刑罚;没有被告人供述,证据确实、充分的,可以认定被告人有罪和处以刑罚。证据确实、充分,应当符合以下条件:(1)定罪量刑的事实都有证据证明;(2)据以定案的证据均经法定程序查证属实;(3)综合全案证据,对所认定事实已排除合理怀疑。

3. 排除非法证据

采用刑讯逼供等非法方法收集的犯罪嫌疑人、被告人供述和采用暴力、威胁等非法方法收集的证人证言、被害人陈述,应当予以排除。收集物证、书证不符合法定程序,可能严重影响司法公正的,应当予以补正或者作出合理解释;不能补正或者作出合理解释的,对该证据应当予以排除。在侦查、审查起诉、审判时发现有应当排除的证据的,应当依法予以排除,不得作为起诉意见、起诉决定和判决的依据。

人民检察院接到报案、控告、举报或者发现侦查人员以非法方法收集证据的,应当进行调查核实。对于确有以非法方法收集证据情形的,应当提出纠正意见;构成犯罪的,依法追究刑事责任。在对证据收集的合法性进行法庭调查的过程中,人民检察院应当对证据收集的合法性加以证明。现有证据材料不能证明证据收集的合法性的,人民检察院可以提请人民法院通知有关侦查人员或者其他人员出庭说明情况;人民法院可以通知有关侦查人员或者其他人员出庭说明情况。有关侦查人员或者其他人员也可以要求出庭说明情况。经人民法院通知,有关人员应当出庭。

法庭审理过程中,审判人员认为可能存在以非法方法收集证据情形的,应当对证据收集的合法性进行法庭调查。当事人及其辩护人、诉讼代理人有权申请人民法院对以非法方法收集的证据依法予以排除。申请排除以非法方法收集的证据的,应当提供相关线索或者材料。对于经过法庭审理,确认或者不能排除存在以非法方法收集证据情形的,对有关证据应当予以排除。

知识拓展 非法证据排除规则

非法证据排除规则通常是指在刑事诉讼中,侦查机关及其工作人员使用非法手段取得的证据不得在刑事审判中被采纳,不得作为认定案件事实的根据。非法证据排除规则源自于英美法,于20世纪初产生于美国。在中国,非法证据排除规则的确立经历了从无到有、逐步推进的过程。党和国家历来实行"重证据不轻信口供,严禁逼供"的政策。1979年制定的《刑事诉讼法》就明确规定:司法人员必须依法定程序收集证据,"严禁刑讯逼供和以威胁、引诱、欺骗以及其他非法的方法收集证据"。1998年的司法解释对此规则已有所规定。2010年5月,《关于办理刑事案件排除非法证据若干问题的规定》将这一规则作为单独的司法解释文件加以专门规定。2012年修改的《刑事诉讼法》第54—58条对非法证据排除规则作出明确规定,实现了从司法解释到立法的重要转变。

4. 保护证人及其近亲属

知道案件情况的人,都有作证的义务。生理上、精神上有缺陷或者年幼,不能辨别是非、不能正确表达的人,不能作证人。人民法院、人民检察院和公安机关应当保障证人及其近亲属的安全。对证人及其近亲属进行威胁、侮辱、殴打或者打击报复,构成犯罪的,依法追究刑事责任;尚不够刑事处罚的,依法给予治安管理处罚。对于危害国家安全犯罪、恐怖活动犯罪、黑社会性质的组织犯罪、毒品犯罪等案件,证人、鉴定人、被害人因在诉讼中作证,本人或者其近亲属的人身安全面临危险的,人民法院、人民检察院和公安机关应当采取保护措施。证人因履行作证义务而支出的交通、住宿、就餐等费用,应当给予补助。证人作证的补助列入司法机关业务经费,由同级政府财政予以保障。有工作单位的证人作证,所在单位不得克扣或者变相克扣其工资、奖金及其他福利待遇。

知识拓展　疑罪从无原则

疑罪从无原则又称"有利被告原则"。无罪推定原则的一个派生标准。由于现有证据既不能证明被追诉的被告人的犯罪行为，也不能完全排除被追诉被告人实施了被追诉犯罪行为的嫌疑，根据无罪推定原则，从诉讼程序和法律上推定被追诉被告人无罪，从而终结诉讼的行为的法律原则。疑罪之所以"从无"，是因为证据不足。故这种无罪只是"准无罪"，行为人不一定确实无罪。因此，行为人因证据不足而得到无罪宣告后，如果取得了确实、充分的证据证明其有罪，仍然应当受到刑法的处罚。这是对为了保障个人利益而牺牲的社会秩序、社会公共利益的救济，是正义的回归。我国《刑事诉讼法》体现了疑罪从无原则中"从无"的相对性：首先，检察机关对疑罪案件所作出的不起诉决定不具有终局性，表现在：(1)根据《刑事诉讼法》第176条的规定，被害人不服不起诉决定的，可以向上一级检察机关申诉，请求提起公诉，如果检察机关维持不起诉决定，被害人可以向人民法院起诉；如果申诉得到检察机关的采纳，则不起诉决定被撤销，检察机关应当起诉。被害人也可以不经申诉，直接向人民法院起诉。人民法院受理后，不起诉决定自然失效。(2)在检察机关作出不起诉决定后，如果发现了新的事实和证据，可以重新提起公诉。其次，审判机关终审的无罪判决在一定条件下仍非终局，表现在：根据《最高人民法院关于适用〈中华人民共和国刑事诉讼法〉的解释》第181条第1款第(四)项的规定："依照刑事诉讼法第195条第(三)项宣告被告人无罪后，人民检察院根据新的事实、证据重新起诉的，应当依法受理。"疑罪的相对从无在一定程度上化解了保障人权和维持社会公共秩序的冲突，在保障了社会个体利益的同时实现了社会公共利益的最大化。

链接阅读

1. 宋维彬：《行政证据与刑事证据衔接机制研究——以新〈刑事诉讼法〉第52条第2款为分析重点》，载《法律科学》2014年第10期；
2. 孙倩：《无罪推定的外国法溯源与演进》，载《环球法律评论》2014年第4期；
3. 姚显森：《疑罪从无处理的程序法规制》，载《现代法学》2014年第5期。

第三节　刑事强制措施

刑事诉讼强制措施是指公安机关、人民检察院和人民法院为了保证刑事案件侦查和审判工作的顺利进行，防止犯罪嫌疑人或者被告人继续危害社会，依法对犯罪嫌疑人、被告人的人身自由进行限制或剥夺的各种强制方法，具体包括拘传、取保候审、监视居住、逮捕和拘留五种。

一、拘传

拘传是指公安机关、人民检察院和人民法院对未被羁押的犯罪嫌疑人、被告人，依法强制其到案接受讯问的一种强制措施。拘传是我国刑事诉讼强制措施体系中强制力最轻的一种,公安机关、人民检察院和人民法院在刑事诉讼过程中,均有权决定适用。

二、取保候审

取保候审是指在刑事诉讼中公安机关、人民检察院和人民法院等司法机关对未被逮捕或逮捕后需要变更强制措施的犯罪嫌疑人、被告人,为防止其逃避侦查、起诉和审判,责令其提出保证人或者交纳保证金,并出具保证书,保证随传随到,对其不予羁押或暂时解除其羁押的一种强制措施。取保候审由公安机关执行。人民法院、人民检察院和公安机关对有下列情形之一的犯罪嫌疑人、被告人,可以取保候审:(1)可能判处管制、拘役或者独立适用附加刑的;(2)可能判处有期徒刑以上刑罚,采取取保候审不致发生社会危险性的;(3)患有严重疾病、生活不能自理,怀孕或者正在哺乳自己婴儿的妇女,采取取保候审不致发生社会危险性的;(4)羁押期限届满,案件尚未办结,需要采取取保候审的。

被取保候审的犯罪嫌疑人、被告人应当遵守以下规定:(1)未经执行机关批准不得离开所居住的市、县;(2)住址、工作单位和联系方式发生变动的,在24小时以内向执行机关报告;(3)在传讯的时候及时到案;(4)不得以任何形式干扰证人作证;(5)不得毁灭、伪造证据或者串供。人民法院、人民检察院和公安机关可以根据案件情况,责令被取保候审的犯罪嫌疑人、被告人遵守以下一项或者多项规定:(1)不得进入特定的场所;(2)不得与特定的人员会见或者通信;(3)不得从事特定的活动;(4)将护照等出入境证件、驾驶证件交执行机关保存。取保候审最长期限不得超过12个月。在取保候审期间,不得中断对案件的侦查、起诉和审理。对于发现不应当追究刑事责任或者取保候审期限届满的,应当及时解除取保候审。解除取保候审,应当及时通知被取保候审人和有关单位。

人民法院、人民检察院和公安机关决定对犯罪嫌疑人、被告人取保候审,应当责令犯罪嫌疑人、被告人提出保证人或者交纳保证金。保证人必须符合下列条件:(1)与本案无牵连;(2)有能力履行保证义务;(3)享有政治权利,人身自由未受到限制;(4)有固定的住处和收入。保证人应当履行以下义务:(1)监督被保证人遵守取保候审的规定;(2)发现被保证人可能发生或者已经发生违反取保候审规定的行为的,应当及时向执行机关报告。保证人未履行保证义务的,对保证人处以罚款,构成犯罪的,依法追究刑事责任。取保候审的决定机关应当综合考虑保证诉讼活动正常进行的需要,被取保候审人的社会危险性,案件的性质、情节,可能判处刑罚的轻重,被取保候审人的经济状况等情况,确定保证金的数额。提供保证金的人应当将保证金存入执行机关指定银行的专门账户。被取保候审的犯罪嫌疑人、被告人违反取保候审规定,已交纳保证金的,没收部分或者全部保证金,并且区别情形,责令犯罪嫌疑人、被告人具结悔过、重新交纳保证金、提出保证人,或者监视居住、予以逮捕。对违反取保候审规定,需要予以逮捕的,可以对犯罪嫌疑人、被告人先行拘留。犯罪嫌疑人、被告人在取保候审期间未违反取保候审规定的,取保候审结束的时候,凭解除取保候审的通知或者有关法律文书到银行领取退还的保证金。

三、监视居住

监视居住是指人民法院、人民检察院、公安机关在刑事诉讼中限令犯罪嫌疑人、被告人在规定的期限内不得离开住处或者指定的居所,并对其行为加以监视、限制其人身自由的一种强制措施。人民法院、人民检察院和公安机关对符合逮捕条件,有下列情形之一的犯罪嫌疑人、被告人,可以监视居住:(1)患有严重疾病、生活不能自理的;(2)怀孕或者正在哺乳自己婴儿的妇女;(3)系生活不能自理的人的唯一扶养人;(4)因为案件的特殊情况或者办理案件的需要,采取监视居住措施更为适宜的;(5)羁押期限届满,案件尚未办结,需要采取监视居住措施的。对符合取保候审条件,但犯罪嫌疑人、被告人不能提出保证人,也不交纳保证金的,可以监视居住。

监视居住由公安机关执行。执行机关对被监视居住的犯罪嫌疑人、被告人,可以采取电子监控、不定期检查等监视方法对其遵守监视居住规定的情况进行监督;在侦查期间,可以对被监视居住的犯罪嫌疑人的通信进行监控。监视居住应当在犯罪嫌疑人、被告人的住处执行;无固定住处的,可以在指定的居所执行。对于涉嫌危害国家安全犯罪、恐怖活动犯罪、特别重大贿赂犯罪,在住处执行可能有碍侦查的,经上一级人民检察院或者公安机关批准,也可以在指定的居所执行。但是,不得在羁押场所、专门的办案场所执行。指定居所监视居住的,除无法通知的以外,应当在执行监视居住后24小时以内,通知被监视居住人的家属。人民检察院对指定居所监视居住的决定和执行是否合法实行监督。指定居所监视居住的期限应当折抵刑期。被判处管制的,监视居住1日折抵刑期1日;被判处拘役、有期徒刑的,监视居住2日折抵刑期1日。监视居住最长不得超过6个月。

被监视居住的犯罪嫌疑人、被告人应当遵守以下规定:(1)未经执行机关批准不得离开执行监视居住的处所;(2)未经执行机关批准不得会见他人或者通信;(3)在传讯的时候及时到案;(4)不得以任何形式干扰证人作证;(5)不得毁灭、伪造证据或者串供;(6)将护照等出入境证件、身份证件、驾驶证件交执行机关保存。被监视居住的犯罪嫌疑人、被告人违反上述规定,情节严重的,可以予以逮捕;需要予以逮捕的,可以对犯罪嫌疑人、被告人先行拘留。在监视居住期间,不得中断对案件的侦查、起诉和审理。对于发现不应当追究刑事责任或者监视居住期限届满的,应当及时解除监视居住。解除监视居住,应当及时通知被监视居住人和有关单位。

四、拘留

拘留是指公安机关或人民检察院在刑事案件侦查中,对现行犯或重大嫌疑分子,暂时采取的强制措施。公安机关对于现行犯或者重大嫌疑分子,如果有下列情形之一的,可以先行拘留:(1)正在预备犯罪、实行犯罪或者在犯罪后即时被发觉的;(2)被害人或者在场亲眼看见的人指认他犯罪的;(3)在身边或者住处发现有犯罪证据的;(4)犯罪后企图自杀、逃跑或者在逃的;(5)有毁灭、伪造证据或者串供可能的;(6)不讲真实姓名、住址,身份不明的;(7)有流窜作案、多次作案、结伙作案重大嫌疑的。公安机关在异地执行拘留的时候,应当通知被拘留人所在地的公安机关,被拘留人所在地的公安机关应当予以配合。

对于有下列情形的人,任何公民都可以立即扭送公安机关、人民检察院或者人民法院处理:(1)正在实行犯罪或者在犯罪后即时被发觉的;(2)通缉在案的;(3)越狱逃跑的;(4)正在被追捕的。

公安机关拘留人的时候,必须出示拘留证。拘留后,应当立即将被拘留人送看守所羁押,至迟不得超过24小时。除无法通知或者涉嫌危害国家安全犯罪、恐怖活动犯罪通知可能有碍侦查的情形以外,应当在拘留后24小时以内,通知被拘留人的家属。有碍侦查的情形消失以后,应当立即通知被拘留人的家属。公安机关对被拘留的人,应当在拘留后的24小时以内进行讯问。在发现不应当拘留的时候,必须立即释放,发给释放证明。

五、逮捕

逮捕是检察院、法院批准或决定,公安机关执行的,对有证据证明有犯罪事实,可能判处徒刑以上刑罚的犯罪嫌疑人、被告人在一定时间内完全剥夺人身自由的强制措施。逮捕是刑事诉讼强制措施中最严厉的一种,它不仅剥夺了犯罪嫌疑人、被告人的人身自由,而且逮捕后除发现不应当追究刑事责任和符合变更强制措施条件的以外,对被逮捕人的羁押期间一般要到人民法院判决生效为止。逮捕犯罪嫌疑人、被告人,必须经过人民检察院批准或者人民法院决定,由公安机关执行。公安机关在异地执行逮捕的时候,应当通知被逮捕人所在地的公安机关,被逮捕人所在地的公安机关应当予以配合。

对有证据证明有犯罪事实,可能判处徒刑以上刑罚的犯罪嫌疑人、被告人,采取取保候审尚不足以防止发生下列社会危险性的,应当予以逮捕:(1)可能实施新的犯罪的;(2)有危害国家安全、公共安全或者社会秩序的现实危险的;(3)可能毁灭、伪造证据,干扰证人作证或者串供的;(4)可能对被害人、举报人、控告人实施打击报复的;(5)企图自杀或者逃跑的。对有证据证明有犯罪事实,可能判处10年有期徒刑以上刑罚的,或者有证据证明有犯罪事实,可能判处徒刑以上刑罚,曾经故意犯罪或者身份不明的,应当予以逮捕。被取保候审、监视居住的犯罪嫌疑人、被告人违反取保候审、监视居住规定,情节严重的,可以予以逮捕。

公安机关要求逮捕犯罪嫌疑人的时候,应当写出提请批准逮捕书,连同案卷材料、证据,一并移送同级人民检察院审查批准。必要的时候,人民检察院可以派人参加公安机关对于重大案件的讨论。人民检察院审查批准逮捕,可以讯问犯罪嫌疑人;有下列情形之一的,应当讯问犯罪嫌疑人:(1)对是否符合逮捕条件有疑问的;(2)犯罪嫌疑人要求向检察人员当面陈述的;(3)侦查活动可能有重大违法行为的。人民检察院审查批准逮捕,可以询问证人等诉讼参与人,听取辩护律师的意见;辩护律师提出要求的,应当听取辩护律师的意见。人民检察院审查批准逮捕犯罪嫌疑人由检察长决定。重大案件应当提交检察委员会讨论决定。人民检察院对于公安机关提请批准逮捕的案件进行审查后,应当根据情况分别作出批准逮捕或者不批准逮捕的决定。对于批准逮捕的决定,公安机关应当立即执行,并且将执行情况及时通知人民检察院。对于不批准逮捕的,人民检察院应当说明理由,需要补充侦查的,应当同时通知公安机关。

公安机关对被拘留的人,认为需要逮捕的,应当在拘留后的3日以内,提请人民检察院审查批准。在特殊情况下,提请审查批准的时间可以延长1日至4日。对于流窜作案、多次作案、结伙作案的重大嫌疑分子,提请审查批准的时间可以延长至30日。人民检察院应当自接到公安机关提请批准逮捕书后的7日以内,作出批准逮捕或者不批准逮捕的决定。人民检察院不批准逮捕的,公安机关应当在接到通知后立即释放,并且将执行情况及时通知人民检察院。对于需要继续侦查,并且符合取保候审、监视居住条件的,依法取保候审或者监视居住。公安机关对人民检察院不批准逮捕的决定,认为有错误的时候,可以要求复议,但是必须将被拘留的人立即释放。如果意见不被接受,可以向上一级人民检察院提请复核。上级人民检察院应当立即复核,作出是否变更的决定,通知下级人民检察院和公安机关执行。

公安机关逮捕人的时候,必须出示逮捕证。逮捕后,应当立即将被逮捕人送看守所羁押。除无法通知的以外,应当在逮捕后24小时以内,通知被逮捕人的家属。人民法院、人民检察院对于各自决定逮捕的人,公安机关对于经人民检察院批准逮捕的人,都必须在逮捕后的24小时以内进行讯问。在发现不应当逮捕的时候,必须立即释放,发给释放证明。犯罪嫌疑人、被告人被逮捕后,人民检察院仍应当对羁押的必要性进行审查。对不需要继续羁押的,应当建议予以释放或者变更强制措施。有关机关应当在10日以内将处理情况通知人民检察院。人民法院、人民检察院和公安机关如果发现对犯罪嫌疑人、被告人采取强制措施不当的,应当及时撤销或者变更。公安机关释放被逮捕的人或者变更逮捕措施的,应当通知原批准的人民检察院。

犯罪嫌疑人、被告人及其法定代理人、近亲属或者辩护人有权申请变更强制措施。人民法院、人民检察院和公安机关收到申请后,应当在3日以内作出决定;不同意变更强制措施的,应当告知申请人,并说明不同意的理由。犯罪嫌疑人、被告人被羁押的案件,不能在本法规定的侦查羁押、审查起诉、一审、二审期限内办结的,对犯罪嫌疑人、被告人应当予以释放;需要继续查证、审理的,对犯罪嫌疑人、被告人可以取保候审或者监视居住。人民法院、人民检察院或者公安机关对被采取强制措施法定期限届满的犯罪嫌疑人、被告人,应当予以释放、解除取保候审、监视居住或依法变更强制措施。犯罪嫌疑人、被告人及其法定代理人、近亲属或者辩护人对于人民法院、人民检察院或者公安机关采取强制措施法定期限届满的,有权要求解除强制措施。人民检察院在审查批准逮捕工作中,如果发现公安机关的侦查活动有违法情况,应当通知公安机关予以纠正,公安机关应当将纠正情况通知人民检察院。

知识拓展　超期羁押

超期羁押是指依法被刑事拘留、逮捕的犯罪嫌疑人、被告人,在侦查、审查起诉、审判阶段的羁押时间超过刑事诉讼法规定的羁押时限的一种违法行为。在刑事诉讼过程中,超期羁押可分为实际意义上的超期羁押和变相的超期羁押两种类型。实际意义上的超期羁押主要有:(1)未及时办理延期审批手续导致超期羁押;(2)在刑事拘留后转报劳动教养期间未改变强制措施而导致超期羁押;(3)二审法院对上诉案件迟迟不能宣判而导致超期羁押;(4)案件在刑事诉讼流程的交接过程中导致超期羁押;(5)在案件上报请示或审批阶段出现超期羁押;变相的超期羁押("虚超",实际未超期)主要有:(1)不认真执行有关换押制度容易出现超期羁押;(2)办案单位所认定的有别名的犯罪嫌疑人、被告人的姓名与关押时的姓名的不一致,由于未及时沟通信息而出现超期羁押;(3)由于办案单位与羁押场所在相互衔接工作上出现脱节而导致超期羁押。超期羁押不仅严重侵害犯罪嫌疑人、被告人的合法权益,而且违背法制理念,亵渎法律尊严,严重损害公安司法机关在人民群众中的良好形象。为维护法律的尊严,保障刑事诉讼活动顺利进行,保护犯罪嫌疑人、被告人的合法权益,必须采取有效措施,对超期羁押现象予以坚决的纠正和根除。

链接阅读

1. 易延友:《刑事强制措施体系及其完善》,载《法学研究》2012年第3期;
2. 卞建林:《我国刑事强制措施的功能回归与制度完善》,载《中国法学》2011年第6期;
3. 郭烁:《徘徊中前行:新刑诉法背景下的高羁押率分析》,载《法学家》2014年第4期。

第四节　刑事诉讼程序

一、立案

刑事诉讼中的立案,是指公安机关、人民检察院发现犯罪事实或者犯罪嫌疑人,或者公安机关、人民检察院、人民法院对于报案、控告、举报和自首的材料,以及自诉人起诉的材料,按照各自的管辖范围进行审查后,决定作为刑事案件进行侦查或者审判的一种诉讼活动。根据法律规定和司法实践,立案的材料来源主要有:(1)公安机关或者人民检察院自行发现的犯罪事实或者获得的犯罪线索;(2)单位和个人的报案或者举报;(3)被害人的报案或者控告;(4)犯罪人的自首。立案必须以一定的事实材料为依据,但这并不意味着有了一定的事实材料就能立案。只有当这些材料所反映的事实符合立案的条件时,才能做到正确、及时、合法立案。立案必须同时具备两个条件:一是有犯罪事实,称为事实条件;二是需要追究刑事责任,称为法律条件。

二、侦查

侦查是指刑事诉讼中的检察院、公安等机关为了查明犯罪事实、抓获犯罪嫌疑人,依法进行的专门调查工作和采用有关强制性措施的活动。侦查的主要任务是查明案件事实。公安机关侦查终结的案件,应当做到犯罪事实清楚,证据确实、充分,并且写出起诉意见书,连同案卷材料、证据一并移送同级人民检察院审查决定;同时将案件移送情况告知犯罪嫌疑人及其辩护律师。在侦查过程中,发现不应对犯罪嫌疑人追究刑事责任的,应当撤销案件;犯罪嫌疑人已被逮捕的,应当立即释放,发给释放证明,并且通知原批准逮捕的人民检察院。侦查措施主要有以下几种:

(一)讯问犯罪嫌疑人

讯问犯罪嫌疑人必须由人民检察院或者公安机关的侦查人员负责进行。讯问的时候,侦查人员不得少于二人。传唤、拘传持续的时间不得超过 12 小时;案情特别重大、复杂,需要采取拘留、逮捕措施的,传唤、拘传持续的时间不得超过 24 小时。不得以连续传唤、拘传的形式变相拘禁犯罪嫌疑人。

侦查人员在讯问犯罪嫌疑人的时候,应当首先讯问犯罪嫌疑人是否有犯罪行为,让他陈述有罪的情节或者无罪的辩解,然后向他提出问题。犯罪嫌疑人对侦查人员的提问,应当如实回答,但是对与本案无关的问题,有拒绝回答的权利。讯问犯罪嫌疑人,应当制作询问笔录。讯问笔录应当交犯罪嫌疑人核对,犯罪嫌疑人承认笔录没有错误后,应当签名或者盖章。侦查人员也应当在笔录上签名。

(二)询问证人和被害人

侦查人员询问证人,可以在现场进行,也可以到证人所在单位、住处或者证人提出的地点进行,在必要的时候,可以通知证人到人民检察院或者公安机关提供证言。在现场询问证人,应当出示工作证件,到证人所在单位、住处或者证人提出的地点询问证人,应当出示人民检察院或者公安机关的证明文件。询问证人应当个别进行。询问证人,应当告知他应当如实地提供证据、证言和有意作伪证或者隐匿罪证要负的法律责任。询问被害人的程序和方法与询问证人的程序和方法相同。

(三)勘验、检查

侦查人员对于与犯罪有关的场所、物品、人身、尸体应当进行勘验或者检查。在必要的时候,可以指派或者聘请具有专门知识的人,在侦查人员的主持下进行勘验、检查。任何单位和个人,都有义务保护犯罪现场,并且立即通知公安机关派员勘验。侦查人员执行勘验、检查,必须持有人民检察院或者公安机关的证明文件。对于死因不明的尸体,公安机关有权决定解剖,并且通知死者家属到场。为了确定被害人、犯罪嫌疑人的某些特征、伤害情况或者生理状态,可以对人身进行检查,可以提取指纹信息,采集血液、尿液等生物样本。犯罪嫌疑人如果拒绝检查,侦查人员认为必要的时候,可以强制检查。检查妇女的身体,应当由女工作人员或者医师进行。勘验、检查的情况应当写成笔录,由参加勘验、检查的人和见证人签名或者盖章。

(四) 搜查

为了收集犯罪证据、查获犯罪人,侦查人员可以对犯罪嫌疑人以及可能隐藏罪犯或者犯罪证据的人的身体、物品、住处和其他有关的地方进行搜查。任何单位和个人,有义务按照人民检察院和公安机关的要求,交出可以证明犯罪嫌疑人有罪或者无罪的物证、书证、视听资料等证据。进行搜查,必须向被搜查人出示搜查证。在执行逮捕、拘留的时候,遇有紧急情况,不另用搜查证也可以进行搜查。在搜查的时候,应当有被搜查人或者他的家属、邻居或者其他见证人在场。搜查妇女的身体,应当由女工作人员进行。搜查的情况应当写成笔录,由侦查人员和被搜查人或者他的家属、邻居或者其他见证人签名或者盖章。如果被搜查人或者他的家属在逃或者拒绝签名、盖章,应当在笔录上注明。

(五) 查封、扣押物证、书证

在侦查活动中发现的可用以证明犯罪嫌疑人有罪或者无罪的各种财物、文件,应当查封、扣押;对查封、扣押的财物、文件,要妥善保管或者封存,不得使用、调换或者损毁。对查封、扣押的财物、文件,应当会同在场见证人和被查封、扣押财物、文件持有人查点清楚,当场开列清单一式两份,由侦查人员、见证人和持有人签名或者盖章,一份交给持有人,另一份附卷备查。侦查人员认为需要扣押犯罪嫌疑人的邮件、电报的时候,经公安机关或者人民检察院批准,即可通知邮电机关将有关的邮件、电报检交扣押。不需要继续扣押的时候,应即通知邮电机关。人民检察院、公安机关根据侦查犯罪的需要,可以依照规定查询、冻结犯罪嫌疑人的存款、汇款、债券、股票、基金份额等财产,不得重复冻结。

(六) 鉴定

为了查明案情,需要解决案件中某些专门性问题的时候,应当指派、聘请有专门知识的人进行鉴定。鉴定人进行鉴定后,应当写出鉴定意见,并且签名。鉴定人故意作虚假鉴定的,应当承担法律责任。侦查机关应当将用作证据的鉴定意见告知犯罪嫌疑人、被害人。如果犯罪嫌疑人、被害人提出申请,可以补充鉴定或者重新鉴定。对犯罪嫌疑人作精神病鉴定的期间不计入办案期限。

(七) 通缉

应当逮捕的犯罪嫌疑人如果在逃,公安机关可以发布通缉令,采取有效措施,追捕归案。各级公安机关在自己管辖的地区以内,可以直接发布通缉令;超出自己管辖的地区,应当报请有权决定的上级机关发布。

三、公诉

公诉是指人民检察院对犯罪嫌疑人的犯罪行为向人民法院提出控告,要求法院通过审判确定犯罪事实、惩罚犯罪人的诉讼活动。凡需要提起公诉的案件,一律由人民检察院审查决定。

(一) 审查起诉

人民检察院审查案件的时候,必须查明以下事实:(1) 犯罪事实、情节是否清楚,证据是否确实、充分,犯罪性质和罪名的认定是否正确;(2) 有无遗漏罪行和其他应当追究刑事责任的人;(3)是否属于不应追究刑事责任的;(4)有无附带民事诉讼;(5)侦查活动是否合法。人民检察院对于公安机关移送起诉的案件,应当在1个月以内作出决定,重大、复杂的案件,可以延长半个月。人民检察院审查起诉的案件,改变管辖的,从改变后的人民检察院收到案件之日起计算审查起诉期限。

人民检察院审查案件,应当讯问犯罪嫌疑人,听取辩护人、被害人及其诉讼代理人的意见,并记录在案。辩护人、被害人及其诉讼代理人提出书面意见的,应当附卷。对于需要补充侦查的,可以退回公安机关补充侦查,也可以自行侦查。对于补充侦查的案件,应当在1个月以内补充侦查完毕。补充侦查以二次为限。补充侦查完毕移送人民检察院后,人民检察院重新计算审查起诉期限。

(二) 提起公诉或者不起诉

1. 提起公诉

人民检察院认为犯罪嫌疑人的犯罪事实已经查清,证据确实、充分,依法应当追究刑事责任的,应当作出起诉决定,按照审判管辖的规定,向人民法院提起公诉,并将案卷材料、证据移送人民法院。

2. 不起诉

不起诉是指人民检察院经审查认为不应或不必对犯罪嫌疑人定罪,从而不向人民法院起诉,其法律后果是无罪。不起诉分为三种情形:(1) 法定不起诉,犯罪嫌疑人没有犯罪事实,或者有《刑事诉讼法》第15条规定的情形之一的,人民检察院应当作出不起诉决定;(2) 酌定不起诉,对于犯罪情节轻微,依照《刑法》规定不需要判处刑罚或者免除刑罚的,人民检察院可以作出不起诉决定;(3) 疑案不起诉,对于二次补充侦查的案件,人民检察院仍然认为证据不足,不符合起诉条件的,应当作出不起诉的决定。

不起诉的决定,应当公开宣布,并且将不起诉决定书送达被不起诉人和他的所在单位。如果被不起诉人在押,应当立即释放。对于公安机关移送起诉的案件,人民检察院决定不起诉的,应当将不起诉决定书送达公安机关。公安机关认为不起诉的决定有错误的时候,可以要求复议,如果意见不被接受,可以向上一级人民检察院提请复核。对于有被害人的案件,决定不起诉的,人民检察院应当将不起诉决定书送达被害人。被害人如果不服,可以自收到决定书后7日以内向上一级人民检察院申诉,请求提起公诉。人民检察院应当将复查决定告知被害人。对人民检察院维持不起诉决定的,被害人可以向人民法院起诉。被害人也可以不经申诉,直接向人民法院起诉。人民法院受理案件后,人民检察院应当将有关案件材料移送人民法院。

四、审判

刑事诉讼的审判程序分为一审程序、二审程序和再审程序。基层人民法院、中级人民法院审判第一审案件,应当由审判员三人或者由审判员和人民陪审员共三人组成合议庭进行,但是基层人民法院适用简易程序的案件可以由审判员一人独任审判。高级人民法院、最高人民法院审判第一审案件,应当由审判员三人至七人或者由审判员和人民陪审员共三人至七人组成合议庭进行。人民陪审员在人民法院执行职务,与审判员有同等的权利。人民法院审判上诉和抗诉案件,由审判员三人至五人组成合议庭进行。合议庭的成员人数应当是单数。合议庭由院长或者庭长指定审判员一人担任审判长。院长或者庭长参加审判案件的时候,自己担任审判长。合议庭进行评议的时候,如果意见分歧,应当按多数人的意见作出决定,但是少数人的意见应当写入笔录。评议笔录由合议庭的组成人员签名。合议庭开庭审理并且评议后,应当作出判决。对于疑难、复杂、重大的案件,合议庭认为难以作出决定的,由合议庭提请院长决定提交审判委员会讨论决定。审判委员会的决定,合议庭应当执行。

(一)第一审程序

1. 公诉案件的第一审程序

人民法院对提起公诉的案件进行审查后,对于起诉书中有明确的指控犯罪事实的,应当决定开庭审判。人民法院决定开庭审判后,应当确定合议庭的组成人员,将人民检察院的起诉书副本至迟在开庭10日以前送达被告人及其辩护人。在开庭以前,审判人员可以召集公诉人、当事人和辩护人、诉讼代理人,对回避、出庭证人名单、非法证据排除等与审判相关的问题,了解情况,听取意见。

人民法院确定开庭日期后,应当将开庭的时间、地点通知人民检察院,传唤当事人,通知辩护人、诉讼代理人、证人、鉴定人和翻译人员,传票和通知书至迟在开庭3日以前送达。公开审判的案件,应当在开庭3日以前先期公布案由、被告人姓名、开庭时间和地点。上述活动情形应当写入笔录,由审判人员和书记员签名。

人民法院审判第一审案件应当公开进行。但是有关国家秘密或者个人隐私的案件,不公开审理;涉及商业秘密的案件,当事人申请不公开审理的,可以不公开审理。不公开审理的案件,应当当庭宣布不公开审理的理由。

人民法院审判公诉案件,人民检察院应当派员出席法庭支持公诉。开庭的时候,审判长查明当事人是否到庭,宣布案由;宣布合议庭的组成人员、书记员、公诉人、辩护人、诉讼代理人、鉴定人和翻译人员的名单;告知当事人有权对合议庭组成人员、书记员、公诉人、鉴定人和翻译人员申请回避;告知被告人享有辩护权利。公诉人在法庭上宣读起诉书后,被告人、被害人可以就起诉书指控的犯罪进行陈述,公诉人可以讯问被告人。被害人、附带民事诉讼的原告人和辩护人、诉讼代理人,经审判长许可,可以向被告人发问。审判人员可以讯问被告人。

公诉人、当事人或者辩护人、诉讼代理人对证人证言有异议,且该证人证言对案件定罪量刑有重大影响,人民法院认为证人有必要出庭作证的,证人应当出庭作证。公诉人、当事人或者辩护人、诉讼代理人对鉴定意见有异议,人民法院认为鉴定人有必要出庭的,鉴定人应当出庭作证。经人民法院通知,鉴定人拒不出庭作证的,鉴定意见不得作为定案的根据。

经人民法院通知,证人没有正当理由不出庭作证的,人民法院可以强制其到庭,但是被告人的配偶、父母、子女除外。证人没有正当理由拒绝出庭或者出庭后拒绝作证的,予以训诫,情节严重的,经院长批准,处以10日以下的拘留。被处罚人对拘留决定不服的,可以向上一级人民法院申请复议。复议期间不停止执行。证人作证,审判人员应当告知他要如实地提供证言和有意作伪证或者隐匿罪证要负的法律责任。公诉人、当事人和辩护人、诉讼代理人经审判长许可,可以对证人、鉴定人发问。审判长认为发问的内容与案件无关的时候,应当制止。审判人员可以询问证人、鉴定人。

公诉人、辩护人应当向法庭出示物证,让当事人辨认,对未到庭的证人的证言笔录、鉴定人的鉴定意见、勘验笔录和其他作为证据的文书,应当当庭宣读。审判人员应当听取公诉人、当事人和辩护人、诉讼代理人的意见。

法庭审理过程中,合议庭对证据有疑问的,可以宣布休庭,对证据进行调查核实。人民法院调查核实证据,可以进行勘验、检查、查封、扣押、鉴定和查询、冻结。法庭审理过程中,当事人和辩护人、诉讼代理人有权申请通知新的证人到庭,调取新的物证,申请重新鉴定或者勘验。公诉人、当事人和辩护人、诉讼代理人可以申请法庭通知有专门知识的人出庭,就鉴定人作出的鉴定意见提出意见。法庭对于上述申请,应当作出是否同意的决定。

法庭审理过程中,对与定罪、量刑有关的事实、证据都应当进行调查、辩论。经审判长许可,公诉人、当事人和辩护人、诉讼代理人可以对证据和案件情况发表意见并且可以互相辩论。审判长在宣布辩论终结后,被告人有最后陈述的权利。

在法庭审判过程中,如果诉讼参与人或者旁听人员违反法庭秩序,审判长应当警告制止。对不听制止的,可以强行带出法庭;情节严重的,处以1000元以下的罚款或者15日以下的拘留。罚款、拘留必须经院长批准。被处罚人对罚款、拘留的决定不服的,可以向上一级人民法院申请复议。复议期间不停止执行。对聚众哄闹、冲击法庭或者侮辱、诽谤、威胁、殴打司法工作人员或者诉讼参与人,严重扰乱法庭秩序,构成犯罪的,依法追究刑事责任。

在被告人最后陈述后,审判长宣布休庭,合议庭进行评议,根据已经查明的事实、证据和有关的法律规定,分别作出以下判决:(1)案件事实清楚,证据确实、充分,依据法律认定被告人有罪的,应当作出有罪判决;(2)依据法律认定被告人无罪的,应当作出无罪判决;(3)证据不足,不能认定被告人有罪的,应当作出证据不足、指控的犯罪不能成立的无罪判决。

人民法院审理公诉案件,应当在受理后2个月以内宣判,至迟不得超过3个月。对于可能判处死刑的案件或者附带民事诉讼的案件,以及有《刑事诉讼法》第156条规定情形之一的,经上一级人民法院批准,可以延长3个月;因特殊情况还需要延长的,报请最高人民法院批准。人民法院改变管辖的案件,从改变后的人民法院收到案件之日起计算审理期限。人民检察院补充侦查的案件,补充侦查完毕移送人民法院后,人民法院重新计算审理期限。

在法庭审判过程中,遇有下列情形之一,影响审判进行的,可以延期审理:(1)需要通知新的证人到庭,调取新的物证,重新鉴定或者勘验的;(2)检察人员发现提起公诉的案件需要补充侦查,提出建议的;(3)由于申请回避而不能进行审判的。因补充侦查而延期审理的案件,人民检察院应当在1个月以内补充侦查完毕。在审判过程中,有下列情形之一,致使案件在较长时间内无法继续审理的,可以中止审理:(1)被告人患有严重疾病,无法出庭的;(2)被告人脱逃的;(3)自诉人患有严重疾病,无法出庭,未委托诉讼代理人出庭的;(4)由于其他不能抗拒的原因,使案件无法继续审理的。中止审理的原因消失后,应当恢复审理。中止审理的期间不计入审理期限。

宣告判决,一律公开进行。当庭宣告判决的,应当在5日以内将判决书送达当事人和提起公诉的人民检察院;定期宣告判决的,应当在宣告后立即将判决书送达当事人和提起公诉的人民检察院。判决书应当同时送达辩护人、诉讼代理人。判决书应当由审判人员和书记员署名,并且写明上诉的期限和上诉的法院。

法庭审判的全部活动,应当由书记员写成笔录,经审判长审阅后,由审判长和书记员签名。法庭笔录中的证人证言部分,应当当庭宣读或者交给证人阅读。证人在承认没有错误后,应当签名或者盖章。法庭笔录应当交给当事人阅读或者向他宣读。当事人认为记载有遗漏或者差错的,可以请求补充或者改正。当事人承认没有错误后,应当签名或者盖章。人民检察院发现人民法院审理案件违反法律规定的诉讼程序,有权向人民法院提出纠正意见。

2. 自诉案件的一审程序

人民法院对于自诉案件进行审查后,按照下列情形分别处理:(1)犯罪事实清楚,有足够证据的案件,应当开庭审判;(2)缺乏罪证的自诉案件,如果自诉人提不出补充证据,应当说服自诉人撤回自诉,或者裁定驳回。自诉人经两次依法传唤,无正当理由拒不到庭的,或者未经法庭许可中途退庭的,按撤诉处理。人民法院对自诉案件,可以进行调解;自诉人在宣告判决前,可以同被告人自行和解或者撤回自诉。自诉案件的被告人在诉讼过程中,可以对自诉人提起反诉。反诉适用自诉的规定。

3. 简易程序

基层人民法院管辖的案件,符合下列条件的,可以适用简易程序审判:(1)案件事实清楚、证据充分的;(2)被告人承认自己所犯罪行,对指控的犯罪事实没有异议的;(3)被告人对适用简易程序没有异议的。人民检察院在提起公诉的时候,可以建议人民法院适用简易程序。有下列情形之一的,不适用简易程序:(1)被告人是盲、聋、哑人,或者是尚未完全丧失辨认或者控制自己行为能力的精神病人的;(2)有重大社会影响的;(3)共同犯罪案件中部分被告人不认罪或者对适用简易程序有异议的;(4)其他不宜适用简易程序审理的。

适用简易程序审理案件,对可能判处3年有期徒刑以下刑罚的,可以组成合议庭进行审判,也可以由审判员一人独任审判;对可能判处的有期徒刑超过3年的,应当组成合议庭进行审判。适用简易程序审理公诉案件,人民检察院应当派员出席法庭。适用简易程序审理案件,审判人员应当询问被告人对指控的犯罪事实的意见,告知被告人适用简易程序审理的法律规定,确认被告人是否同意适用简易程序审理。

适用简易程序审理案件,经审判人员许可,被告人及其辩护人可以同公诉人、自诉人及其诉讼代理人互相辩论。适用简易程序审理案件,不受普通程序关于送达期限、讯问被告人、询问证人、鉴定人、出示证据、法庭辩论程序规定的限制。但在判决宣告前应当听取被告人的最后陈述意见。

就审理期限而言,适用简易程序审理案件,人民法院应当在受理后20日以内审结;对可能判处的有期徒刑超过3年的,可以延长至一个半月。人民法院在审理过程中,发现不宜适用简易程序的,应当转为一审公诉普通程序或者自诉程序重新审理。

(二)第二审程序

1. 启动程序

刑事诉讼的第二审程序也称为上诉审程序。根据《刑事诉讼法》的规定,第二审程序的启动方式有如下三种情形:(1)被告人、自诉人和他们的法定代理人,不服地方各级人民法院第一审的判决、裁定,有权用书状或者口头向上一级人民法院上诉。被告人的辩护人和近亲属,经被告人同意,可以提出上诉。附带民事诉讼的当事人和他们的法定代理人,可以对地方各级人民法院第一审的判决、裁定中的附带民事诉讼部分,提出上诉。对被告人的上诉权,不得以任何借口加以剥夺。(2)地方各级人民检察院认为本级人民法院第一审的判决、裁定确有错误的时候,应当向上一级人民法院提出抗诉。(3)被害人及其法定代理人不服地方各级人民法院第一审的判决的,自收到判决书后5日以内,有权请求人民检察院提出抗诉。人民检察院自收到被害人及其法定代理人的请求后5日以内,应当作出是否抗诉的决定并且答复请求人。

不服判决的上诉和抗诉的期限为10日,不服裁定的上诉和抗诉的期限为5日,从接到判决书、裁定书的第二日起算。被告人、自诉人、附带民事诉讼的原告人和被告人通过原审人民法院提出上诉的,原审人民法院应当在3日以内将上诉状连同案卷、证据移送上一级人民法院,同时将上诉状副本送交同级人民检察院和对方当事人。被告人、自诉人、附带民事诉讼的原告人和被告人直接向第二审人民法院提出上诉的,第二审人民法院应当在3日以内将上诉状交原审人民法院送交同级人民检察院和对方当事人。

地方各级人民检察院对同级人民法院第一审判决、裁定的抗诉,应当通过原审人民法院提出抗诉书,并且将抗诉书抄送上一级人民检察院。原审人民法院应当将抗诉书连同案卷、证据移送上一级人民法院,并且将抗诉书副本送交当事人。上级人民检察院如果认为抗诉不当,可以向同级人民法院撤回抗诉,并且通知下级人民检察院。

2. 审理程序

第二审人民法院对于下列案件,应当组成合议庭,开庭审理:(1)被告人、自诉人及其法定代理人对第一审认定的事实、证据提出异议,可能影响定罪量刑的上诉案件;(2)被告人被判处死刑的上诉案件;(3)人民检察院抗诉的案件;(4)其他应当开庭审理的案件。第二审人民法院决定不开庭审理的,应当讯问被告人,听取其他当事人、辩护人、诉讼代理人的意见。

第二审人民法院开庭审理上诉、抗诉案件,可以到案件发生地或者原审人民法院所在地进行。人民检察院提出抗诉的案件或者第二审人民法院开庭审理的公诉案件,同级人民检察院都应当派员出席法庭。第二审人民法院应当在决定开庭审理后及时通知人民检察院查阅案卷。人民检察院应当在 1 个月以内查阅完毕。人民检察院查阅案卷的时间不计入审理期限。

3. 对原审判决的处理

第二审人民法院审判上诉或者抗诉案件的程序,参照第一审程序的规定进行。第二审人民法院对不服第一审判决的上诉、抗诉案件,经过审理后,应当按照下列情形分别处理:

(1) 原判决认定事实和适用法律正确、量刑适当的,应当裁定驳回上诉或者抗诉,维持原判;

(2) 原判决认定事实没有错误,但适用法律有错误,或者量刑不当的,应当改判;

(3) 原判决事实不清或者证据不足的,可以在查清事实后改判;也可以裁定撤销原判,发回原审人民法院重新审判;

(4) 第二审人民法院发现第一审人民法院的审理有下列违反法律规定的诉讼程序的情形之一的,应当裁定撤销原判,发回原审人民法院重新审判:违反有关公开审判的规定的;违反回避制度的;剥夺或者限制了当事人的法定诉讼权利,可能影响公正审判的;审判组织的组成不合法的;其他违反法律规定的诉讼程序,可能影响公正审判的。

原审人民法院对于发回重新审判的案件,应当另行组成合议庭,依照第一审程序进行审判。原审人民法院从收到发回的案件之日起,重新计算审理期限。对于重新审判后的判决,依照《刑事诉讼法》的规定可以上诉、抗诉。第二审人民法院发回原审人民法院重新审判的案件,原审人民法院对于依照上述第三项规定发回重新审判的案件作出判决后,被告人提出上诉或者人民检察院提出抗诉的,第二审人民法院应当依法作出判决或者裁定,不得再发回原审人民法院重新审判。

4. 对原审裁定的处理

第二审人民法院对不服第一审裁定的上诉或者抗诉,经过审查后,应当参照《刑事诉讼法》的相关规定,分不同情形用裁定驳回上诉、抗诉,或者撤销、变更原裁定。

5. 第二审程序的期限

第二审人民法院受理上诉、抗诉案件,应当在 2 个月以内审结。对于可能判处死刑的案件或者附带民事诉讼的案件,以及有《刑事诉讼法》第 150 条规定情形之一的,经省、自治区、直辖市高级人民法院批准或者决定,可以延长 2 个月;因特殊情况还需要延长的,报请最高人民法院批准。最高人民法院受理上诉、抗诉案件的审理期限,由最高人民法院决定。

6. 二审裁判的效力

第二审的判决、裁定和最高人民法院的判决、裁定,都是终审的判决、裁定。公安机关、人民检察院和人民法院对查封、扣押、冻结的犯罪嫌疑人、被告人的财物及其孳息,应当妥善保管,以供核查,并制作清单,随案移送。任何单位和个人不得挪用或者自行处理。对被害人的合法财产,应当及时返还。对违禁品或者不宜长期保存的物品,应当依照国家有关规定处理。对作为证据使用的实物应当随案移送,对不宜移送的,应当将其清单、照片或者其他证明文件随案移送。人民法院作出的判决,应当对查封、扣押、冻结的财物及其孳息作出处理。人民法院作出的判决生效以后,有关机关应当根据判决对查封、扣押、冻结的财物及其孳息进行处理。对查封、扣押、冻结的赃款赃物及其孳息,除依法返还被害人的以外,一律上缴国库。

司法工作人员贪污、挪用或者私自处理查封、扣押、冻结的财物及其孳息的,依法追究刑事责任;不构成犯罪的,给予处分。

(三) 死刑复核程序

死刑复核是人民法院对判处死刑的案件进行复核所遵循的一种特殊审判程序。《刑事诉讼法》第235—240条对死刑复核程序作了原则性规定,有关的司法解释也已将这些规定具体化,为死刑复核工作提供了较周密的准则。

根据《刑事诉讼法》的规定,死刑由最高人民法院核准。中级人民法院判处死刑的第一审案件,被告人不上诉的,应当由高级人民法院复核后,报请最高人民法院核准。高级人民法院不同意判处死刑的,可以提审或者发回重新审判。高级人民法院判处死刑的第一审案件被告人不上诉的,和判处死刑的第二审案件,都应当报请最高人民法院核准。中级人民法院判处死刑缓期二年执行的案件,由高级人民法院核准。

最高人民法院复核死刑案件,高级人民法院复核死刑缓期执行的案件,应当由审判员三人组成合议庭进行。最高人民法院复核死刑案件,应当作出核准或者不核准死刑的裁定。对于不核准死刑的,最高人民法院可以发回重新审判或者予以改判。最高人民法院复核死刑案件,应当讯问被告人,辩护律师提出要求的,应当听取辩护律师的意见。在复核死刑案件过程中,最高人民检察院可以向最高人民法院提出意见。最高人民法院应当将死刑复核结果通报最高人民检察院。

(四) 审判监督程序

审判监督程序是指人民法院、人民检察院对已经发生法律效力的判决和裁定,发现在认定事实或适用法律上确有错误,依法提起并对案件进行重新审判的程序。审判监督程序的意义是通过审判监督程序,可依法纠正已经发生法律效力的错误判决、裁定,有利于保证国家法律的统一、正确实施,准确有效地惩罚犯罪分子,充分体现和贯彻实事求是、有错必纠的方针政策;有利于加强最高人民法院对地方各级人民法院,上级人民法院对下级人民法院以及人民检察院对人民法院审判工作的监督,及时发现审判中存在的问题,改进审判工作方法和作风,提高审判人员的素质;通过审判监督程序,可以充分发挥人民群众对审判工作的监督作用。

根据《刑事诉讼法》的规定,当事人及其法定代理人、近亲属,对已经发生法律效力的判决、裁定,可以向人民法院或者人民检察院提出申诉,但是不能停止判决、裁定的执行。当事人及其法定代理人、近亲属的申诉符合下列情形之一的,人民法院应当重新审判:(1) 有新的证据证明原判决、裁定认定的事实确有错误,可能影响定罪量刑的;(2) 据以定罪量刑的证据不确实、不充分、依法应当予以排除,或者证明案件事实的主要证据之间存在矛盾的;(3)原判决、裁定适用法律确有错误的;(4)违反法律规定的诉讼程序,可能影响公正审判的;(5)审判人员在审理该案件的时候,有贪污受贿,徇私舞弊,枉法裁判行为的。

各级人民法院院长对本院已经发生法律效力的判决和裁定,如果发现在认定事实上或者在适用法律上确有错误,必须提交审判委员会处理。最高人民法院对各级人民法院已经发生法律效力的判决和裁定,上级人民法院对下级人民法院已经发生法律效力的判决和裁定,如果发现确有错误,有权提审或者指令下级人民法院再审。

最高人民检察院对各级人民法院已经发生法律效力的判决和裁定,上级人民检察院对下级人民法院已经发生法律效力的判决和裁定,如果发现确有错误,有权按照审判监督程序向同级人民法院提出抗诉。人民检察院抗诉的案件,接受抗诉的人民法院应当组成合议庭重新审理,对于原判决事实不清楚或者证据不足的,可以指令下级人民法院再审。

上级人民法院指令下级人民法院再审的,应当指令原审人民法院以外的下级人民法院审理;由原审人民法院审理更为适宜的,也可以指令原审人民法院审理。人民法院按照审判监督程序重新审判的案件,由原审人民法院审理的,应当另行组成合议庭进行。如果原来是第一审案件,应当依照第一审程序进行审判,所作的判决、裁定,可以上诉、抗诉;如果原来是第二审案件,或者是上级人民法院提审的案件,应当依照第二审程序进行审判,所作的判决、裁定,是终审的判决、裁定。人民法院开庭审理的再审案件,同级人民检察院应当派员出席法庭。

人民法院决定再审的案件,需要对被告人采取强制措施的,由人民法院依法决定;人民检察院提出抗诉的再审案件,需要对被告人采取强制措施的,由人民检察院依法决定。人民法院按照审判监督程序审判的案件,可以决定中止原判决、裁定的执行。

人民法院按照审判监督程序重新审判的案件,应当在作出提审、再审决定之日起3个月以内审结,需要延长期限的,不得超过6个月。接受抗诉的人民法院按照审判监督程序审判抗诉的案件,应当在作出再审决定之日起3个月以内审结,需要延长期限的,不得超过6个月;对需要指令下级人民法院再审的,应当自接受抗诉之日起1个月以内作出决定,下级人民法院应当在作出再审决定之日起3个月以内审结,需要延长期限的,不得超过6个月审理案件的期限。

五、执行程序

刑事诉讼中的执行,是指人民法院、人民检察院、公安机关及其他刑罚执行机关将已经发生效力的判决、裁定所确定的内容依法付诸实施及解决实施中出现的变更执行等问题而进行的活动。执行时刑事诉讼的最后一个程序,也是刑罚权得以实现的关键程序。

(一)执行依据

刑事诉讼执行的依据是发生效力的判决和裁定,包括下列几种:(1)已过法定期限没有上诉、抗诉的判决和裁定;(2)终审的判决和裁定;(3)最高人民法院核准的死刑的判决和高级人民法院核准的死刑缓期二年执行的判决。第一审人民法院判决被告人无罪、免除刑事处罚的,如果被告人在押,在宣判后应当立即释放。

(二)执行机关

罪犯被交付执行刑罚的时候,应当由交付执行的人民法院在判决生效后10日以内将有关的法律文书送达公安机关、监狱或者其他执行机关。

对被判处死刑缓期二年执行、无期徒刑、有期徒刑的罪犯,由公安机关依法将该罪犯送交监狱执行刑罚。对被判处有期徒刑的罪犯,在被交付执行刑罚前,剩余刑期在3个月以下的,由看守所代为执行。对被判处拘役的罪犯,由公安机关执行。对未成年犯应当在未成年犯管教所执行刑罚。执行机关应当将罪犯及时收押,并且通知罪犯家属。判处有期徒刑、拘役的罪犯,执行期满,应当由执行机关发给释放证明书。

对被判处管制、宣告缓刑、假释或者暂予监外执行的罪犯,依法实行社区矫正,由社区矫正机构负责执行。

对被判处剥夺政治权利的罪犯,由公安机关执行。执行期满,应当由执行机关书面通知本人及其所在单位、居住地基层组织。

被判处罚金的罪犯,期满不缴纳的,人民法院应当强制缴纳;如果由于遭遇不能抗拒的灾祸,缴纳确实有困难的,可以裁定减少或者免除。没收财产的判决,无论附加适用或者独立适用,都由人民法院执行;在必要的时候,可以会同公安机关执行。

罪犯在服刑期间又犯罪的,或者发现了判决的时候所没有发现的罪行,由执行机关移送人民检察院处理。

(三)减刑和假释

被判处管制、拘役、有期徒刑或者无期徒刑的罪犯,在执行期间确有悔改或者立功表现,应当依法予以减刑、假释的时候,由执行机关提出建议书,报请人民法院审核裁定,并将建议书副本抄送人民检察院。人民检察院可以向人民法院提出书面意见。

人民检察院认为人民法院减刑、假释的裁定不当,应当在收到裁定书副本后20日以内,向人民法院提出书面纠正意见。人民法院应当在收到纠正意见后1个月以内重新组成合议庭进行审理,作出最终裁定。

(四)死刑执行

最高人民法院判处和核准的死刑立即执行的判决,应当由最高人民法院院长签发执行死刑的命令。被判处死刑缓期二年执行的罪犯,在死刑缓期执行期间,如果没有故意犯罪,死刑缓期执行期满,应当予以减刑,由执行机关提出书面意见,报请高级人民法院裁定;如果故意犯罪,查证属实,应当执行死刑,由高级人民法院报请最高人民法院核准。

下级人民法院接到最高人民法院执行死刑的命令后,应当在7日以内交付执行。但是发现有下列情形之一的,应当停止执行,并且立即报告最高人民法院,由最高人民法院作出裁定:(1)在执行前发现判决可能有错误的;(2)在执行前罪犯揭发重大犯罪事实或者有其他重大立功表现,可能需要改判的;(3)罪犯正在怀孕。第一项、第二项停止执行的原因消失后,必须报请最高人民法院院长再签发执行死刑的命令才能执行;由于第三项原因停止执行的,应当报请最高人民法院依法改判。

人民法院在交付执行死刑前,应当通知同级人民检察院派员临场监督。死刑采用枪决或者注射等方法执行。死刑可以在刑场或者指定的羁押场所内执行。指挥执行的审判人员,对罪犯应当验明正身,讯问有无遗言、信札,然后交付执行人员执行死刑。在执行前,如果发现可能有错误,应当暂停执行,报请最高人民法院裁定。

执行死刑应当公布,不应示众。执行死刑后,在场书记员应当写成笔录。交付执行的人民法院应当将执行死刑情况报告最高人民法院。执行死刑后,交付执行的人民法院应当通知罪犯家属。

(五)监外执行与保外就医

对被判处有期徒刑或者拘役的罪犯,有下列情形之一的,可以暂予监外执行:(1)有严重疾病需要保外就医的;(2)怀孕或者正在哺乳自己婴儿的妇女;(3)生活不能自理,适用暂予监外执行不致危害社会的。若被判处无期徒刑的罪犯是怀孕或者正在哺乳自己婴儿的妇女,可以暂予监外执行。

对适用保外就医可能有社会危险性的罪犯,或者自伤自残的罪犯,不得保外就医。对罪犯确有严重疾病,必须保外就医的,由省级人民政府指定的医院诊断并开具证明文件。

在交付执行前,暂予监外执行由交付执行的人民法院决定;在交付执行后,暂予监外执行由监狱或者看守所提出书面意见,报省级以上监狱管理机关或者设区的市一级以上公安机关批准。监狱、看守所提出暂予监外执行的书面意见的,应当将书面意见的副本抄送人民检察院。人民检察院可以向决定或者批准机关提出书面意见。决定或者批准暂予监外执行的机关应当将暂予监外执行决定抄送人民检察院。人民检察院认为暂予监外执行不当的,应当自接到通知之日起1个月以内将书面意见送交决定或者批准暂予监外执行的机关,决定或者批准暂予监外执行的机关接到人民检察院的书面意见后,应当立即对该决定进行重新核查。

对暂予监外执行的罪犯,有下列情形之一的,应当及时收监:(1)发现不符合暂予监外执行条件的;(2)严重违反有关暂予监外执行监督管理规定的;(3)暂予监外执行的情形消失后,罪犯刑期未满的。对于人民法院决定暂予监外执行的罪犯应当予以收监的,由人民法院作出决定,将有关的法律文书送达公安机关、监狱或者其他执行机关。不符合暂予监外执行条件的罪犯通过贿赂等非法手段被暂予监外执行的,在监外执行的期间不计入执行刑期。罪犯在暂予监外执行期间脱逃的,脱逃的期间不计入执行刑期。罪犯在暂予监外执行期间死亡的,执行机关应当及时通知监狱或者看守所。

(六)执行监督

监狱和其他执行机关在刑罚执行中,如果认为判决有错误或者罪犯提出申诉,应当转请人民检察院或者原判人民法院处理。人民检察院对执行机关执行刑罚的活动是否合法实行监督。如果发现有违法的情况,应当通知执行机关纠正。

六、特别程序

（一）未成年人刑事案件诉讼程序

对犯罪的未成年人实行教育、感化、挽救的方针，坚持教育为主、惩罚为辅的原则。人民法院、人民检察院和公安机关办理未成年人刑事案件，应当保障未成年人行使其诉讼权利，保障未成年人得到法律帮助，并由熟悉未成年人身心特点的审判人员、检察人员、侦查人员承办。

未成年犯罪嫌疑人、被告人没有委托辩护人的，人民法院、人民检察院、公安机关应当通知法律援助机构指派律师为其提供辩护。公安机关、人民检察院、人民法院办理未成年人刑事案件，根据情况可以对未成年犯罪嫌疑人、被告人的成长经历、犯罪原因、监护教育等情况进行调查。

对未成年犯罪嫌疑人、被告人应当严格限制适用逮捕措施。人民检察院审查批准逮捕和人民法院决定逮捕，应当讯问未成年犯罪嫌疑人、被告人，听取辩护律师的意见。对被拘留、逮捕和执行刑罚的未成年人与成年人应当分别关押、分别管理、分别教育。

对于未成年人刑事案件，在讯问和审判的时候，应当通知未成年犯罪嫌疑人、被告人的法定代理人到场。无法通知、法定代理人不能到场或者法定代理人是共犯的，也可以通知未成年犯罪嫌疑人、被告人的其他成年亲属，所在学校、单位、居住地基层组织或者未成年人保护组织的代表到场，并将有关情况记录在案。到场的法定代理人可以代为行使未成年犯罪嫌疑人、被告人的诉讼权利。到场的法定代理人或者其他人员认为办案人员在讯问、审判中侵犯未成年人合法权益的，可以提出意见。讯问笔录、法庭笔录应当交给到场的法定代理人或者其他人员阅读或者向他宣读。讯问女性未成年犯罪嫌疑人，应当有女工作人员在场。询问未成年被害人、证人，适用上述规定。

审判未成年人刑事案件，未成年被告人最后陈述后，其法定代理人可以进行补充陈述。对于未成年人涉嫌《刑法》分则第四章、第五章、第六章规定的犯罪，可能判处1年有期徒刑以下刑罚，符合起诉条件，但有悔罪表现的，人民检察院可以作出附条件不起诉的决定。人民检察院在作出附条件不起诉的决定以前，应当听取公安机关、被害人的意见。对附条件不起诉的决定，公安机关要求复议、提请复核或者被害人申诉的，适用《刑事诉讼法》第175—176条的规定。未成年犯罪嫌疑人及其法定代理人对人民检察院决定附条件不起诉有异议的，人民检察院应当作出起诉的决定。

在附条件不起诉的考验期内，由人民检察院对被附条件不起诉的未成年犯罪嫌疑人进行监督考察。未成年犯罪嫌疑人的监护人，应当对未成年犯罪嫌疑人加强管教，配合人民检察院做好监督考察工作。附条件不起诉的考验期为6个月以上1年以下，从人民检察院作出附条件不起诉的决定之日起计算。被附条件不起诉的未成年犯罪嫌疑人，应当遵守下列规定：(1) 遵守法律法规，服从监督；(2) 按照考察机关的规定报告自己的活动情况；(3) 离开所居住的市、县或者迁居，应当报经考察机关批准；(4) 按照考察机关的要求接受矫治和教育。

被附条件不起诉的未成年犯罪嫌疑人,在考验期内有下列情形之一的,人民检察院应当撤销附条件不起诉的决定,提起公诉:(1)实施新的犯罪或者发现决定附条件不起诉以前还有其他犯罪需要追诉的;(2)违反治安管理规定或者考察机关有关附条件不起诉的监督管理规定,情节严重的。被附条件不起诉的未成年犯罪嫌疑人,在考验期内没有上述情形,考验期满的,人民检察院应当作出不起诉的决定。

审判的时候被告人不满18周岁的案件,不公开审理。但是,经未成年被告人及其法定代理人同意,未成年被告人所在学校和未成年人保护组织可以派代表到场。犯罪的时候不满18周岁,被判处5年有期徒刑以下刑罚的,应当对相关犯罪记录予以封存。犯罪记录被封存的,不得向任何单位和个人提供,但司法机关为办案需要或者有关单位根据国家规定进行查询的除外。依法进行查询的单位,应当对被封存的犯罪记录的情况予以保密。

(二)当事人和解的公诉案件诉讼程序

根据《刑事诉讼法》,下列公诉案件,犯罪嫌疑人、被告人真诚悔罪,通过向被害人赔偿损失、赔礼道歉等方式获得被害人谅解,被害人自愿和解的,双方当事人可以和解:(1)因民间纠纷引起,涉嫌《刑法》分则第四章、第五章规定的犯罪案件,可能判处3年有期徒刑以下刑罚的;(2)除渎职犯罪以外的可能判处7年有期徒刑以下刑罚的过失犯罪案件。但是犯罪嫌疑人、被告人在5年以内曾经故意犯罪的,不适用和解程序。

双方当事人和解的,公安机关、人民检察院、人民法院应当听取当事人和其他有关人员的意见,对和解的自愿性、合法性进行审查,并主持制作和解协议书。对于达成和解协议的案件,公安机关可以向人民检察院提出从宽处理的建议。人民检察院可以向人民法院提出从宽处罚的建议;对于犯罪情节轻微,不需要判处刑罚的,可以作出不起诉的决定。人民法院可以依法对被告人从宽处罚。

(三)犯罪嫌疑人、被告人逃匿、死亡案件违法所得的没收程序

对于贪污贿赂犯罪、恐怖活动犯罪等重大犯罪案件,犯罪嫌疑人、被告人逃匿,在通缉1年后不能到案,或者犯罪嫌疑人、被告人死亡,依照刑法规定应当追缴其违法所得及其他涉案财产的,人民检察院可以向人民法院提出没收违法所得的申请。公安机关认为有上述情形的,应当写出没收违法所得意见书,移送人民检察院。没收违法所得的申请应当提供与犯罪事实、违法所得相关的证据材料,并列明财产的种类、数量、所在地及查封、扣押、冻结的情况。人民法院在必要的时候,可以查封、扣押、冻结申请没收的财产。

没收违法所得的申请,由犯罪地或者犯罪嫌疑人、被告人居住地的中级人民法院组成合议庭进行审理。人民法院受理没收违法所得的申请后,应当发出公告。公告期间为6个月。犯罪嫌疑人、被告人的近亲属和其他利害关系人有权申请参加诉讼,也可以委托诉讼代理人参加诉讼。人民法院在公告期满后对没收违法所得的申请进行审理。利害关系人参加诉讼的,人民法院应当开庭审理。

人民法院经审理,对经查证属于违法所得及其他涉案财产,除依法返还被害人的以外,应当裁定予以没收;对不属于应当追缴的财产的,应当裁定驳回申请,解除查封、扣押、冻结措施。对于人民法院作出的裁定,犯罪嫌疑人、被告人的近亲属和其他利害关系人或者人民检察院可以提出上诉、抗诉。在审理过程中,在逃的犯罪嫌疑人、被告人自动投案或者被抓获的,人民法院应当终止审理。没收犯罪嫌疑人、被告人财产确有错误的,应当予以返还、赔偿。

(四)依法不负刑事责任的精神病人的强制医疗程序

实施暴力行为,危害公共安全或者严重危害公民人身安全,经法定程序鉴定依法不负刑事责任的精神病人,有继续危害社会可能的,可以予以强制医疗。对精神病人强制医疗的,由人民法院决定。

公安机关发现精神病人符合强制医疗条件的,应当写出强制医疗意见书,移送人民检察院。对于公安机关移送的或者在审查起诉过程中发现的精神病人符合强制医疗条件的,人民检察院应当向人民法院提出强制医疗的申请。人民法院在审理案件过程中发现被告人符合强制医疗条件的,可以作出强制医疗的决定。对实施暴力行为的精神病人,在人民法院决定强制医疗前,公安机关可以采取临时的保护性约束措施。

人民法院受理强制医疗的申请后,应当组成合议庭进行审理。人民法院审理强制医疗案件,应当通知被申请人或者被告人的法定代理人到场。被申请人或被告人没有委托诉讼代理人的,人民法院应当通知法律援助机构指派律师为其提供法律帮助。人民法院经审理,对于被申请人或者被告人符合强制医疗条件的,应当在1个月以内作出强制医疗的决定。被决定强制医疗的人、被害人及其法定代理人、近亲属对强制医疗决定不服的,可以向上一级人民法院申请复议。

强制医疗机构应当定期对被强制医疗的人进行诊断评估。对于已不具有人身危险性,不需要继续强制医疗的,应当及时提出解除意见,报决定强制医疗的人民法院批准。被强制医疗的人及其近亲属有权申请解除强制医疗。

人民检察院对强制医疗的决定和执行实行监督。

✚ 链接阅读

1. 高原:《审级制度视野下死刑复核制度的缺陷及其完善路径》,载《政治与法律》2012年第9期;

2. 秦宗文:《中国控制死刑的博弈论分析——以最高人民法院行使死刑复核权为背景》,载《法商研究》2009年第1期;

3. 温如敏、沙云飞:《上诉不加刑适用中的两个问题》,载《法学》2010年第5期。

【推荐阅读文献】

1. 陈光中主编:《刑事诉讼法》(第六版),北京大学出版社、高等教育出版社2016年版;

2. 樊崇义:《刑事诉讼法学》(第四版),法律出版社2016年版;

3. 卞建林:《刑事诉讼法学》(第三版),中国政法大学出版社2014年版;

4. 叶青编:《刑事诉讼法案例与图表》(第四版),法律出版社2014年版。

【思考题】

1. 我国《刑事诉讼法》的基本原则有哪些?各自的主要内容是什么?
2. 何谓无罪推定?如何适用?
3. 《刑事诉讼法》关于证据的种类、证据的收集和运用有哪些重要规定?
4. 如何看待刑事诉讼强制措施的完善和程序合法?
5. 检察机关在我国刑事诉讼中的地位和作用如何?
6. 刑事诉讼中的专门机关有哪些?各自职责是什么?
7. 《刑事诉讼法》中有哪些特别程序?
8. 如何维护辩护人的合法权益?
9. 中级人民法院一审管辖的刑事诉讼案件有哪些?
10. 什么是非法证据排除规则?如何认识这一规则?

第十章　民事诉讼法

学习目标：了解民事诉讼和民事诉讼法的概念；掌握民事诉讼受理和管辖、诉讼参与人、证据和证明、期间与送达等民事诉讼基本制度；熟练运用民事诉讼的证据规则和认证标准；掌握民事诉讼一审、二审、审判监督程序、特别程序、执行程序的基本程序制度。

教师导读：民事诉讼法是非常重要的部门法，人民法院受理公民之间、法人之间、其他组织之间以及他们相互之间因财产关系和人身关系提起的民事诉讼，均须适用民事诉讼法的相关规定。本章主要以《中华人民共和国民事诉讼法》的规定为依据，对民事诉讼的有关法律原则、制度、规则、程序等进行了较为全面的阐述。

建议学时：4学时

第一节　民事诉讼法概述

一、民事诉讼和民事诉讼法

（一）民事诉讼

民事诉讼的概念源于民事纠纷。民事纠纷是指平等主体之间发生的，以民事权利义务为内容的社会纠纷。民事纠纷本身属于社会纠纷的一种，纠纷的主体之间法律地位平等，纠纷的内容是民事权利义务的争议，民事纠纷具有可处分性的特征。民事诉讼是指人民法院在当事人和全体诉讼参与人的参加下，依法审理和解决民事纠纷的活动，以及在审理和解决这些活动中所形成的诉讼关系的总合。《中华人民共和国民事诉讼法》（以下简称《民事诉讼法》）第3条规定：人民法院受理公民之间、法人之间、其他组织之间以及他们相互之间因财产关系和人身关系提起的民事诉讼，适用民事诉讼法的规定。该条款规定了民事诉讼的基本主体和民事诉讼的审理对象客体。民事诉讼的基本特征在于，首先，民事诉讼应当依照法律规定进行；其次，民事诉讼的参与主体包括人民法院和诉讼当事人等，在民事诉讼中起重要作用；最后，民事诉讼具有过程性和连续性，包括一系列诉讼和审理程序。

（二）民事诉讼法

民事诉讼法是调整民事诉讼的法律规范，指国家制定或认可的，规范法院和当事人、其他诉讼参与人进行诉讼活动的法律规范的总和。有狭义和广义之分，狭义的民事诉讼法即形式意义的民事诉讼法，是指国家颁布的关于民事诉讼的专门性法律或法典，专指《民事诉讼法》。广义的民事诉讼法又称实质意义的民事诉讼法，指除了民事诉讼法典外，还包括宪法和其他实体法、程序法有关民事诉讼的规定以及最高人民法院发布的指导民事诉讼的司法解释等法律规范。

现行的《民事诉讼法》共四编二十七章284条,基本章节包括第一编总则:第一章任务、适用范围和基本原则,第二章管辖,第三章审判组织,第四章回避,第五章诉讼参加人,第六章证据,第七章期间、送达,第八章调解,第九章保全和先予执行,第十章对妨害民事诉讼的强制措施,第十一章诉讼费用;第二编审判程序:第十二章第一审普通程序,第十三章简易程序,第十四章第二审程序,第十五章特别程序,第十六章审判监督程序,第十七章督促程序,第十八章公示催告程序;第三编执行程序:第十九章一般规定,第二十章执行的申请和移送,第二十一章执行措施,第二十二章执行中止和终结;第四编涉外民事诉讼程序的特别规定:第二十三章一般原则,第二十四章管辖,第二十五章送达、期间,第二十六章仲裁,第二十七章司法协助。

在民事诉讼相关法律体系中,除了《民事诉讼法》之外,2015年2月4日开始实施的最高人民法院《关于适用〈中华人民共和国民事诉讼法〉的解释》(以下简称《民诉法解释》)是最高人民法院颁布的民事诉讼法领域最重要的基础性司法解释。《民诉法解释》共二十三部分552条,主要章节包括管辖、回避、诉讼参加人、证据、期间和送达、调解、保全和先予执行、对妨害民事诉讼的强制措施、诉讼费用、第一审普通程序、简易程序、简易程序中的小额诉讼、公益诉讼、第三人撤销之诉、执行异议之诉、第二审程序、特别程序、审判监督程序、督促程序、公示催告程序、执行程序、涉外民事诉讼程序的特别规定、附则。《民事诉讼法》与《民诉法解释》一道构成了民事诉讼的基本法律规则。

二、民事诉讼的基本原则

民事诉讼法的基本原则是其活动本质和规律以及立法者所奉行的诉讼政策的集中体现。《民事诉讼法》第一章集中规定了民事诉讼的基本原则。通说认为,这些原则包括两大类:第一类是根据宪法原则,参照《人民法院组织法》有关规定制定的基本原则,这类基本原则的特点是它不仅适用于民事诉讼,而且也适用于刑事诉讼和行政诉讼,正因为如此,这些原则就成为宪法、法院组织法、刑事诉讼法、行政诉讼法的共有原则。共有原则在民事诉讼法典中之所以要做规定,是因为其内容对于民事诉讼来说,在适用上有其特殊要求。第二类是根据民事诉讼的特殊要求制定的基本原则,反映了民事诉讼的特殊规律性,因此是民事诉讼法的特有原则,即特有原则。总体上,民事诉讼的基本原则包括:当事人诉讼权利平等原则,同等原则和对等原则,人民法院独立行使审判权原则,以事实为依据、以法律为准绳原则,法院调解自愿和合法的原则,审判公开原则,保障少数民族参与诉讼权利原则,辩论原则,诚信原则与处分原则,检察监督原则,支持起诉原则。

(1)当事人诉讼权平等原则。民事诉讼当事人有平等的诉讼权利。人民法院审理民事案件,应当保障和便利当事人行使诉讼权利,对当事人在适用法律上一律平等。

(2)同等原则和对等原则。外国人、无国籍人、外国企业和组织在人民法院起诉、应诉,同中华人民共和国公民、法人和其他组织有同等的诉讼权利义务。外国法院对中华人民共和国公民、法人和其他组织的民事诉讼权利加以限制的,中华人民共和国人民法院对该国公民、企业和组织的民事诉讼权利,实行对等原则。

(3) 民事案件的审判权由人民法院行使。人民法院依照法律规定对民事案件独立进行审判,不受行政机关、社会团体和个人的干涉。

(4) 人民法院审理民事案件,必须以事实为根据,以法律为准绳。

(5) 调解自愿和合法原则。人民法院审理民事案件,应当根据自愿和合法的原则进行调解;调解不成的,应当及时判决。

(6) 审判公开和程序原则。人民法院审理民事案件,依照法律规定实行合议、回避、公开审判和两审终审制度。

(7) 保障少数民族参与诉讼权利原则。各民族公民都有用本民族语言、文字进行民事诉讼的权利。在少数民族聚居或者多民族共同居住的地区,人民法院应当用当地民族通用的语言、文字进行审理和发布法律文书。人民法院应当对不通晓当地民族通用的语言、文字的诉讼参与人提供翻译。

(8) 辩论原则。人民法院审理民事案件时,当事人有权进行辩论。

(9) 诚信原则与处分原则。民事诉讼应当遵循诚实信用原则。当事人有权在法律规定的范围内处分自己的民事权利和诉讼权利。

(10) 检查监督原则。人民检察院有权对民事诉讼实行法律监督。

(11) 支持起诉原则。机关、社会团体、企业事业单位对损害国家、集体或者个人民事权益的行为,可以支持受损害的单位或者个人向人民法院起诉。

知识拓展

1. 《民事诉讼法》立法和修改过程:1982年3月8日中华人民共和国第五届全国人民代表大会常务委员会第二十二次会议通过了《中华人民共和国民事诉讼法(试行)》,其于1991年4月9日被废止,取而代之的是现行《民事诉讼法》。我国现行《民事诉讼法》的基本法律规范即《中华人民共和国民事诉讼法》于1991年4月9日经第七届全国人民代表大会第四次会议通过;2007年10月28日,第十届全国人民代表大会常务委员会第三十次会议通过了《关于修改〈中华人民共和国民事诉讼法〉的决定》,对《民事诉讼法》进行了第一次修正;2012年8月31日,第十一届全国人民代表大会常务委员会第二十八次会议通过了《关于修改〈中华人民共和国民事诉讼法〉的决定》,对《民事诉讼法》进行了第二次修正;2017年6月27日,第十二届全国人民代表大会常务委员会第二十八次会议通过了《关于修改〈中华人民共和国民事诉讼法〉和〈中华人民共和国行政诉讼法〉的决定》,增加了检察机关提起公益诉讼的程序,对现行《民事诉讼法》进行了第三次修正。

2. 民事诉讼中的检察监督:《民事诉讼法》第14条规定,人民检察院有权对民事诉讼实行法律监督。2017年修正案中增加的第55条第2款规定,人民检察院在履行职责中发现破坏生态环境和资源保护、食品药品安全领域侵害众多消费者合法权益等损害社会公共利益的行为,在没有前款规定的机关和组织或者前款规定的机关和组织不提起诉讼的情况下,可以向人民法院提起诉讼。前款规定的机关或者组织提起诉讼的,人民检察院可以支持起诉。第208—212条等均对检察监督进行了详细规定。

3. 重复诉讼:"一事不再理"是诉讼法中的重要概念。2015年1月30日,最高人民法院公布了《民诉法的解释》。第247条规定:当事人就已经提起诉讼的事项在诉讼过程中或者裁判生效后再次起诉,同时符合下列条件的,构成重复起诉:(1)后诉与前诉的当事人相同;(2)后诉与前诉的诉讼标的相同;(3)后诉与前诉的诉讼请求相同,或者后诉的诉讼请求实质上否定前诉裁判结果。当事人重复起诉的,裁定不予受理;已经受理的,裁定驳回起诉,但法律、司法解释另有规定的除外。《民诉法解释》首次明确将重复诉讼作为规则对象,原则上禁止重复诉讼,并明确规定判断重复诉讼的标准,弥补了《民事诉讼法》禁止重复诉讼原则规定的缺失。

链接阅读

1. 廖永安、邓和军:《〈民事诉讼法〉修改决定评析——兼论我国〈民事诉讼法〉的修改》,载《现代法学》2009年第1期;
2. 汤维建:《民事诉讼法的全面修改与检察监督》,载《中国法学》2011年第3期。

第二节 民事诉讼的主要制度

一、管辖制度

(一)级别管辖

级别管辖是划分上下级法院之间受理第一审民事案件的分工和权限,即上下级人民法院之间受理和管辖第一审民事案件的范围。我国人民法院有四级,即基层人民法院、中级人民法院、高级人民法院和最高人民法院。基层人民法院管辖除民事诉讼法另有规定的案件以外的第一审民事案件。中级人民法院管辖下列第一审民事案件:(1)重大涉外案件;(2)在本辖区有重大影响的案件;(3)最高人民法院确定由中级人民法院管辖的案件。其中"重大涉外案件"包括争议标的额大的案件、案情复杂的案件,或者一方当事人人数众多等具有重大影响的案件。高级人民法院管辖在本辖区内有重大影响的第一审民事案件。最高人民法院管辖下列第一审民事案件:(1)在全国有重大影响的案件;(2)认为应当由本院审理的案件。其中中级人民法院管辖的第(3)项案件,按照最高人民法院《关于调整高级人民法院和中级人民法院管辖第一审商事案件标准的通知》(法发[2015]7号)的规定,以双方当事人是否均居住在受理法院所在省级行政区以内,结合诉讼标的确定。

(二)地域管辖

地域管辖是指同级人民法院之间受理第一审民事案件的分工和权限。级别管辖从纵向划分上、下级人民法院之间受理第一审民事案件的权限和分工,解决某一民事案件应由哪一级人民法院管辖的问题；而地域管辖从横向划分同级人民法院之间受理第一审民事案件的权限和分工,解决某一民事案件应由哪一个人民法院管辖的问题。地域管辖的基本规则包括被告住所地规则、原告住所地规则、特殊的地域管辖、专属管辖四类基本规则。

地域管辖的基本原则为被告住所地规则。即对公民提起的民事诉讼,由被告住所地人民法院管辖；被告住所地与经常居住地不一致的,由经常居住地人民法院管辖。对法人或者其他组织提起的民事诉讼,由被告住所地人民法院管辖。同一诉讼的几个被告住所地、经常居住地在两个以上人民法院辖区的,各该人民法院都有管辖权。

原告住所地为地域管辖的特例,即下列民事诉讼,由原告住所地人民法院管辖；原告住所地与经常居住地不一致的,由原告经常居住地人民法院管辖:(1)对不在中华人民共和国领域内居住的人提起的有关身份关系的诉讼；(2)对下落不明或者宣告失踪的人提起的有关身份关系的诉讼；(3)对被采取强制性教育措施的人提起的诉讼；(4)对被监禁的人提起的诉讼。

特殊的地域管辖指在被告住所地的管辖原则之外,针对不同的案件类型确定的地域管辖。因合同纠纷提起的诉讼,由被告住所地或者合同履行地人民法院管辖。因保险合同纠纷提起的诉讼,由被告住所地或者保险标的物所在地人民法院管辖。因票据纠纷提起的诉讼,由票据支付地或者被告住所地人民法院管辖。因公司设立、确认股东资格、分配利润、解散等纠纷提起的诉讼,由公司住所地人民法院管辖。因铁路、公路、水上、航空运输和联合运输合同纠纷提起的诉讼,由运输始发地、目的地或者被告住所地人民法院管辖。因侵权行为提起的诉讼,由侵权行为地或者被告住所地人民法院管辖。因铁路、公路、水上和航空事故请求损害赔偿提起的诉讼,由事故发生地或者车辆、船舶最先到达地、航空器最先降落地或者被告住所地人民法院管辖。因船舶碰撞或者其他海事损害事故请求损害赔偿提起的诉讼,由碰撞发生地、碰撞船舶最先到达地、加害船舶被扣留地或者被告住所地人民法院管辖。因海难救助费用提起的诉讼,由救助地或者被救助船舶最先到达地人民法院管辖。因共同海损提起的诉讼,由船舶最先到达地、共同海损理算地或者航程终止地的人民法院管辖。

专属管辖是指按照案件类型由法律规定的人民法院管辖的规则,即(1)因不动产纠纷提起的诉讼,由不动产所在地人民法院管辖；(2)因港口作业中发生纠纷提起的诉讼,由港口所在地人民法院管辖；(3)因继承遗产纠纷提起的诉讼,由被继承人死亡时住所地或者主要遗产所在地人民法院管辖。

共同管辖和协议管辖是多个人民法院均有管辖权时管辖权法院的确定规则。共同管辖指两个以上人民法院都有管辖权的诉讼,原告可以向其中一个人民法院起诉；原告向两个以上有管辖权的人民法院起诉的,由最先立案的人民法院管辖。协议管辖指当事人可以约定管辖的情形,即合同或者其他财产权益纠纷的当事人可以书面协议选择被告住所地、合同履行地、合同签订地、原告住所地、标的物所在地等与争议有实际联系的地点的人民法院管辖,但不得违反民事诉讼法对级别管辖和专属管辖的规定。

(三) 移送管辖和指定管辖

移送管辖和指定管辖是指当事人或人民法院对案件管辖权存在争议时的处理方法。移送管辖的规则即人民法院发现受理的案件不属于本院管辖的,应当移送有管辖权的人民法院,受移送的人民法院应当受理。受移送的人民法院认为受移送的案件依照规定不属于本院管辖的,应当报请上级人民法院指定管辖,不得再自行移送。

指定管辖是指有管辖权的人民法院由于特殊原因,不能行使管辖权的,由上级人民法院指定管辖。人民法院之间因管辖权发生争议,由争议双方协商解决;协商解决不了的,报请它们的共同上级人民法院指定管辖。指定管辖应当依照相应的法律程序,即上级人民法院有权审理下级人民法院管辖的第一审民事案件;确有必要将本院管辖的第一审民事案件交下级人民法院审理的,应当报请其上级人民法院批准。下级人民法院对它所管辖的第一审民事案件,认为需要由上级人民法院审理的,可以报请上级人民法院审理。

二、审判组织制度

审判组织是人民法院审理民事案件的基本组织构成形式,包括合议制与独任制两种。合议制的基本要求是,人民法院审理第一审民事案件,由审判员、陪审员共同组成合议庭或者由审判员组成合议庭。合议庭的成员人数,必须是单数。人民法院审理第二审民事案件,由审判员组成合议庭。合议庭的成员人数,也必须是单数。发回重审的案件,原审人民法院应当按照第一审程序另行组成合议庭。审理再审案件,原来是第一审的,按照第一审程序另行组成合议庭;原来是第二审的或者是上级人民法院提审的,按照第二审程序另行组成合议庭。合议庭的审判长由院长或者庭长指定审判员一人担任;院长或者庭长参加审判的,由院长或者庭长担任。合议庭评议案件,实行少数服从多数的原则。评议应当制作笔录,由合议庭成员签名。评议中的不同意见,必须如实记入笔录。独任制的基本适用原则是适用简易程序审理的民事案件,由审判员一人独任审理。陪审员的基本权利是陪审员在执行陪审职务时,与审判员有同等的权利义务。

三、回避制度

民事诉讼的回避制度与刑事诉讼、行政诉讼的回避制度相类似,旨在避免偏私,确保人民法院中立裁判。回避制度的基本规则是审判人员有下列情形之一的,应当自行回避,当事人有权用口头或者书面方式申请他们回避:(1) 是本案当事人或者当事人、诉讼代理人近亲属的;(2) 与本案有利害关系的;(3) 与本案当事人、诉讼代理人有其他关系,可能影响对案件公正审理的。审判人员接受当事人、诉讼代理人请客送礼,或者违反规定会见当事人、诉讼代理人的,当事人有权要求他们回避。审判人员有前述行为的,应当依法追究法律责任。前述规定,适用于书记员、翻译人员、鉴定人和勘验人。

回避的程序:当事人提出回避申请,应当说明理由,在案件开始审理时提出;回避事由在案件开始审理后知道的,也可以在法庭辩论终结前提出。被申请回避的人员在人民法院作出是否回避的决定前,应当暂停参与本案的工作,但案件需要采取紧急措施的除外。

院长担任审判长时的回避,由审判委员会决定;审判人员的回避,由院长决定;其他人员的回避,由审判长决定。人民法院对当事人提出的回避申请,应当在申请提出的3日内,以口头或者书面形式作出决定。申请人对决定不服的,可以在接到决定时申请复议一次。复议期间,被申请回避的人员,不停止参与本案的工作。人民法院对复议申请,应当在3日内作出复议决定,并通知复议申请人。

四、诉讼参加人制度

区别于刑事诉讼和行政诉讼,民事诉讼审理平等主体之间的民事权利和利益的纠纷,具有独特的诉讼参加人制度。民事诉讼的诉讼参加人包括当事人和诉讼代理人两类,分别享有不同的权利,在民事诉讼中承担不同的职责。

(一)当事人

当事人,是指民事诉讼中以自己的名义要求人民法院保护民事权利或者法律关系、受人民法院裁判约束的起诉方和应诉方。狭义的当事人仅包括原告方和被告方,广义的当事人还包括民事诉讼的第三人。

1. 当事人的类型

公民、法人和其他组织可以作为民事诉讼的当事人;法人由其法定代表人进行诉讼,其他组织由其主要负责人进行诉讼。对污染环境、侵害众多消费者合法权益等损害社会公共利益的行为,法律规定的机关和有关组织可以向人民法院提起诉讼。人民检察院在履行职责中发现破坏生态环境和资源保护、食品药品安全领域侵害众多消费者合法权益等损害社会公共利益的行为,在没有前述机关和组织或者前述机关和组织不提起诉讼的情况下,可以向人民法院提起诉讼。前述机关或者组织提起诉讼的,人民检察院可以支持起诉。

2. 当事人的诉讼权利

当事人的诉讼权利包括:当事人有权委托代理人,提出回避申请,收集、提供证据,进行辩论,请求调解,提起上诉,申请执行;当事人可以查阅本案有关材料,并可以复制本案有关材料和法律文书;查阅、复制本案有关材料的范围和办法由最高人民法院规定;当事人必须依法行使诉讼权利,遵守诉讼秩序,执行发生法律效力的判决书、裁定书和调解书;双方当事人可以自行和解;原告可以放弃或者变更诉讼请求,被告可以承认或者反驳诉讼请求,有权提起反诉。

3. 第三人

民事诉讼中的第三人包括两类:一类是有独立请求权的第三人,一类是无独立请求权的第三人。有独立请求权的第三人是指对当事人双方的诉讼标的,第三人认为有独立请求权的,有权提起诉讼的第三人。无独立请求权的第三人是指对当事人双方的诉讼标的,第三人虽然没有独立请求权,但案件处理结果同他有法律上的利害关系的,可以申请参加诉讼,或者由人民法院通知他参加诉讼。

人民法院判决承担民事责任的第三人,有当事人的诉讼权利义务。

4. 共同诉讼与代表人诉讼

共同诉讼是指当事人一方或者双方为二人以上，其诉讼标的是共同的，或者诉讼标的是同一种类、人民法院认为可以合并审理并经当事人同意的诉讼。共同诉讼的一方当事人对诉讼标的有共同权利义务的，其中一人的诉讼行为经其他共同诉讼人承认，对其他共同诉讼人发生效力；对诉讼标的没有共同权利义务的，其中一人的诉讼行为对其他共同诉讼人不发生效力。

代表人诉讼是指当事人一方人数众多的共同诉讼，可以由当事人推选代表人进行诉讼。代表人的诉讼行为对其所代表的当事人发生效力，但代表人变更、放弃诉讼请求或者承认对方当事人的诉讼请求，进行和解，必须经被代表的当事人同意。

共同诉讼和代表人诉讼的程序：诉讼标的是同一种类、当事人一方人数众多，在起诉时人数尚未确定的，人民法院可以发出公告，说明案件情况和诉讼请求，通知权利人在一定期间向人民法院登记。向人民法院登记的权利人可以推选代表人进行诉讼；推选不出代表人的，人民法院可以与参加登记的权利人商定代表人。代表人的诉讼行为对其所代表的当事人发生效力，但代表人变更、放弃诉讼请求或者承认对方当事人的诉讼请求，进行和解的，必须经被代表的当事人同意。人民法院作出的判决、裁定，对参加登记的全体权利人发生效力。未参加登记的权利人在诉讼时效期间提起诉讼的，适用该判决、裁定。

（二）诉讼代理人

诉讼代理人是指依照法律规定代理当事人诉讼或者受当事人委托参加诉讼的人，前者为法定代理人，后者为委托代理人。无诉讼行为能力人由他的监护人作为法定代理人代为诉讼。法定代理人之间互相推诿代理责任的，由人民法院指定其中一人代为诉讼。当事人、法定代理人可以委托一至二人作为诉讼代理人。

可以作为委托诉讼代理人代为参加诉讼的人包括：（1）律师、基层法律服务工作者；（2）当事人的近亲属或者工作人员；（3）当事人所在社区、单位以及有关社会团体推荐的公民。

委托诉讼代理人的程序：委托他人代为诉讼，必须向人民法院提交由委托人签名或者盖章的授权委托书。授权委托书必须记明委托事项和权限。诉讼代理人代为承认、放弃、变更诉讼请求，进行和解，提起反诉或者上诉，必须有委托人的特别授权。诉讼代理人的权限如果变更或者解除，当事人应当书面告知人民法院，并由人民法院通知对方当事人。

五、调解制度

调解是一种具有我国特色的纠纷解决机制。人民法院审理民事案件，根据当事人自愿的原则，在事实清楚的基础上，分清是非，进行调解。适用特别程序、督促程序、公示催告程序的案件，婚姻等身份关系确认案件以及其他根据案件性质不能进行调解的案件，不得调解。人民法院审理离婚案件，应当进行调解，但不应久调不决。

调解的程序规则：人民法院进行调解，可以由审判员一人主持，也可以由合议庭主持，并尽可能就地进行。人民法院进行调解，可以用简便方式通知当事人、证人到庭。可以邀请有关单位和个人协助。被邀请的单位和个人,应当协助人民法院进行调解。调解达成协议,人民法院应当制作调解书。调解书应当写明诉讼请求、案件的事实和调解结果。调解书由审判人员、书记员署名,加盖人民法院印章,送达双方当事人。调解书经双方当事人签收后,即具有法律效力。调解未达成协议或者调解书送达前一方反悔的,人民法院应当及时判决。

六、民事诉讼的保障制度

民事诉讼保障制度是指保障民事诉讼正常进行,确保胜诉当事人的权利能够得到落实和保障的诉讼制度,主要包括保全、先予执行、对妨害民事诉讼的强制措施。

(一) 保全和先予执行

1. 保全制度

财产保全是指人民法院对于可能因当事人一方的行为或者其他原因,使判决难以执行或者造成当事人其他损害的案件,根据对方当事人的申请,可以裁定对其财产进行保全、责令其作出一定行为或者禁止其作出一定行为的制度,当事人没有提出申请的,人民法院在必要时也可以裁定采取保全措施。人民法院采取保全措施,可以责令申请人提供担保,申请人不提供担保的,裁定驳回申请。人民法院接受申请后,对情况紧急的,必须在48小时内作出裁定;裁定采取保全措施的,应当立即开始执行。

保全制度包括诉讼前保全和诉讼中保全。诉前保全是指利害关系人因情况紧急,不立即申请保全将会使其合法权益受到难以弥补的损害的,可以在提起诉讼或者申请仲裁前向被保全财产所在地、被申请人住所地或者对案件有管辖权的人民法院申请采取保全措施。申请人应当提供担保,不提供担保的,裁定驳回申请。申请人在人民法院采取保全措施后30日内不依法提起诉讼或者申请仲裁的,人民法院应当解除保全。

保全的范围:保全限于请求的范围,或者与本案有关的财物。财产保全采取查封、扣押、冻结或者法律规定的其他方法。人民法院保全财产后,应当立即通知被保全财产的人。财产已被查封、冻结的,不得重复查封、冻结。

保全的解除:财产纠纷案件,被申请人提供担保的,人民法院应当裁定解除保全。裁定采取保全措施后,有下列情形之一的,人民法院应当作出解除保全裁定:(1) 保全错误的;(2) 申请人撤回保全申请的;(3) 申请人的起诉或者诉讼请求被生效裁判驳回的;(4) 人民法院认为应当解除保全的其他情形。

2. 先予执行

先予执行,是指人民法院在受理案件后、终审判决作出之前,根据一方当事人的申请,裁定对方当事人向申请一方当事人给付一定数额的金钱或其他财物,或者实施或停止某种行为,并立即付诸执行的程序。先予执行的案件范围包括:(1) 追索赡养费、扶养费、抚育费、抚恤金、医疗费用的;(2) 追索劳动报酬的;(3) 因情况紧急需要先予执行的。先予执行的条件:(1) 当事人之间权利义务关系明确,不先予执行将严重影响申请人的生活或者生产经营的;(2) 被申请人有履行能力。

(二) 对妨害民事诉讼的强制措施

妨害民事诉讼的行为,是指在民事诉讼过程中,行为主体故意破坏和扰乱正常的诉讼秩序,妨碍民事诉讼活动正常进行的行为。具体包括:(1)必须到庭的被告,经传票传唤,无正当理由拒不到庭;(2)违反法庭规则、扰乱法庭秩序的行为;(3)妨害人民法院调查证据、阻碍人民法院依法执行职务、破坏诉讼正常进行等行为;(4)有义务协助调查、执行的单位或组织拒不履行协助义务。对妨害民事诉讼强制措施的种类有以下五种:拘传、训诫、责令退出法庭、罚款、拘留。

七、民事诉讼的证据

民事诉讼证据指依照民事诉讼规则认定案件事实的依据。民事诉讼证据可被分为八种:当事人陈述、书证、物证、视听资料、证人证言、电子数据、鉴定结论、勘验笔录。民事诉讼证据有三个最基本的特征,即客观真实性、关联性和合法性。

(1) 当事人陈述。当事人可以选择到庭陈述事实,人民法院认为有必要的,可以要求当事人本人到庭,就案件有关事实接受询问。在询问当事人之前,可以要求其签署保证书。保证书应当载明据实陈述、如有虚假陈述愿意接受处罚等内容。当事人应当在保证书上签名或者捺印。

(2) 物证和书证。物证是以物的客观存在及形态证明案件事实过程的证据,书证是以其记载的文字内容证明案件事实经过的证据。书证应当提交原件。物证应当提交原物。提交原件或者原物确有困难的,可以提交复制品、照片、副本、节录本。书证在对方当事人控制之下的,承担举证证明责任的当事人可以在举证期限届满前书面申请人民法院责令对方当事人提交。国家机关或者其他依法具有社会管理职能的组织,在其职权范围内制作的文书为公文书证,公文书证所记载的事项推定为真实,但有相反证据足以推翻的除外。必要时,人民法院可以要求制作文书的机关或者组织对文书的真实性予以说明。单位向人民法院提出的证明材料,应当由单位负责人及制作证明材料的人员签名或者盖章,并加盖单位印章的,为单位证明。

(3) 视听资料和电子数据。视听资料包括录音资料和影像资料。电子数据是指通过电子邮件、电子数据交换、网上聊天记录、博客、微博客、手机短信、电子签名、域名等形成或者存储在电子介质中的信息。存储在电子介质中的录音资料和影像资料,适用电子数据的规定。人民法院对视听资料,应当辨别真伪,并结合本案的其他证据,审查确定能否作为认定事实的根据。

(4) 证人证言。知道案件情况的单位和个人向人民法院就其所知的案件事实所做的陈述,为证人证言。凡知道案件情况的单位和个人,都有义务出庭作证。有关单位的负责人应当支持证人作证。人民法院在证人出庭作证前应当告知其如实作证的义务以及作伪证的法律后果,并责令其签署保证书,但无民事行为能力人和限制民事行为能力人除外。

(5) 鉴定结论。当事人可以就查明事实的专门性问题向人民法院申请鉴定。当事人申请鉴定的,由双方当事人协商确定具备资格的鉴定人;协商不成的,由人民法院指定。

当事人未申请鉴定,人民法院对专门性问题认为需要鉴定的,应当委托具备资格的鉴定人进行鉴定。鉴定人出具的书面意见为鉴定意见,鉴定人应当在鉴定书上签名或者盖章。

(6) 勘验笔录。人民法院勘验物证或现场而制作的笔录。人民法院勘验物证或者现场,勘验人必须出示人民法院的证件,并邀请当地基层组织或者当事人所在单位派人参加。当事人或者当事人的成年家属应当到场,拒不到场的,不影响勘验的进行。有关单位和个人根据人民法院的通知,有义务保护现场,协助勘验工作。勘验人应当将勘验情况和结果制作笔录,由勘验人、当事人和被邀参加人签名或者盖章。

八、民事诉讼的证明

(一) 举证

当事人对自己提出的诉讼请求所依据的事实或者反驳对方诉讼请求所依据的事实,应当提供证据加以证明,但法律另有规定的除外。在作出判决前,当事人未能提供证据或者证据不足以证明其事实主张的,由负有举证责任的当事人承担不利的后果。当事人及其诉讼代理人因客观原因不能自行收集的证据,或者人民法院认为审理案件需要的证据,人民法院应当调查收集。

我国的民事诉讼施行谁主张、谁举证的基本原则,即人民法院应当依照下列原则确定举证责任的承担,但法律另有规定的除外:(1) 主张法律关系存在的当事人,应当对产生该法律关系的基本事实承担举证证明责任;(2) 主张法律关系变更、消灭或者权利受到妨害的当事人,应当对该法律关系变更、消灭或者权利受到妨害的基本事实承担举证责任。

当事人应当提供证据证明案件事实,但对于特定的事实无需提供证据,包括:(1) 自然规律以及定理、定律;(2) 众所周知的事实;(3) 根据法律规定推定的事实;(4) 根据已知的事实和日常生活经验法则推定出的另一事实;(5) 已为人民法院发生法律效力的裁判所确认的事实;(6) 已为仲裁机构生效裁决所确认的事实;(7) 已为有效公证文书所证明的事实。其中,第(2)项至第(4)项规定的事实,当事人有相反证据足以反驳的除外;第(5)项至第(7)项规定的事实,当事人有相反证据足以推翻的除外。

当事人提交证据应当在法定时限内,这一时限即举证期限。人民法院应当在审理前的准备阶段确定当事人的举证期限。举证期限可以由当事人协商,并经人民法院准许。人民法院确定举证期限,第一审普通程序案件不得少于15日,当事人提供新的证据的第二审案件不得少于10日。举证期限届满后,当事人对已经提供的证据,申请提供反驳证据或者对证据来源、形式等方面的瑕疵进行补正的,人民法院可以酌情再次确定举证期限,该期限不受前述规定的限制。当事人申请延长举证期限的,应当在举证期限届满前向人民法院提出书面申请。

当事人逾期提供证据的,人民法院应当责令其说明理由,必要时可以要求其提供相应的证据。当事人因客观原因逾期提供证据,或者对方当事人对逾期提供证据未提出异议的,视为未逾期。当事人因故意或者重大过失逾期提供的证据,人民法院不予采纳。但该证据与案件基本事实有关的,人民法院应当采纳,并依照《民事诉讼法》第 65 条、第 115 条第 1 款的规定予以训诫、罚款。当事人非因故意或者重大过失逾期提供的证据,人民法院应当采纳,并对当事人予以训诫。

(二)质证

质证是指当事人、诉讼代理人及第三人在法庭的主持下,对当事人及第三人提出的证据就其真实性、合法性、关联性以及证明力的有无、大小予以说明和质辩的活动或过程,证据应当在法庭上出示,由当事人互相质证。质证应当公开,未经当事人质证的证据,不得作为认定案件事实的根据。当事人在审理前的准备阶段认可的证据,经审判人员在庭审中说明后,视为质证过的证据。涉及国家秘密、商业秘密、个人隐私或者法律规定应当保密的证据,不得公开质证。

(三)认证

认证是指人民法院在庭审过程中根据当事人的举证和质证,对证据的客观性、关联性、合法性进行审核确认的过程。人民法院应当按照法定程序,全面、客观地审核证据,依照法律规定,运用逻辑推理和日常生活经验法则,对证据有无证明力和证明力大小进行判断,并公开判断的理由和结果。能够反映案件真实情况、与待证事实相关联、来源和形式符合法律规定的证据,应当作为认定案件事实的根据。当人民法院就数个证据对同一事实的证明力进行认定时,应遵循以下民事诉讼证据规则:(1)国家机关、社会团体依职权制作的公文书证的证明力一般大于其他书证;(2)物证档案、鉴定结论、勘验笔录或者经过公证、登记的书证,其证明力一般大于其他书证、视听资料和证人证言;(3)原始证据的证明力一般大于传来证据;(4)直接证据的证明力一般大于间接证据;(5)证人提供的对与其有亲属关系或者其他密切关系的当事人有利的证言,其证明力一般小于其他证人证言。

除了一般的认证规则外,当事人的自认可以构成认定事实的依据,即自认规则和和解自认排除规则。即一方当事人在法庭审理中,或者在起诉状、答辩状、代理词等书面材料中,对于己不利的事实明确表示承认的,另一方当事人无需举证证明,人民法院应予认定。对于涉及身份关系、国家利益、社会公共利益等应当由人民法院依职权调查的事实,不适用前述自认的规定。自认的事实与查明的事实不符的,人民法院不予确认。但当事人为达成调解协议或者和解协议作出妥协而认可的事实,不得在后续的诉讼中作为对其不利的法律根据,但法律另有规定或者当事人均同意的除外。

认证标准是人民法院认定证据证明程度的规则。民事诉讼的证明标准是高度可能性原则,包括主张的高度可能性规则、真伪不明规则和排除合理怀疑规则。即对负有举证证明责任的当事人提供的证据,人民法院经审查并结合相关事实,确信待证事实的存在具有高度可能性的,应当认定该事实存在。而对一方当事人为反驳负有举证证明责任的当事人所主张事实而提供的证据,人民法院经审查并结合相关事实,认为待证事实真伪不明的,应当认定该事实不存在;当事人对欺诈、胁迫、恶意串通事实的证明,以及对口头遗嘱或者赠与事实的证明,人民法院确信该待证事实存在的可能性能够排除合理怀疑的,应当认定该事实存在。法律对于待证事实所应达到的证明标准另有规定的,从其规定。

知识拓展

1. 协议管辖：《民事诉讼法》中规定了协议管辖，其第 34 条规定：合同或者其他财产权益纠纷的当事人可以书面协议选择被告住所地、合同履行地、合同签订地、原告住所地、标的物所在地等与争议有实际联系的地点的人民法院管辖，但不得违反本法对级别管辖和专属管辖的规定。

2. 调解协议：《民事诉讼法》中规定了调解协议的司法确认程序，其第 97 条规定：调解达成协议，人民法院应当制作调解书。调解书应当写明诉讼请求、案件的事实和调解结果。调解书由审判人员、书记员署名，加盖人民法院印章，送达双方当事人。调解书经双方当事人签收后，即具有法律效力。

链接阅读

1. 周翠：《协议管辖问题研究：对〈民事诉讼法〉第 34 条和第 127 条第 2 款的解释》，载《中外法学》2014 年第 2 期；

2. 王亚新：《〈民事诉讼法〉修改与调解协议的司法审查》，载《清华法学》2011 年第 3 期。

第三节　民事诉讼第一审程序和第二审程序

一、第一审普通程序

民事第一审普通程序是指人民法院审理一审民事诉讼案件通常所适用的程序。一审程序是民事诉讼程序的基础和开端，一审程序可以分为起诉与受理、审前准备、开庭审理、审结、诉讼中止与终结等程序。一审普通程序的审理周期是 6 个月。

（一）起诉与受理

1. 起诉

当事人提起诉讼应当符合以下条件：(1) 原告是与本案有直接利害关系的公民、法人和其他组织；(2) 有明确的被告；(3) 有具体的诉讼请求和事实、理由；(4) 属于人民法院受理民事诉讼的范围和受诉人民法院管辖。当事人提起诉讼，应当向人民法院递交起诉状，并按照被告人数提出副本。书写起诉状确有困难的，可以口头起诉，由人民法院记入笔录，并告知对方当事人。

2. 受理

受理是指人民法院收到当事人的起诉后，受理原告提起的诉讼的程序。按照立案等级制的要求，人民法院应当保障当事人依照法律规定享有的起诉权利。对符合起诉条件的起诉，必须受理。符合起诉条件的，应当在 7 日内立案，并通知当事人；不符合起诉条件的，应当在 7 日内作出裁定书，不予受理；原告对裁定不服的，可以提起上诉。

对于不符合民事诉讼受理条件的起诉,人民法院不予受理。其情形及处理方法包括:(1)依照行政诉讼法的规定,属于行政诉讼受案范围的,告知原告提起行政诉讼;(2)依照法律规定,双方当事人达成书面仲裁协议申请仲裁、不得向人民法院起诉的,告知原告向仲裁机构申请仲裁;(3)依照法律规定,应当由其他机关处理的争议,告知原告向有关机关申请解决;(4)对不属于本院管辖的案件,告知原告向有管辖权的人民法院起诉;(5)对判决、裁定、调解书已经发生法律效力的案件,当事人又起诉的,告知原告申请再审,但人民法院准许撤诉的裁定除外;(6)依照法律规定,在一定期限内不得起诉的案件,在不得起诉的期限内起诉的,不予受理;(7)判决不准离婚和调解和好的离婚案件,判决、调解维持收养关系的案件,没有新情况、新理由,原告在6个月内又起诉的,不予受理;(8)当事人重复起诉的。

《民诉法解释》对重复起诉进行了界定,即当事人就已经提起诉讼的事项在诉讼过程中或者裁判生效后再次起诉,同时符合下列条件的,构成重复起诉:(1)后诉与前诉的当事人相同;(2)后诉与前诉的诉讼标的相同;(3)后诉与前诉的诉讼请求相同,或者后诉的诉讼请求实质上否定前诉裁判结果。对于重复起诉,裁定不予受理,已经受理的,裁定驳回起诉,但法律、司法解释另有规定的除外。

3. 反诉

反诉是在一个已经开始的民事诉讼本诉程序中,本诉的被告以本诉原告为被告,向受诉法院提出的与本诉有牵连的独立的反请求的诉讼程序。反诉的当事人应当限于本诉的当事人的范围,反诉与本诉的诉讼请求基于相同法律关系、诉讼请求之间具有因果关系,或者反诉与本诉的诉讼请求基于相同事实的,人民法院应当合并审理。反诉应由其他人民法院专属管辖,或者与本诉的诉讼标的及诉讼请求所依据的事实、理由无关联的,裁定不予受理,告知另行起诉。

(二)审理前准备

审前准备程序是指原告起诉之后,法庭开庭审理之前人民法院所进行的一系列诉讼程序,主要包括送达起诉状副本和答辩、告知合议庭组成和当事人权利义务、确认共同诉讼、审理管辖权异议、召开庭前会议,等等。

人民法院应当在立案之日起5日内将起诉状副本发送被告,被告应当在收到之日起15日内提出答辩状。答辩状应当记明被告的姓名、性别、年龄、民族、职业、工作单位、住所、联系方式;法人或者其他组织的名称、住所和法定代表人或者主要负责人的姓名、职务、联系方式。人民法院应当在收到答辩状之日起5日内将答辩状副本发送原告。被告不提出答辩状的,不影响人民法院审理。人民法院对决定受理的案件,应当在受理案件通知书和应诉通知书中向当事人告知有关的诉讼权利义务,或者口头告知。

人民法院受理案件后,当事人对管辖权有异议的,应当在提交答辩状期间提出。人民法院对当事人提出的异议,应当审查。异议成立的,裁定将案件移送有管辖权的人民法院;异议不成立的,裁定驳回。当事人未提出管辖异议,并应诉答辩的,视为受诉人民法院有管辖权,但违反级别管辖和专属管辖规定的除外。当事人在提交答辩状期间提出管辖异议，又针对起诉状的内容进行答辩的，人民法院应当依照《民事诉讼法》第127条第1款的规定，对管辖异议进行审查。当事人未提出管辖异议，就案件实体内容进行答辩、陈述或者反诉的，可以认定为《民事诉讼法》第127条第2款规定的应诉答辩。

人民法院可以在答辩期届满后，通过组织证据交换、召集庭前会议等方式，做好审理前的准备。根据案件具体情况，庭前会议可以包括下列内容：(1) 明确原告的诉讼请求和被告的答辩意见；(2) 审查处理当事人增加、变更诉讼请求的申请和提出的反诉，以及第三人提出的与本案有关的诉讼请求；(3) 根据当事人的申请决定调查收集证据，委托鉴定，要求当事人提供证据，进行勘验，进行证据保全；(4) 组织交换证据；(5) 归纳争议焦点；(6) 进行调解。

（三）开庭审理

开庭审理是人民法院审理民事案件的核心。人民法院审理民事案件，除涉及国家秘密、个人隐私或者法律另有规定的以外，应当公开进行。离婚案件，涉及商业秘密的案件，当事人申请不公开审理的，可以不公开审理。法庭审理应当围绕当事人争议的事实、证据和法律适用等焦点问题进行。

开庭审理的程序：

1. 通知当事人。人民法院适用普通程序审理案件，应当在开庭3日前用传票传唤当事人。对诉讼代理人、证人、鉴定人、勘验人、翻译人员应当用通知书通知其到庭。当事人或者其他诉讼参与人在外地的，应当留有必要的在途时间。

2. 宣布法庭纪律和庭前程序。开庭审理前，书记员应当查明当事人和其他诉讼参与人是否到庭，宣布法庭纪律。开庭审理时，由审判长核对当事人，宣布案由，宣布审判人员、书记员名单，告知当事人有关的诉讼权利义务，询问当事人是否提出回避申请。

3. 法庭事实调查。法庭调查按照下列顺序进行：(1) 当事人陈述诉讼请求和答辩意见。(2) 告知证人的权利义务，证人作证，宣读未到庭的证人证言。(3) 举证和质证，包括出示书证、物证、视听资料和电子数据，宣读鉴定意见，宣读勘验笔录，当事人在法庭上可以提出新的证据。

4. 法庭辩论。法庭辩论按照下列顺序进行：(1) 原告及其诉讼代理人发言；(2) 被告及其诉讼代理人答辩；(3) 第三人及其诉讼代理人发言或者答辩；(4) 互相辩论。

5. 最后意见和法庭调解。法庭辩论终结，由审判长按照原告、被告、第三人的先后顺序征询各方最后意见。法庭辩论终结，应当依法作出判决。判决前能够调解的，还可以进行调解，调解不成的，应当及时判决。

6. 宣判程序。人民法院对公开审理或者不公开审理的案件，一律公开宣告判决。当庭宣判的，应当在10日内发送判决书，定期宣判的，宣判后立即发给判决书。宣告判决时，必须告知当事人上诉权利、上诉期限和上诉的法院。宣告离婚判决，必须告知当事人在判决发生法律效力前不得另行结婚。

（四）审理结果

一审普通程序的审理结果包括判决、裁定和调解。判决书应当写明判决结果和作出该判决的理由。判决书内容包括：(1) 案由、诉讼请求、争议的事实和理由；(2) 判决认定的事实和理由、适用的法律和理由；(3) 判决结果和诉讼费用的负担；(4) 上诉期间和上诉的法院。判决书由审判人员、书记员署名，加盖人民法院印章。

裁定适用于下列范围：(1) 不予受理；(2) 对管辖权有异议的；(3) 驳回起诉；(4) 保全和先予执行；(5) 准许或者不准许撤诉；(6) 中止或者终结诉讼；(7) 补正判决书中的笔误；(8) 中止或者终结执行；(9) 撤销或者不予执行仲裁裁决；(10) 不予执行公证机关赋予强制执行效力的债权文书；(11) 其他需要裁定解决的事项。对前述第(1)项至第(3)项裁定，可以上诉。裁定书应当写明裁定结果和作出该裁定的理由。裁定书由审判人员、书记员署名，加盖人民法院印章。口头裁定的，记入笔录。

(五) 诉讼中止和终结

民事诉讼的诉讼中止是指在诉讼进行过程中，因发生某种法定中止诉讼的原因，诉讼无法继续进行或不宜进行，因而法院裁定暂时停止诉讼程序的制度。其情形包括：(1) 一方当事人死亡，需要等待继承人表明是否参加诉讼的；(2) 一方当事人丧失诉讼行为能力，尚未确定法定代理人的；(3) 作为一方当事人的法人或者其他组织终止，尚未确定权利义务承受人的；(4) 一方当事人因不可抗拒的事由，不能参加诉讼的；(5) 本案必须以另一案的审理结果为依据，而另一案尚未审结的；(6) 其他应当中止诉讼的情形。中止诉讼的原因消除后，恢复诉讼。

民事诉讼的诉讼终结是指在诉讼进行过程中，因发生某种法定的诉讼终结的原因，使诉讼程序继续进行已没有必要或不可能继续进行，从而由人民法院裁定终结民事诉讼程序的制度。其情形包括：(1) 原告死亡，没有继承人，或者继承人放弃诉讼权利的；(2) 被告死亡，没有遗产，也没有应当承担义务的人的；(3) 离婚案件一方当事人死亡的；(4) 追索赡养费、扶养费、抚育费以及解除收养关系案件的一方当事人死亡的。

二、第一审简易程序

(一) 简易程序的一般规则

简易程序是指基层人民法院和它派出的法庭审理事实清楚、权利义务关系明确、争议不大的简单的民事案件，或者基层人民法院和它派出的法庭审理的上述情形之外，但当事人双方约定适用简易程序审理的民事案件，可以适用简易的一审诉讼程序。简易程序的审理周期为3个月。人民法院在审理过程中，发现案件不宜适用简易程序的，裁定转为普通程序。

区别于一审普通程序，简易程序的特征在于：第一，原告可以口头起诉，可以当即审理，也可以另定日期审理。第二，审理简单的民事案件，可以用简便方式传唤当事人和证人、送达诉讼文书、审理案件，但应当保障当事人陈述意见的权利。第三，简单的民事案件由审判员一人独任审理。

(二) 简易程序中的小额诉讼

小额诉讼是一种特殊的简易程序案件，指基层人民法院和它派出的法庭审理适用简易程序的简单民事案件,标的额为各省、自治区、直辖市上年度就业人员年平均工资30%以下的,实行一审终审的一种诉讼程序。小额诉讼案件主要集中在以给付金钱为诉讼标的的诉讼中,不适用小额诉讼的案件包括:(1)人身关系、财产确权纠纷;(2)涉外民事纠纷;(3)知识产权纠纷;(4)需要评估、鉴定或者对诉前评估、鉴定结果有异议的纠纷;(5)其他不宜适用一审终审的纠纷。

小额诉讼的特征在于:(1)一审终审;(2)举证期限由人民法院确定,也可以由当事人协商一致并经人民法院准许,但一般不超过7日,答辩期间最长不得超过15日;(3)当事人对小额诉讼案件提出管辖异议的,人民法院应当作出裁定,裁定一经作出即生效;(4)发现起诉不符合起诉条件的,裁定驳回起诉,裁定一经作出即生效;(5)小额诉讼案件的裁判文书可以简化,主要记载当事人基本信息、诉讼请求、裁判主文等内容。

三、特殊类型第一审程序

《民事诉讼法》经过2007年和2012年两次重大修改之后,借鉴其他国家的经验,设计了一系列特殊类型的一审案件,包括公益诉讼、第三人撤销之诉、执行异议之诉,分别保护特定情形的民事权益。《民诉法解释》分别明确了三类诉讼的具体规则。

(一)民事公益诉讼

(1)公益诉讼的概念。环境保护法、消费者权益保护法等法律规定的机关和有关组织对污染环境、侵害众多消费者合法权益等损害社会公共利益的行为,根据《民事诉讼法》第55条规定提起公益诉讼,符合下列条件的,人民法院应当受理:① 有明确的被告;② 有具体的诉讼请求;③ 有社会公共利益受到损害的初步证据;④ 属于人民法院受理民事诉讼的范围和受诉人民法院管辖。

(2)公益诉讼的管辖。由侵权行为地或者被告住所地中级人民法院管辖,但法律、司法解释另有规定的除外。因污染海洋环境提起的公益诉讼,由污染发生地、损害结果地或者采取预防污染措施地海事法院管辖。

(3)公益诉讼的主体和程序。人民法院受理公益诉讼案件后,应当在10日内书面告知相关行政主管部门。依法可以提起诉讼的其他机关和有关组织,可以在开庭前向人民法院申请参加诉讼。人民法院准许参加诉讼的,列为共同原告。受理公益诉讼案件,不影响同一侵权行为的受害人根据《民事诉讼法》第119条的规定提起诉讼。

(4)公益诉讼案件的和解与撤诉。公益诉讼案件,当事人可以和解,人民法院可以调解。当事人达成和解或者调解协议后,人民法院应当将和解或者调解协议进行公告。公告期间不得少于30日。公告期满后,人民法院经审查,和解或者调解协议不违反社会公共利益的,应当出具调解书;和解或者调解协议违反社会公共利益的,不予出具调解书,继续对案件进行审理并依法作出裁判。公益诉讼案件的原告在法庭辩论终结后申请撤诉的,人民法院不予准许。

(二)第三人撤销之诉

(1)第三人撤销之诉的含义。第三人对已经发生法律效力的判决、裁定、调解书提起撤销之诉的,应当自知道或者应当知道其民事权益受到损害之日起6个月内,向作出生效判决、裁定、调解书的人民法院提出的一种诉讼程序。第三人提起撤销之诉的同时,应当提供存在下列情形的证据材料:① 因不能归责于本人的事由未参加诉讼;② 发生法律效力的判决、裁定、调解书的全部或者部分内容错误;③ 发生法律效力的判决、裁定、调解书内容错误损害其民事权益。第三人提起撤销之诉,人民法院应当将该第三人列为原告,生效判决、裁定、调解书的当事人列为被告,但生效判决、裁定、调解书中没有承担责任的无独立请求权的第三人列为第三人。

(2) 第三人撤销之诉的处理。对第三人撤销或者部分撤销发生法律效力的判决、裁定、调解书内容的请求,人民法院经审理,按下列情形分别处理:① 请求成立且确认其民事权利的主张全部或部分成立的,改变原判决、裁定、调解书内容的错误部分;② 请求成立,但确认其全部或部分民事权利的主张不成立,或者未提出确认其民事权利请求的,撤销原判决、裁定、调解书内容的错误部分;③ 请求不成立的,驳回诉讼请求。原判决、裁定、调解书的内容未改变或者未撤销的部分继续有效。

(3) 第三人撤销之诉与再审程序的衔接。第三人撤销之诉案件审理期间,人民法院对生效判决、裁定、调解书裁定再审的,受理第三人撤销之诉的人民法院应当裁定将第三人的诉讼请求并入再审程序。但有证据证明原审当事人之间恶意串通损害第三人合法权益的,人民法院应当先行审理第三人撤销之诉案件,裁定中止再审诉讼。第三人诉讼请求并入再审程序审理的,按照下列情形分别处理:① 按照第一审程序审理的,人民法院应当对第三人的诉讼请求一并审理,所作的判决可以上诉;② 按照第二审程序审理的,人民法院可以调解,调解达不成协议的,应当裁定撤销原判决、裁定、调解书,发回一审法院重审,重审时应当列明第三人。

(4) 第三人撤销之诉与执行异议的衔接。第三人提起撤销之诉后,未中止生效判决、裁定、调解书执行的,执行法院对第三人依照《民事诉讼法》第227条规定提出的执行异议,应予审查。第三人不服驳回执行异议裁定,申请对原判决、裁定、调解书再审的,人民法院不予受理。案外人对人民法院驳回其执行异议裁定不服,认为原判决、裁定、调解书内容错误损害其合法权益的,应当根据《民事诉讼法》第227条规定申请再审,提起第三人撤销之诉的,人民法院不予受理。

(三) 执行异议之诉

执行异议之诉是指案外人、当事人对执行异议裁定不服,按照《民事诉讼法》第227条的规定,自裁定送达之日起15日内向人民法院提起执行异议之诉的一种诉讼程序。案外人提起执行异议之诉,还应当具备下列条件:(1) 案外人的执行异议申请已经被人民法院裁定驳回;(2) 有明确的排除对执行标的执行的诉讼请求,且诉讼请求与原判决、裁定无关;(3) 自执行异议裁定送达之日起15日内提起。申请执行人提起执行异议之诉,除符合《民事诉讼法》第119条规定外,还应当具备下列条件:(1) 依案外人执行异议申请,人民法院裁定中止执行;(2) 有明确的对执行标的继续执行的诉讼请求,且诉讼请求与原判决、裁定无关;(3) 自执行异议裁定送达之日起15日内提起。

(1) 执行异议之诉的主体。案外人提起执行异议之诉的,以申请执行人为被告。被执行人反对案外人异议的,被执行人为共同被告;被执行人不反对案外人异议的,可以列被执行人为第三人。申请执行人提起执行异议之诉的,以案外人为被告。被执行人反对申请执行人主张的,以案外人和被执行人为共同被告;被执行人不反对申请执行人主张的,可以列被执行人为第三人。

(2) 执行异议之诉的处理。对案外人提起的执行异议之诉,人民法院经审理,按照下列情形分别处理:① 案外人就执行标的享有足以排除强制执行的民事权益的,判决不得执行该执行标的;② 案外人就执行标的不享有足以排除强制执行的民事权益的,判决驳回诉讼请求。案外人同时提出确认其权利的诉讼请求的,人民法院可以在判决中一并作出裁判。对申请执行人提起的执行异议之诉,人民法院经审理,按照下列情形分别处理:① 案外人就执行标的不享有足以排除强制执行的民事权益的,判决准许执行该执行标的;② 案外人就执行标的享有足以排除强制执行的民事权益的,判决驳回诉讼请求。对案外人执行异议之诉,人民法院判决不得对执行标的执行的,执行异议裁定失效。

四、特别程序案件

特别程序是指人民法院审理选民资格案件、宣告失踪或者宣告死亡案件、认定公民无民事行为能力或者限制民事行为能力案件、认定财产无主案件、确认调解协议案件和实现担保物权案件六类特殊程序案件所适用的审理程序。

人民法院审理特别程序案件,实行一审终审。选民资格案件或者重大、疑难的案件,由审判员组成合议庭审理;其他案件由审判员一人独任审理。人民法院在特别程序审理案件的过程中,发现本案属于民事权益争议的,应当裁定终结特别程序,并告知利害关系人可以另行起诉。适用特别程序审理的案件,应当在立案之日起 30 日内或者公告期满后 30 日内审结。有特殊情况需要延长的,由本院院长批准,但审理选民资格的案件除外。

五、第二审程序的上诉与审理

我国实行两审终审制,第二审程序是当事人不服一审判决、裁定,向上一级人民法院提起上诉的诉讼程序。二审程序是终审程序,二审的判决、裁定是终审的,发生法律效力的判决、裁定。

(一) 第二审程序的上诉

当事人不服地方人民法院第一审判决的,有权在判决书送达之日起 15 日内向上一级人民法院提起上诉;不服地方人民法院第一审裁定的,有权在裁定书送达之日起 10 日内向上一级人民法院提起上诉。

(1) 上诉应当递交上诉状。上诉状的内容,应当包括当事人的姓名,法人的名称及其法定代表人的姓名或者其他组织的名称及其主要负责人的姓名;原审人民法院名称、案件的编号和案由;上诉的请求和理由。上诉状应当通过原审人民法院提出,并按照对方当事人或者代表人的人数提出副本。

(2) 当事人在第二审程序中的诉讼地位。双方当事人和第三人都提起上诉的,均列为上诉人。人民法院可以依职权确定第二审程序中当事人的诉讼地位。必要共同诉讼人的一人或者部分人提起上诉的,按下列情形分别处理:① 上诉仅对与对方当事人之间权利义务分担有意见,不涉及其他共同诉讼人利益的,对方当事人为被上诉人,未上诉的同一方当事人依原审诉讼地位列明;② 上诉仅对共同诉讼人之间权利义务分担有意见,不涉及对方当事人利益的,未上诉的同一方当事人为被上诉人,对方当事人依原审诉讼地位列明;③ 上诉对双方当事人之间以及共同诉讼人之间权利义务承担有意见的,未提起上诉的其他当事人均为被上诉人。

(二) 第二审程序的审理

第二审人民法院应当对上诉请求的有关事实和适用法律进行审查。第二审人民法院对上诉案件,应当组成合议庭,开庭审理。经过阅卷、调查和询问当事人,对没有提出新的事实、证据或者理由,合议庭认为不需要开庭审理的,可以不开庭审理。人民法院审理对判决的上诉案件,应当在第二审立案之日起3个月内审结。有特殊情况需要延长的,由本院院长批准。人民法院审理对裁定的上诉案件,应当在第二审立案之日起30日内作出终审裁定。第二审人民法院审理上诉案件,除依照二审程序规定外,适用第一审普通程序。

第二审人民法院对下列上诉案件,依照《民事诉讼法》第169条规定可以不开庭审理:(1) 不服不予受理、管辖权异议和驳回起诉裁定的;(2) 当事人提出的上诉请求明显不能成立的;(3) 原判决、裁定认定事实清楚,但适用法律错误的;(4) 原判决严重违反法定程序,需要发回重审的。

六、第二审程序的处理结果

(一) 维持原判决、裁定

第二审人民法院经过审理,认为原判决、裁定认定事实清楚,适用法律正确的,以判决、裁定方式驳回上诉,维持原判决、裁定。原判决、裁定认定事实或者适用法律虽有瑕疵,但裁判结果正确的,第二审人民法院可以在判决、裁定中纠正瑕疵后,依照《民事诉讼法》第170条第1款第(一)项规定予以维持。

(二) 改判或变更判决

第二审人民法院经过审理,认为原判决、裁定认定事实错误或者适用法律错误的,以判决、裁定方式依法改判、撤销或者变更;认为原判决认定基本事实不清的可查清事实后改判。

在第二审程序中,原审原告增加独立的诉讼请求或者原审被告提出反诉的,双方当事人同意由第二审人民法院一并审理的,第二审人民法院可以一并裁判;一审判决不准离婚的案件,上诉后,第二审人民法院认为应当判决离婚的,双方当事人同意由第二审人民法院一并审理的,第二审人民法院可以一并裁判。

(三) 发回重审

第二审人民法院经审理,认定原判决认定基本事实不清的,裁定撤销原判决,发回原审人民法院重审。其中,案件基本事实是指用以确定当事人主体资格、案件性质、民事权利义务等对原判决、裁定的结果有实质性影响的事实。

第二审人民法院经审理,认定原判决遗漏当事人或者违法缺席判决等严重违反法定程序的,裁定撤销原判决,发回原审人民法院重审。其中,严重违反法定程序的情形包括:(1)审判组织的组成不合法的;(2)应当回避的审判人员未回避的;(3)无诉讼行为能力人未经法定代理人代为诉讼的;(4)违法剥夺当事人辩论权利的。遗漏诉讼请求或诉讼主体的情形包括:对当事人在第一审程序中已经提出的诉讼请求,原审人民法院未作审理、判决的,第二审人民法院可以根据当事人自愿的原则进行调解;调解不成的,发回重审。必须参加诉讼的当事人或者有独立请求权的第三人,在第一审程序中未参加诉讼,第二审人民法院可以根据当事人自愿的原则予以调解;调解不成的,发回重审。

（四）调解

第二审人民法院审理上诉案件,可以进行调解。调解达成协议,应当制作调解书,由审判人员、书记员署名,加盖人民法院印章。调解书送达后,原审人民法院的判决即视为撤销。

（五）撤诉和按撤回上诉处理

第二审人民法院判决宣告前,上诉人申请撤回上诉的,是否准许,由第二审人民法院裁定。当事人在第二审程序中达成和解协议的并申请撤诉,经审查符合撤诉条件的,人民法院应予准许。人民法院经审查认为一审判决确有错误,或者当事人之间恶意串通损害国家利益、社会公共利益、他人合法权益的,不应准许。

在第二审程序中,原审原告申请撤回起诉,经其他当事人同意,且不损害国家利益、社会公共利益、他人合法权益的,人民法院可以准许。准许撤诉的,应当一并裁定撤销一审裁判。原审原告在第二审程序中撤回起诉后重复起诉的,人民法院不予受理。

上诉人虽递交上诉状,但未在指定的期限内交纳上诉费的,按自动撤回上诉处理。

（六）撤销原裁定

人民法院依照第二审程序审理案件,认为依法不应由人民法院受理的,可以由第二审人民法院直接裁定撤销原裁判,驳回起诉;经查明第一审人民法院作出的不予受理裁定有错误的,应当在撤销原裁定的同时,指令第一审人民法院立案受理;经查明第一审人民法院作出的驳回起诉裁定有错误的,应当在撤销原裁定的同时,指令第一审人民法院审理。

知识拓展

恶意诉讼:2012年修改后的《民事诉讼法》对恶意诉讼行为进行了重点规制。《民事诉讼法》第112条规定:当事人之间恶意串通,企图通过诉讼、调解等方式侵害他人合法权益的,人民法院应当驳回其请求,并根据情节轻重予以罚款、拘留;构成犯罪的,依法追究刑事责任。第113条规定:被执行人与他人恶意串通,通过诉讼、仲裁、调解等方式逃避履行法律文书确定的义务的,人民法院应当根据情节轻重予以罚款、拘留;构成犯罪的,依法追究刑事责任。

> **链接阅读**
>
> 1. 张卫平:《重复诉讼规制研究:兼论"一事不再理"》,载《中国法学》2015年第2期;
> 2. 宋朝武:《新〈民事诉讼法〉视野下的恶意诉讼规制》,载《现代法学》2014年第6期。

第四节 民事诉讼审判监督程序和执行程序

一、民事诉讼审判监督程序

民事审判监督程序即再审程序,是人民法院、人民检察院对已经发生法律效力的判决和裁定,发现在认定事实或适用法律上确有错误,依法提起并对案件进行重新审判的程序。审判监督程序本身是一种对于生效民事判决、裁定的纠错程序。从发起主体上区分,审判监督程序可以分为院长发现、当事人申请、检察院抗诉三种情形。从流程上区分,审判监督程序包括审查程序和审监程序两个阶段。

(一)审判监督程序的发起主体

(1)当事人。当事人对已经发生法律效力的判决、裁定,认为有错误的,可以向上一级人民法院申请再审。

(2)人民法院。各级人民法院院长对本院已经发生法律效力的判决、裁定、调解书,发现确有错误,认为需要再审的,应当提交审判委员会讨论决定。最高人民法院对地方各级人民法院已经发生法律效力的判决、裁定、调解书,上级人民法院对下级人民法院已经发生法律效力的判决、裁定、调解书,发现确有错误的,有权提审或者指令下级人民法院再审。

(3)人民检察院。最高人民检察院对各级人民法院已经发生法律效力的判决、裁定,上级人民检察院对下级人民法院已经发生法律效力的判决、裁定,发现有《民事诉讼法》第200条规定情形之一的,或者发现调解书损害国家利益、社会公共利益的,应当提出抗诉。地方各级人民检察院对同级人民法院已经发生法律效力的判决、裁定,发现有《民事诉讼法》第200条规定情形之一的,或者发现调解书损害国家利益、社会公共利益的,可以向同级人民法院提出检察建议,并报上级人民检察院备案;也可以提请上级人民检察院向同级人民法院提出抗诉。人民检察院抗诉的民事案件应符合下列条件:① 人民法院驳回再审申请的;② 人民法院逾期未对再审申请作出裁定的;③ 再审判决、裁定有明显错误的。

(二)再审程序的事由

再审程序的事由如下:(1)有新的证据,足以推翻原判决、裁定的;(2)原判决、裁定认定的基本事实缺乏证据证明的;(3)原判决、裁定认定事实的主要证据是伪造的;(4)原判决、裁定认定事实的主要证据未经质证的;(5)对审理案件需要的主要证据,当事人因客观原因不能自行收集,书面申请人民法院调查收集,人民法院未调查收集的;(6)原判决、裁定适用法律确有错误的;(7)审判组织的组成不合法或者依法应当回避的审判人员没有回避的;(8)无诉讼行为能力人未经法定代理人代为诉讼或者应当参加诉讼的当事人,因不能归责于本人或者其诉讼代理人的事由,未参加诉讼的;(9)违反法律规定,剥夺当事人辩论权利的;(10)未经传票传唤,缺席判决的;(11)原判决、裁定遗漏或者超出诉讼请求的;(12)据以作出原判决、裁定的法律文书被撤销或者变更的;(13)审判人员审理该案件时有贪污受贿、徇私舞弊、枉法裁判行为的;(14)当事人对已经发生法律效力的调解书,提出证据证明调解违反自愿原则或者调解协议的内容违反法律,经人民法院审查属实的。

(三)审判监督程序的流程规定

(1)再审申请。当事人申请再审的,应当提交再审申请书等材料。人民法院应当自收到再审申请书之日起5日内将再审申请书副本发送给对方当事人。对方当事人应当自收到再审申请书副本之日起15日内提交书面意见;不提交书面意见的,不影响人民法院审查。人民法院可以要求申请人和对方当事人补充有关材料,询问有关事项。

(2)再审审查申请期间和审查期限。当事人申请再审,应当在判决、裁定发生法律效力后6个月内提出;有《民事诉讼法》第200条第(一)项、第(三)项、第(十二)项、第(十三)项规定情形的,自知道或者应当知道之日起6个月内提出。人民法院应当自收到再审申请书之日起3个月内审查,符合《民事诉讼法》规定的,裁定再审;不符合《民事诉讼法》规定的,裁定驳回申请。有特殊情况需要延长的,由本院院长批准。

(3)再审申请的流程。因当事人申请裁定再审的案件由中级人民法院以上的人民法院审理,但当事人依照《民事诉讼法》第199条的规定选择向基层人民法院申请再审的除外。最高人民法院、高级人民法院裁定再审的案件,由本院再审或者交其他人民法院再审,也可以交原审人民法院再审。

(4)再审的程序。人民法院按照审判监督程序再审的案件,发生法律效力的判决、裁定是由第一审法院作出的,按照第一审程序审理,所作的判决、裁定,当事人可以上诉;发生法律效力的判决、裁定是由第二审法院作出的,按照第二审程序审理,所作的判决、裁定,是发生法律效力的判决、裁定;上级人民法院按照审判监督程序提审的,按照第二审程序审理,所作的判决、裁定是发生法律效力的判决、裁定。人民法院审理再审案件,应当另行组成合议庭。

(5)申诉不停止执行与再审停止执行。申诉期间不停止执行,但按照审判监督程序决定再审的案件,裁定中止原判决、裁定、调解书的执行,但追索赡养费、扶养费、抚育费、抚恤金、医疗费用、劳动报酬等案件,可以不中止执行。

二、民事执行程序

(一)民事强制执行

民事强制执行是人民法院根据生效的民事裁判结果对被执行人采取的民事强制措施的民事诉讼程序,强制执行国家强制力确保权利人的合法权利得到有效保护的民事诉讼制度。

1. 执行权归属

发生法律效力的民事判决、裁定以及刑事判决、裁定中的财产部分,由第一审人民法院或者与第一审人民法院同级的被执行的财产所在地人民法院执行。法律规定由人民法院执行的其他法律文书,由被执行人住所地或者被执行的财产所在地人民法院执行。

2. 执行异议

当事人、利害关系人认为执行行为违反法律规定的,可以向负责执行的人民法院提出书面异议。当事人、利害关系人提出书面异议的,人民法院应当自收到书面异议之日起15日内审查,理由成立的,裁定撤销或者改正;理由不成立的,裁定驳回。当事人、利害关系人对裁定不服的,可以自裁定送达之日起10日内向上一级人民法院申请复议。

执行过程中,案外人对执行标的提出书面异议的,人民法院应当自收到书面异议之日起15日内审查,理由成立的,裁定中止对该标的的执行;理由不成立的,裁定驳回。案外人、当事人对裁定不服,认为原判决、裁定错误的,依照审判监督程序办理;与原判决、裁定无关的,可以自裁定送达之日起15日内向人民法院提起诉讼。

3. 委托执行与提级执行

被执行人或者被执行的财产在外地的,可以委托当地人民法院代为执行。受委托人民法院收到委托函件后,必须在15日内开始执行,不得拒绝。执行完毕后,应当将执行结果及时函复委托人民法院;在30日内如果还未执行完毕,也应当将执行情况函告委托人民法院。受委托人民法院自收到委托函件之日起15日内不执行的,委托人民法院可以请求受委托人民法院的上级人民法院指令受委托人民法院执行。

人民法院自收到申请执行书之日起超过6个月未执行的,申请执行人可以向上一级人民法院申请执行。上一级人民法院经审查,可以责令原人民法院在一定期限内执行,也可以决定由本院执行或者指令其他人民法院执行。

4. 执行和解与恢复执行

在执行中,双方当事人自行和解达成协议的,执行员应当将协议内容记入笔录,由双方当事人签名或者盖章。申请执行人因受欺诈、胁迫与被执行人达成和解协议,或者当事人不履行和解协议的,人民法院可以根据当事人的申请,恢复对原生效法律文书的执行,但和解协议已履行的部分应当扣除。和解协议已经履行完毕的,人民法院不予恢复执行。

(二) 执行申请与执行移送

1. 强制执行申请

发生法律效力的民事判决、裁定,当事人必须履行。一方拒绝履行的,对方当事人可以向人民法院申请执行,也可以由审判员移送执行员执行。调解书和其他应当由人民法院执行的法律文书,当事人必须履行。一方拒绝履行的,对方当事人可以向人民法院申请执行。依法设立的仲裁机构的裁决,一方当事人不履行的,对方当事人可以向有管辖权的人民法院申请执行,受申请的人民法院应当执行。对公证机关依法赋予强制执行效力的债权文书,一方当事人不履行的,对方当事人可以向有管辖权的人民法院申请执行,受申请的人民法院应当执行。

当事人申请人民法院执行的生效法律文书应当具备下列条件:(1) 权利义务主体明确;(2) 给付内容明确。

2. 执行申请期间

申请执行的期间为 2 年。申请执行时效的中止、中断,适用法律有关诉讼时效中止、中断的规定。从法律文书规定履行期间的最后一日起计算;法律文书规定分期履行的,从规定的每次履行期间的最后一日起计算;法律文书未规定履行期间的,从法律文书生效之日起计算。

申请执行人超过申请执行时效期间向人民法院申请强制执行的,人民法院应予受理。被执行人对申请执行时效期间提出异议,人民法院经审查异议成立的,裁定不予执行。被执行人履行全部或者部分义务后,又以不知道申请执行时效期间届满为由请求执行回转的,人民法院不予支持。

3. 执行通知

执行员接到申请执行书或者移交执行书,应当向被执行人发出执行通知,并可以立即采取强制执行措施。人民法院应当在收到申请执行书或者移交执行书后 10 日内发出执行通知。

(三) 强制执行措施

1. 被执行人财产报告制度

被执行人未按执行通知履行法律文书确定的义务,应当报告当前以及收到执行通知之日前 1 年的财产情况。被执行人拒绝报告或者虚假报告的,人民法院可以根据情节轻重对被执行人或者其法定代理人、有关单位的主要负责人或者直接责任人员予以罚款、拘留。人民法院有权查询被执行人的身份信息与财产信息,掌握相关信息的单位和个人必须按照协助执行通知书办理。

2. 查封、冻结、划拨、变价、扣划

被执行人未按执行通知履行法律文书确定的义务,人民法院有权向有关单位查询被执行人的存款、债券、股票、基金份额等财产情况。人民法院有权根据不同情形扣押、冻结、划拨、变价被执行人的财产。人民法院查询、扣押、冻结、划拨、变价的财产不得超出被执行人应当履行义务的范围。人民法院决定扣押、冻结、划拨、变价财产,应当作出裁定,并发出协助执行通知书,有关单位必须办理。

对被执行的财产,人民法院非经查封、扣押、冻结不得处分。对银行存款等各类可以直接扣划的财产,人民法院的扣划裁定同时具有冻结的法律效力。人民法院冻结被执行人的银行存款的期限不得超过 1 年,查封、扣押动产的期限不得超过 2 年,查封不动产、冻结其他财产权的期限不得超过 3 年。申请执行人申请延长期限的,人民法院应当在查封、扣押、冻结期限届满前办理续行查封、扣押、冻结手续,续行期限不得超过前述期限。

3. 拍卖与变卖

财产被查封、扣押后,执行员应当责令被执行人在指定期间履行法律文书确定的义务。被执行人逾期不履行的,人民法院应当拍卖被查封、扣押的财产;不适于拍卖或者当事人双方同意不进行拍卖的,人民法院可以委托有关单位变卖或者自行变卖。国家禁止自由买卖的物品,交有关单位按照国家规定的价格收购。被执行人不履行法律文书确定的义务,并隐匿财产的,人民法院有权发出搜查令,对被执行人及其住所或者财产隐匿地进行搜查。

4. 票证交付与转移登记

法律文书指定交付的财物或者票证,由执行员传唤双方当事人当面交付,或者由执行员转交,并由被交付人签收。有关单位持有该项财物或者票证的,应当根据人民法院的协助执行通知书转交,并由被交付人签收。有关公民持有该项财物或者票证的,人民法院通知其交出。拒不交出的,强制执行。

在执行中,需要办理有关财产权证照转移手续的,人民法院可以向有关单位发出协助执行通知书,有关单位必须办理。

5. 强制迁出

强制迁出房屋或者强制退出土地,由院长签发公告,责令被执行人在指定期间履行。被执行人逾期不履行的,由执行员强制执行。强制执行时,被执行人是公民的,应当通知被执行人或者他的成年家属到场;被执行人是法人或者其他组织的,应当通知其法定代表人或者主要负责人到场。拒不到场的,不影响执行。被执行人是公民的,其工作单位或者房屋、土地所在地的基层组织应当派人参加。执行员应当将强制执行情况记入笔录,由在场人签名或者盖章。

强制迁出房屋被搬出的财物,由人民法院派人运至指定处所,交给被执行人。被执行人是公民的,也可以交给他的成年家属。因拒绝接收而造成的损失,由被执行人承担。

6. 迟延履行期间的债务利息

被执行人未按判决、裁定和其他法律文书指定的期间履行给付金钱义务的,应当加倍支付迟延履行期间的债务利息。被执行人未按判决、裁定和其他法律文书指定的期间履行其他义务的,应当支付迟延履行金。

7. 限制出境与联合惩戒

被执行人不履行法律文书确定的义务的,人民法院可以对其采取或者通知有关单位协助采取限制出境,在征信系统记录、通过媒体公布不履行义务信息以及法律规定的其他措施,即可以根据情节将其纳入失信被执行人名单,将被执行人不履行或者不完全履行义务的信息向其所在单位、征信机构以及其他相关机构通报。

(四) 强制执行终止与终结

1. 终止执行

有下列情形之一的,人民法院应当裁定中止执行:(1) 申请人表示可以延期执行的;(2) 案外人对执行标的提出确有理由的异议的;(3) 作为一方当事人的公民死亡,需要等待继承人继承权利或者承担义务的;(4)作为一方当事人的法人或者其他组织终止,尚未确定权利义务承受人的;(5)人民法院认为应当中止执行的其他情形。中止的情形消失后,恢复执行。中止执行的裁定,送达当事人后立即生效。

2. 终结执行

有下列情形之一的,人民法院裁定终结执行:(1)申请人撤销申请的;(2)据以执行的法律文书被撤销的;(3)作为被执行人的公民死亡,无遗产可供执行,又无义务承担人的;(4)追索赡养费、扶养费、抚育费案件的权利人死亡的;(5)作为被执行人的公民因生活困难无力偿还借款,无收入来源,又丧失劳动能力的;(6)人民法院认为应当终结执行的其他情形。终结执行的裁定,送达当事人后立即生效。

3. 终结本次执行与恢复执行

经过财产调查未发现可供执行的财产,在申请执行人签字确认或者执行法院组成合议庭审查核实并经院长批准后,可以裁定终结本次执行程序。终结本次执行程序后,申请执行人发现被执行人有可供执行财产的,可以再次申请执行。再次申请不受申请执行时效期间的限制。因撤销申请而终结执行后,当事人在申请执行时效期间内再次申请执行的,人民法院应当受理。

> **知识拓展**

1. **检察建议**:地方各级人民检察院对同级人民法院已经发生法律效力的判决、裁定,发现有《民事诉讼法》第200条规定情形之一的,或者发现调解书损害国家利益、社会公共利益的,可以向同级人民法院提出检察建议,并报上级人民检察院备案;也可以提请上级人民检察院向同级人民法院提出抗诉。人民检察院依法对损害国家利益、社会公共利益的发生法律效力的判决、裁定、调解书提出抗诉,或者经人民检察院检察委员会讨论决定提出再审检察建议的,人民法院应予受理。其作为与抗诉相并列的检察监督机制,具有非讼性、同级沟通性的特征,在性质、功能、适用条件、适用范围、具体规则以及法律效力等方面均与抗诉制度有所区别。同时,民事诉讼法中作为法律实施监督方式的检察建议与检察机关履行国家法律实施监督机关的职责发出的一般的检察建议也有所区别。

2. **参与分配**:参与分配是指被执行人为公民或者其他组织,在执行程序开始后,被执行人的其他已经取得执行依据的债权人发现被执行人的财产不能清偿所有债权的,可以向人民法院申请参与分配被执行人财产的强制执行制度。在我国有限破产主义立法模式下,为解决不具备破产能力的债务人向所有债权人公平有序地清偿的问题,强制执行中的参与分配程序应运而生。受此目的牵制,参与分配制度在适用要件上有其特殊构成。同时,参与分配异议和相应的异议之诉保障了参与分配债权人的合法权益。《民诉法解释》对参与分配异议和异议之诉制度进行了规定,即多个债权人对执行财产申请参与分配的,执行法院应当制作财产分配方案,并送达各债权人和被执行人。债权人或者被执行人对分配方案有异议的,应当自收到分配方案之日起15日内向执行法院提出书面异议。债权人或者被执行人对分配方案提出书面异议的,执行法院应当通知未提出异议的债权人、被执行人。未提出异议的债权人、被执行人自收到通知之日起 15 日内未提出反对意见的,执行法院依异议人的意见对分配方案审查修正后进行分配;提出反对意见的,应当通知异议人。异议人可以自收到通知之日起 15 日内,以提出反对意见的债权人、被执行人为被告,向执行法院提起诉讼;异议人逾期未提起诉讼的,执行法院按照原分配方案进行分配。

链接阅读

1. 韩静茹:《民事检察建议刍议——以与抗诉的关系协调为视角》,载《西南政法大学学报》2013 年第 1 期;

2. 丁亮华:《参与分配:解析与检讨》,载《法学家》2015 年第 5 期。

【推荐阅读文献】

1. 江伟主编:《民事诉讼法》(第五版),北京大学出版社 2016 年版。
2. 王亚新:《社会变革中的民事诉讼》,北京大学出版社 2014 年版。
3. 江伟、邵明主编:《民事证据法学》(第二版),中国人民大学出版社 2015 年版。

【思考题】

1. 我国民事诉讼法的基本原则有哪些?
2. 我国民事诉讼中的管辖规则有哪些?
3. 民事诉讼证据的主要类型有哪些?
4. 民事诉讼第一审程序的主要步骤有哪些?
5. 民事诉讼强制执行措施包括哪些?

第十一章 行政诉讼法

学习目标：掌握行政诉讼法的基本理论和知识框架，能够熟练运用行政诉讼法的基本知识分析和解决一般行政纠纷案件。

教师导读：在教学过程中应注重学生对于行政诉讼制度在整个诉讼法律制度内的地位和价值的理解，培养学生运用行政诉讼法的基本知识分析解决具体行政案件的能力。

建议学时：8学时

第一节 行政诉讼概述

一、行政诉讼的概念与特征

行政诉讼是指行政相对人认为作为行政主体所实施的具体行政行为侵犯其合法权益，依法向人民法院起诉，人民法院依法对被诉具体行政行为的合法性进行审查，并依法作出裁判的活动。

行政诉讼具有如下特征：

第一，行政诉讼是解决行政争议的一种诉讼活动。

第二，行政诉讼的原告只能是行政相对人，即认为行政机关的行政行为侵犯其合法权益的公民、法人或者其他组织。

第三，行政诉讼的被告只能是作出行政行为的行政机关。

二、行政诉讼法的渊源

（一）宪法和国家机关组织法

宪法中关于国家基本政治、司法制度以及国家司法机关组织和活动原则以及公民基本权利、义务的规定，是行政诉讼制度存在的基础。除宪法外，《国务院组织法》《人民法院组织法》《人民检察院组织法》《地方各级人民代表大会和地方各级人民政府组织法》等国家机关组织法规定的有关国家机关的组织、职权、法律关系等方面的法律规范，也是行政诉讼法的法律渊源。

（二）行政诉讼法律

行政诉讼法律包括《行政诉讼法》法典；《民事诉讼法》中与行政诉讼法不相抵触，行政诉讼法中没有规定又为行政诉讼活动所必须适用的诉讼规范；还包括其他法律中调整行政诉讼活动的规范。

（三）有关法规中的行政诉讼法规范

行政法规和地方性法规中调整行政诉讼关系的规范以及民族区域自治地方权力机关制定颁布的自治条例和单行条例中调整自治地方行政诉讼关系的规范也是行政诉讼法的渊源之一。

（四）法律解释

法律和法规制定机关对其制定、颁布的法律、法规进行的解释，如果涉及行政诉讼关系的调整，则属于行政诉讼法的法源。最高人民法院针对行政诉讼法律规范适用过程中出现的问题作出的司法解释也是行政诉讼法重要的渊源。

三、行政诉讼的基本原则

行政诉讼基本原则是指《行政诉讼法》总则规定的，贯穿于行政诉讼活动整个过程或主要过程，调整行政诉讼关系，指导和规范行政诉讼法律关系主体诉讼行为的重要规则。我国行政诉讼的基本原则主要包括合法性审查原则以及诉权保障原则。

（一）合法性审查原则

根据《行政诉讼法》第6条的规定：人民法院审理行政案件，对行政行为是否合法进行审查。这是行政诉讼特有的基本原则，即审查行政行为合法性的原则。行政诉讼这一基本原则包括两项内容：其一，人民法院在行政诉讼中主要审查具体行政行为，如果原告认为作为被诉具体行政行为依据的行政规范性文件违法，要求人民法院进行附带审查，人民法院有权附带对其进行合法性审查；其二，人民法院在行政诉讼中只审查行政行为的合法性，一般情况下不审查具体行政行为的合理性。

（二）诉权保障原则

诉权保障原则是指公民、法人或其他组织在认为行政主体的行政行为侵犯其合法权益时，其依法享有的请求法院通过法定诉讼程序受理的诉权应受保护的原则。我国《行政诉讼法》第3条明确规定：人民法院应当保障公民、法人和其他组织的起诉权利，对应当受理的行政案件依法受理。行政机关及其工作人员不得干预、阻碍人民法院受理行政案件。被诉行政机关负责人应当出庭应诉。不能出庭的，应当委托行政机关相应的工作人员出庭。这一规定确立了诉权保障原则。

知识拓展

1. 行政诉讼制度的功能

第一，解决行政争议功能。行政诉讼与所有其他解决行政争议的制度比较，有以下特征：(1) 是整个解决行政争议机制中的最终环节；(2) 行政诉讼较其他行政争议解决途径，程序最为严格，地位最为超脱，从而其裁决最为公正、权威；(3) 行政诉讼较其他行政争议解决途径，可能耗时较长，花费较大，成本较高。第二，行政法制监督功能。行政诉讼是整个行政法制监督机制的环节之一。第三，行政救济功能。行政相对人提起行政诉讼，最根本、最直接的目的是请求法院为自己提供法律救济。毫无疑问，行政诉讼首先是为向相对人提供救济设计的。

2. 案例指导制度

2010年11月26日最高人民法院发布了最高人民法院《关于案例指导工作的规定》,初步规定了遴选、审查和发布指导案例的基本制度,明确规定了指导案例对于各级人民法院审判类似案例时的参照作用。2015年6月2日,最高人民法院公布了《〈关于案例指导工作的规定〉实施细则》,《细则》明确了指导性案例的标准以及推荐主体和程序,就如何参照适用指导性案例作出了规定,明确了"类似案件"的判定标准,要求具体参照指导性案例的裁判要点,并在裁判文书说理部分予以援引。案例指导制度对于解决"同案不同判"问题、规范自由裁量权、预防司法腐败、实现司法实践与理论研究良性互动具有重要意义。

链接阅读

1. 姜明安:《行政诉讼功能和作用的再审视》,载《求是学刊》2011年第1期;
2. 陈兴良:《我国案例指导制度功能之考察》,载《法商研究》2012年第2期。

第二节 行政诉讼受案范围与管辖

一、行政诉讼受案范围

行政诉讼受案范围是指人民法院受理行政案件、裁判行政争议的范围,亦即人民法院对行政行为进行司法审查,对行政机关依法行使行政权进行司法监督的范围。

(一)行政诉讼的肯定性受案范围

根据《行政诉讼法》第12条的规定,行政诉讼的受案范围包括以下内容:

(1)对行政拘留、暂扣或者吊销许可证和执照、责令停产停业、没收违法所得、没收非法财物、罚款、警告等行政处罚不服的;

(2)对限制人身自由或者对财产的查封、扣押、冻结等行政强制措施和行政强制执行不服的;

(3)申请行政许可,行政机关拒绝或者在法定期限内不予答复,或者对行政机关作出的有关行政许可的其他决定不服的;

(4)对行政机关作出的关于确认土地、矿藏、水流、森林、山岭、草原、荒地、滩涂、海域等自然资源的所有权或者使用权的决定不服的;

(5)对征收、征用决定及其补偿决定不服的;

(6)申请行政机关履行保护人身权、财产权等合法权益的法定职责,行政机关拒绝履行或者不予答复的;

(7)认为行政机关侵犯其经营自主权或者农村土地承包经营权、农村土地经营权的;

(8)认为行政机关滥用行政权力排除或者限制竞争的;

(9)认为行政机关违法集资、摊派费用或者违法要求履行其他义务的;

（10）认为行政机关没有依法支付抚恤金、最低生活保障待遇或者社会保险待遇的；

（11）认为行政机关不依法履行、未按照约定履行或者违法变更、解除政府特许经营协议、土地房屋征收补偿协议等协议的；

（12）认为行政机关侵犯其他人身权、财产权等合法权益的；

（13）人民法院受理法律、法规规定可以提起诉讼的其他行政案件。例如《政府信息公开条例》规定了个人或组织可以对行政机关在政府信息公开中的行政行为提起行政诉讼。

（二）行政诉讼的否定性受案范围

《行政诉讼法》、最高人民法院《关于适用〈中华人民共和国行政诉讼法〉的解释》明确排除了几类不具有可诉性的行政行为，具体包括：

1. 国家行为

所谓国家行为是指国务院、中央军事委员会、国防部、外交部等根据宪法和法律的授权，以国家的名义实施的有关国防和外交事务的行为，以及经宪法和法律授权的国家机关宣布紧急状态、实施戒严和总动员等行为。

2. 抽象行政行为

所谓抽象行政行为是指行政机关制定行政法规、规章的行政行为以及行政机关针对不特定对象发布能反复适用的规范性文件的行政行为。

3. 内部行政行为

包括行政机关作出的涉及该行政机关公务员权利义务的决定，以及上级行政机关基于内部层级监督关系对下级行政机关作出的听取报告、执法检查、督促履责等行为。

4. 终局行政行为

所谓终局行政行为是指法律规定由行政机关最终裁决的具体行政行为。例如：《行政复议法》第14条规定，对国务院部门或者省、自治区、直辖市人民政府的具体行政行为不服的，向作出该具体行政行为的国务院部门或者省、自治区、直辖市人民政府申请行政复议。对行政复议决定不服的，可以向人民法院提起行政诉讼；也可以向国务院申请裁决，国务院依照本法的规定作出最终裁决。国务院的最终裁决行为就是典型的终局行政行为。

5. 公安机关、国家安全机关依照《刑事诉讼法》的明确授权实施的行为

刑事司法行为之所以被排除在行政诉讼的受案范围之外，主要理由有：第一，根据我国现行的司法体制，刑事侦查行为被视为司法行为，一般不作为行政行为对待；第二，《刑事诉讼法》已经授权检察机关对刑事侦查行为进行监督；第三，因刑事侦查行为违法而致人损害的，受害人可以根据《国家赔偿法》规定的刑事赔偿的规定获得救济。

6. 调解行为以及法律规定的仲裁行为

将这一类行为排除在行政诉讼的受案范围之外的理由在于：第一，调解、仲裁通常处理的是双方当事人之间的民事争议，行政机关并不为当事人设定行政法上的权利、义务；第二，调解不具有强制力，一方当事人对调解协议事后反悔，可再向法院起诉对方当事人；

第三,仲裁决定虽然不同于调解协议,其一经作出和送达即发生法律效力,但当事人在收到仲裁决定后的一定期限内亦可再向法院起诉。当然,行政仲裁如果是单方面的和强制性的则应当接受司法审查。

7. 不具有强制性的行政指导行为

行政指导行为是行政机关为实现一定的行政目的,在行政管理过程中所采取的通过示范、提供咨询意见、建议、训导等方式而实施的一种不具有强制力的行为。由于行政指导不具有强制力,当事人具有自由选择的权利,因此没有必要通过行政诉讼的途径来解决。

8. 驳回当事人对行政行为提起申诉的重复处理行为

这类行为主要包括尚未成立的行政行为,在行政机关内部运作的行为,观念表示行为以及对相对人权利义务不产生实际影响的其他行为。

9. 行政机关作出的不产生外部法律效力的行为

例如行政机关的内部沟通、会签意见、内部报批等行为,并不对外发生法律效力,不对公民、法人或者其他组织合法权益产生影响,因此不属于可诉的行为。

10. 过程性行为

行政机关在正式对外作出行政决定之前,往往需要进行各种准备、论证、研究、层报、咨询等活动,这类行为属于过程性行为,对于相对人的权利义务不产生实际影响,故不属于行政诉讼的受案范围。

11. 协助执行行为

行政机关根据人民法院的生效裁判、协助执行通知书作出的执行行为本质上属于履行生效裁判的行为,并非行政机关自身依职权主动作出的行为,因此不属于行政诉讼的受案范围,但行政机关扩大执行范围或者采取违法方式实施的则除外。

12. 信访办理行为

行政机关针对信访事项作出的登记、受理、交办、转送、复查、复核意见等行为对于信访人不具有强制力,对其权利义务不产生实质影响,因此不具有可诉性。

13. 对公民、法人或者其他组织权利义务不产生实际影响的行为

行政诉讼的目的在于排除非法行政行为对行政相对人的权利义务的不利影响,如果某一行为没有对相对人的权利义务产生影响,当然没有提起行政诉讼的必要。

二、行政诉讼的管辖

(一) 管辖的概念

行政诉讼管辖,是指人民法院之间受理第一审行政案件的分工和权限。行政诉讼管辖要解决的是一个行政案件应该由哪一级和哪一地人民法院行使行政审判权。对人民法院来说,管辖制度确定了不同地域和不同级别的人民法院审理行政案件的具体分工,明确了不同人民法院之间受理行政案件的权限,便于人民法院正确、及时审理行政案件;对于公民、法人和其他组织来说,则是发生行政争议之后应到哪一级和哪一地法院起诉,便于

行政诉讼当事人参加诉讼,有利于保护行政诉讼当事人的合法权益。

(二) 行政诉讼的级别管辖

行政诉讼的级别管辖,是指各级人民法院之间受理第一审行政案件的分工和权限。根据《宪法》和《人民法院组织法》的规定,我国人民法院的设置分为基层人民法院、中级人民法院、高级人民法院和最高人民法院四个审级,行政诉讼的级别管辖就是划分各级人民法院审理第一审行政案件的分工,确定第一审行政案件具体由哪一级法院进行审理的依据。

1. 基层人民法院管辖的第一审行政案件

《行政诉讼法》第14条规定:基层人民法院管辖第一审行政案件。这一规定表明了除法律特别规定应由中级人民法院、高级人民法院、最高人民法院管辖的案件外,其余所有第一审行政案件都由基层人民法院管辖。

2. 中级人民法院管辖的第一审行政案件

《行政诉讼法》第15条规定,中级人民法院管辖下列第一审行政案件:

(1) 对国务院部门或者县级以上地方人民政府所作的行政行为提起诉讼的案件;

(2) 海关处理的案件;

(3) 本辖区内重大、复杂的案件;

(4) 其他法律规定由中级人民法院管辖的案件。

3. 高级人民法院管辖的第一审行政案件

根据《行政诉讼法》第16条的规定,高级人民法院管辖本辖区内重大、复杂的第一审行政案件。

4. 最高人民法院管辖的第一审行政案件

根据《行政诉讼法》第17条的规定,最高人民法院管辖全国范围内重大、复杂的第一审行政案件。

(三) 行政诉讼的地域管辖

行政诉讼地域管辖,是指同级人民法院之间受理第一审行政案件的分工和权限。

1. 行政诉讼一般地域管辖规则

一般地域管辖也称普通地域管辖,是指按照最初作出行政行为的行政机关所在地为标准来确定行政案件的管辖法院。行政诉讼以被告所在地来确定一般地域管辖。《行政诉讼法》第18条第1款的规定:"行政案件由最初作出行政行为的行政机关所在地人民法院管辖。经复议的案件,也可以由复议机关所在地人民法院管辖。"

2. 行政诉讼的特殊地域管辖规则

特殊地域管辖,是相对于一般地域管辖而言的,它是按照法律的特别规定,以诉讼标的所在地来确定地域管辖的。我国《行政诉讼法》第18—20条规定了两种特殊地域管辖:

(1) 专属管辖。

专属管辖是指法律以诉讼标的所在地为标准,强制规定特定的诉讼只能由特定法院进行的管辖。专属管辖具有排他性。

根据《行政诉讼法》第20条的规定,因不动产提起的行政诉讼,由不动产所在地人民法院管辖。"因不动产提起的行政诉讼"是指因行政行为导致不动产物权变动而提起的诉讼。不动产已登记的,以不动产登记簿记载的所在地为不动产所在地;不动产未登记的,以不动产实际所在地为不动产所在地。

这一规定的主要目的在于便于人民法院对不动产进行调查、勘验,以便人民法院正确及时地审理案件以及方便之后对判决的执行。

(2) 共同管辖。

共同管辖是指依照法律规定,两个以上的人民法院对同一行政案件都有管辖权而由原告选择具体管辖法院的管辖。

共同管辖主要包括以下两种情形:第一,按照《行政诉讼法》第18条的规定,经复议的案件,可以由最初作出行政行为的行政机关所在地或者由复议机关所在地人民法院管辖。第二,按照《行政诉讼法》第19条的规定,对限制人身自由的行政强制措施不服提起的诉讼,由被告所在地或者原告所在地人民法院管辖。这里的"原告所在地"包括原告的户籍所在地、经常居住地和被限制人身自由地。

(四) 行政诉讼的裁定管辖

行政诉讼裁定管辖,是指根据人民法院的裁定而不是法律的直接规定确定的行政案件的管辖。《行政诉讼法》第22—24条分别规定了移送管辖、指定管辖和管辖权的转移,均属于裁定管辖。

1. 移送管辖

移送管辖,是指法院已经受理了行政案件以后,发现所受理的案件确实不属于自己管辖而应由其他法院管辖,将案件移送给有管辖权的法院审理的一种管辖形式。《行政诉讼法》第22条对移送管辖作出了规定:人民法院发现受理的案件不属于本院管辖的,应当移送有管辖权的人民法院,受移送的人民法院应当受理。受移送的人民法院认为受移送的案件按照规定不属于本院管辖的,应当报请上级人民法院指定管辖,不得再自行移送。

2. 指定管辖

指定管辖,是指由于特殊原因或因两个人民法院对同一行政案件的管辖权发生争议,由上级人民法院以裁定的方式,决定案件由哪个人民法院管辖的制度。根据《行政诉讼法》第23条的规定,有管辖权的人民法院由于特殊原因不能行使管辖权的,由上级人民法院指定管辖。人民法院对管辖权发生争议,由争议双方协商解决。协商不成的,报它们的共同上级人民法院指定管辖。这里所谓的"特殊原因"包括因回避、审判人员不足以及自然灾害等原因造成的无法正常审理案件等情形。

3. 管辖权的转移

管辖权的转移,是指经上级人民法院决定或同意,将行政案件的管辖权由下级人民法院移交给上级人民法院行使。根据《行政诉讼法》第24条的规定,上级人民法院有权审理下级人民法院管辖的第一审行政案件。下级人民法院对其管辖的第一审行政案件,认为需要由上级人民法院审理或者指定管辖的,可以报请上级人民法院决定。

(五) 管辖异议

管辖异议,是指行政诉讼的当事人在法院受理起诉后的法定时间内,向受理案件的人民法院提出异议,认为受理案件的人民法院没有管辖权而应由其他有管辖权的人民法院受理的情形。

有权提起管辖权异议的主体包括原告、被告和第三人。当事人提出管辖异议,应当在接到人民法院应诉通知之日起10日内以书面形式提出,并且只能向受理案件的一审法院提起。当事人提起管辖权异议只能以书面形式提出。

对于当事人提出的管辖异议,人民法院应当在案件实体审理之前先行审查管辖权问题,经审查后如果认定当事人管辖异议成立的,应裁定将案件移送有管辖权的人民法院;当事人管辖异议不成立的,应裁定驳回,当事人对驳回管辖异议的裁定不服的,可以上诉。

(六) 行政案件集中管辖

2013年1月4日,最高人民法院发布《关于开展行政案件相对集中管辖试点工作的通知》,开展行政案件集中管辖的试点工作。按照《关于开展行政案件相对集中管辖试点工作的通知》:行政案件相对集中管辖,就是将部分基层人民法院管辖的一审行政案件,通过上级人民法院统一指定的方式,交由其他基层人民法院集中管辖的制度。各高级人民法院应当结合本地实际,确定1—2个中级人民法院进行试点。试点中级人民法院要根据本辖区具体情况,确定2—3个基层人民法院为集中管辖法院,集中管辖辖区内其他基层人民法院管辖的行政诉讼案件;集中管辖法院不宜审理的本地行政机关为被告的案件,可以将原由其管辖的部分或者全部案件交由其他集中管辖法院审理。

(七) 跨行政区域管辖

我国《行政诉讼法》第18条第2款规定:经最高人民法院批准,高级人民法院可以根据审判工作的实际情况,确定若干人民法院跨行政区域管辖行政案件。这就是关于跨行政区域管辖的规定。跨行政区域管辖是在对相对集中管辖实践的理解与把握的基础之上的进一步尝试,是与行政区划适当分离的司法管辖制度的探索。

知识拓展

1. 行政诉讼受案范围的扩大

2014年《行政诉讼法》修改通过多种途径扩大了行政诉讼的受案范围,主要体现在以下几个方面:第一,将1989年《行政诉讼法》确定的诉讼客体"具体行政行为"改为"行政行为",将规章以下的规范性文件纳入到附带审查的范围。第二,2014年《行政诉讼法》新增列举了四项可诉行政行为,包括确认土地、矿藏、水流、森林、山岭、草原、荒地、滩涂、海域等自然资源所有权或使用权的行为;征收、征用或对征收、征用的补偿行为;滥用行政权力排除或限制竞争的行为;涉及特许经营协议、土地房屋征收补偿协议等行政协议的行为。第三,扩充了1989年《行政诉讼法》中列举的六项行政行为的范围,包括行政处罚行为、行政强制行为、涉及经营自主权的行为、行政许可行为、行政给付行为、履行义务行为等内容。第四,将受案范围的兜底条款"侵犯其他人身权、财产权"的行为扩大为"侵犯其他人身权、财产权等合法权益"的行为。

2. 行政诉讼跨区域管辖问题

1989年《行政诉讼法》实施二十多年来,由于法院完全按行政区域设置,法院人财物均受地方控制,其审判权的行使不可能不受到地方政府的影响,使得人民法院对行政案件难以独立、公正地审查。2014年《行政诉讼法》第18条第2款规定:"经最高人民法院批准,高级人民法院可以根据审判工作的实际情况,确定若干人民法院跨行政区域管辖行政案件。"这一规定有利于排除地方干预,保障公正审判,从而有利于更好地保护公民、法人和其他组织的合法权益不受违法行为侵犯,预示着今后司法体制改革的方向:逐步去地方化。

链接阅读

1. 闫尔宝:《论作为行政诉讼法基础概念的"行政行为"》,载《华东政法大学学报》2015年第2期;

2. 何海波:《行政诉讼法》(第二版),法律出版社2016年版,第五章。

第三节 行政诉讼的参加人

一、行政诉讼参加人概述

(一)行政诉讼参加人的概念及范围

行政诉讼参加人是指依法参加行政诉讼活动,享有诉讼权利,承担诉讼义务,并且与被诉行政行为具有利害关系的人。包括行政诉讼原告、行政诉讼被告、行政诉讼第三人、行政诉讼的共同诉讼人以及行政诉讼代理人。

(二)行政诉讼当事人

行政诉讼当事人是指因行政行为发生争议,以自己的名义进行行政诉讼,与行政行为有利害关系并受人民法院裁判拘束的人。行政诉讼当事人的范围有广义和狭义两种理解。其中,狭义的行政诉讼当事人仅指行政诉讼原告和行政诉讼被告。广义的行政诉讼当事人还包括行政诉讼第三人和行政诉讼的共同诉讼人。

二、行政诉讼原告

(一)行政诉讼原告的含义及其资格条件

行政诉讼原告,是指认为行政行为侵犯其合法权益而向人民法院提起行政诉讼的个人或组织。享有行政诉讼原告主体资格的法定条件包括:第一,原告必须是行政相对人或者其他与行政行为有利害关系的公民、法人或者其他组织。所谓"与行政行为有利害关系"是指:被诉的行政行为涉及其相邻权或者公平竞争权的;在行政复议等行政程序中被追加为第三人的;要求行政机关依法追究加害人法律责任的;撤销或者变更行政行为涉及其合法权益的;为维护自身合法权益向行政机关投诉,具有处理投诉职责的行政机关作出或者未作出处理的;以及其他与行政行为有利害关系的情形。第二,原告必须是认为行政行为侵犯其合法权益的行政相对人。第三,原告必须是向人民法院提起行政诉讼的行政相对人。

行政诉讼的原告既可以是个人,也可以是组织。其中,个人包括公民、外国人和无国籍人。根据《行政诉讼法》第99条第2款的规定,外国法院对中华人民共和国公民、组织的行政诉讼权利加以限制的,人民法院对该国公民、组织的行政诉讼权利,实行对等原则。组织包括法人组织和非法人组织。

(二)行政诉讼原告资格的转移

根据《行政诉讼法》及相关司法解释的规定,行政诉讼原告资格的转移主要有以下几种情形:

(1)有权提起行政诉讼的公民在诉讼中死亡,其近亲属可以提起诉讼。"近亲属",包括配偶、父母、子女、兄弟姐妹、祖父母、外祖父母、孙子女、外孙子女和其他具有扶养、赡养关系的亲属。

公民因被限制人身自由而不能提起诉讼的,其近亲属可以依其口头或者书面委托以该公民的名义提起诉讼。近亲属起诉时无法与被限制人身自由的公民取得联系,近亲属可以先行起诉,并在诉讼中补充提交委托证明。

(2)有权提起诉讼的法人或者其他组织终止,承受其权利的法人或者其他组织可以提起诉讼。

三、行政诉讼被告

(一)行政诉讼被告的含义及其条件

行政诉讼的被告,是指其实施的行政行为被作为原告的个人或者组织指控侵犯其合法权益,而由人民法院通知应诉的行政主体。

作为行政诉讼被告应当具备以下三个条件:

(1)必须具备行政主体地位。行政主体,是指依法享有行政职权,能够以自己的名义作出行政行为并承担法律责任的行政机关或法律、法规授权的组织。

(2)实施了原告认为侵犯其合法权益的行政行为。

(3)由人民法院通知其应诉。

(二)行政诉讼被告的范围

(1)原告直接向人民法院提起行政诉讼的,作出被诉行政行为的行政机关是被告。

(2)经复议的案件,复议机关维持原行政行为的,作出原行政行为的行政机关和复议机关为共同被告。

(3)经复议的案件,复议机关改变原行政行为的,复议机关是被告。

(4)复议机关在法定期限内未作出复议决定的,公民、法人或者其他组织起诉原行政行为的,作出原行政行为的行政机关是被告;起诉复议机关不作为的,复议机关是被告。

(5) 两个以上行政机关作出同一行政行为的,共同作出行政行为的行政机关是共同被告。

(6) 行政机关委托的组织所作的行政行为,委托的行政机关是被告。

(7) 行政机关被撤销或者职权变更的,继续行使其职权的行政机关是被告。

(8) 行政机关组建并赋予行政管理职能但不具有独立承担法律责任能力的机构,以自己的名义作出行政行为,当事人不服提起诉讼的,应当以组建该机构的行政机关为被告。

(9) 法律、法规或者规章授权行使行政职权的行政机关内设机构、派出机构或者其他组织,超出法定授权范围实施行政行为,当事人不服提起诉讼的,应当以实施该行为的机构或者组织为被告。

(10) 没有法律、法规或者规章规定,行政机关授权其内设机构、派出机构或者其他组织行使行政职权的,属于行政委托,应当以该行政机关为被告。

(11) 对由国务院、省级人民政府批准设立的开发区管理机构作出的行政行为不服提起诉讼的,以该开发区管理机构为被告;对由国务院、省级人民政府批准设立的开发区管理机构所属职能部门作出的行政行为不服提起诉讼的,以其职能部门为被告;对其他开发区管理机构所属职能部门作出的行政行为不服提起诉讼的,以开发区管理机构为被告;开发区管理机构没有行政主体资格的,以设立该机构的地方人民政府为被告。

(12) 行政机关被撤销或者职权变更,没有继续行使其职权的行政机关的,以其所属的人民政府为被告;实行垂直领导的,以垂直领导的上一级行政机关为被告。

(13) 对村民委员会或者居民委员会依据法律、法规、规章的授权履行行政管理职责的行为不服提起诉讼的,以村民委员会或者居民委员会为被告。

对村民委员会、居民委员会受行政机关委托作出的行为不服提起诉讼的,以委托的行政机关为被告。

(14) 对高等学校等事业单位以及律师协会、注册会计师协会等行业协会依据法律、法规、规章的授权实施的行政行为不服提起诉讼的,以该事业单位、行业协会为被告。

对高等学校等事业单位以及律师协会、注册会计师协会等行业协会受行政机关委托作出的行为不服提起诉讼的,以委托的行政机关为被告。

(15) 市、县级人民政府确定的房屋征收部门组织实施房屋征收与补偿工作过程中作出行政行为,被征收人不服提起诉讼的,以房屋征收部门为被告。

征收实施单位受房屋征收部门委托,在委托范围内从事的行为,被征收人不服提起诉讼的,应当以房屋征收部门为被告。

四、行政诉讼的共同诉讼人

(一) 共同诉讼人的概念

共同诉讼是指当事人一方或者双方为二人以上,因同一行政行为发生的行政案件,或者因同类行政行为发生的行政案件、人民法院认为可以合并审理并经当事人同意的诉讼。共同诉讼人是指二人以上的一方或者双方当事人,原告为二人以上的是共同原告,被告为二人以上的是共同被告。

(二)共同诉讼人的种类

1. 必要的共同诉讼人

必要的共同诉讼人是指因在同一行政行为发生的行政案件中,为二人以上的一方或者双方当事人。

必须共同进行诉讼的当事人没有参加诉讼的,人民法院应当依法通知其参加;当事人也可以向人民法院申请参加。人民法院应当对当事人提出的申请进行审查,申请理由不成立的,裁定驳回;申请理由成立的,书面通知其参加诉讼。

2. 普通的共同诉讼人

普通的共同诉讼人是指在因同类行政行为引发的行政案件中,人民法院认为可以合并审理并经当事人同意的情形下,为二人以上的一方或者双方当事人。

(三)诉讼代表人

当事人一方达到10人以上的共同诉讼,可以由当事人推选2到5位代表人进行诉讼。当事人推选不出的,可以由人民法院在起诉的当事人中指定代表人。代表人的诉讼行为对其所代表的当事人发生效力,但代表人变更、放弃诉讼请求或者承认对方当事人的诉讼请求,应当经被代表的当事人同意。

五、行政诉讼第三人

(一)行政诉讼第三人的概念和特征

行政诉讼第三人,是指同被诉行政行为或者同案件处理结果有利害关系但没有提起诉讼,为了维护自己的合法权益申请参加诉讼,或者由人民法院通知参加诉讼的个人或者组织。

行政诉讼的第三人具有以下特征:

(1)行政诉讼第三人是除原、被告之外的行政法律关系的主体。

(2)行政诉讼第三人参加诉讼,必须是在诉讼开始之后、审结之前。

(3)行政诉讼第三人可以主动申请参加诉讼,也可以由人民法院通知参加诉讼。由法院依职权通知参加诉讼的第三人有两种情形:第一,应当追加的原告。必要共同诉讼中既不愿意参加诉讼,又不放弃实体权利的,人民法院应将其追加为第三人,其不参加诉讼,不能阻碍人民法院对案件的审理和裁判。第二,行政机关的同一行政行为涉及两个以上利害关系人,其中一部分利害关系人对行政行为不服提起诉讼,人民法院应当通知没有起诉的其他利害关系人作为第三人参加诉讼。

人民法院判决其承担义务或者减损其权益的第三人,有权提出上诉或者申请再审。第三人因不能归责于本人的事由未参加诉讼,但有证据证明发生法律效力的判决、裁定、调解书损害其合法权益的,可以自知道或者应当知道其合法权益受到损害之日起6个月内,向上一级人民法院申请再审。

(二)行政诉讼第三人的种类

实践中,行政诉讼第三人主要有以下几种情形:

(1) 行政处罚案件中的受害人或者被处罚人;

(2) 与行政机关共同作出被诉行政行为的非行政机关组织;

(3) 行政行为的直接相对人或行政行为影响其权益的人,如公平竞争权人、相邻权人;

(4) 行政裁决的当事人或受行政裁决影响的非当事人。

六、行政诉讼代理人

(一)行政诉讼代理人的概念与特征

行政诉讼代理人是指代理行政诉讼当事人实施行政诉讼行为的人。行政诉讼代理人具有以下特征:

(1) 行政诉讼代理人以被代理人名义参加行政诉讼;

(2) 行政诉讼代理人在代理权限范围内实施诉讼行为,其法律后果归属于被代理人。

(二)行政诉讼代理人的种类

1. 法定代理人

没有诉讼行为能力的公民,由其法定代理人代为诉讼。法定代理人互相推诿代理责任的,由人民法院指定其中一人代为诉讼。享有法定代理权的人是对被代理人负有保护和监督职责的监护人,通常包括被代理人的配偶、父母、子女或者其他近亲属。

2. 委托代理人

委托代理人只是受当事人或法定代理人委托代为进行诉讼的人。

下列人员可以被委托为诉讼代理人:

(1) 律师、基层法律服务工作者;

(2) 当事人的近亲属或者工作人员。以当事人的工作人员身份参加诉讼活动,应当提交以下证据之一加以证明:缴纳社会保险记录凭证;领取工资凭证;其他能够证明其为当事人的工作人员身份的证据。

(3) 当事人所在社区、单位以及有关社会团体推荐的公民。

有关社会团体推荐公民担任诉讼代理人的,应当符合下列条件:

第一,社会团体属于依法登记设立或者依法免予登记设立的非营利性法人组织;

第二,被代理人属于该社会团体的成员,或者当事人一方住所地位于该社会团体的活动地域;

第三,代理事务属于该社会团体章程载明的业务范围;

第四,被推荐的公民是该社会团体的负责人或者与该社会团体有合法劳动人事关系的工作人员。

专利代理人经中华全国专利代理人协会推荐,可以在专利行政案件中担任诉讼代理人。

代理诉讼的律师,有权按照规定查阅、复制本案有关材料,有权向有关组织和公民调查、收集与本案有关的证据。对涉及国家秘密、商业秘密和个人隐私的材料,应当依照法律规定保密。当事人和其他诉讼代理人有权按照规定查阅、复制本案庭审材料,但涉及国家秘密、商业秘密和个人隐私的内容除外。

> **知识拓展**

1. 行政诉讼被告的确认标准

我国目前在认定行政诉讼被告资格时采用的是行政主体、行为主体和责任主体合一的标准,其理论依据是"立法授权说"与"独立财产说"。这一确认标准致使行政诉讼被告的确认过程异常复杂,增加了原告提起行政诉讼的难度。有学者指出,作为我国当前行政诉讼被告确认标准理论依据的两大学说都存在重大缺陷:前者混淆了程序与实体、事实问题与法律问题等的关系;后者反映的是民事法人制度的特点,没有反映行政诉讼的要求。简化行政诉讼被告的确认标准,采取谁作出行为谁做被告的方法,可以将复杂问题简单化,既便于当事人提起诉讼,也便于人民法院启动行政诉讼程序。

2. 复议机关作为共同被告制度

为了改变实践中普遍存在的复议机关不作为,一味维持原行政行为的问题,《行政诉讼法》在修改过程中对于经复议案件复议机关的地位进行了重新检讨。修改后的《行政诉讼法》第26条第2款规定:"经复议的案件,复议机关决定维持原行政行为的,作出原行政行为的行政机关和复议机关是共同被告;复议机关改变原行政行为的,复议机关是被告。"这就是当前的复议机关作为共同被告制度,也被学者称为"双被告"制度。复议机关作为共同被告的制度设计也引发了一些问题,例如行政复议机关应诉成本增加、中央部委应诉压力增大以及庭审过程中尚缺乏完备的举证、审理等配套技术规则等问题。如何改进现有制度、实现权利救济的初衷,已经成为后续完善行政诉讼制度、修改《行政复议法》的重要议题。

> **链接阅读**

1. 杨小君:《我国行政诉讼被告资格认定标准之检讨》,载《法商研究》2007年第1期;

2. 章志远:《行政诉讼"双被告"制度的困境与出路》,载《福建行政学院学报》2016年第3期。

第四节 行政诉讼证据与举证规则

一、行政诉讼证据概述

(一)行政诉讼证据的概念

行政诉讼证据是行政诉讼法律关系主体用以证明具体行政行为是否合法和是否侵犯

相对人合法权益的事实材料。

行政诉讼证据具有一般证据的共同属性,即证据的三性:真实性、关联性和合法性。证据的真实性是指证据是客观存在的事实,是客观存在的东西,而不是证明主体对案件事实的主观推断。证据的关联性是指证据必须与案件事实具有客观的联系并因此具有证明案件事实的能力。证据的合法性是指证据必须符合法律规定的形式并且依照法定程序收集取得。

(二) 行政诉讼证据的种类

根据《行政诉讼法》第33条的规定,行政诉讼的法定证据形式包括以下八种:

1. 书证

书证是指以文字、符号、图画等所表达和记载的思想内容来证明案件事实的书面文件或其他物品。

2. 物证

物证是指作为证据的物品,物证以存在形式、外部特征、内在属性证明案件事实是否属实的实体物或痕迹。与其他证据种类相比,物证具有较强的客观性,更直接、更容易把握。

3. 视听资料

视听资料是利用录音或录像媒介所反映的音响、图像,或以计算机储存的数据和资料等证明案件事实的证据。视听资料的特点是:其表现为含有一定科技含量的载体;具有高度的准确性和逼真性;具有动态直观性;对视听资料的收集和审查都需要依赖科学技术。

4. 电子证据

电子证据是指建立在计算机应用、通信技术和现代管理技术等电子化技术手段基础上,以一定的数字格式为表达形式,能够传递和交流信息的文字、图形符号、数字、字母等的客观资料。具体包括电子邮件、电子数据交换、网上聊天记录、手机短信等。

5. 证人证言

证人证言是指证人在诉讼中就自己所知道的案件情况向人民法院所作的口头或书面陈述。证人是知道案件情况的自然人,不能正确表达自己意志的人,不能作为证人。

6. 当事人的陈述

当事人包括被告、原告以及第三人在诉讼中向人民法院所作的关于案件事实情况的陈述,包括涉及实体法律关系的各种事实、行政争议的发展经过以及其他对正确处理案件有意义的事实的陈述。但当事人作为案件的利害关系人,案件的判决结果直接影响其实体权利,因此更有可能作出不实的陈述。

7. 鉴定意见

鉴定意见是指鉴定人运用自身的专业知识和科学技术,对需要鉴定的专门性问题进行检查、测试、分析、鉴别后作出的科学结论。鉴定人是与证人、诉讼代理人并列的诉讼参与人,并非是归属于某一方当事人的证人,也不是法官的科学辅助人,而是具有中立性、解决专门性问题的专家。

8. 勘验笔录、现场笔录

勘验笔录是指对物品、现场等进行察看、检验后所作的能够证明案件情况的记录。如对有争议的建筑物进行拍照,确定方位并以文字、表格、图画等形式将所得结果作出记录。

现场笔录是专指行政机关及其工作人员在执行职务的过程中,在实施行政行为时,对某些事项当场所作的能够证明案件事实的记录,又称当场记录。

二、行政诉讼的举证责任

(一)行政诉讼举证责任的概念

行政诉讼的举证责任是指由法律预先规定,在行政案件的真实情况难以确定的情况下,由一方当事人提供证据予以证明,其提供不出证明相应事实情况的证据则承担败诉风险及不利后果的制度。

(二)行政诉讼举证责任的分配

根据《行政诉讼法》第34条的规定,被告对作出的行政行为负有举证责任,应当提供作出该行政行为的证据和所依据的规范性文件。被告不提供或者无正当理由逾期提供证据,视为没有相应证据。但是,被诉行政行为涉及第三人合法权益,第三人提供证据的除外。因此,在行政诉讼中,举证责任主要由被诉的行政主体一方承担。

(三)行政诉讼举证责任的范围

第一,在行政诉讼中,被告举证责任的范围包括作出行政行为的证据和所依据的规范性文件,即举证范围不限于事实根据,而且还包括行政主体作出行政行为的法律及行政规范依据。

第二,被告对被诉的行政行为负有举证责任,并不意味着在行政诉讼中被告对一切事实都负举证责任,而只是在确定行政行为的合法性时,必须由被告承担举证责任。在行政诉讼的其他方面,如解决行政赔偿问题,则不一定都由被告承担举证责任。

第三,原告虽然对其所主张的被诉行政行为违法不负举证责任,但这并不意味着原告不负任何举证责任。具体来说,原告对于以下事项承担举证责任:(1)提供其符合起诉法定条件的相应证据材料。(2)在起诉被告不作为的案件中,原告应当提供其在行政程序中曾经提出申请的证据材料。(3)在行政赔偿诉讼中,无论是单独提起还是一并提起的,原告都应当对被诉具体行政行为造成损害的事实提供证据。

第四,第三人的举证责任范围应根据其在诉讼中的法律地位确定。

(四)举证时限

1. 被告的举证时限

根据《行政诉讼法》的规定,被告应当在收到起诉状副本之日起15日内向人民法院提交作出行政行为的证据和所依据的规范性文件,并提出答辩状。被告不提供或者无正当理由逾期提供证据,视为没有相应证据。但是,被诉行政行为涉及第三人合法权益,第三人提供证据的除外。被告在作出行政行为时已经收集了证据,但因不可抗力等正当事由不能提供的,经人民法院准许,可以延期提供。原告或者第三人提出了其在行政处理程序中没有提出的理由或者证据的,经人民法院准许,被告可以补充证据。

2. 原告或第三人的举证时限

原告或者第三人应当在开庭审理前或者人民法院指定的交换证据之日提供证据。因正当事由申请延期提供证据的,经人民法院准许可以在法庭调查中提供。逾期提供证据的,视为放弃举证权利。原告或者第三人在第一审程序中无正当事由未提供而在第二审程序中提供的证据,人民法院不予采纳。

三、行政诉讼的证据规则

(一) 提供证据的规则

行政诉讼证据提供规则是指行政诉讼当事人、参加人、参与人或其他人主动或应人民法院要求向人民法院提供证明案件情况的有关事实材料的规则。首先,人民法院有权要求当事人提供或者补充证据;其次,当事人有主动、及时向人民法院提供证据的权利和义务。

根据最高人民法院《关于行政诉讼证据若干问题的规定》第10—15条的规定,各类证据的提供规则如下:

1. 书证的提供规则

当事人向人民法院提供书证的,应当符合下列要求:

(1) 提供书证的原件,原本、正本和副本均属于书证的原件。提供原件确有困难的,可以提供与原件核对无误的复印件、照片、节录本;

(2) 提供由有关部门保管的书证原件的复制件、影印件或者抄录件的,应当注明出处,经该部门核对无异后加盖其印章;

(3) 提供报表、图纸、会计账册、专业技术资料、科技文献等书证的,应当附有说明材料;

(4) 被告提供的被诉具体行政行为所依据的询问、陈述、谈话类笔录,应当有行政执法人员、被询问人、陈述人、谈话人签名或者盖章。

法律、法规、司法解释和规章对书证的制作形式另有规定的,从其规定。

2. 物证的提供规则

当事人向人民法院提供物证的,应当符合下列要求:

(1) 提供原物。提供原物确有困难的,可以提供与原物核对无误的复制件或者证明该物证的照片、录像等其他证据。

(2) 原物为数量较多的种类物的,提供其中的一部分。

3. 视听资料的提供规则

当事人向人民法院提供计算机数据或者录音、录像等视听资料的,应当符合下列要求:

(1) 提供有关资料的原始载体。提供原始载体确有困难的,可以提供复制件。

(2) 注明制作方法、制作时间、制作人和证明对象等。

(3) 声音资料应当附有该声音内容的文字记录。

4. 电子证据的提供规则

目前对于电子证据的提供规则，《行政诉讼法》尚未明确规定。结合最高人民法院对《刑事诉讼法》的司法解释，电子证据的提供规则应包括但不限于以下方面：

当事人应当移送原始存储介质；在原始存储介质无法封存、不便移动或者依法应当由有关部门保管、处理、返还时，应保证电子证据的完整性，同时附带提取、复制过程及原始存储介质存放地点的文字说明和签名。相关电子数据制作情况和真实性如果经对方当事人确认，或者以公证等其他有效方式予以证明的，与原件具有同等的证明效力。

远程调取境外或者异地的电子证据的，当事人应当注明相关情况，对电子数据的规格、类别、文件格式等注明清楚。

5. 证人证言的提供规则

当事人向人民法院提供证人证言的，应当符合下列要求：

(1) 写明证人的姓名、年龄、性别、职业、住址等基本情况；
(2) 有证人的签名，不能签名的，应当以盖章等方式证明；
(3) 注明出具日期；
(4) 附有居民身份证复印件等证明证人身份的文件。

6. 鉴定意见的提供规则

被告向人民法院提供的在行政程序中采用的鉴定结论，应当载明委托人和委托鉴定的事项、向鉴定部门提交的相关材料、鉴定的依据和使用的科学技术手段、鉴定部门和鉴定人鉴定资格的说明，并应有鉴定人的签名和鉴定部门的盖章。通过分析获得的鉴定结论，应当说明分析过程。

7. 现场笔录的提供规则

被告向人民法院提供的现场笔录，应当载明时间、地点和事件等内容，并由执法人员和当事人签名。当事人拒绝签名或者不能签名的，应当注明原因。有其他人在现场的，可由其他人签名。法律、法规和规章对现场笔录的制作形式另有规定的，从其规定。

当事人向人民法院提供的在中华人民共和国领域外形成的证据，应当说明来源，经所在国公证机关证明，并经中华人民共和国驻该国使领馆认证，或者履行中华人民共和国与证据所在国订立的有关条约中规定的证明手续。当事人提供的在中华人民共和国香港特别行政区、澳门特别行政区和台湾地区内形成的证据，应当具有按照有关规定办理的证明手续。

当事人向人民法院提供外文书证或者外国语视听资料的，应当附有由具有翻译资质的机构翻译的或者其他翻译准确的中文译本，由翻译机构盖章或者翻译人员签名。

(二) 调取证据的规则

1. 法院的取证规则

根据《行政诉讼法》第40条的规定：人民法院有权向有关行政机关以及其他组织、公民调取证据。但是，不得为证明行政行为的合法性调取被告作出行政行为时未收集的证据。

根据最高人民法院《关于行政诉讼证据若干问题的规定》第22—23条、第26条的规定,有下列情形之一的,人民法院有权向有关行政机关以及其他组织、公民调取证据:

(1) 涉及国家利益、公共利益或者他人合法权益的事实认定的;

(2) 涉及依职权追加当事人、中止诉讼、终结诉讼、回避等程序性事项的。

原告或者第三人不能自行收集,但能够提供确切线索的,可以申请人民法院调取下列证据材料:

(1) 由国家有关部门保存而须由人民法院调取的证据材料;

(2) 涉及国家秘密、商业秘密、个人隐私的证据材料;

(3) 确因客观原因不能自行收集的其他证据材料。

人民法院不得为证明被诉具体行政行为的合法性,调取被告在作出具体行政行为时未收集的证据。

人民法院需要调取的证据在异地的,可以书面委托证据所在地人民法院调取。受托人民法院应当在收到委托书后,按照委托要求及时完成调取证据工作,送交委托人民法院。受托人民法院不能完成委托内容的,应当告知委托的人民法院并说明原因。

2. 当事人的取证规则

(1) 被告的取证规则。

根据《行政诉讼法》第35条的规定:在诉讼过程中,被告及其诉讼代理人不得自行向原告、第三人和证人收集证据。

(2) 原告或第三人的取证问题。

根据《行政诉讼法》第41条的规定:与本案有关的下列证据,原告或者第三人不能自行收集的,可以申请人民法院调取:由国家机关保存而须由人民法院调取的证据;涉及国家秘密、商业秘密和个人隐私的证据;确因客观原因不能自行收集的其他证据。

(3) 当事人取证的申请及其审查。

当事人申请人民法院调取证据的,应当在举证期限内提交调取证据申请书。调取证据申请书应当写明证据持有人的姓名或者名称、住址等基本情况;拟调取证据的内容;申请调取证据的原因及其要证明的案件事实。

人民法院对当事人调取证据的申请,经审查符合调取证据条件的,应当及时决定调取;不符合调取证据条件的,应当向当事人或者其诉讼代理人送达通知书,说明不准许调取的理由。当事人及其诉讼代理人可以在收到通知书之日起3日内向受理申请的人民法院书面申请复议一次。人民法院应当在受到复议申请之日起5日内作出答复。

人民法院根据当事人申请,经调取未能取得相应证据的,应当告知申请人并说明原因。

(三) 作证规则

根据最高人民法院《关于行政诉讼证据若干问题的规定》第41—46条的规定,具体作证规则如下:

(1) 凡是知道案件事实的人,都有出庭作证的义务。有下列情形之一的,经人民法院准许,当事人可以提交书面证言:当事人在行政程序或者庭前证据交换中对证人证言无异议的;证人因年迈体弱或者行动不便无法出庭的;证人因路途遥远、交通不便无法出庭的;证人因自然灾害等不可抗力或者其他意外事件无法出庭的;证人因其他特殊原因确实无法出庭的。

(2) 不能正确表达意志的人不能作证。根据当事人申请,人民法院可以就证人能否正确表达意志进行审查或者交由有关部门鉴定。必要时,人民法院也可以依职权交由有关部门鉴定。

(3) 当事人申请证人出庭作证的,应当在举证期限届满前提出,并经人民法院许可。人民法院准许证人出庭作证的,应当在开庭审理前通知证人出庭作证。当事人在庭审过程中要求证人出庭作证的,法庭可以根据审理案件的具体情况,决定是否准许以及是否延期审理。

(4) 有下列情形之一,原告或者第三人可以要求相关行政执法人员作为证人出庭作证:对现场笔录的合法性或者真实性有异议的;对扣押财产的品种或者数量有异议的;对检验的物品取样或者保管有异议的;对行政执法人员的身份的合法性有异议的;需要出庭作证的其他情形。

(5) 证人出庭作证时,应当出示证明其身份的证件。法庭应当告知其诚实作证的法律义务和作伪证的法律责任。出庭作证的证人不得旁听案件的审理。法庭询问证人时,其他证人不得在场,但组织证人对质的除外。

(6) 证人应当陈述其亲历的具体事实。证人根据其经历所作的判断、推测或者评论,不能作为定案的依据。

(四) 质证规则

根据《行政诉讼法》第33条第2款的规定,证据经法庭审查属实,才能作为认定案件事实的根据。根据最高人民法院《关于行政诉讼证据若干问题的规定》的规定,行政诉讼的质证规则主要有:

(1) 证据应当在法庭上出示,并经庭审质证。未经庭审质证的证据,不能作为定案的依据。当事人在庭前证据交换过程中没有争议并记录在卷的证据,经审判人员在庭审中说明后,可以作为认定案件事实的依据。

(2) 经合法传唤,因被告无正当理由拒不到庭而需要依法缺席判决的,被告提供的证据不能作为定案的依据,但当事人在庭前交换证据中没有争议的证据除外。

(3) 涉及国家秘密、商业秘密和个人隐私或者法律规定的其他应当保密的证据,不得在开庭时公开质证。

(4) 当事人申请人民法院调取的证据,由申请调取证据的当事人在庭审中出示,并由当事人质证。人民法院依职权调取的证据,由法庭出示,并可就调取该证据的情况进行说明,听取当事人意见。

(5) 当事人应当围绕证据的关联性、合法性和真实性,针对证据有无证明效力以及证明效力大小,进行质证。经法庭准许,当事人及其代理人可以就证据问题相互发问,也可以向证人、鉴定人或者勘验人发问。当事人及其代理人相互发问,或者向证人、鉴定人、勘验人发问时,发问的内容应当与案件事实有关联,不得采用引诱、威胁、侮辱等语言或者方式。

(6) 对书证、物证和视听资料进行质证时,当事人应当出示证据的原件或者原物。但有下列情况之一的除外:出示原件或者原物确有困难并经法庭准许可以出示复制件或者复制品;原件或者原物已不存在,可以出示证明复制件、复制品与原件、原物一致的其他证据。视听资料应当当庭播放或者显示,并由当事人进行质证。

当事人要求鉴定人出庭接受询问的,鉴定人应当出庭。鉴定人因正当事由不能出庭的,经法庭准许,可以不出庭,由当事人对其书面鉴定结论进行质证。对于出庭接受询问的鉴定人,法庭应当核实其身份、与当事人及案件的关系,并告知鉴定人如实说明鉴定情况的法律义务和故意作虚假说明的法律责任。

对被诉具体行政行为涉及的专门性问题,当事人可以向法庭申请由专业人员出庭进行说明,法庭也可以通知专业人员出庭说明。必要时,法庭可以组织专业人员进行对质。当事人对出庭的专业人员是否具备相应专业知识、学历、资历等专业资格等有异议的,可以进行询问,由法庭决定其是否可以作为专业人员出庭。专业人员可以对鉴定人进行询问。

(7) 法庭在质证过程中,对与案件没有关联的证据材料,应予排除并说明理由。法庭在质证过程中,准许当事人补充证据的,对补充的证据仍应进行质证。法庭对经过庭审质证的证据,除确有必要外,一般不再进行质证。

(8) 在第二审程序中,对当事人依法提供的新的证据,法庭应当进行质证;当事人对第一审认定的证据仍有争议的,法庭也应当进行质证。按照审判监督程序审理的案件,对当事人依法提供的新的证据,法庭应当进行质证;因原判决、裁定认定事实的证据不足而提起再审所涉及的主要证据,法庭也应当进行质证。

(9) 在法庭质证过程中,对于以非法手段取得的证据,不得作为认定案件事实的根据,应当依法予以排除。

(五) 认证规则

证据的审核认定即认证,是指审理案件的法官在质证的基础上,依照法定程序,根据一定的原则或规则,对经过质证的证据材料的客观性、合法性和关联性进行审查判断,以确定证据材料的可靠性和证明效力的活动。认证规则主要包括对证据的审查和对证据证明效力的认定两个环节。

1. 审查证据

人民法院审查证据一般包含以下五个方面的内容:第一,审查证据的来源。主要是审查证据的来源是否真实可靠。第二,审查证据的形式。主要审查证据是否具备法定的形式。第三,审查证据取得的方式。主要审查证据是否通过合法的途径取得,只有通过合法的途径取得的证据,法院才能采用并且作为认定案件事实的根据。第四,审查相关证据之间的关系。主要审查相关的证据之间是否存在着矛盾,如果相关证据之间是一致的,并且能够形成一个完整的证据链条,则该证据才具有证明力。第五,审查证据的内容。主要是对于证据内容的关联性、合法性和真实性的审查。

对证据内容审查具体包括:(1) 对证据关联性的审查。法庭应当对经过庭审质证的证据和无需质证的证据进行逐一审查,并对全部证据进行综合审查;遵循法官职业道德,运用逻辑推理和生活经验,进行全面、客观和公正的分析判断,确定证据材料与案件事实之间的证明关系,排除不具有关联性的证据材料,准确认定案件事实。(2) 对证据合法性的审查。法庭应当根据案件的具体情况,从以下方面审查证据的合法性:证据是否符合法定形式要求;证据的取得是否符合法律、法规、司法解释和规章的要求;是否有影响证据效力的其他违法情形。(3) 对证据真实性的审查。法庭应当根据案件的具体情况,从以下方面审查证据的真实性:证据形成的原因;发现证据时的客观环境;证据是否为原件、原物,复制件、复制品与原件、原物是否相符;提供证据的人或者证人与当事人是否具有利害关系;影响证据真实性的其他因素。

2. 认定证据

(1) 不能作为认定案件事实依据的证据。

根据《行政诉讼法》第 43 条第 3 款的规定,以非法手段取得的证据,不得作为认定案件事实的根据。"非法手段取得的证据"包括但不限于以下情形:严重违反法定程序收集的证据材料;以偷拍、偷录、窃听等手段获取侵害他人合法权益的证据材料;以利诱、欺诈、胁迫、暴力等不正当手段获取的证据材料;当事人无正当事由超出举证期限提供的证据材料;在中华人民共和国领域以外或者在中华人民共和国香港特别行政区、澳门特别行政区和台湾地区形成的未办理法定证明手续的证据材料;当事人无正当理由拒不提供原件、原物,又无其他证据印证,且对方当事人不予认可的证据的复制件或者复制品;被当事人或者他人进行技术处理而无法辨明真伪的证据材料;不能正确表达意志的证人提供的证言;不具备合法性和真实性的其他证据材料。

被告在行政程序中依照法定程序要求原告提供证据,原告依法应当提供而拒不提供,在诉讼程序中提供的证据,人民法院一般不予采纳。

(2) 不能作为认定被诉行政行为合法的依据的证据。

下列证据不能作为认定被诉行政行为合法的依据:被告及其诉讼代理人在作出行政行为后或者在诉讼程序中自行收集的证据;被告在行政程序中非法剥夺公民、法人或者其他组织依法享有的陈述、申辩或者听证权利所采用的证据;原告或者第三人在诉讼程序中提供的、被告在行政程序中未作为行政行为依据的证据。

复议机关在复议程序中收集和补充的证据,或者作出原行政行为的行政机关在复议程序中未向复议机关提交的证据,不能作为人民法院认定原行政行为合法的依据。

对被告在行政程序中采纳的鉴定结论,原告或者第三人提出证据证明有下列情形之一的,人民法院不予采纳:鉴定人不具备鉴定资格;鉴定程序严重违法;鉴定结论错误、不明确或者内容不完整。

(3) 对证据证明力的认定。

证明同一事实的数个证据,其证明效力一般可以按照下列情形分别认定:国家机关以及其他职能部门依职权制作的公文文书优于其他书证;鉴定结论、现场笔录、勘验笔录、档案材料以及经过公证或者登记的书证优于其他书证、视听资料和证人证言;原件、原物优于复制件、复制品;法定鉴定部门的鉴定结论优于其他鉴定部门的鉴定结论;法庭主持勘验所制作的勘验笔录优于其他部门主持勘验所制作的勘验笔录;原始证据优于传来证据;其他证人证言优于与当事人有亲属关系或者其他密切关系的证人提供的对该当事人有利的证言;出庭作证的证人证言优于未出庭作证的证人证言;数个种类不同、内容一致的证据优于一个孤立的证据。

(4) 法庭可以直接认定的事实。

下列事实法庭可以直接认定:众所周知的事实;自然规律及定理;按照法律规定推定的事实;已经依法证明的事实;根据日常生活经验法则推定的事实。前述各项,当事人有相反证据足以推翻的除外。

原告确有证据证明被告持有的证据对原告有利,被告无正当事由拒不提供的,可以推定原告的主张成立。

生效的人民法院裁判文书或者仲裁机构裁决文书确认的事实,可以作为定案依据。但是如果发现裁判文书或者裁决文书认定的事实有重大问题的,应当中止诉讼,通过法定程序予以纠正后恢复诉讼。

(5) 不能单独作为认定案件事实依据的证据。

下列证据不能单独作为定案依据:未成年人所作的与其年龄和智力状况不相适应的证言;与一方当事人有亲属关系或者其他密切关系的证人所作的对该当事人有利的证言,或者与一方当事人有不利关系的证人所作的对该当事人不利的证言;应当出庭作证而无正当理由不出庭作证的证人证言;难以识别是否经过修改的视听资料;无法与原件、原物核对的复制件或者复制品;经一方当事人或者他人改动,对方当事人不予认可的证据材料;其他不能单独作为定案依据的证据材料。

(6) 证据的采纳。

庭审中经过质证的证据,能够当庭认定的,应当当庭认定;不能当庭认定的,应当在合议庭合议时认定。人民法院应当在裁判文书中阐明证据是否采纳的理由。法庭发现当庭认定的证据有误,可以按照下列方式纠正:庭审结束前发现错误的,应当重新进行认定;庭审结束后宣判前发现错误的,在裁判文书中予以更正并说明理由,也可以再次开庭予以认定;有新的证据材料可能推翻已认定的证据的,应当再次开庭予以认定。

四、行政诉讼的证据保全

证据保全是指在证据可能灭失或以后难以取得的情况下,人民法院根据上述参加人的请求或者依职权采取措施加以确定和保护的一项诉讼制度。

当事人向人民法院申请保全证据的,应当在举证期限届满前以书面形式提出,并说明证据的名称和地点、保全的内容和范围、申请保全的理由等事项。当事人申请保全证据的,人民法院可以要求其提供相应的担保。

人民法院依照《行政诉讼法》的规定保全证据的,可以根据具体情况,采取查封、扣押、拍照、录音、录像、复制、鉴定、勘验、制作询问笔录等保全措施。人民法院保全证据时,可以要求当事人或者其诉讼代理人到场。

知识拓展

1. 行政诉讼的证明标准

证明标准是为了实现法定证明任务,法律规定在每一个案件中诉讼证据必须达到的程度。证明标准是衡量证据的证明程度的标准,它既是衡量当事人举证到何种程度才能满足举证要求的标准,又是法官据以确信案件事实以及评判法官对事实认定是否妥当的尺度。由于行政案件的特殊性和多样性,证明行政案件事实的方式也具有多样性,应根据不同的案件类型有针对性地分别适用不同的证明标准。具体来说包括:第一,以明显优势证明标准为原则;第二,以严格证明标准和优势证明标准为补充。对于财产权或人身权增益的行政裁决案件、非行政行为的案件、行政机关适用简易程序作出行政行为的案件以及行政机关采取临时保全措施的案件应当采取第二类证明标准。

2. 行政诉讼中原告的举证责任

原告在行政诉讼中就下列三项事项承担举证责任:第一,提供其符合起诉法定条件的相应证据材料。原告在提起行政诉讼时应当符合下列条件:(1)原告是认为具体行政行为侵犯其合法权益的公民、法人或其他组织;(2)有明确的被告;(3)有具体的诉讼请求和事实根据;(4)属于人民法院主管和受诉人民法院管辖。第二,在起诉被告不作为的案件中,原告应当提供其在行政程序中曾经提出申请的证据材料。但下列情形例外:(1)被告应当依职权主动履行法定职责的;(2)原告因被告受理申请的登记制度不完备等正当事由不能提供相关证据材料并能够作出合理说明的。这是针对依申请的行政行为,不包括被告应当依法主动履行职责而未履行的情形。第三,在行政赔偿诉讼中,无论是单独提起还是一并提起的,原告都应当对被诉具体行政行为造成损害的事实提供证据。造成损害的具体行政行为的合法性则仍由被告承担举证责任。

链接阅读

1. 韩春晖:《美国行政诉讼的证明标准及其适用》,载《法商研究》2011年第5期;

2. 刘品新:《电子证据的鉴真问题:基于快播案的反思》,载《中外法学》2017年第1期。

第五节　行政诉讼程序

一、起诉和受理

(一) 起诉

行政诉讼起诉是指公民、法人或其他组织认为行政机关的行政行为侵犯其合法权益,向法院提起诉讼,请求法院行使审判权,审查行政行为的合法性并向其提供法律救济,以保护其合法权益的诉讼行为。

根据《行政诉讼法》的规定,起诉需符合以下条件:

第一,必须是认为行政行为侵犯其合法权益的公民、法人或者其他组织。

第二,必须有明确的被告。原告提供被告的名称等信息足以使被告与其他行政机关相区别的,可以认定为"有明确的被告"。起诉状列写被告信息不足以认定明确的被告的,人民法院可以告知原告补正;原告补正后仍不能确定明确的被告的,人民法院裁定不予立案。

第三,必须有具体的诉讼请求和事实根据。"有具体的诉讼请求"是指:请求判决撤销或者变更行政行为;请求判决行政机关履行特定法定职责或者给付义务;请求判决确认行政行为违法;请求判决确认行政行为无效;请求判决行政机关予以赔偿或者补偿;请求解决行政协议争议;请求一并审查规章以下规范性文件;请求一并解决相关民事争议;其他诉讼请求。

当事人单独或者一并提起行政赔偿、补偿诉讼的,应当有具体的赔偿、补偿事项以及数额;请求一并审查规章以下规范性文件的,应当提供明确的文件名称或者审查对象;请求一并解决相关民事争议的,应当有具体的民事诉讼请求。

当事人未能正确表达诉讼请求的,人民法院应当要求其明确诉讼请求。

第四,起诉的条件属于人民法院受案范围和受诉人民法院管辖。

起诉应当向人民法院递交起诉状,并按照被告人数提出副本。书写起诉状确有困难的,可以口头起诉,由人民法院记入笔录,出具注明日期的书面凭证,并告知对方当事人。

(二) 法院对起诉的审查与处理

1. 法院对于起诉的审查

法院的审查主要包括以下几个方面:

第一,是否属于法院行政诉讼的受案范围和受诉法院的管辖。

第二,是否遵循了法律关于行政复议与行政诉讼关系的规定。

第三,是否符合法律对起诉期限的规定。

根据《行政诉讼法》的规定,公民、法人或者其他组织不服复议决定的,可以在收到复议决定书之日起15日内向人民法院提起诉讼。复议机关逾期不作决定的,申请人可以在复议期满之日起15日内向人民法院提起诉讼。法律另有规定的除外。公民、法人或者其他组织直接向人民法院提起诉讼的,应当自知道或者应当知道作出行政行为之日起6个月内提出。法律另有规定的除外。因不动产提起诉讼的案件自行政行为作出之日起超过20年,其他案件自行政行为作出之日起超过5年提起诉讼的,人民法院不予受理。公民、法人或者其他组织申请行政机关履行保护其人身权、财产权等合法权益的法定职责,行政机关在接到申请之日起两个月内不履行的,公民、法人或者其他组织可以向人民法院提起诉讼。法律、法规对行政机关履行职责的期限另有规定的,从其规定。公民、法人或者其他组织在紧急情况下请求行政机关履行保护其人身权、财产权等合法权益的法定职责,行政机关不履行的,提起诉讼不受前述期限的限制。公民、法人或者其他组织因不可抗力或者其他不属于其自身的原因耽误起诉期限的,被耽误的时间不计算在起诉期限内。公民、法人或者其他组织因前款规定以外的其他特殊情况耽误起诉期限的,在障碍消除后10日内,可以申请延长期限,是否准许由人民法院决定。

2. 法院审查起诉的处理

(1) 决定立案。人民法院在接到起诉状时对符合《行政诉讼法》规定的起诉条件的,应当登记立案。对当场不能判定是否符合《行政诉讼法》规定的起诉条件的,应当接收起诉状,出具注明收到日期的书面凭证,并在7日内决定是否立案。

(2) 裁定不予立案。法院经审查认为不符合起诉条件的,作出不予立案的裁定。裁定书应当载明不予立案的理由。原告对裁定不服的,可以提起上诉。

(3) 告知原告补正。起诉状内容欠缺或者有其他错误的,应当给予指导和释明,并一次性告知当事人需要补正的内容。不得未经指导和释明即以起诉不符合条件为由不接收起诉状。

二、行政公益诉讼

(一) 行政公益诉讼的原告资格

2015年7月1日,全国人民代表大会常务委员会发布《关于授权最高人民检察院在部分地区开展公益诉讼试点工作的决定》,授权最高人民检察院在北京、内蒙古等13个省、自治区、直辖市检察机关开展公益诉讼试点工作。2015年7月2日,最高人民检察院发布了《检察机关提起公益诉讼改革试点方案》。至此,我国的行政公益诉讼试点工作正式展开。人民检察院在生态环境和资源保护、国有资产保护、国有土地使用权出让、食品药品安全等领域展开了行政公益诉讼的试点工作。

在试点的基础之上,2017年6月27日第十二届全国人民代表大会常务委员会第二十八次会议通过了关于修改《中华人民共和国行政诉讼法》的决定,在第25条中增加1款,作为第4款:"人民检察院在履行职责中发现生态环境和资源保护、食品药品安全、国有财产保护、国有土地使用权出让等领域负有监督管理职责的行政机关违法行使职权或者不作为,致使国家利益或者社会公共利益受到侵害的,应当向行政机关提出检察建议,督促其依法履行职责。行政机关不依法履行职责的,人民检察院依法向人民法院提起诉讼。"该决定自2017年7月1日起施行。至此,我国的行政公益诉讼制度正式建立。

根据前述规定,具有提起行政公益诉讼原告资格的主体为人民检察院。

(二)行政公益诉讼的受案范围

根据前述规定,人民法院受理行政公益诉讼案件的范围包括了以下四个领域,即:生态环境和资源保护、食品药品安全、国有财产保护、国有土地使用权出让等四个领域。

(三)行政公益诉讼的诉前程序

人民检察院在履行职责过程中发现生态环境和资源保护、食品药品安全、国有资产保护、国有土地使用权出让等领域负有监督管理职责的行政机关违法行使职权或者不作为的情形的前提下,在向人民法院提起行政公益诉讼之前应当首先向行政机关提出检察建议,督促行政机关履行职责。只有在行政机关拒不依法履行职责且公共利益仍受到侵害的,才可以向人民法院提起行政公益诉讼。

三、行政诉讼一审程序

行政诉讼第一审程序是从人民法院裁定受理到作出一审判决的程序。

行政诉讼一审主要包括下述步骤:

(1)发送起诉状、答辩状副本。《行政诉讼法》第 67 条第 1 款规定:人民法院自立案之日起 5 日内将起诉状副本发送被告。被告应在收到起诉状副本之日起 15 日内向法院提交作出具体行政行为的有关材料,并提出答辩状(被告不提出答辩状,不影响法院审理)。法院应在收到答辩状之日起 5 日内,将答辩状副本发送原告。

(2)送达开庭通知和发布开庭公告,人民法院审理行政案件,应在开庭 3 日前通知当事人和其他诉讼参加人。

(3)法庭调查和法庭辩论。

(4)合议庭评议,作出判决或裁定。合议庭评议由审判长主持,实行少数服从多数的原则。评议中有不同意见的,应如实记入笔录。但判决或裁定依合议庭多数成员的意见作出。

(5)宣判。宣判可以当庭进行,也可以定期进行。当庭宣判的,应在 10 日内发送判决书。定期宣判的,应在宣判后立即发给判决书。

四、简易程序

简易程序是相对于普通程序而言的,是基层人民法院审理简单的行政案件所适用的一种独立的一审程序。

根据《行政诉讼法》的规定,人民法院审理下列第一审行政案件,认为事实清楚、权利义务关系明确、争议不大的,可以适用简易程序:被诉行政行为是依法当场作出的;案件涉及款额 2000 元以下的;属于政府信息公开案件的。除前述规定以外的第一审行政案件,当事人各方同意适用简易程序的,可以适用简易程序。发回重审、按照审判监督程序再审的案件不适用简易程序。

适用简易程序审理的行政案件,由审判员一人独任审理,并应当在立案之日起 45 日内审结。人民法院在审理过程中,发现案件不宜适用简易程序的,裁定转为普通程序。

五、行政诉讼二审程序

行政诉讼二审程序,又称作上诉审程序,是指行政诉讼当事人不服一审法院未生效的裁判,向上一级法院提起诉讼,由上一级法院进行审理的程序。

(一)上诉的提起与受理

当事人不服人民法院第一审判决的,有权在判决书送达之日起15日内向上一级人民法院提起上诉。当事人不服人民法院第一审裁定的,有权在裁定书送达之日起10日内向上一级人民法院提起上诉。逾期不提起上诉的,人民法院的第一审判决或者裁定发生法律效力。

(二)二审的审理

人民法院对上诉案件,应当组成合议庭,开庭审理。经过阅卷、调查和询问当事人,对没有提出新的事实、证据或者理由,合议庭认为不需要开庭审理的,也可以不开庭审理。人民法院审理上诉案件,应当对原审人民法院的判决、裁定和被诉行政行为进行全面审查。

人民法院审理上诉案件,应当在收到上诉状之日起3个月内作出终审判决。有特殊情况需要延长的,由高级人民法院批准,高级人民法院审理上诉案件需要延长的,由最高人民法院批准。

六、行政诉讼审判监督程序

审判监督程序,是指人民法院对已经生效的判决、裁定发现违反法律、法规的规定,依法进行再次审理的程序。

(一)审判监督程序的提起

根据《行政诉讼法》的规定,能引起人民法院再审程序的条件有下述三项:

1. 当事人提起

当事人对已经发生法律效力的判决裁定,认为确有错误的,向上一级法院提起申诉。

当事人的申请符合下列情形之一的,人民法院应当再审:(1)不予立案或者驳回起诉确有错误的;(2)有新的证据,足以推翻原判决、裁定的;(3)原判决、裁定认定事实的主要证据不足、未经质证或者系伪造的;(4)原判决、裁定适用法律、法规确有错误的;(5)违反法律规定的诉讼程序,可能影响公正审判的;(6)原判决、裁定遗漏诉讼请求的;(7)据以作出原判决、裁定的法律文书被撤销或者变更的;(8)审判人员在审理该案件时有贪污受贿、徇私舞弊、枉法裁判行为的。

2. 人民法院提起

各级人民法院院长对本院已经发生法律效力的判决、裁定,发现有《行政诉讼法》第91条规定情形之一,或者发现调解违反自愿原则或者调解书内容违法,认为需要再审的,应当提交审判委员会讨论决定。

最高人民法院对地方各级人民法院已经发生法律效力的判决、裁定，上级人民法院对下级人民法院已经发生法律效力的判决、裁定，发现有《行政诉讼法》第91条规定情形之一，或者发现调解违反自愿原则或者调解书内容违法的，有权提审或者指令下级人民法院再审。

3. 人民检察院抗诉

最高人民检察院对各级人民法院已经发生法律效力的判决、裁定，上级人民检察院对下级人民法院已经发生法律效力的判决、裁定，发现有《行政诉讼法》第91条规定情形之一，或者发现调解书损害国家利益、社会公共利益的，应当提出抗诉。

地方各级人民检察院对同级人民法院已经发生法律效力的判决、裁定，发现有《行政诉讼法》第91条规定情形之一，或者发现调解书损害国家利益、社会公共利益的，可以向同级人民法院提出检察建议，并报上级人民检察院备案；也可以提请上级人民检察院向同级人民法院提出抗诉。

各级人民检察院对审判监督程序以外的其他审判程序中审判人员的违法行为，有权向同级人民法院提出检察建议。

（二）再审程序

人民法院按照审判监督程序再审的案件，发生法律效力的判决、裁定是由第一审人民法院作出的，按照第一审程序审理，所作的判决、裁定，当事人可以上诉；发生法律效力的判决、裁定是由第二审人民法院作出的，按照第二审程序审理，所作的判决、裁定是发生法律效力的判决、裁定；上级人民法院按照审判监督程序提审的，按照第二审程序审理，所作的判决、裁定是发生法律效力的判决、裁定。人民法院审理再审案件，应当另行组成合议庭。

七、行政诉讼的诉讼中止、诉讼终结

（一）诉讼中止

中止诉讼是指在行政诉讼过程中，由于发生某种无法克服的或者难以避免的特殊情况，由人民法院裁定中止诉讼程序的一种法律制度。

在行政诉讼中，有下列情形之一的，中止诉讼：(1) 原告死亡，需要等待其近亲属表明是否参加诉讼的；(2) 原告丧失诉讼行为能力，尚未确定法定代理人的；(3) 作为一方当事人的行政机关、法人或者其他组织终止，尚未确定权利义务承受人的；(4) 一方当事人因不可抗力的事由，不能参加诉讼的；(5) 案件涉及法律适用问题，需要送请有权机关作出解释或者确认的；(6) 案件的审判须以相关民事、刑事或者其他行政案件的审理结果为依据，而相关案件尚未审结的；(7) 其他应当中止诉讼的情形。行政诉讼中止后，上述情形消失，人民法院应及时恢复诉讼。人民法院的审理期限在诉讼中止裁定生效之日起停止计算，待诉讼恢复后重新计算。

（二）诉讼终结

终结诉讼是指在行政诉讼过程中，由于发生了法律规定的特定事由，使诉讼无法再进行下去,或者继续进行诉讼已经没有任何实际意义时,由人民法院裁定终止诉讼的一种法律制度。

在行政诉讼中,终结诉讼适用于下述情形:(1)原告死亡,没有近亲属或者近亲属放弃诉讼权利的;(2)作为原告的法人或者其他组织终止后,其权利义务的承受人放弃诉讼权利的;(3)原告死亡,满90日仍没有近亲属表明要求参加诉讼的,但有特殊情况的除外;(4)原告丧失诉讼行为能力,满90天仍没有确定法定代理人参加诉讼的,但有特殊情况的除外;(5)作为一方当事人的行政机关、法人或者其他组织终止,满90天仍没有确定权利和义务的承受人的,但有特殊情况的除外。

知识拓展

1. 行政诉讼简易程序的意义

行政诉讼简易程序是与普通程序相对的,是指基层人民法院审理某些事实清楚、权利义务关系明确、争议不大的一审行政案件时所适用的相对简单的审判程序。1989年《行政诉讼法》中之规定了行政诉讼普通审理程序,2014年《行政诉讼法》在审理与判决一章中专门增设了"简易程序"。增设简易程序具有重要意义:第一,简易程序提高了人民法院的审判效率,有助于缓解人民法院日益繁重的审判任务;第二,简易程序可以使相对人能以简便有效的方式行使诉权来维护自身的实体权益,不致因程序繁琐而望而却步,有利于保护当事人合法权益;第三,简易程序使得诉讼程序更加科学化、合理化。

2. 行政附带民事诉讼

行政附带民事诉讼是指人民法院在审理行政案件的同时附带审理与行政案件相关联的民事案件,并作出裁判的诉讼活动。提起行政附带民事诉讼的条件有:第一,必须同时存在行政诉讼与民事诉讼;第二,行政诉讼与附带的民事诉讼的诉讼请求必须有内在的关联。即统一行政行为引起两种不同的争议和纠纷,或者行政裁决改变了民事权利义务的状态;第三,有关联的民事诉讼请求必须在行政诉讼的过程中提出;第四,人民法院对两种不同性质又相互关联的诉讼请求并案审理。行政附带民事诉讼的主要类型包括:(1)当事人不服行政机关的权属争议的行政裁决案;(2)行政相对人实施行政机关已经许可的某种行为时,第三方认为侵犯了自身民事权益,第三方提起行政诉讼过程中要求法院附带解决民事争议;(3)当事人不服行政机关对其与他人之间有关损害赔偿的裁决案件;(4)在涉及行政许可、登记、征收、征用和行政机关对民事争议所作的行政诉讼中,当事人申请一并解决相关民事争议的,人民法院可以一并审理。

链接阅读

1. 乐俊刚:《行政附带民事诉讼在不动产登记案件中面临的困境及选择——以全国首例行政附带民事诉讼案为分析对象》,载《政治与法律》2012年第3期;

2. 葛先园:《我国行政诉讼简易程序检视——以新〈行政诉讼法〉第82条为中心》,载《法律科学(西北政法大学学报)》2016年第2期。

第六节　行政诉讼的判决、裁定与决定

一、行政诉讼的判决

（一）行政诉讼判决的概念与特征

行政诉讼判决，是指人民法院在行政案件的审理程序终结时，针对被诉行政行为的合法性以及法律效力等实体法律问题所作出的具有法律约束力的意思表示。行政诉讼的判决具有以下几个特点：

第一，行政诉讼判决是对具体的行政争议的裁决结果。

第二，行政诉讼判决是具有法律约束力的意思表示。

第三，行政诉讼判决是人民法院对于实体法律问题的判定。

（二）行政诉讼的一审判决

1. 驳回诉讼请求判决

驳回诉讼请求判决，是指人民法院经过审理作出的不支持原告的诉讼请求而予以驳回的判决。

根据《行政诉讼法》第69条、最高人民法院《关于适用〈中华人民共和国行政诉讼法〉的解释》第94条第2款的规定，驳回诉讼请求判决主要适用于以下几种情形：行政行为证据确凿，适用法律、法规正确，符合法定程序的；原告申请被告履行法定职责或者给付义务理由不成立的；原告起诉请求确认行政行为无效，人民法院经审查认为行政行为不属于无效情形，经释明，原告拒绝变更诉讼请求的。

2. 撤销判决

撤销判决，是指人民法院经过审查，认定行政行为具有《行政诉讼法》第70条规定的情形之一的，依法作出的撤销或者部分撤销被告所作出的行政行为的判决。撤销判决是对原告诉讼请求的支持，对于行政行为合法性的否定评价。

根据《行政诉讼法》第70条的规定，具备下列情形之一的，人民法院判决撤销或者部分撤销，并可以判决被告重新作出行政行为：一是主要证据不足；二是适用法律、法规错误；三是违反法定程序；四是超越职权；五是滥用职权；六是明显不当。

3. 确认判决

根据《行政诉讼法》第74—76条的规定，"确认判决"是指人民法院对被诉行政合法、有效与否进行确认，直接作出确认该行政行为违法或者无效判决。

根据《行政诉讼法》的规定，确认判决主要适用于以下几种情形：

（1）确认违法判决。

确认违法判决主要适用于以下两种情形：第一，人民法院作出确认违法判决，但不撤销行政行为的情形；第二，行政行为确实存在违法情形，但是不需要撤销或者判决履行的，人民法院判决确认违法。

(2) 确认无效判决。

根据《行政诉讼法》第75条的规定,行政行为有重大且明显违法情形的,原告申请确认行政行为无效的,人民法院判决确认无效。有下列情形之一的,属于"重大且明显违法":行政行为实施主体不具有行政主体资格;减损权利或者增加义务的行政行为没有法律规范依据;行政行为的内容客观上不可能实施;其他重大且明显违法的情形。

4. 变更判决

根据《行政诉讼法》第77条的规定,"变更判决"是指人民法院对于行政机关作出的明显不当的行政处罚决定或者其他行政行为涉及对款额的确定、认定确有错误的直接予以改变的判决。

变更判决所适用的行政处罚行为必须已经达到了"明显不当"的程度,对于一般的、轻微的不合理问题司法机关无权变更。

5. 给付判决

根据《行政诉讼法》第73条的规定,人民法院经过审理,查明被告依法负有给付义务的,判决被告履行给付义务。给付判决适用于被诉行政机关依法负有行政给付义务的情形。综合目前我国现有法律、法规和政策的规定,可以将行政给付的形式概括为:抚恤金;特定人员离退休金;社会救济、福利金;自然灾害救济金及救济物资等四种。

6. 赔偿判决

根据《行政诉讼法》第76条的规定,人民法院判决确认行政行为违法或者无效的,可以同时判决责令被告采取补救措施;给原告造成损失的,依法判决被告承担赔偿责任。

行政相对人对于侵犯其合法权益的行政行为有权提出行政赔偿请求。行政相对人可以单独提起,也可以同其他诉讼请求一并向人民法院提起。

7. 履行判决

根据《行政诉讼法》第72条的规定,人民法院经过审理,查明被告不履行法定职责的,判决被告在一定期限内履行。"履行判决"是指人民法院经过审理,认为被告具有不履行或者拖延履行法定职责的情形时所适用的,要求被告在一定期限内履行法定职责的判决。

履行判决适用于行政机关不作为的情形,具体而言,适用履行判决需要满足以下几个条件:第一,被告负有履行特定职责的法定义务;第二,相对人依法向行政机关提出了要求其履行职责的申请,且该申请符合法律、法规要求的条件和形式;第三,被告无正当理由,拒绝履行或者拖延履行相应的法定职责;第四,履行仍有必要。

8. 违约判决

根据《行政诉讼法》第78条规定了违约判决,即被告不依法履行、未按照约定履行或者违法变更、解除政府特许经营协议、土地房屋征收补偿协议等协议的,人民法院判决被告承担继续履行、采取补救措施或者赔偿等责任。被告变更、解除前述协议合法,但是未依法给予补偿的,人民法院判决给予补偿。违约判决具体的形式包括:判决被告继续履行、判决被告采取补救措施、判决被告承担赔偿责任和判决被告给予补偿等四种。

(三) 行政诉讼的二审判决

行政诉讼的二审判决又称"终审判决",是人民法院运用第二审程序审理行政案件所作出的判决形式,也包括在审判监督程序中按照第二审程序对行政案件进行再审所作出的判决。二审判决自作出之日起即发生法律效力。

根据《行政诉讼法》第88条的规定,人民法院审理上诉案件,应当在收到上诉状之日起3个月内作出终审判决。有特殊情况需要延长的,由高级人民法院批准,高级人民法院审理上诉案件需要延长的,由最高人民法院批准。

《行政诉讼法》第89条的规定,行政诉讼的二审判决包括维持原判和依法改判两种形式:

1. 维持原判

"维持原判"是指二审人民法院经过审理,确认一审判决认定事实清楚,适用法律、法规正确,从而作出的否定和驳回上诉人的上诉,维持一审判决的判决。

根据《行政诉讼法》第89条第1款第(一)项的规定,二审法院判决维持原审判决需要满足以下两个条件:

(1) 原判决认定事实清楚。
(2) 原判决适用法律、法规正确。

2. 改判

"改判"是指第二审人民法院通过对上诉案件的审理,确认一审判决认定事实错误或者适用法律、法规错误的,或者确认一审判决认定事实不清楚、证据不足的,而作出的直接改变原判决内容的判决。

根据《行政诉讼法》第89条第1款第(二)、(三)项的规定,改判主要适用于以下三种情形:

(1) 原判决适用法律、法规错误。
(2) 原判决认定事实错误。
(3) 原判决认定事实不清,证据不足。

二、行政诉讼的裁定

行政诉讼裁定是指人民法院在审理行政案件过程中,为解决本案的程序性问题所作出的,对诉讼参与人发生法律效力的司法意思表示。

行政诉讼裁定的适用范围包括:

1. 不予立案裁定

"不予立案"是指在行政诉讼开始阶段,即当事人向法院提出立案申请阶段,人民法院在接到起诉状之后,对于是否符合行政诉讼立案条件进行审查,如果发现原告的起诉不符合法定的立案条件,依法作出不予立案的裁定。

根据《行政诉讼法》第51—52条、最高人民法院《关于适用〈中华人民共和国行政诉讼法〉的解释》第55—67条的规定,不予立案的裁定主要适用于以下几种情况:

(1) 原告起诉的事项不属于人民法院行政诉讼受案范围的;
(2) 起诉人不具备原告诉讼主体资格的;
(3) 起诉人错列被告且拒绝变更的;
(4) 法律规定必须由法定或者指定代理人、代表人为诉讼行为,未由法定或者指定代理人、代表人为诉讼行为的;
(5) 由诉讼代理人代为起诉,其代理不符合法定要求的;
(6) 法律、法规规定行政复议为提起诉讼必经程序而未申请复议的;
(7) 法律、法规未规定行政复议为提起行政诉讼的必经程序,公民、法人或者其他组织已经申请行政复议,在法定复议期间内又向人民法院提起诉讼的;
(8) 起诉人重复起诉的;
(9) 已撤回起诉,无正当理由再行起诉的。

2. 驳回起诉裁定

驳回起诉是指人民法院在案件受理后,在审理过程中发现该案件不属于人民法院的受案范围或者原告的起诉不符合法定起诉条件的,依法作出的驳回原告的起诉的裁定。

驳回起诉的裁定主要适用于以下两种情况:
(1) 案件受理后,人民法院在审理过程中发现相应案件不属于人民法院的受案范围,或者原告的起诉不符合法定起诉条件的;
(2) 人民法院在案件审理过程中,发现原告起诉的被告不适格,告知原告变更被告,原告不同意变更的。

3. 管辖权异议裁定

管辖权异议是指作为被告的行政机关在接到人民法院的应诉通知书后,如果认为受诉法院对于被诉行政争议无管辖权,可以在法定期限内提出异议,要求人民法院对此进行审查。人民法院应当在案件进入实体审理之前,对于管辖权异议是否成立作出裁定。当事人提出管辖异议,应当在接到人民法院应诉通知之日起 10 日内以书面形式提出。对当事人提出的管辖异议,人民法院应当进行审查。异议成立的,裁定将案件移送有管辖权的人民法院;异议不成立的,裁定驳回。

另外,根据《行政诉讼法》第 85 条的规定,当事人对于管辖权异议的裁定不服的,有权在裁定书送达之日起 10 日内向上一级人民法院提起上诉。

4. 中止、终结诉讼裁定

中止诉讼的裁定,是指在行政诉讼过程中,由于发生了某种难以克服或者无法避免的特殊情况致使行政诉讼无法顺利进行或者不宜继续进行,人民法院作出的暂时停止诉讼程序,待影响诉讼正常进行的情况结束后,再恢复诉讼程序的裁定。

根据最高人民法院《关于适用〈中华人民共和国行政诉讼法〉的解释》第 87 条、《行政诉讼法》第 61 条第 2 款的规定,在出现下列情况时,人民法院应当裁定中止诉讼:
(1) 原告死亡,须等待其近亲属表明是否参加诉讼的;
(2) 原告丧失诉讼行为能力,尚未确定法定代理人的;

(3) 作为一方当事人的行政机关、法人或者其他组织终止,尚未确定权利义务承受人的;

(4) 一方当事人因不可抗力的事由不能参加诉讼的;

(5) 案件涉及法律适用问题,需要送请有权机关作出解释或者确认的;

(6) 案件的审判须以相关民事、刑事或者其他行政案件的审理结果为依据,而相关案件尚未审结的;

(7) 其他应当中止诉讼的情形。

终结诉讼的裁定,是指在行政诉讼过程中,由于一定的客观情况的出现,致使行政诉讼程序无法继续进行,或者已经失去意义的情况下,人民法院作出的结束诉讼程序的裁定。

根据最高人民法院《关于适用〈中华人民共和国行政诉讼法〉的解释》第88条的规定,在出现下列情况时,人民法院应当裁定终结诉讼:

(1) 原告死亡,没有近亲属或者近亲属放弃诉讼权利的;

(2) 作为原告的法人或者其他组织终止后,其权利义务的承受人放弃诉讼权利的;

(3) 因原告死亡,须等待其近亲属表明是否参加诉讼,或者因原告丧失诉讼行为能力,尚未确定法定代理人,或者因作为一方当事人的行政机关、法人或者其他组织终止,尚未确定权利义务承受人,因出现上述情况而中止诉讼满90日仍无人继续诉讼的,裁定终结诉讼,但有特殊情况的除外。

5. 移送管辖或者指定管辖裁定

根据《行政诉讼法》第22条的规定,移送管辖裁定是指人民法院发现受理的案件不属于自己管辖时,将该案件移送给其他有管辖权的法院的裁定。

根据《行政诉讼法》第22—24条的规定,指定管辖的裁定主要适用于以下三种情况:一是受移送的人民法院认为受移送的案件按照规定不属于本院管辖的,应当报请上级人民法院指定管辖的裁定;二是指有管辖权的人民法院由于特殊原因不能行使管辖权时,由其上级人民法院作出指定其他法院管辖的裁定;三是人民法院对管辖权发生争议,协商不成时,由争议法院的共同上级人民法院作出指定其中一个法院管辖的裁定。

6. 诉讼期间停止行政行为的执行或者驳回停止执行的申请裁定

根据《行政诉讼法》第56条第1款的规定,在行政诉讼过程中,对于被诉行政行为以继续执行为一般原则,以停止执行为例外。法院裁定停止执行的情形主要有以下几种:

(1) 被告认为需要停止执行的;

(2) 原告或者利害关系人申请停止执行,人民法院认为该行政行为的执行会造成难以弥补的损失,并且停止执行不损害国家利益、社会公共利益的;

(3) 人民法院认为该行政行为的执行会给国家利益、社会公共利益造成重大损害的;

(4) 法律、法规规定停止执行的。

其中,批准原告停止执行行政行为的申请,需要符合以下条件:

(1) 原告向人民法院提出执行行政行为的申请;

(2) 人民法院认为该行政行为的执行会造成难以弥补的损失;

(3) 停止执行不损害国家利益、社会公共利益。

当事人对停止执行或者不停止执行的裁定不服的,可以申请复议一次。

7. 财产保全裁定

财产保全裁定是指为了保证判决的顺利执行,经当事人的申请或者人民法院认为必要时,由人民法院作出的对当事人的财产或者争议的标的物采取限制其处分的保护性措施的裁定。

在以下两种情况下人民法院可以作出财产保全的裁定:(1)一方当事人提出财产保全的申请,人民法院通过对另一方当事人的行为的审查,认为其可能使行政行为或者人民法院生效裁判不能或者难以执行的,可以作出财产保全的裁定;(2)当事人没有提出财产保全申请的,人民法院在必要时也可以依法采取财产保全措施。

财产保全应当及时进行,人民法院作出财产保全的裁定后,应当立即执行;对于情况紧急的,人民法院在接受申请之后,应当在48小时内作出裁定并立即执行。

如果当事人对于财产保全裁定不服,可以申请复议一次,但是,复议并不停止裁定的执行。对于申请人的复议申请,人民法院应当在3日内作出决定。

8. 先予执行裁定

先予执行是指人民法院在审理行政案件中,因当事人一方生产或生活上的迫切需要,根据其申请,在作出判决前,裁定一方当事人给付另一方当事人一定的财物,或者立即实施或停止某种行为,并立即执行的措施。

根据《行政诉讼法》第57条的规定,对于行政相对人起诉行政机关没有依法支付抚恤金、最低生活保障金和工伤、医疗社会保险金的案件,此类权利义务关系明确、不先予执行将严重影响原告生活的,可以根据原告的申请,裁定先予执行。

对于不服先予执行裁定的救济途径与财产保全相同,即向人民法院申请复议,且复议期间不停止对裁定的执行。

9. 准许或者不准许撤诉裁定

根据《行政诉讼法》第58条、第62条的规定,准许或者不准许撤诉裁定主要适用于以下几种情况:

(1) 原告在人民法院对行政案件宣告判决或者裁定前,申请撤诉的;

(2) 被告在人民法院对案件宣告判决或者裁定前改变其所作出的行政行为,原告同意并申请撤诉的;

(3) 原告经人民法院传票传唤,无正当理由拒不到庭,或者未经法庭许可中途退庭的,可以按照撤诉处理。

同时,法律未规定对于此种裁定的救济方式,因此,准许或者不准许撤诉的裁定一经作出即发生法律效力。

10. 补正裁判文书中的笔误裁定

11. 中止或终结执行裁定

12. 驳回上诉、维持原裁定裁定,提审、指令再审或发回重审裁定

13. 准许或者不准许执行行政机关的行政行为裁定
14. 由简易程序转为普通程序裁定
15. 其他需要裁定的事项

三、行政诉讼的决定

行政诉讼决定,是人民法院为了保证行政诉讼的顺利进行,对诉讼过程中发生的某些特殊事项作出的判定。

行政诉讼决定适用于以下事项:有关管辖变动的决定;有关回避事项的决定;对妨碍行政诉讼行为采取强制措施的决定;有关诉讼期限事项的决定;审判委员会对已生效的行政裁判认为应当再审的决定;审判委员会对重大、疑难行政案件的处理决定;有关执行程序事项的决定。

> **知识拓展**
>
> 1. 行政诉讼变更判决
>
> 由于司法权与行政权属于两项并列的权力,彼此必须恪守一定的界限,不能僭越,因此,行政诉讼法严格限制法院对于行政行为的审查范围,将其限定在合法性审查的范围内,防止司法权力干扰行政权力的正常行使。行政诉讼判决一般不能直接改变原具体行政行为,而只能对其合法性予以评价,变更、履行权力最终仍由行政机关行使。对于显失公正的行政处罚行为,行政诉讼法授予法院变更的权限,主要的原因在于:第一,行政处罚行为对相对人的权益影响最为严重,变更判决有利于及时保护相对人的合法权益。《行政诉讼法》开宗明义提出行政诉讼的目的是:保证人民法院正确、及时审理行政案件,保护公民、法人和其他组织的合法权益,维护和监督行政机关依法行使行政职权。其中保护权益是行政诉讼制度的首要目的。行政诉讼目的的实现依赖于具体的制度设置。法律赋予人民法院以司法变更权的宗旨就在于切实保护原告的合法权益,彻底解决纠纷,提高行政效率和审判效率。第二,"显失公正"的行政处罚行为,并不同于一般的不合理的行政行为,在"显失公正"的情况下,行政机关无视立法目的,肆意妄为,严重性已经达到了一般理性人的辨别能力就可以认定的程度,法院当然同样能够准确认定。对于此类违法行政行为,直接作出变更判决,也符合诉讼效率的要求。
>
> 2. 确认无效判决
>
> 根据《行政诉讼法》第75条的规定,行政行为有实施主体不具有行政主体资格或者没有依据等重大且明显违法情形,原告申请确认行政行为无效的,人民法院判决确认无效。理解确认无效判决需要明晰以下几个方面的内容:(1)确认无效判决的适用对象:确认无效判决是对于行政行为法律效力的宣告和确认。根据《行政诉讼法》的前述规定,确认无效判决是主要适用于被诉行政行为具有重大且明显的违法情形。也就是说,当行政行为的违法性达到"重大且明显"的程度时就构成了"无效行政行为"。(2)确认无效判决的法律效果:根据行政法的基本理论,无效的行政行为自始无效、绝对无效、当然无效。确认无

效判决是对于行政行为的法律效力的确认,一旦生效,则将发生确认该被诉行政行为自始无效、绝对无效、当然无效的法律效果。确认无效判决也是法院依法判决责令被告采取补救措施、判决被告向原告承担赔偿责任的基础之一。

链接阅读

1. 张静:《论行政诉讼变更判决》,载《行政法学研究》2015 年第 2 期;
2. 梁君瑜:《论行政诉讼中的确认无效判决》,载《清华法学》2016 年第 4 期。

【推荐阅读文献】

1. 王丹红:《日本行政诉讼类型法定化制度研究》,法律出版社 2012 年版。
2. 江必新、梁凤云:《行政诉讼法理论与实务》(第三版),法律出版社 2016 年版。
3. 马英娟等:《行政法典型案例评析》,北京大学出版社 2016 年版。
4. 姜明安:《行政诉讼法》(第三版),北京大学出版社 2016 年版。
5. 陈清秀:《行政诉讼法》,法律出版社 2016 年版。

【思考题】

1. 行政诉讼与行政复议的衔接机制。
2. 行政诉讼制度的功能及其界限。
3. 正当法律程序原则的概念及其意义。
4. 行政诉讼管辖的创新。
5. 行政诉讼登记立案制度及其意义。

第十二章 国 际 法

学习目标：了解国际法的概念和法律特征以及与国内法的关系；了解国际法的基本理论；基本掌握外交与领事关系法、条约法、海洋法、空间法、战争与武装冲突法等国际法各子部门的法律原则、规则和制度。

教师导读：学习本章需要明确以下问题：国际法是一个怎样的法律体系，它与国内法有怎样的联系和区别？国家之间在相互交往过程中，为什么要设立使馆和领事馆？国家为什么要缔结条约，且愿意遵守所缔结的条约？为什么海洋争端频频发生，各海域的法律地位如何？对于平时乘坐的航班、国家发射的人造卫星等，国际法有哪些法律制度？国家还有从事战争的权利吗？可以随意使用武器和针对任何人吗？

建议学时：8 学时

第一节 国际法概述

一、国际法的产生与发展

国际法（international law），即国际公法，主要是指调整国家与国家、国家与国际组织以及国际组织相互之间关系的法律原则、规则和制度。

国际法是在国家之间相互交往的过程中产生和逐渐发展起来的。当许多个国家并存且相互交往，就会产生调整它们之间相互关系的原则、规则和制度。因此，在这个意义上，国际法古已有之。但古代国家之间的相互交往并不密切，调整相互间关系的原则和规则以不成文的习惯为主，这个时期的国际法尚处于萌芽状态，未形成完整的、独立的法律体系。

近代国际法（或者称为传统国际法）的产生以 1648 年结束欧洲三十年战争的《威斯特伐利亚和约》的缔结为标志。和约承认国家主权原则，促进了近代主权国家的发展和兴起，国家之间的平等关系逐步形成，增进了国际交往，为近代国际法的形成奠定了社会基础。但近代国际法有其局限性，它是以欧洲为中心的国际法，带有浓厚的强权政治和殖民主义色彩。

现代国际法开始于第一次世界大战结束之后，在第二次世界大战之后真正形成，并进入了一个全新的发展阶段。现代国际法实行各国无论大小一律平等的原则；强调和平解决国际争端，禁止在国际关系中使用武力或以武力相威胁。并且，现代国际法的调整范围不断扩大，出现了国际海洋法、国际人权法、国际环境法、国际组织法、国际刑法等一系列新的国际法分支。总而言之,随着国际关系的不断拓展和深入,国际法仍将持续地发展和进步。

> **知识拓展** 国际法的名称
>
> 国际法,又称为"国际公法"(public international law)。与"国际法"同义的有"万民法"(law of nations),源于拉丁文(jus gentium),即古罗马法体系中处理非罗马人之间关系的法律制度。17世纪初,荷兰法学家格老秀斯在创立国际法体系时采用的就是拉丁文"万民法"一词。17—18世纪欧洲各国普遍以"万民法"指代调整国家之间关系的法律。英文"国际法"(international law)一词出自于英国法学家边沁于1789年发表的《道德与立法原则导论》一书。

二、国际法的特征

国际法与国内法是不同的法律体系,与国内法相比较,国际法有如下特征:(1)国际法的主体主要是国家和国际组织,一般认为自然人和法人不是国际法的主体;(2)国际法主要是国家之间的法,国家是国际法的主要制定者,国际社会不存在超越于国家之上的立法机构;(3)国际法的实施主要依赖于国家的自觉遵守,不存在高于国家的国际机构强制执行国际法。

根据适用范围,国际法可以分为一般国际法和特殊国际法。前者是指对所有国家都有拘束力的国际法,如普遍性国际公约;后者指仅对少数几个国家有拘束力的国际法,如双边条约。国际法还可以分为普遍性国际法和区域性国际法。前者即一般国际法;后者指仅对某一特定地区的国家有拘束力的国际法,如区域性国际组织的规约。

三、国际法与国内法的关系

国际法与国内法的关系是国际法的一个基本理论问题。关于这个问题,国际法学界曾提出"一元论"和"二元论"两种学说。"一元论"认为国际法和国内法属于同一个法律体系。"一元论"又可以分为国内法优先说和国际法优先说两种学说。"二元论"认为国际法和国内法是两个相互独立和不同的法律体系。

"一元论"和"二元论"有其合理性的一面:"一元论"肯定了国际法与国内法的密切联系,有助于理解国际法的法律属性;"二元论"承认了国际法与国内法的区别,有助于理解国际法的特殊性。但"一元论"和"二元论"也有其局限性和片面性:"一元论"过于强调了国际法和国内法的共性,而忽略了二者之间的区别;"二元论"则过于强调国际法与国内法的区别,忽略了二者之间的联系。

总而言之,国际法与国内法是两个不同的法律体系,但二者之间又存在密切的联系,既不能坚持绝对的"一元论",也不能坚持绝对的"二元论"。国家在制定国内法时应顾及国际法的要求和义务,在参与制定国际法时应考虑到本国国内法的立场。

四、国际法的渊源

国际法的渊源通常指国际法的形式渊源,是国际法的原则、规则和制度的具体表现形式,主要包括国际条约和国际习惯。

国际条约是国际法主体之间的、确定其权利义务关系的书面协议。"条约必须遵守"是国际法的一项重要原则,缔约国对于一项合法有效的条约有义务善意地履行和遵守。在现代国际社会,随着国际交往的日益频繁和密切,国际条约因其明确性和确定性的优点为各国所接受,各国普遍采用缔结国际条约的方式确定彼此权利义务,国际条约的数量与日俱增,已成为国际法最重要的法律渊源。

国际习惯是国际法的另一个主要渊源,是各国重复类似的行为并被认为具有法律拘束力的不成文的行为规则。国际习惯是国际法最古老的渊源,出现于国际条约之前。国际习惯包括两个构成要素:一是客观要素,又称物质因素,即国家实践,指各国重复类似的行为;二是主观要素,又称心理因素,即法律确信,指国家必须出于法律义务感从事有关的行为。

各国法律体系中共有的一般法律原则也被认为是国际法的渊源之一。司法判例、各国权威最高的公法学家学说等可以作为确定法律原则的辅助资料,但不属于国际法的形式渊源。

知识拓展 作为国际法渊源的一般法律原则

一般法律原则是国际法的渊源之一,《国际法院规约》第38条规定法院裁判案件时可以适用文明各国承认的一般法律原则。一般法律原则是指各国国内法共同接受的原则,主要包括了对受损害的权利应给予救济、违约应当给予赔偿、时效、后法优于前法、善意原则、公平原则等。在实践中,一般法律原则的适用是有限的,在有条约和习惯规则的情况下,国际法院不会考虑一般法律原则。

五、国际法的基本原则

国际法基本原则是指各国公认的、具有普遍意义的、构成国际法基础的法律原则。

(1) 各国公认,是指一项国际法基本原则必须得到国际社会的普遍接受。这种接受要么反复体现在各国缔结的国际条约中,要么作为国际习惯而被各国所接受。

(2) 具有普遍意义,是指国际法基本原则适用于国际法的所有领域,贯穿于国际法的各个方面,而不是仅适用于国际法个别领域的具体原则。

(3) 构成国际法基础,是指国际法的具体原则、规则和制度均不得与国际法基本原则相抵触,否则当属无效。国际法基本原则是国际法存在的基础,破坏国际法基本原则就会动摇整个国际法的基础。

现代国际法基本原则主要包括《联合国宪章》确认的原则、我国倡导的和平共处五项原则和 1970 年《国际法原则宣言》宣示的原则等。

我国倡导的和平共处五项原则的内容包括：互相尊重主权和领土完整、互不侵犯、互不干涉内政、平等互利、和平共处。和平共处五项原则于 1953 年由周恩来总理在会见印度代表团时首次提出。1954 年，中国、印度和缅甸发表联合声明，确认并倡议将和平共处五项原则作为指导相互关系和国际关系的基本准则。和平共处五项原则为世界绝大多数国家所接受，是指导国际关系的重要国际法基本原则。

链接阅读

1. 何勤华：《〈万国公法〉与清末国际法》，载《法学研究》2001 年第 5 期；
2. 罗国强：《一般法律原则的困境与出路——从〈国际法院规约〉第 38 条的悖论谈起》，载《法学评论》2010 年第 2 期。

第二节　国际法的主体

一、国际法主体的概念

国际法主体是指具有独立参加国际关系、并能够直接承受国际法上权利和义务的实体。其主要特征包括：具有独立参加国际关系、缔结国际条约或协议的能力；能直接享有国际法上的权利、承担国际法上的义务；具有对违反国际法的行为提起国际求偿或诉讼的能力，等等。

在当今国际社会，国家和国际组织是国际法的主要主体，其中国家是国际法的基本主体。另外，争取独立的民族也是国际法的主体。

二、国家是国际法的基本主体

（一）国家的要素

从国际法的观点来看，国家应具备四个要素：定居的人民；确定的领土；一定的政权组织；主权。

（1）定居的人民。人民是国家的基本要素。人口的多少、种族和民族的构成等，对于一块地域是否构成国家不产生影响。

（2）确定的领土。领土是国家的物质基础，是人民赖以聚居和生活的地域。

（3）一定的政权组织。国家必须有一定的政府组织管理各项事务，行使统治权，无政府的社会不构成国家。

（4）主权。主权是国家最重要的属性。一个地域内尽管有政府组织但自己没有主权，就只能视为一个国家的组成部分，而不能自成一个国家。

> **知识拓展** 国际法上的个人
>
> 个人在国际法上的法律地位,即个人是国际法的主体还是国际法的客体的问题,是一个有争议的问题。一种观点认为个人不能直接在国际法上享有权利和承担义务,因此个人不是国际法主体,只能是国际法的客体。另一种观点认为个人是国际法的主体。随着国际法的发展,特别是国际人权法的出现和发展,个人在国际法上的地位发生了较大变化,但个人究竟能否成为国际法主体,仍有待国际法理论和实践的进一步发展。

(二) 国家的种类

国家的种类又称为国家类型,大体可以分为两类:单一国和复合国。

单一国是由若干行政区域组成的统一的主权国家。单一国由中央政府行使最高的立法、司法和行政权力,统一处理国家的内外事务。各个行政区域都作为国家的地方单位接受中央政府的领导。单一国是一个国际法主体,由中央政府代表国家参与国际关系,各地方区域都没有国际法主体地位。

中国是单一制国家。根据中国《宪法》和相关法律,中国的对内对外权力由中央政府统一行使。在此原则下,地方行政单位可以依法享有管理地方事务的权力,包括不同程度地处理某些特定的对外事务的权力。中国的香港和澳门两个特别行政区依法享有某些对外交往的权力,但是它们本身都不是国际法的主体。

复合国,又称为国家联合,是两个或两个以上成员组成的国家或国家联合体。现今属于复合国的只有联邦一种形式,历史上存在过的复合国形式还包括政合国、君合国和邦联。联邦是指由两个或两个以上的成员单位根据联邦宪法组成的国家,如美国。联邦国家有统一的联邦宪法,并设立联邦立法、司法和行政机构。联邦政府与各组成成员之间的职权范围由宪法划定。联邦国家的对外权力主要由联邦政府行使。联邦国家本身是国际法主体,其各成员单位没有国际法的主体地位。

(三) 国家的基本权利和义务

国家的基本权利和基本义务是相互对应、辩证统一的概念。一国的基本权利对应的是他国的基本义务;国家在享有基本权利的同时承担着尊重他国基本权利的义务。

国家的基本权利包括以下四项:

(1) 独立权,是指国家可以按照自己的意志处理本国事务而不受外来干涉和控制的权利。具体包括:在对内方面,国家可以自主确立本国的政治、经济等制度,制定法律等;在对外方面,除受国际法限制外,国家可以自由参与并处理国际事务,如订立条约、派遣和接受外交使节等。

(2) 平等权,指无论大小强弱,各国在国际法上的地位平等。例如,在国际会议或者国际组织中,各参与国有同等的代表权和投票权;平等的缔约权;在外交文件中使用本国文字的权利;司法豁免权等。

(3) 自保权,是国家为保卫本国生存和独立的一项重要权利。具体包括两方面的内容:一是国家有进行国防建设、防备外来侵略的权利;二是当国家遭受外来侵略或武装攻击时进行单独自卫或集体自卫的权利。

(4) 管辖权,是指国家根据国际法对特定的人、物和事件进行管理和支配的权利。国家的管辖权主要有两种形式:一是属地管辖权,指国家对其领土内的一切人、物和事件,有权依照本国法律进行管辖;二是属人管辖权,指国家有权对具有本国国籍的人实行管辖,无论其居住在国内还是国外。

(四) 国家承认

当新国家或者新政府出现时,便会产生国际承认问题。国际承认包括国家承认和政府承认。国家承认是指既存国家对新国家的承认。这种承认通常发生在因独立、合并、分裂等而形成新国家的场合。政府承认是指对代表国家的新政府的承认。在政府承认的情形下,作为国际法主体的国家没有发生改变,而是代表国家的政府因发生革命或者政变等而发生了更迭。

承认主要是一种政治行为,既存国家往往根据本国政治需要和外交政策,决定对新国家或者新政府是否给予承认。在国际法上,既存国家对新国家或新政府没有必须给予承认的义务;新国家或者新政府也没有要求其他国家必须给予承认的权利。

承认也是一种法律行为。承认是国际法的一项重要制度,任何承认都不得违背国际法的原则和规则。同时,承认会产生一定的法律后果。承认是既存国家与新国家或者新政府建立和发展政治、经济和其他关系的法律基础。

知识拓展 国家承认之构成说与宣告说

关于国家承认的性质,国际法理论存在构成说与宣告说两种不同的学说,构成说认为一个新的实体出现之后,必须经过现存国家的承认,才能成为真正的国家,否则就不具备国家的资格。宣告说认为一个新国家的出现是一个事实,只要具备了国家的要素,它就是一个国家,其他国家承认与否,对该国在事实上的存在没有影响,他国的承认仅具有宣告或确认的性质。构成说和宣告说都有失偏颇。承认不仅仅是对事实的宣告和确认,同时具有在承认国与被承认国之间建立法律关系的性质。

(五) 国家继承

国际法上的继承主要包括国家继承和政府继承。国家继承是指由于发生国家领土变更的事实而引起的国际法上权利和义务从一国向另一国的转移。取代别国权利和义务的国家称为继承国,被取代的国家称为被继承国。引起国家继承的原因是领土的变更,包括解体、合并、分离、独立和割让等。国家继承的对象包括条约、领土与边界、国家财产、国家债务等方面。

政府继承是指在国家继续存在的情况下,由于革命或政变而引起的新政府对旧政府在国际法上权利和义务的继承问题。引起政府继承的原因是政府更迭,但并非所有的政府更迭都会产生政府继承问题,依照宪法程序进行的政府更迭不会产生政府继承问题,只有因革命或政变等非宪法程序的政府更迭才会引起政府继承问题。

(六）国家责任

国家责任是指国家因违反国际法上的义务而承担的法律责任。国家违反国际法上义务的行为被称为"国际不法行为"。在理论上，"国际不法行为"可进一步区分为"国际罪行"和"国际侵权行为"。"国际罪行"是指违反保护国际社会根本利益的法律义务的行为，如侵略、殖民统治、灭绝种族等。其他违反国际法的行为一般属于"国际侵权行为"，如侵犯外交特权与豁免、拖欠国际组织会费等。

承担国家责任的形式包括：

（1）限制主权。这是最严厉的一种承担国家责任的形式。当一国犯有对他国进行武装侵略等严重危害国际和平与安全的行为时，该国应承担被限制主权的国家责任，具体包括：暂时对该国实行军事占领或军事管制、限制该国的武装力量或军备等。

（2）赔偿。这是最常用的一种承担国家责任的形式。赔偿包括两种具体形式：一是恢复原状，即由侵害国将被损害的他国事物恢复至不法行为发生之前的状态；二是物质或金钱赔偿。

（3）道歉。侵害国以书面、口头或其他方式对受害国以精神上的满足而采取的一种责任承担方式。

上述承担国家责任的多种形式可以并用。

三、国际组织是国际法的重要主体

广义的国际组织包括政府间国际组织和非政府间国际组织（NGO）。前者是指若干国家为实现特定目的、以条约方式建立的一种常设组织。后者指不同国家的个人或民间团体组成的组织，如国际红十字会。狭义的国际组织仅指政府间国际组织。

国际组织具有如下特征：

（1）国际组织是国家之间的组织，而不是凌驾于国家之上的组织。

（2）国际组织的参加者以国家为主。

（3）建立国际组织的法律基础是条约。国际组织的目的和宗旨、机构、会员制度等一般均在创立国际组织的条约中予以规定。

联合国是当代最重要的国际组织，于1945年依据《联合国宪章》而成立，总部设在美国纽约。联合国设有大会、安全理事会、经济及社会理事会、托管理事会、国际法院和秘书处六个主要机关。中国是安全理事会常任理事国之一。

链接阅读

1. 汪自勇：《对个人国际法主体地位的反思——对新近国际法主体理论之简要分析》，载《法学评论》1998年第4期；

2. 范宏云：《关于国家承认理论的发展》，载《武汉大学学报（社会科学版）》2003年第1期。

第三节 外交与领事关系法

一、外交关系与领事关系的概念

外交关系一般是指国家之间通过国家元首、政府首脑、外交部长、外交代表机关等访问、谈判、缔结条约、出席国际会议或参加国际组织等交往活动而形成的一种相互关系。在现代国家实践中,国家间相互设立外交代表机关、互派外交代表等是外交活动中最常见的形式,也是国家间正常外交关系的标志。调整国家间外交关系的国际法规则就是外交关系法。

领事关系是国家之间通过协议确立、相互在对方一定区域设立领事馆,执行领事职务而形成的国家间关系。一般情况下,两国同意建立外交关系,同时意味着同意建立领事关系;在两国未建立外交关系时,可以建立领事关系;两国断绝外交关系,不意味着领事关系随之断绝。

外交关系与领事关系的区别主要体现在:

(1) 外交关系代表着国家间的全局性交流,涉及国家重大利益。外交使馆全面代表派遣国,与接受国进行交往。领事关系一般只限于国家在商务、经济、文化等方面的局部交流与合作,不涉及国家重大利益。

(2) 外交使馆的活动范围是接受国全境,而领事馆的活动范围限于领事区域。

(3) 领事特权与豁免低于外交特权与豁免。

二、外交机关

外交机关分为国内外交机关和派往国外的外交代表机关。国内外交机关一般包括国家元首、政府和外交部门。外交代表机关是一国派驻国外的外交机关,可分为两类:一类是常设的外交代表机关,包括一国派驻外国的使馆和向国际组织派驻的常驻代表团;另一类是临时性的外交代表机关,主要指派往国外执行临时性任务的特别使团。

在外交代表机关中,使馆具有特别重要的地位。根据 1961 年《维也纳外交关系公约》,使馆的职务主要包括:

(1) 代表,在接受国中代表派遣国;

(2) 保护,在国际法许可的限度内,在接受国中保护派遣国及其国民的利益;

(3) 谈判,代表派遣国与接受国政府办理交涉;

(4) 调查和报告,以一切合法手段调查接受国的状况及发展情形,向派遣国政府报告;

(5) 促进,即促进派遣国与接受国间友好关系及发展两国间经济、文化与科学关系。

除了上述五项职务外,使馆在不违反国际法的前提下还可以执行其他职务。

三、外交代表

（一）使馆人员

外交代表有广义和狭义之分。狭义的外交代表仅指担任使馆馆长的外交官；广义的外交代表包括使馆馆长和使馆中具有外交官职衔的使馆职员。

使馆人员包括使馆馆长和使馆职员，使馆职员主要有外交职员、行政及技术职员、事务职员。

1. 使馆馆长

按照《维也纳外交关系公约》的规定，使馆馆长分为三个等级：大使、教廷大使；公使、教廷公使；代办。

大使或公使是派遣国国家元首向接受国国家元首派遣的外交使节，代表本国及国家元首与接受国办理外交事务，分别担任大使馆或公使馆的馆长。代办是派遣国外交部长向接受国外交部长派遣的最低一级的外交使节，担任代办处的馆长。派遣代办的现象在现代并不多见，通常只在两国间关系不正常时才会派遣代办。

代办与临时代办不同。临时代办不是一级馆长，而是临时代替馆长职位的人，即在馆长职位空缺或不能执行职务时，被委派代替馆长主持使馆日常事务的使馆外交职员。临时代办通常由使馆中仅次于馆长的最高级别的外交官担任。

除关于优先地位和礼仪事项外，各级使馆馆长不应因其所属等级而有任何差别。

2. 使馆职员

外交职员，即具有外交官职衔的使馆职员，包括参赞、秘书、武官和随员。其中，参赞是协助馆长办理外交事务的高级外交官，在未设公使的使馆中地位仅次于馆长；秘书包括一、二、三等，是按照馆长指示办理外交事务和文书的外交官；武官包括陆、海、空军武官，是负责与接受国进行军事联系的人员；随员是使馆中级别最低的外交官，在馆长的领导下办理外交事宜。

行政及技术职员，即承办使馆行政及技术事务之使馆职员，包括办公室人员、财会人员、译员、打字员、无线电技术人员、登记员等。

事务职员，即为使馆仆役之使馆职员，包括司机、传达人员、维修工、清洁工、厨师等。

（二）外交代表的派遣和接受

原则上派遣国可以自由委派外交代表，无须事先经过接受国同意。但使馆馆长和武官应事先征得接受国的同意；若接受国不同意，亦无须向派遣国说明不予同意的理由。

接受国可随时通知派遣国宣告使馆馆长或使馆任何外交职员为"不受欢迎的人"或使馆任何其他职员为"不能接受"，且不必说明理由。遇此情形，派遣国应斟酌情况召回该人员。

担任使馆馆长的外交代表在获得接受国同意以后，即可携带国书赴任。国书是证明被任命官员身份的外交文书，其内容主要是介绍使馆馆长的品德才能、忠于职守和可以信赖等，同时表示派遣国对发展两国关系的良好愿望。大使、公使的国书由派遣国国家元首签发,代办的国书由外交部长签发。

(三) 外交代表职务的终止

《维也纳外交关系公约》第43条规定,除其他情形外,外交代表之职务遇有下列情事之一即告终了:(1) 派遣国通知接受国,谓外交代表职务业已终了;(2) 接受国通知派遣国,依本《公约》第9条第(二)项之规定(即宣告为"不受欢迎的人"),拒绝承认该外交代表为使馆人员。

此外,外交代表职务还因派遣国和接受国断绝外交关系,或因派遣国或接受国的主体资格的消失,以及因革命产生新政府等原因而终止。

四、外交特权与豁免

根据《维也纳外交关系公约》的规定,外交特权与豁免可分为使馆的特权与豁免和外交代表的特权与豁免两类。

(一) 使馆的特权与豁免

1. 使馆馆舍不得侵犯

接受国官员非经使馆馆长同意,不得进入使馆馆舍。即使使馆发生火灾等紧急情况,未经使馆馆长同意,接受国官员也不得进入使馆。接受国负有责任,采取一切适当步骤保护使馆馆舍免受侵入或损害,并防止一切扰乱使馆安宁或有损使馆尊严之情事。使馆馆舍及设备,以及馆舍内其他财产与使馆交通工具免受搜查、征用、扣押或强制执行。

2. 使馆档案及文件不得侵犯

使馆档案及文件无论何时,亦不论位于何处,均属不得侵犯。使馆档案及文件是指使馆的一切文书、文件、函电、胶片、胶带及登记册,以及明密电码、记录卡片及供保护或保管此等文件之用的任何器具。

3. 行动和旅行自由

除接受国为国家安全设定禁止或限制进入区域而另定法律规章外,接受国应确保所有使馆人员在其境内行动及旅行之自由。

4. 通讯自由

接受国应允许使馆为一切公务目的自由通讯,并予保护。使馆有权采用一切适当的通信方法,包括外交信差及明密码电信在内,但使馆非经接受国同意,不得装置并使用无线电发报机。使馆之来往公文不得侵犯,外交邮袋不得予以开拆或扣留。外交信差享有人身不得侵犯权,不受任何方式的逮捕或拘禁。

5. 免纳捐税、关税

使馆所有或租赁的馆舍,免纳国家、区域或地方性捐税。使馆公务用品应准许入境,并免除一切关税及贮存、运送及类似服务费用以外之一切其他课征。

6. 使用国旗和国徽

使馆及其馆长有权在使馆馆舍及使馆馆长寓所和交通工具上使用派遣国的国旗或国徽。

（二）外交代表的特权与豁免

1. 人身不得侵犯

外交代表不受任何方式之逮捕或拘禁，接受国对外交代表应特示尊重，并应采取一切适当步骤以防止其人身、自由或尊严受有任何侵犯。

2. 私人寓所和财产不得侵犯

外交代表的私人寓所和使馆馆舍一样，享有不得侵犯权。外交代表之文书及信件、财产同样享有不得侵犯权。

3. 管辖豁免

外交代表对接受国的刑事、民事和行政管辖享有豁免；对于外交代表的责任，一般通过外交途径解决，但民事和行政管辖豁免有某些例外。

4. 免纳捐税、关税和行李免受查验

外交代表免纳一切对人或对物课征之国家、区域或地方性捐税，但计入商品或劳务价格内之间接税、于接受国境内私有不动产课征之捐税、接受国课征之遗产税、遗产取得税或继承税等不在免税之列。外交代表的私人用品应允许进口并免纳关税，外交代表私人行李免受查验。

知识拓展　外交团

外交团也称为使节团，通常由驻在同一国家的所有外国外交人员组成。外交团在与驻在国联络、参加驻在国组织的有关活动等方面发挥一定作用。外交团不是依法组成的组织，不具有任何法律职能，不能在驻在国进行任何政治性活动。外交团团长由在该驻在国等级最高且任职时间最长的外交人员担任。

五、领事机关与领事人员

领事是一国根据协议派驻他国特定地区，保护本国及本国国民在当地的合法权益，并执行其他领事职务的代表。1963年《维也纳领事关系公约》是规范领事关系的最重要的国际公约。

（一）领事机关

一国根据协议派遣到他国一定地区执行领事职务的机构，称为领事机关。领事机关分为使馆内的领事部和专设领事馆。前者是派遣国在其派驻接受国的使馆内设立的领事机关；后者是派遣国在接受国的特定地区设立的领事机关。绝大多数国家都在外国设立专门的领事馆办理领事事务。在派遣国没有专设领事馆的情况下，使馆内的领事部负责办理在接受国全境的领事事务。如果派遣国在接受国设有领事馆，使馆内的领事部则只负责未包括在各领事辖区内的那些地区的领事事务。

《维也纳领事关系公约》将领事馆分为总领事馆、领事馆、副领事馆和领事代理处四级。设置哪一个级别的领事馆、设立地点和辖区，均由派遣国与接受国以协议规定。每一

个领事馆都有一个执行领事职务的区域,被称为领事辖区。

根据《维也纳领事关系公约》的规定,领事职务主要包括:

(1) 保护。在国际法许可之限度内,在接受国内保护派遣国及其国民的利益。

(2) 促进。增进派遣国与接受国间之商业、经济、文化及科学关系的发展,并在其他方面促进两国间之友好关系。

(3) 调查与报告。以一切合法手段调查接受国内商业、经济、文化及科学活动状况及发展情形,向派遣国政府报告。

(4) 办理证件。向派遣国国民签发护照及旅行证件,并向拟赴派遣国旅行人士办理签证或其他适当文件。

(5) 公证和行政事务。帮助及协助派遣国国民执行公证、民事登记及类似职务,并办理若干行政事务,但以接受国法律规章无禁止之规定为限。

(6) 监督和协助。对具有派遣国国籍的船舶、航空器及其航行人员进行监督和检查,并予以协助。

(二) 领事人员

领事人员包括领事官员、领馆雇员和服务人员。

1. 领事官员

领事官员是指由派遣国选派承办领事职务的人员,包括领馆馆长在内。领馆馆长分为四级:总领事、领事、副领事和领事代理人。领事官员分为职业领事与名誉领事两类。职业领事官员是派遣国从本国国民中任命的执行领事职务的专职官员。名誉领事官员是从接受国当地人士中挑选的执行领事职务的兼职官员,也称"选任领事"。

2. 领馆雇员

领馆雇员是指受雇担任领馆内行政或技术事务的人员,包括办公室秘书、翻译员、书记员、档案员等。

3. 服务人员

服务人员是指受雇担任领馆内杂务的人员,包括司机、传达员、清洁工等。私人服务人员是为领馆人员私人服务而受雇的人员,不属于领馆人员。

六、领事特权与豁免

领事特权与豁免包括领事馆的特权与豁免和领事人员的特权与豁免。

根据《维也纳领事关系公约》,领事馆的特权与豁免主要有:领馆馆舍在一定限度内不可侵犯;领馆档案及文件不得侵犯;通讯自由;行动自由;与派遣国国民通讯及联络;免纳捐税、关税;使用国旗、国徽等。

领事官员及其他领事人员的特权与豁免主要有:一定限度的人身不可侵犯;一定限度的管辖豁免;免纳捐税、关税和免受查验;免受接受国法律、规章对外侨登记和居留证规定的一切义务;免于适用社会保险办法;免除个人劳务及捐献、屯戍等军事义务。

领事人员的特权与豁免开始于进入接受国国境之时,若领事人员已在接受国境内者,自其就任领馆职务之时起开始享有。领事人员的职务如已终止,其领事特权与豁免通常应于其离开接受国国境之时或其离境之合理期间终了时停止。

> **链接阅读**
>
> 1. 黄风、徐吉童:《论使馆不是"派遣国领土的延伸"》,载《政治与法律》2008 年第 5 期;
> 2. 王秀梅:《领事通知问题论要》,载《法律科学》2009 年第 6 期。

第四节 条 约 法

一、条约概述

(一) 条约的概念

条约是国际法主体依据国际法缔结的确立其相互权利与义务的书面协议。1969 年《维也纳条约法公约》第 2 条规定:称条约者,谓国家间所缔结而以国际法为准之国际书面协定,不论其载于一项单独文书或两项以上相互有关之文书内,亦不论其特定名称为何。1986 年《关于国家和国际组织间或国际组织相互间条约法公约》则进一步将缔结条约的主体扩大到国际组织。

条约具有如下主要特征:

(1) 缔结条约的主体必须是国际法主体。个人(包括自然人和法人)之间、个人与国家之间达成的协议,均不是条约。

(2) 条约应以国际法为依据。条约必须符合国际法的原则、规则和制度,否则就不具有国际法上的法律效力。

(3) 条约应规定缔约主体相互间的权利与义务。条约在内容上应创设、改变或终止缔约主体的相互权利与义务。

(4) 条约应采取书面形式。历史上曾经出现过以口头方式缔结条约的形式,但在当代已极为罕见。

(二) 条约的名称

《维也纳条约法公约》在定义"条约"时强调,条约并不限于特定的名称。除了以"条约"命名的协议本身构成条约以外,其他符合条约定义的一切国际法主体间的协议,都构成条约。常见的条约的名称有:

(1) 条约(Treaty)。这是使用最广泛的一种名称。

(2) 公约(Convention)。在法律性质上与条约并无不同。实践中,公约多为在国际组织主持下或在国际会议上谈判缔结的专门规定特定事项的多边条约。

(3) 协定(Agreement)。一般用于双边条约,通常涉及行政或技术事项。

(4) 议定书(Protocol)。一般并不独立存在,而是作为一个主条约的附属文件,用以补充、说明、解释、更改或执行主条约的规定。

（5）换文（Exchange of Note）。通常由两国政府就某一具体问题分别交换内容相同的文件，从而完成缔约。

此外，条约的名称还包括：专约（Convention）、文件（Act）、宣言（Declaration）、临时协定（Modus Vivendi）、谅解备忘录（Memorandum of Understanding）、补充协定（Arrangement）、联合公报（Joint Communique）等。

（三）条约的分类

通常，按照缔约国的数量可将条约分为双边条约和多边条约。双边条约是指仅限两个缔约方参加的条约，但其中每一缔约方可以包括多个国际法主体。多边条约是指有两个以上缔约方的条约。

知识拓展 《维也纳条约法公约》

《维也纳条约法公约》于1969年5月23日在维也纳外交大会通过，1980年1月27日生效。该公约仅适用于国家之间缔结的条约。中国于1997年加入该公约。《维也纳条约法公约》共8篇85条及1个附件，它是各国在条约法领域应遵循的一个最基本的国际法文件。1986年国际社会还通过了《关于国家和国际组织间或国际组织相互间的维也纳条约法公约》，但该公约迄今未生效。

二、条约的缔结

（一）缔约能力与缔约权

缔约能力（treaty-making capacity）是国际法律人格的最重要的表现，是国家主权的一个重要属性，直接源自于国家主权。一个国家的缔约能力，不以它已被其他国家承认为条件。虽然《维也纳条约法公约》第6条规定："每一个国家都有缔结条约的能力"，但国家的缔约能力并不产生于该条的规定，缔约能力是任何国际法主体固有的、内在的能力或权力，《维也纳条约法公约》第6条只不过是对国家的缔约能力的确认。缔约权（treaty-making power）是指缔结国际条约的权力，是缔约能力的表现形式和实现方式，是国家内部某一机关所具有的对外缔结条约的权限。而这种国家内部缔约权限的分配由该国国内法进行安排。

《中华人民共和国宪法》和《中华人民共和国缔结条约程序法》等国内法律对我国缔约权的行使作了具体规定：国务院同外国缔结条约和协定；全国人民代表大会常务委员会决定同外国缔结的条约和重要协定的批准和废除；国家主席根据全国人民代表大会常务委员会的决定，批准和废除同外国缔结的条约和重要协定；外交部在国务院领导下，管理同外国缔结条约和协定的具体事务。

（二）条约的缔结程序

在国际实践中，缔结条约的程序主要包括谈判、签署、批准、互换或交存批准书等。

（1）谈判，指有关各方为使条约所涉事项达成一致进行交涉的过程。条约涉及国家重大利益，为协调各方利益，拟订条约文本，往往需要经过长期的谈判。

（2）签署，指缔约国全权代表在条约文本上签字，表示缔约国同意受条约的约束。根据《维也纳条约法公约》的规定，在下列三种情况中，条约正式签署后就对缔约国立即生效：条约中规定签署具有此效果；各谈判方另外签订协议规定签署具有这样的效果；谈判代表在谈判中表明或者在出示的全权证书中载明签署具有这样的效果。在条约正式签署前，谈判代表在条约约文上进行的非正式签署叫做草签。草签是认证条约约文的一种方式，它不是正式签署前的必经程序，也不表示该国因此承受条约约束。

（3）批准，指一国的有权机关根据国内法程序对其全权代表所签署条约的确认。批准一般适用于重要的国际条约。《维也纳条约法公约》规定了条约需要批准的四种情况：条约规定以批准方式表示同意；另经确定谈判国协议需要批准；谈判国代表已对条约作须经批准的签署；该国在全权证书中明确表示条约签署须经批准方能在该国生效的意思。

（4）互换或交存批准书。双边条约采取互换批准书的形式；多边条约采取交存批准书的形式，即将批准书交存保存条约正本的缔约国或国际组织。

条约的加入是指未参加谈判或未在条约规定的期限内签署条约的国家参加条约成为条约当事国的方式。加入通常用于普遍性的国际公约。《维也纳条约法公约》规定了以加入方式表示同意接受条约拘束的三种情况：

（1）条约规定该国得以加入方式表示此种同意；

（2）另经确定谈判国协议该国得以加入方式表示此种同意；

（3）全体当事国嗣后协议该国得以加入方式表示此种同意。

（三）条约的保留

保留是指缔约国对条约的某些条款表示不能接受所作的单方面声明，无论怎样措辞与命名，旨在将该条约的某些规定在对该国的适用上排除或改变其法律效果。

双边条约中不存在保留，如果双方没有就条约的某一规定达成一致，就不会缔结条约或者会将争议事项排除出条约的范围。在多边条约中，缔约国可能同意接受条约拘束但并不赞同该条约中的全部规则，因此希望以作出保留的方式免除或修改某些规定对该国的效力。

关于条约的保留，《维也纳条约法公约》规定的制度主要包括：

（1）禁止提出保留的情形：如果条约本身禁止提出某项保留；或者条约规定只准许作出一些特定的保留，而提出的保留不在此列；或者虽不属于上述情况，但与条约目的和宗旨不相符合的保留。

（2）保留无须其他国家接受的情形：条约明文准许保留，不需要其他缔约国同意。

（3）条约需要全部缔约国接受的情形：如果从谈判国的有限数目以及条约的目的和宗旨可以看出条约在全体缔约国间全部得到适用，是各国接受条约拘束的前提，此时保留须经全体缔约国同意。

（4）保留须经组织机关同意的情形：如果条约是一个国际组织的章程，那么保留须经该组织有权机关的接受,除非条约本身另有规定。

(5) 一部分国家接受或不接受保留的情形:当保留经另一缔约国接受时,就该另一缔约国而言,保留国即成为条约的缔约国;保留经另一缔约国反对时,并不妨碍该条约在反对国和保留国之间生效,除非反对国明确表示了相反的意思;一国表示其同意受该条约拘束而附有保留行为时,只要至少一国接受了此项保留,保留即为有效。

保留生效后,保留国与接受和反对保留的国家间形成如下法律关系:

(1) 对保留国而言,在其与另一缔约国的关系上,按保留的范围,改变保留所涉及的条约规定,另一缔约国与保留国之间同样按照保留的范围改变相互关系。

(2) 条约的其他缔约国之间,维持原有的条约关系。

(3) 反对一项保留的国家并未反对该条约在该国与缔约国之间生效时,该保留所涉及的规定,在保留范围内,不适用于两国之间。

三、条约的生效与效力

(一) 条约的生效

条约的生效是指一个条约正式发生法律上的效力,从而开始对各缔约国产生法律拘束力,缔约国自此承担条约义务和享受条约权利。

(1) 签署生效。通常双边条约自缔约双方签署之日起生效。多边条约在特定情形下的也可能自正式签署之日起就生效。

(2) 批准生效。一些重要的双边条约在签署以后,可能还需要经过缔约国的批准才能生效;多数多边条约通常需要经过缔约国的批准才能生效。某些多边条约还对批准书的数目作了规定,如1948年《防止及惩治灭绝种族罪公约》规定该公约应自第20份批准书或加入书交存之日起90天后发生效力。

(二) 条约的效力

1. 条约对缔约国的效力

《维也纳条约法公约》第26条规定:"凡在有效期中的条约对各该当事国有拘束力,必须由其善意履行。"这就是国际法上的条约必须信守原则,这一原则是条约法的基本原则,也是国际法的基本原则之一。

根据条约必须信守原则,只要一个条约是合法有效的,就对条约各缔约国有约束力,必须由各缔约国善意履行。缔约国如果不恪守此原则,就不利于条约关系的稳定,也就不可能有正常的国际关系。

2. 条约对非缔约国的效力

《维也纳条约法公约》第34条规定:"条约未经第三国同意,对第三国既不创立义务,亦不创立权利。"通常,条约只对缔约国发生效力,不能拘束第三国,这是国际法上的一项重要原则,这一原则也可称为条约相对效力原则。

3. 条约在时间和空间上的效力范围

在时间上,条约不溯及既往是一条基本的原则。《维也纳条约法公约》第28条规定:

"除条约表示不同意思,或另经确定外,关于条约对一当事国生效之日以前所发生之任何行为或事实或已不存在任何之情势,条约之规定不对该当事国发生拘束力。"这一规定表明条约在时间上的效力范围应自条约对缔约国生效之日起算,而非条约本身的生效日期。

关于条约在空间上的效力范围,《维也纳条约法公约》第 29 条规定:"除条约表示不同意思,或另经确定外,条约对每一当事国之拘束力及于其全部领土。"条文中提到的全部领土包括缔约国的领陆、领海和领空。从第 29 条的规定可以看出条约适用于缔约国全部领土是关于条约在空间上的效力范围的一般性规则。但是该条同时规定了例外性规则:条约表示不同意思或另经确定,即在例外情况下条约可能不适用于缔约国的全部领土。

四、条约的解释

条约的解释是指条约缔约国在缔结条约后为了善意履行条约,在条约履行过程中对条约的内容和含义产生分歧时,对条约的整体、个别条款或词句的含义、适用条件等所作的阐释。条约的解释对于缔约国遵守和适用条约具有重要意义,能否善意解释条约,关系到条约义务能否得到善意履行。

《维也纳条约法公约》第 31—33 条确立了条约解释的基本规则。其中第 31 条规定了条约解释的通则,第 32 条规定了解释条约的补充资料,第 33 条规定了两种以上文字认证的条约的解释。

第 31 条第 1 款规定条约应依其用语按照上下文并参照目的和宗旨所具有的通常含义,善意解释之。这一条款确立了解释条约的三个基本原则:(1) 善意原则;(2) 依照用语的通常含义的原则;(3) 参考条约宗旨和目的的原则。第 31 条第 2 款和第 3 款对第 1 款中提及的"上下文"作出了进一步阐释。第 31 条第 4 款可以认为是一个剩余规则,即以缔约国的共同合意作为解释条约时优先适用的规则。

第 31 条和第 32 条之间的关系不是并列的。只有在为了证实依据第 31 条解释规则所获得的条约含义,或者按照第 31 条进行解释的意义不明或难解,以及显然荒谬或不合理时,才适用第 32 条涉及的补充资料。

第 33 条第 1 款肯定了各国语言文字用于条约解释时的平等性,规定各种作准约文在条约解释上具有同等权威性的原则,除非缔约各方约定以某一特定的约文作为作准约文。第 33 条第 3 款规定条约用语在各作准约文内意义相同,以避免出现不必要的争议。然而在实践中,对不同语言文本的不同理解不可避免,因此第 33 条第 4 款规定了消除不同理解的方法,即采用第 31 条和 32 条规定的解释规则予以解释,适用该两条规则仍不能消除的,应参照该条约的目的和宗旨,赋予最能调和各语言文本的那种条约含义。

五、条约的修订

条约的修订是指缔约国在条约的有效期内变更条约内容的行为。变更条约内容包括增加条约条款、减少条约条款或者改变条约原条款的规定。《维也纳条约法公约》将全体缔约国对条约的修订称为对条约的修正,对仅在若干缔约国间进行的修订称为对条约的修改。

双边条约的缔约双方可以随时提出修订条约,并以换文或议定书的形式确认该项修订。如果双边条约本身没有规定修订条款,则由缔约双方决定条约修订的程序。双边条约的修订程序比较简单,修订的情况也不常见。

对多边条约的修正而言,原则上条约的任何缔约国均有权提出修正条约的动议。但为了防止频繁修正影响条约的稳定性,条约本身可能对提出修正的缔约国数目作出规定。修正条约的动议一般向条约的保管机关提出,再由保管机关将该动议通知各缔约国。

条约修正案提出后,需要经过表决程序通过修正案。在对各国普遍参加的多边条约进行修正时,为了保证修正案的顺利通过,一般会在正式表决之前以协商一致方式取得缔约国对修正案的共识。在修正案通过后,缔约国可以通过批准、接受或核准、加入等方式接受修正案的拘束。一般情况下,修正案仅对同意受其约束的国家生效。条约也可以规定,修正案如果得到多数缔约国的批准,自动对全体缔约国生效。

与条约的修正不同,条约的修改可能有损于条约的其他缔约国利益,因此《维也纳条约法公约》对条约的修改采取了比较严格的立场。《维也纳条约法公约》第41条第1款规定只能在两种情形下作出对原条约的修改:

(1) 原条约明文允许修改;

(2) 原条约虽无允许修改的明文规定,但作出的修改并未为该条约所明文禁止,且不影响其他缔约国享有或履行该条约上的权利或义务,同时不影响实现整个条约的目的和宗旨。

六、条约的无效、暂停施行与终止

(一) 条约的无效

条约的无效指因为不符合国际法所规定的条约成立的实质要件而无法律效力。条约无效可以分为绝对无效和相对无效两种情形。绝对无效的条约侵犯国际社会的整体利益,自始无效,除受害国外其他国家都可以主张条约无效。相对无效的条约侵害的是受害国个体的利益,仅能由受害国主张其无效。

根据《维也纳条约法公约》的有关规定,条约无效的理由主要包括:一是不具备缔约能力或超越缔约权;二是同意不自由,包括缔约过程中的错误、欺诈贿赂和强迫;三是违反强行法。

(1) 不具备缔约能力或超越缔约权。国家具有完整的缔约能力。但对其他国际法主体而言,它们的缔约能力是有限的,如果超出国际法对它们缔约能力的限制,就可能导致条约无效。即便对国家而言,国家作为一个抽象实体,必须通过其代表机关来完成缔约。如果代表机关逾越了国家赋予它的缔约权限,那么它在权限范围外缔结的条约也可能因此而归于无效。

(2) 同意不自由,即意思表示存在瑕疵,主要是指:

① 错误。错误是指国家在缔约时对存在的事实情况做了不正确的判断,从而导致该

国同意接受拘束的意思表示不真实。错误必须是对客观事实或情势的认识错误,而不是对法律的认知错误。并且,对事实或情势的错误认识是当事国同意接受拘束的关键因素。

② 欺诈。一般认为欺诈应当满足的条件有:主观上存在欺诈的故意;客观上存在欺诈的行为;欺诈行为是受欺诈一方同意接受条约拘束的决定性因素;受欺诈一方本身没有过失。

③ 贿赂。一国代表收受贿赂所做出的同意,仅在满足下列两项条件的情况下构成同意的瑕疵:一是确实存在贿赂行为且贿赂行为必须构成导致缔约代表同意缔约的直接原因;二是贿赂行为必须是由另一谈判国直接或间接进行的。

④ 强迫。国际法上的强迫缔约分为两种情况:一是对一国缔约代表的强迫,是指对一国缔约代表实施某种强迫行为或威胁迫使其代表本国同意接受条约约束;二是对国家本身的强迫,是指一国以武力或武力威胁的方式迫使他国与之缔约。

(3) 违反强行法。强行法是指国际社会全体接受、并公认为不许损抑且仅有以后具有同等性质之一般国际法规则始得更改之规则。条约在缔结时与强行法规则抵触者无效,遇有新的强行法规则产生时,任何现有条约与该项规则抵触者即成为无效而终止。

(二) 条约的暂停施行

条约的暂停施行指条约生效后,由于某一法定原因的出现,条约的权利和义务暂时停止约束缔约国,待此等原因消失后,条约恢复施行。

《维也纳条约法公约》第58条规定,条约可因部分缔约国协议而暂停施行,但同时规定了严格的限制条件:

(1) 必须以协议作出约定;
(2) 条约明文规定允许暂停施行,或者未明确禁止可以暂停施行;
(3) 不妨碍或影响其他缔约国享有条约权利或承担条约义务;
(4) 不违背条约的宗旨与目的。

(三) 条约的终止

条约的终止是指条约生效以后,因法定事由的出现,条约不再约束缔约国的情形。条约终止与条约无效有本质的区别:从原因产生的时间来看,条约无效的原因存在于缔约当时,而条约终止的原因产生于缔约之后;从效力丧失的时间来看,绝对无效的条约自始没有约束力,而条约终止则自法定事由出现以后才丧失效力;从法律后果来看,条约无效时应由过错方承担法律责任,条约终止则除单方面废约外一般不会产生国家责任问题。

根据《维也纳条约法公约》的有关规定,条约终止的原因主要包括:

(1) 条约期限届满。条约规定了该约终止的确切日期或者规定了该约的有效期间。该期限届满时,条约终止。

(2) 条约解除条件成立。条约解除条件是指条约以未来某个不确定事件的发生作为终止条约的条件。当该条件成立时,条约终止。

(3) 条约履行完毕。条约履行完毕后,缔约国间就条约事项的权利义务关系即告终止。至于条约终止前由于履行条约而已产生的法律情况,不因条约的终止而失去效力。

(4) 条约履行不能。条约如果在缔结时是可以履行的,缔结后由于特定事实的发生,条约不可履行,该约因此终止。

(5) 缔约国合意终止。条约可以由全体缔约国在缔约后共同同意予以终止。

(6) 缔约国单方面解约或退约。部分条约规定缔约国可以行使单方面解约或退出的权利。实践中,多数条约对单方面解约或退出作出了限制,包括限制在条约生效经一段时间后方能提出解约或退出;限制解约国或退出国必须履行完毕某种特定义务;单方面解约或退出须经过特定机关的审查等。

(7) 新的强行法规则的出现。如果条约在缔结时违反强行法规则,则条约自始无效。而条约如果在缔约时并不违反强行法,而是在缔约后产生了一个与之不相容的新强行法规则,条约并非自始无效,而只是从该新强行法规则产生之日起终止。

此外,条约被后订条约取代、战争等也可能导致条约终止。

知识拓展 《联合国宪章》

《联合国宪章》是联合国的组织约章,于 1945 年 10 月 24 日正式生效,这一天被确认为"联合国日"。《联合国宪章》由序言、19 章共 111 个条文及附属的《国际法院规约》构成。《联合国宪章》的修正案需在联合国大会经 2/3 的会员国表决通过,并由 2/3 的会员国包括安理会全体常任理事国批准后,才对所有会员国发生效力。会员国在《联合国宪章》下的义务与依任何其他国际协定所负义务相冲突时,《联合国宪章》的规定应居优先。

链接阅读

1. 吴卡:《国际条约解释:变量、方法与走向——〈条约法公约〉第 31 条第 3 款(C)项研究》,载《比较法研究》2015 年第 5 期;

2. 李双元、郑远民:《试论〈联合国宪章〉与新世纪国际法律框架的构建》,载《法制与社会发展》2000 年第 3 期。

第五节 海 洋 法

一、海洋法概述

海洋法是调整国际法主体海洋活动、规范各种海域法律地位的原则、规则和制度的总称。

长期以来,海洋法主要是国际习惯规则。第二次世界大战以后,海洋法获得了新的发展。联合国曾先后于 1958 年、1960 年和 1973—1982 年召开了三次海洋法会议,以发展和编纂海洋法,通过了《领海及毗连区公约》《公海公约》《捕鱼与养护公海生物资源公约》《大陆架公约》《联合国海洋法公约》等重要国际公约,改变了海洋法过往以习惯规则为主的状况。

《联合国海洋法公约》是第三次海洋法会议取得的最重要成果,也是最重要的海洋法典,被称为"海洋宪章"。该《公约》包括序言、正文和9个附件,其中正文共17个部分320条,包括领海和毗连区、用于国际航行的海峡、群岛国、专属经济区、大陆架、公海、岛屿制度、闭海或半闭海、国际海底区域、海洋环境保护、海洋科学研究、海洋技术的发展和转让以及争端解决等内容。《公约》自1994年11月16日起生效。中国全程参加了第三次海洋法会议,且是《联合国海洋法公约》的缔约国之一。

二、领海

领海是邻接一国陆地领土及内水,并处于该国主权之下的一定宽度的海域。《联合国海洋法公约》将领海界定为"沿海国的主权及于其陆地领土及其内水以外邻接的一带海域,在群岛国的情形下则及于群岛水域以外邻接的一带海域"。

领海的宽度和界限是指从测算领海的基线起至其最外沿线之间的距离。领海的外部界限是一条其每一点同基线最近点的距离等于领海宽度的线。关于领海的宽度,历史上各国分歧很大,有3海里、10海里、12海里、20海里、50海里、100海里,甚至200海里等不同主张。《联合国海洋法公约》第3条明文规定:"每一国家有权确定其领海的宽度,直至从按照本公约确定的基线量起不超过12海里的界限为止。"

领海基线又称为基线,是沿海国划定领海宽度的起算线。沿着这条线向外划出一定宽度的海域,就是领海。领海基线有两种:

(1)正常基线。正常基线也称为自然基线,是指在海洋划界时以海水的低潮线作为基线。所谓海水的低潮线,是海水退潮退到距离海岸最远处时海水与海岸之间的自然分界线,《联合国海洋法公约》第5条将其限定为"沿海国官方承认的大比例尺海图所标明的沿岸低潮线"。用这种方法确定的基线称为正常基线(Normal Baseline)。一般来说,正常基线法多用于海岸线比较平直、沿岸没有岛屿的国家的基线的确定。

(2)直线基线。直线基线也称为折线基线,是指在海洋划界时在海岸边缘和岛屿外缘人为选定一系列基点,并以这些基点连接而成的折线作为基线。用这种方法确定的基线称为直线基线(Straight Baseline)。《联合国海洋法公约》第7条规定,海岸线极为曲折或紧接海岸有一系列岛屿的地方可以采取直线基线,因有三角洲和其他自然条件以致海岸线非常不稳定的地方也可以采用此种方法。根据该条规定,直线基线的划定不应在任何明显的程度上偏离海岸的一般方向,而且基线内的海域必须充分接近陆地领土,使其受内水制度的支配;除在低潮高地上筑有永久高于海平面的灯塔或类似设施,或以这种高地作为基点已获得国际一般承认者外,直线基线的划定不应以低潮高地为基点;一国不得采用直线基线法致使另一国的领海同公海或专属经济区隔断。

海岸线较长、沿岸地形复杂的国家,一般同时采用正常基线和直线基线来确定领海基线。

领海是沿海国领土的一部分,沿海国对领海的主权及于领海的上空、水域、海床和底土。沿海国对领海内的一切人和物享有排他的管辖权。但在一国领海内,外国享有无害通过权。

《联合国海洋法公约》第 17 条规定:"在本公约的限制下,所有国家不论为沿海国或内陆国,其船舶均享有无害通过领海的权利。"这是领海法律制度中的一项重要制度。领海中的无害通过权适用于所有国家(包括沿海国和内陆国)的船舶。这种"通过"是指为了穿过领海而不进入内水,或者为了驶入或驶出内水而经过领海的航行。"通过"应继续不停和迅速进行。并且,"通过"必须是无害的,即不损害沿海国的和平、良好秩序和安全,并应遵守沿海国的海关、财政、移民或卫生的法律和规章。

《中华人民共和国领海及毗连区法》规定:中华人民共和国领海为邻接中华人民共和国陆地领土和内水的一带海域;中华人民共和国领海基线采用直线基线划定;中华人民共和国领海的宽度从领海基线量起为 12 海里。

知识拓展 军舰的无害通过权问题

在国际法的理论与实践中,外国军舰是否在一国领海享有无害通过权是一个有争议的问题。1958 年《领海及毗连区公约》第 14 条规定:"在本公约各条款的规定的限制下,一切无论有海岸或无海岸的国家的船舶,均有无害通过领海的权利。"缔约国对本条中的"船舶"发生了截然不同的理解。有的缔约国理解为包括军舰,有的缔约国理解为仅指非军用船舶。1982 年《联合国海洋法公约》继续沿用了 1958 年公约的规定,未能化解各国的分歧。中国政府的立场是外国军用船舶进入我国领海,须经我国政府批准。

三、内水

领海基线向陆一侧的水域是内水,向海一侧的水域是领海。因此,领海基线也是内水与领海的分界线。

内水是沿海国领土的重要组成部分,与国家陆地领土具有同等的法律地位。沿海国对内水享有完全的和排他的管辖权。未经沿海国允许,外国船舶不得进入内水航行、捕鱼或从事其他海洋活动。沿海国对外国商船在内水发生的民事和刑事案件享有属地管辖权,但在实践中只对那些影响沿海国安宁和良好秩序、案情重大、受害人是沿海国公民或者经船旗国请求干预的案件才行使管辖权,其他案件由船旗国管辖。外国军用船舶和非商业目的的政府公务船舶按照外交途径办理手续获准进入内水后,若有违反沿海国法律或危害沿海国安全的行为,沿海国可以勒令其离境、押送其离境或者通过外交途径要求船旗国对违法行为承担责任。

内水法律制度的一项例外是,《联合国海洋法公约》第 8 条第 2 款规定:如果按照确定直线基线的效果使原来并未认为是内水的区域被包围在内而成为内水,则在此种水域内应有公约所规定的无害通过权。

四、毗连区

毗连区又称为邻接区、保护区、特别区域或专门管辖区等,是领海以外但又毗连领海的一定宽度的海域。毗连区是为防止或惩治在沿海国领土或领海内违反海关、财政、移民或卫生法律和规章的行为所设置的一个海域。

《联合国海洋法公约》规定:"毗连区从测算领海宽度的基线量起,不超过24海里。"根据《中华人民共和国领海及毗连区法》的规定,我国毗连区为领海以外邻接领海的一带海域,宽度为12海里;我国有权在毗连区内,为防止和惩处在我国陆地领土、内水或者领海内违反有关安全、海关、财政、卫生或者入境出境管理的法律、法规的行为行使管制权。

五、专属经济区

专属经济区是沿海国领海以外邻接领海的一个区域,沿海国在此区域内享有以勘探和开发、养护和管理海床上覆水域和海床及其底土的自然资源为目的的主权权利,以及其他主权权利和管辖权。它是《联合国海洋法公约》确立的一个新海域,其宽度从领海基线量起,不应超过200海里。

专属经济区既不属于领海,也不属于公海,而是自成一类的海域。沿海国在专属经济区的权利主要包括:

(1) 以勘探和开发、养护和管理海床和底土及其上覆水域的自然资源(不论为生物或非生物资源)为目的的主权权利,以及关于在该区内从事经济性开发和勘探,如利用海水、海流和风力生产能源等的主权权利。

(2) 沿海国有权制定有关专属经济区的法律和规章。沿海国行使其勘探、开发、养护和管理在专属经济区内的生物资源的主权权利时,可采取为确保其制定的法律和规章得到遵守所必要的措施,包括登临、检查、逮捕和进行司法程序。

(3) 建造并授权和管理建造、操作和使用人工岛屿、设施和结构的专属权利。

(4) 有权制定法律以防止、减少和控制在专属经济区内来自倾倒、船只和海底活动的污染,但其规章应符合普遍接受的国际规章和标准。

(5) 有权按照《联合国海洋法公约》的有关条款,规定、准许和进行在其专属经济区内的海洋科学研究。在专属经济区内进行海洋科学研究,应经沿海国同意。

其他国家,不论为沿海国或内陆国,在专属经济区内享有航行和飞越的自由、铺设海底电缆和管道的自由以及与这些自由有关的海洋其他国际合法用途。

六、大陆架

地质地理学上的大陆架指邻接和围绕大陆领土坡度比较平缓的浅海地带。大陆架向外坡度变大,称为大陆坡。在一些稳定的大陆边缘,在大陆坡之外还有一个沉积地貌单元,称为大陆基。大陆架、大陆坡和大陆基共同构成大陆边。

第二次世界大战后,美国等国家提出了对大陆架的权利主张。在联合国第一次海洋法会议上,大陆架被确定为国家可以行使一定主权权利的海洋区域,大陆架制度开始成为了海洋法的一项新制度。

《联合国海洋法公约》第76条第1款将大陆架界定为:"沿海国的大陆架包括其领海

以外依其陆地领土的全部自然延伸,扩展到大陆边外缘的海底区域的海床和底土,如果从测算领海宽度的基线量起到大陆边的外缘的距离不到 200 海里,则扩展到 200 海里的距离。"如果大陆边从测算领海宽度的基线量起超过 200 海里,则划定的大陆架在海床上的外部界线的各定点,不应超过从测算领海宽度的基线量起 350 海里或不应超过 2500 公尺等深线外 100 海里。

沿海国为勘探大陆架和开发其自然资源的目的,对大陆架行使主权权利。这种权利是专属性的,即如果沿海国不勘探大陆架或开发其自然资源,任何国家未经沿海国明示同意,均不得从事这种活动。沿海国对大陆架的权利也不取决于有效或象征的占领或任何明文公告。这里的自然资源包括海床和底土的矿物和其他非生物资源以及属于定居种的生物。沿海国在大陆架内应有专属权利建造并授权和管理建造、操作和使用人工岛屿、设施和结构。沿海国对这种人工岛屿、设施和结构应有专属管辖权,包括有关海关、财政、卫生、安全和移民的法律和规章方面的管辖权。沿海国有授权和管理为一切目的在大陆架上进行钻探的专属权利。

其他国家在大陆架有铺设海底电缆和管道的权利,但路线的划定应获得沿海国的同意。

七、公海

公海是指不包括国家的专属经济区、领海或内海或群岛国的群岛水域在内的全部海域。公海不处在任何国家的主权支配之下,对所有国家开放,不论其为沿海国或内陆国。

公海自由是最重要的公海法律制度:

(1) 航行自由。这是公海自由最重要、最基本的内容。每个国家,不论是沿海国或内陆国,其船舶(包括军舰和商船)均有权悬挂其旗帜在公海上航行。

(2) 飞越自由。每个国家的航空器,不论民用航空器或军用航空器,均有权在公海上空飞行。

(3) 铺设海底电缆和管道的自由。

(4) 建造人工岛屿和其他设施的自由。这是《联合国海洋法公约》新增的一项自由。这项自由指每个国家为了科学研究、勘探和开发的目的,可以不经任何国家允许建造国际法允许的人工岛屿和设施。

(5) 捕鱼自由。这是一项传统的公海自由。所有国家均有权在公海上捕鱼,但应履行养护和管理公海生物资源的义务。

(6) 科学研究的自由。这也是《联合国海洋法公约》新增加的一项自由。但各国应遵循进行海洋科学研究的一般原则,如专为和平目的、以适当科学方法和工具进行研究、不应对海洋其他正当用途有不当干扰以及遵守依照《联合国海洋法公约》制定的包括保护和保全海洋环境在内的一切有关规章,还应履行国际合作等其他国际法义务。

根据国际法,在公海上航行的船舶,应悬挂其所属国家的国旗。船旗国对具有其国籍的船舶,在公海上行使专属管辖权。

为维护公海安全和正常秩序,制止和惩治公海上的犯罪和其他违反国际法的行为,各国军舰、军用飞机或其他政府公务船舶或飞机在公海上,对于有合理根据被认为犯有国际罪行或其他违反国际法行为嫌疑的商船,享有登临和检查的权利,这项权利被称为登临权。根据《联合国海洋法公约》,军舰对有下列情况之一的船舶可以进行登临检查:

(1) 从事海盗行为;
(2) 从事奴隶贩卖;
(3) 从事未经许可的广播;
(4) 该船没有国籍;
(5) 悬挂外国旗帜或拒不展示其旗帜,而事实上与军舰属同一国籍。

知识拓展　公海上的广播

未经许可的广播又称为"海盗广播",是指船舶或设施违反国际规章在公海上播送无线电传音或电视广播,但遇难信号的播送除外。1982年《联合国海洋法公约》第109条规定,所有国家应进行合作,以制止在公海上从事未经许可的广播。这种未经许可的广播会干扰正常的广播,妨碍航行安全。

八、用于国际航行的海峡

用于国际航行的海峡是指在公海或专属经济区的一部分和公海或专属经济区的另一部分之间作为国际航行之用的海峡。在用于国际航行的海峡中,所有船舶和飞机均享有过境通行的权利。

过境通行指所有船舶和飞机在用于国际航行的海峡所享有的以继续不停和迅速过境为目的的航行和飞越自由。过境通行既不同于航行自由,也不同于无害通过。过境通行的行使须具备三个条件:

(1) 仅适用于在公海或专属经济区的一部分和公海或专属经济区的另一部分之间作为国际航行之用的海峡;
(2) 继续不停;
(3) 迅速过境。

船舶和飞机在过境通行时应承担下列义务:

(1) 毫不迟延地通过或飞越海峡;
(2) 不对海峡沿岸国的主权、领土完整或政治独立进行任何武力威胁或使用武力,或以任何其他违反《联合国宪章》所体现的国际法原则的方式进行武力威胁或使用武力;
(3) 除不可抗力或遇难而有必要外,不从事其继续不停和迅速过境的通常方式所附带发生的活动以外的任何活动;
(4) 遵守其他有关规定。

海峡沿岸国可在航行安全和海上交通管理、防控海洋污染等方面制定有关过境通行的法律和规章。

根据《联合国海洋法公约》的规定,下列情形不适用过境通行,而是适用无害通过制度:

(1) 公海或专属经济区之间的海峡由海峡沿岸国的一个岛屿和该国大陆形成,且该岛向海一面有一条在航行和水文特征方面同样方便的航道;

(2) 海峡是在公海或专属经济区的一部分和外国领海之间。

九、国际海底区域

国际海底区域也称为"区域",是《联合国海洋法公约》确立的一项新海洋法制度,指国家管辖范围以外的海床、洋底和底土。

根据《联合国海洋法公约》,国际海底区域的法律地位包括:

(1) 任何国家不应对"区域"的任何部分或其资源主张或行使主权或主权权利,任何国家或自然人或法人也不应将"区域"或其资源的任何部分据为己有。

(2) "区域"应开放给所有国家,不论是沿海国或内陆国,专为和平目的利用。

(3) "区域"内资源属于全人类,由国际海底管理局代表全人类行使。

国际海底管理局是组织和控制国际海底区域内活动,特别是管辖"区域"内资源的机构。管理局负责为"区域"确立制度并控制"区域"内包括勘探和开发该区域资源在内的一切活动。所有《联合国海洋法公约》的缔约国都是管理局的当然成员。管理局的主要机关有大会、理事会和秘书处,另有企业部直接进行勘探和开发"区域"资源以及从事运输、加工和销售从"区域"内回收的矿物的工作。

链接阅读

1. 李红云:《也谈外国军舰在领海的无害通过权》,载《中外法学》1998年第4期;
2. 邹立刚:《论国家对专属经济区内外国平时军事活动的规制权》,载《中国法学》2012年第6期。

第六节 空气空间与外层空间法

一、空气空间与外层空间

在国际法上,空间可以分为空气空间和外层空间。空气空间是指接近地球的大气层空间,其随地球运动。外层空间是指空气空间以外的全部空间,其不随地球运动,又称为太空或宇宙空间。

人类在空气空间的活动称为航空,在外层空间的活动称为航天。空气空间法又称为航空法,是规范人类空气空间航空活动的法律原则、规则和制度的总称。外层空间法又称为太空法、航天法,是规范人类外层空间航天活动的法律原则、规则和制度的总称。

不过,空气空间与外层空间的界线直到现在也没有得到划定。

二、空气空间的法律地位

(一) 领空主权

领空主权是指国家对其领土之上的空气空间具有完全的、排他的主权。1919年《巴黎航空公约》首次确认了领空主权原则,1944年《国际民用航空公约》(简称《芝加哥公约》)再次重申和确认了这一原则。

国家的领空主权主要体现在:

(1) 领空不得侵犯。国家有权规定准许外国航空器飞入和飞越其领空的条件。外国航空器未经特别协定或许可,不得在一国领空飞行或降落。外国航空器在一国领空不享有"无害通过权",对非法入境的外国航空器,地面国有权采取相应措施。

(2) 设立空中禁区。空中禁区是一国领空中禁止他国航空器飞行的区域。各国由于军事需要或公共安全的理由,可以一律限制或禁止其他国家的航空器在其领土内的某些地区上空飞行,但对该领土所属国从事国际航班飞行的航空器和其他缔约国从事同样飞行的航空器不得区别对待。此种禁区的范围和位置应当合理,以免空中航行受到不必要的阻碍。一国领土内此种禁区的说明及其随后的任何变更,应尽快通知其他国家及国际民用航空组织。

(3) 保留国内载运权。国内载运权又称为国内两地间空运权,指在一国境内某地点航空载运乘客、邮件和货物前往该国境内另一地点的权利。各国有权拒绝准许其他国家的航空器为收取报酬或出租在其领土内装载前往其领土内另一地点的乘客、邮件或货物。《芝加哥公约》缔约各国承允不缔结任何协议在排他的基础上特准任何其他国家或任何其他国家的空运企业享有任何此项特权,也不向任何其他国家取得任何此项排他的特权。

(4) 制定航空法律和规章。各国有权制定有关外国航空器在境内飞行的法律及规章制度,并强制执行。地面国有权规定外国航空器降停或起飞的机场;规定航空器发报机等通信设施的使用;未经许可,外国航空器不得载运军火或武器;禁止或管制在其领土上空飞行的航空器内使用摄影或摄像设备。

(二) 航空器

航空器是依靠空气的反作用力,在大气中获得支持力的任何器械,如气球、飞艇、飞机、滑翔机等。《芝加哥公约》将航空器划分为民用航空器和国家航空器两类。国家航空器主要指用于军事、海关和警察部门的航空器。《芝加哥公约》仅适用于民用航空器,即国家航空器之外的所有航空器。

航空器具有登记国的国籍,即国籍的确定依据"登记主义"。航空器只能在一个国家登记,但其登记可由一国转移至另一国。航空器在任何一个国家登记或转移登记,都应当遵循登记国的法律。从事国际航行的每一航空器应带有适当的国籍标志和登记标志。航空器飞越他国领空时,受地面国法律管辖,应遵循该国法律。但在公海上空,航空器仅受其登记国管辖。

三、国际航空法律制度

（一）国际航空运输

《芝加哥公约》将航空器在一国领空的飞行分为非航班飞行和航班飞行。缔约国同意其他缔约国一切不从事国际航班飞行的航空器，在遵守公约规定的条件下，不需事先获准，有权飞入或飞经其领土而不降停，或作非运输业务性降停，但飞经国有权令其降落。

国际航班飞行指经一缔约国特准或给予其他许可并遵守此项特准或许可的条件，在该国领空飞行或飞入该国领空。从事国际航班飞行的特许或许可以通过 1944 年《国际航班过境协定》和《国际航空运输协定》确定，也可以通过国家间的双边航空协定规定。国际实践中，国际航班飞行的许可主要通过双边航空协定实现。

1929 年在波兰华沙签订的《统一国际航空运输某些规则的公约》（简称《华沙公约》）是第一个有关航空承运人损害赔偿责任的公约。该公约后来经过多次修改和补充。这些修改和补充包括 1957 年《海牙议定书》、1960 年《瓜达拉哈拉公约》、1971 年《危地马拉议定书》和 1975 年的《蒙特利尔第一、二、三附加议定书》和《蒙特利尔第四议定书》。《华沙公约》和上述文件统称为"华沙体系"。

（二）国际民用航空安全的法律保护

"空中劫持"是危害民用航空安全的非法行为的俗称，是指在航空器内使用暴力或暴力威胁，非法干扰、破坏、损害和危害民用航空安全的行为。

关于国际民用航空安全的国际公约主要包括：1963 年《关于在航空器内犯罪和某些其他行为的公约》（简称《东京公约》）、1970 年《关于制止非法劫持航空器的公约》（简称《海牙公约》）、1971 年《制止危害民用航空安全的非法行为的公约》（简称《蒙特利尔公约》）以及 1988 年《制止在用于国际民用航空的机场发生的非法暴力行为的议定书》（简称《蒙特利尔议定书》）。2010 年国际民航组织通过《制止与国际民用航空有关的非法行为的公约》（简称《北京公约》）和《制止非法劫持航空器公约的补充议定书》（简称《北京议定书》）。《北京公约》生效后，在缔约国之间取代了 1971 年《蒙特利尔公约》和 1988 年《蒙特利尔议定书》。而《北京议定书》修改了 1970 年的《海牙公约》。

危害国际民用航空安全的罪行是可引渡的罪行。按照"或引渡或起诉"的原则，在其领土内发现被指控的罪犯的国家，如不将该人引渡，则不论罪行是否在该国实施，应当无例外地将此案提交主管当局以便起诉。

知识拓展 **《国际民用航空公约》**

1944 年，52 个国家在美国芝加哥签订了《国际民用航空公约》（又称《芝加哥公约》）。该公约共 22 章，96 个条款，规定了空中航行的一般原则和规则、国际民用航空组织的组成、国际航空运输等，并附有 18 个技术性文件。国际民用航空组织根据《芝加哥公约》成立，并于 1947 年成为联合国的专门机构。中华人民共和国于 1974 年恢复在国际民用航空组织的合法席位，并连续当选为理事会理事国。

四、外层空间的法律制度

外层空间法是随着人类空间技术的不断发展和进步而出现的国际法的一个新分支。外层空间法的主要法律渊源是在联合国和平利用外层空间委员会（外空委）主持制定的五个国际公约：1967年的《关于各国探索和利用包括月球和其他天体在内的外层空间活动的原则条约》，简称《外空空间条约》；1968年《营救宇航员、送回宇航员和归还发射到外层空间的实体的协定》，简称《营救协定》；1972年《空间物体造成损害的国际责任公约》，简称《责任公约》；1975年《关于登记射入外层空间物体的公约》，简称《登记公约》；1979年《关于各国在月球和其他天体上活动的协定》，简称《月球协定》。

1963年联合国大会通过了《外层空间宣言》，提出了各国在探索和利用外层空间的活动中应遵循的九条原则。1967年《外层空间条约》确认了这九条原则：

（1）探索和利用外层空间必须为全人类谋福利和利益；

（2）各国在平等的基础上，根据国际法自由探索和利用外层空间及天体；

（3）外层空间和天体不能通过主权要求、使用或占领或其他任何方法，据为一国所有；

（4）各国探索和利用外层空间必须遵守国际法的规定；

（5）各国对本国（不管是政府部门或非政府部门）在外层空间的活动负有国际责任；

（6）各国在探索和利用外层空间时应遵守合作和互助的原则；

（7）各国对其发射入外层空间的物体所载人员保持管理及控制权，对该物体及其组成部分保留所有权；

（8）各国对其发射的物体所造成的损害负有国际上的责任；

（9）各国应向宇航员提供一切可能的援救措施并安全迅速交还给登记国。

知识拓展 1979年《月球协定》

1979年12月，联合国大会在第34/68号决议中通过《关于各国在月球和其他天体上活动的协定》，简称《月球协定》。该协定不仅适用于月球，还适用于太阳系内地球以外的其他天体。《月球协定》允许各国从事一切有关探索和利用月球的活动，但不得提出主权要求，不得在月球建立军事基地和试验任何武器等。

链接阅读

1. 李寿平：《论武力攻击民航飞机的法律性质及其国际责任》，载《当代法学》2015年第2期；

2. 李寿平：《外层空间的军事化利用及其法律规制》，载《法商研究》2007年第3期。

第七节 战争与武装冲突法

一、战争与武装冲突法的概念

战争与武装冲突法是国际法的重要分支,是指在战争和武装冲突中,调整各交战国或武装冲突各方之间、交战国与中立国之间关系的和有关战时人道主义保护的原则、规则和制度的总称。

在国际法上,战争与武装冲突在概念上有所不同:

(1) 战争主要是国家之间的行为,战争的主体是国家;而武装冲突的主体不限于国家。

(2) 战争是一种战时的法律状态,可以适用中立;而武装冲突不是战时的法律状态,不适用中立。

(3) 战争一般涉及范围较广、持续时间较长、规模较大;武装冲突一般范围较小、时间较短、规模较小。武装冲突只有在持续较长时间,发展到一定规模并产生一系列法律后果,才构成国际法上的战争。

国际法的发展历程与战争紧密相连。为了减少战争对人类造成的危害,国际法经历了从限制战争到禁止战争的过程。1899年和1907年两次海牙和平会议的召开标志着国际社会开始推行通过和平方法和手段解决争端,国家的诉诸战争权第一次受到限制。1928年,15个国家在巴黎签署《关于废弃战争作为国家政策工具的普遍公约》,亦称《巴黎非战公约》或《凯洛格—白里安公约》。该公约规定:"缔约各方以它们各国人民的名义郑重声明,它们斥责用战争来解决国际纠纷,并在它们的相互关系上废弃战争作为实行国家政策的工具";"缔约各方同意,它们之间可能发生的一切争端或冲突,不论其性质或起因如何,只能用和平方法加以处理和解决"。这是国际法上第一个明确废弃战争的公约,对限制国家的诉诸战争权又前进了一步。

经历第二次世界大战的浩劫,人类社会进一步认识到全面禁止战争的必要性和重要性。1945年《联合国宪章》第2条第四项规定:"各会员国在其国际关系上不得使用威胁或武力,或以与联合国宗旨不符之任何其他方法,侵害任何会员国或国家之领土完整或政治独立。"相比《巴黎非战公约》,《联合国宪章》关于禁止使用武力的规定更加广泛和全面,即《联合国宪章》禁止一切非法使用武力的行为。

《联合国宪章》承认的合法使用武力的情形包括:第51条的"单独和集体自卫权"和第七章规定的由联合国安全理事会授权的强制执行行动。

知识拓展 联合国集体安全机制

联合国集体安全机制是以《联合国宪章》为基础的、制度化形式的集体安全保障。它不同于传统意义上的军事同盟,不以对抗军事侵略为目的,而是以集体的力量防止出现威胁和平、破坏和平的行为或者侵略行为。联合国安理会对维护国际和平与安全负有主要责任,《联合国宪章》第七章规定了安理会执行行动的权力和措施。

二、战争状态

(一) 战争的开始及其法律后果

战争状态指战争正式开始至正式结束期间交战国之间关系的状态。战争状态的开始通常有两种方式:

(1) 事先通知的方式,即交战双方或一方宣战或宣布战争状态。

(2) 实际开始的方式,即敌对行动的实际开始就导致战争状态的存在。一般认为,如果发生了大规模的、全面的敌对行动,无论其是否经过宣战程序均应视为战争。

战争使交战国之间的法律关系发生重大变化,由此产生一系列法律后果:

(1) 外交与领事关系断绝。

(2) 条约关系受到影响。交战国之间的政治性条约和经济性条约失效或者停止执行;影响战争进行或明文规定不适用于战时的多边条约停止对交战国适用;关于战争和中立的条约开始实施。

(3) 经贸关系中断。

(4) 交战国人民及其财产地位发生变化。敌国国有财产的动产将被没收,不动产将被征用或没收;敌国私人财产可以受到禁止转移、冻结、征用等限制。

(二) 战争的结束

战争状态通常由交战国缔结和平条约而结束,也可以由战胜国单方面或同战败国联合发表声明的方式而结束。

三、战时中立

战时中立是指在战争期间非交战一方的第三国为置身于战争之外,不以任何方式直接或间接参与战争,并不偏不倚地对待战争双方而取得的法律地位。

战时中立具有如下特征:

(1) 战时中立具有临时性。战时中立可以在战争期间和战后随时宣布中止。战时中立不同于永久中立。永久中立国在战时遵守中立的义务是以国际条约为基础的永久性义务,其中立地位由他国保障,不可单方面废除。

(2) 战时中立地位可以通过采取发表中立宣言或声明,或者仅仅采取事实上遵守中立义务的行动来确立。

(3) 战时中立将引起中立国与交战国之间的权利和义务关系。

四、作战手段和方法

(一) 基本原则

在战争或武装冲突中,有关各方不得任意选择作战手段和方法。在战争与武装冲突

法的发展过程中,形成了若干限制作战手段和方法的基本原则:

(1)"军事必要"和条约未规定不能免除交战国尊重国际法义务的原则。

(2)区分战斗员与平民、军事目标与民用目标的原则。

(3)人道原则。这一原则要求尽量减少战争的残酷性,不能使用引起过多苦难或损害的作战方法。

(二)禁止使用的作战手段和方法

根据有关国际条约的规定,禁止使用的作战手段主要有:

(1)具有过分伤害力的武器;

(2)化学武器和生物武器;

(3)改变环境的技术;

(4)核武器,不过目前尚不存在明确禁止使用核武器的国际公约。

禁止使用的作战方法主要有:

(1)不加区别的作战方法,即对战斗员和平民及军事目标和民用目标不加区分的作战方法;

(2)背信弃义的作战方法,指利用对方遵守战争法规或信义以达到自己目的所采用的作战方法;

(3)改变环境的作战方法,指使用旨在或可能对自然环境引起广泛、长期而严重损害的作战方法,如改变气候、引起地震或海啸、破坏生态平衡、破坏臭氧层等。

五、战时人道主义保护

战时人道主义保护是指为减少战争或武装冲突造成的苦难,基于人道原则对没有参加战斗的人员或不再参加战斗的武装部队的病者、伤者、战俘等予以保护。

1949年《日内瓦公约》和1977年该公约的两个附加议定书是关于战时人道主义保护的主要法律文件。主要内容包括:

(1)伤病员待遇,指应在一切情况下无区别地对敌我伤病员给予人道待遇和照顾,交战的任何一方都有义务在交战后尽可能地搜救伤病员,对落入己方的受伤战俘给予人道待遇,并提供相应的医疗器材。

(2)战俘待遇,指战俘应置于比较安全的地带,不得将战俘扣为人质或施加报复,不得歧视战俘;拘禁国应为战俘提供相应的卫生、饮食和住宿条件,并对伤者实施医疗救助。

(3)对平民的保护,指军事行动应针对敌方武装部队的战斗员作出,不得攻击平民和民用目标。对在交战国的敌国平民一般应允许其离境,对于继续留居的敌国平民,应给予人道主义待遇,不得对其进行攻击,不得对其施加酷刑,不得随意没收其财产,并且非出于绝对必要,不得对敌国国民进行拘禁。

六、战争罪行与责任

战争罪行是指严重违反战争法规、惯例和人道主义法的行为,包括战争罪、破坏和平罪、危害人类罪等。

第二次世界大战结束以后,为惩治战争罪行,国际社会建立了欧洲国际军事法庭(纽伦堡国际军事法庭)和远东国际军事法庭(东京国际军事法庭)审判和惩处战争罪犯。20世纪90年代,为审判和惩处在前南斯拉夫地区和卢旺达严重违反国际人道主义法的个人,联合国安理会设立了"前南斯拉夫国际刑事法庭"和"卢旺达国际刑事法庭"。1998年在意大利罗马通过了《国际刑事法院规约》,决定成立国际刑事法院,以审判和惩处国际社会关注的最严重的国际罪行。2002年7月,国际刑事法院正式开始运作。

知识拓展　东京审判

1946年1月19日远东盟军最高统帅部发布设置远东国际军事法庭的特别通告,设立了远东国际军事法庭(即"东京国际军事法庭")。法庭由来自中、美、英、苏等11个国家的11名法官组成,中国法官是梅汝璈。从1946年5月3日到1948年11月12日,法庭共开庭818次,出庭证人达419人,共对38名战犯进行了审理。法庭对东条英机等7名战犯判处绞刑,对荒木贞夫等16人判处无期徒刑。

链接阅读

1. 卢有学:《战争罪的国内立法研究》,载《现代法学》2007年第2期;
2. 朱文奇:《东京审判与追究侵略之罪责》,载《中国法学》2015年第4期。

【推荐阅读文献】

1. 王铁崖主编:《国际法》,法律出版社1995年版;
2. 周鲠生:《国际法》,武汉大学出版社2009年版;
3. 李浩培:《条约法概论》,法律出版社2003年版;
4. 白桂梅:《国际法》,北京大学出版社2010年版。

【思考题】

1. 简述外交特权与豁免的内容及其限制。
2. 什么是条约?条约可以有哪些名称?
3. 领海、专属经济区、大陆架和国际海底区域制度具有哪些相同点和不同点?
4. 各国探索和利用外层空间应遵循哪些原则?
5. 什么是战时中立?有哪些特征?

第十三章 国际私法

学习目标：了解国际私法的概念、调整对象、调整方法及法律渊源；掌握国际私法的基本概念和基本制度，如冲突规范、反致、识别等；了解国际民事诉讼程序和国际商事仲裁。

教师导读：学习本章需明确以下问题：什么是涉外民事关系，调整这一关系的法律部门为什么叫做国际私法？国际私法的"国际性"体现在哪些地方，它与国际公法、国内民法有什么关系？国际私法有哪些特殊的法律概念和制度？外国法院判决和仲裁裁决如何在本国得到承认与执行？

建议学时：4 学时

第一节 国际私法概述

一、国际私法的概念和调整对象

国际私法是调整涉外民事法律关系的法律原则、规则和制度的总称。因此，涉外民事法律关系是国际私法的调整对象。

涉外民事关系是指具有涉外因素的民事关系。民事关系的主体、客体、内容三个要素中有一项以上具有涉外因素，就是涉外民事关系。主体具有涉外因素是指民事关系的主体有一方或者双方是外国自然人或法人，或者住所、惯常居所、营业所在外国的自然人或法人。客体具有涉外因素是指民事关系的标的物在国外。民事关系的内容具有涉外因素是指产生、变更、消灭民事关系的法律事实发生在国外。

2012 年最高人民法院《关于适用〈中华人民共和国涉外民事关系法律适用法〉若干问题的解释（一）》对涉外民事关系作了解释："民事关系具有下列情形之一的，人民法院可以认定为涉外民事关系：（1）当事人一方或双方是外国公民、外国法人或者其他组织、无国籍人；（2）当事人一方或双方的经常居所地在中华人民共和国领域外；（3）标的物在中华人民共和国领域外；（4）产生、变更或者消灭民事关系的法律事实发生在中华人民共和国领域外；（5）可以认定为涉外民事关系的其他情形。"

值得注意的是，国际私法调整的涉外民事关系是广义的民事关系，包括涉外物权关系、涉外债权关系、涉外知识产权关系、涉外婚姻家庭关系、涉外继承关系、涉外公司法关系、涉外票据法关系、涉外海商法关系、涉外保险法关系和涉外破产法关系等。

知识拓展 国际私法名称由来

"国际私法"这个名称由19世纪德国学者薛福纳(Schaeffner)首先提出。1841年他在其著作《国际私法的发展》一书中正式提出这个名称。后来,国际私法这个名称为各国普遍接受。除"国际私法"之外,还曾用过"冲突法""涉外私法""国际民法""法律适用法"等名称。

二、法律冲突与国际私法的调整方法

国际私法是用来解决在涉外民事关系发生时的法律冲突问题的,因此国际私法又被称为"冲突法"。法律冲突是指两个或者两个以上的不同法律同时调整一个相同的社会关系而在这些法律之间产生矛盾的社会现象。

国际私法解决涉外民事关系中的法律冲突的方法即国际私法的调整方法主要有两种:间接调整方法和直接调整方法。

间接调整方法是国际私法的主要调整方法。它指依照本国的冲突规范确定本国或外国实体法作为准据法,然后再根据这个实体法来具体确定当事人之间的权利义务。间接调整方法不直接规定当事人的权利义务,只通过冲突规范确定应适用本国法还是外国法,然后再根据应适用的本国法或外国法确定当事人的权利义务,因此这种调整方法只起到一种间接调整的作用。

直接调整方法是用统一实体规范直接确定当事人权利义务的调整方法。直接调整方法无须经过冲突规范的指引确定某一涉外民事关系的准据法,而是通过适用统一实体规范来直接确定当事人的权利义务,以达到解决涉外民事纠纷的目的。这些实体规范多体现为国际条约或国际惯例,还包括国内法中直接适用于涉外民事关系的实体规范。

三、国际私法的渊源

国际私法的渊源是指国际私法规范存在或表现的形式。国际私法的渊源具有双重性,既有国内法渊源,如国内立法、国内判例等,也有国际法渊源,如国际条约、国际惯例等。

(一)国内立法

国内立法是国际私法的主要渊源。各国关于国际私法的国内立法主要有以下几种形式:

(1)国际私法的专门法规,即以专门法规系统地规定国际私法规则,这种立法方式又称为单行立法式。1896年《德国民法典施行法》和1898年《日本法例》是最早的国际私法法典。在20世纪,许多国家制定了国际私法的专门法规,如泰国(1939年)、韩国(1962年)、波兰(1966年)、奥地利(1978年)、匈牙利(1979年)、罗马尼亚(1992年)、意大利(1995年)等。进入21世纪以后,韩国、比利时、保加利亚、日本等国先后制定或修订了国际私法的专门法规。我国于2010年通过了《中华人民共和国涉外民事关系法律适用法》,

该法已于 2011 年 4 月 1 日起施行。

（2）民法典或其他有关法典中设立专篇或专章，集中规定国际私法规则，这种立法方式又称为专章专篇式。许多国家的国际私法立法采取这种模式。我国的《民法通则》第八章、《民事诉讼法》第四篇就属于此种形式。

（3）在民法典各篇章和其他单行法规的有关章节分散规定国际私法规则，这种立法方式又称为分散立法式。1804 年《法国民法典》是分散立法式的典型代表，1811 年《奥地利普通民法典》也采取了这一立法方式。

（二）国内判例

判例是指上级法院对某类案件的判决对下级法院具有约束力，是下级法院判决同类案件的法律依据。在英美普通法系国家，判例是国际私法的主要渊源。在大陆法系国家，虽然在传统上判例不是国际私法的渊源，但判例在这些国家审理涉外民事案件时仍起着不可忽视的作用。在法国、日本、德国等国，当对某个具体案件缺少成文的国际私法规则时，法院可以援引最高法院的判例作为判决依据。在我国，判例不是法律的渊源，不能作为法院裁判案件的法律依据，只对具体案件有一定的指导作用。

（三）国际条约

国际私法的国际渊源主要是国际条约。作为国际私法渊源的国际条约是指那些含有国际私法规范的条约。这些条约包括统一冲突法条约、统一实体法条约、国际民事诉讼程序条约、国际商事仲裁条约等，也包括仅部分内容涉及国际私法规范的条约。

1889 年，由乌拉圭、阿根廷发起，拉丁美洲国家召开会议，通过了关于国际民法、国际商法和国际诉讼法等的 9 个条约，标志着国际私法统一化的开始。1928 年，在古巴哈瓦那会议通过了著名的《布斯塔曼特法典》，对冲突规范作了全面系统的规定。荷兰于 1893 年发起召开了第一次海牙国际私法会议，在欧洲大陆拉开了国际私法统一化运动的序幕。海牙国际私法会议也逐渐成为目前国际上最主要的统一国际私法的政府间国际组织。

（四）国际惯例

国际惯例也是国际私法的渊源之一。在国际私法上国际惯例有两种表现形式：一种是强制性惯例，指不需要当事人选择而必须适用的惯例；另一种是任意性惯例，指只有经过当事人的选择，才对其有约束力的惯例。国际私法中的国际惯例多数是任意性惯例。

商事惯例是国际私法惯例的主要表现形式。这些商事惯例是在国际上被长期反复使用、可以确定当事人权利义务关系的行为准则。目前在国际贸易领域，被广泛采用的商事惯例有：《国际贸易术语解释通则》《华沙—牛津规则》《约克—安特卫普规则》《商业单据托收统一规则》《托收统一规则》《跟单信用证统一惯例》等。

四、国际私法的性质

国际私法的性质是指国际私法是一个独立的法律部门。国际私法与国际公法（即狭义的国际法）和国内民法既有密切联系，又有所区别。

（一）国际私法与国际公法的联系与区别

国际私法与国际公法的联系主要体现在：首先，二者的调整对象均含有国际因素。国际私法调整的是含有国际因素的民事关系，国际公法调整的是国际政治、外交等国家间交往关系。其次，国际条约均是二者的法律渊源。再次，国际公法的基本原则如国家主权原则、平等互惠原则等也适用于国际私法领域。

国际私法与国际公法的区别主要体现在：首先，二者的主体不同。国际公法的主体以国家和国际组织为主；国际私法的主要则以自然人和法人为主。其次，调整对象的法律性质不同。国际公法调整的国家间交往关系是一种公法性质的关系；国际私法调整的涉外民事关系是一种私法性质的关系。再次，法律渊源有所不同。国际条约是国际公约最重要、最主要的渊源；条约尽管是国际私法的渊源之一，但国际私法的渊源仍以国内立法为主。

（二）国际私法与国内民法的联系与区别

国际私法与国内民法的联系体现在：首先，二者的主体都以自然人和法人为主。其次，二者的调整对象都是民事关系。再次，国内民法的基本原则如公共秩序保留等也适用于国际私法领域。

国际私法与国内民法的区别体现在：首先，虽然二者的调整对象都是民事关系，但国际私法专门调整涉外民事关系。其次，国内民法规范都是实体规范，但国际私法规范多为冲突规范。再次，在调整方法上，国内民法是直接调整方法，国际私法的调整方法尽管也包含直接调整方法，但以间接调整方法为主。

知识拓展　区际私法

区际私法是指解决多法域国家内部各地区之间的法律冲突的法律规范的总称。区际私法与国际私法有密切联系，国际私法是从区际私法的基础上发展起来的。但二者也有所不同，区际私法的调整对象是一国内部不同法域之间的民商事法律冲突，而国际私法的调整对象是不同国家之间的民商事法律冲突。按照"一国两制"，香港、澳门实行不同于内地的法律制度，因此，我国是一个多法域国家。

链接阅读

1. 丁伟：《世纪之交中国国际私法立法回顾与展望》，载《政法论坛》2001年第3期；
2. 沈娟：《区际冲突法的概念》，载《法学研究》1999年第5期。

第二节　冲突规范和准据法

一、冲突规范的概念和类型

（一）冲突规范的概念

冲突规范，又叫法律适用规范、法律选择规范，是国内法或者国际条约规定的，指明某一涉外民事关系应适用哪一国法律的规范。冲突规范过去曾是国际私法唯一的规范形式,现在仍是国际私法最主要的规范。冲突规范是一种特殊的规范,具有如下特点:

(1)冲突规范不是实体法规范,它是法律适用规范。冲突规范仅指明某种涉外民事关系应适用哪国法律,而不是像实体规范那样直接规定当事人的权利和义务。如"涉外侵权行为的损害赔偿适用侵权行为地法"就只指出涉外侵权行为问题应该适用侵权行为地国家的法律去解决,并未规定具备何种条件才构成侵权行为、如何确定加害人责任和赔偿数额等问题,这些问题要依侵权行为地国家的实体民法去解决。

(2)冲突规范不是程序法规范,它是法律选择规范。程序法规范的调整对象是法院的审判活动以及在此种审判活动中发生的法院与当事人及其他诉讼关系人之间的关系。而冲突规范并不规定诉讼权利和义务,它只是在处理涉外民事案件中规定如何选择法律,在本质上不属于程序法的范围。

(3)冲突规范是一种间接规范,缺乏一般法律规范所具有的明确性和预见性。冲突规范必须与实体法规范结合起来才能确定当事人的权利和义务,它只起到援引某一国家的实体法的作用,不能直接作为指导当事人行为的准则,当事人根据冲突规范很难预见法律关系的后果。

(4)冲突规范的结构不同于一般的法律规范。冲突规范的结构有其特殊性,包括范围和系属两个部分。范围,又称为连结对象、起作用的事实、问题的分类等,是指冲突规范所要调整的民事关系或所要解决的法律问题。系属是规定冲突规范中"范围"所应适用的法律。例如,在"不动产物权依物之所在地法"这条冲突规范中,"不动产物权"是冲突规范的"范围",它指出这一冲突规范所要调整的法律关系是不动产物权的法律关系;"物之所在地法"是冲突规范的"系属",它指出对该涉外民事关系所应适用的法律是标的物所在地国家的法律。

(二)冲突规范的类型

根据冲突规范中系属的不同规定,冲突规范可以分为单边冲突规范、双边冲突规范、重叠适用的冲突规范和选择适用的冲突规范四种类型。

(1)单边冲突规范,指系属直接指出要适用某一特定国家的法律的冲突规范。它既可以明确规定适用内国法,也可以明确规定适用某一外国法。例如,《法国民法典》第3条第2款规定:"不动产,即使属于外国人所有,仍适用法国法。"这是一条单边冲突规范,它表明对位于法国的不动产的法律问题,应绝对地适用法国法。单边冲突规范的法律适用具有单向性特点,即当它规定内国法时,即不能适用外国法;当它规定适用外国法时,即不能适用内国法。

(2)双边冲突规范,指系属并不明确规定适用内国法还是外国法,而只规定一个可推定的系属,再根据此系属,结合实际情况去寻找应适用某一个国家的法律的冲突规范。根据双边冲突规范所确定的应适用的法律,既可以是内国法,也可以是某一外国法。例如,我国《涉外民事关系法律适用法》第36条规定:"不动产物权,适用不动产所在地法律。"这是一条双边冲突规范,其中,"不动产所在地"是一个可以推定的系属。如果不动产在中国,就应适用中国法律;如果不动产在外国,则应适用外国的法律。双边冲突规范是一种比较完备的、反映国际私法实质的冲突规范。它是冲突规范中数量最多且最常用的冲突规范。

(3) 重叠适用的冲突规范,指系属规定对某种涉外民事关系必须同时适用两个或两个以上国家的法律的冲突规范。例如,1902年《关于离婚与别居管辖权与法律冲突的海牙公约》第2条规定:"离婚的请求非依夫妻的本国法及法院地法均具有离婚的理由的,不得提出。"照此规定,法院在审理缔约国公民之间的离婚案件时必须同时适用夫妻的本国法和法院地法才能批准离婚的要求。重叠适用的冲突规范对某一种法律关系的成立或解除的要求比双边冲突规范严格得多,适用难度较大。因此,此类冲突规范的数量不多,作用亦有限。

(4) 选择适用的冲突规范,指系属对某种涉外民事关系规定两个或两个以上可以适用的法律,但只选择其中一个法律来调整该涉外民事关系的冲突规范。选择适用的冲突规范又可以分为两种:一种是无条件选择适用的冲突规范,指当事人可以在系属指定的法律中任意或无条件地选择其中一个来调整涉外民事关系的冲突规范。例如,1978年《奥地利联邦国际私法法规》第16条规定:"在国外举行的婚姻,其婚姻方式依结婚各方的属人法;如果其婚姻方式符合婚姻举行地法的规定,亦属有效。"另一种是有条件选择适用的冲突规范,指在系属规定的多个法律中,只允许当事人依顺序或有条件地选择其中之一调整涉外民事关系的冲突规范。例如,我国《涉外民事关系法律适用法》第41条规定:"当事人可以协议选择合同适用的法律。当事人没有选择的,适用履行义务最能体现该合同特征的一方当事人经常居所地法律或者其他与该合同有最密切联系的法律。"

二、准据法的确定

准据法是指由冲突规范指定的、据以确定某一涉外民事关系当事人权利义务的实体法。准据法既可以是法院所在地国家的内国法,也可以是外国法。例如,在"不动产继承适用不动产所在地法"这一条冲突规范中,若不动产在中国,中国有关继承的法律就是该不动产继承关系的准据法;若不动产位于日本,则日本有关继承的法律就是准据法。准据法不是冲突规范的组成部分,它是经冲突规范所指引的实体法,未经冲突规范指引的各国民商法不是实体法。

准据法的确定是指确定涉外民事关系准据法的过程。这一过程一般包括三个步骤:第一,通过识别确定涉外民事关系的性质,然后确定对之适用的冲突规范。第二,如果冲突规范指向适用外国法,应审视有无限制和排除外国法适用的情况,如反致、公共秩序保留、法律规避等。第三,如果没有第二个步骤所述限制和排除外国法适用的情况,则查明外国法的内容。

三、识别

识别是指依据一定的法律观点或法律概念,对有关的事实构成作出"定性"或"分类",

将其归入一定的法律范畴,从而确定应援用哪一条冲突规范的认识过程。

识别冲突是指由于法院地国与有关外国法律对同一事实构成作出不同的分类,采用不同国家的法律观念进行识别就会导致适用不同冲突规范和不同准据法的结果。产生识别冲突的原因主要是:

(1) 不同国家对同一事实赋予不同的法律性质,因而可能援引不同的冲突规范。例如,对于未达一定年龄的子女结婚需要父母的同意问题,法国法把它识别为婚姻能力问题,应适用当事人的属人法来判断其有无结婚能力;英国法把它识别为婚姻形式问题,应适用婚姻举行地法。

(2) 不同国家往往把具有相同内容的法律归入不同的法律部门。例如,对于时效问题,一些国家把它归入实体法,依有关法律关系的准据法解决;另一些国家把它归入程序法,应适用法院地法解决。

(3) 不同国家对同一问题规定的冲突规范具有不同的含义。例如,各国均规定"不动产依不动产所在地法",但各国对什么是不动产有不同的理解,如法国认为蜂房是动产,荷兰则认为蜂房是不动产。

(4) 不同国家有不同的法律概念或独特的法律概念。例如,许多国家有占有时效的概念,我国目前仅有诉讼时效的概念。

为了解决识别冲突,国际私法学者提出了多种主张。有学者主张只应依法院地法进行识别,也有学者认为应依各该法律关系的准据法进行识别,还有学者主张应依分析法学与比较法进行识别,另有学者提出了个案识别说和折中说。在实践中,各国通常的做法是以法院地法作为识别的主要依据,只在必要时才兼顾其他有关国家的法律观点或法律概念。我国《涉外民事关系法律适用法》第8条规定:"涉外民事关系的定性,适用法院地法律。"

四、连结点

连结点又称为连结因素,是冲突规范借以确定涉外民事关系应适用什么法律的根据。在形式上,连结点是将冲突规范中"范围"所指法律关系与一定地域的法律联系起来的纽带或媒介。每一个冲突规范必须至少有一个连结点,没有这个连结点,便不能将一定的法律关系与应适用的法律连结起来。在实质上,这种纽带或媒介反映了该法律关系与一定地域的法律之间存在着内在的实质的联系或隶属关系。因此,对不同法律关系连结点的选择不是任意的,更不是虚构的,而必须在客观上体现这种内在的联系。

常用的连结点有以下几种:

(1) 国籍、住所或居所。这一类连结点主要用来指引人的身份、能力以及婚姻、继承关系的准据法。住所有时还可以作为确定财产关系的准据法的连结点。

(2) 物之所在地。这一连结点常用来指引物权或与物权有关的法律关系的准据法。

(3) 行为地。这一连结点主要用来指引各种法律行为方式的准据法。行为地是一个总的概念,包括合同缔结地、侵权行为地、债务履行地、婚姻举行地等。

(4) 当事人的自主选择。在合同关系中,常常允许当事人自主选择合同准据法,这便是国际私法常见的意思自治原则。

(5) 法院地。这一连结点主要用于指引诉讼程序的准据法。

(6) 最密切联系地。仅用"国籍""住所""行为地""物之所在地"等单一连结点来指引准据法,有时不能保证法院选择最合适的准据法。为弥补这种不足,"与案件或当事人有最密切联系地"这种连结点被越来越多地采用。我国《涉外民事关系法律适用法》第2条第2款规定:"本法和其他法律对涉外民事关系法律适用没有规定的,适用与该涉外民事关系有最密切联系的法律。"

知识拓展

1. 连结点的软化处理。冲突规范的传统的法律选择方法是连结点选择方法,它反映了法律关系与一定地域的实质联系,具有诸多优点。但这种传统选择方法依赖于僵硬、呆板的连结点,缺乏灵活性,不能适应社会发展。因此,国际私法除了运用识别、反致、公共秩序保留等以外,对冲突规范进行软化处理:(1) 用灵活、开放的连结点代替僵硬、封闭的连结点;(2) 增加连结点的数量;(3) 对法律关系的不同方面规定不同的连结点等。

2. 系属公式。在长期的国际私法实践中,双边冲突规范的系属逐渐地被固定下来,形成了国际私法上的确定原则,被称为"系属公式",用以解决同类性质的法律冲突问题。国际私法中常见的系属公式有:属人法、行为地法、物之所在地法、法院地法、当事人自主选择的法律等。

链接阅读

1. 肖永平:《中国法学界研究冲突规范的路径》,载《政法论坛》2005年第4期;

2. 董海洲:《从"身份"到"场所"——属人法连结点的历史与发展》,载《法学家》2010年第1期。

第三节 外国法的适用

一、反致制度

反致有广义和狭义之分。广义的反致包括狭义的反致、转致和间接反致,往往统称为反致制度。

狭义的反致又称为直接反致、一级反致,是指甲国法院依照本国冲突规范的指引本应适用乙国法,而乙国冲突规范却指定应适用甲国法,甲国法院结果适用了本国的实体法。例如,一个住所在意大利的英国公民死亡,未留遗嘱,留有动产在英国。按照英国的冲突法规则,动产继承适用被继承人的住所地法(意大利法),但意大利的冲突规范规定动产继承适用被继承人的本国法(英国法)。如果英国法院最终以英国法来处理,就构成反致。

转致又称为二级反致,是指对某一涉外民事关系,甲国法院根据本国的冲突规范指定乙国的法律作为准据法,而依乙国冲突规范的指引却应适用丙国法律,结果甲国法院适用了丙国实体法裁决了案件。例如,一个住所在意大利的丹麦公民,在法国去世,并在法国留有动产。依据法国的冲突规范,继承适用被继承人死亡时的本国法(丹麦法);而依据丹麦的冲突规范,继承适用被继承人死亡时的住所地法(意大利法)。如果法国法院最终适用意大利的实体法处理该案件,就构成转致。

间接反致是指对某一涉外民事关系,甲国法院根据本国冲突规范指定乙国的法律作为准据法,依乙国冲突规范的规定却应适用丙国法律,而依丙国冲突规范的指定应适用甲国的法律,结果甲国法院根据甲国实体法裁决了案件。例如,一个住所在英国的阿根廷公民,死于英国,在日本留有不动产。日本法院依据本国冲突规范"继承依被继承人的本国法",即阿根廷法;而依阿根廷的冲突规范,继承依被继承人的最后住所地法(英国法);而英国冲突规范规定,不动产继承依不动产所在地法(日本法)。如果日本法院最终依日本的实体法处理案件,就构成间接反致。

反致的产生应同时具备以下三个条件:

第一,法院地国认为本国冲突规范指向的某个外国法,既包括该国实体法,也包括该国冲突法。这是反致产生的主观条件。如果法院地国认为本国冲突规范指引的外国法仅包括实体法,依该实体法双方当事人的权利义务就可以确定,反致就不会发生。

第二,反致产生的法律条件是法院地国和有关外国的冲突规范对同一个法律问题所采取的连结点不同,或在连结点表面相同的情况下,各自对连结点的解释不同。如果仅仅法院地国认为外国法也包括冲突规范,但相关国家的冲突规范相同,也不会产生反致。

第三,反致产生的客观条件是致送关系没有中断。如果致送关系中断,反致就不会产生。例如,对于不动产的法定继承,甲国规定适用不动产所在地法,乙国规定适用被继承人的本国法,且都认为本国冲突法指定的外国法包括该国冲突法。如果一个乙国公民死于甲国且在甲国留有不动产,如在甲国提起继承诉讼,不会发生指定乙国法的情况;反之,在乙国提起诉讼,也不会发生指定甲国法的情况,因此,反致不会发生。

反致制度一方面可以扩大实体法的选择范围,另一方面也起着限制本国冲突规范效力的作用。许多国家对反致制度持肯定的立场,但我国目前未接受反致制度。我国《涉外民事关系法律适用法》第9条规定:"涉外民事关系适用的外国法律,不包括该国的法律适用法。"这一规定表明,我国对反致制度采否定立场。

知识拓展 外国法发生变化时准据法的确定

涉外民事关系确立以后,有关的法律发生变化应如何确定准据法?具体包括两种情况:一是法院地国的冲突规范发生变化,如法院地国的原冲突规范规定适用当事人本国法,新冲突规范改为适用当事人住所地法,就可能导致适用不同国家的实体法。二是法院地国的冲突规范没有变化,而是它所指向的有关国家的实体法发生了变化。上述情况叫做法律的时际冲突,解决这种冲突的法律叫做时际私法。对此,一些国家适用新法优于旧法的原则,一些国家根据保护既得权原则,仍适用旧法,还有一些国家则做灵活处理。

二、公共秩序保留

公共秩序保留在英美法中常称为"公共政策",在大陆法中称为"公共秩序"或"保留条款"或"排除条款",是指一国法院或其他机关处理涉外民事案件时,依照本国冲突规范本应适用外国法,或者依法应该承认外国法院判决或仲裁裁决,或者依法应提供司法协助,但因这种适用、承认与执行或者提供司法协助会与法院地国的重大利益、基本政策、法律的基本原则或道德的基本观念相抵触,从而有权排除或拒绝的保留制度。

公共秩序保留具有双重作用,即既具有排除外国法适用的否定或防范作用,也具有直接适用本国法中强制性规定的肯定性作用。公共秩序保留是弹性条款,具有伸缩性,使法官拥有较大的自由裁量权,法官可以在复杂多变的形势下维护统治者的利益。当法官认为适用外国法对本国统治者有利时,就按照冲突规范的指引适用外国法;当法官认为适用外国法不利于本国统治者时,就可以公共秩序保留为法律依据拒绝适用外国法。

公共秩序保留制度一般适用于以下情况:

(1)适用外国法会与内国道德、社会、文化、经济或意识形态的基本准则相违背,或与内国公平正义观念或根本法律制度相抵触。

(2)适用外国法违背内国强制性规范,或有损于内国的主权与安全。

(3)适用外国法违背国际法的强行规则,违背内国承担的条约义务或国际社会公认的正义要求。

公共秩序保留条款的立法形式大概有三种:

(1)直接限制的立法方式,指在法律中明文规定,若适用外国法违背内国公共秩序,即予排除。如1966年《波兰国际私法》第6条规定:"外国法的规定违反波兰人民共和国法律秩序的根本原则时,不予适用。"

(2)间接限制的立法方式,指在法律中规定内国某些法律是绝对的强制性规定,必须适用,从而在这些规定所调整的领域内排除了外国法的适用。如1804年《法国民法典》第3条规定:"有关警察与公共治安的法律,对于居住于法国境内的居民均有强制力。"

(3)合并限制的立法方式,指综合运用上述两种立法方式,在法律中既规定内国某些法律具有绝对强制性,又规定外国法违反内国公共秩序不得适用。例如,1942年《意大利民法典》第28条规定:"刑法、警察与公共治安的法律适用于意大利境内所有的人。"该法第31条又规定:"不论上述条文作何规定,外国国家的法律行为,任何机构或实体的章程或行为或个人的处置与协议,如其与公共秩序或良好道德相抵触时,均不得在意大利域内发生效力。"

我国对公共秩序保留条款的立法采取的是合并限制的立法方式。2010年《涉外民事关系法律适用法》第5条采取的是直接限制的立法方式,该条规定:"外国法律的适用将损害中华人民共和国社会公共利益的,适用中华人民共和国法律。"该法第 4 条采取了间接限制的立法方式,该条规定:"中华人民共和国法律对涉外民事关系有强制性规定的,直接适用该强制性规定。"根据 2012 年最高人民法院《关于适用〈中华人民共和国涉外民事关系法律适用法〉若干问题的解释(一)》第 10 条的规定,这些强制性规定包括:(1) 涉及劳动者权益保护的规定;(2) 涉及食品或公共卫生安全的规定;(3) 涉及环境安全的规定;(4) 涉及外汇管制等金融安全的规定;(5) 涉及反垄断、反倾销的规定;(6) 应当认定为强制性规定的其他情形。

三、法律规避

法律规避是涉外民事关系当事人为利用某一冲突规范,故意制造某种连结点的构成要素,避开本应适用的强制性或禁止性规范,从而使对自己有利的法律得以适用的一种逃法或脱法行为。国际私法中某些连结点是能够随当事人的意思而变更的,如国籍、住所等。如果当事人为了达到某种目的,滥用设立和变更连结点的自由,显然不利于法律秩序的稳定。在司法实践中,首次遇到法律规避问题是 1878 年法国法院审理的鲍富莱蒙案。鲍富莱蒙夫人为避开不利于她离婚的法国法,进入德国并归化为德国人,从而在德国取得了离婚判决,随即与罗马尼亚王子结婚。鲍富莱蒙先生遂在法国法院申请宣告鲍富莱蒙夫人加入德国国籍及离婚、再婚均属无效。法国法院认为鲍富莱蒙夫人的上述行为构成法律规避,判决离婚无效。

构成法律规避,必须同时具备以下要件:

(1) 从行为主体来看,法律规避是当事人自己的行为造成的。这与反致不同,反致是因为各国冲突法的规定不同造成的,与当事人主观愿望无关。

(2) 从主观上来看,法律规避是当事人有目的、有意识地进行的,是故意的行为。

(3) 从规避的对象来看,被规避的法律是依冲突规范指引本应适用的强制性或禁止性法律。不过,有的国家只承认规避内国法为法律规避,而有的国家把规避外国法也视为法律规避。

(4) 从行为方式来看,当事人是通过人为地制造或改变一个或几个连结点的构成要素来达到规避法律的目的,如改变国籍、住所、行为地等。

(5) 从客观结果来看,当事人的规避行为已经完成,如果按照当事人的愿望行事,就要适用对当事人有利的法律。

我国一向禁止规避本国法律,但对于规避外国法律问题,则未作规定。最高人民法院《关于适用〈中华人民共和国涉外民事关系法律适用法〉若干问题的解释(一)》第 11 条规定:"一方当事人故意制造涉外民事关系的连结点,规避中华人民共和国法律、行政法规的强制性规定的,人民法院应认定为不发生适用外国法律的效力。"

四、外国法内容的查明

外国法内容的查明又称为"外国法内容的证明"或"外国法内容的确定",指法院在审理涉外民事案件时,如果依本国冲突规范指引应适用某一外国实体法,对该外国法的内容进行查明或证明的制度。

查明外国法内容的方法大致有三种:

(1) 当事人举证证明。英美等普通法系国家和部分拉丁美洲国家采取这种做法。这些国家把外国法看做事实,须由当事人举证证明;法官只知道法律,没有义务亲自去调查事实。

(2) 法官依职权查明,当事人无须举证。欧洲大陆一些国家和乌拉圭等拉丁美洲国家认为冲突规范指引的外国法也是法律,依"法官知法"的原则,应由法官负责查明外国法的内容。

(3) 法官依职权查明,当事人亦负有协助义务。德国、瑞士等国主张外国法内容的查明,既不同于查明内国法律的程序,又不同于查明事实的程序,原则上应由法官负责调查,当事人也负有协助义务。

当通过上述途径不能查明外国法的内容时,多数国家的实践是适用法院地国法,有些国家则是驳回起诉或者抗辩请求。

关于外国法内容的查明,《中华人民共和国涉外民事关系法律适用法》第10条规定:"涉外民事关系适用的外国法律,由人民法院、仲裁机构或者行政机关查明,当事人选择适用外国法律的,应当提供该国法律。不能查明外国法律或者该国法律没有规定的,适用中华人民共和国法律。"这一规定表明,如果涉外民事关系应适用外国法,主要由法院、仲裁机构或有关行政机关负责查明,在当事人选择适用外国法的情况下,要求当事人提供该外国法。如果外国法无法查明或该外国法中无相关规定,则适用中国法律。对于不能查明外国法内容的问题,最高人民法院《关于适用〈中华人民共和国涉外民事关系法律适用法〉若干问题的解释(一)》第17条第1款进一步规定:"人民法院通过由当事人提供、已对中华人民共和国生效的国际条约规定的途径、中外法律专家提供等合理途径仍不能获得外国法律的,可以认定为不能查明外国法律。"

知识拓展 先决问题

先决问题是指法院在处理某一涉外民事案件(主要问题)时需要首先解决的另一个相关问题。例如对夫妻之间的遗产继承案件,双方之间的婚姻关系是否有效就是一个先决问题。并非所有涉外民事案件都存在先决问题。先决问题必须符合下列构成要件:一是按照法院地国的冲突规范,主要问题的准据法是外国法;二是先决问题可以单独作为一项争议向法院提出,且有单独的冲突规范可以适用;三是依主要问题所属国冲突规范所确定的先决问题的准据法与依法院地国冲突规范所确定的先决问题的准据法是不同的。

链接阅读

1. 于飞:《反致制度反思与展望》,载《政法论坛》2001年第5期;
2. 金振豹:《国际私法上公共秩序保留制度之比较研究》,载《比较法研究》2004年第6期。

第四节 国际民事诉讼程序

一、国际民事诉讼程序与国际民事诉讼法

国际民事诉讼程序又称涉外民事诉讼程序,是指一国审理涉外民事案件及当事人和其他诉讼参与人进行诉讼所应遵守的特别诉讼程序和制度。当民事诉讼法律关系的主体、客体和内容有一个或一个以上具有涉外因素,就会在有关的国家间产生管辖权、法律适用和判决的承认与执行的法律冲突,从而需要遵循国际民事诉讼程序来协调和解决。

国际民事诉讼法是关于国际民事诉讼程序各种法律规范的总和。国际民事诉讼法的内容主要包括三个方面:一是规定涉外民事案件法院管辖权的法律规范;二是规定外国当事人包括外国自然人、外国法人、外国国家和国际组织民事诉讼地位的法律规范;三是规定国际民事诉讼程序中有关诉讼和非诉讼文书的域外送达、域外取证、诉讼期间和外国法院判决的承认与执行等的法律规范。

二、国际民事诉讼管辖权

国际民事诉讼管辖权是指一国司法机关受理涉外民事案件的权限和法律依据的制度。它要解决的问题是究竟哪一国法院对某一特定的涉外民事案件具有管辖权。至于在确定了某一涉外民事案件由哪一个国家的法院管辖以后,该案件由该国哪一类法院或哪一级法院审理的问题,则属于一国国内诉讼管辖权的问题,不属于国际民事诉讼管辖权的范畴。

从各国立法和司法实践来看,国际民事诉讼管辖权可以分为以下几类:

(1) 对人诉讼管辖权和对物诉讼管辖权。这是英美法系对司法管辖权的分类。对人诉讼管辖权是指法院审判当事人及其判决对当事人有约束力的司法管辖权,目的在于解决当事人对于所争执的标的物的权利与利益,法院判决的效力只及于诉讼中的双方当事人。对于对人诉讼管辖权,只要被告在司法管辖区内,依法定方式送达了诉讼文书,或者凡被告表示接受法院管辖或出庭应诉且不对管辖权提出异议,法院就取得对其的管辖权。对物诉讼管辖权是指法院审判当事人,确定物权,其判决不仅对当事人,而且对所有与当事人或该特定财产有法律关系的其他人均有约束力的司法管辖权。最初,对物诉讼管辖权只包括对海事诉讼的管辖,后来扩展至海商案件和以物为诉讼的民事案件。

(2) 属地管辖权和属人管辖权。在大陆法系国家的立法和司法实践中,国际民事诉讼管辖权可分为属地管辖权和属物管辖权。属地管辖又称为地域管辖、领土管辖,侧重于法律事实或法律行为的地域性质,强调一国法院对其所属领域内的一切人、物、事件和行为都具有管辖权。其管辖权的基础是被告人在法院地国有住所或习惯居所,或者物之所在地或法律事件和行为的发生地位于法院地国。属人管辖是以国籍为标志确定管辖权,

强调一国法院对其本国国民参与的诉讼具有管辖权。这种管辖权的基础是诉讼当事人中有一方是法院地国的国民。

(3) 专属管辖权和任意管辖权。专属管辖权是指为维护本国主权和利益，规定特定范围内的涉外民事案件只能由本国法院管辖，对外国法院作出的有关判决不予承认和执行，也不允许当事人协议改变。各国通常在立法中将与本国公共政策密切相关或涉及国家重大政治、经济问题的法律关系，纳入本国法院专属管辖权的范围，而排除其他国家法院的管辖。相对应地，对于那些与国家政治经济利益关系不大的法律关系，则规定既可以由本国法院管辖，也可以由外国法院管辖，此即任意管辖权。例如，因合同纠纷引起的诉讼，既可以由合同履行地法院，也可以由合同签订地法院管辖。

(4) 强制管辖与协议管辖。凡属一国法院专属管辖的诉讼都属于强制管辖的范围。相对应地，各国法律还允许当事人通过协议将一定范围内的涉外民事案件交由某国法院审理，此即协议管辖。不过，协议管辖的范围，各国立法很不一致。

我国对涉外民事案件管辖权主要依据《民事诉讼法》确定的属地管辖原则来解决。据此，对于涉外民事案件，凡被告住所、居所或主事务所在我国境内的，我国法院有管辖权。如果对不在我国境内居住的人提起有关身份的诉讼，原告住所在我国，我国法院也有管辖权。某些种类的涉外民事案件在行为地、结果发生地、标的物所在地、票据支付地、运输始发地或者目的地等在我国境内的情况下，我国法院均可行使管辖权。

我国《民事诉讼法》对四种案件规定了专属管辖权：因位于我国境内的不动产提起的诉讼；在我国港口作业中发生的诉讼；被继承人生前户籍在我国或主要遗产在我国的遗产继承的诉讼；只适用中国法律的中外合资企业、中外合作企业、中外合作勘探开发自然资源合同纠纷案件。

关于协议管辖，2015年最高人民法院《关于适用〈中华人民共和国民事诉讼法〉的解释》第531条第1款规定，涉外合同或者其他财产权益纠纷的当事人，可以书面协议选择被告住所地、合同履行地、合同签订地、原告住所地、标的物所在地、侵权行为地等与争议有实际联系地点的外国法院管辖。

知识拓展　长臂管辖权

长臂管辖权是美国主张的一种民商事司法管辖权。美国主张在两种情况下它具有此种长臂管辖权：一是凡符合法定程序，一个法院只要不违反州宪法和联邦宪法，可以依任何理由行使管辖权。二是被告虽不在美国，又无美国住所和美国国籍，但与美国具有某种最低限度的联系，而诉讼又因这种联系发生，美国法院就有司法管辖权。长臂管辖权是美国争夺司法管辖权的一种做法，违背了国际协调和礼让原则。

三、外国人民事诉讼地位

外国人民事诉讼地位是指外国自然人和法人在内国进行民事诉讼享有诉讼权利和应

承担诉讼义务的状况。对于外国人的民事诉讼权利能力,各国一般采取有条件的国民待遇原则,即国民待遇附以互惠对等条件。例如,我国《民事诉讼法》第5条规定,外国人、无国籍人、外国企业和组织在人民法院起诉、应诉,同我国公民、法人和其他组织有同等的诉讼权利和义务。同时,该条特别规定,如果外国法院对我国公民、企业和组织的民事诉讼权利加以限制的,人民法院对该国公民、企业和组织的民事诉讼权利,可依对等原则,加以限制。对于外国人的民事诉讼行为能力,各国一般适用外国人的属人法,大陆法系国家一般适用当事人国籍国法即本国法,英美法系国家一般适用当事人住所地法。为保护善意的对方当事人,多数国家在规定依属人法确定外国人民事诉讼行为能力的同时,都补充规定如果依法院地国法外国人具有民事诉讼行为能力,即视为有能力。

多数国家对外国原告在内国法院提起诉讼规定了诉讼费用担保制度,即要求作为原告的外国人在起诉时提供以后可能判决由他负担的诉讼费用的担保。

各国法律规定外国人在内国起诉或应诉只能委托内国律师。根据国际法,派遣国领事可以在驻在国法律规定的范围内,代表派遣国国民参加诉讼,此即领事代理制度。一旦该国当事人或其委托人行使诉讼权利,领事代理自行终止。我国《民事诉讼法》第263条规定:"外国人、无国籍人、外国企业和组织在人民法院起诉、应诉,需要委托律师代理诉讼的,必须委托中华人民共和国的律师。"最高人民法院《关于适用〈中华人民共和国民事诉讼法〉的解释》第528条规定:"涉外民事诉讼中的外籍当事人,可以委托本国人为诉讼代理人,也可以委托本国律师以非律师身份担任诉讼代理人;外国驻华使领馆官员,受本国公民的委托,可以以个人名义担任诉讼代理人,但在诉讼中不享有外交或者领事特权和豁免。"从这两条规定可以看出,我国法律要求外国当事人在人民法院起诉、应诉,如果需要委托律师代理诉讼,必须委托中国律师;如果委托本国人或者本国律师,只能以非律师身份参加诉讼。同时,我国亦承认领事代理制度。

知识拓展 巴罗达女士诉王尔德斯坦案(The Maharance of Baroda v. Wildensein)

被告王尔德斯坦是一位法国商人,他在巴黎卖给原告巴罗达女士一幅画,声称该画是弗朗索瓦·布歇的原作。后来巴罗达怀疑画作的真实性,在英国法院提起诉讼。当王尔德斯坦到英国一跑马场作短暂游览时,英国法院向他送达了传票,命令他参加诉讼。本案于1972年在英国审理。依英国普通法,当英国法院向被告送达了法院令状时,法院在对人诉讼中就取得管辖权。

四、域外送达、域外取证和诉讼期间

在国际民事诉讼中,送达、取证和期间等具有不同于一般民事诉讼的特殊性。

(一) 域外送达

域外送达是指一国司法机关依据有关国家的国内立法或者国际条约的规定将诉讼和非诉讼文书送交给居住在国外的诉讼当事人或其他诉讼参与人的行为。诉讼和非诉讼文

书的送达是一国司法机关代表国家行使司法主权的表现,在未取得有关国家同意的情况下不能在该国境内向任何人实施送达诉讼和非诉讼文书的行为。

从目前国际社会在域外送达方面的立法和司法实践来看,送达的方式主要有:

(1) 外交代表或领事送达。这是国际社会普遍承认和采用的一种送达方式,许多国家的国内立法和国际条约都对这种送达方式作了规定。通常,外交代表和领事只能对所属国国民进行送达,且不能采取强制措施。

(2) 邮寄送达,指一国法院直接将诉讼和非诉讼文书邮寄给国外的诉讼当事人或其他诉讼参与人。各国立法和司法实践对这种送达方式的态度不尽相同。

(3) 个人送达,指一国法院将诉讼和非诉讼文书交给具有一定身份的个人代为送达。这种个人既可能是当事人的诉讼代理人,也可能是当事人选定的人或与当事人有密切关系的人。英美法系国家一般承认和采用这种送达方式。

(4) 公告送达,指将需要送达的诉讼和非诉讼文书用张贴公告、登报和广播等方式告知有关当事人或其他诉讼参与人,自公告之日起经过一定的时间即视为送达。许多国家的国内立法允许在一定条件下采用公告送达方式。

此外,域外送达的方式还有按当事人协商的方式送达、以司法互助的方式送达等。

我国《民事诉讼法》第267条规定:"人民法院对在中华人民共和国领域内没有住所的当事人送达诉讼文书,可以采用下列方式:(1) 依照受送达人所在国与中华人民共和国缔结或者共同参加的国际条约中规定的方式送达;(2) 通过外交途径送达;(3) 对具有中华人民共和国国籍的受送达人,可以委托中华人民共和国驻受送达人所在国的使领馆代为送达;(4) 向受送达人委托的有权代其接受送达的诉讼代理人送达;(5) 向受送达人在中华人民共和国领域内设立的代表机构或者有权接受送达的分支机构、业务代办人送达;(6) 受送达人所在国的法律允许邮寄送达的,可以邮寄送达,自邮寄之日起满3个月,送达回证没有退回,但根据各种情况足以认定已经送达的,期间届满之日视为送达;(7) 采用传真、电子邮件等能够确认受送达人收悉的方式送达;(8) 不能用上述方式送达的,公告送达,自公告之日起满3个月,即视为送达。"

(二) 域外取证

域外取证是指受诉法院地国的有关机构和人员在外国调查、提取诉讼证据的行为。调查取证是一国司法主权的表现,如果没有有关国家的同意是不能在该国调查取证的,否则就侵犯了该国主权。

从各国国内立法和司法实践来看,域外取证的方式主要有:

(1) 外交和领事人员取证。这是国际社会普遍承认和采用的取证方式,各国立法和所缔结的条约都对此作了明确规定。多数国家只允许外国外交和领事人员向其派遣国国民调查取证,且不得采取强制措施。

(2) 特派员取证。1970年《关于从国外调取民事或商事证据的公约》第17条规定,在民事或商事方面,被合法地指定为特派员的人员,如果得到证据调查地国家指定的主管机关的概括许可或对特定案件的个别许可,并遵守主管机关许可时所规定的条件,可以在各缔约国境内不受约束地进行有关另一缔约国法院所受理的诉讼的取证行为。这一取证方式为英美法系国家所采用,大陆法系国家对此比较谨慎。

(3) 通过司法协助取证,指一国法院根据有关条约或互惠关系,委托外国法院或有关机关代为调查取证。

我国关于域外取证的规定主要有:(1) 实行对等互惠原则;(2) 按我国缔结或参加的国际条约规定的途径进行,无条约关系的,通过外交途径进行;(3) 外国驻我国使领馆可以向该国公民调查取证,但不能违反我国法律,且不得采取强制措施;(4) 除上述情况外未经我国主管机关准许,任何外国机关或个人不得在我国境内调查取证。

(三) 诉讼期间

诉讼期间是指法院、当事人和其他诉讼参与人进行诉讼活动必须遵守的时间期限。各国考虑到国际民事诉讼程序中各种诉讼关系的跨国性,各国立法一般都对国际民事诉讼程序规定了特殊的诉讼期间。

我国《民事诉讼法》对国际民事诉讼程序的诉讼期间作了特殊规定。该法第268条规定:"被告在中华人民共和国领域内没有住所的,人民法院应当将起诉状副本送达被告,并通知被告在收到起诉状副本后30日内提出答辩状。被告申请延期的,是否准许,由人民法院决定。"第269条规定:"在中华人民共和国领域内没有住所的当事人,不服第一审人民法院判决、裁定的,有权在判决书、裁定书送达之日起30日内提起上诉。被上诉人在收到上诉状副本后,应当在30日内提出答辩状。当事人不能在法定期间提起上诉或者提出答辩状,申请延期的,是否准许,由人民法院决定。"第270条规定:"人民法院审理涉外民事案件的期间,不受本法第149条、第176条规定的限制。"

五、司法协助

司法协助是指一国法院应另一国法院的请求,代为进行一定的司法行为,如代为送达法律文书,代为调查取证、勘验等。广义的司法协助还包括对外国法院判决和外国仲裁裁决的承认和执行。我国《民事诉讼法》规定的司法协助是广义的司法协助。

司法协助的法律依据包括国内立法、国际条约和互惠关系等。我国已经参加的涉及司法协助的国际公约有1965年《关于向国外送达民事或商事司法文书和司法外文书公约》、1970年《关于从国外调取民事或商事证据的公约》。我国还与法国、比利时等三十多个国家签订了关于司法协助的双边协定。

司法协助的途径主要有:

(1) 外交途径,其程序是:请求法院→本国司法部→本国外交部→被请求国外交部→被请求国司法部→被请求法院。

(2) 领事途径,其程序是:请求法院→在被请求国的领事→被请求法院。

(3) 中央机关途径,其程序是:请求法院→请求国司法部→被请求法院。

(4) 法院途径,其程序是:请求法院→被请求法院。

我国《民事诉讼法》第276条规定:"根据中华人民共和国缔结或者参加的国际条约,

或者按照互惠原则,人民法院和外国法院可以相互请求,代为送达文书、调查取证以及进行其他诉讼行为。外国法院请求协助的事项有损于中华人民共和国的主权、安全或者社会公共利益的,人民法院不予执行。"第 277 条第 1 款规定:"请求和提供司法协助,应当依照中华人民共和国缔结或者参加的国际条约所规定的途径进行;没有条约关系的,通过外交途径进行。"

六、外国法院判决的承认与执行

法院判决的承认与执行是国际民事诉讼程序的最后阶段,也是关键阶段。如果一国法院判决在外国得不到承认与执行,不仅不能使涉外民事案件得到最终解决,而且不能切实保护当事人和其他诉讼参与人的合法权益。

关于承认与执行外国法院判决的比较有影响的国际条约主要有:1928 年拉丁美洲《布斯塔曼特法典》,1968 年和 1988 年欧共体通过的两个《关于民商事案件管辖权及判决执行公约》和 1971 年《关于承认与执行外国民商事判决的公约》。其中《关于承认与执行外国民商事判决的公约》虽是普遍性多边条约,但目前仅有荷兰等少数几个国家批准。目前,各国多以双边条约的方式解决这一问题。

外国法院判决要获得另一国法院的承认与执行,一般应具备的条件有:(1) 外国法院具有合格的管辖权;(2) 判决是经合法、正当的诉讼程序作出;(3) 判决已经生效;(4) 判决是合法的判决,即判决不是以欺诈的方式取得;(5) 外国法院判决不与其他有关的判决相抵触;(6) 外国法院适用了适当的准据法;(7) 有关国家存在条约关系或者互惠关系;(8) 承认与执行外国法院判决不损害被请求国的公共秩序。

关于承认与执行外国法院判决的程序,各国对提出承认与执行判决的请求者的规定可以分为三类:一是当事人提出;二是作出判决的外国法院提出;三是当事人和作出判决的外国法院均可提出。多数国家只对外国法院判决进行形式审查,即仅审查判决程序是否符合正当程序,而不对事实认定、法律适用进行审查。

我国《民事诉讼法》第 281 条规定:"外国法院作出的发生法律效力的判决、裁定,需要中华人民共和国人民法院承认和执行的,可以由当事人直接向中华人民共和国有管辖权的中级人民法院申请承认和执行,也可以由外国法院依照该国与中华人民共和国缔结或者参加的国际条约的规定,或者按照互惠原则,请求人民法院承认和执行。"可见,当事人和外国法院均可以向我国人民法院提出承认与执行判决的请求。该法第 282 条规定:"人民法院对申请或者请求承认和执行的外国法院作出的发生法律效力的判决、裁定,依照中华人民共和国缔结或者参加的国际条约,或者按照互惠原则进行审查后,认为不违反中华人民共和国法律的基本原则或者国家主权、安全、社会公共利益的,裁定承认其效力,需要执行的,发出执行令,依照本法的有关规定执行。违反中华人民共和国法律的基本原则或者国家主权、安全、社会公共利益的,不予承认和执行。"由此可知,我国对外国法院判决采取的是形式审查。

> **链接阅读**
>
> 1. 赖紫宁:《国际民事诉讼管辖权的根据及其新发展》,载《中外法学》1999年第2期;
> 2. 郭玉军、甘勇:《美国法院的"长臂管辖权"——兼论确立国际民事案件管辖权的合理性原则》,载《比较法研究》2000年第3期。

第五节 国际商事仲裁

一、国际商事仲裁的概念

国际商事仲裁是指当事人将具有国际性或涉外性的商事争议交由仲裁庭,授权仲裁庭就争议作出对当事人有拘束力的裁决。国际商事仲裁以具有私法性质的带有国际或涉外因素的争议为主要对象,既不同于解决国家间国际争端的国际仲裁,也不同于主要解决一国国内的贸易、经济、劳动等争议的国内仲裁。

国际商事仲裁不同于司法诉讼,有其自身的特点:首先,司法诉讼中法院具有法定的强制管辖权。而仲裁机构或仲裁庭不具有强制管辖权,它们只能受理当事人根据仲裁协议提交的争议。其次,在司法诉讼中,法官是国家任命产生的,当事人没有选择或指定法官的权利。而在仲裁中仲裁员是由当事人指定的。再次,仲裁员在裁决案件时可以比法官更多地考虑商业惯例。此外,国际商事仲裁还具有快捷、保密等特点。

二、国际商事仲裁机构

依照国际商事仲裁的组织形式,国际商事仲裁可分为两类:临时仲裁和机构仲裁。

临时仲裁是根据双方当事人的仲裁协议,在争议发生后由双方当事人各自推荐的仲裁员组成临时仲裁庭,仲裁庭在审理终结作出裁决后即行解散的仲裁。在临时仲裁中,仲裁程序的每一个环节都由双方当事人控制。仲裁员的指定方法及其权限、仲裁地点和仲裁程序等由双方当事人决定。临时仲裁运作方式灵活,符合当事人的意愿,但它的有效进行取决于双方当事人的合作,容易造成仲裁拖延,甚至难以进行。多数国家承认临时仲裁,但根据我国《仲裁法》,我国目前并不承认临时仲裁。

机构仲裁是指由常设仲裁机构管理的仲裁。常设仲裁机构是指根据国际条约或国内法成立的,有固定的名称、地址、组织形式、组织章程、仲裁规则和仲裁员名单,并具有完整的办事机构和健全的管理制度,用以处理国际商事争议的仲裁机构。国际上重要的常设仲裁机构有:解决投资争端国际中心、国际商会仲裁院、斯德哥尔摩商事仲裁院、伦敦国际仲裁院、美国仲裁协会、苏黎世商会仲裁院、新加坡国际仲裁中心等。位于我国香港的香港国际仲裁中心也是著名的国际仲裁机构之一。

我国的仲裁机构主要有中国国际经济贸易仲裁委员会、中国海事仲裁委员会和内地各地组建的仲裁委员会,如北京仲裁委员会、上海仲裁委员会、广州仲裁委员会等。

知识拓展 国际商会仲裁院(The ICC international Court of Arbitration)

国际商会仲裁院(The ICC International Court of Arbitration)成立于1923年,是附属于国际商会的一个国际性常设调解与仲裁机构,总部设在巴黎。仲裁院理事会由来自四十多个国家和地区的具有国际法专长和解决国际争端经验的成员组成。仲裁院设主席1名,副主席8名。秘书处由来自十多个国家的人员组成,设秘书长1名,秘书处的工作由秘书长主持。

三、国际商事仲裁协议

国际商事仲裁协议是指双方当事人一致同意将他们之间业已发生或将来可能发生的国际商事争议交付仲裁解决的协议。仲裁协议具有法律约束力,它既是一方当事人将争议提交仲裁的依据,也是仲裁机构受理案件的依据。如果当事人之间不存在仲裁协议或协议无效,任何一方当事人都不能强迫对方进行仲裁,仲裁机构也不能受理案件。

各国立法一般都要求仲裁协议采取书面形式,具体包括仲裁条款和仲裁协议书两种类型。仲裁条款是指在双方当事人在签订合同时,在合同中写入一个将争议提交仲裁的条款。仲裁条款是合同的一部分。这是当事人订立仲裁协议普遍采用的一种形式。仲裁协议书是双方当事人为将争议提交仲裁而专门单独订立的协议书。实践中,采用仲裁协议书的形式比较少见。

仲裁协议一旦有效订立,就会产生以下几方面的法律效力:(1)对当事人而言,当事人因此失去就仲裁协议约定的争议事项向法院起诉的权利。(2)对仲裁庭或仲裁机构而言,有效的仲裁协议是仲裁庭或仲裁机构受理案件的依据,同时仲裁庭或仲裁机构的受案范围受到仲裁协议的严格限制,仲裁庭或仲裁机构不得超出仲裁协议的范围受理案件。(3)对法院而言,一项有效的仲裁协议可以排除法院的管辖权。(4)对仲裁裁决而言,有效的仲裁协议是承认和执行仲裁裁决的依据。

一项有效的仲裁协议通常应具备以下几个条件:

(1)双方当事人将争议提交仲裁的意思表示真实一致。双方当事人愿意将争议提交仲裁是仲裁协议中最重要的内容,没有明确的仲裁意愿,就失去了提请仲裁的基础。

(2)当事人具有缔结仲裁协议的民事行为能力。各国法律均规定,仲裁协议的当事人一方或双方在订立仲裁协议时无行为能力,该仲裁协议无效。《中华人民共和国仲裁法》第17条第(二)项规定,无民事行为能力人或者限制民事行为能力人订立的仲裁协议属于无效仲裁协议。

(3)争议事项具有可仲裁性。仲裁协议约定提交仲裁的事项必须是有关国家法律允许采用仲裁方式处理的事项。各国立法规定的不能提交仲裁的事项主要有:当事人不能自行处理或不能通过和解解决的争议、关于民事身份关系的争议、涉及公共和社会利益的事项等。

(4)仲裁协议具有合法的形式和内容。国际商事仲裁必须采取书面形式。书面形式包括文件、信件、电传、电报等。2006年最高人民法院《关于适用〈中华人民共和国仲裁法〉若干问题的解释》第1条规定:《仲裁法》第16条规定的"其他书面形式"的仲裁协议包括以合同书、信件和数据电文(包括电报、电传、传真、电子数据交换和电子邮件)等形式达成的请求仲裁的协议。除书面形式外,一项有效的仲裁协议应包括提交仲裁的事项、仲裁地点、仲裁机构、仲裁规则等内容。

根据"仲裁条款自治理论",当包含仲裁条款的国际商事合同被确认为无效时,仲裁协议的效力不受影响。我国《仲裁法》第19条第1款规定:"仲裁协议独立存在,合同的变更、解除、终止或者无效,不影响仲裁协议的效力。"

四、国际商事仲裁的法律适用

国际商事仲裁的法律适用包括仲裁协议的法律适用、仲裁程序的法律适用和争议实质问题的法律适用。

在国际商事仲裁中,当事人可能会以仲裁协议无效作为理由,阻止仲裁的进行或者仲裁裁决的执行。由于国际商事仲裁协议的当事人可能具有不同的国籍,或者营业地在不同国家等多种连结因素,便产生了应适用哪一国法律确定仲裁协议有效性的问题,即如何确定仲裁协议准据法的问题。对于这个问题,普遍的做法是适用当事人选择的法律,在当事人未做明示选择时,适用裁决作出地法或者仲裁地法。如果当事人未明示选择法律,且仲裁地未确定,则可以依一般冲突规则确定可适用于仲裁协议的法律,或者适用主合同可适用的法律,或者适用法院地法。最高人民法院《关于适用〈中华人民共和国仲裁法〉若干问题的解释》第16条规定:"对涉外仲裁协议的效力审查,适用当事人约定的法律;当事人没有约定适用的法律但约定了仲裁地的,适用仲裁地法律;没有约定适用的法律也没有约定仲裁地或者仲裁地约定不明的,适用法院地法律。"

诉讼程序适用法院地法,这是国际私法的一条重要原则。但国际商事仲裁不同于民事诉讼,仲裁庭在仲裁时面临仲裁应适用哪一国程序法的问题。仲裁程序法也称仲裁法,指支配仲裁的法律。仲裁程序法不同于仲裁程序规则。仲裁法是国内立法机关制定的仲裁法体系,仲裁规则一般是指仲裁机构自己制定的调整仲裁内部程序的规则。仲裁程序法的确定,一般适用当事人协议选择的仲裁程序法,当事人未做明示选择时通常适用仲裁地法。

仲裁庭对争议实质问题据以作出裁决的实体法直接关系当事人的利益。对于国际商事仲裁实体问题的法律适用,普遍性的做法是适用当事人选择的实体法。当事人未做选择时,可以依冲突规则确定实体法,或者依最密切联系原则确定实体法,或者仲裁庭直接确定所应适用的实体规则。

五、国际商事仲裁裁决的撤销

撤销仲裁裁决是指当事人对仲裁裁决持有异议,要求管辖法院对裁决进行司法审查,并撤销该裁决。撤销仲裁裁决的申请一般应向仲裁地国法院或者裁决作出地国法院提出。至于向哪一类法院或者哪一级法院提出，各国法律均有规定。我国《仲裁法》第58条规定，撤销仲裁裁决的申请应向仲裁机构所在地的中级人民法院提出。

撤销仲裁裁决的理由主要有裁决本身的问题、管辖权问题、适当通知问题、仲裁程序中的其他问题和公共政策问题等。根据我国《仲裁法》和《民事诉讼法》的规定，撤销涉外仲裁裁决的原因主要有：(1)当事人在合同中没有订有仲裁条款或者事后没有达成书面仲裁协议的；(2)被申请人没有得到指定仲裁员或者进行仲裁程序的通知，或者由于其他不属于被申请人负责的原因未能陈述意见的；(3)仲裁庭的组成或者仲裁的程序与仲裁规则不符的；(4)裁决的事项不属于仲裁协议的范围或者仲裁机构无权仲裁的。

至于提出撤销仲裁裁决的时限，我国《仲裁法》第59条规定，当事人申请撤销仲裁裁决的，应当自收到裁决书之日起6个月内提出。

六、外国仲裁裁决的承认与执行

外国仲裁裁决的承认与执行是指一国领域作出的仲裁裁决，在当事人不主动履行时，另一方当事人向另一国主管机关，通常是被申请承认和执行裁决地国的法院，提出承认和执行该裁决的申请，以及该国主管机关对申请依法进行审查并作出决定的过程。

被申请承认和执行仲裁裁决的法院在审查当事人的申请后，发现不存在法定的应予拒绝承认和执行的情形时，将承认和执行该仲裁裁决。通常，一国法院拒绝承认和执行外国仲裁裁决的情形包括：(1)仲裁协议无效；(2)未给予当事人适当通知或申辩机会；(3)仲裁员超越权限；(4)仲裁庭的组成或仲裁程序不当；(5)裁决对当事人尚未发生约束力或已被撤销或停止执行；(6)争议事项不可用仲裁方式解决；(7)违反公共政策或公共秩序。

当前，各国在承认与执行外国仲裁裁决问题上普遍适用1958年《承认及执行外国仲裁公约》(即《纽约公约》)。我国已于1986年加入该公约，并作了两项保留：(1)我国只在互惠的基础上对在另一缔约国领土内作出的仲裁裁决的承认和执行适用该公约。(2)我国只对根据我国法律认定为属于契约性或非契约性商事法律关系所引起的争议适用该公约。

外国仲裁裁决在中国的承认与执行主要根据1958年《纽约公约》的规定办理。1987年最高人民法院《关于执行我国加入的〈承认及执行外国仲裁裁决公约〉的通知》第3条规定，当事人提出承认与执行外国仲裁裁决的申请应由我国下列地点的中级人民法院受理：(1)被执行人为自然人的，为其户籍所在地或者居所地；(2)被执行人为法人的，为其主要办事机构所在地；(3)被执行人在我国无住所、居所或者主要办事机构，但有财产在我国境内的，为其财产所在地。第4条规定：我国有管辖权的人民法院接到一方当事人的申请后，应对申请承认及执行的仲裁裁决进行审查，如果认为不具有1958年《纽约公约》第5条第(一)、(二)两项所列的情形，应当裁定承认其效力，并且依照《民事诉讼法(试行)》规定的程序执行；如果认定具有第5条第(二)项所列的情形之一的，或者根据被执行人提供的证据证明具有第5条第(一)项所列的情形之一的，应当裁定驳回申请，拒绝承认及执行。

知识拓展 西门子国际贸易(上海)有限公司与上海黄金置地有限公司申请承认与执行外国仲裁裁决案

2016年4月27日,上海市第一中级人民法院召开新闻发布会,发布《上海市第一中级人民法院自贸区司法保障白皮书》,从不同领域选取了14件具有代表性的涉自贸区典型案例,其中西门子诉上海黄金置地公司申请承认与执行外国仲裁裁决一案被列入其中。2005年上海黄金置地有限公司(以下简称"黄金置地")与西门子国际贸易(上海)有限公司(以下简称"西门子")签订了《货物供应合同》,约定西门子向黄金置地提供相应设备,且合同争议须提交新加坡国际仲裁中心进行仲裁解决。后因合同履行发生争议,黄金置地于2007年9月21日向新加坡国际仲裁中心申请仲裁,以西门子公司交付的设备存在质量问题为由,要求其承担违约责任。西门子则提出仲裁反请求,要求黄金置地支付尚欠的合同货款。仲裁庭于2011年8月16日作出裁决,驳回了黄金置地的全部仲裁请求,支持了西门子的反请求。上述仲裁裁决作出后,黄金置地仅部分履行裁决项下的支付义务,故西门子公司向我国法院申请承认并执行上述仲裁裁决。上海市第一中级人民法院认为,本案表面上看并不具有典型涉外因素,然而,纵观本案合同所涉及主体、履行特征等方面的实际情况,该合同与普通国内合同具有明显差异的独特性,可认定为涉外民事法律关系。上海市第一中级人民法院认定双方约定将合同争议提交新加坡国际仲裁中心进行裁决的条款有效,据此裁定:对新加坡国际仲裁中心的仲裁裁决的法律效力予以承认并执行。

链接阅读

1. 王克玉:《国际商事仲裁协议法律选择的逻辑透视》,载《法学》2015年第6期;
2. 傅攀峰:《未竟的争鸣:被撤销的国际商事仲裁裁决的承认与执行》,载《现代法学》2017年第1期。

【推荐阅读文献】

1. 韩德培主编:《国际私法》,高等教育出版社2014年版;
2. 李双元:《国际私法(冲突法篇)》,武汉大学出版社2016年版;
3. 黄进:《中国国际私法司法实践研究:2001—2010》,法律出版社2014年版。

【思考题】

1. 什么是涉外民事关系?
2. 简述国际私法的调整方法。
3. 简述冲突规范的概念、特点和类型。
4. 简述反致制度。
5. 简述国际民事诉讼管辖权。

第十四章 国际经济法

学习目标：通过本章学习，掌握国际经济法的基本法律知识和框架，并能用所学知识分析解决实践问题。

教师导读：国际经济法虽然内容庞杂，但是其知识结构均围绕国际经济活动展开。在学习过程中，应当注意结合具体国际经济实践理解相关知识点。

建议学时：4学时。

第一节 国际经济法概述

一、国际经济法的概念

国际经济法是随国际经济交往而产生的一个新兴法律部门。就国际经济法的概念和范围而言，法学界分为狭义说和广义说。

（一）狭义说

狭义说认为，国际经济法是国际公法的一个分支，国际经济法仅调整国家之间、国际组织之间以及国家与国际组织之间的经济关系。概言之，国际经济法仅调整国际公法主体之间的经济关系，纯粹的私法主体之间的跨国经济关系不纳入国际经济法的调整范畴。

（二）广义说

广义说认为，国际经济法是"调整国际社会中经济关系和经济组织的国际法和国内法规范的总称，是一个新兴的独立的法的部门"[1]。按照该观点，国际经济法是调整从事跨国经济交往的自然人、法人、国家以及国际组织之间经济关系的法律规范的总称。我国绝大多数的国际经济法学者持广义说观点。

从国际经济关系的实践来看，在调整跨国经济关系的过程中，国际法与国内法、公法和私法往往同时发挥作用，并互相补充，互有交叉。相较于狭义说，广义说更加注重在调整国际经济关系中国内法规范和国际法规范的内在联系和不可分割性，因而更符合国际经济交往的实践，同时也有利于国际经济法律制度随国际经济交往的发展而不断完善。因此，广义说也是本书采纳的观点。

---

[1] 姚梅镇：《国际经济法是一个独立的法学部门》，载《中国国际法年刊》(1983年卷)，中国对外翻译出版公司1983年版，第373—385页。

二、国际经济法的调整对象

国际经济法是调整跨国经济关系的法律规范的总称。跨国经济关系是国际经济法的调整对象。但是,为了进一步明确国际经济法的调整对象,需要进一步界定跨国经济关系。

从国际经济交往实践出发,跨国经济关系主要包括两类行为:贸易和投资。这两类行为是国际经济交往的基本行为类型。其中,贸易根据转让标的的不同,分为国际货物贸易、国际服务贸易和国际知识产权贸易。同样,根据投资者是否直接参与经营管理,可以将投资分为直接投资和间接投资,后者主要通过资本融通本身获利,也即国际金融。在国际经济交往实践之外,政府对于国际经济交往进行管理的过程中会征收税收,也即国际税收。

与跨国经济关系的分类相一致,国际经济法的调整对象相应地包括:国际贸易法律关系、国际投资法律关系、国际金融法律关系、国际税收法律关系。

其中,国际贸易法律关系包括国际货物贸易法律关系、国际知识产权贸易法律关系和国际服务贸易法律关系。

三、国际经济法的内容与基本法律关系

根据国际经济法的调整对象,国际经济法的内容包括:

国际货物贸易关系:包括国际货物买卖法律关系、国际货物运输法律关系、国际货物运输保险法律关系、国际贸易支付法律关系、对外贸易管理法律关系等。

国际服务贸易关系:包括跨境服务、过境消费、商业存在、自然人存在等各种类型服务贸易的法律关系。

国际知识产权贸易法律关系:包括国际知识产权保护法律关系和国际技术许可贸易法律关系。

世界贸易组织法律关系:包括世界贸易组织中货物贸易、服务贸易以及与贸易有关的知识产权等各类协议构成的法律关系。

国际投资法律关系:包括资本输入国、资本输出国、投资保护与投资争端解决等法律关系。

国际金融法律关系:包括国际货币、国际直接融资、国际间接融资、国际金融监管等法律关系。

国际税收法律关系:包括国际税收管辖权、国际双重征税与国际逃税、避税等法律关系。

四、国际经济法的特征

(一)国际经济法的调整对象具有公私并存的特性

国际经济法的调整对象既包括平等主体之间的国际货物买卖、运输、运输保险和支付

等法律关系,又包括不平等主体之间的经济管理关系,比如对外贸易管理法律关系。前者多具有任意性,属于私法规范,后者则多具有强制性,属于公法规范。因此,在调整对象方面,国际经济法的调整范围要大于国际公法,而与调整涉外民事法律关系中法律适用问题的国际私法存在重大区别。

(二) 国际经济法的渊源广泛

国际经济法的渊源既包括经济方面的国际条约和国际惯例,又包括各国国内的涉外经济法规。与国际公法相比,国际经济法的法律渊源更为广泛。国际经济法是通过实体法体直接调整跨国经济关系的,而国际私法则主要是通过冲突法规范间接调整涉外民事法律关系,两者之间在法律渊源上存在很大区别。[1]

五、国际经济法的主体

国际经济法的主体指参与国际经济关系,并在其中行使权利和承担义务的法律人格。国际经济法的主体包括自然人、法人、国家和国际组织。

(一) 自然人

自然人作为国际经济法主体,除需具备一般的法律能力——权利能力和完全行为能力外,还必须具备从事国际经济交往的权利能力或资格。绝大多数发达国家并不限制自然人参与国际经济交往的能力和资格,但在很多发展中国家,法律对本国自然人从事特定的国际经济交往活动进行限制。

我国 1994 年《对外贸易法》第 8 条规定:"本法所称对外贸易经营者,是指依照本法规定从事对外贸易经营活动的法人和其他组织。"该条规定排除了自然人从事对外贸易的资格。加入世贸组织后,为履行关于开放外贸经营权的承诺,我国于 2004 年对《对外贸易法》进行了修订,修订后的该法第 8 条明确规定:"本法所称对外贸易经营者,是指依法办理工商登记或者其他执业手续,依照本法和其他有关法律、行政法规的规定从事对外贸易经营活动的法人、其他组织或者个人。"通过修法,我国明确赋予了自然人从事对外贸易经营活动的权利。

(二) 法人

1. 作为国际经济主体的一般法人

法人的权利能力和行为能力一般依其属人法确定。因此,法人是否具备从事国际经济活动的权利能力和行为能力取决于法人属人法的规定。同时,外国法人通常只有通过内国的承认才能在内国作为一个法人而存在。当然,承认一个外国法人,仅仅意味着该外国法人在内国也被认为具有法人资格,并非由此创设一个新法人或把它转为一个内国法人。

2. 作为国际经济主体的跨国公司

跨国公司是指由分设在两个或两个以上国家的实体组成的企业,而不论这些实体的

---

[1] 参见杨帆:《国际经济法》,中国人民大学出版社 2015 年版,第 7 页。

法律形式和活动范围如何。这种企业的业务是通过一个或多个决策中心,根据一定的决策体制经营的,因而具有一贯的政策和共同的战略,企业的各个实体由于所有权或其他因素的联系,其中一个或一个以上的实体能对其他实体的活动施加重要影响,尤其是可以同其他实体分享知识、资源以及分担责任。

跨国公司通常具备以下特征:

跨国性。跨国公司的经营活动通常以一个国家为基地,设立母公司,同时在其他国家设立子公司、分公司等多种形式的实体,接受母公司的管理、控制和指挥,从事各种经营活动。

战略的全球性和管理的集中性。跨国公司制定经营战略时,从公司整体利益出发,以在全球市场内获取高额利润为目标。为实现这一目标,母公司整合协调其他实体进行集中管理。

各实体的相互关联性。跨国公司各实体之间存在密切的联系,各实体之间可以实现货物、资本、技术等资源的转移,以实现跨国公司内部资源的合理配置和跨国公司的整体目标。

从性质上讲,跨国公司仅仅是一个经济实体,并不是一个法律实体,跨国公司各实体均必须根据本国或东道国法律设立,其中具备法人资格的成为内国法人,其权利能力和行为能力要受到内国法的规制。

(三)国家

在国际经济法中,国家作为主权者具有独立参加国际关系的能力和直接承担国际法权利和义务的能力。一方面,国家有权同其他国家或国际组织签订国际经济条约或协定,有权参加各国际经济组织中的活动,也有权管辖本国的自然资源和经济活动;另一方面,国家可以作为特殊的民事主体直接参加国际经济活动,与另一国国民订立经济合同。例如,国家可以同外国私人投资者签订特许协议。国家作为特殊民事主体参与国际经济活动时,一方面,国家作为合同一方当事人与另一方私人当事人处于平等地位,另一方面,国家作为主权者,涉及国家及其财产的豁免权问题。

(四)国际经济组织

国际经济组织只有具有一定的法律人格,才能作为国际经济法的主体行使权利和承担义务,在其职能范围内开展活动。一个国际经济组织是否具备法律人格,取决于各成员建立该组织的基本法律文件的规定。

国际经济组织的成员通常是国家,但是,在部分国际经济组织内,非主权实体也可以成为组织成员,比如世界贸易组织。

国际经济组织在各类国际经济活动中扮演重要角色,很多国际经济组织的决议、规定、原则以及其制定的标准合同、国际商事惯例等已经成为国际经济法的重要渊源。

六、国际经济法的渊源

国际经济法的渊源包括国际经济条约、国际商事惯例、国际组织的决议和国内立法。

(一) 国际经济条约

国际经济条约是国家、国际组织间所缔结的以国际法为准并确定其相互经济关系中权利和义务的书面协议,是国际经济法的重要法律渊源,包括双边和多边条约。其中,多边国际经济条约因涉及国际经济法的各个领域而占有主要地位。重要性的普遍性的国际公约有:《关税及贸易总协定》(1947年)、《国际货币基金协定》(1944年)、《建立世界贸易组织协定》(1994年)等。

(二) 国际商事惯例

国际商事惯例是在国际商事交往中长期形成的,经过反复适用而被国际商业的参加者接受的习惯做法或通例。与国际经济法的其他法律渊源相比,国际商事惯例具有如下特征:

(1) 自发性。国际商事惯例是在长期的商事交往中自发形成的。

(2) 任意性。国际商事惯例对国际经济活动的主体不具有当然的强制性,只有经当事人约定引用时,才对特定的当事人产生法律拘束力。并且,当事人在引用惯例时可以对惯例的内容进行任意的增、改、删。

(3) 不成文性。国际商事惯例多是不成文的,为了便于人们理解、掌握和选择使用,促进国际经济交往,民间国际组织或学术团体对某些惯例进行收集整理、编纂成文。目前,已有许多国际商事惯例经过有影响的国际组织或民间商业组织编撰成文。例如国际商会制定的《国际贸易术语解释通则》《托收统一规则》《跟单信用证统一惯例》等。

(三) 国际组织的决议

传统国际法上,国际组织的决议仅具有建议性质,对其成员并无强制力。但是,随着国际实践的发展,许多重要国际组织的决议已经成为国际经济法的一般原则。比如1962年联合国大会通过的《关于自然资源永久主权宣言》,1974年联合国大会通过的《关于建立新的国际经济秩序宣言》《关于建立新的国际经济秩序行动纲领》《各国经济权利义务宪章》等。这些决议和主张已经成为发展中国家和发达国家之间发展贸易和投资关系的基本准则。

(四) 国内立法

国内法作为国际经济法的渊源,主要是指各国为调整涉外经济关系而制定的法律规范。

七、国际经济法的基本原则

国际经济法的基本原则是指获得国际经济社会的广泛认同,对国际经济法各个领域具有普遍意义,并构成国际经济法基础的法律原则。

(一) 国家经济主权原则

国家经济主权原则是国家主权原则在国经济领域的延伸,是国家主权不可分割的部分。国家经济主权原则主要表现为国家对自然资源的永久主权、对境内外国投资和外国实体的监督管理权、对跨国经济活动的监管权等。国家经济主权原则是新的国际经济秩序的基础。

(二)公平互利原则

《各国经济权利义务宪章》强调:"所有国家在法律上一律平等,并作为国际社会的平等成员,有权充分和有效地参加解决世界经济、金融和货币问题作出国际决定的过程,并公平分享由此产生的利益。"

所谓公平,不仅要求形式上的平等,更强调实质上的平等。所谓互利,是指在国际经济交往中应当照顾到有关各方的利益,不能为谋求单方利益而无视甚至损害他方利益。公平互利合而为一个原则,是一个统一体,其中互利是核心和基础。

(三)国际合作以谋发展原则

《各国经济权利义务宪章》规定:国际合作以谋发展是所有国家的一致目标和共同义务,每个国家都应对发展中国家的努力给予合作,提供有利的外界条件,给予符合其发展需要和发展目标的积极协助,要严格尊重各国的主权平等,不附带任何有损它们主权的条件,以加速它们的经济和社会发展。

根据这一原则,要促进所有国家的经济发展,首先必须促进发展中国家的经济发展,要尊重发展中国家的发展权。在全球化的今天,发达国家与发展中国家之间相互依赖、互相依存,发展中国家的经济发展,对发达国家和整个国际社会具有很大的影响和反作用。正如《关于建立新的国际经济秩序宣言》指出:"发达国家的利益同发展中国家的利益不能再互相分割开,发达国家的繁荣和发展中国家的利益增长和发展是紧密地互相关联的,整个国际大家庭的繁荣取决于它的组成部分的繁荣。"

知识拓展 国际经济新秩序的建立

国际经济新秩序的提出根源于发展中国家与发达国家之间在经济交往中所处的不利和不公平地位。其主张和内容主要包括:第一,各国对其自然资源的经济活动享有并行使永久主权;第二,改善在国际贸易中的地位和条件。建立国际经济新秩序是我国几十年来国际经济政策和战略的一个组成部分,并且在长期推动我国国际经济关系的发展上起到了非常积极的作用。然而,我们应当看到,国际经济新秩序作为一个理想,从未实现。究其原因,新自由主义潮流强调国际经济贸易自由化,发展中国家基于经济利益,开始重新审视以往与发达国家和跨国公司对立立场的得失,对于外国资本的政策开始由抵制、限制变为鼓励、支持。市场经济原则的主导作用意味着规则的制定者仍然基本是发达国家及其背后的利益集团。[1]

链接阅读

1. 车丕照:《国际经济秩序"导向"分析》,载《政法论丛》2016 年 2 月第 1 期;
2. 莫世健:《国际法碎片化和国际法体系的效力》,载《法学评论》2015 年第 4 期。

---

[1] 参见何力:《国际经济新秩序的理念和现实》,载《东方法学》2013 年第 2 期。

第二节　国际贸易法律制度

国际贸易法是调整各国之间商品、技术、服务的交换关系以及与这种交换关系有关的各种法律规范和法律制度的总称。

一、国际货物买卖法律制度

国际货物买卖法是指调整国际货物买卖合同法律关系的法律规范的总和。该领域主要的法律渊源包括国际公约、国际商事惯例和国内法。

（一）国际货物买卖的国际公约

调整国际货物买卖的国际公约最早产生于1964年，即由国际统一私法协会编纂的《关于国际货物买卖统一法公约》《关于国际货物买卖合同成立统一法公约》。这两个公约于1972年生效，但因参加国较少，未能产生实际影响。

为进一步统一国际货物买卖法律制度，联合国国际贸易法委员会制定了《联合国国际货物销售合同公约》，该公约于1980年在维也纳外交会议上通过，我国于1986年批准加入了该公约。

（二）国际货物买卖的商事惯例

为了进一步简化合同缔结程序，一些民间国际组织和学术机构将商人们在长期的国际贸易实践中形成的贸易术语编纂成册，供当事人在订立合同时选择适用。

目前，国际货物买卖方面比较具有影响力的国际商事惯例包括：《国际贸易术语解释通则》、1932年《华沙—牛津规则》、1941年《美国对外贸易定义》等。其中，影响最大、使用最为广泛的规则为国际商会编纂的《国际贸易术语解释通则》。

（三）国际货物买卖的国内立法

大陆法系国家的货物买卖法主要包含在其商法典中，英美法系国家的货物买卖法包括法院的判例和单行成文立法。

我国调整国际货物买卖的法律规范包括《合同法》关于货物买卖合同的规定以及《民法通则》的原则性规定。此外，在加入《联合国国际货物销售合同公约》之后，在符合公约适用条件的情形下，相关国际货物买卖合同也将直接受到公约的调整。

二、《国际贸易术语解释通则》

《国际贸易术语解释通则》（International Rules for the Interpretation of Trade Terms，简称Incoterms）是国际商会以统一国际贸易合同中贸易术语的解释为目的制定的，首次于1936年公布。其后，该《通则》先后在1953年、1967年、1976年、1980年、1990年、2000年和2010年进行了7次补充和修订。需要注意的是，Incoterms 2010版本的出台，并不意味着其他版本（比如Incoterms 2000）的失效，合同当事人有权进行自主选择。

(一) 国际贸易术语的概念、性质和作用

(1) 国际贸易术语的概念。国际贸易术语是以不同的交货地点为标准,用简短的概念或英文缩写字母表示的术语。这些术语可以明确表示商品的价格构成、交货地点、买卖双方在交易中的费用、责任和风险的划分。

(2) 国际贸易术语的性质。国际贸易术语属于国际商事惯例的一种,具有任意性的特点,需经当事人选择方能发生效力。

(3) 国际贸易术语的作用。国际贸易术语的作用在于简化交易手续并降低交易费用。为了避免不同国家对同一个贸易术语作不同的解释导致争议发生,一些国际组织尝试国际贸易术语的成文化工作,其中以《国际商会》的《国际贸易术语解释通则》最具影响力。

(二) Incoterms®2010

Incoterms®2010 总共解释了 11 个贸易术语。与 Incoterms 2000 相比,Incoterms®2010 主要有如下修改和变化:

(1) 书写上的变化。2010 年《国际贸易术语解释通则》后面需要加国际商会的注册商标®,完整中文表述为《国际贸易术语解释通则®2010》,英文简称为 Incoterms®2010。

(2) 数量变化。由原来的 13 个贸易术语缩减为 11 个。

(3) 分类标准变化。原贸易术语分为 E、F、C、D 四组;2010 年版的贸易术语分为两类:适用于任何单一运输方式或多种运输方式的贸易术语 7 个以及仅适用于海运和内河水运的贸易术语 4 个。这两类分别按 E、F、C、D 分组。

(4) 明确贸易术语既适用于国际贸易也适用于国内贸易。

(三) Incoterms®2010 的特点

(1) 每个贸易术语前加了使用说明,有助于帮助当事人作出准确、高效、适当的选择;

(2) Incoterms®2010 把买卖双方的权利义务相对应,分十项说明。

(3) 电子单证。Incoterms®2010 明确规定,在卖方必须提供商业发票或合同可能要求的其他单证时,可以提供"同等作用的电子记录或程序"。

(4) 明确了 Incoterms®2010 中某些概念的特定含义。比如"承运人""交货"等。

(四) Incoterms®2010 的主要内容

Incoterms®2010 适用于任何单一运输方式或多种运输方式的国际贸易术语有 7 个:EXW/FCA/CPT/CIP/DAT/DAP/DDP。

Incoterms®2010 只能适用于海上和内河运输的术语有 4 个:FAS/FOB/CFR/CIF。

在 Incoterms®2010 的两类贸易术语内部,都是各自按照卖方义务从小到大进行分类。为了便于清晰了解贸易术语卖方义务的递增规律,以便于更好地理解掌握,本书仍采用 2000 年版的分类方式介绍 Incoterms®2010 内的贸易术语。

1. E 组

E 组只有一个贸易术语,即 EXW[全称 Ex Works (named place)],意思是工厂交货(指定地点)。

卖方在该贸易术语中的责任最小,具体包括:
(1) 卖方在其所在地(工厂或仓库)把货物交给买方,履行交货义务;
(2) 承担交货前的风险和费用。

买方的责任是:
(1) 自备运输工具将货物运至预期的目的地;
(2) 承担卖方交货后的风险和费用;
(3) 自费办理货物进出口清关手续。

2. F组

包括3个贸易术语:FAS[全称 Free alongside Ship (named port of shipment)],意思是船边交货(指定装运港);FOB[全称 Free on Board (named port of shipment)],意思是货交承运人(指定地点);FCA[全称 Free Carrier (named place)],意思是货交承运人(指定地点)。

在F组贸易术语中,卖方的责任是:
(1) 在出口国承运人所在地(包括港口)将货物交给承运人,以履行自己的交货义务;
(2) 承担交货前的风险和费用;
(3) 自费办理货物的出口清关手续;
(4) 自费向买方提交与货物有关的单证或相等的电子单证。

买方的责任是:
(1) 自费办理货物的运输和保险手续并支付费用;
(2) 自费办理货物进口清关手续。

F组三个贸易术语中风险和费用划分界限不同,FAS以货物交至指定装运港买方指定装货地点的指定船边作为界限,即装运港船边交货,风险转移;FOB是以装运港货物是否装运上船作为界限,即装运港船上交货,风险转移;在FCA中,是以货物交给第一承运人的时间和地点作为界限,即货交第一承运人,风险转移。

3. C组

包括4个贸易术语:CFR[全称 Cost and Freight (named port of destination)],意思是成本加运费(指定目的港);CIF[全称 Cost, Insurance and Freight (named port of destination)],意思是成本、保险费加运费(指定目的港);CPT[全称 Carriage Paid to (named place of destination)],意思是运费付至(指定目的地);CIP[全称 Carriage Insurance Paid to (named place of destination)],意思是运费、保险费付至(指定目的地)。

在C组贸易术语中,卖方的责任是:
(1) 自费办理货物的运输手续并交纳运输费用;在CIF和CIP术语中,卖方还要自费办理投保手续并交纳保险费用;
(2) 在CFR和CIF术语中,承担货物在装运港装运上船以前的风险和费用;在CPT和CIP术语中,承担货物提交给承运人以前的风险和费用;
(3) 自费办理货物出口清关手续;

(4) 向买方提交与货物有关的单据或相等的电子单证。

买方的责任是：

(1) 在 CFR 和 CPT 术语中自费投保并支付保险费用；

(2) 在 CFR 和 CIF 术语中，承担货物在装运港装运上船以后的风险和费用；在 CPT 和 CIP 术语中，承担货物提交承运人后的风险和费用；

(3) 自费办理货物进口清关手续。

4. D 组

包括 3 个贸易术语：DAT[全称 Delivered at Terminal (named terminal at port or place of destination)]，意思是运输终端交货（指定目的地港口或目的地运输终端）、DAP[全称 Delivered at Place (named place of destination)]，意思是目的地交货（指定目的地）和 DDP[全称 Delivered Duty Paid (named place of destination)]，意思是完税后交货（指定目的地）。

在 D 组贸易术语中，卖方的责任是：

(1) 将货物运至约定的地点或目的地交货；

(2) 承担货物运至目的地前的全部风险和费用；

(3) 由卖方办理出口手续，在 DDP 的情况下，卖方还要办理进口手续。

买方的责任是：

(1) 承担货物在目的地交付后的一切风险和费用；

(2) 在 DAT 和 DAP 贸易术语中自费办理进口清关手续。

三、《联合国国际货物销售合同公约》

（一）公约的适用范围

1. 公约的主体适用范围

(1) 公约适用于营业地在不同国家且这些国家都是公约缔约国的当事人之间订立的货物销售合同。

(2) 如果双方或一方当事人的营业地不在缔约国，而根据冲突规范应适用缔约国法律的，此时公约也适用。

特别需要注意的是，我国对第 2 种情形进行了保留。

2. 公约的客体适用范围

《公约》第 2 条规定：本公约不适用于以下销售：

(1) 供私人、家人或家庭使用的货物的销售，除非卖方在订立合同前或订立合同时不知道且没有理由知道这些货物是供此种使用；

(2) 经由拍卖的销售；

(3) 根据法律执行令状或其他令状的销售；

(4) 公债、股票、投资证券、流通票据或货币的销售；

(5) 船舶、气垫船或飞机的销售；

(6) 电力的销售。

《公约》第 3 条规定：公约不适用于卖方的主要义务在于提供劳务或其他服务的合同。

3. 公约未涉及的法律问题

公约对如下三个方面的法律问题未涉及：

(1) 合同的效力，或其任何条款的效力或任何惯例的效力；

(2) 合同项下货物所有权的转移问题；

(3) 卖方对于货物对任何人所造成的死亡或伤害的责任。

4. 公约适用的任意性

(1) 当事人可以通过选择其他法律而排除公约的适用；

(2) 当事人可以在买卖合同中约定部分适用公约，或对公约的内容进行改变。

5. 我国加入公约的保留

(1) 对合同订立形式的保留。此保留针对《公约》第 11 条。该条规定国际货物销售合同在形式方面不受任何其他条件的限制。但是，我国已于 2013 年年初正式撤回对该条的保留，这意味着我国不再要求涉外货物买卖合同必须采用书面形式。

(2) 对扩大主体适用范围的保留。此保留针对《公约》第 1 条第(1)款 b 项的规定。我国对该条进行保留意味着我国仅同意对双方的营业地所在国均为缔约国的当事人之间订立的国际货物销售合同适用《公约》。

(二) 国际货物买卖合同的成立

1. 要约

要约是一方当事人以订立合同为目的向另一方当事人所作出的意思表示。

(1) 有效要约的构成要件。

根据《公约》第 14 条的规定，符合下列三个条件，即构成有效要约：

A. 向一个或一个以上特定的人提出订立合同的建议；

B. 要约的内容必须十分确定，至少包括数量和价格的确定方法；

C. 要约必须送达受要约人。

《公约》第 15 条规定，要约送达受要约人时生效。

(2) 要约的撤回与撤销。

要约在送达受要约人时生效。要约在生效前的取消称为撤回，在生效后的取消称为撤销。

《公约》第 16 条规定：一项要约即使是不可撤销的，也可以撤回，只要撤回通知于要约送达受约人之前或同时送达受约人。在未订立合同之前，只要撤销通知于受约人发出承诺通知之前送达受约人，要约可以撤销。

但是，在下列情况下要约不得撤销：

A. 要约写明接受要约的有效期限，或以其他方式表明要约是不可撤销的；

B. 受要约人有理由信赖该要约是不可撤销的，而且受要约人已本着对该要约的信赖行事。

(3) 要约的失效。
要约失效的原因主要包括：
A. 要约已过有效期；
B. 要约被撤销；
C. 受要约人拒绝。
2. 承诺
承诺是受要约人对要约表示无条件接受的意思表示。
(1) 有效承诺的构成要件。
A. 承诺必须由受要约人作出；
B. 承诺必须在要约有效期内作出；
C. 承诺必须与要约的内容一致；
D. 承诺必须通知要约人才生效力。
(2) 承诺的撤回。
《公约》第22条规定，承诺可以撤回，只要撤回通知在承诺生效前或与其同时送达要约人。
(3) 承诺的生效。
《公约》第18条规定，对要约所作的承诺，应于表示同意的通知送达要约人时生效。如果表示同意的通知在要约人所规定的时间内没送达要约人，或在要约没有规定期间的情况下，在合理时间内未送达要约人，承诺即为无效。
(4) 逾期承诺。
《公约》第21条规定，逾期承诺仍有承诺的效力，除非要约人毫不迟延地用口头或书面将此种意见通知受要约人。如果载有逾期承诺的信件或其他书面文件表明，它是在传递正常、能及时送达要约人的情况下寄发的，则该项逾期承诺具有承诺的效力，除非要约人毫不迟延地用口头或书面通知受要约人，他认为他的要约已经失效。

(三) 国际货物买卖合同双方的义务
1. 卖方的义务
(1) 交货义务。
A. 交货地点
a. 卖方营业地。根据公约规定，如果卖方没有义务在其他特定地点交货，则交货地点为卖方营业地。
b. 特定地点。如果合同指的是特定货物或是从特定存货中提取，或将在某特定地点进行生产制造，则交货地点即是该货物存放或生产的特定地点。
c. 货交第一承运人。当卖方的交货义务涉及运输时，卖方只要把货物交给第一承运人就算履行了交货义务。在国际贸易中，"涉及运输"是一个特有概念，特指那些以本人或其名义与托运人订立运输合同承担运输责任的承运人。

B. 交货时间

《公约》第 33 条规定了交货时间的确定顺序：

　　a. 如果合同约定了交货日期，或由合同可以确定交货的日期，应在该日期交货；

　　b. 如果合同规定了一段时间，或由合同可以确定一段时间，除非情况表明应由买方选定一个具体日期，卖方可以在该段时间内的任何时候交货；

　　c. 在其他情况下，应在订立合同后的一段合理时间内交货。

（2）交单义务。

《公约》第 34 条规定，卖方的交单义务具体包括：

　　a. 卖方应保证单据的完整和符合合同及公约的规定；

　　b. 应在合同约定的时间、地点交付单据。

（3）卖方的瑕疵担保。

瑕疵担保是指卖方对其所售货物的质量、特性或适用性承担的责任。根据公约规定，卖方提交的货物除应符合合同的规定外，还应符合公约的如下要求：

　　A. 货物适用于同一规格货物通常使用目的；

　　B. 货物适用在订立合同时买方明示或默示通知卖方的特定目的；

　　C. 在凭样品或说明书的买卖中，货物要与样品和说明书相符；

　　D. 卖方应按照同类货物通用的方式装箱或包装。

（4）卖方的权利担保。

权利担保，是指卖方所提交的货物必须是第三方不能提出任何权利要求的货物。根据《公约》规定，卖方的权利义务主要有三个方面：

　　A. 卖方应向买方担保他确实有权出售该货物；

　　B. 卖方应担保货物上不存在任何不为买方所知的留置权、抵押权等他人的权利要求；

　　C. 卖方应向买方担保第三人对所提交的货物不得以侵权或其他类似理由提出合法要求；

　　D. 买方所交付的货物，必须是第三方不能根据工业产权或其他知识产权主张任何权利或要求的货物。卖方承担知识产权担保义务的地域范围限于买方营业地和合同预期的货物转售或使用地。

根据公约规定，卖方的权利担保义务在下列情况下可以免除：

　　A. 买方同意在有第三方的权利或要求的条件下接受货物；

　　B. 买方订立合同时知道或不可能不知道第三人的知识产权主张和要求；

　　C. 上述权利或要求的发生是由于卖方要遵照买方提供的技术图样、图案、程序或其他规格；

　　D. 当买方收到第三人的权利要求时，要及时通知卖方，如怠于通知，则免除卖方的所有权担保义务。

2. 买方的义务

根据公约规定,买方有支付价金与收取货物的义务。

(1) 支付价金的义务。

《公约》第 53 条规定,买方应根据合同和公约的规定履行支付价金的义务。

A. 支付地点

根据公约规定,当合同中对支付地点未作规定时,买方应在下列地点付款:

a. 卖方营业地;

b. 在凭移交货物或凭单据付款时,则为提交货物或单据的地点;

B. 支付时间

根据公约规定,买方应在合同约定的时间支付货款,如果合同没有约定,买方应当在下列时间付款:

a. 在卖方按照合同和本公约规定将货物或控制货物处置权的单据交给其处置时支付价款;

b. 如果买卖合同卖方的义务涉及运输,卖方可以在买方支付价款后,再把货物或控制货物处置权的单据移交给买方;

c. 买方在未有机会检验货物前,无义务支付价款,除非这种机会与当事双方议定的交货或支付程序相抵触。

(2) 收取货物的义务。

根据公约规定,买方收取货物的义务包括两个方面:

A. 采取一切理应采取的行动以期卖方能提交货物;

B. 接收货物。

根据《公约》第 52 条规定,如果卖方在规定日期前交付货物,买方可以收取货物,也可以拒绝收取货物。如果卖方交付的货物数量大于合同规定的数量,买方可以收取也可以拒绝收取多交部分的货物。

(四) 违反合同的补救方法

1. 卖方违约的补救方法

卖方违约主要表现为不履行交货义务、履行交货义务不当或者交付迟延等。当卖方违约时,买方可以依据《公约》采取以下救济方法:

(1) 卖方实际履行。

根据《公约》第 46 条规定,当卖方不履行合同义务时,买方可要求其实际履行合同义务。实际履行的前提是,买方不得采取与这一要求相抵触的救济方法。根据《公约》第 47 条规定,在要求实际履行时,买方可以给予卖方一个合理的宽限期。需要注意的是,法院是否作出实际履行的判决依赖于该国国内法的规定。

(2) 交付替代物。

根据《公约》第 46 条规定,只有当卖方交货不符构成根本违反合同时,买方才可以要求卖方提交替代物。此外,提交替代物的要求必须与说明货物与合同不符的通知同时提出,或者在该项通知发出一段合理时间内提出。

(3) 修理。

根据《公约》第46条规定,买方提出修理的要求必须与说明货物与合同不符的通知同时提出,或者在该项通知发出后一段合理时间内提出。

(4) 减少价金。

当卖方交货不符时,买方可以要求减少价金。《公约》第50条规定,如货物与合同不符,不论货款是否已付,买方都可以减低价格。减价按实际交付的货物在交货时的价值与符合合同规定的货物在当时的价值两者之间的比例计算。

如果买方已对交货不符采取了补救办法,或者买方拒绝卖方对违约采取的补救办法或对卖方提出的补救办法未在合理时间内作出答复,则买方丧失减少价金的权利。

(5) 宣告合同无效。

根据《公约》第49条规定,只有在卖方根本违反合同时,买方才可以宣告合同无效。所谓根本违反合同,是指一方当事人违反合同的结果,使另一方蒙受损害,实际上剥夺了他根据合同规定有权期待得到的东西。具体包括以下3种情形:

A. 卖方不交付货物、迟延交货或交货不符或货物权利瑕疵构成根本违反合同;

B. 卖方声明他不在规定时间内履行交货义务;

C. 在买方给予的宽限期届满后仍不履行合同。

《公约》第49条进一步规定,如果卖方已交货,买方则丧失宣告合同无效的权利,除非:

A. 在延迟交货的情况下,买方在得知交货后的合理时间内宣布合同无效;

B. 在交货不符的情况下,买方在检验货物后的合理时间内提出宣告合同无效;

C. 在给予卖方作出履行合同或作出补救的宽限期届满或在拒绝接受卖方履行义务之后的合理时间内宣告合同无效。

值得注意的是,当卖方交付的货物中有部分货物符合合同时,买方应接受相符货物部分;只有当卖方完全不交货或不按合同规定交货构成根本违反合同时,才能宣布整个合同无效。

(6) 损害赔偿。

根据《公约》第74—77条规定,损害赔偿是可以和其他任何一种救济方式并用的违约救济方法。也就是说,无论买方采用了何种救济方式,如果不足以弥补由于卖方违约造成的损失,买方仍可以继续要求损害赔偿。根据《公约》规定,损害赔偿的计算原则是:一方当事人违反合同应负的损害赔偿额,应当与另一方当事人因他违反合同遭受的包括预期利润在内的损失额相等。

需要注意的是,在使用损害赔偿这种违约救济方式时,要求损害赔偿的一方负有减少损失的责任,即声称另一方违约的当事人,必须按情况采取合理措施,以减轻由于另一方违约而引起的损失,如果他不采取这种措施,违约的一方可以要求从损害赔偿中扣除原可以减轻的损失数额。

2. 买方违约的救济办法

当买方违约时,卖方可以采取的救济方法包括要求实际履行并支付利息,要求损害赔偿,宣告合同无效。其中,实际履行、要求损害赔偿和宣告合同无效的条件和要求与卖方违约时买方采取类似救济方式的条件和要求基本相同。

3. 预期违约的救济方法

预期违约时指在合同订立后,履行期到来之前,一方明确表示拒绝履行合同,或者通过其行为判断其将不履行合同。

根据《公约》第71条和第72条规定,预期违约的救济方式有中止履行和宣告合同无效。

中止履行的条件是:

A. 被中止方当事人履行义务的能力或信用有严重缺陷;

B. 被中止方在准备履行合同或履行合同中的行为表明他将不履行合同中的大部分重要义务;

在买方预期违约的情形下,如果卖方在上述情形明显化前已将货物发运,卖方可以阻止将货物交付给买方。在卖方预期违约的情形下,买方可以停止付款。

宣告合同无效的条件是:在履行合同日期之前,明显看出一方当事人将根本违反合同。

无论采取哪种救济方式,当事人必须将自己中止履行或宣告合同无效的决定立即通知对方,当对方提供了履行合同的充分保证时,则应继续履行合同。

(五)国际货物买卖合同的风险转移

国际货物买卖中的风险主要是指买卖双方均无责任的外部事件造成的货物损失或灭失。明确风险是为了在买卖双方均无过错的情形下,明确损失的分担规则。

1. 国际货物买卖合同风险转移的一般规则

(1)风险自交货时转移。

在买卖合同对货物风险转移没有约定时,按照公约规定,货物风险在交货时转移,具体分为如下情形:

A. 涉及运输的交货。

a. 卖方没有义务在指定地点交货的情形。此时,风险于货交第一承运人时起转移给买方;

b. 卖方必须在某一特定地点交货。此时,风险于在该特定地点货交承运人时转移给买方。

B. 在途货物的交货。

a. 在卖方营业地交货。此时,风险于买方接收货物时转移给买方,或在货物交买方处置但遭无理拒受时起转移给买方;

b. 在卖方营业地以外地点交货。当交货时间已到,而买方知道货物已在该地点交他处置时,风险转移给买方。

(2) 划拨是风险转移的前提。

根据《公约》规定,货物在划拨到合同项下之前不发生风险转移。所谓划拨,又称特定化,即是指将处于可交货状态的货物明确到某一买卖合同项下,包括在货物或货物的包装上加上标记、或以装运单据或向买方发通知等方式表明货物已归于合同项下。

2. 在途货物销售的风险转移

(1) 自买卖合同订立时转移。

《公约》第68条规定,运输途中销售的货物的风险,原则上自买卖合同成立时起转移给买方。

(2) 自货物交给承运人时转移给买方。

根据《公约》规定,如果情况表明由此需要,风险自货物交给签发运输单据的承运人时起转移给买方。"情况表明有此需要"主要是指,买方在收到货物时发现货物受损,但是无法确定损失究竟发生在合同成立之前还是成立之后,此时,公约明确货物风险自货物交给签发运输单据的承运人时起转移给买方。

(3) 根本违约对风险转移的影响。

根本违约解决违约责任的承担问题,风险转移规则解决的是非由双方当事人过错导致的损失如何在双方当事人之间进行分担的问题。因此,一般情况下,二者是相互独立的。但是,如果卖方交货不符构成根本违约,此时,买方若宣告合同无效,必须归还货物。若货物在运输途中遭遇风险而灭失,此时,买方要求宣告合同无效的权利是否会受到影响呢?

根据《公约》第70条规定,一方面根本违约不影响货物的风险转移,另一方面货物遭遇风险发生损失也不影响买方在根本违约下可以援引的违约救济方式。

四、对外贸易管理法律制度

(一) 我国《对外贸易法》

1. 对外贸易的主体要求

我国现行有效的《对外贸易法》全面放开了对外贸经营权,一方面将外贸经营者的主体范围扩大到自然人,另一方面将外贸经营权的获得由审批制改为登记备案制。

2. 货物与技术进出口

我国对货物和技术进出口实行统一的目录管理制度。货物和技术进出口分为禁止进口类、限制进口类、自由进出类。对于限制进口的货物,国家实行配额管理或许可证管理。对于自由进出口的货物,国家为了监测需要实行自动许可管理,即对于这种货物,均应予以许可。对于限制进口的技术,国家实行许可证管理。对于自由进出口的技术,国家实行合同登记管理,合同自依法成立时生效。

3. 《对外贸易法》的其他基本制度

我国《对外贸易法》专章规定了国际服务贸易、与对外贸易有关的知识产权保护、对外贸易秩序、对外贸易调查、对外贸易救济、对外贸易促进。这些章节分别对我国对履行服务贸易方面的条约承诺与服务贸易管理、与贸易有关的知识产权保护和国际技术贸易管理、对外贸易中的垄断行为与不正当竞争行为等危害对外贸易秩序行为的监管、对外贸易主管部门的调查及根据调查结果采取的救济措施以及促进对外贸易的综合服务体系等进行了规定。这些规定形成为了相对完整的对外贸易管理体系。

(二) 对外贸易管理措施

常用的对外贸易管理措施可以分为关税措施和非关税措施。我国关税制度的重要法律依据是《中华人民共和国海关法》。我国海关关税分为进口关税和出口关税两种。非关税措施包括进出口许可证措施、进出口配额措施、外汇管理措施、进出口商品检验检疫措施以及原产地措施。

五、世界贸易组织法律制度

世界贸易组织(World Trade Organization,简称 WTO)成立于 1995 年,其前身是关贸总协定(GATT)。

(一) 世界贸易组织的法律框架与机构设置

世界贸易组织的法律框架包括:《建立世界贸易组织协定》以及四个附件。附件一包括:《1994 年关税与贸易总协定》及其附属协定、《服务贸易总协定》以及《与贸易有关的知识产权协定》;附件二为《关于争端解决规则与程序的谅解》;附件三为《贸易政策审查机制》;附件四为诸边贸易协议。

世界贸易组织的机构设置包括:部长级会议、总干事、总理事会。其中,部长级会议是世界贸易组织的最高决策机构,由世界贸易组织的所有成员代表组成,至少每两年举行一次。总干事领导的秘书处是世界贸易组织的职能机构,总干事由部长级会议任命。总理事会是世界贸易组织的常设权力机构,由各成员代表组成,在部长级会议休会期间行使部长级会议的职能。需要注意的是,总理事会同时作为争端解决机构和贸易政策评审机构。总理事会下设三个部门贸易委员会,即货物贸易理事会、服务贸易理事会和与贸易有关的知识产权理事会。此外,总理事会还设有六个综合委员会,即环境与贸易委员会、收支平衡委员会、贸易与发展委员会、最不发达国家小组委员会、国际收支限制委员会和预算、财务和行政委员会。这些委员会分别行使有关协议赋予的职责,并向总理事会报告工作。

(二) 世界贸易组织的基本原则

1. 最惠国待遇原则

最惠国待遇原则的基本含义是指一国承诺给予另一国的优惠待遇,不低于它现在或将来给予第三国的待遇。世界贸易组织的三大贸易协定,即《关贸总协定》《服务贸易总协定》和《与贸易有关的知识产权协定》均有最惠国待遇的规定。在不同的协议中,最惠国待遇原则的含义并不完全相同,各有其适用条件、范围和例外。

世界贸易组织下的最惠国待遇原则具有内容确定、多边性、无条件性和制度化的特点。内容确定即世界贸易组织下的最惠国待遇具有明确的适用范围。多边性即最惠国待遇是世界贸易组织多边机制下的原则,无须成员方之间进行双边谈判。无条件即世界贸易组织内部一成员方与另一成员方之间达成的任何优惠减让安排自动适用于其他成员，但是建立多边最惠国待遇关系时以及在给惠时多边贸易规则允许附加的条件除外。制度化即最惠国待遇的执行在世界贸易组织内部具有严格的制度保障。

2. 国民待遇原则

国民待遇原则的基本含义是指一国在经济活动和民事权利义务等方面给予其境内外国民以不低于其本国国民所享受的待遇。与最惠国待遇原则一样，世界贸易组织不同协定中对于国民待遇原则的规定不同，尤其是《服务贸易总协定》中的国民待遇原则在性质上完全不同于另外两个协定中的国民待遇，其将国民待遇原则的适用范围限定于列入减让表的服务部门。

3. 透明度原则

透明度原则的基本含义是指各成员应公布所制定和实施的贸易措施及其变化情况，未经公布不得实施。此外，成员方应当将各自采取的贸易措施及其变化情况通知世界贸易组织。世界贸易组织通过贸易政策评审机制对各成员的贸易政策进行定期监督。

4. 自由贸易与公平贸易原则

自由贸易原则要求世界贸易组织成员通过多边贸易谈判实质性削减关税和减少其他贸易壁垒，以扩大成员方之间的贸易。该原则可以细化为关税减让原则和一般性取消数量限制原则。

公平贸易原则是指各成员方应当避免采取扭曲市场竞争的措施，创造和维护公开、公平和公正的市场环境。世界贸易组织内部许多协定都是对公平贸易原则的贯彻，比如最惠国待遇原则、国民待遇原则、关于倾销、补贴的规则、原产地规则，等等。

知识拓展　技术性贸易壁垒

技术性贸易壁垒是指一国政府或非政府机构以维护公共安全、保护自然和环境、保护人类及动植物安全和健康、维护可持续发展的名义所实施的实际目的在于排除进口产品竞争威胁的一系列苛刻的、缺乏科学依据的技术性法规或技术性标准。

技术性贸易壁垒的特征包括：依据上具有合法性，名义上的合理性，保护方式的隐蔽性以及结果上的歧视性。技术性贸易壁垒主要分为两种类型：技术法规、标准、合格评定程序、卫生与植物卫生措施、绿色贸易壁垒。

技术性贸易壁垒的负面影响：越来越多的技术性贸易壁垒将会阻碍国际贸易的自由发展，不利于世界资源的自由流通和优化配置，并且会导致国际贸易利益的分配向发达国家倾斜。①

（三）《关税与贸易总协定1994》(GATT1994)

1.《关税与贸易总协定1994》(GATT1994)包括四个部分：(1)《关税与贸易总协定

---

① 左海聪主编：《国际经济法》，武汉大学出版社2014年版，第101—110页。

1947》(GATT1947)的各项规定;(2)《建立世界贸易组织协定》生效之前,在 GATT1947 下生效的法律文件,包括关税减让议定书、加入议定书、关于豁免的决定、缔约方全体的其他决定;(3) 1994 年达成的对一些条款的谅解,比如关于第 24 条的谅解等;(4)《GATT1994 马拉喀什议定书》对各成员的关税削减安排。

2. GATT1994 的主要原则包括最惠国待遇原则、国民待遇原则、约束关税措施和一般性取消数量限制原则。其中,约束关税措施和一般性取消数量限制原则是专门针对货物贸易的基本原则。

3. GATT1994 第 20 条的"一般例外"条款与 GATT1994 第 21 条的"安全例外"条款。"一般例外"条款适用于 GATT 原则和规则的例外,属于对公共秩序的保留。"安全例外"条款允许缔约方在战争、外交关系恶化等紧急情况下,为保护国家安全利益采取必要的行动,相应免除世界贸易组织规定的义务。

(四)《服务贸易总协定》(GATS 协定)

1. GATS 协定是第一个调整国际服务贸易的多边性、强制性规则,该协定的具体内容包括国际服务贸易的一般原则和义务以及各成员的具体承诺。

2. GATS 协定规定了四种国际服务贸易的方式:(1) 跨境交付,指从一个成员境内向任何其他成员境内提供的服务;(2) 境外消费,指在一个成员境内向任何其他成员的消费者提供服务;(3) 商业存在,指一个成员的服务提供者通过在任何其他成员境内的商业现场提供的服务;(4) 自然人流动,指一个成员的服务提供者到另一个成员境内,单独或者受雇于他人向该消费者提供服务。

3. GATS 协定的一般原则主要是最惠国待遇原则和透明度原则。GATS 项下的最惠国待遇原则适用于服务贸易的所有部门,而不论成员方是否开放这些服务贸易部门。同样的,透明度原则也是对 GATS 中各成员的基本要求。

4. GATS 协定的具体承诺与义务主要指市场准入和国民待遇。各成员方根据其在承诺表中的具体承诺履行市场开放义务。同时,允许市场准入并不意味着当然给予国民待遇。是否给予国民待遇,还要具体看各成员方的具体承诺。也就是说,没有作出市场准入承诺的服务部门,不适用国民待遇;即使作出市场准入承诺的服务部门,也允许对国民待遇进行限制。

(五)《与贸易有关的知识产权协定》(TRIPs 协定)

1. 普遍义务与基本原则

TRIPs 协定要求各成员知识产权的保护水平均达到协定要求的保护水平。另外,国民待遇原则和最惠国待遇原则是 TRIPs 协定的基本原则,WTO 各成员在知识产权保护方面相互之间提供国民待遇和最惠国待遇。

2. 具体义务

TRIPs 协定在版权及其相关权利、商标、地理标志、工业品外观设计、专利、集成电路布图设计以及未披露信息的保护方面明确了保护标准和各成员提供保护的具体义务。

在知识产权保护的实施和执法方面,TRIPs 协定在第三部分予以专门规定,包括一般义务、民事和行政程序及救济、临时措施、关于边境措施的特殊要求以及刑事程序。

(六) 世界贸易组织的争端解决机制

1. 争端解决的基本程序

(1) 磋商。磋商是争端解决的必经程序。60日内磋商未能解决争端的,要求磋商的一方可以请求设立专家组。

(2) 专家组程序。专家组程序是争端解决的核心程序。专家组是争端解决的非常设性机构,一般情况下由三人组成,成员由争端双方从专家小组名单中选出。专家组解决争端的时限一般为6个月。

(3) 上诉机构的争端解决程序。上诉机制是世界贸易组织争端解决的特色程序。在专家组报告发布后60天内,争端方可以向上诉机构提起上诉。上诉机构仅审查专家组报告中涉及的法律问题和专家组作出的法律解释。上诉机构可以推翻、修改或撤销专家组的调查结果和结论。

(4) 专家组和上诉机构报告通过程序。在专家组和上诉机构报告的通过程序上,世界贸易组织采用"反向协商一致"原则,即"一票赞成"。该原则有力增强了世界贸易组织争端解决机制的约束力。

(5) 裁定和建议的监督执行程序。被裁定违反WTO义务的一方,应当在合理时间内修改或废除被裁定与世界贸易组织规则不符的措施。如果成员方不能这样做,被诉方应当对另一方进行补偿。如果被诉方在合理期限内既没有履行裁定,又没有提供补偿,申诉方可以经由争端解决机构授权而实施报复。

2. 世界贸易组织争端解决机制的特点

(1) 统一性。世界贸易组织争端解决程序适用于除贸易政策评审机制之外的,世界贸易组织下全部协定所引起的争端解决。

(2) 时限性。世界贸易组织争端解决程序各环节均有严格、明确的时间表。

(3) 独立性。在争端解决机构审议专家组报告或上诉机构报告时,采用"反向协商一致"的决策原则,保证了争端解决机制的独立性。

(4) 强制性。争端解决机构可以授权成员方对于未履行裁决的成员采取报复措施,从而使得争端解决机制具有了一定强制性。

知识拓展 原产地规则

原产地规则是指一国为确定货物原产地而实施的普遍适用的法律、法规和行政裁决。确定原产地规则是征收关税的前提,也是给予配额、实施贸易救济措施、给予优惠待遇和统计进出口数据的依据。

目前,国际上并没有统一的原产地规则。为各国所广泛采用的确定原产地的标准有三个:一是"实质性改变标准",即如果某一产品在一国发生了实质性改变,该产品的税号变为另一个税号,则该国就是原产地;二是"百分比标准",以在某一国家产品增值的具体比例确定原产地;三是"制造或加工工序标准",即按照具体的技术加工工序发生在哪个国家来确定原产地。①

✚ 链接阅读

1. 龚柏华:《中国入世十年主动参与 WTO 争端解决机制实践述评》,载《世界贸易组织动态与研究》2011 年 9 月第 18 卷第 5 期;

2. 车丕照:《WTO 对国际法的贡献与挑战》,载《暨南学报(哲学社会科学版)》2014 年第 3 期;

3. 刘敬东:《论"加入议定书"在 WTO 法律体系中的定位》,载《国际法研究》2014 年第 2 期。

第三节 国际投资法律制度

一、国际投资与国际投资法

国际投资是投资者为获得一定经济效益而将其资本投向国外的一种经济活动。按照投资者是否参加企业管理为标准,国际投资可以分为直接投资和间接投资。

国际投资法是调整国际私人直接投资关系的法律规范的总称。国际投资法是由调整国际投资关系的国内法规范和国际法规范构成的综合法律体系,具体包括:资本输入国的外国投资法、资本输出国的海外投资法以及调整有关国际投资关系的国际条约。国际投资法的作用在于保护、鼓励和管理国际投资。

知识拓展 外国投资国家安全审查制度

国家安全审查的对象主要是可能威胁国家安全的外资并购行为,涉及领域主要是战略性、敏感性行业和领域。各国对于新设企业的直接投资,一般均有详细的法律法规,从而可以在准入方面对国家安全的影响予以明确规制。但是,对于外资并购,各国一般没有专门立法予以详细规制。因此,各国的国家安全审查更多的是针对外资并购行为。

国家安全审查标准具有一定的自由裁量性。各国关于国家安全审查的立法均不对"国家安全"作强制性的规定,只规定审查机构在进行国家安全审查时应考虑的若干因素,从而赋予审查机构一定的自由裁量权。②

二、国际投资的法律形式

在我国,国际投资的法律形式包括中外合资经营企业、中外合作经营企业和外商独资

---

① 左海聪主编:《国际经济法》,武汉大学出版社 2014 年版,第 80 页。
② 参见左海聪主编:《国际经济法》,武汉大学出版社 2014 年版,第 328—329 页。

企业以及国际合作开发与建设。

中外合资经营企业设立的依据为《中外合资经营企业法》,中外合资经营企业的组织形式为有限责任公司和股份有限公司。其中,外国合营者的投资比例一般不低于25%。

中外合作经营企业设立的依据为《中外合作经营企业法》,中外合作经营企业可以组成法人,也可以不组成法人。其中,外国合作者的投资比例一般不得低于25%。

外商独资企业的设立依据是《外资企业法》。外资企业的组织形式为有限责任公司,经批准也可以采取其他组织形式。

国际合作开发与建设包括国际合作开发自然资源、国际BOT合作方式等合作形式。国际合作开发自然资源通常由东道国政府或国家公司同外国投资者签订协议,取得特许权,在东道国指定的区域,在一定年限内合作开发自然资源,按照约定承担风险并分享利润。国际BOT合作方式即Build(建设)—Operate(运营)—Transfer(转让),是指东道国政府授权某一外国投资者对东道国的某个项目进行筹资、建设并按约定的年限进行经营,在协议期满后将项目无偿转让给东道国政府或其指定机构的一种投资方式。

三、资本输入国外资法

外资法是指资本输入国制定的关于调整外国私人直接投资关系的法律规范的总称。外资法的基本内容主要包括:外资进入的条件、对外资经营活动的管理、对外资的保护与鼓励。

外资进入的条件包括投资范围与投资比例,外国投资的审查与批准。外国投资范围是指外资可以实际进入的领域,一般可以分为:禁止外资进入的行业、限制外国投资的部门、允许或鼓励外国投资的部门。外国投资比例是指通过对外资投资特定行业的比例的限制,增加当地资本的参入,从而间接控制外国投资的投资方向。对外国投资的审批,其目的是使得国家能有计划、有选择、有重点地利用外资,将其与国家经济发展的总体目标结合起来,更好地促进本国经济的发展。

对外资经营活动的管理是指东道国政府对企业在其本国的经营活动进行管制的行为,主要包括购销业务管理、劳动雇用与管理等。由于发展阶段不同,发展中国家对外资经营活动的限制要多于发达国家。

对外资的保护与鼓励是指东道国政府对外国投资的安全与利益给予保护,甚至给予特定的优惠政策。这方面的措施主要有:关于"国家化"与补偿方面的保证,关于外国投资利润及原本汇出的保证,税收方面的优惠,经济特区的优惠等。

四、资本输出国海外投资法

海外投资是指资本输出国投资者在外国进行的投资。海外投资法是资本输出国为了鼓励和管理本国投资者的海外投资行为而制定的法律制度。

资本输出国的海外投资鼓励措施主要包括税收方面的优惠措施、资金支持与技术援助、海外投资保险保障。

海外投资的管理措施主要包括要求海外投资企业定期披露信息、防止海外投资企业逃避税、禁止海外投资企业实施商业贿赂行为等。

五、促进与保护投资的国际法制

调整国际投资的国际法制可以分为双边投资条约和调整国际投资的多边公约。

双边投资条约的类型包括友好通商航海条约、投资保证协定、促进和保护投资协定。双边投资协定的主要内容包括：受保护的投资和投资者的定义、投资准入和投资待遇、关于政治风险的保证、代位权、投资争端的解决。

调整国际投资的代表性多边公约包括《建立多边投资担保机构公约》(也称《汉城公约》，简称 MIGA)、《解决国家与他国国民间投资争端公约》(也称《华盛顿公约》，简称 ICSID)。MIGA 承保成员国私人投资者在向发展中国家成员投资时可能遭遇的各种政治风险，其主要内容包括：承保险别、合格投资者界定、合格投资的确定、合格东道国、代位求偿权。

ICSID 旨在解决国家和外国投资者之间的投资争端。主体方面，ICSID 可以受理的争端限于某一缔约国政府与另一缔约国国民之间。客体方面，提交 ICSID 解决的争议必须是直接因投资而产生的法律争议。主观条件方面，争议双方必须书面协议同意将争端提交中心仲裁。

> **知识拓展** 外国投资准入前国民待遇
>
> 国民待遇在外国投资领域主要体现在准入和营运两个阶段。准入前国民待遇指在外资进入阶段给予外国投资者及其投资不低于本国投资者及其投资的待遇，即给予外资和内资包括"准入权"和"设业权"在内的国民待遇。准入前国民待遇的实质就是将国民待遇提前至投资发生和建立前阶段，其核心是给予外资准入权。
>
> 将国民待遇前置到准入阶段，并不意味着外资与内资在准入领域没有任何区别。一国在宣布给予准入前国民待遇的同时，通常会公布一份限制外资准入的清单，只有在清单列举的领域之外，外资才与内资享有同等的准入权。
>
> 实施准入前国民待遇并不意味着东道国放弃其对外资的监管权。相反，东道国监管能力的强弱与监管体系的成熟度直接反映在负面清单的内容上，即监管体系越完善，负面清单的内容就越简单；反之则负面清单的内容就越详细。①

链接阅读

1. 余劲松：《国际投资条约仲裁中投资者与东道国权益保护平衡问题研究》，载《中国法学》2011 年第 2 期；

---

① 参见胡加祥：《国际投资准入前国民待遇法律问题探析——兼论上海自贸区负面清单》，载《上海交通大学学报(哲学社会科学版)》2014 年第 22 卷第 1 期。

2. 郑蕴、徐崇利:《论国际投资法体系的碎片化结构与性质》,载《现代法学》2015 年 1 月第 37 卷第 1 期。

第四节　国际金融法律制度

国际金融法是调整国际金融交易关系的法律规范的总称。国际金融法的体系主要包括:国际货币法律制度、国际直接融资法律制度、国际间接融资法律制度、国际金融监管法律制度。

一、国际货币法律制度

国际货币法律制度是指国家之间形成的货币安排,主要包括国际货币的确定、各国货币之间的汇兑关系、国际收支的调节以及国际结算等方面的国际规则。

国际货币法律制度经历了国际金本位制、布雷顿森林体制和牙买加体制的变迁。国际金本位制下黄金作为本位货币,黄金可以自由输出和输入。布雷顿森林体制由《国际货币基金协定》1944 年文本确定,实行以美元为中心的国际金汇兑本位制。1969 年 7 月对《国际货币基金协定》的第一次修订,创设了一种虚拟的新储备货币——特别提款权,以解决国际清偿力不足问题。1974 年 1 月对《国际货币基金协定》的第二次修订,称为《牙买加协定》,在此基础上确定的现行国际货币体系被称为"牙买加体制"。牙买加体制确认了浮动汇率制的合法化,推动了黄金的非货币化,并提高了特别提款权的国际储备地位。

知识拓展　**特别提款权**

特别提款权(Special Drawing Rights,SDR)是国际货币基金组织在 1969 年创设的一种储备资产和记账单位。其创设的一个重要目的是为了解决国际流动性不足以及国际货币体系的不对称性问题。

1960 年美国耶鲁大学教授特里芬提出了著名的"特里芬难题":"即依靠一国或少数国家的货币作为国际货币储备的主要组成,并以此来确保国际货币体系的运行,这样的体系是不健全的,脆弱的。"在这种情况下,要么国际储备的增长无法保证,要么人们对储备货币的信心丧失,最终都将导致该体系的崩溃。第二次世界大战后建立的布雷顿森林体系是典型的以单一主权货币作为国际储备货币的国际货币体系,其不可避免地遭遇到了特里芬难题。

20 世纪 60 年代,包括基金组织在内的国际组织、各国政要、金融官员以及一大批学者提议建立国际储备资产。1967 年 9 月,国际货币基金组织理事会通过《基于基金组织特别提款权的融资便利纲要》,并督促修订《国际货币基金组织协定》,最终在 1969 年 8 月推出了 SDR。[1]

---

[1] 参见黄梅波、熊爱宗:《特别提款权与国际货币体系改革》,载《国际金融研究》2009 年第 8 期。

二、国际融资法律制度

根据融资方式不同,国际融资可以分为直接融资和间接融资。国际直接融资的主要方式是国际证券发行与上市法律制度。国际间接融资的主要方式包括国际贷款和国际项目融资。

国际证券发行可以分为私募发行和公募发行,发行之后的交易可以分为交易所场内交易和场外交易。其中,公募发行和交易所场内交易的程序和条件要求更为严格。国际贷款包括政府贷款、国际金融机构贷款、国际银团贷款。政府贷款是指一国政府利用财政资金向另一国政府及其机构和公司企业提供的优惠性贷款,是贷款国与借款国之间进行国际经济合作的重要形式。国际金融机构贷款是指国际金融机构对成员国政府、政府机构或公私企业的贷款,比如国际货币基金组织的贷款、世界银行集团的贷款。国际银团贷款是指由数家银行联合起来,按统一的贷款条件向同一借款人提供贷款。国际项目融资是指对某一特定的工程项目发放的贷款,以项目建成后的经济收益还本付息。

三、国际金融监管法律制度

随着金融市场全球化的加强以及跨国金融机构的增多,金融风险已经超越国境而影响全球。在此背景下,金融监管的国际化显得尤为必要。

(一)跨国银行的东道国监管与母国并表监管

跨国银行的金融监管包括东道国对跨国银行的法律监管和母国对跨国银行的并表监管。东道国对跨国银行的法律监管包括市场准入监管、业务运营监管和风险监管。母国并表监管的目的是通过对银行及其跨境机构在全球范围内从事的业务活动进行监督,使银行经营的内在风险在总体上受到监控。

(二)跨国银行监管的协调与合作——巴塞尔体制

为解决跨国银行的国际监管与管理问题,在国际清算银行的发起与主持下,1975年成立了银行管理和监督实施委员会,简称巴塞尔委员会。

巴塞尔委员会的目标不是统一各国有关银行监管的法律与政策,而是在各国不同的法律框架之间建立协调与沟通机制。自巴塞尔委员会成立以来,制定并发布了一系列文件,这些文件涉及国际银行业监管及风险防范的原则、规则、标准和建议。这些文件构成著名的"巴塞尔协议体系",由这些文件构筑的体制被称为"巴塞尔体制"。

具有代表性的巴塞尔文件有《银行海外机构的监管原则》、1988年《巴塞尔资本协议》、2004年《新巴塞尔资本协议》以及《有效银行监管的核心原则》。

《银行海外机构的监管原则》明确了各国金融监管机构对跨国银行的监管责任划分。1988年《巴塞尔资本协议》统一确定了国际银行的资本充足率标准,规定资本对风险资产的比率不得低于8%,其中核心资本不得低于4%。2004年《新巴塞尔资本协议》首次引入了市场约束机制,即通过加强信息披露,让市场力量来督促银行稳健、高效运营。《有效银行监管的核心原则》强调应对银行业进行全方位、多角度的综合风险监控。

> **链接阅读**
>
> 1. 唐应茂:《私人企业为何去海外上市——中国法律对红筹模式海外上市的监管》,载《政法论坛》2010年7月第28卷第4期;
> 2. 唐应茂:《国际板建设的理论、制度和操作层面障碍》,载《上海金融》2010年第6期。

第五节　国际税收法律制度

一、国际税法的概念与基本原则

国际税法是调整在跨国征税对象上存在的国际税收分配关系的各种法律规范的总称。[①]

国际税法的基本原则包括:

(1) 税收管辖权独立原则。国家税收管辖权是国家主权的具体表现,具体指一国政府有权通过制定法律,确定自己行使征税权的对象、范围、程度和方式,并对一切属于其管辖范围内的人和物进行征税。税收主权原则是国际税法的基础。

(2) 避免国际重复征税原则。国际重复征税会挫伤从事国际经济交易活动主体的积极性,严重阻碍国际经济交往的正常发展,这已经成为各国的普遍共识。各国政府有义务通过国内立法和双边协定协调和限制各自的税收管辖权,在一定程度上放弃各自的财税利益,以保证跨国纳税人能获取合理的利润份额。

(3) 消除对外国人的税收歧视原则。该项原则派生于国际法上的国民待遇原则,其目的在于使缔约国一方的国民在另一方境内能够与另一方国民在同等税负条件下从事经济活动,实现在平等基础上的竞争。当然,这一原则的贯彻应当考虑发达国家与发展中国家在国际经济交往中所处的实际地位的不同。

(4) 防止国际逃税和避税原则。与国际重复征税现象相反,国际逃税和避税行为是从另一个极端违背国际税收公平合理的宗旨。跨国纳税人的逃税和避税安排不仅会损害有关国家的税收权益,而且造成逃避税者相对于守法纳税的纳税人的不正当优势地位,破坏国家经济的正常竞争秩序。因此,各国普遍认识到通过国内税法和签订税收协定打击国际逃避和国际避税行为的必要性。

二、税收管辖权冲突与国际重复征税

国际重复征税的原因在于税收管辖权冲突。具体有三种表现形式:居民税收管辖权与来源地税收管辖权之间的冲突、居民税收管辖权之间的冲突、来源地税收管辖权之间的

[①] 参见余劲松、吴志攀主编:《国际经济法》,北京大学出版社2014年版,第469页。

冲突。

国际重复征税分为法律意义上的国际重复征税与经济意义上的国际重复征税。法律意义上的国际重复征税是指两个或两个以上的国家,对同一纳税人就同一征税对象,在同一时期内课征相同或类似的税收。经济意义上的国际重复征税又被称为国际重叠征税,是指两个以上的国家对不同的纳税人就同一课税对象或同一税源在同一期间内课征相同或类似性质的税收。与法律意义上的国际重复征税不同,经济性国际重复征税并非针对同一纳税主体。经济性国际重复征税主要表现在两个国家分别同时对各自境内居住的公司的利润和股东从公司获取的股息的征税上。

三、国际重复征税的危害

从法律角度看,无论是法律意义上的国际重复征税,还是经济意义上的国际重复征税,均对从事跨国投资和其他国际经济活动的纳税人相对于从事国内投资和其他经济活动的纳税人产生沉重的双重税收负担,违背了税收中立原则和税负公平原则。从经济角度看,国际重复征税使得跨国纳税人处于不利的竞争地位,从而挫伤了其从事跨国经济活动的积极性,阻碍了国际经济交往。

四、避免国际重复征税的方法

就各国解决国际重复征税问题的措施而言,主要有免税法、抵免法、扣除法和减税法。

免税法是指居住国一方对本国居民来源于来源地国的已向来源地国纳税的跨国所得,在一定条件下放弃居民税收管辖权,免于征税。

抵免法是指居住国按照居民纳税人的境内外所得的全额为基数计算其应纳税所得额,但对居民纳税人已在来源地国缴纳的所得税,允许从向居住国应纳税额中扣除。与免税法不同,适用抵免法的居住国并没有完全放弃对居民境外所得的居民税收管辖权,而是在坚持居民税收管辖权的同时,承认来源地国属地征税权的优先但非独占地位。抵免法分为直接抵免法和间接抵免法。

直接抵免法解决法律意义上的国际重复征税问题。所谓直接抵免法是指居住国对同一个居民纳税人在来源地国缴纳的税额,允许用来直接抵免该居民应汇总缴纳的居住国的相应税额的方法。

间接抵免法解决经济性重复征税问题,其适用的对象主要为跨国公司母子公司之间。间接抵免法的计算原理与免税法基本一致,其关键点在于先要计算母公司收取的外国子公司支付的股息已经承担的外国所得税税额,而后才能按照抵免法计算母公司居住国允许抵免的外国子公司税额。

五、税收饶让抵免

在来源地国为吸引外资实行税收优惠时,如果来源地国实际征收所得税额低于跨国投资人居住国规定的抵免限额,则来源地国的减免优惠并不能使得跨国投资人实际受惠,来源地国所放弃的税收利益不但没有起到鼓励和吸引外资的作用,反而增加了居住国的税收收入。因此,资本输入国为了更好地发挥减免税收优惠政策的实际效用,通常要求在双边税收协定中订立税收饶让抵免条款,即居住国对其居民因来源地国实行减免税优惠而未实际缴纳的税额,应视同已经缴纳而同样给予抵免。

六、国际逃税与避税

国际逃税,是指跨国纳税人采取违反税法的手段或措施,逃避就其跨国所得本应承担的纳税义务的行为。国际避税,是纳税人利用某种形式上并不违法的方式,规避就其跨国所得本应承担的纳税义务的行为。

从一国国内法的角度看,行为方式是否违法可以作为区别国际逃税与避税的界限,但是从国际上看,国际逃税与避税的区别是相对的。

国际逃税的主要手段包括:不向税务机关报送纳税资料、谎报所得和虚构扣除、伪造账册和收付凭证。

国际避税的主要手段包括:通过纳税主体的跨国移动进行国际避税、通过纳税对象的跨国移动进行国际避税、利用避税港进行国际避税、跨国投资人有意弱化股份投资进行国际避税、滥用税收协定进行国际避税。

七、管制国际逃税和避税的国内法措施与国际合作

管制国际逃税和避税的一般国内法措施包括:加强国际税务申报制度、强化税务审查制度、实行评估所得制度。

防止跨国企业利用转移定价逃避纳税的正常交易原则。所谓正常交易原则,即将关联企业的总机构与分支机构、母公司与子公司,以及分支机构或子公司之间的关系,视为独立竞争企业之间的关系来处理。如果有人为抬价或压价的行为出现,有关国家的税务机关可依据市场公平价格重新调整其应得收入和应承担的费用。

防止利用避税港进行国际避税的法律措施包括:禁止纳税人在避税港设立基地公司,禁止非正常利润转移,取消境内股东在基地公司的未分配股息所得的延期纳税待遇。

防止跨国纳税人滥用税收协定的法律措施主要是在税收协定中设置反滥用税收协定条款或者运用国内税法的一般性反避税原则来禁止对税收协定的滥用。

管制国际逃税和避税的国际合作主要包括:建立国际税收情报交换制度、在避免双重征税协定中增设反滥用协定条款以及在税款征收方面的相互协助。

> **知识拓展**　避税港避税
>
> "避税港"一般是指那些对财产和所得不征税或按很低的税率征税的国家或地区。世界上主要的避税港有巴哈马、开曼群岛、哥斯达黎加、欧洲的瑞士,以及我国的香港特别行政区等。这些国家或地区在有关国家的税法中一般都被列为避税港。
>
> 避税港的典型特点包括:政治稳定、国际航空和通信服务便利、外汇管制及政府干预

宽松、银行保密与商业秘密保护法律制度严格、与很多国家签订有税收减免协定等。这些因素为跨国纳税人利用避税港进行避税提供了有利条件。

跨国纳税人利用避税港实行国际避税的主要方式是通过在避税港设立基地公司，将在避税港境外的财产和所得汇集在基地公司的账户，从而达到逃避国际税收的目的。基地公司是指在避税港设立而实际收到外国股东控制的公司，该类公司的全部或主要经营活动均在避税港以外进行。[①]

链接阅读

1. 廖益新：《国际税收协定中的受益所有人概念与认定问题》，载《现代法学》2014年11月第36卷第6期；
2. 廖益新：《OECD国际税收仲裁机制评析》，载《厦门大学学报（哲学社会科学版）》2012年第5期。

【推荐阅读文献】

1. 〔美〕约翰·杰克逊：《国家主权与WTO变化中的国际法基础》，赵龙跃、左海聪、盛建明译，社会科学文献出版社2009年版；
2. 李浩培：《条约法概论》，法律出版社2003年版；
3. 〔英〕菲利普·伍德：《国际金融的法律与实务》，姜丽勇、许懿达译，法律出版社2011年版；
4. 余劲松、周成新编：《国际投资法》，法律出版社2014年版；
5. 王传丽主编：《国际经济法》，中国人民大学出版社2015年版。

【思考题】

1. 简述国际经济法与其他部门法之间的关系。
2. 试述国际货物买卖合同中的主要违约救济方式。
3. WTO争端解决机制的特点是什么？
4. 试述国际投资风险的法律预防？
5. 国际金融监管的基本原则有哪些？
6. 国际双重征税的主要方法有哪些？

[①] 参见王传丽主编：《国际经济法》，中国人民大学出版社2015年版，第312页。

参 考 文 献

1. 张文显主编:《法理学》,法律出版社1997年版;
2. 孙笑侠主编:《法理学》,中国政法大学出版社1996年版;
3. 〔德〕魏德士:《法理学》,丁小春等译,法律出版社2003年版;
4. 〔美〕博登海默:《法理学:法律哲学与法律方法》,邓正来译,中国政法大学出版社1999年版;
5. 周旺生:《法理探索》,人民出版社2005年版;
6. 〔美〕汉密尔顿、杰伊、麦迪逊:《联邦党人文集》,程逢如、在汉、舒逊译,商务印书馆2009年版;
7. 〔英〕戴雪:《英宪精义》,雷宾南译,中国政法大学出版社2000年版;
8. 张晋藩:《中国宪法史(修订本)》,中国法制出版社2016年版;
9. 张千帆:《西方宪政体系》(上、下),中国政法大学出版社2001年版;
10. 周叶中主编:《宪法》,高等教育出版社2016年版;
11. 江国华:《行政法总论》(第二版),武汉大学出版社2017年版;
12. 章剑生:《现代行政法基本理论》(第二版),法律出版社2014年版;
13. 王名扬:《美国行政法》,北京大学出版社2016年版;
14. 章志远:《行政法案例教程》,北京大学出版社2016年版;
15. 〔美〕理查德·J.皮尔斯:《行政法》,苏苗罕译,中国人民大学出版社2016年版;
16. 朱庆育:《民法总论》(第二版),北京大学出版社2016年版;
17. 马俊驹、余延满:《民法原论》(第四版),法律出版社2010年版;
18. 王利明:《民法疑难案例研究》(增订版),中国法制出版社2013年版;
19. 王泽鉴:《民法学说与判例研究》(重排合订本),北京大学出版社2015年版;
20. 〔德〕卡尔·拉伦茨:《德国民法通论》,王晓晔、邵建东、程建英、徐国建、谢怀栻译,法律出版社2013年版;
21. 施天涛:《商法》(第四版),法律出版社2010年版;
22. 赵旭东:《公司法学》(第四版),高等教育出版社2015年版;
23. 王欣新:《破产法学》(第三版),中国人民大学出版社2011年版;
24. 范健、王建文、张莉莉:《保险法》,法律出版社2017年版;
25. 于莹:《票据法》(第二版),高等教育出版社2008年版;
26. 张守文:《经济法学》(第三版),中国人民大学出版社2016年版;
27. 种明钊主编:《竞争法》(第三版),法律出版社2016年版;
28. 应飞虎:《信息、权利与交易安全》,北京大学出版社2008年版;

29. 刘剑文主编:《财政税收法》,法律出版社2017年版;
30. 〔美〕安塞尔·M.夏普等:《社会问题经济学》(第二十版),郭庆旺译,中国人民大学出版社2015年版;
31. 汪劲:《环境法学》(第三版),北京大学出版社2014年版;
32. 吕忠梅:《环境法导论》(第三版),北京大学出版社2015年版;
33. 王灿发:《中国环境诉讼典型案例与评析》,中国政法大学出版社2015年版;
34. 陈光中主编:《刑事诉讼法》(第六版),北京大学出版社、高等教育出版社2016年版;
35. 樊崇义:《刑事诉讼法学》(第四版),法律出版社2016年版;
36. 卞建林:《刑事诉讼法学》(第三版),中国政法大学出版社2014年版;
37. 叶青编:《刑事诉讼法案例与图表》(第四版),法律出版社2014年版;
38. 江伟主编:《民事诉讼法》(第五版),北京大学出版社2016年版;
39. 王亚新:《社会变革中的民事诉讼》,北京大学出版社2014年版;
40. 江伟、邵明主编:《民事证据法学》(第二版),中国人民大学出版社2015年版;
41. 王丹红:《日本行政诉讼类型法定化制度研究》,法律出版社2012年版;
42. 江必新、梁凤云:《行政诉讼法理论与实务》(第三版),法律出版社2016年版;
43. 马英娟等:《行政法典型案例评析》,北京大学出版社2016年版;
44. 姜明安:《行政诉讼法》(第三版),北京大学出版社2016年版;
45. 陈清秀:《行政诉讼法》,法律出版社2016年版;
46. 王铁崖主编:《国际法》,法律出版社1995年版;
47. 李浩培:《条约法概论》,法律出版社2003年版;
48. 白桂梅:《国际法》,北京大学出版社2010年版;
49. 韩德培主编:《国际私法》,高等教育出版社2014年版;
50. 李双元:《国际私法(冲突法篇)》,武汉大学出版社2016年版;
51. 黄进:《中国国际私法司法实践研究:2001—2010》,法律出版社2014年版;
52. 〔美〕约翰·杰克逊:《国家主权与WTO变化中的国际法基础》,赵龙跃、左海聪、盛建明译,社会科学文献出版社2009年版;
53. 李浩培:《条约法概论》,法律出版社2003年版;
54. 周鲠生:《国际法》(上下册),武汉大学出版社2009年版;
55. 〔英〕菲利普·伍德:《国际金融的法律与实务》,姜丽勇、许懿达译,法律出版社2011年版;
56. 余劲松、周成新编:《国际投资法》,法律出版社2014年版。

后 记

经全国高等教育自学考试指导委员会同意,由法学类专业委员会负责高等教育自学考试法律专业教材的审定工作。

《法学概论》自学考试教材由北京大学法学院王磊教授主编。

参加本教材审稿讨论会并提出修改意见的有：中国政法大学舒国滢教授、中国政法大学王传丽教授、清华大学余凌云教授、清华大学张卫平教授以及北京大学刘剑文教授,全书由副主编潘爱国统稿,由主编王磊审核。

编审人员付出了大量努力,在此一并表示感谢。

全国高等教育自学考试指导委员会
法学类专业委员会
2018 年 9 月